Liberdade e Fraternidade

A contribuição de Ayres Britto
para o Direito

COORDENADORES
George Salomão Leite
Marcelo Novelino
Lilian Rose Lemos Rocha

Liberdade e Fraternidade

A contribuição de Ayres Britto para o Direito

2018

www.editorajuspodivm.com.br

www.editorajuspodivm.com.br

Rua Mato Grosso, 164, Ed. Marfina, 1º Andar – Pituba, CEP: 41830-151 – Salvador – Bahia
Tel: (71) 3045.9051
• Contato: https://www.editorajuspodivm.com.br/sac

Copyright: Edições JusPODIVM

Conselho Editorial: Eduardo Viana Portela Neves, Dirley da Cunha Jr., Leonardo de Medeiros Garcia, Fredie Didier Jr., José Henrique Mouta, José Marcelo Vigliar, Marcos Ehrhardt Júnior, Nestor Távora, Robério Nunes Filho, Roberval Rocha Ferreira Filho, Rodolfo Pamplona Filho, Rodrigo Reis Mazzei e Rogério Sanches Cunha.

Capa: Ana Caquetti

L525l   Liberdade e Fraternidade: A Contribuição de Ayres Britto Para o Direito: Leite, George Salomão, Marcelo Novelino, Lilian Rose Lemos Rocha – Salvador: Juspodivm, 2017.
704 p.

Vários autores.
ISBN 978-85-442-1852-5.

1. Liberdade e Fraternidade: A Contribuição de Ayres Britto Para o Direito – I. Leite, George Salomão. II. Novelino, Marcelo. III. Rocha, Lilian Rose Lemos

CDD 340

Todos os direitos desta edição reservados à Edições JusPODIVM.

É terminantemente proibida a reprodução total ou parcial desta obra, por qualquer meio ou processo, sem a expressa autorização do autor e da Edições JusPODIVM. A violação dos direitos autorais caracteriza crime descrito na legislação em vigor, sem prejuízo das sanções civis cabíveis.

Apresentação

— Por que homenagear Carlos Ayres Britto? —

João Herculino de Souza Lopes Filho[1]

Assim como já foi escrito um *Prólogo* dos prólogos, é bem provável que se tenha imaginado — se isso ainda não se fez, está na hora de alguém fazê-lo — colocar em letra de forma uma espécie de *Apresentação* das apresentações, a funcionarem ambos como gavetas de assuntos e de estilos, em que um escritor bissexto possa recolher generalidades de boa cepa, a fim de se desincumbir da tarefa de fazer prefácios, introduções ou coisas do gênero, e colocá-las no papel, ao alcance comum dos mortais. Assim concebidos, esses modelos *prêt-à-porter* resolveriam problemas do gênero, não fossem as exceções — sempre elas —, a exigir engenho e arte de prefaciadores e apresentadores, quando personagens e escritos, artistas e obras, pela sua singularidade, não puderem agasalhar-se em vestimentas-padrão. Pois bem, esse é exatamente o caso desta nossa *Apresentação*: imaginar um modo especial de apresentar um livro especial, em homenagem a um indivíduo igualmente especial — *Carlos Ayres Britto* —, se esse personagem é de todos conhecido e por todos admirado, como jurista, filósofo, poeta e prosador da melhor estirpe, sem cairmos na banalidade de enaltecer os seus atributos intelectuais, sua densa e multifacetada cultura, que nada tem a ver com os vistosos andaimes da erudição, que, via de regra, impressionam à primeira vista, mas não resistem a um olhar crítico mais atento. Pois bem, se pouco ou quase nada se tem a dizer — porque praticamente tudo já foi dito sobre o *homme des lettres* Carlos Augusto Ayres de Freitas Britto —, felizmente permanece ilimitado o universo das coisas que se podem dizer sobre esse *homem demasiado humano*, sobre esse indivíduo que ao primeiro encontro, em qualquer ambiente ou em qualquer situação, todos que dele se aproximam logo se acostumam a admirá-lo e querê-lo bem. Em público como em privado, na sociedade como na família, no ambiente de trabalho como no recôndito familiar, uma só e mesma *pessoa* — no sentido metafísico de unidade singular — encantadora e feiticeira, que

---

1. Diretor do Instituto CEUB de Pesquisa e Desenvolvimento – ICPD/Uniceub.

a todos atrai para a sua zona de gravidade afetiva, para essa espécie de campo magnético imantado daquilo que um filósofo cristão, com rara felicidade, um dia chamou de *energia de amorização*.

Mais não se precisa dizer, acreditamos, para apresentar e justificar este livro em homenagem à pessoa do humanista Carlos Britto, em seus múltiplos e ricos personagens, como filósofo, jurista, poeta e prosador, mas, sobretudo, como *certeza afetiva*.

Sobre os Autores

ALESSIA BARROSO LIMA BRITO CAMPOS CHEVITARESE

Doutora e Mestre em Direito pelo Centro de Ensino Universitário de Brasília - UniCEUB/DF. Especialista em Direito Público no Instituto Brasiliense de Direito Público – IDP/DF. Professora na graduação em Direito e pós-graduação *lato sensu* do Centro de Ensino Universitário de Brasília- UniCEUB/DF. Membro do Centro Brasileiro de Estudos Constitucionais – CBEC/UniCEUB/DF. Coordenadora adjunta do CBEC – Universitário/UniCEUB/DF. Advogada.

ÁLVARO CHAGAS CASTELO BRANCO

Advogado da União. Professor Universitário. Membro do CBEC/UniCEUB. *LLM in US Law* - Washington University in St. Louis, Missouri, USA. Mestre em Direito pelo Centro de Ensino Universitário de Brasília- UniCEUB/DF.

ANDRÉ RAMOS TAVARES

Professor Titular da Faculdade de Direito da Universidade de São Paulo – USP. Professor do programa de mestrado e doutorado em Direito da Pontifícia Universidade Católica de São Paulo - PUC/SP.

ANTONIO HENRIQUE GRACIANO SUXBERGER

Doutor e Mestre em Direito. Professor do Programa de Mestrado e Doutorado em Direito do UniCEUB. Professor Investigador associado da linha "Derechos Humanos y Desarrollo" do Programa de Doutorado em Ciências Jurídicas e Políticas da Universidade Pablo de Olavide – Sevilha/Espanha. Promotor de Justiça no Distrito Federal.

ARNALDO SAMPAIO DE MORAES GODOY

Livre-docente em Teoria Geral do Estado pela Faculdade de Direito da Universidade de São Paulo-USP. Doutor e Mestre em Filosofia do Direito e do Estado pela Pontifícia Universidade Católica de São Paulo--PUC-SP. Foi Consultor-Geral da União. Professor de Filosofia do Direito no programa de mestrado-doutorado em Direito do Centro de Ensino Universitário de Brasília-UniCeub.

CAROLINA CARDOSO GUIMARÃES LISBOA

Doutora em Direito do Estado pela Faculdade de Direito da Universidade de São Paulo – USP. Mestra em Ciências Jurídico-Internacionais pela Faculdade de Direito da Universidade de Lisboa/Portugal. Professora de Direito Constitucional no Centro Universitário de Brasília – UniCEUB. Ex-Assessora de Ministro do Supremo Tribunal Federal – STF. Procuradora do Município de Belo Horizonte. Advogada.

CHRISTINE OLIVEIRA PETER DA SILVA

Doutora e Mestre em Direito, Estado e Constituição pela UnB. Professora Associada do Mestrado e Doutorado em Direito das Relações Internacionais do Centro Universitário de Brasília – UniCeub. Pesquisadora do Centro Brasileiro de Estudos Constitucionais ICPD/UniCeub. Assessora do Ministro Edson Fachin do Supremo Tribunal Federal - STF.

FÁBIO KONDER COMPARATO

Professor Emérito da Faculdade de Direito da Universidade de São Paulo – USP. Doutor *Honoris Causa* da Universidade de Coimbra.

FERNANDA DE CARVALHO LAGE

Doutoranda em Direito Constitucional pela Universidade de Buenos Aires - UBA. Mestre em Direitos econômicos, sociais e culturais pelo Centro Universitário Salesiano de São Paulo – UNISAL. Professora Universitária. Advogada.

GEORGE SALOMÃO LEITE

Doutorando em Direito Constitucional pela Pontifícia Universidade Católica de Buenos Aires – UCA. Mestre em Direito Constitucional pela Pontifícia Universidade Católica de São Paulo – PUC/SP. Advogado.

GILMAR FERREIRA MENDES

Ministro do Supremo Tribunal Federal – STF. Professor de Direito Constitucional nos cursos de graduação e pós-graduação da Faculdade de Direito da Universidade de Brasília - UnB e do Instituto Brasiliense de Direito Público - IDP. Doutor em Direito pela Universidade de Münster, Alemanha.

GRACE MARIA FERNANDES MENDONÇA

Advogada-Geral da União. Especialista em Direito Processual Civil e mestranda em Direito Constitucional. Professora da Universidade Católica de Brasília (2002-2015) nas disciplinas de Direito Constitucional, Direito Administrativo e Direito Processual Civil. Foi Secretária-Geral de Contencioso da Advocacia-Geral da União (2003-2016), Adjunta do Advogado-Geral da União (2002-2003) e Coordenadora-Geral do Gabinete do Advogado-Geral da União (2001-2002).

GRÉGORE MOREIRA DE MOURA

Procurador Federal da Advocacia-Geral da União. Mestre em Ciências Penais pela UFMG. Doutorando em Direito Constitucional pela UFMG. Ex – Diretor Nacional da Escola da Advocacia-Geral da União. Presidente da Comissão de Advocacia Pública Federal da OAB-MG.

INGO WOLFGANG SARLET

Professor Titular da Faculdade de Direito e dos Programas de Pós-Graduação em Direito e em Ciências Criminais da Pontifícia Universidade Católica do Rio Grande do Sul – PUC/RS. Desembargador do TJRS.

INOCÊNCIO MÁRTIRES COELHO

Doutor em Direito. Professor Titular do Programa de Mestrado e de Doutorado do Centro Universitário de Brasília — UniCEUB. Professor Titular Aposentado da Universidade de Brasília; Subprocurador-Geral da República Aposentado; ex-Procurador-Geral da República.

J. J. GOMES CANOTILHO

Professor Catedrático de Direito Constitucional da Faculdade de Direito da Universidade de Coimbra/Portugal.

JOÃO CARLOS SOUTO

Professor de Direito Constitucional, Mestre em Direito Público, Procurador da Fazenda Nacional. Ex-Secretário de Estado de Justiça e Cidadania do Distrito Federal - DF. Realizou estudos de Pós-Graduação sobre o American Legal System na University of Delaware, Harvard Law School e Thomas Jefferson School of Law - San Diego, CA.

JORGE MIRANDA

Professor Catedrático de Direito Constitucional da Faculdade de Direito da Universidade de Lisboa/Portugal.

JORGE OCTAVIO LAVOCAT GALVÃO

Doutor em Direito do Estado pela Universidade de São Paulo – USP. Mestre em Direito pela New York University School of Law (diploma revalidado pela UnB). Professor Adjunto da Universidade de Brasília – UnB. Professor do Curso de Mestrado em Direito Constitucional do Instituto Brasiliense de Direito Público - IDP. Procurador do Distrito Federal e Advogado. Visiting Researcher pela Yale Law School.

LILIAN ROSE LEMOS ROCHA

Doutora em Ciências e Tecnologias da Saúde pela Universidade de Brasília-UnB. Mestre em Desenvolvimento Sustentável pela Universidade de Brasília-UnB. Coordenadora do Centro Brasileiro de Estudos Constitucionais-CBEC. Diretora do Instituto Diálogos Constitucionais-Idcon. Coordenadora do curso de pós-graduação *lato sensu* em Direito do Centro de Ensino Universitário de Brasília-UniCeub.

LUÍS CARLOS MARTINS ALVES JR.

Doutor em Direito Constitucional pela Universidade Federal de Minas Gerais – UFMG. Professor de Direito Constitucional do Centro Universitário de Brasília – UniCEUB. Membro do Centro Brasileiro de Estudos Constitucionais. Procurador da Fazenda Nacional requisitado pela Subchefia para Assuntos Jurídicos da Casa Civil da Presidência da República.

LUÍS ROBERTO BARROSO

Ministro do Supremo Tribunal Federal - STF. Professor Titular de Direito Constitucional da Universidade do Estado do Rio de Janeiro – UERJ. Mestre em Direito pela Universidade de Yale. Doutor e Livre-Docente pela UERJ. Professor Visitante na Universidade de Poitiers, França. *Visiting Scholar* na Universidade de Harvard.

LUIZ FUX

Ministro do Supremo Tribunal Federal. Vice-Presidente do Tribunal Superior Eleitoral. Professor Titular da Universidade do Estado do Rio de Janeiro - UERJ. Doutor em Direito Processual Civil pela Universidade do Estado do Rio de Janeiro - UERJ. Membro da Academia Brasileira de Letras Jurídicas. Membro da Academia Brasileira de Filosofia.

MARCELO NOVELINO

Doutor em Direito Público pela Universidade do Estado do Rio de Janeiro - UERJ. Membro do CBEC/UniCEUB. Professor de Direito Constitucional. Procurador Federal.

MARIA ELIZABETH GUIMARÃES TEIXEIRA ROCHA

Doutora em Direito Constitucional pela Universidade Federal de Minas Gerais - UFMG. Doutora *Honoris Causa* pela Universidade Inca Garcilaso de la Vega – Lima- Peru. Mestre em Ciências Jurídico-Políticas pela Universidade Católica Portuguesa. Professora Universitária. Ministra do Superior Tribunal Militar do Brasil - STM.

MIGUEL GUALANO DE GODOY

Doutor em Direito Constitucional pela Universidade Federal do Paraná – UFPR, com período como Pesquisador Visitante (*Visiting Researcher*) na Faculdade de Direito da Universidade de Harvard - EUA. Mestre em Direito Constitucional pela Universidade Federal do Paraná - UFPR com período como Pesquisador Visitante (*Investigador Visitante*) na Faculdade de Direito da Universidade de Buenos Aires – UBA - Argentina. Membro do Centro Brasileiro de Estudos Constitucionais - CBEC/UniCEUB. Pesquisador do Núcleo Constitucionalismo e Democracia do Programa de Pós-graduação em Direito (Mestrado/Doutorado) da UFPR. Ex-Assessor de Ministro do Supremo Tribunal Federal. Advogado em Brasília e Curitiba.

PATRÍCIA PERRONE CAMPOS MELLO

Doutora e Mestre em Direito pela Universidade do Estado do Rio de Janeiro - UERJ. Procuradora do Estado do Rio de Janeiro. Assessora de Ministro do Supremo Tribunal Federal – STF. Professora de Direito Constitucional da Uniceub.

PEDRO FELIPE DE OLIVEIRA SANTOS

Pós-graduado em Direito Internacional Público pela *The Hague Academy of International Law*. Mestre em Direito pela Universidade de Harvard/EUA. Professor Voluntário da Universidade de Brasília - UnB. Professor Titular da Escola Superior do Ministério Público do Distrito Federal e Territórios. Professor Convidado da Universidade Estadual do Tocantins. Juiz Federal do Tribunal Regional Federal da 1ª Região.

RAFAEL FREITAS MACHADO

Doutorando em Direito pelo Centro Universitário de Brasília – Uniceub. Mestre em Ciências jurídico-politicas pela Faculdade de Direito de Lisboa – Portugal. Coordenador Regional do Comitê Brasileiro de Arbitragem – Cbar. Membro do CBEC – Centro Brasileiro de Estudos Constitucionais, da *ICC - International Chamber of Commerce* e do IRELGov – Instituto de Relações Governamentais. Advogado.

ROBERTO CARLOS SILVA

Doutor em Filosofia do Direito e do Estado pela PUC/SP. Professor da pós-graduação da FESMPDFT. Professor da pós-graduação *lato sensu* do Uniceub. Promotor de Justiça do MPDFT.

RODRIGO BRANDÃO

Doutor e Mestre em Direito Público pela UERJ. Procurador do Município do Rio de Janeiro. Professor do programa de mestrado e doutorado em Direito da UERJ.

SAUL TOURINHO LEAL

Doutor em Direito Constitucional pela Pontifícia Universidade Católica - PUC/SP.

TERCIO SAMPAIO FERRAZ JR.

Professor titular da Pontifícia Universidade Católica de São Paulo – PUC/SP. Professor aposentado da Universidade de São Paulo – USP. Professor emérito pela Faculdade de Direito da Universidade de São Paulo – USP.

VERÔNICA ACIOLY DE VASCONCELOS

Doutoranda em Direito e Políticas Públicas pelo Centro Universitário de Brasília - UniCEUB. Mestre em Direito. Defensora Pública no Estado do Piauí.

Prefácio

DO DIREITO À POESIA:
A VIAGEM REDONDA

Luís Roberto Barroso[1]

"Não tenho metas ou objetivos a alcançar
Tenho princípios e na companhia deles
nem me pergunte aonde vou chegar".
Carlos Ayres Britto

Conheci Carlos Ayres Britto em uma tarde distante, em 1982, em Belo Horizonte, no Congresso do Instituto Brasileiro de Direito Constitucional. Eu era recém-formado e aquele era um dos primeiros eventos acadêmicos a que comparecia. Carlos já era, desde então, esta figura carismática e adorável que conquistou amigos e admiradores pela vida afora. Desde a primeira vez que nos vimos, aplicou-se a nós uma passagem inspirada de Vinícius de Moraes: "A gente não faz amigos. A gente os reconhece".

A partir dali, passei a desfrutar do convívio com uma pessoa notável e de espírito elevado. Tenho na minha estante, com dedicatórias que os tornam infungíveis, alguns de seus livros de poesia. Ele é bom nisso também. Nossos caminhos se cruzaram seguidamente em congressos e eventos acadêmicos. Muito antes de Carlos ir para o Supremo Tribunal Federal, entreguei a ele uma separata de um artigo que escrevera, sobre os fundamentos teóricos e filosóficos do direito constitucional brasileiro, com a seguinte dedicatória: "Querido Carlos, você já na poesia e eu ainda no direito". Foi apenas mais uma vez em que a minha bola de cristal me enganou: pouco mais à frente, Carlos Ayres foi nomeado para o Supremo e voltou para o direito, onde fez história.

Além de um estilo único, caracterizado pelo humanismo e pela fidalguia, Carlos prestou inestimáveis serviços ao país e à sua jurisprudência.

---

1. Ministro do Supremo Tribunal Federal. Professor da Universidade do Estado do Rio de Janeiro – UERJ e do Centro Universitário de Brasília – UNICEUB.

Destaco alguns capítulos importantes que escreveu. Foi sob a sua presidência, por exemplo, que teve início o julgamento da Ação Penal 470, fato que exigiu grande persistência e determinação, à vista das resistências existentes. Foi ali que teve início o processo lento, árduo e inacabado de enfrentamento da criminalidade de colarinho branco no Brasil, sobretudo quando associada à atividade política.

Carlos Ayres Britto foi, também, relator e autor de votos decisivos em casos difíceis e de alta repercussão social, tais como os que envolveram decisões sobre pesquisas com células-tronco embrionárias, proibição do nepotismo e o reconhecimento das uniões homoafetivas. Pelos desígnios do destino, fui advogado e estive na tribuna do Supremo em todas estas causas, que não poderiam ter sido conduzidas por melhores mãos. Dele se pode dizer, com Nelson Mandela: "Uma boa cabeça e um bom coração formam uma formidável combinação". Também coube a Carlos Ayres empurrar para a margem da história a Lei de Imprensa que vinha desde o regime militar.

Aliás, com toda a elegância, Carlos Ayres Britto não deixa de ser um observador crítico atento da realidade brasileira. Frasista do primeiro time, produziu esta pérola acerca da corrupção, que é uma foto do que temos vivido: "Há quem chegue às maiores alturas para fazer as maiores baixezas". Tendo nos aproximado no início da minha vida acadêmica e havendo nossos caminhos se cruzado, como juiz e advogado em casos emblemáticos, a vida me reservou mais uma surpresa boa: a de ocupar no Supremo Tribunal Federal a cadeira que Carlos Ayres honrou por cerca de uma década. Também a convite dele, juntei-me ao corpo docente do Centro Universitário de Brasília – UNICEUB, onde encontrei um ambiente acadêmico instigante e acolhedor.

Por todas estas razões, tenho muita honra e alegria em escrever estas palavras iniciais, no livro que lhe presta a homenagem devida e merecida. Aqui se reuniram autores de muitas gerações, que têm como traço comum a admiração pela figura humana e pela *persona* jurídica de Carlos Ayres Britto, um dos grandes que já passaram por aqui. Vida longa, meu amigo.

SUMÁRIO

PREFÁCIO – DO DIREITO À POESIA: A VIAGEM REDONDA 13
Luís Roberto Barroso

NOTAS SOBRE A TRAJETÓRIA EDUCACIONAL DE AYRES BRITTO, UM DOS CAVALEIROS INTELECTUAIS DO SERGIPE 19
Arnaldo Sampaio de Moraes Godoy
Lilian Rose Lemos Rocha

PARA COMPREENDER A GRANDE MOLÉSTIA BRASILEIRA 29
Fábio Konder Comparato

CONSTITUIÇÕES E CULTURA POLÍTICA: PARA ALÉM DO CONSTITUCIONALISMO CONTRAMAJORITÁRIO 47
Luiz Fux
Pedro Felipe de Oliveira Santos

CONTROLE DA CONSTITUCIONALIDADE, COISA JULGADA E RELAÇÕES CONTINUATIVAS 63
Tercio Sampaio Ferraz Jr.

A FUNÇÃO REPRESENTATIVA E MAJORITÁRIA DAS CORTES CONSTITUCIONAIS 99
Luís Roberto Barroso

DA TEORIA DA CONSTITUIÇÃO ÀS TEORIAS DO CONSTITUCIONALISMO E DA CONSTITUCIONALIZAÇÃO 123
J. J. Gomes Canotilho

VALORES PERMANENTES DA CONSTITUIÇÃO PORTUGUESA 147
Jorge Miranda

O STF E A OPINIÃO PÚBLICA... 169

Marcelo Novelino

DEVER E DIGNIDADE HUMANA NA FUNDAMENTAÇÃO DA
METAFÍSICA DOS COSTUMES DE IMMANUEL KANT................................. 201

George Salomão Leite

A DIPLOMACIA JUDICIAL: O USO DE PRECEDENTES ESTRANGEIROS
PELA CORTE CONSTITUCIONAL BRASILEIRA.. 215

Álvaro Chagas Castelo Branco

A LIQUIDEZ DA DEMOCRACIA.. 227

Rafael Freitas Machado

ENTRE O CONGRESSO E A OPINIÃO PÚBLICA: A MISSÃO DO
SUPREMO TRIBUNAL FEDERAL REVISITADA...................................... 249

Patrícia Perrone Campos Mello

UMA DEFINIÇÃO DE INTERPRETAÇÃO... 277

Roberto Carlos Silva

SOBRE O ATIVISMO JUDICIAL: TÓPICOS PARA REFLEXÃO 299

Inocêncio Mártires Coelho

A IDENTIDADE CONSTITUCIONAL DA MULHER: DISTANCIAMENTO
ENTRE A NORMA E A REALIDADE FEMININA 331

Grace Maria Fernandes Mendonça

UNITED STATES V. SCHOONER AMISTAD – THE AMISTAD CASE (1841)... 349

João Carlos Souto

O SUPREMO TRIBUNAL FEDERAL E AS AUDIÊNCIAS PÚBLICAS: O
INÍCIO DE UM DIÁLOGO TÃO ESPERADO QUANTO NECESSÁRIO 371

Miguel Gualano de Godoy

SUMÁRIO

JUÍZES PODEM CONTRIBUIR NA CONCRETIZAÇÃO DO DIREITO À EDUCAÇÃO?... 389

Jorge Octávio Lavocat Galvão

AINDA O DEBATE A PARTIR DA CONSTITUIÇÃO MEXICANA DE 1917 399

André Ramos Tavares

A CONSTITUCIONALIZAÇÃO DA FRATERNIDADE JURÍDICO-CONTEMPORÂNEA.. 423

Grégore Moreira de Moura

A JUDICIALIZAÇÃO DA POLÍTICA: TEORIAS, CONDIÇÕES E O CASO BRASILEIRO 439

Rodrigo Brandão

LIBERDADE DE EXPRESSÃO E PUBLICIDADE: ALGUMAS NOTAS EM PERSPECTIVA COMPARADA... 483

Ingo Wolfgang Sarlet

TRATADOS INTERNACIONAIS TRIBUTÁRIOS NA JURISPRUDÊNCIA DO SUPREMO TRIBUNAL FEDERAL.. 511

Gilmar Ferreira Mendes

A MULTIPARENTALIDADE 533

Fernanda de Carvalho Lage
Maria Elizabeth Guimarães Teixeira Rocha

FEMINICÍDIO E LEMBRANÇA NO BRASIL... 553

Saul Tourinho Leal

MAU GOSTO NÃO É CRIME: ELOGIO CRÍTICO AO MINISTRO AYRES BRITTO NO JULGAMENTO DO HABEAS CORPUS N. 82.424....................... 573

Luís Carlos Martins Alves Jr.

DE AYRES A BRITTO: AS LIÇÕES DE CARLOS SOBRE A SEGURANÇA
JURÍDICA E O TEMPO DO DIREITO 593
Alessia Barroso Lima Brito Campos Chevitarese

ARGUMENTAÇÃO JURÍDICA RACIONAL NA CONSTRUÇÃO DA
DECISÃO JUDICIAL: O CASO DA LEI DE BIOSSEGURANÇA E A
EXISTÊNCIA DA VIDA EM "RAZÃO DO LUGAR" EMBRIONÁRIO 613
Verônica Acioly de Vasconcelos
Antonio Henrique Graciano Suxberger

POR UMA TEORIA FEMININA DA CONSTITUIÇÃO 655
Christine Oliveira Peter da Silva

A PERDA DE MANDATO POR CONDENAÇÃO CRIMINAL NA
JURISPRUDÊNCIA DO SUPREMO TRIBUNAL FEDERAL 679
Carolina Cardoso Guimarães Lisboa

BIBLIOGRAFIA 695

NOTAS SOBRE A TRAJETÓRIA EDUCACIONAL DE AYRES BRITTO, UM DOS CAVALEIROS INTELECTUAIS DO SERGIPE

Arnaldo Sampaio de Moraes Godoy[1]
Lilian Rose Lemos Rocha[2]

Tobias Barreto, Silvio Romero e Gilberto Amado são intelectuais sergipanos de fortíssima reminiscência na cultura brasileira. Acrescenta-se, entre outros, Gumercindo Bessa e Manuel Bonfim, com o risco de não se indicar todos os nomes relevantes. Sergipe é um celeiro de intelectuais, de pensadores da realidade brasileira, de cultores das letras, da jurisprudência, das artes liberais[3].

De forma conclusiva, no entanto, pode-se sintetizar essa tendência humanística da tradição sergipana na trajetória de Carlos Augusto Ayres de Freitas Britto, que atuou no Supremo Tribunal Federal, de 2003 a 2012, e que fixou jurisprudência centrada em valores éticos e na cultura. Ayres Britto é um marco na história de nossa cultura jurídica. Ayres Britto é jurista, professor, poeta, que fecha o círculo dos *cavaleiros de*

---

1. Livre-docente em Teoria Geral do Estado pela Faculdade de Direito da Universidade de São Paulo-USP. Doutor e Mestre em Filosofia do Direito e do Estado pela Pontifícia Universidade Católica de São Paulo-PUC-SP. Foi Consultor-Geral da União. Professor de Filosofia do Direito no programa de mestrado-doutorado em Direito do Centro de Ensino Universitário de Brasília-UniCeub.

2. Doutora em Ciências e Tecnologias da Saúde pela Universidade de Brasília-UnB. Mestre em Desenvolvimento Sustentável pela Universidade de Brasília-UnB. Coordenadora do Centro Brasileiro de Estudos Constitucionais-CBEC. Diretora do Instituto Diálogos Constitucionais-Idcon. Coordenadora do curso de pós-graduação *lato sensu* em Direito do Centro de Ensino Universitário de Brasília-UniCeub.

3. Historicamente, Sergipe é ambiente propício ao culto das humanidades. Essa tradição se mantém; na novíssima geração, por exemplo, e sem prejuízo de uma homenagem a tantos outros, pode-se indicar, como referência, Augusto César Leite de Carvalho, que atua como Ministro no Tribunal Superior do Trabalho, e que detém mestrados da Universidade Federal do Ceará e da também prestigiosa Universidade de Castilla de la Mancha, na Espanha.

Sergipe, em linha sucessória cujo antepassado comum fora Tobias Barreto, cuja vida e obra, como nenhum outro contemporâneo, bem conhece Ayres Britto. Falemos primeiro dos antecessores desse perfil.

Tobias Barreto nasceu em 7 de junho de 1839, na Vila de Campos, Sergipe. Faleceu em 26 de junho de 1889, em Recife. Concluiu o curso de latim, aos quinze anos, sob orientação do Padre José Alves Pitangueira. Estudou filosofia com o Frei Itaparica em Salvador, por volta de 1861. No ano seguinte, 1862, foi para o Recife, estudar Direito. Tornou-se mais um bacharel, menos por vocação, do que pela busca de *"uma cultura geral que não poderia ser adquirida por outra forma"*[4], ao que se acrescenta, no caso de Tobias, uma alternativa para ascensão social. Tobias insere-se como aluno em modelo educacional no qual o aparato institucional *"era carente de vínculos mais afetivos no mundo prático e ou com formação científica (...)"*[5].

Em Recife, enquanto cursava direito, Tobias aproximou-se de Castro Alves e da poesia condoreira. Revelou-se como poeta, afinado com o romantismo. A poesia e as atitudes românticas fizerem de Tobias um personagem conhecido em Recife, ainda quando cursava a faculdade. Casou-se em 1869 com Grata Mafalda dos Santos, filha de um dono de engenho de cana-de-açúcar, na região de Escada, onde foi morar, em 1871, já formado em direito pela Faculdade de Recife. Um ano antes Tobias voltara a Aracaju, para visitar a mãe, trazendo-a consigo. Casado, e ainda vivendo em Recife, antes de ir para Escada, Tobias lecionou cursos particulares em colégio próprio.

Aprovado em rumoroso e difícil concurso público para lecionar na Faculdade de Direito do Recife, Tobias foi um inovador; ousado, aprendeu alemão por conta própria e divulgou pioneiramente a cultura germânica entre nós, combatendo a metafísica e a tradição francesa que nos marcavam. Morreu na pobreza, deixando viúva e nove filhos em imensa dificuldade, de algum modo mitigada pelo esforço de Silvio Romero.

Silvio Romero nasceu em Lagarto, em 1851 e faleceu no Rio de Janeiro, em 1914. Romero é nome central na fixação do cânon de nossa literatura, publicando extensa obra de levantamento e de crítica de nossa tradição literária. Amigo de Euclides da Cunha, e desafeto de José Veríssimo, com quem polemizou, Silvio Romero é recorrentemente lembrado

---

4. PAULO FILHO, Pedro, *O Bacharelismo Brasileiro,* Campinas: Bookseller, 1997, p. 45.

5. GHIRALDELLI Jr., Paulo, *História da Educação Brasileira,* São Paulo: Cortez, 2009, p. 29.

NOTAS SOBRE A TRAJETÓRIA EDUCACIONAL DE AYRES BRITTO

pelas disputas que enfrentou. Deixou os examinadores em um concurso no Recife, afirmando, veementemente, que a metafísica estava morta. Silvio Romero foi o grande divulgador da obra de Tobias, agindo como um São Paulo do credo culturalista fundado por Tobias.

Gilberto Amado (1887-1969), também sergipano, destacou-se como diplomata, político e jurista, deixou-nos ampla obra memorialista, na qual encontramos momentos e personagens emblemáticos de nossa reminiscência histórica. Exemplo da arte memorialística em Gilberto Amado encontra-se na descrição de seu encontro com Pinheiro Machado, o condestável da República Velha, político gaúcho que do Morro da Graça, no Rio de Janeiro, conduziu a política nacional, até seu assassinato, ocorrido no Hotel dos Estrangeiros, no Flamengo, em 8 de setembro de 1915.

Tobias Barreto, Silvio Romero e Gilberto Amado antecedem Ayres Britto, a imaginarmos uma linha cultural que identifica a tradição sergipana. Cuidamos, agora, da trajetória educacional de Ayres Britto, aspecto pouco explorado na trajetória desse iluminado sergipano, com o privilégio de impressões colhidas pessoalmente, em recente entrevista, com sabor de encantadora conversa.

Ayres Britto cursou a escola primária em Japaratuba, no interior do Sergipe, onde o pai era magistrado. Filho de juiz, Ayres Britto carregou ao longo da vida uma indisfarçada tendência para a magistratura, que exige conhecimento jurídico, temperado por cultura humanística e por equilíbrio emocional. São características que se reconhece em Ayres Britto, em poucos minutos de conversa.

Ayres Britto recorda-se que estudou inicialmente em uma escola privada, como muitas havia então, nas quais o proprietário era diretor, professor, secretário e bedel, contando, às vezes com o auxílio da família. É o modelo do Barão de Macaúbas, que Raul Pompéia imortalizou no *Ateneu*. A escola onde Britto primeiramente estudou era dirigida pelo Professor Emiliano, de quem Britto se lembra das lições.

Da cidade, além das memórias da infância, Britto reteve a explicação para o eufônico nome do lugar: Japaratuba fora um cacique. Nessa cidade nasceu Arthur Bispo do Rosário, pintor, escultor, artesão, que dos restos de objetos e coisas que encontrava transformava em adereços artísticos. Arthur Bispo transitava do hospício para o centro da pequena cidade; Ayres Britto lembra, a propósito das andanças de Arthur Bispo, a passagem de Gilbert Keith Chesterton, célebre filósofo, teólogo, escritor e publicista inglês, para quem aos loucos falta a razão, ainda que, em Arthur Bispo sobrava talento e criatividade. A relação de Britto com o sentido de *razão* invoca Miguel de Cervantes, e o indômito cavaleiro manchego, porque a razão da desrazão, é a razão que se faz[6]. A racionalidade de Ayres Britto transcende o pragmatismo da astúcia da razão, planando no conhecimento que brota do juízo da intuição.

Ainda quanto à primeira educação, Ayres Britto conta-nos que quando contava 8 ou 9 anos fora educado por uma professora, Jolira, simpática e delgada. O processo de alfabetização fora completado e ornamentado pela mãe, Dona Dalva, senhora culta, que dominava o francês, educada em Salvador, onde fora normalista. À época, a Escola Normal era o cume educacional das moças das famílias abastadas. A mãe de Dona Dalva nascera em Santo Amaro na Bahia, era da família Vianna, o que pode sugerir algum parentesco com Caetano Veloso.

Dona Dalva era leitora inquieta, estudiosa perspicaz, música sensível. Exerceu potentíssima influência sobre a educação de Ayres Britto. Leitora voraz, tocava piano, violão, cantava. A propósito da exuberância artística da mãe, Ayres Britto recorda-se de um verão, quando contava cerca de 10 anos. De acordo com sua reminiscência afetiva, junto à praia, com a maré baixa, a bordo de uma canoa, que pairava numa lâmina d'água, a mãe, então com cerca de 35 anos, e duas tias, um pouco mais jovens, tocavam violão e cantavam. O violão, à época, era instrumento manejado por homens; mulheres que tocavam violão de algum modo transgrediam um código não verbal, que evidenciava uma percepção de liberdade, circunstância que Ayres Britto admite como decisiva em sua compreensão do ser humano livre e emancipado. O intelectual substancialmente colhe na idade adulta o que semeado na juventude.

O pai, recorda Ayres Britto, casara-se aos 25 anos; a mãe, com 18. O pai estudara direito na Bahia. Ingressou na magistratura, por concurso. Logo após o casamento o jovem casal rumou para Gararu, no interior do Sergipe. A cidade era precária em recursos. Os horizontes eram limitados em oportunidades de crescimento cultural, o que restringia o alcance das curiosidades culturais da mãe.

O pai, poeta sensível, registrou em verso a aflição que vivia. No soneto *Contágio,* que Ayres Britto retém de memória até hoje, em todos os versos, o pai invocava uma *vida sem vida irmã gêmea da morte,* na qual

---

6. CERVANTES, Miguel de, *D. Quixote,* São Paulo: Editorial 34, 2010, pp. 68-69. Tradução de Sergio Molina.

vinha *vivendo a cidade apática dormente*, na expectativa de que *a mente nos inspire e a alma nos conforte,* exatamente *nessa vida sem vida, irmã gêmea da morte.* A passagem sugere alguma tristeza, vencida na esperança de dias outros, em outros lugares, que a organização burocrática da magistratura desde então propiciava. Dias menos áridos viriam.

O pai, ainda recorda Ayres Britto, morava nas comarcas nas quais judicava: vivia a vida das comarcas, era a regra, religiosamente cumprida. Promovido para outra comarca, Propriá, e com onze filhos, conta Ayres Britto que o pai brincava com a cabala esportiva e ludopédica do número. Quando indagado que tinha 11 filhos e era o juiz, o que completava uma metade e um pouco mais para uma partida do futebol, respondia que, muito menos do que juiz, era como uma bola, isto é, os filhos faziam dele o que bem entendiam... Afeto paternal, revelado nas brincadeiras e no afeto singelo.

Em Propriá Ayres Britto frequentou o ginásio; uma parte em escola pública, a outra no Ginásio Diocesano. Estudou latim, orientado pelos padres[7], que também insistiam na língua portuguesa, na história, na geografia, nas ciências naturais e na matemática, segundo relata. Em Propriá, revelou, a vida não mais hibernava como em Gararu, a usarmos a imagem de um verso saudoso de civilização, feito pelo pai.

Ainda na infância Ayres Britto descobriu o fascínio da leitura, dividindo o tempo entre as aulas, os folguedos de infância e as leituras de romances, contos e poesia, muita poesia. A partir dos 12 anos, conta, a Filosofia passou a ocupar lugar especial em sua vida intelectual. Encantado, e em êxtase, leu várias vezes *As Dores do Mundo*, o manifesto pessimista de Arthur Schopenhauer, inspirador também de Tolstói e Wagner.

Ayres Britto também lembra que um irmão mais velho, em entrevista, contava que Carlinhos, como Ayres Britto era afetuosamente chamado, lia para os irmãos mais velhos. Ao menino Britto encantava *Os Tesouros da Juventude,* coleção de 60 volumes que cobria boa parte da cultura geral e humanística da época, e que foi a porta de entrada cultural para gerações de brasileiros iniciados nos encantos da leitura. Monteiro Lobato, Câmara Cascudo e Machado de Assis eram os autores que mais cativavam Ayres Britto, que desses escritores herdou uma visão desarmada, integrada e bem humorada de mundo e de vida.

---

7.   O estudo do latim é forte e recorrente em vários intelectuais sergipanos. O Desembargador Antonio de Souza Prudente, também sergipano, e também desse círculo de estudiosos sergipanos, exímio latinista, seguia a teologia, antes de estudar direito em São Paulo.

Ayres Britto cursou o técnico, equivalente ao segundo grau, alistando-se no curso de contabilidade. Algum desvio humanista fora temperado e contornado pelo excesso de leituras gerais. Também pragmático, Ayres Britto valeu-se dos conteúdos técnicos então dominados e foi aprovado em três concursos – disputadíssimos – que então prestou: um autarquia estadual, o Banco Nordeste do Brasil e o Banco do Brasil.

Queria optar pelo Banco do Brasil, então o emprego público mais cobiçado no país. Enquanto hesitava, o Banco do Nordeste o nomeou para servir em Cícero Dantas, em face do que o pai se preocupou. Essa incursão restringiria muito o campo de atuação e futuro do filho. Com apoio do pai, resolveu cursar direito em Aracaju. Antes, porém, por sugestão paterna, serviu o Exército, atendeu ao Tiro de Guerra (era o *Soldado Atirador 22*). Aproveitou-se da experiência, onde aprendeu muita coisa útil, e onde desenvolveu, entre outros, forte sentido cívico e patriótico. Tudo de acordo com as memórias que evocou.

Aprovado no vestibular, entre 100 concorrentes, apenas 18 lograram aprovação nos exames, Ayres Britto matriculou-se na então Faculdade de Direito do Sergipe, uma instituição de ensino federal que posteriormente foi absorvida pela universidade federal daquele estado.

Lembra-se das aulas do Professor Gonçalo Rollemberg Leite, diretor da escola, culto, erudito, que transbordava cultura humanística. Lembra-se das aulas de Silvério Fonte, empolgantes, que tratavam da Filosofia e da Economia Política. José Bonifácio Fortes era outro excelente professor, que lecionava Direito Constitucional e Direito Administrativo. As aulas de Direito do Trabalho, conta, também eram fascinantes, conduzidas por José da Silva Ribeiro Filho.

Ayres Britto lia intensamente os livros de direito: especialmente, e muitas vezes, a *Introdução ao Direito,* de J. Flóscolo da Nóbrega, que lecionava na Faculdade de Direito da Paraíba. Estou Magalhães Noronha (Direito Penal) e Fran Martins (Direito Comercial). Ayres Britto recorda-se como um aluno muito aplicado, ainda que permanentemente conduzido por leituras outras, gerais, desinteressadas, randômicas, às quais se dedicava prazerosamente. Alcançou equilíbrio no intelecto a partir do aparente caos das leituras intermináveis.

Foi um bom aluno, alcançou boas notas. Percebeu desde então o gosto por metáforas, frases, aforismos, trocadilhos, fórmulas com as quais extrai até hoje o não verbal dos conteúdos jurídicos que analisou ao longo da vida, especialmente no STF, a exemplo dos grandes temas da união homoafetiva, da liberdade de imprensa e da pesquisa nas células tronco.

Depois de formado, e ao longo de intensa vida forense em Sergipe, seguiu para São Paulo para estudar a pós-graduação, matriculando-se na Pontifícia Universidade Católica de São Paulo, a Escola das Perdizes, onde pontificaram grandes nomes do direito brasileiro, a exemplo de Oswaldo Aranha de Mello, Celso Antônio Bandeira de Mello, Celso Bastos, Geraldo Ataliba, André de Franco Montoro, Maria Helena Diniz, Paulo de Barros Carvalho, entre tantos outros. A PUC qualificava-se como efervescente centro de debates jurídicos. Os mestres que lá pontificavam lideravam o mercado editorial, ditavam a doutrina, moldavam a jurisprudência. A PUC era a referência.

Ayres Britto efetivamente chegou à pós-graduação com grande vivência prática. Fora chefe jurídico da CONDESE, importante autarquia de Sergipe. Fora Procurador-Geral do Estado (à época o cargo denominava-se de Consultor-Geral do Estado). Fora Procurador-Geral de Justiça. Lecionou Direito Administrativo; a experiência docente começara ainda em Propriá, onde ensinou Direito Usual e Legislação Aplicada.

Orientado por Celso Bastos, foi prestigiado pelo mestre, que o convidou a publicar a monografia de conclusão de disciplina, em forma de livro conjunto, no qual trataram da interpretação e da aplicabilidade das normas constitucionais. A prestigiosa Saraiva editou o livro, que à época foi um divisor de águas na história da doutrina da hermenêutica constitucional brasileira. Ainda guiado por Celso Bastos defendeu tese de doutoramento. No mestrado explorou o tema da discricionariedade da Administração perante a Constituição Federal. No doutorado tratou do regime jurídico das emendas constitucionais.

Essa trajetória acadêmica, que identifica as relações entre o tratamento dos arranjos institucionais e as humanidades, o direito e a literatura, a constituição e a filosofia, a lei e a semântica, culminou num potente instrumento de reformas constitucionais, informais, de mutação, permeadas pela extração ôntica de conteúdos não verbais em textos aparentemente indiferentes aos problemas levados à composição. Exemplifiquemos.

A discussão em torno da possibilidade da união afetiva, e seu efetivo reconhecimento, é da premissa indicativo seguro. Forte no art. 3º, IV, da Constituição, Ayres Britto compreende que não se pode conceber qualquer forma de preconceito; o objetivo da Constituição é promover o bem de todos, sem distinção de sexo, cor, idade, origem, ou qualquer outra. O enunciado centra-se na proibição de juízos negativos preconcebidos. Todos os conteúdos devem ser apreendidos da compreensão – inclusive não verbal – que decorre desse postulado matriz.

Para Ayres Britto as características pré-concebidas percepções de origem, sexo, cor, etc., são obras do acaso. Não se trata do mérito, nem de defeitos, de prerrogativa, ou de menoscabo, são circunstâncias que não se escolhem, sobre as quais não se tem controle. Tem-se absoluta indiferença jurídica em relação a todas essas conjunturas. O art. 3º da Constituição Federal é mandamento para que se enterrem ideias mortas, na correta e elegante expressão do Ayres Britto. Do intérprete se espera que solte as palavras, contidas no texto normativo, metáfora confirmada pelo aparente imobilismo do texto escrito e impresso.

De igual modo, no instigante tema da liberdade de imprensa; o conteúdo do comando é pleno, segue Ayres Britto, de modo a excluir qualquer apreciação judicial. Nesse assunto Ayres Britto é radical, exatamente como no conteúdo da imagem mental de Karl Marx, para quem ser radical é ir até a raiz. A discussão ensejou conjunto colorido de anexins e frases, ilustradoras da posição avançada do já então Ministro Ayres Britto, para quem, *quem quer que seja pode dizer o que quer que seja,* ou *não é pelo temor do abuso que vai se proibir o uso.* A afirmação é radical.

Segundo Ayres Britto matéria ambiental também propicia intuições verbalizadas, a exemplo de voto proferido em torno de garantia de área de proteção ambiental, vocalizado na percepção de que *as matas são as que mais procriam.* A fortíssima formação humanística e literária produziu um Ministro incorrigivelmente poeta, que não deixa de ser poeta, que não pode deixar de ser poeta, porque, se o fizesse, aduz, se apartaria de si mesmo.

Ayres Britto também lembra as discussões em torno das pesquisas com as células tronco, quando externou posição pluralista, no sentido de permitir que se abram as janelas do direito ao mundo circundante. Naquele contexto, realizou-se a primeira audiência pública da história do STF. Vários cientistas, proficientes em suas áreas de atuação, subiram na tribuna e explicaram para leigos os conteúdos técnicos das questões que se discutia. Ayres Britto insistiu que não confundia embrião de pessoa humana (no vidro) com pessoa humana embrionária (no útero); afinal, sobre o início da vida, relata-nos o Ayres Britto, a Constituição é de um silêncio de morte.

Ayres Britto, cavaleiro intelectual do Sergipe, comprova-nos que as palavras dizem menos do que se referem, se referem a muito mais do que sonorizam, e significam muito mais do que compreendemos. É também por isso que Ayres Britto tanto significa para nós todos.

PARA COMPREENDER A GRANDE MOLÉSTIA BRASILEIRA

Fábio Konder Comparato[1]

SUMÁRIO: 1. Causas Históricas da Moléstia 2. A realidade social por trás do direito positivo a) *A escravidão*; b) *O sistema latifundiário* 3. A influência decisiva do sistema capitalista 4. Proposta de tratamento.

O distúrbio político desencadeado em 2016 com o processo por crime de responsabilidade aberto contra a Presidente Dilma Rousseff nada mais é, na verdade, do que o surgimento de mais um dos múltiplos sintomas de uma grave moléstia, contraída pela sociedade brasileira desde o início do processo de colonização de nosso território no século XVI. Se quisermos, portanto, começar a combater a enfermidade – o que vai se tornando sempre mais urgente neste início do século XXI –, não podemos nos limitar a encontrar paliativos para os sintomas no momento em que eles se declaram, mas sim compreender em profundidade a *causa morbi*.

Na verdade, trata-se de uma enfermidade permanente, cujo início data do próprio Descobrimento.

É o que ouso afirmar neste breve texto, dedicado ao caro amigo e eminente homem público Carlos Ayres Britto.

Focalizo aqui, especialmente, um dos efeitos permanentes da enfermidade; a saber, a dupla vigência das nossas instituições políticas, uma oficial, pouco respeitada, e outra não oficial, mas que acaba sempre por se impor, pelo fato de corresponder aos interesses dos grupos dominantes em nossa sociedade.

1. CAUSAS HISTÓRICAS DA MOLÉSTIA

A vigência efetiva e não meramente pressuposta das normas componentes do ordenamento jurídico oficialmente adotado em cada Esta-

---

1. Professor Emérito da Faculdade de Direito da Universidade de São Paulo – USP. Doutor *Honoris Causa* da Universidade de Coimbra.

do depende, por inteiro, de dois fatores, intimamente relacionados entre si. De um lado, a estrutura de poder efetivo em vigor nessa sociedade, estrutura essa organizada em forma hierárquica, em cujo ápice encontra-se o poder supremo ou soberania. De outro lado, a mentalidade coletiva, entendida esta como o conjunto dos valores éticos, sentimentos, crenças, opiniões e mesmo preconceitos, dominantes na sociedade, e que tendem a se consolidar em usos e costumes.[2]

Criou-se, destarte, em vários países e especialmente no nosso, uma duplicação anômala de ordenamentos jurídicos: um, declarado oficialmente pelo Estado, a culminar com o sistema constitucional; outro, composto por uma interpretação seletiva de normas, efetuada pelos agentes estatais – notadamente magistrados judiciais –, interpretação essa que sempre favorece os interesses próprios dos potentados econômicos privados, não sendo repudiada pela consciência coletiva.

É à luz desses dois fatores estruturantes da ordem social, que podem ser melhor compreendidas as peculiaridades da sociedade brasileira.

2. A REALIDADE SOCIAL POR TRÁS DO DIREITO POSITIVO

Bem examinada nossa sociedade, não é difícil perceber que a sua estrutura foi moldada, genericamente pelo espírito[3] e o sistema de poder, próprios da civilização capitalista; e especificamente, pelas instituições da escravidão e do latifúndio.

Com efeito, diversamente do que sucedeu no Velho Mundo, as sociedades criadas no continente americano foram inteiramente estruturadas pelo capitalismo, que dominou toda a política de colonização no Novo Mundo.

As marcas indeléveis dessa gênese capitalista são evidentes nos dois grandes fatores estruturantes da sociedade brasileira: a relação de poder e a mentalidade coletiva.

O poder soberano entre nós, desde os tempos coloniais, foi fundamente marcado pela doação de terras públicas aos senhores privados,

---

2. Sobre o conceito moderno de *mentalidade*, cf. Georges Duby, *Histoire des mentalités, in Encyclopédie de la Pleiade, L'Histoire et ses méthodes*, Paris (Gallimard), 1961; E. H. Erikson, *Identität und Lebenszyklus* (Surkamp); J. Surowiecki, *The wisdom of crowds: why the many are smarter than the few*, Londres (Abacus).

3. No sentido que a essa palavra deu Max Weber em sua obra seminal *Die protestantische Ethik und der Geist der Kapitalismus*, publicada no início do século XX.

e pela mercantilização dos cargos públicos. Desde a dinastia de Avis, em Portugal, que inaugurou pioneiramente, já no século XIV, o sistema de capitalismo de Estado, os monarcas, para enfraquecer o poder nobiliárquico, passaram a vender cargos públicos a membros da burguesia. No Brasil colônia, tirante os Governadores Gerais e mais tarde os Vice-Reis, praticamente todos os cargos públicos foram comprados por burgueses, que para cá vieram no intuito de amortizar a despesa de aquisição de tais cargos e fazer fortuna. Tais funcionários, aqui instalados, longe de toda fiscalização da metrópole, tornaram-se de fato, embora não de direito, um estamento de "donos do poder", como os qualificou Raymundo Faoro.

Não é, pois, de estranhar se, desde as origens, a dupla formada pelos potentados econômicos privados e os agentes estatais passou a servir--se do dinheiro público como patrimônio próprio dessa associação oligárquica, gerando a duradoura endemia da corrupção estatal. Ela principiou, na verdade, desde o início da colonização. Quando Tomé de Souza chegou à Bahia em 1549, instaurando o Governo-Geral, acompanhava-o, na qualidade de ouvidor-geral, o desembargador Pero Borges. Ora, este mesmo alto personagem, em 1543, enquanto exercia o cargo de Corregedor de Justiça em Elvas, no Alentejo, fora encarregado de supervisionar a construção de um aqueduto. Quando as verbas se esgotaram sem que este estivesse pronto, "algum clamor de desconfiança se levantou no povo", como refere Vitorino de Almeida em *Elementos para um dicionário de geografia e história portuguesa*, editado em 1888. Aberta pelo rei uma investigação, averiguou-se que Borges "recebia indevidamente quantias de dinheiro que lhe eram levadas a casa, provenientes das obras do aqueduto, sem que fossem presentes nem o depositário nem o escrivão". Em 1547, ele foi finalmente condenado "a pagar à custa de sua fazenda o dinheiro extraviado". Pero Borges retornou a Lisboa, "deixando atrás de si triste celebridade". No entanto, em 17 de dezembro de 1548, um ano e sete meses após a sentença, foi ele nomeado pelo mesmo rei ouvidor-geral do Brasil.[4] Ou seja, para o monarca lusitano, o mau ladrão na metrópole podia ser um bom administrador na colônia.

Com a criação, desde os primeiros tempos coloniais, dessa oligarquia binária – potentados econômicos privados e agentes estatais – estabeleceu-se, por via de consequência, uma dualidade permanente do

---

4. Citado por Eduardo Bueno, *O mau ladrão – Ficha suja*, in *História do Brasil para ocupados*, org. de Luciano Figueiredo, Casa da Palavra, 2013, pp. 253 e ss.

ordenamento jurídico entre nós: um oficial, em grande parte de mera aparência, e outro efetivo, mas sempre dissimulado.

Representa, na verdade, um dos múltiplos ludíbrios do sistema de dominação capitalista sustentar que ele independe do Estado e se esforça por limitar o poder estatal, em nome da livre iniciativa. A realidade sempre foi bem outra. Como advertiu o grande historiador francês Fernand Braudel, "o capitalismo só triunfa quando se identifica com o Estado, quando é o Estado".[5]

Concomitantemente, na consciência dessa dupla oligárquica sempre preponderou um certo complexo de país colonizado ou, como disse Sérgio Buarque de Holanda, um sentimento de vivermos desterrados em nossa própria terra.[6] Assim, as Constituições aqui promulgadas sempre seguiram um modelo estrangeiro, vigente em país que considerávamos culturalmente superior ao nosso. Nossos oligarcas jamais se preocupassem em saber se tal modelo podia ou não se adaptar à realidade brasileira.[7]

A Constituição Federal de 1988, tal como as anteriores, principia declarando que "todo poder emana do povo" (art. 1º, parágrafo único). Infelizmente, porém, trata-se de afirmação meramente retórica. Em todo o curso de nossa História, o povo jamais exerceu um poder efetivo, contentando-se, ultimamente, em ser mero figurante do teatro político.

Em homenagem à moderna democracia direta, já em vigor em alguns países do Ocidente, os constituintes brasileiros decidiram adotar os institutos do referendo, do plebiscito e da iniciativa popular legislativa (art. 14). Mais adiante, porém, no art. 49, inciso XV, fizeram questão de precisar que, entre os poderes da "competência exclusiva do Congresso Nacional", inclui-se o de "autorizar referendo e convocar plebiscito". Ou seja, a Constituição Brasileira vigente criou uma espécie original de mandato político, no qual o povo mandante somente pode manifestar

---

5. *La dynamique du capitalisme*, Éditions Flammarion, 2008, p. 68.

6. *Raízes do Brasil, capítulo I (Fronteiras da Europa)*.

7. Sobre o caráter alienígena da Constituição de 1824, cf. *História Geral da Civilização Brasileira, O Brasil Monárquico. Tomo II, Do Império à República*, por Sérgio Buarque de Holanda, São Paulo (Difusão Europeia do Livro), 1972, pp. 21 e ss. Quanto à elaboração puramente intelectual da Constituição de 1891, copiando do modelo norte-americano, saliente-se que o art. 387 do Decreto de 11 de outubro de 1890 dispunha que "os estatutos dos povos cultos, especialmente os que regem as relações jurídicas na República dos Estados Unidos da América do Norte, os casos de *common law* e *equity* (!) serão subsidiários da jurisprudência federal".

legitimamente suas declarações de vontade, quando obtém o consentimento do mandatário.

Quanto ao projeto de lei de iniciativa popular, o art. 61, § 2º da Constituição exige seja ele "subscrito por, no mínimo, um por cento do eleitorado nacional, distribuído pelo menos por cinco Estados, com não menos de três décimos por cento dos eleitores de cada um deles". Ora, quando os grupos oligárquicos perceberam que tal exigência podia ser cumprida, não tiveram dúvidas: fizeram com que a Câmara dos Deputados impusesse o requisito formal do reconhecimento de firma de todos os signatários do projeto; o que tornou na prática impossível o cumprimento da norma constitucional. Resultado: até hoje, mais de um quarto de século depois de promulgada a Constituição, nenhuma lei exclusivamente de iniciativa popular foi votada em nosso país.

No tocante à chamada "democracia representativa", inaugurada pela classe burguesa dominante na Europa e nos Estados Unidos no final do século XVIII, e aqui instaurada constitucionalmente, ela se funda, na verdade, em grosseiro equívoco, agudamente denunciado por Rousseau:

> "A Soberania não pode ser representada, pela mesma razão que ela não pode ser alienada: ela consiste essencialmente na vontade geral, e a vontade não se representa de forma alguma: ela é a mesma, ou é outra; não há meio-termo".[8]

Em suma, como afirmou com razão Sérgio Buarque de Holanda,[9] a democracia em nosso país sempre foi "um lamentável mal-entendido". Eis a razão principal do medíocre respeito que têm merecido os direitos humanos no Brasil: da mesma forma que a soberania popular, as declarações constitucionais de direitos humanos têm sido em grande parte retóricas, pois o seu respeito efetivo pressupõe uma limitação ao exercício do poder na sociedade; o que contraria frontalmente o sistema de dominação capitalista.

Se o esquema de poder político, como se vê, segue fielmente o padrão dissimulatório capitalista, os valores fundamentais que moldam a mentalidade coletiva não são outros, senão aqueles desde sempre sustentados pelos grupos dominantes, e que acabam permeando a consciência popular.

Até meados do século passado, entre nós, o poder de formar a mentalidade coletiva foi predominantemente exercido pela Igreja Católica,

---

8. *Do Contrato Social,* livro segundo, capítulo I.
9. *Raízes do Brasil,* capítulo VI.

intimamente associada aos órgãos estatais, através da instituição do padroado. Por isso mesmo, a pregação eclesiástica sempre enfatizou como pecado grave o desrespeito do que se qualificava como "ordem pública"; entendida como a completa submissão de todos os fiéis às autoridades políticas, com a consequente aceitação, sem ressalvas, do conjunto das instituições econômico-sociais, inclusive a escravidão.

Atualmente, a inserção dos valores capitalistas na consciência coletiva é feita, sobretudo, por intermédio dos meios de comunicação de massa, cujos principais veículos – grande imprensa, rádio e televisão – estão submetidos ao controle de um oligopólio empresarial.

Como tive ocasião de sustentar,[10] em agudo contraste com o que ocorreu em todas as civilizações anteriores, na civilização capitalista sempre predominou a moral do egoísmo, sendo a busca incessante do interesse material de cada um a finalidade última da vida. Aristóteles, é verdade, já havia reconhecido que, contrariamente à moral prevalecente em sua época, "a maior parte da humanidade prefere o ganho material à honra".[11] Na civilização capitalista, contudo, vai-se mais além: ser rico é ser honrado e respeitado pelos pobres.

Duas características desse espírito egoísta marcaram profundamente a sociedade brasileira em todos os seus aspectos: o individualismo e o privatismo.

Sérgio Buarque de Holanda,[12] entre outros intérpretes clássicos da realidade brasileira,[13] caracterizou o nosso individualismo pela tibieza do espírito de organização, fruto da ausência de solidariedade e, portanto, de coesão social. Tal foi, na verdade, o resultado em nosso meio de uma estrutura patrimonialista fortemente dissociativa. De um lado, a grande massa dos pobres só é, por assim dizer, ajuntada pela força do patrão ou do governo, o grande patrão impessoal. Já a minoria rica e poderosa, até hoje, mantém-se unida tão só para a defesa de seus privilégios patrimoniais e posições de mando. Garantidos estes, cada empresário procura dominar seu concorrente, a fim de lograr o monopólio do mercado.

---

10. *A Civilização Capitalista – Para compreender o mundo em que vivemos*. 2ª edição revista e aumentada, Saraiva, 2014, pp. 48 e ss.

11. *Política* 1218 *b*, 18/19.

12. *Raízes do Brasil*, capítulo I.

13. Como, por exemplo, Oliveira Vianna em *Instituições Políticas Brasileiras*, volume I, capítulo V e VI.

De onde a tradicional ausência em nossa sociedade do espírito republicano; ou seja, a constante submissão da vida pública à esfera privada.

Como já havia salientado Frei Vicente do Salvador, em passagem tantas vezes citada do seu livro,[14] cuja primeira edição data de 1627, "nem um homem nesta terra é público, nem zela ou trata do bem comum, senão cada qual do bem particular".

Duas instituições históricas moldaram profundamente o espírito privatista do poder político e dos costumes sociais no Brasil: a escravidão e o latifúndio. Entre seus múltiplos efeitos, a perdurar ainda hoje, está a convicção arraigada na mentalidade coletiva de que negros e pobres não têm propriamente direitos subjetivos, mas podem eventualmente gozar de favores pessoais, concedidos pelos patrões ou chefes políticos.

a) *A escravidão*

Suas vítimas foram os indígenas autóctones e os africanos para aqui importados como mercadorias.[15]

Não havendo os portugueses encontrado metais preciosos em terras brasileiras – pelo menos nos primeiros séculos da colonização –, as violências aqui praticadas contra os indígenas para obrigá-los ao trabalho escravo chegaram a extremos inimagináveis: desde mutilações e torturas atrozes até genocídios de populações inteiras, fixadas em várias aldeias.

Infelizmente, como ninguém ignora, até hoje persistem casos de violência individual ou coletiva contra os indígenas, e os responsáveis dificilmente são punidos.

Quanto à escravidão de negros, estima-se que, de meados do século XVI até 1850, ano da promulgação da Lei Eusébio de Queiroz, que proibiu definitivamente o tráfico negreiro, cerca de quatro milhões e oitocentos mil escravos foram trazidos da África para o Brasil.

As leis referentes à escravidão de negros representam um caso paradigmático da já assinalada dupla face do direito brasileiro.

A Constituição de 1824 declarou "desde já abolidos os açoites, a tortura, a marca de ferro quente e todas as demais penas cruéis" (art. 179, XIX).

---

14. *História do Brasil 1500–1627*, livro primeiro, capítulo II.
15. Cf. o meu livro *A Civilização Capitalista*, cit., pp. 172 e ss.

Em 1830, porém, foi promulgado o Código Criminal, que previu a aplicação da pena de galés, a qual, conforme o disposto em seu art. 44, "sujeitará os réus a andarem com calceta no pé e corrente de ferro, juntos ou separados, e a empregarem-se nos trabalhos públicos da província, onde tiver sido cometido o delito, à disposição do Governo". Escusa dizer que tal penalidade, tida por não cruel pelo legislador de 1830, só se aplicava de fato aos escravos.

E havia mais. Apesar da expressa proibição constitucional, os cativos foram, até as vésperas da abolição, mais precisamente até a Lei de 16 de outubro de 1886, marcados com ferro em brasa, e regularmente sujeitos à pena de açoite. O mesmo Código Criminal, em seu art. 60, fixava para os escravos o máximo de 50 (cinquenta) açoites por dia. Mas a disposição legal nunca foi respeitada. Era comum o pobre diabo sofrer até duzentas chibatadas diárias. A lei supracitada só foi votada na Câmara dos Deputados porque, pouco antes, dois de quatro escravos, condenados a 300 açoites por um tribunal do júri de Paraíba do Sul, vieram a falecer.

Tudo isso, sem falar dos castigos mutilantes, como todos os dentes quebrados, dedos decepados ou seios furados.

Outro exemplo desmoralizante foi o tráfico negreiro. Em 1831, sob a Regência, promulgou-se sob a pressão da Inglaterra uma lei que declarava livres "todos os escravos, que entrarem no território ou portos do Brasil, vindos de fora". Eles seriam reexportados "para qualquer parte da África", e os "importadores" sujeitos a processo penal; entendendo-se por "importadores", não só o comandante, o mestre e o contramestre da embarcação, mas também os armadores da expedição marítima, bem como todos aqueles que "cientemente comprarem como escravos" as pessoas ilegalmente trazidas ou desembarcadas no Brasil. Ora, como se tratava simplesmente de uma "lei para inglês ver", segundo a expressão consagrada, nenhuma das penalidades nela cominadas foi jamais aplicada. Calcula-se terem sido para aqui contrabandeados como escravos, desde a promulgação daquela lei até 1850, quando entrou em vigor a Lei Eusébio de Queiroz, nada menos do que 750 mil africanos.[16]

A escravidão de negros deixou profundas marcas na mentalidade coletiva e nos costumes políticos do nosso povo. Em nenhum outro país do hemisfério ocidental a escravidão legal durou tanto tempo: quase

---

16. Sobre todo esse longo episódio de fraude à Lei de 7 de novembro de 1831, no Brasil, veja-se o relato minucioso do Professor Sidney Chalhoub, em *A Força da Escravidão – Ilegalidade e Costume no Brasil Oitocentista*, São Paulo (Companhia das Letras), 2012.

quatro séculos. Ela fez com que a relação de comando e obediência se fundasse costumeiramente na força ou no dinheiro, em lugar do livre consentimento. No seio da multidão dos pobres de todo gênero – os nascidos "para mandados e não para mandar", conforme a saborosa expressão camoniana[17] – nunca houve propriamente a garantia de direitos subjetivos, com a consequente exigência legal do cumprimento de uma prestação em favor do seu titular. O que houve, e continua a existir largamente, é a possibilidade de ser bem tratado pelos "donos do poder", tal como os escravos domésticos quando se curvavam humildemente diante de seus patrões para obter restos de comida.

A triste realidade é que ainda hoje persiste o costume de escravizar trabalhadores, sobretudo no meio rural. Ano após ano, a Polícia Federal e o Ministério do Trabalho resgatam quase um milhar de pessoas que trabalham em situação análoga à do escravo. Mas não consta que algum dos proprietários rurais que utilizam essa mão de obra cativa tenha sido denunciado pela prática do crime definido no art. 149 do Código Penal (redução a condição análoga à de escravo).

Em 5 de junho de 2014, foi finalmente promulgada a Emenda Constitucional nº 81, cuja proposta tramitou no Congresso Nacional durante 15 anos. Ela alterou a redação do art. 243, *caput* da Constituição, determinando o confisco das propriedades rurais e urbanas onde for localizada a exploração de trabalho escravo. Até o momento, porém, que eu saiba, essa norma constitucional não foi aplicada uma única vez, em razão do imenso poder, exercido pela classe dos grandes proprietários rurais e pelas empresas exploradoras do agronegócio, sobre os órgãos oficiais encarregados de aplicar essa medida punitiva.

b) *O sistema latifundiário*

A exploração das terras agrícolas em grandes unidades autárquicas surgiu desde cedo na Península Ibérica, durante a dominação romana. Eram os *latifundia*. Eles foram depois, no curso do século XV, sob a denominação de senhorios, instalados por Portugal nas ilhas atlânticas para a produção do açúcar de cana. Foi essa, justamente, a época em que teve início o tráfico regular de africanos como escravos para a Europa, pois esse tipo de exploração agrícola exigia forte contingente de mão de obra.

A partir dessa experiência desenvolvida nas ilhas atlânticas, Portugal decidiu transportá-la para o Brasil, logo no início da colonização, sob a

---

17. *Os Lusíadas*, Canto V, versos 1211/1212.

forma de capitanias hereditárias. Costuma-se qualificá-las como modalidades de feudalismo, mas o instituto do senhorio dele difere radicalmente. O feudalismo implica a existência de uma relação vassalática de natureza pessoal, fundada na homenagem (do latim bárbaro *hominium* ou *homagium*) e na fidelidade (*fides*); ao passo que o senhorio era simplesmente uma posição dominante sobre os servos ou clientes, estribada na posse de terras. O senhor, além dos poderes econômicos decorrentes da propriedade, gozava ainda de prerrogativas políticas, como a jurisdição sobre todos os que viviam em suas terras, o direito de portar armas e o de cobrar tributos. Enquanto na sociedade predominantemente feudal as pessoas, embora em posição desigual, mantinham relações de direitos e deveres recíprocos, a sociedade predominantemente senhorial foi toda estruturada em torno do poder do proprietário (*dominus*), diante do qual não havia propriamente sujeitos de direito, mas simples dependentes.

Tendo em vista o insucesso da experiência das capitanias hereditárias, Portugal optou por criar o regime de sesmarias, instituto criado por uma lei de 1375, e destinado a combater a grande crise agrícola desencadeada na Europa com a irrupção da peste negra. Graças à precoce organização da economia colonial no sentido da monocultura agrícola dirigida à exportação, o território brasileiro foi partilhado em grandes domínios rurais, cujos proprietários concentravam em sua pessoa a plenitude dos poderes, tanto de ordem privada, como política, assim os de natureza civil, como os de índole eclesiástica. Pode-se afirmar, sem risco de exagero, que do senhor dependiam o presente e o futuro de todos os que viviam no território fundiário, fossem eles familiares, agregados, clientes ou escravos. "O ser senhor de engenho", disse Antonil em sua obra de 1711,[18] "é título a que muitos aspiram, porque traz consigo o ser servido, obedecido e respeitado de muitos. E se for, qual deve ser, homem de cabedal e governo, bem se pode estimar no Brasil o ser senhor de engenho, quanto proporcionadamente se estimam os títulos entre os fidalgos do Reino". E ainda: "Quem chegou a ter título de senhor, parece que em todos quer dependência de servos".[19]

O regime latifundiário está na origem do costume aqui institucionalizado de privatização do espaço público. É que a grande propriedade rural brasileira, submetida a um regime quase autárquico, era uma es-

---

18. *Cultura e Opulência do Brasil*, 3ª edição, Livraria Itatiaia Editora Limitada/Editora da Universidade de São Paulo, pág. 75.

19. Idem, pág. 79.

pécie de território soberano, onde o proprietário, como nos *latifundia* romanos, fazia justiça e mantinha força militar própria, para defesa e ataque. Entre o senhor e as autoridades do Estado, à imagem do que ocorre no plano internacional entre as diferentes nações, estabeleciam-se relações de potência a potência, fundadas na convenção bilateral de que o Estado se comprometia a respeitar a autonomia local do senhor, ao passo que este se obrigava a manter a ordem na região, emprestando à autoridade pública o concurso de seus homens de armas para a eventual guerra contra o estrangeiro, ou a episódica repressão aos levantes urbanos.

A consequência inevitável dessa privatização do espaço público foi a ausência de um verdadeiro sistema de justiça, pois o seu funcionamento pressupõe a existência de uma autoridade pública acima dos particulares; inexistindo aquela, estes últimos não têm propriamente direitos subjetivos, a serem por todos respeitados.

Outra consequência da privatização do espaço público foi a instalação e difusão, em todo o território nacional, do sistema de compadrio e clientelismo. Para o acesso a qualquer cargo público ou, simplesmente, para obter êxito em qualquer demanda junto aos Poderes Públicos – notadamente em matéria de proteção policial ou judicial, era indispensável o apoio do senhor rural do qual dependia o demandante. De onde o conhecido ditado: *quem não tem padrinho, morre pagão*. Inútil dizer que tal sistema invadiu quase que inteiramente o campo da representação política.

Logo após a Independência, a criação da Guarda Nacional reforçou, em todo o nosso território, o poder local absoluto dos grandes senhores rurais, qualificados doravante como coronéis.[20] Entre eles e as autoridades públicas firmava-se um acordo tácito, pelo qual o coronel dava seu apoio político ao governo, que de sua parte comprometia-se a nomear as pessoas indicadas pelo coronel, como juízes locais, delegados de polícia, coletores de impostos, agentes do correio e até professoras primárias. Graças a esse acordo, o coronel protegia sua clientela e enfrentava seus inimigos pessoais. Como se sabe, o coronelismo perdurou largamente na política brasileira após a proclamação da República, e subsiste até hoje. Foi ele um dos principais obstáculos à existência efetiva, entre nós, do Estado de Direito, em que todos, governantes e governados, submetem-

---

20. Sobre o assunto, veja-se o livro já clássico de Victor Nunes Leal, *Coronelismo, Enxada e Voto*, editado originalmente no Rio de Janeiro em 1949.

-se ao império da lei. Aliás, uma expressão muito usada entre nós pelos chefes políticos bem expressa essa realidade: *para os amigos, tudo; para os inimigos, a lei.*

De qualquer forma, todo esse arranjo personalista não impediu que o conjunto de nossas instituições, públicas e privadas, tenha sido, desde sempre, moldado pelo sistema capitalista, como se passa a ver.

3. A INFLUÊNCIA DECISIVA DO SISTEMA CAPITALISTA

Como assinalado acima, desde o início da colonização portuguesa a sociedade organizada nestas terras, com as bênçãos das autoridades eclesiásticas, sofreu a influência dominante do capitalismo. Aqui se estruturou uma exploração colonial de índole mercantil, na qual o poder supremo de mando foi atribuído aos potentados rurais, intimamente associados aos administradores régios para cá enviados. Quanto à mentalidade própria dos colonizadores, ela foi descrita sem rebuços por Frei Vicente do Salvador:[21]

> "Deste modo se hão os povoadores, os quais, por mais arraigados que na terra estejam e mais ricos que sejam, tudo pretendem levar a Portugal, e se as fazendas e bens que possuem souberam falar, também lhe houveram de ensinar a dizer como aos papagaios, aos quais a primeira coisa que ensinam é: papagaio real para Portugal, porque tudo querem para lá. E isto não têm só os que de lá vierem, mas ainda os que cá nasceram, que uns e outros usam da terra, não como senhores, mas como usufrutuários, só para a desfrutarem e a deixarem destruída".

Quando Tomé de Souza desembarcou na Bahia, em março de 1549, munido do seu famoso Regimento do Governo, e flanqueado de um ouvidor-geral, um provedor-mor, um capitão-mor da costa, além de 1.200 funcionários, civis e militares, bem como de cinco jesuítas chefiados pelo Padre Manoel da Nóbrega, a organização político-administrativa do Brasil como país unitário principiou a existir. Tudo fora minuciosamente preparado e assentado, em oposição ao isolamento senhorial das capitanias hereditárias. Notava-se apenas uma lacuna: não havia povo. A população indígena, estimada na época em um milhão e meio de almas, não constituía, obviamente, o povo da nova entidade política; tampouco o formavam os degredados aqui desembarcados em número crescente a partir de 1530, ou os funcionários que acompanharam o Governador Geral. Em suma, tivemos organização estatal antes de ter povo. Em lugar

---

21. *História do Brasil*, livro primeiro, capítulo segundo.

deste, cá se instalou uma sociedade fundamente dividida entre senhores e servos, praticamente sem meio-termo.

Eis a grande *causa mortis* de nossa doença multissecular. Ela corresponde à completa negação do primeiro princípio fundamental de todo o sistema de direitos humanos, conforme se lê no Artigo I da Declaração Universal de 1948:

> Todos os seres humanos nascem livres e iguais em dignidade e direitos. São dotados de razão e devem agir em relação uns aos outros com espírito de fraternidade.

Aí estão declarados os três grandes valores explicitados pelos revolucionários norte-americanos e franceses, no final do século XVIII.

Aconteceu, porém, que sob a aparência enganosa de adoção desses valores magnos, a burguesia, ao se tornar a classe dominante, primeiro no Ocidente e depois no mundo todo, acabou por falseá-los, ao provocar a existência de dois ordenamentos jurídicos nacionais: um oficial, que consagra todas as conquistas políticas do mundo moderno em matéria de direitos humanos; outro não oficial, que efetiva a realidade do poder capitalista, nunca revelada publicamente.

Assim é que, a todo tempo e de mil maneiras, os empresários asseveram sua adesão incondicional às liberdades individuais, como uma forma de contrapoder privado, diante da opressão estatal. Na prática capitalista, todavia, a única liberdade realmente existente é a empresarial. Caso esta seja mantida, todas as demais podem e mesmo devem, conforme as circunstâncias, ser suprimidas. Foi o que se cansou de ver na América Latina, na Ásia e na África, com a multiplicação de regimes autoritários, estreitamente associados aos grandes grupos empresariais e aos latifundiários.

Quanto ao princípio da igualdade, a burguesia revolucionária dos Estados Unidos e da França fez questão de precisar que ele diz respeito unicamente ao *status* cívico das pessoas; ou seja, é a isonomia ou igualdade perante a lei. Pois bem, a isonomia conviveu no mundo moderno durante séculos, em todos os ordenamentos jurídicos em que foi admitida, com a legalidade da escravidão (como no Brasil), a representação política censitária (só tinham direito de voto nas eleições os titulares de uma renda mínima mensal), bem como a exclusão da cidadania para as mulheres e os analfabetos.

Uma das consequências mais negativas da permanência ininterrupta de mais de cinco séculos de regime capitalista no Brasil é a descomunal desigualdade de renda na população brasileira contemporânea. Basta citar, a esse respeito, o último relatório da Oxfam International, confederação que reúne 18 organizações não governamentais em mais de 100 países, com o objetivo de lutar contra a pobreza e a injustiça social. Nesse relatório, publicado em janeiro de 2017, salienta-se que em nosso país apenas 6 indivíduos detêm, em conjunto, a mesma riqueza que a metade menos abastada de toda a nossa população.

Em suma, realizamos a proeza trágica de sermos atualmente um dos quatro países mais desiguais do mundo.

Ora, como se sabe, a desigualdade só pode ser corrigida em ambiente de crescimento econômico. Mas como realizá-lo, agora que o capitalismo industrial foi sucedido, no mundo inteiro, pelo capitalismo financeiro? Ninguém pode ignorar que se a atividade industrial produz riqueza, a atividade financeira, na melhor das hipóteses, é mera auxiliar da produção de riqueza; sendo que atualmente os bancos lucram muito mais com a especulação financeira do que com o serviço de crédito.

Eis a verdadeira causa da crise econômica mundial, desencadeada em 2007, e cujas trágicas consequências perduram até hoje.

4. PROPOSTA DE TRATAMENTO

Para principiar a cura de nossa velha moléstia jurídico-política, precisamos ultrapassar a mera consideração dos sintomas aparentes e fixar nossa atenção nos dois já mencionados fatores estruturantes de toda sociedade política; vale dizer, a relação de poder e a consciência social ou mentalidade coletiva.

Creio que essa reforma em profundidade exige a fixação de uma estratégia, ou seja, o estabelecimento de um objetivo final, e a escolha de várias táticas, vale dizer, meios e métodos de se alcançar esse escopo, variáveis conforme a imposição das circunstâncias.

O objetivo final a ser alcançado não é outro, senão a criação em nosso território de uma sociedade justa e solidária, na qual todos tenham efetivamente respeitada sua dignidade de pessoas humanas.

Para tanto, é indispensável atuar no nível da titularidade do poder supremo em nossa sociedade. Se continuarmos sob a dominação oligárquica, nenhuma mudança significativa ocorrerá. Cumpre dar início, desde logo, à preparação do nosso povo para o efetivo exercício da soberania.

Escusa dizer que não se pode cogitar, para tanto, de soluções rápidas e radicais – do tipo revolucionário, por exemplo – soluções essas que se revelaram em pouco tempo ineficazes. A transformação social de um país é um longo processo, que se desenvolve através de várias gerações sucessivas. O que exige a fixação de um programa ou plano de longo prazo.

Ora, justamente, não se pode negar que tal exigência entra em conflito com um dos traços marcantes da personalidade do nosso povo, em qualquer classe social: a incapacidade de prever e planejar o futuro.

Bem se vê, pelo que acaba de ser dito, que os dois citados fatores sociais estruturantes caminham sempre de mãos dadas: não há mudança na estrutura de poder social, sem uma equivalente alteração na mentalidade coletiva.

Pois bem, no tocante à mudança na estrutura de poder, algumas medidas poderiam ser tomadas, visando ao enfraquecimento de nossa tradicional soberania oligárquica.

Penso, sobretudo, em que reunamos nossos esforços para dar plena eficácia aos institutos constitucionais do referendo, do plebiscito e da iniciativa popular legislativa, previstos na Constituição de 1988, pois a lei regulamentadora do seu artigo 14 – Lei nº 9.709, de 18/11/1998 – em nada fez avançar a aplicação efetiva daqueles instrumentos da soberania popular.

A esse respeito, assinalo que no final de 2004 deu entrada na Câmara dos Deputados uma proposta, transformada em projeto de lei (Projeto de Lei nº 4.718), que tive a honra de redigir em nome do Conselho Federal da Ordem dos Advogados do Brasil. Nesse projeto de lei, subordina-se a atuação do Congresso Nacional ao princípio superior da soberania popular; ou seja, a competência estabelecida no art. 49, inciso XV da Constituição diz respeito tão-só aos aspectos formais da proposta de plebiscito e referendo. Além disso, alguns plebiscitos e referendos seriam obrigatórios. Quanto aos não obrigatórios, eles seriam realizados mediante iniciativa do próprio povo, ou por requerimento de um terço dos membros de cada Casa do Congresso Nacional.

Lamentavelmente, por falta de empenho da OAB e, sobretudo, pela inexistência de pressão popular, tal projeto foi desfigurado por um substitutivo na Comissão de Constituição, Justiça e Cidadania daquela Casa do Congresso, substitutivo esse que ainda não chegou a plenário para votação. Ou seja, o grupo oligárquico está conseguindo entravar sua tramitação por mais de uma década.

Conviria também que nos aproveitemos da última turbulência surgida no plano das instituições políticas, para repensar a manutenção em nosso ordenamento constitucional do instituto do afastamento do Chefe de Estado, em razão do cometimento dos chamados crimes de responsabilidade. Trata-se, incontestavelmente, de um recurso somente aplicável pelos grupos dominantes, para a preservação de seus próprios interesses políticos. O povo, que elege diretamente os Chefes de Estado nos sistemas presidenciais de governo, fica à margem do processo do *impeachment* presidencial, como se nada tivesse a ver com o assunto.

Se quisermos manter o governo presidencial em regime autenticamente democrático, é preciso reconhecer que se o povo elege diretamente o presidente, é somente ele que pode destituí-lo. Importa, pois, começarmos a discutir em profundidade a introdução, em nosso ordenamento constitucional, do instituto do *recall*, ou referendo revocatório de mandatos políticos. Com esse objetivo, redigi em 2005 uma proposta de emenda constitucional, criando o *recall*, não só para a destituição popular do chefe de governo, mas também para pôr fim, por decisão do próprio povo, aos mandatos dos parlamentares por ele eleitos. Foi a PEC nº 73/2005, apresentada por dois senadores, e que, à falta de total apoio partidário ou popular, acabou sendo arquivada no final de 2014.

Ainda nesse campo da representação popular na esfera estatal, penso ser urgente e necessário mudar a composição do colégio eleitoral para a eleição dos deputados federais. A Constituição de 1988, na linha das que o precederam desde 1891, declara que "a Câmara dos Deputados compõe-se de representantes do povo". Mas esse povo a que se refere a Constituição não é uma entidade una, titular da soberania – a qual não pode ser dividida –, mas sim um conjunto de grupos diversos de eleitores, cada qual com poder eleitoral específico. Para se ter uma ideia da absurdez vigente entre nós nesse particular, é preciso atentar para o fato de que o poder de um cidadão brasileiro domiciliado em Rondônia de eleger um deputado federal é quatorze vezes maior do que o de um cidadão domiciliado em São Paulo.

Na verdade, a razão desse descompasso brutal está no fato de que os chefes políticos dominantes nas regiões pouco desenvolvidas do nosso país não querem, de forma alguma, abrir mão de seu domínio sobre a população pobre, tradicionalmente dependente dos potentados locais.

Ao abolirmos a monarquia em 1889, a nossa oligarquia decidiu copiar, pura e simplesmente, o falso modelo federativo norte-americano, explicável pelas suas origens históricas. A federação surgiu nos Estados

Unidos, como processo de reunião (é este, exatamente, o sentido original de *foederatio* em latim) de unidades políticas independentes. Trata-se de uma forma de se organizarem Estados; nunca de se dividir o povo soberano.

Já no que respeita à formação de uma consciência republicana e democrática no seio do povo, tal tarefa, numa sociedade de massas como a atual, depende em sua maior parte da colaboração dos meios de comunicação social. Sucede, porém, como ninguém ignora, que esse setor é rigidamente controlado em nosso país por um conglomerado empresarial, que conta com o apoio estatal, e que exerce sem qualquer entrave o seu poder ideológico para neutralizar a vigência efetiva da plena normatividade constitucional. Em 2015, em debate promovido pela ONU, verificou-se que em nosso país apenas seis famílias controlavam 90% das empresas de comunicação de massa, bem como 90% da receita publicitária, pública e privada.

Igualmente nesse campo, o grupo oligárquico impede toda e qualquer mudança, ostentando – para engodo do público, em geral – a mera aparência constitucional.

Efetivamente, conforme o disposto no art. 220, § 5º, "os meios de comunicação social não podem, direta ou indiretamente, ser objeto de monopólio ou oligopólio". E o art. 221, inciso I estabelece, por sua vez, que "a produção e a programação das emissoras de rádio e televisão atenderão aos seguintes princípios: I – preferência a finalidades educativas, artísticas, culturais e informativas".

Pois bem, passado mais de um quarto de século desde a promulgação da Constituição, tais normas ainda não foram regulamentadas por lei; o que faz delas mera ornamentação jurídico-formal.

Inconformado com isso, procurei em 2011 um partido político, que consentiu em ajuizar por meu intermédio, perante o Supremo Tribunal Federal, uma ação direta de inconstitucionalidade por omissão. Pois bem, encerrada a instrução processual em 2013 com parecer largamente favorável da Procuradoria-Geral da República pela procedência da ação, a Ministra relatora, até o momento em que escrevo estas linhas, não se dignou pôr o feito em votação. E não há poder algum capaz de obrigá-la a tomar essa decisão.

Aliás, nesta república constituída em "Estado democrático de Direito", como declara a Constituição vigente logo em primeiro artigo, a organização do Supremo Tribunal Federal faz uma clamorosa exceção ao princípio do Estado de Direito. Os magistrados integrantes de nossa Corte Suprema não estão submetidos ao controle de poder algum, podendo exercer suas altas funções da maneira que o desejarem.

Acontece que a implementação de tais propostas exige uma atuação política verdadeiramente republicana; ou seja, orientada pelo prevalecimento, em qualquer circunstância, do bem comum do povo sobre todo e qualquer interesse grupal ou partidário. O que, infelizmente, tem sido fato raro em toda a nossa História.

CONSTITUIÇÕES E CULTURA POLÍTICA: PARA ALÉM DO CONSTITUCIONALISMO CONTRAMAJORITÁRIO

Luiz Fux[1]
Pedro Felipe de Oliveira Santos[2]

SUMÁRIO: 1. Introdução 2. Cultura política e constitucionalismo funcional: para além do caráter contramajoritário das constituições 3. Constituições sem constitucionalismo? 4. Conclusão. Bibliografia.

1. INTRODUÇÃO

Elemento consensual entre as várias teorias constitucionais construídas a partir das experiências francesa e estadunidense do século XVIII consistiu no discurso de que o constitucionalismo representa uma técnica garantística de limitação do poder político absoluto. Advém desse mesmo discurso a noção de que o constitucionalismo assume feições contramajoritárias, em contraposição ao caráter majoritário do princípio democrático. Nesse sentido, a sadia tensão entre constitucionalismo e democracia – ou, em outras palavras, entre contramajoritariedade e

---

1. Ministro do Supremo Tribunal Federal. Vice-Presidente do Tribunal Superior Eleitoral. Professor Titular da Universidade do Estado do Rio de Janeiro – UERJ. Doutor em Direito Processual Civil pela Universidade do Estado do Rio de Janeiro – UERJ. Membro da Academia Brasileira de Letras Jurídicas. Membro da Academia Brasileira de Filosofia. E-mail: gabinete-luizfux@stf.jus.br,

2. Juiz Federal do Tribunal Regional Federal da 1ª Região. Graduado em Direito pela Universidade de Brasília. Pós-graduado em Direito Internacional Público pela *The Hague Academy of International Law*. Mestre em Direito pela Universidade de Harvard. Professor Voluntário da Universidade de Brasília. Professor Titular da Escola Superior do Ministério Público do Distrito Federal e Territórios. Professor Convidado da Universidade Estadual do Tocantins. E-mail: professorpedrofelipe@gmail.com.

majoritariedade – tornou-se o núcleo essencial da leitura dos direitos fundamentais do Estado de Direito.

O constitucionalismo moderno disseminou-se paulatinamente por todo o globo. Símbolo essencial desse empreendimento consistiu na consolidação da ideia da essencialidade de uma lei básica de racionalização dos poderes estatais e de garantia de direitos fundamentais, denominada *constituição*. Especialmente a partir dos séculos XIX e XX, várias nações adotaram *constituições escritas*, seguindo a estrutura que Jeffrey Goldsworthy denominou de modelo democrático de constitucionalismo: *(i)* eleições democráticas para os Poderes Executivo e Legislativo; *(ii)* previsão de direitos fundamentais; *(iii)* Poder Judiciário independente e com competência para resolver conclusivamente disputas jurídicas; e *(iv)* previsão de que alterações constitucionais demandam procedimentos legislativos mais rigorosos[3].

Não obstante esse aspecto central, o exercício comparativo entre as diversas experiências constitucionais descortina que são vários os constitucionalismos que se construíram nas diversas regiões do globo. As ideias e as estruturas constitucionais que se espalharam na segunda metade do século XX se depararam com os elementos culturais e estruturais específicos de cada país. Essa relação tensional entre o novo e o tradicional, entre o externo e o interno, ensejou *fertilizações cruzadas* entre estruturas e culturas jurídicas, possibilitando a diferenciação entre as experiências constitucionais de cada região.

A análise comparativa desse conjunto de experiências gera uma perplexidade: textos normativos e estruturas institucionais (órgãos, cortes, poderes, funções públicas etc.) não detém legitimidade originária per si – ou produzem autonomamente muito pouco da sua própria legitimidade. Pelo contrário, tais textos e estruturas recepcionam o significado simbólico que a respectiva cultura política lhes atribui.

Essa perplexidade advém basicamente de três evidências. Primeiro, a cultura política de cada sociedade é determinante para a efetividade e a normatividade das constituições escritas. Segundo, há diversas constituições escritas que não regulam efetivamente o processo político. Terceiro, há países sem constituição escrita que gozam de profunda estabilidade institucional e dispõem de uma cultura constitucional consolidada.

---

3.   Jeffrey Goldworthy, *Questioning the Migration of Constitutional Ideas: rights, constitutionalism and the limits of convergence*. In: The Migration of Constitutional Ideas. Cambridge: Cambridge University Press, 2006. P. 116.

O presente artigo analisa ponto pouco explorado pelo Direito Constitucional: para além das noções tradicionais e teóricas de *força normativa da constituição*, as variadas experiências nacionais e supranacionais têm produzido distintas interações entre o constitucionalismo e as constituições. As funções que cada constituição exerce no âmbito da respectiva cultura política ultrapassam o contramajoritarismo e assume contornos específicos, que precisam ser problematizados.

Para desenvolver essa reflexão, o argumento proposto compõe-se de três partes. A primeira parte descreve como as culturas políticas são determinantes para a conformação do constitucionalismo e da legitimidade constitucional. A segunda parte analisa algumas experiências disfuncionais entre constituição e constitucionalismo. Por fim, a terceira parte conclui o trabalho, destacando os desafios que as constituições escritas devem assumir para permanecerem responsivas às realidades das experiências político-institucionais.

2. CULTURA POLÍTICA E CONSTITUCIONALISMO FUNCIONAL: PARA ALÉM DO CARÁTER CONTRAMAJORITÁRIO DAS CONSTITUIÇÕES

A despeito das particularidades que podem ser observadas em cada sistema político, as constituições, em regra, consistem em textos normativos básicos que definem os *standards* do comportamento estatal, distribuem poderes entre as estruturas institucionais que elas mesmos criam (*power map*) e encartam direitos assegurados aos seus súditos.

Para a doutrina tradicional, a formalização de direitos e a criação de instituições pelo texto constitucional têm dois fins precípuos. Primeiro, limitar o Estado e expandir a esfera de proteção dos indivíduos, de forma a garantir as suas liberdades – inclusive para as minorias. Segundo, garantir as bases institucionais para a sustentabilidade, a longevidade e a estabilidade do regime democrático, ainda que em face de diferenças culturais, étnicas, religiosas etc., por vezes irreconciliáveis[4].

Entretanto, o professor Cass Sunstein assevera que, para além das finalidades contramajoritárias típicas do constitucionalismo, vários dos direitos e das instituições formalizadas nas constituições derivam do próprio princípio democrático – e não da necessidade de controle do

---

4. Marvin Meyers, ed, *The Mind of the Founder: Sources of the Political Thought of James Madison..* 230-31 *(Bobbs-Merrill,* 1973).

majoritarianismo – e nele se fundamentam. Nesse sentido, constituições também se consubstanciam em *estratégias de antecipação*, na medida em que criam certos direitos e instituições para remover alguns conflitos do processo político e para encerrar debates sobre determinadas questões fundamentais. Assim, o constituinte elege determinadas soluções ou consensos relativos sobre questões fundamentais e os cristaliza sob a forma de direitos fundamentais e institutos jurídicos. Para Sunstein,

> [...] alguns direitos são encartados [nas constituições] em virtude de uma crença de que eles são, em algum sentido, pre- ou extra- políticos, isto é, porque indivíduos podem exercê-los independente do que as maiorias pensam. [...] Entretanto, muitos direitos constitucionalmente encartados derivam do próprio princípio democrático. A sua proteção [...] decorre do objetivo de autodeterminação através da política, e com ele não estabelece nenhuma tensão. A *estratégia de antecipação* permite que as pessoas protejam os processos democráticos contra seus próprios excessos potenciais ou erros de julgamento. O direito à liberdade de expressão e o direito de voto são ilustrações familiares. A proteção constitucional desses direitos não está em desacordo com o compromisso com a autonomia governamental, mas sim [consiste em] uma parte lógica dele"[5].

Nesse sentido, em muitos casos, a criação de instituições e o encarte de direitos nas constituições não se prestam a limitar ou a constranger a atuação estatal, mas decerto para fortalecê-la. Afinal, por meio das *estratégias de antecipação*, o constituinte elege algumas controvérsias sociais elementares, define as respectivas soluções morais e as cristaliza institucionalmente no próprio texto constitucional. Consequentemente, tais conflitos básicos são removidos intencionalmente do processo político. Essa operação reduz a quantidade de potenciais disputas entre os atores sociais e torna o processo político mais fluido, o que facilita a atuação estatal tanto em relação a outros conflitos que permanecem em aberto – especialmente aqueles para os quais não se alcançou consenso relativo –, como em relação aos conflitos que surgirão em decorrência

---

5. Sunstein, Cass. Constitutionalism and Secession. *The University of Chicago Law Review*, Vol. 58, No. 2, Approaching Democracy: A New Legal Order for Eastern Europe. (Spring, 1991), pp. 633-670. P. 638. Texto original: *"Some rights are entrenched because of a belief that they are in some sense pre- or extra-political, that is, because individuals ought to be allowed to exercise them regardless of what majorities might think. [...]But many of the rights that are constitutionally entrenched actually derive from the principle of democracy itself. Their protection from majoritarian processes follows from and creates no tension with the goal of self-determination through politics. The precommitment strategy permits the people to protect democratic processes against their own potential excesses or misjudgments. The right to freedom of speech and the right to vote are familiar illustrations. Constitutional protection of these rights is not at odds with the commitment to self-government but instead a logical part of it".*

dessa escolha constitucional. Nesse ponto, a criação de certos direitos e instituições mais habilita do que constrange o Estado, uma vez que essa desidratação intencional do processo político concede maior fluidez às funções estatais. Ainda para Sunstein,

> O sistema de separação de poderes, por exemplo, não apenas restringe o governo, mas também ajuda a energizá-lo e torná-lo mais eficaz, criando uma saudável divisão do trabalho. Esse foi um argumento proeminente durante o período de enquadramento na América. Um sistema no qual o Executivo não carrega o ônus da jurisdição pode muito bem fortalecer o Executivo, removendo-lhe uma tarefa que freqüentemente enseja opróbrio público. De fato, todo o arcabouço poderia permitir e não restringir a democracia, não só criando um executivo enérgico, mas, mais fundamentalmente, permitindo que o povo soberano prosseguisse uma estratégia, contra seu governo, de dividir e conquistar. Enquanto se entende que nenhum ramo do governo é realmente "o povo", um sistema de separação de poderes pode permitir que os cidadãos monitorem e restrinjam seus agentes inevitavelmente imperfeitos. Em geral, o enraizamento de arranjos institucionais estabelecidos fortifica [o Estado], em vez de meramente limitar as gerações presentes e futuras, criando um quadro estabelecido sob o qual as pessoas podem tomar decisões[6].

Por meio das *estratégias de antecipação*, retirar determinadas controvérsias da agenda política é um mecanismo de fortalecimento da própria política, reduzindo a potencialidade de certos conflitos de causar instabilidade, caos e hostilidade social desarrazoadamente. Ironicamente, essa desidratação da arena política é uma decisão fundamentada no princípio democrático e também o fortalece.

Exemplificadamente, a liberdade de expressão, a propriedade privada, a liberdade econômico-contratual, o sistema capitalista, a proteção ambiental, entre diversas outras normas, consistem, para além de

---

6. Sunstein, Cass. Constitutionalism and Secession. *The University of Chicago Law Review*, Vol. 58, No. 2, Approaching Democracy: A New Legal Order for Eastern Europe. (Spring, 1991), pp. 633-670. P. 638. Texto original: "The system of separation of powers, for example, does not merely constrain government, but also helps to energize it, and to make it more effective, by creating a healthy division of labor. This was a prominent argument during the framing period in America. A system in which the executive does not bear the burden of adjudication may well strengthen the executive by removing from it a task that frequently produces public opprobrium. Indeed, the entire framework might enable rather than constrain democracy, not only by creating an energetic executive but, more fundamentally, by allowing the sovereign people to pursue a strategy, against their government, of divide and conquer. So long as it is understood that no branch of government is actually 'the people', a system of separation of powers can allow the citizenry to monitor and constrain their inevitably imperfect agents. In general, the entrenchment of established institutional arrangements enables rather than merely constrains present and future generations by creating a settled framework under which people may make decisions".

direitos fundamentais, a cristalização institucional de escolhas do poder constituinte que selaram soluções morais específicas para conflitos caros à cultura política. A instituição desses direitos garante não apenas o exercício das liberdades individuais, mas também garante a fluidez do processo político, na medida em que estabelece um parâmetro prévio de atuação estatal. Assim, por exemplo, a análise de qualquer conflito envolvendo o exercício de opiniões partirá do pressuposto de que todos os indivíduos podem exercer livremente as suas opiniões. Nesse ponto, o debate sobre a existência da liberdade de expressão encontra-se superado, de modo que a solução do conflito avançará, *ab initio*, sobre outros elementos mais específicos, como a extensão e os limites desse exercício.

No entanto, é preciso admitir que estruturas constitucionais, por si, não necessariamente sustentam o processo político ou conduzem à democracia. Não há democracia sustentável que esteja amparada apenas em estruturas normativas que preveem direitos fundamentais, eleições, separação de poderes e *judicial review*. Deve-se analisar o constitucionalismo também sob o viés funcional, de modo a se verificar se a *rule of law* efetivamente regula o processo político, bem como se os poderes instituídos e os atores sociais mantêm firme compromisso com os valores do constitucionalismo.

Trata-se do objeto de estudo do *constitucionalismo funcional*, o qual analisa como as constituições efetivamente funcionam e quais papéis exercem no âmbito do processo político. Essa análise, de natureza contextual, não pode desconsiderar a cultura política em que essa constituição encontra-se inserida – um conjunto de valores morais, políticos e intelectuais de uma sociedade, acoplados sob o aspecto temporal.

A cultura política constrói-se pelo processo de distribuição dos recursos escassos e limitados, a cargo de cada sociedade. Esse processo desenvolve-se paulatinamente, a partir de escolhas comuns que se cristalizam na esfera axiológica respectiva, e ancora-se em um conjunto de *standards* de justiça que são compartilhados entre os seus membros. Ao fim, esse mapa de alocação de recursos assume relevância normativa, uma vez formalizado nas normas constitucionais. Para Daniel Franklin,

> Por sua própria natureza, uma sociedade apenas pode ser uma sociedade na medida em que há uma espécie de consenso – uma coleção de valores compartilhados. A chave para essa definição é a palavra *compartilhado*. Para que uma sociedade se mantenha coesa, para que um governo seja capaz de proteger os direitos de todos os seus cidadãos, devem existir certos valores compartilhados. O princípio mais básico de qualquer sociedade constitucional é a crença compartilhada pela vir-

CONSTITUIÇÕES E CULTURA POLÍTICA

tude de ser cidadão de um estado, no sentido de que todas as pessoas são iguais aos olhos da lei. Além disso, nós podemos identificar o estado constitucional como sendo aquele em que a *rule of law* prevalece. A lei nunca é arbitrariamente aplicada no estado constitucional, e a única coerção exercida pelo governo é guiada por garantias e limitações procedimentais[7].

Destarte, a chave do constitucionalismo encontra-se no caráter coletivo de certos valores inscritos em determinada comunidade. Adverte-se: não se está a afirmar que todas as pessoas devam compartilhar os mesmos valores em uma dada sociedade. Essa aspiração, além de faticamente impossível, é inclusive indesejável, na medida em que a diversidade entre os indivíduos é fator essencial para o enriquecimento e a dinamização do caráter contramajoritário do constitucionalismo. No entanto, a coesão sistêmica deriva da identidade de determinados valores compartilhados entre certos grupos. A título de exemplo, grupos A e B podem compartilhar entre si valor x; por sua vez, grupos B e C podem compartilhar valor y; por fim, grupos C e A podem compartilhar valor z. A sucessão de compartilhamento de distintas circunstâncias gera uma amálgama axiológica, a qual se torna vital para a sustentabilidade do regime constitucional do país em que inseridos todos aqueles grupos.

Por isso mesmo, coordenação axiológica absoluta não é requisito essencial para que uma determinada cultura política sustente o regime constitucional. Afinal, ainda em face de eventual discordância entre determinados grupos, ou de uma vitória de um determinado grupo sobre o outro, o fato de que os atores envolvidos enxerguem aquele processo decisório como legítimo e procedimentalmente justo é suficiente para que não haja fragmentação daquele regime constitucional. Destarte, a função do constitucionalismo também perpassa a criação de canais efetivos de interlocução para as minorias.

Portanto, o conceito de cultura política passa a ser essencial para a análise das experiências constitucionais. Há uma retroalimentação con-

---

7.   Daniel Franklin & Michael Baun (eds.), *Political Culture and Constitutionalism: a Comparative Approach* (1994). Texto original: "*By its nature, a society can only be a society as long as there is some kind of consensus – a collection of shared values. The key to this definition is the word* shared. *For a society to remain cohesive, for a government to be capable and willing to protect the rights of all its citizens there must be certain shared values. The most basic tenet of any constitutional society is the shared belief that by virtue of being citizens of a state, all persona are equal in the eyes of the law. Thus, we can identify the constitutional state as being one in which the rule of law prevails. The law is never arbitrarily applied in the constitutional state, and the only coercion exercised by government is guided by procedural guarantees and restraints*".

tínua entre constituição e cultura política, cada qual introjetando conteúdos, limites e possibilidades uma na outra. É cediço que a constituição, como uma estrutura normativo-institucional que enquadra a atuação dos indivíduos e do Estado, gera-lhes incentivos e desincentivos, ao mesmo tempo lhes restringindo as possibilidades de conduta, como também lhes engajando para a consecução das aspirações encartadas em seu texto. Entretanto, nenhuma estrutura normativo-institucional, por si, produz integralmente a sua própria legitimidade e os seus próprios significados e símbolos. Conforme Franklin, "uma democracia autossustentável não pode ser imposta simplesmente por meio da sobreposição de uma estrutura institucional similar àquela que existe em um sistema político maduro"[8]. Afinal, "sistema judiciário, parlamento, eleições e uma constituição escrita não constituem ou necessariamente conduzem a uma democracia"[9]. Estruturas institucionais precisam ser desenhadas de modo a serem integralmente responsivas às necessidades e à cultura política de um determinado estado.

3. CONSTITUIÇÕES SEM CONSTITUCIONALISMO?

O viés funcional assume relevância para a análise das experiências constitucionais em culturas políticas diversas do nascedouro do constitucionalismo. Embora a ideia de constitucionalismo esteja, como regra geral, interligada com a ideia de constituição escrita, uma análise comparativa permitirá encontrar países onde, a despeito da vigência de constituições escritas, há pouca aderência dos poderes instituídos aos valores tradicionais do constitucionalismo.

Essa constatação consubstancia-se em alerta: transplantes de estruturas constitucionais entre países, sem qualquer verificação crítica de acoplamento entre as respectivas instituições e a cultura política do estado receptor – como aconteceu recorrentemente a partir da segunda metade do século XIX – podem ensejar experiências desastrosas.

O professor Okoth-Ogendo[10] descreve a situação de diversos países africanos no período pós-colonial, especialmente a partir de 1957,

---

8. Id, p. 34. Texto original: *"[...] a self-sustaining democracy cannot be imposed simply by overlaying an institutional structure similar to that which exists in a mature political system"*.

9. *Id.* Texto original: *"A court system, parliament, elections, and a written constitution do not, themselves, constitute or necessarily lead to a democracy"*.

10. OKOTH OGENDO. "Constitutions without constitutionalism: an African political paradox" in Douglas Greenberg S. N. Kartz, B. Oliviero and S.C. Wheatley (Eds) Constitutionalism and De-

com a independência do Gana, e posteriormente, com a independência do Zaire, da Malaui, da Zâmbia e outros. Embora quase todos eles tenham promulgado constituições escritas após os movimentos de descolonização, percebe-se um déficit de normatividade constitucional, uma vez que as cartas políticas não apenas não conseguem, de fato, regular o exercício do poder, como também se tornaram objetos de manipulação dos grupos controladores do governo para fins de perpetuação no poder. Para o professor Ogendo, a situação africana se revela num paradoxo, na medida em que há um descompasso entre o compromisso das elites políticas com a ideia de constituição escrita e a rejeição, por parte delas, da clássica noção de constitucionalismo (técnica de regulação garantística do poder político, com limitação da atuação estatal arbitrária):

> A análise do paradoxo começa com uma simples mas importante assertiva: todo o direito, e o direito constitucional em particular, é preocupado não com normas abstratas, mas com a criação, distribuição, exercício, legitimação, efeitos e reprodução do poder [...]. Nessa perspectiva, a ideia da lei, e consequentemente da constituição como uma lei especial, demanda compromisso ou aderência à teoria de organização de poderes, como aparece evidente na experiência histórica e nas aspirações compartilhadas de todas as sociedades. O fato de que, em algumas sociedades, o exercício do poder se tornou mais previsível [...] meramente registra a complexidade da relação entre poder e direito em diferentes contextos[11].

Nesse sentido, no período pós-descolonização, a ideia de constituição, nos moldes estabelecidos pelos grupos políticos controladores, distanciava-se dos ideais de limitação do poder estatal e de garantia efetiva de direitos fundamentais, os quais governaram a construção do constitucionalismo moderno na França e nos Estados Unidos. A cultura política até então estabelecida estava mais preocupada com *(i)* a afirma-

---

mocracy: Transitions in the Contemporary World (Chapter 4) OUP, New York.". In: Cent. Afri. J. Pharm. Sci. 5(3): 60-66. Cent. Afri. J. Pharm. Sci. 5(3): 60-66; 1993.

11. OKOTH OGENDO. "Constitutions without constitutionalism: an African political paradox" in Douglas Greenberg S. N. Kartz, B. Oliviero and S.C. Wheatley (Eds) Constitutionalism and Democracy: Transitions in the Contemporary World (Chapter 4) OUP, New York.". In: Cent. Afri. J. Pharm. Sci. 5(3): 60-66. Cent. Afri. J. Pharm. Sci. 5(3): 60-66; 1993. Texto original: *"The analysis of the paradox begins with a simples but important assertion: all law, and constitutional law in particular, is concerned, not with abstract norms, but with the creation, distribution, exercise, legitimation, effects, and reproduction of power; [...]. From this perspective, therefore, the very idea of law, hence of a constitution as a special body of law, entails commitment or adherence to a theory of organized power, as appears evident in the historical experience and shared aspirations of all societies. The fact that in some societies the exercise of power becomes more predictable, [...] merely records the complexity of the relationship between power and law in different contexts".*

ção da soberania dos Estados que surgiam, perante a comunidade internacional; *(ii)* a afirmação da hegemonia política que essas elites haviam recentemente conquistado no âmbito interno, com a saída dos grupos colonizadores; e *(iii)* o estabelecimento de uma lei básica de organização das instituições estatais e do processo político.

Esse primeiro ponto – afirmação da soberania estatal – revela a conveniência e a necessidade de se adotar uma constituição escrita para aqueles estados recém-instituídos. Naquele período – segunda metade do século XX –, constituição escrita e Estado de Direito consubstanciavam a linguagem comum entre os países do Ocidente, praticamente os requisitos mínimos para que uma determinada jurisdição pudesse ser aceita na comunidade internacional como um país independente e soberano. É irônico perceber que a independência desses países, como uma atitude de rejeição do poder colonial europeu, toma forma a partir da adoção de modelos institucionais copiados dessa região, tal como a ideia de constituição escrita.

No entanto, a evolução dessa experiência constitucional ocorreu por meio da desfiguração da ideia de constituição como reguladora sustentável do processo político, na medida em que os grupos políticos controladores passam a manipular a própria estrutura constitucional para criar estruturas antidemocráticas de manutenção de sua própria hegemonia política. Emendas constitucionais recorrentes para ampliar os poderes discricionários do chefe do Poder Executivo, para garantir reeleições contínuas e para imunizar autoridades políticas de acusações civis e penais são expedientes comuns em países africanos para driblar os mecanismos de controle. Nesse sentido, não é exagero concluir que, em diversos países pós-coloniais africanos, a experiência que se descortinou nas décadas de 80 e 90 fez com que a ordem constitucional deixasse de ser um árbitro do processo político para se tornar um instrumento de apropriação do poder.

Por sua vez, em continente diverso, o Japão apresenta uma relação particular entre cultura política e constituição. Para a professora Annen Junji, ao contrário do que se desenvolveu nos Estados Unidos, não há, no Japão, uma relação intrínseca entre esses dois elementos. Para ela:

> Enquanto os americanos discordem entre si sobre uma série de questões, o discurso sempre assume a validade e a vitalidade contínua da Constituição Americana. É simplesmente inimaginável que a constituição possa ser descartada em virtude de alterações econômicas ou apatia pública. De fato, constituição e identidade nacional estão tão firmemen-

CONSTITUIÇÕES E CULTURA POLÍTICA

te conectadas, que abandonar a primeira seria a extinção da segunda. No entanto, essa afirmação não se confirma no Japão[12].

Dois fatores revelam as rotas dessa problemática experiência japonesa. Primeiro, o Japão tem um longo histórico de construção de identidade nacional uniforme que precede a promulgação de sua primeira constituição, em 1889. A sua família imperial data de dois mil anos, a sua infraestrutura política foi consolidada por volta do século VIII e a sua reunificação ocorreu por volta do século XVII. Segundo, as constituições japonesas não foram originadas a partir de anseios populares, mas decorreram de imposições superiores, seja por meio do imperador Meiji, em 1889, seja por meio dos Estados Unidos, em 1947, ao final da ocupação decorrente da Segunda-Guerra Mundial.

Essas circunstâncias criaram uma relação de desconfiança do povo japonês em relação à sua própria constituição, que jamais conseguiram perceber as suas estruturas normativas constitucionais como um instrumento de proteção dos direitos fundamentais e de suas liberdades. Pelo contrário, o sentido que a cultura política atribui à constituição japonesa assumiu um viés utilitarista, mais interligado à manutenção da paz social e da prosperidade econômica, e à satisfação das necessidades básicas de sobrevivência dos cidadãos. Para Annen:

> Japoneses [tendem a] apoiar a constituição não por que ela protege as liberdades, mas pela consciência de que ela pode continuar a trazer paz e prosperidade, respondendo as demandas dos seres humanos. Se a paz e a prosperidade decaírem como resultado de alterações econômicas e internacionais, as pessoas responderão que "não é necessário aderir à coisas inúteis como a constituição" e, certamente, ela será abandonada[13].

Por fim, as experiências constitucionais na América Latina, especialmente na Venezuela, também demonstram um desvio da noção clássica

---

12. Annen Junji, *Constitutionalism as Political Culture*, 2002 Pacific Rim Law & Policy journal Association (p. 12). Texto original: *"While Americans may disagree over any number of political issues, the discourse always assumes the continued validity and vitality of the United States Constitution. It is simply unthinkable that the Constitution would be discarded due to changing economic conditions or public apathy. Indeed, the Constitution and the national identity are so firmly intertwined that to abandon the former would be to extinguish the latter. Not so in Japan".*

13. Annen Junji, *Constitutionalism as Political Culture*, 2002 Pacific Rim Law & Policy jornal Association (p. 12). Texto original: "Japanese support the Constitution not because it protects freedom, but rather the consciousness that it would continue to bring peace and prosperity by responding to the demands of "living beings". If Peace and prosperity declines as a result of economic and international changes, people respond that "it is not necessary to adhere to useless things like the Constitution", and frankly, it could be abandoned".

de constitucionalismo, embora de modo menos acentuado do que aconteceu na África pós-colonial[14]. O professor David Landau se refere a essas situações de uso dos mecanismos de alteração constitucional – seja por meio de emenda, seja por meio de edição de novo texto constitucional – como *constitucionalismo abusivo*. Segundo ele, embora as constituições desses países contenham vários elementos estruturais semelhantes àqueles encontrados nas demais constituições liberais democráticas, há subterrânea e constante manipulação das estruturas normativas para subverter a ordem democrática.

4. CONCLUSÃO

A atividade de engajamento comparativo é metodologicamente contextual. Muito mais do que abstratamente cotejar textos normativos, *comparar* envolve o cuidadoso trabalho de verificar contextos, de reconstruir históricos institucionais e de analisar o modo como elementos extrajurídicos influem na conformação da cultura política de um país.

A pesquisa comparativa sobre as experiências constitucionais vivenciadas em diversas regiões do mundo evidencia que são vários os constitucionalismos. A cultura política de cada país – amálgama entre os elementos históricos, políticos, institucionais e morais, considerados temporalmente – é determinante para se definirem as funções que cada constituição escrita desempenhará em cada sistema político, bem como os significados que cada sociedade atribuirá a esse corpo de normas.

A doutrina tradicional sempre faz referências aos casos em que a experiência constitucional não é necessariamente acompanhada de constituição escrita, como na Inglaterra e em Israel, mas pouco se dedica a analisar casos em que a presença de constituição não vem acompanhada da aderência ao constitucionalismo, em seu viés tradicional. O presente trabalhou pretendeu preencher essa lacuna, ao exemplificar situações que divergem da noção tradicional construída na França e nos Estados Unidos, especialmente os casos em que a promulgação de constituições escritas não esteve embasada em um compromisso dos grupos de controle político em seguir os valores garantísticos de limitação do poder estatal.

---

14. Landau, David, Abusive Constitutionalism (April 3, 2013). 47 UC Davis Law Review 189 (2013); FSU College of Law, Public Law Research Paper No. 646. Available at SSRN: https://ssrn.com/abstract=2244629

CONSTITUIÇÕES E CULTURA POLÍTICA

Somados os casos de *constitucionalismo sem constituição* e de *constituição sem constitucionalismo*, percebe-se intuitivamente que estruturas constitucionais, por si, não adquirem força normativa por geração espontânea. A cultura política é determinante para a construção da legitimidade e do simbolismo do sistema político-democrático.

Essa constatação faz lembrar que uma das funções do direito constitucional comparado é detectar as *falsas necessidades* de cada sistema político, conforme enuncia Mark Tushnet[15]. Uma reflexão se impõe: na medida em que se percebe que, em numerosos casos, as normas constitucionais têm falhado em regular efetivamente o processo político, de modo que a legitimidade respectiva depende da cultura política de cada sociedade, seriam as constituições escritas uma falsa necessidade do constitucionalismo global do século XXI?

A resposta é veementemente negativa. De fato, como afirma o professor David Landau, "as regras formais encartadas nas constituições são frequentemente frágeis"[16], mais ainda se não sustentadas por uma cultura política compromissada com a sua efetividade. Por outro lado, o reconhecimento de que a cultura política assume papel determinante na consolidação do constitucionalismo não implica que as constituições sejam peça estrutural descartável. Conforme explicitado nas seções anteriores, estruturas institucionais (entre elas, a constituição) e cultura política se retroalimentam constantemente. Estruturas jurídicas enquadram condutas, limitam a atuação do estado e dos indivíduos, expandem possibilidades de atuação, criam direitos, alocam poderes e distribuem recursos escassos: enfim, formalizam uma série de valores presentes e de aspirações futuras. Por sua vez, a cultura política atribui sentido e legitimidade às instituições.

Outrossim, o fato de haver fricção entre constituição e cultura política em algumas sociedades não significa que a experiência constitucional falhou. Primeiro, o transplante de estruturas constitucionais assume contornos específicos em cada país, a depender dos valores dominantes, dos jogos de poder em vigor e das aspirações de cada nação. Nesse sentido, a título de exemplo, não se pode pretender medir o constituciona-

---

15. Mark Tushnet, *Some reflections on method in Comparative Constitutional Law*. In: The Migration of Constitutional Ideas. Cambridge: Cambridge University Press, 2006.

16. Landau, David, Abusive Constitutionalism (April 3, 2013). 47 UC Davis Law Review 189 (2013); FSU College of Law, Public Law Research Paper No. 646. Available at SSRN: https://ssrn.com/abstract=2244629, p. 260.

lismo africano pela régua do constitucionalismo americano, sob pena de se concluir que qualquer outra experiência que não a americana consista em disfunção anômala do sentido original de constituição. É preciso aceitar a premissa de que, não obstante estruturas constitucionais assumam funções relativamente semelhantes em qualquer país, são vários – e não apenas um só – os constitucionalismos, de modo que é preciso preservar as aspirações autônomas de cada um.

Segundo, eventuais atitudes de manipulação constitucional devem ser um convite não para se descartarem as constituições, mas para se problematizar como se pode preservar o constitucionalismo – e as suas legítimas aspirações – em face das cruezas da realidade política. Nesse ponto, se, por um lado, tentar alterar a cultura política pode ser uma empreitada infrutífera em curto prazo – considerada a dificuldade de se remodelarem valores em curto interregno –, por outro, experimentos de reformas estruturais que destinem aos atores políticos incentivos efetivos de aderência aos compromissos constitucionais podem ser uma estratégia útil.

Em suma, o futuro do direito constitucional e da democracia perpassa inexoravelmente por uma problematização mais realista e consequencial das estruturas constitucionais, de modo a se perceberem, efetivamente, como funcionam os arranjos institucionais e como eles se desenrolam em cada cultura política. Assim, será possível empreender experimentos mais efetivos de imaginação institucional e de reformas estruturais, de modo a tornar as constituições mais responsivas às reais necessidades de cada sociedade e, portanto, mais aptas a produzir mais democracia.

BIBLIOGRAFIA

ACKERMAN, Bruce. *The Rise of World Constitutionalism*. Faculty Scholarship Series. Paper 129, 1997.

CASSELS, Jamie. *Judicial Activism and Public Interest Litigation in India: Attempting the Impossible?*, 37 Am. J. Com. L. 495, 1989.

CHOUDHRY, Sujit. *The Migration of Constitutional Ideas*. Cambridge: Cambridge University Press, 2006.

FALLON, Richard. *The Core of an Uneasy Case for Judicial Review*, 121 Harv. L. Rev. 1693, 2008.

HIRSCHL, Ran. *The Political Origins of the New Constitutionalism*, 11 Ind. J. Global Legal Stud. 71, 2004.

_____. *Towards Juristocracy: the origins and the consequences of the new constitutionalism*. Cambridge, Harvard University Press, 2004.

JACKSON, Vicki. *Constitutional Comparisons: Convergence, Resistence, Engagement.* Harvard Law Review, Vol. 119: 109.

JACKSON, Vicki; TUSHNET, Mark. *Comparative Constitutional Law,* 751, Foundation Press, 2014.

JUNJI, Annen. *Constitutionalism as Political Culture,* 2002 Pacific Rim Law & Policy jornal Association.

LANDAU, David. Abusive Constitutionalism, April 3, 2013. 47 UC Davis Law Review 189, 2013; FSU College of Law, Public Law Research Paper No. 646. Available at SSRN: https://ssrn.com/abstract=2244629.

_____. *A Dynamic Theory of Judicial Role,* 55 BOSTON COLLEGE LAW REVIEW, 1501, 1503, 2014.

_____. *The Reality of Social Rights Enforcement,* 53 HARVARD INTERNATIONAL LAW JOURNAL, 191, 202, 2012.

NOURSE, Victoria; SHAFFER, Gregory. *Empiricism, Experimentalism, and Conditional Theory,* 40 LEGAL STUDIES RESEARCH PAPER SERIES, 101, 111, 2014.

OGENDO, Okoth. "Constitutions without constitutionalism: an African political paradox" in Douglas Greenberg S. N. Kartz, B. Oliviero and S.C. Wheatley (Eds) *Constitutionalism and Democracy: Transitions in the Contemporary World* (Chapter 4) OUP, New York.".

R. EPP, Charles. *The Rights Revolution: Lawyers, Activists and Supreme Courts in Comparative Perspective,* Chicago Press, 1998.

SANTOS, Pedro Felipe de Oliveira. *Beyond Minimalism and Usurpation: Designing Judicial Review to Control the Mis-enforcement of socio-economic rights.* Harvard Law School, LL.M. Thesis. Texto integral, 2015.

SCOTT, Joanne; STURM, Susan P. *Courts as Catalysts: Rethinking the Judicial Role in New Governance,* 13 COLUMBIA JOURNAL OF EUROPEAN LAW, 1, 2 (2007).

SUNSTEIN, Cass. *Constitutionalism and Secession.* The University of Chicago Law Review, Vol. 58, No. 2, Approaching Democracy: A New Legal Order for Eastern Europe. (Spring, 1991), pp. 633-670. P. 638.

_____. *There is Nothing that Interpretation Just is, Harvard University,* DASH Repository (Aug. 29, 2014).

TUSHNET, Mark. *Reflections on Judicial Enforcement of Social and Economic Rights in the Twenty-First Century,* 4 NUJS L. REV. 177 (2011).

_____. *Some reflections on method in Comparative Constitutional Law.* In: The Migration of Constitutional Ideas. Cambridge: Cambridge University Press, 2006.

UNGER, Roberto Mangabeira. *What Should Legal Analysis Become,* 138, Verso, 1996.

YOUNG, Katharine G. *Constituting Economic and Social Rights,* 143 (Oxford University Press, 2012).

WALDRON, Jeremy. *The Core of the Case Against Judicial Review,* 115 YALE L. J. 1346, 2006.

CONTROLE DA CONSTITUCIONALIDADE, COISA JULGADA E RELAÇÕES CONTINUATIVAS

Tercio Sampaio Ferraz Jr.

SUMÁRIO: 1. Das transformações no controle da constitucionalidade: da validade à eficácia 2. Da dicotomia *constitucional/inconstitucional* ao paradoxo no vigente sistema misto de controle de constitucionalidade 3. Controle da constitucionalidade e razoabilidade 4. Coisa julgada 4.1 Segurança e justiça 4.2 Coisa julgada e irretroatividade 4.2.1 Possibilidade de oposição da coisa julgada à declaração de inconstitucionalidade com efeitos *erga omnes* 4.2.2 O sentido eficacial de *res judicata* na declaração de inconstitucionalidade e na de constitucionalidade: declaração de inconstitucionalidade com improcedência do pedido e declaração de constitucionalidade 5. Coisa julgada e relações continuativas 6. Conclusão. Bibliografia.

A discussão que se pretende encetar tem por fulcro a questão de se haveria limites na proteção conferida pelo texto constitucional à coisa julgada, como garantia individual à imutabilidade da dicção jurisdicional, no confronto do *controle direto* com o *controle difuso*, em especial a tese de que uma superveniente decisão do Supremo Tribunal Federal em controle concentrado de constitucionalidade pudesse ser considerada apta a induzir alteração do estado de direito de uma relação continuada.

1. DAS TRANSFORMAÇÕES NO CONTROLE DA CONSTITUCIONALIDADE: DA VALIDADE À EFICÁCIA

Para essa discussão parece-me adequado iniciar com uma breve referência aos pronunciamentos ocorridos na ação direta de inconstitucionalidade julgada em 14/06/2007 (ADI 15 – 2, rel. Min. Sepúlveda Pertence), quando o STF, por unanimidade, conheceu da ação direta e julgou-a parcialmente procedente, para declarar a inconstitucionalidade dos artigos 8º e 9º da Lei nº 7.689/88, julgando, no mais, improcedentes os pedidos.

Destaco alguns pontos relevantes para o tema em discussão. O Relator, inicialmente, não conheceu da ação quanto ao art. 8º da mencionada Lei, "uma vez que em processo de controle difuso de constitucionalidade, o Plenário declarou a inconstitucionalidade deste artigo (RE 146733, Moreira Alves, DJ 6.11.92), que, por meio da Resolução 11 de 1995 (DOU 12.4.95), suspendeu os efeitos desse dispositivo". Justifica o não conhecimento ao sustentar que a "eficácia *erga omnes* concedida pelo Senado e a invalidade – no atual estado da ação direta – do art. 8º, da lei impugnada, impedem o conhecimento da ADIn quanto a este artigo".

Quanto ao art. 9º, que o Pleno havia declarado inconstitucional em sede também de controle difuso, apesar da mensagem ao Senado, o processo de suspensão do dispositivo teria sido arquivado sem a devida resolução. Daí seguia o conhecimento da ação direta quanto a esse artigo e sua declaração de inconstitucionalidade. Mas, à diferença do art. 8º, sustentou o Relator que "os precedentes ocorreram em processos de controle difuso e é o abstrato que vincula – pelo menos em teoria – o concreto, e não este àquele".

Em aparte, o Min. Marco Aurélio percebeu no voto "*a problemática da eficácia*". Quanto à inconstitucionalidade do art. 8º, para o qual havia resolução do Senado suspendendo-o, entendeu que a expressão "suspender a execução" contaria a partir do momento de sua implementação, ao passo que, declarada a inconstitucionalidade em ação direta, haveria ineficácia *ex tunc*, isto é, "desde o nascedouro" da lei. Em face disso, o Relator retificou seu voto para declarar a inconstitucionalidade também do art. 8º. E, diante de uma observação do Min. Gilmar Mendes a propósito de uma controvérsia sobre o significado daquela suspensão, reconheceu haver "*uma disputa quanto a essa eficácia temporal da suspensão*". E concluiu, para evitar discussões (sobre o alcance temporal da suspensão pelo Senado), pela declaração de inconstitucionalidade também do art. 8º, julgando a ação *improcedente* quanto à *inconstitucionalidade formal e material* do restante da lei.

O breve relato põe em relevo o tema da eficácia no controle da constitucionalidade. Começo pela questão da *suspensão da eficácia*. Nas palavras do relator: "eficácia *erga omnes* concedida pelo Senado – e da invalidade – no atual estado da ação direta" (grifei).

Chama a atenção o uso dos conceitos: eficácia suspensa, no controle difuso, invalidade, no controle direto.

A CF veicula regra expressa sobre o tema (art. 52, X: *suspender a execução, no todo ou em parte*). A doutrina, tradicionalmente, veio a entender que aquela "suspensão", por seu caráter definitivo, equivaleria a uma "supressão" da disposição normativa do ordenamento. Havendo "supressão", a norma seria retirada do ordenamento e, nesses termos, perderia sua *validade*.

O dispositivo constitucional, no entanto, fala em "suspender a execução", donde "suprimir" e "perda da validade" serem antes *ilações*[1]. Entende-se, assim, a razão pela qual a competência do Senado para suspender a execução *erga omnes* (que, no Brasil, funcionaria como uma espécie de sucedâneo à falta do mecanismo do *stare decisis*) sempre trouxe problemas de interpretação, até mesmo por sempre se entender que o poder de "suspensão" do Senado seria político e, assim, "discricionário" por presunção (o Senado não estaria "vinculado" à decisão do STF, sem prazo para emitir resolução, podendo negar a suspensão ou efetuá-la em parte) [2].

O tema tem a ver com as sucessivas alternativas surgidas no trato do controle da constitucionalidade, sendo impossível desconhecer que, na atualidade, a antiga presunção de que *um ato do Poder Legislativo contrário à Constituição é nulo* está bastante abalada por conta de sensíveis modificações na *"calibração" do sistema constitucional*. Hoje, a doutrina e o STF e a própria legislação reconhecem o efeito *ex tunc* da inconstitucionalidade de uma norma legal, ressalvada a possibilidade de o STF regular os efeitos da declaração de inconstitucionalidade para evitar uma consequência gravosa da anulação completa dos efeitos da norma inconstitucional[3].

A chamada *flexibilização* do efeito *ex tunc* e a possibilidade de *modulação* por força de lei (Lei nº 9.868/99, art. 27) abala, porém, importantes

---

1. Próprias, aliás, do chamado raciocínio *abdutivo*, uma espécie de inferência, denominada *implicatura*, a favor da *melhor* explicação, em que se utilizam certos dados para chegar a uma conclusão mais ampla. Ver Grice, Paul, "Logic and Conversation", in *Studies in the way of words*, Harvard University Press, 1991, pp. 22-41. Sobre o raciocínio abdutivo, o *locus classicus* é composto pelos escritos de Peirce, cf. *Collected Papers of Charles Sanders Peirce*, Charles Hartshorne e Paul Weis (Eds.), Cambridge: Harvard University Press, 1931-1958.

2. A doutrina sempre teve entendimentos diversos sobre o tema, ora proclamando uma estrita vinculação (Lúcio Bittencourt: *O controle jurisdicional da constitucionalidade das leis*, Rio de Janeiro, 1945), ora uma vinculação sujeita a uma possibilidade (Buzaid: *Da ação direta de declaração de inconstitucionalidade no direito brasileiro*, São Paulo, 1958), ora sujeita a um poder jurídico de reexame (Celso Bastos: *Perfil* constitucional *da ação direta de declaração de inconstitucionalidade, RDP, 22, 1972*), ora com plena liberdade política (Themístocles Cavalcanti: *Do contrôle da constitucionalidade*, Rio de Janeiro, 1966).

3. Cf. Teori Albino Zavascki, *Eficácia das Sentenças na Jurisdição Constitucional*, RT, São Paulo, 2001.

premissas do controle da constitucionalidade, pois reabre, de certo modo, em outra sede teórica, a antiga polêmica entre *nulidade* e *anulabilidade*.

Afinal, a noção de modulação explicaria e implicaria uma <u>exigência prática</u> de que uma norma *permaneça no sistema* mesmo quando tenha sido "desconstituída" por órgão competente (declarada inconstitucional). Trata-se de uma presunção *juris tantum* de impositividade de normas emanadas por órgão competente do sistema (por competência reconhecida pelo ordenamento), presunção pragmática que se sustenta na medida em que a hipótese contrária (presunção de invalidade e nulidade absoluta) conduziria a uma disfunção do sistema em face da possibilidade de haver, incontornavelmente, interpretações divergentes entre aplicadores e destinatários e incidências concretamente ocorridas[4].

Essa *exigência prática* afeta, na verdade, o sentido da *validade* das normas legais quando declaradas inconstitucionais.

O que se põe em discussão, numa perspectiva histórica, é a assertiva, incorporada ao senso comum jurídico, de Alexander Hamilton ao discutir a competência judicial para *declarar nulos determinados atos do Legislativo*; ao afirmá-la, Hamilton o faz em nome da superioridade da própria Constituição, pois, "*[c]onsequentemente, não será válido qualquer ato legislativo contrário à Constituição*"[5].

Na perspectiva de um constitucionalismo tradicional, quando dizemos, pois, que normas *valem*, que <u>têm</u> *validade*, estamos exprimindo, uma dicotomia: a norma declarada inconstitucional é inválida, sendo válida a norma conforme a Constituição. Validade exprime uma *relação* (ou formal ou de mérito ou ambas). Por consequência, faz sentido afirmar:

---

4. Isso explicaria também a aparente inconsistência do dispositivo do § 1º do art. 5º da CF (*As normas definidoras dos direitos e garantias fundamentais têm <u>aplicação imediata</u>*) em face de outros dispositivos como o que trata do mandado de injunção à falta de norma regulamentadora que torne <u>inviável o exercício</u> de direitos e liberdades individuais.); nesses termos, o dispositivo (art. 5º, §1º), não estaria a garantir *eficácia* (*tornar viável o exercício*), mas expressaria a *imperatividade* (*aplicação* imediata), isto é, a possibilidade de produzir efeitos imediatos, cuja obrigatoriedade antecede qualquer verificação de sua validade (*lex prima facie valet*).

5. O Federalista, 78, UNB, Brasília, 1984, p. 577. A expressão: "*válido*", que se reporta ao latim *valeo*, traduz *valid* – tem em inglês o sentido de *strong, based on evidence that can be supported*, donde irrefragável, sólido, logicamente irrefutável, mas também cogente, eficaz, eficiente (Funk & Wagnalls, The Desk Standard Dictionary, London, 1927, verbete *valid*). O que cria algumas dificuldades de tradução (alias, experimentadas por Carrió ao traduzir do inglês a obra de Alf Ross: Sobre el Derecho y la Justicia, Buenos Aires, 1970, ver nota à p. 12), quando se pensa em termos correlatos como *vigente, em vigor, eficaz, obrigatório*.

"Norma inconstitucional é norma *inválida*, por desconformidade com o regramento superior, por desatender os requisitos impostos pela norma maior"[6]. Podemos entender, assim, mesmo sem incorporá-la, a explicação kelseniana da validade: uma norma vale numa relação com outra norma, que a antecede hierarquicamente. Identificar a validade de uma norma significa, pois, verificar sua relação de subordinação[7] em face de outra norma.

É essa acepção que, em face da modulação, acaba por sofrer uma sutil inflexão significativa: validade como *existência*. O próprio Kelsen (cuja teoria, sobre esse tema, não é clara) chega a dizer que validade (*Geltung*) é o modo como normas *existem*[8]. A noção de *existência* traz uma carga de ambiguidade. De um lado, validade continua a ser um termo relacional: validade como relação de subordinação. De outro, parece significar uma "pertinência": a norma "está" no mundo jurídico.

Ora, quando pensamos em *validade* como *existência* e *invalidade* como *inexistência*, a noção admite uma inflexão decisiva, presente na possibilidade de modulação: a norma declarada inconstitucional é inválida, mas ainda tem uma "existência" que lhe garante a produção de efeitos.

Veja-se como Bobbio[9], examinando Kelsen, detalha o raciocínio, discriminando *validade* e *positivação*. Observa que nem toda norma posta é válida, mas pode ser eficaz. Se um juiz estabelece uma norma, uma sentença, fora de sua competência, houve positivação, mas a norma não é válida. Por isso, havendo risco de efetividade, o processo prevê recursos. Mas, quando subimos na hierarquia, a distância entre a positividade e a validade vai estreitando-se até chegarmos àquele primeiro ato do poder, por exemplo, o poder constituinte, que, ao *positivar* a norma, já a estabelece como *válida*: não há mais *distância* entre uma coisa e outra.

---

6. Luís Roberto Barroso, *O controle da constitucionalidade no direito brasileiro*, São Paulo, 2016, p. 35.

7. Em Kelsen, no sentido de relação de competência, não de conteúdo lógico, o que o levará, em sua obra póstuma (*Allgemeine Theorie der Normen*, Wien, 1979, 59. Kapitel), a assumir que normas são produto de vontade e, nessa medida, não haveria qualquer regulador (lógico ou moral) no processo de expansão normativa do ordenamento: as decisões dos tribunais como meros atos de vontade.

8. *Reine Rechtslehre*, Wien, 1960, p. 9. Mais apropriado seria dizer que o termo *validade* é uma variável de duas funções: Vx, y (válido por força de, em função de). Ou seja, validade exprime uma *relação*, não uma *substância*.

9. *Teoria dell'ordinamento giuridico*, Turim, 1960, p. 51.

Por isso, a "validade" de normas constitucionais (constituinte originário) é peculiarmente diferente. Só elas "existem" enquanto *positivações válidas*, numa espécie de sincretismo entre positivar e validar. Não obstante, todas as demais – reconhece Bobbio – têm alguma "existência" na sua positivação, donde a *tensão* entre validade e eficácia.

Alguma existência significa que, de certo modo, não se pode ignorar algum império no comando positivado.

É, pois, essa "existência" na positivação que implica que uma norma possa ser inválida e, não obstante, ter força de obrigatoriedade ou imperatividade. Ou seja, uma norma seria dotada de imperatividade à medida que se lhe reconhece a capacidade de impor um comportamento, ou seja, *incidir concretamente* independentemente do concurso ou da colaboração do destinatário, portanto, a possibilidade de *incidir*, de produzir efeitos imediatos, inclusive quando a verificação de sua validade o impeça[10].

O que assegura essa força impositiva é a presença de uma *regra estrutural do sistema*, qual seja, de que o sistema jurídico funciona com base no *princípio de autoridade* (Bobbio)[11], isto é, na presunção de que as normas vêm à *existência* pelo simples fato de serem postas. A positividade qualifica, pois, uma norma como imperativa ("existente"), não obstante sua "invalidade" em termos de relação. O que significa, afinal, reconhecer uma distinção entre validade (relação) e obrigatoriedade (imperatividade por força de sua "existência" impositiva).

E é essa distinção que pode explicar, então, a inflexão sofrida pela declaração de inconstitucionalidade diante da modulação dos efeitos. Ou seja, é a força de obrigatoriedade decorrente da "existência" positivada que, numa declaração de inconstitucionalidade, sustenta a possibilidade de lidar com a norma declarada inconstitucional, portanto inválida (validade como relação), e, não obstante, poder ter mantido os efeitos antes produzidos (validade como existência positiva).

Em outras palavras: a admitir-se a modulação, é preciso aceitar, então, que uma lei promulgada e publicada que passa a pertencer ao ordenamento, não é destituída de império; tanto que *incide*, é obrigatória.

---

10.   Cf. Teoria dell'ordinamento giuridico, Torino, 1960, p. 111. Explorei essa hipótese em meu livro *Teoria da norma jurídica*, Rio de Janeiro, 1978, 5ª ed. 2016.

11.   Sendo normas formas comunicativas que estabelecem "relações de autoridade", a imperatividade do sistema repousa na manutenção dessa *autoridade* como um todo. Cf. meu *Teoria da norma jurídica*, p. 141 ss.

Daí que, quando sua invalidade (validade como relação) é declarada em decisão de controle de constitucionalidade, seu império possa permanecer como se não tivesse sido *retirada* do ordenamento (validade como pertinência ou existência no ordenamento). Nesses termos, uma decisão concentrada de inconstitucionalidade pode apagar os efeitos *ex tunc* (incidências da norma inconstitucional), mas não necessariamente.

Com isso, a modulação não apenas se torna explicável, como adquire uma notável relevância no controle da constitucionalidade, pois, apesar de *perda da validade*[12], o tema da perda de eficácia ou de sua conservação parcial em termos de temporalidade (*ex tunc* ou *ex nunc*) da norma (declarada) inconstitucional ganha relevância.

Dessa perspectiva torna-se um problema mais complexo a questão de como lidar com os efeitos de uma norma declarada inconstitucional *incidenter tantum* e, posteriormente, constitucional, em declaração direta; e vice-versa, constitucional, no controle difuso, e inconstitucional, no controle concentrado e, por conseguinte, o tema da suspensão de aplicabilidade mediante resolução do Senado, endereçada aos órgãos aplicadores, nas declarações incidentais de inconstitucionalidade.

Essa complexidade está em que, se, de um lado, é possível encontrar uma explicação para essa espécie de enfraquecimento da presunção absoluta de nulidade da norma inconstitucional[13], de outro, deve-se enfrentar uma significativa alteração na lógica da dicotomia: constitucional/inconstitucional.

2. DA DICOTOMIA *CONSTITUCIONAL/INCONSTITUCIONAL* AO PARADOXO NO VIGENTE SISTEMA MISTO DE CONTROLE DE CONSTITUCIONALIDADE

Veja-se, por primeiro, a consequência no plano da lógica: o sentido da declaração de inconstitucionalidade por *incompatibilidade* e a consequente *nulidade* da lei que *contrarie* a Constituição, mas com a possibilidade de modulação dos efeitos, mantida a imperatividade da norma inconstitucional, repercute nos tradicionais princípios da lógica clássica. Ou seja, a *incompatibilidade* continua a submeter-se ao princípio da

---

12. Em sede de teoria geral do direito o fenômeno é até mais amplo. Já parece, por exemplo, na incorporação pelo senso comum jurídico do *tempus regit actum* e, mais explicitamente, no trato doutrinário da *ultratividade* conforme previsto no art. 3º do Código Penal.

13. O questionamento ocorre também na jurisprudência norte-americana. Ver Gilmar Mendes: *Direitos fundamentais e controle da constitucionalidade*, São Paulo, 2014, p. 769.

identidade e da não contradição, o que implica a exclusão de contradição lógica, por exemplo, "obrigatório A e obrigatório não A", mas não se sujeita ao princípio lógico da exclusão de terceiro (*tertium non datur*)[14]. A modulação permite que um conjunto normativo declarado inconstitucional não seja impossível, do ponto de vista prático, de ter continuado e de continuar a ser observado até certo momento. Isto é, torna-se possível aos sujeitos atingidos aproveitarem-se dos direitos ou autorizações a eles já atribuídos, sem, ao mesmo tempo, desrespeitar uma decisão igualmente vinculante de excluir do sistema a norma declarada inconstitucional. A dicotomia *constitucional/inconstitucional* (ou A ou não A) à exclusão de um terceiro (B) é substituída por *constitucional/inconstitucional*, não obstante *impositiva*.

Com isso (possibilidade de um *tertium datur*) todo o controle da constitucionalidade passa a admitir uma série de variações, a par da dicotomia *constitucional/inconstitucional*, refletidas no tratamento divergente de preceitos institucionalizados há tempos (como é o caso da *resolução do Senado* – CF art. 52-X), e também no encaminhamento de novas possibilidades institucionais.

Mostra isso a longa discussão sobre o sentido da expressão *"suspender a aplicação"*, referente à resolução do Senado (mormente se entendida em termos de *retirar a validade*)[15]. Não há, de plano, como ignorar a presença expressa do dispositivo constitucional e a competência do Senado nele prevista. Não obstante, embora a discussão do tema da força *erga omnes* da resolução do Senado não desapareça inteiramente da pauta, nem na doutrina nem na jurisprudência, e, consequentemente, não desapareça a discussão da sua eficácia *ex tunc* ou *ex nunc*, o tema ganha novas perspectivas.

Recorde-se[16], mesmo num passado não tão distante, de um expediente usado à época do Plano Collor – MP nº 173/90 -, que vedava a concessão de liminar em processos que tratassem de questões relativas ao Plano e que, submetido ao crivo do STF em ADIn (223-DF, RTJ,

---

14. Cf. G. H. von Wright, *Norms Truth and Logic in Practical Reason*, in *Philosophical Papers*, Oxford, 1983, v. 1; Hilpinen, R. Conflict and Change in Norm Systems, in A. Frandberg y M. van Hoecke (eds.) *The Structure of Law*, Uppsala: 37-49 e Ferraz Jr. *Direito, Retórica e Comunicação*. 3ª ed. São Paulo, 2014, pp. 34 e ss.

15. Kelsen (cit., p. 10) chega a dizer, numa frase um tanto quanto imprecisa, que uma norma sem o mínimo de eficácia perde a validade; Hart, em seu *The Concept of Law*, lembra que, na Inglaterra, seria ainda vigente uma norma mandando punir bruxas e se pergunta se ainda valeriam...

16. Cf. Talamini, p. 252.

132, 1990, p. 571 ss.), recebeu o entendimento de que não poderia ser simplesmente suspenso na via da ação direta. O Min. Pertence, em seu voto, tocou no tema da "simbiose institucional" entre os dois sistemas (via direta e via incidental), concluindo que a melhor solução estaria no manejo do sistema difuso, porque nele, em cada caso concreto, nenhuma medida provisória poderia subtrair ao juiz da causa um exame da constitucionalidade, inclusive, sob o prisma da *razoabilidade*, das restrições impostas ao seu próprio poder cautelar para, se entendesse abusiva e inconstitucional a restrição, conceder a liminar vedada.

Foi depois disso que veio a ser instituída a ação direta de *constitucionalidade*, atribuindo *força vinculante* (eficácia *erga omnes*) às declarações na via direta e, posteriormente, o dispositivo constitucional do art. 102, § 2º. No entanto, a conclusão do Min. Pertence não se perdeu no tempo, embora, com o aparecimento e a admissão das súmulas vinculantes, destinadas a dar força vinculante ao entendimento externado em reiteradas decisões do STF, tivesse sido enfraquecida a hipótese de necessidade de resolução do Senado. Fala-se de uma obsolescência do pedido de suspensão[17], dado o poder conferido ao Supremo de dispensá-lo, por prestar-se a súmula justamente a dar força vinculante e eficácia *erga omnes*, ainda que essa pudesse vir a ser alterada[18].

Mas a temática vai além do efeito *erga omnes* da declaração incidental. Veja-se a Lei nº 9.868/99, que viria a tocar na *força vinculante*, ao atribuí-la igualmente à decisão definitiva declaratória de inconstitucionalidade, inclusive nas hipóteses de *interpretação conforme* e de *declaração parcial sem redução de texto*. Na atualidade, assim, em sede de controle direto, só estão despidas de força vinculante as decisões que indeferem medidas cautelares.

---

17. Cf. Luís Roberto Barroso, *O controle da constitucionalidade no direito brasileiro*, São Paulo, 2016, p. 168.

18. A discussão da possibilidade de que as decisões do STF em controle incidental tenham automaticamente força vinculante e eficácia *erga omnes*, "dispensando" a resolução do Senado, tem a ver com isso. Porém, essa hipótese, que levaria a admitir a tese de que o art. 52, X da CF teria sofrido um processo de *mutação informal*, não mais se destinando a resolução do Senado a *retirar a validade* (*suspender a aplicação definitivamente*), mas apenas a explicitar (tornar pública) uma qualidade imanente da declaração incidental pelo STF por conta de uma "objetivação" do recurso extraordinário, dada a hipótese de grande número de decisões em recursos sobre a mesma matéria, não se sustenta. Primeiro, porque enfraqueceria a necessidade da declaração direta, reduzida ou a uma chancela antecipada quando proposta antes de qualquer controvérsia ou a uma mera consolidação jurisprudencial em face de decisões reiteradas; segundo, porque assumiria uma espécie de *stare decisis* fragmentário no tempo e no espaço, tornando inútil a *sumulação*.

Até porque a competência para declaração incidental nem mesmo se limita a recursos extraordinários (cabe também em mandados de segurança, de injunção de competência originária, recursal ordinária, *habeas corpus*...), sendo que, mesmo em recursos extraordinários posteriores à instituição da repercussão geral, nada impede o aparecimento de questões constitucionais a exigir ponderação no caso concreto[19].

Todas essas transformações põem em cheque o caráter sistemático dos mecanismos de controle, o que conduz parte da doutrina contemporânea a apontar, nessa linha, uma espécie de *mutação informal* alargada da Constituição, mediante o reconhecimento do papel maior da Corte constitucional inclusive no próprio campo do controle de constitucionalidade, a repercutir numa mudança na tradicionalmente rígida separação de poderes etc.[20].

Na verdade, até mesmo a valorização dos precedentes, inclusive por força dos dispositivos do art. 927 do novo CPC, tende a interferir na situação. Afinal, mesmo diante da relevância adquirida pela ação direta, em todas as suas nuances, para o controle da eficácia da norma declarada inconstitucional, não perde atualidade o controle difuso, até porque, por exemplo, o instituto da repercussão geral na verdade assegura para tantos outros temas a importância das decisões incidentais em outras instâncias. Não só: mesmo a tese da extensão da força vinculante e *erga omnes* das declarações incidentais não deixa de ir de encontro com a admissão do instrumento da súmula vinculante que parece viabilizar as vinculações reclamadas e necessárias[21].

Por fim, pode-se ver até um certo paradoxo no vigente sistema misto de controle de constitucionalidade. Por um lado, a pluralidade de órgãos judiciais com competência para declarar a constitucionalidade/inconstitucionalidade até mesmo como objeto de decisão e não como simples razão de decidir, parece exigir uma espécie de uniformização do entendimento a respeito da Constituição. Donde a presunção de uma necessária força vinculante das decisões concentradas do STF. Mas, por

---

19. Para toda essa discussão, ver Eduardo Talamini, *Novos aspectos da jurisdição constitucional brasileira: repercussão geral, força vinculante, modulação dos efeitos do controle de constitucionalidade e alargamento do objeto do controle direto*, tese de livre-docência, Faculdade de Direito da USP, 2008, p. 238 ss..

20. Cf, por todos, Gilmar Mendes, *O papel do Senado Federal no controle da constitucionalidade: um caso clássico de mutação constitucional*, em Revista de Informação Legislativa, 162, 2004.

21. Ver Rel-4335, Pleno, em Inf. STF 463, 16-20.04.2007 e as discussões entre os Ministros Gilmar Mendes, Sepúlveda Pertence e Joaquim Barbosa.

outro lado, é impossível limitar o controle difuso a mera competência pontual e subsidiária, esvaziando-a de uma função própria de controle. Especialmente no caso de normas que agasalham direitos fundamentais e correspondentes garantias, há de se impor reconhecimento de sua plena operacionalidade, funcionalidade e efetividade. Nesses casos, é impossível subtrair-se do juiz competente o exame e o juízo em matéria constitucional.

Assim, se o controle direto pode servir para detectar e declarar uma inconstitucionalidade com base em uma análise abstrata, o exame de circunstâncias dos casos concretos com suas especificidades nunca deixa de ser efetuado e mesmo levado em consideração quando se pensa na competência para as diversas formas de flexibilização. E, ao inverso, nada impede que seja possível, a despeito de não se detectar qualquer inconstitucionalidade no plano abstrato, de ela vir a ser identificada no caso concreto. O que faz, afinal, do controle direto uma declaração normativa geral incapaz de assegurar, *in abstracto*, uma solução para todos os conflitos de valoração das diferentes funções eficaciais em jogo e para a necessidade do controle difuso.

Por tudo isso exsurge a dificuldade de como estabelecer um critério *a priori* de prevalência abstrata entre os mecanismos de controle de constitucionalidade. E nessa condição parece igualmente temerário presumir a hipótese de uma fórmula abstrata quer para o tema dos efeitos *ex tunc/ex nunc* no manejo dos efeitos de sentença quer para o problema da força *erga omnes* de uma decisão *abstrata* para outra que, em regra, é limitada às partes. Pois nada indica que seja dispensável o exame das circunstâncias do caso concreto, quer para a manutenção dos efeitos da lei (norma) inconstitucional quer para a supressão dos efeitos da lei (norma) constitucional.

Disso resulta, assim, que as duas formas de controle não venham a diferir apenas na extensão dos seus efeitos (*intra partes/erga omnes*), mas substancialmente quanto aos limites de legitimidade de suas decisões. E nesse ponto está, precisamente, de um lado, a questão da modulação do efeito temporal e o respeito a garantias como as referentes à retroatividade (CF, art. 5º, XXXVI); de outro, a questão de como lidar com a coisa julgada nas relações jurídicas continuativas.

Uma solução sistemática para o problema em nome de generalizações abstratas (por exemplo, hierarquia das competências no controle da constitucionalidade à semelhança da hierarquia do sistema normativo) é difícil de ser alcançada. E a razão está justamente na dificuldade de se *ponderar* princípios conflitantes *in genere*[22]. Dada a dificuldade, cresce, não obstante, a importância do **princípio de razoabilidade** para o manejo dos efeitos de sentença quer para o problema da força *erga omnes* de uma decisão *abstrata*, quer para seu efeito vinculante.

3. CONTROLE DA CONSTITUCIONALIDADE E RAZOABILIDADE

O princípio da razoabilidade encontra na garantia do *devido processo legal* uma base preciosa. Assim, o fato de haver, no texto constitucional, uma série de direitos e garantias fundamentais com tratamento autônomo, faz-nos pensar que o devido processo legal tenha de admiti--los, eles e outras inferências, de modo mais abrangente, o que dá ao *due process of law* um sentido extensivo, cuja fórmula se identifica com o próprio *estado de direito*[23].

O Supremo Tribunal Federal tem reconhecido esse importante sentido da razoabilidade com base no *due process of law*. Num pronunciamento paradigmático, o Ministro Moreira Alves assim se pronunciou sobre ele:

> "*A Constituição no seu art. 5º, inciso LIV – e aqui trata-se de direitos não apenas individuais, mas também coletivos e aplica-se, inclusive, às pessoas jurídicas – estabelece que 'ninguém será privado da liberdade ou de seus bens sem o devido processo legal'.*
>
> *Processo legal, aqui, evidentemente, não é o processo da lei, senão a Constituição não precisaria dizer aquilo que é óbvio, tendo em vista inclusive o inciso II do art. 5o que diz: 'ninguém será obrigado a fazer ou deixar de fazer alguma coisa senão em virtude de lei'.*
>
> *Esse princípio constitucional que tem a sua origem histórica nos Estados Unidos, lá é interpretado no sentido de abarcar os casos em que há falta de razoabilidade de uma norma. Por isso mesmo já houve quem dissesse que é um modo de a Suprema Corte americana ter a possibilidade de certa largueza de medidas para* **declarar a inconstitucionalidade** *de leis que* **atentem contra a razoabilidade**" (ADIn 855 RTJ: 152, p. 455 ss. –negritei-; ver também ADIn 958, Rel. Min. Marco Aurélio, DJ de 25.08. 1995).

---

22. Frederick Schauer chama esse tipo de tensão de *experiências recalcitrantes*. Cf. *Playing by the Rules: A Philosophical Examination of Rule Based Decision-Making in Law and in Life*, Clarendon Press, Oxford, 1991. Trata-se de conflitos entre regra e sua justificação que são justamente "experiências recalcitrantes" porque não podem ser resolvidos mediante *comparação e escolha entre princípios* (por exemplo: ou *segurança* ou *justiça*).

23. Cf. Carlos Roberto de Siqueira Castro: O devido processo legal e a razoabilidade das leis na nova Constituição do Brasil, Forense, 1989, p. 77; ver também Ada Pellegrini Grinover: As garantias constitucionais do direito de ação, RT, São Paulo, 1973, p. 35.

Aliás, é preciso esclarecer, para melhor entendimento do seu alcance, que, no Brasil, vieram a ser conotadas, no *substantive due process of law*, a noção de *razoabilidade* (*reasonableness*) com o princípio germânico da *proporcionalidade* (*Verhältnismässigkeit*). A garantia do devido processo legal em sua acepção substantiva passa a ter a ver, pois, com a percepção de uma **estrutura finalista** (relação meio/fim), cujo vínculo é dado pela proporcionalidade. Donde a afirmação de Gilmar Ferreira Mendes de que "um juízo definitivo sobre a proporcionalidade da medida há de resultar de rigorosa ponderação entre o significado da intervenção para o fim atingido e os objetivos perseguidos pelo legislador (**proporcionalidade ou razoabilidade em sentido estrito**)"[24].

Pode-se perceber, nesse amálgama, um inevitável apelo à razoabilidade, bem a propósito da **modalização** em termos das *razões de segurança jurídica ou excepcional interesse social* de que fala o art. 27 da Lei nº 9.868/99. Donde uma abertura para fundamentos constitucionais, inseridos *no modelo de controle da constitucionalidade como um todo*[25].

Note-se, nessa linha, tendo em vista a autonomia dos processos de controle incidental e de controle abstrato, e o efetivo reconhecimento da possibilidade de ocorrer um distanciamento temporal entre as decisões proferidas nos respectivos sistemas (*ex tunc* em decisão incidental anterior versus *ex nunc em decisão in abstracto* posterior), que esse distanciamento exige, por parte de quem decide, um senso de equilíbrio na avaliação das consequências às vezes imprevisíveis da retroatividade sobre as situações anteriores, pelo sopesamento entre a regra da nulidade e as exigências de segurança na imposição dos efeitos[26].

Veja-se que, como regra geral, o efeito *ex tunc* não deixa de estar, a princípio, presumido no art. 27 da Lei. Mas admite a exceção, referente à possibilidade de atribuição de efeito *ex nunc* (de significativa importância, como se verá ainda, para o caso específico da coisa julgada em relação jurídica continuativa). Essa exceção (regra de modulação dos efeitos) contém requisitos que evidenciam um grande relevo posto na razoabilidade.

---

24. *O princípio da proporcionalidade na jurisprudência do Supremo Tribunal Federal: novas leituras*, Repertório IOB de Jurisprudência, n. 14/2000, Caderno I, p. 473 – negritei.

25. Assim já sustentava Gilmar Mendes, *Controle incidental e a aplicação do art. 27 da Lei n. 9.868/1999*, em Repertório de Jurisprudência IOB, 2ª quinzena de junho de 2005, n. 12/2005, Volume I, p. 456.

26. Cf. Gilmar Mendes, *O controle incidental*, cit. p. 455.

Diz o art. 27, daquela Lei:

> "*Art. 27. Ao declarar a inconstitucionalidade de lei ou ato normativo, e tendo em vista razões de segurança jurídica ou de excepcional interesse social, poderá o Supremo Tribunal Federal, por maioria de 2/3 (dois terços) de seus membros, restringir os efeitos daquela declaração ou decidir que ela só tenha eficácia a partir de seu trânsito em julgado ou de outro momento que venha a ser fixado"* (grifei).

A maioria de 2/3 constitui seu *requisito formal*. Chamo a atenção para o *requisito material*: a decisão é tomada tendo em vista *razões de segurança jurídica ou excepcional interesse social*.

Na apreciação desse requisito existe sempre a exigência de sopesamento por força quer do grau da referida insegurança quer da excepcionalidade do interesse social, que, por apontarem para termos correlativos (*máximo/mínimo, alto/baixo, maior/menor, excepcional/comum*), apelam para a razoabilidade (afinal, termos correlativos só se definem mutuamente: o grau *maior* em face do *menor* e vice-versa, o mesmo valendo para *excepcional/comum*)

Portanto, no caso de razoabilidade das declarações de inconstitucionalidade judiciais, é preciso ter em conta do.s aspectos: o da razoabilidade de uma decisão, tomada isoladamente (*razões de segurança jurídica*), e o de sua razoabilidade em termos de sua inserção num contexto social (*excepcional interesse social*)[27].

A razoabilidade admite duas espécies: a de ponderação e a de seleção. A razoabilidade de seleção tem a ver com a isonomia. A razoabilidade de ponderação, nos EUA, é conhecida como *balance of convenience rule*.

Por exemplo, o caso da inconstitucionalidade do art. 2º, § 1º da Lei dos Crimes Hediondos aponta para uma razoabilidade de seleção: por vedar o regime de progressão no cumprimento da pena, sem levar em consideração o caráter substancial da individualização da pena, pediu o Min. Gilmar Mendes a eficácia *ex nunc* da declaração de inconstitucionalidade, devendo essa ser aplicável a condenações que envolvessem situações ainda suscetíveis de serem submetidas ao regime de progressão[28]. Já a razoabilidade de ponderação pode ser percebida no caso do RE n. 197.917, em que se julgou a constitucionalidade de lei municipal que fixava o número de vereadores, em que a decisão passou a valer apenas

---

27. Cf. Juan Francisco Linares: *Razonabilidad de las leyes*, Buenos Aires, 1989, p. 114 ss.

28. Gilmar Mendes, *O controle incidental*, cit. p. 455.

para a próxima legislatura, pois, caso contrário, estaria sendo posta em questão as decisões tomadas pela Câmara de Vereadores nos períodos anteriores à declaração de inconstitucionalidade, com consequências para as leis aprovadas.

Assim, na aplicação do art. 27 da Lei n. 9.868/99 entra, pois, a razoabilidade como um critério de critérios, ao confrontar-se o julgador, em face de uma manifesta e inquestionável inconstitucionalidade da norma, com a necessidade de avaliar a excepcionalidade da situação e a as exigências de segurança, para modular o termo *a quo* dos *efeitos* da *nulidade*. Ora, da razoabilidade – seletiva ou ponderativa – resultam *critérios de efetividade*, sendo, pois, na eficácia que deve ser buscada a proporcionalidade valorativa.

Critérios de efetividade para o controle dos efeitos *ex tunc/ex nunc* são encontrados, do ângulo de uma razoabilidade, nas *funções* exercidas pelo controle de constitucionalidade. Podem distinguir-se as seguintes *funções*: função de *bloqueio*, de *programa* e de *resguardo* (*funções eficaciais*)[29].

Uma interpretação com função de bloqueio visaria ao objetivo de impedir certo comportamento (por exemplo, na proibição de matar, o ato de matar). A função de resguardo está em proteger um comportamento (por exemplo, na permissão de locomover-se livremente, a garantia de ir e vir). A função de programa está em fomentar um comportamento (por exemplo, numa declaração de princípios, a construção de uma sociedade livre, justa e solidária).

A percepção dessas funções esclarece o uso de padrões de razoabilidade à ponderação necessária para dosar a modulação. Assim, para entender a competência do STF para declarar a inconstitucionalidade de uma lei, podendo fixar-lhe os efeitos (Lei n. 9.868/99, art. 27), ao ponderar o alcance da declaração e a mitigar a excessiva rigidez que ela pudesse comportar, ajuda levar em conta as mencionadas funções eficaciais.

Nessa condição o exercício da modulação com função programática é ostensiva na direção dos direitos econômicos, sociais e culturais, na consideração e no reconhecimento de um conteúdo positivo da complexidade dos processos e técnicas de atuação do Estado na

---

29. Tratei desse tema das funções eficaciais em meu livro de Introdução ao Direito; ver: Tercio Sampaio Ferraz Junior, *Introdução ao Estudo do Direito*, 8ª edição, Atlas, São Paulo, 2015, p. 161 ss.

consecução e operacionalização do chamado *direito subjetivo a políticas públicas*, cujo reflexo pode ser encontrado na declaração de inconstitucionalidade por omissão e mesmo no mandado de injunção. É o caso, por exemplo, do efeito retroativo atribuído à lei referente à indenização por tempo de serviço, objeto de mandado de injunção antes de sua promulgação, quando o STF mandou estendê-la a todos os que o tivessem impetrado.

Já o controle de constitucionalidade que atinge direitos adquiridos, atos jurídicos perfeitos ou coisa julgada adquire um viés modulador peculiar. Observa-se que, na modulação de efeitos, o intérprete não leva em conta, apenas, o sentido da norma submetida a controle em seu contexto real, nem mesmo o efeito *modificativo* da própria realidade, mas, sobretudo, aqueles padrões genéricos de segurança. Assim, adquire relevância uma *função eficacial de resguardo*, caso em que a modulação vai além de um cálculo entre restrições e fins atingidos, por entrar em questão um direito a ser assegurado *"em que pese"* a nulidade decorrente da declaração. A proporcionalidade/razoabilidade cumpre então um papel mais intenso, ao pôr na segurança uma valoração que atinge diretamente o tutelado (*razoabilidade seletiva*).

Veja-se, por exemplo, na discussão no HC 82.959-7 – São Paulo, Rel. Min. Marco Aurélio, p. 08, j. em 23 de fevereiro de 2006, quando o Pleno do Supremo Tribunal Federal, ao julgar o Habeas Corpus nº 82.959-7/SP, decidiu que o art. 2º, § 1º da Lei nº 8.072/90 padecia do vício de inconstitucionalidade por vedar a progressão de regime prisional aos condenados por crimes hediondos, o voto perspicaz do Min. Carlos Britto, que assim se pronunciou:

> *"Explico: o vício da inconstitucionalidade traduz-se, como regra geral, na necessidade de extirpar do Ordenamento Jurídico o ato inválido, de sorte a preservar a coerência de tal Ordenamento e garantir a hierarquia e a rigidez da Constituição Federal. **Mas há casos em que tal extirpação normativa é também agressora da própria Constituição da República.** Casos em que "razões de segurança jurídica ou de excepcional interesse social" (art. 27 da Lei nº 9.868/99, aqui subsidiariamente aplicada) se contrapõem ao abate em si do ato inconstitucional. O que tem levado esta Suprema Corte a, num juízo de ponderação, "retrabalhar" os efeitos de certas declarações de inconstitucionalidade".*

"Retrabalhar" os efeitos significa modular mediante resguardo eficacial de direitos que, então, são [re]explicitados para conservar seus efeitos em vista de sua conformação num <u>projeto</u> de *estado democrático de direito*.

Ora, é justamente diante do controle de constitucionalidade em sua função eficacial que deve ser compreendida a razoabilidade na modulação de efeitos quando em questão o tema da coisa julgada.

4. COISA JULGADA

4.1. Segurança e justiça

Segurança como um **direito fundamental** da pessoa é conteúdo de norma com ostensiva função de resguardo. Em termos de uma antropologia fundamental, segurança diz respeito à consistência da duração na corrente vital do ser humano, isto é, seu reconhecimento normativo visa a como evitar que um evento passado dotado de certo **sentido**, de repente, se torne algo insignificante, e o seu futuro, algo incerto, o que faria das leis, no tempo cronológico, uma coleção de surpresas desestabilizadoras da vida. Mais genericamente, se o **sentido** de um evento passado ou o **sentido** de um evento planejado pudesse ser modificado ao **arbítrio** de um ato presente, a validade dos atos humanos estaria sujeita a uma insegurança e a uma incerteza insuportáveis. A própria vida perderia sentido ao destruir-se a integridade psicossocial do ser humano. Por isso, desde a primeira constituição francesa, a segurança foi reconhecida como um direito fundamental.

Entende-se, nesse sentido, a preocupação exarada no RE 590.809 (Rel. Min. Celso de Mello) contra a *"**pretendida** 'relativização' da coisa julgada"*, por ele *"repudiada"* pelas *"consequências altamente lesivas à* **estabilidade** *das relações intersubjetivas, à* **exigência** *de certeza e de segurança jurídicas e à* **preservação do equilíbrio social**".

O "repúdio" tem sua razão. Com efeito, há quem sustente que a observância da coisa julgada em face de novas decisões que modificassem seus fundamentos seria uma submissão absoluta ao legalismo em detrimento da justiça, distinguindo entre transições em julgado justas e injustas em face da isonomia.

O tema constitucional da isonomia merece, contudo, uma reflexão referente ao modo de lidar com a igualdade. Observe-se que *igualdade* é algo diferente de *identidade*. O idêntico reduz o plúrimo ao único (A=B, B=C, então C=A). Já a igualdade supõe uma identidade parcial, pois parte da diversidade e busca semelhanças. O dever de respeitar o direito à igualdade significa, assim, perceber na diversidade alguma semelhança, a partir de um determinado ponto de vista, abstração feita dos demais:

igualdade exige sempre um *tertium comparationis*. Por isso, toda igualdade é sempre relativa (A=B na medida em que A e B compartilham C). E aí reside a base para a utilização de uma razoabilidade das justificações quanto ao tema da coisa julgada. Pois, nesses termos, entende-se porque a coisa julgada mesmo diante de sua singularidade em face das partes não afronta o direito fundamental à igualdade (isonomia).

É, na verdade, um equívoco contrapor a coisa julgada à isonomia. Levada a contraposição ao extremo, teríamos de desfazer toda a estrutura em que se baseia o Poder Judiciário como instituição. Pois faria supor que um Judiciário justo deveria ser capaz suprimir todas as diferenças provocadas por suas decisões. Não só em face da coisa julgada, mas da diversidade de situações, cujas singularidades subjetivas e até objetivas nunca podem ser eliminadas, mas que de fato subsistem ou porque efetivamente transitam em julgado ou porque ficam esquecidas nos escaninhos das decepções sublimadas. Na verdade, a presunção que sustenta o poder judiciário é outra.

Particularmente a exigência de respeito à singularidade (de uma coisa julgada) não contradiz a igualdade, mas a realiza. Obviamente porque não significa exclusão do singular desigual (determinada *res judicata*), mas sua inclusão isonômica no conjunto dos direitos individuais e coletivos. Ou seja, o acento na *diferença* (singularidade de uma *res judicata*) não significa *privilégio*, posto que não elimina a igualdade, mas a promove; nem significa a criação de um mundo à parte, posto que o integra no mundo de todos.

O que ajuda, afinal, a entender o respeito à coisa julgada em face da exigência de justiça: o direito à segurança ressalva a singularidade de atos reconhecidos em determinado momento para servir à justiça em seu contexto constitucional.

Falar, pois, da justiça como um valor eminente, ao qual a segurança se opõe como se fora outro valor, é ceder à contraposição de entidades diferentes. Afinal, justiça pode ser entendida como um <u>valor</u>, mas segurança é um <u>direito fundamental</u>, como o é a liberdade, a vida, a propriedade, a igualdade. Nesse sentido é um engano supor a justiça como uma entidade absoluta, em oposição a direitos fundamentais. A justiça não é, nem mesmo na CF à luz do seu Preâmbulo, uma entidade à parte, eminente no sentido de *externamente* superior aos direitos. Com efeito, falar da justiça como uma aspiração constitucional não pode significar outra coisa que sua realização **enquanto realização dos direitos fundamentais**. *Realização processual* como exigência posta aos três poderes estatais enquanto **um derivativo do princípio do Estado de Direito**, trate--se de um proceder legislativo, ou administrativo ou judicial. Portanto justiça em um sentido dinâmico que, nesse sentido tem a ver não só com assegurar um *resultado* em um processo de decisão, mas também e ao mesmo tempo um decorrer *previsível* do proceder decisório. O que inclui e não exclui a segurança jurídica.

Nesses termos não faz sentido opor abstratamente a segurança da coisa julgada e a justiça das decisões. Teophilo Cavalcanti Filho afirma com acerto que *"à idéia de justiça é essencial a de certeza e de segurança"* ou ainda que *"sem ordem e segurança a justiça é inconcebível"*[30].

Entende-se, assim, por que o respeito à coisa julgada, mesmo sendo o ordenamento um sistema dinâmico e as leis emanadas pelo Legislativo um comando geral que comporta mais de uma possibilidade interpretativa, exige que a irretroatividade das *leis* refira-se à *lei* conforme uma de suas interpretações possíveis.

Ou seja, em nome do direito à segurança, que exige certeza e confiança, não se pode restringir o princípio da irretroatividade à lei como mero enunciado, devendo compreender a lei como se dá na sua inteligência em determinado momento. O problema foi claramente percebido por Baleeiro: *O Direito não está pronto, é continuamente deduzido das fórmulas legislativas, judiciais e administrativas. (Revela-se). A irretroatividade é, assim, do direito e alcança, portanto,* **a irretroatividade da inteligência da lei, tal como foi aplicada aos casos concretos no passado**[31].

Por conseguinte, na modulação dos efeitos da declaração de inconstitucionalidade, é preciso salvaguardar a *res judicata* precisamente quando se leva em consideração um manifesto conflito entre valores constitucionais da mesma hierarquia: de um lado, o valor da supremacia constitucional, em nome do qual se aplicaria a regra geral da nulidade *ex tunc* da lei declarada inconstitucional, de outro, o valor, também constitucional, implicado no direito fundamental à segurança jurídica[32].

---

30. *O problema da Segurança Jurídica*. São Paulo, 1964, p. 82.

31. Cf. Aliomar Baleeiro: Direito Tributário Brasileiro, 11ª edição, atualizada – em especial, nesse ponto – por Misabel Abreu Machado Derzi, Rio de Janeiro, 1999, Nota, p. 653.

32. Merece relevância, nessa linha, o seguinte posicionamento do STF:

"A *superveniência* de decisão do Supremo Tribunal Federal, *declaratória* de inconstitucionalidade de diploma normativo *utilizado como fundamento* do título judicial questionado, *ainda que impregnada* de eficácia 'ex tunc' – *como sucede, ordinariamente* com os julgamentos proferidos

Isso não quer dizer, entretanto, que a garantia da coisa julgada não deva ser confrontada com as questões postas pela modulação de efeitos no controle da constitucionalidade. Significa apenas que, em nome desses efeitos, ela não pode ser simplesmente destituída ao inserir-se nela, como regra, uma flexibilização abstrata supostamente sustentada por uma justiça alcançada fora da realidade procedimental de um estado que se diz *democrático de direito.*

Por isso é preciso entender a irretroatividade em termos de sua efetividade constitucional.

4.2. Coisa julgada e irretroatividade

A hipótese de retroatividade *ex tunc* afeta, por óbvio, dentro do capítulo relativo aos efeitos das sentenças, o tema da delimitação temporal de sua eficácia, assim assinalado por Couture: *"O mais importante de todos é o que consiste em determinar os efeitos da sentença no tempo".* E prossegue: *"Este problema é comumente designado pela expressão retroatividade da sentença, e consiste fundamentalmente em determinar se a sentença produz efeitos jurídicos para o futuro ('ex nunc') ou se, ao contrário, pode retrogredir para o passado ('ex tunc')"* ([33]).

De modo geral, a determinação acerca da eficácia temporal das decisões, embora realizada pelo juiz, guia-se por algumas orientações gerais doutrinárias ou posicionamentos jurisprudenciais já sedimentados, bem como por determinações legais expressas. Por brevidade, apenas para lembrar, Antonio Carlos de Araújo Cintra, Ada Pelegrini Grinover e Cândido Rangel Dinamarco enunciam como regra geral que *"as sentenças condenatórias e declaratórias produzem efeitos ex tunc, enquanto a constitutiva só produz efeitos para o futuro."*[34].

Nesse quadro, há de se entender que, no sistema constitucional, a coisa julgada tem uma dupla função: função negativa, imposição ne-

---

em sede de fiscalização concentrada *(RTJ 87/758 – RTJ 164/506-509 – RTJ 201/765) -, não se revela apta, só por si, a desconstituir a autoridade da coisa julgada, que traduz, em nosso sistema jurídico limite insuperável à força retroativa resultante dos pronunciamentos que emanem, 'in abstracto', da Suprema Corte. Doutrina. Precedentes.*

"O significado do instituto da coisa julgada material como expressão da própria supremacia do ordenamento constitucional e como elemento inerente à existência do Estado Democrático de Direito." (RE 634.667 – AgR/DF, Rel. Min. Celso de Mello).

33. Couture, Eduardo J. *Fundamentos do Direito Processual Civil*, São Paulo: Saraiva, 1946, p. 245.

34. Cintra, Antonio Carlos de Araújo; Grinover, Ada Pelegrini e Dinamarco, Candido Rangel, *Teoria Geral do Processo*, São Paulo, 1995, p; 306; no mesmo sentido, Couture, *op. cit.*, p. 246.

gativa do mérito do processo em que o mesmo objeto se repita, isto é, eficácia preclusiva, no sentido de que a matéria não poderá ser objeto de novo pronunciamento judicial; e função positiva, isto é, eficácia vinculativa, em termos de aplicação do comando sentencial na solução de outras causas, cujo deslinde dependa logicamente da questão resolvida no *decisum* anterior[35].

Aqui três questões merecem ser discutidas: a primeira (i) refere-se ao alcance da coisa julgada, em especial o tema da *motivação da decisão de mérito*; daí, em decorrência, a segunda (ii), particularmente com referência às especificidades da coisa julgada incidente sobre a relações continuativas; a terceira (III), ao sentido eficacial de *res judicata* da própria quando se trate de declaração de inconstitucionalidade ou de constitucionalidade.

4.2.1. Possibilidade de oposição da coisa julgada à declaração de inconstitucionalidade com efeitos erga omnes

É posicionamento recorrente, na jurisprudência do STF, que a eficácia retroativa da declaração de inconstitucionalidade não implicaria, automaticamente, a desconstituição da coisa julgada de sentenças pretéritas que aplicaram ou deixaram de aplicar a norma inconstitucional. A desconstituição de tais coisas julgadas dependeria de ação rescisória[36], atenta inclusive ao prazo de propositura[37].

Importante, nessa linha, o seguinte posicionamento de José Carlos Barbosa Moreira, citado por Luís Roberto Barroso[38] em nota: "*A norma declarada constitucional continuará a viger tal qual vigia antes, e os efeitos da respectiva incidência não serão mais intensos, nem de qualquer sorte diversos, daqueles que até então se vinham produzindo.*

---

35. Talamini, p. 87; Barroso, p. 238.

36. Nesse sentido, ver Botelho de Mesquita, *A coisa julgada*, Rio de Janeiro, 2004, p. 120: "*O conflito entre a autoridade da coisa julgada e alguma norma ou princípio constitucional resolve-se pela ação rescisória contra a coisa julgada*". Assim, o "*problema que surge quando o interessado não se vale do instrumento próprio para a resolução de um conflito desses não é problema de direito constitucional porque não tem origem no suposto conflito e, sim, na ignorância, negligência, imprudência, imperícia ou dolo de quem, podendo e devendo propor a ação rescisória, deixou passar in albis o prazo para fazê-lo*".

37. Ver, dentre outros, STF, RMS 17.976-SP, 3ª T, v.u. rel. Min. Amaral Santos, j. 13.09.1968; RE 86.056, 1ª T. v.u. rel. Min. R. Alckimin, j. 31.05.1977; Recl. 148, Pleno, rel. Min. Moreira Alves, 12.05.1983.

38. Barbosa Moreira, *Direito aplicado II (Pareceres)*, 2000, p. 238 s. e 246; ver Barroso, op. cit. p. 263, nota 238.

O art. 102, n. 1, § 2º, da Carta Federal (acrescentado pela Emenda n.3) estatui, é certo, que a decisão definitiva do Supremo Tribunal Federal, em ação declaratória de constitucionalidade, tem 'efeito vinculante, relativamente aos demais órgãos do Poder Judiciário'. Não faz remontar ao passado semelhante efeito. A redação adotada aponta no sentido oposto. Os outros órgãos judiciais ficam vinculados a observar o que haja decidido a Suprema Corte: não lhes será lícito contrariar o pronunciamento desta, para deixar de aplicar por inconstitucionalidade, a lei declarada compatível com a Constituição. Mas isso apenas daí por diante! Não se concebe vínculo capaz de obrigar um órgão jurisdicional a observar decisão ainda não proferida. O vínculo atua para o futuro, não para o passado. (...) O mesmo vale para o eventual julgamento de improcedência que a Corte Suprema profira em ação declaratória de inconstitucionalidade" (grifei).

O texto refere-se à possibilidade de tornar rescindível o acórdão proferido em julgamento de apelação. Penso que, *a fortiori*, a conclusão vale para sentença anterior ao pronunciamento do STF transitada em julgado sem que, em prazo devido, tenha havido a competente ação rescisória.

Um tema, no entanto, merece consideração mais detida. Refere-se ao alcance da coisa julgada. Sobre esse tema ressalto um pronunciamento relevante para a presente discussão. Luís Roberto Barroso, também com base em Barbosa Moreira, aponta os dispositivos do CPC (CPC/2015, art. 504) que expressamente determinam que *não fazem coisa julgada (I) os motivos ainda que importantes para determinar o alcance da parte dispositiva da sentença*, para concluir que se o juiz reconhecer incidentalmente a inconstitucionalidade de lei aplicável e os efeitos desse reconhecimento repercutem apenas *inter partes*, não sendo, porém, essa declaração objeto do pedido, apenas razão de decidir, então seria somente questão prejudicial que precisava ser resolvida como premissa lógica necessária à solução do litígio. Nesse caso não haveria de se falar em *auctoritas rei iudicata* em relação à questão constitucional (op. cit. p. 161)[39].

A questão é complexa e está no bojo do novo CPC (Art. 503). Calmon de Passos, com base no CPC de 1973, foi o doutrinador que muito bem discorreu sobre o tema, e deixou a seguinte lição:

---

39. O exemplo, no texto, aponta para violação do princípio da anterioridade, razão pela qual não seria devido o tributo que a lei instituiu.

"Questão é toda controvérsia que se constitui no bojo de um processo. Controvérsia a respeito de fato (questão de fato) ou relativa a direito (questão de direito).

A questão pode ser objeto de um pedido, e se assim o for, será decidida pelo juiz com força de coisa julgada.

Aquelas, entretanto, que não constituírem objeto de pedido, o juiz as apreciará incidentemente, com vistas a decidir o que foi objeto do pedido.

Muitas delas integram a motivação de sua decisão de mérito. (...) Algumas dessas questões de direito são chamadas de questões prévias, porque sua decisão precede, sempre, a decisão sobre o mérito propriamente dito.

Essas questões prévias, por sua vez, ou são preliminares ou são prejudiciais (...).

Já a prejudicial, acolhida ou não, impõe prossiga o juiz a sua tarefa de julgar, porque do que tenha concluído quanto a essa questão prévia dependerá o seu julgamento da questão prejudicada.

A decisão da prejudicial (...) influi, dá sentido e dá conteúdo à decisão da chamada questão prejudicada."[40]

Essa questão prejudicial, dizia o CPC de 1973, art. 469, III, será decidida incidentemente, e sem força de coisa julgada.

Fato evidente, por um lado, é que toda questão prejudicial uma vez apreciada e decidida estará inserida na motivação da sentença. Mas, pelo outro lado, é certo que nem toda motivação da sentença será questão prejudicial.

Há diversos argumentos levantados pelas partes no decorrer do processo que podem ser classificados como questão prejudicial, sem que a respeito pouco ou nenhum debate exista. É o caso da discussão de nulidade de cláusula, nulidade do contrato, objeto ilícito, questões relacionadas aos poderes exercidos por quaisquer das partes, violação de cláusulas etc. Independentemente da profundidade da cognição, tais questões acabam sendo apreciadas pelo juiz na sentença, mesmo que de forma breve.

Mas, se o pedido for o cumprimento de uma determinada cláusula e houver a alegação de que o contrato foi celebrado por quem não tinha poderes para tanto, é possível que a sentença venha a declarar isso com força de coisa julgada, até mesmo sem que qualquer das partes tenha formulado pedido nesse sentido. Nesse sentido, qualquer alegação de nulidade contratual por mais simples que seja, poderá ter consequência no interior da coisa julgada.

---

40. Calmon de Passos, José Joaquim, *Comentários ao Código de Processo Civil*, Vol. III. Rio de Janeiro: Forense, 1977.

Assim, se as questões prejudiciais à questão de mérito são apreciadas na fundamentação da sentença, não transitarão em julgado, a não ser que se promova uma ação declaratória incidental, pois, aí, a integrará não só a fundamentação, como também o dispositivo da sentença[41].

Afinal para que a questão prejudicial possa realmente possibilitar a construção de decisões legitimadas e normalmente permitir o trânsito em julgado, é indispensável que haja a fundamentação das decisões, de modo que possa apontar as bases argumentativas sobre fatos e do direito debatido para a motivação dessas decisões. Portanto, a decisão jurisdicional e *ipso facto* seu trânsito em julgado, têm como justificativa a estrutura do procedimento incidental **realizado em contraditório, o qual é direito-garantia fundamental**.

Ressalve-se, porém, que, se o pedido for a inexistência de uma relação e houver, por exemplo, a alegação de que a relação decorreu da imposição de quem não tinha poderes para tanto (incompetência formal ou material), é possível que a sentença venha a declarar isso com força de coisa julgada, até mesmo sem que qualquer das partes tenha formulado pedido nesse sentido.

4.2.2. *O sentido eficacial de* res judicata *na declaração de inconstitucionalidade e na de constitucionalidade: declaração de inconstitucionalidade com improcedência do pedido e declaração de constitucionalidade*

A questão merece, porém, uma reflexão mais detalhada quando encarada do ângulo eficacial do controle da constitucionalidade. Vale dizer, a desconstituição da coisa julgada de sentenças pretéritas que aplicaram ou deixaram de aplicar a norma declarada inconstitucional ou constitucional, exige uma prévia consideração sobre a (presunção de) nulidade na declaração de <u>inconstitucionalidade</u> e na de <u>constitucionalidade</u>.

Chama a atenção Gilmar Mendes[42] quando, ao sustentar que o afastamento do princípio da nulidade da lei se assenta em fundamentos constitucionais e não em razões de conveniência, toca na possibilidade

---

41. Em outro contexto, observa Gilmar Mendes, nessa linha, que há uma equivocidade nos conceitos de controle concreto e abstrato (Schlaich), pois o controle realizado, a decisão proferida e as consequências jurídicas em ambos são verdadeiramente abstratas, mesmo quando, na incidental, a questão constitucional configure *antecedente lógico e necessário à declaração* (Buzaid).

42. *Direitos fundamentais,* cit, p. 770 ss.

de uma decisão de inconstitucionalidade *ex nunc* do STF, pronunciada *in abstracto*, vir a ter efeitos sobre decisões já proferidas em outras instâncias com efeito *ex tunc.* O distanciamento temporal entre as decisões pode ensejar <u>insegurança</u>. Assim, tomando como perspectiva o trânsito em julgado, faz sentido a regra, segundo a qual casos concretos ainda não transitados, devem seguir a decisão do STF. Não, porém, os já transitados em julgado.

Conjugam-se bem com essa observação as hipóteses trabalhadas por Luís Roberto Barroso[43] ao supor uma decisão de um caso concreto que houvesse tido por fundamento a inconstitucionalidade de determinada norma que, posteriormente, viesse a ser pronunciada constitucional pelo Supremo *em ação declaratória de constitucionalidade*. Diante disso, se a decisão ainda comportasse recurso, o Tribunal deveria revê-la. Caso já tivesse operado o trânsito em julgado, a declaração de constitucionalidade deveria ser tomada como fundamento para ação rescisória. Mas, **se já não fosse possível ajuizar a ação rescisória, prevaleceria a coisa julgada que se formou,** *salvo situações extremas e excepcionais que pudessem legitimar sua relativização, com base em um juízo de ponderação de valores.*

O tema, que tem a ver com a preservação de coisa julgada em declaração incidental de inconstitucionalidade de lei ou artigo de lei que, posteriormente, venha a ser declarado constitucional em sede de controle concentrado, enseja uma questão de ordem lógica no trato da dicotomia *constitucional/inconstitucional.*

Nesse sentido, embora possa parecer bizantino, é importante atentar para algumas distinções que ocorrem entre a *declaração de inconstitucionalidade com improcedência do pedido* e a *declaração de constitucionalidade.*

Embora pareçam idênticos os sentidos e os efeitos, o raciocínio exige consideração de algumas premissas. Admita-se como premissa inicial que tudo o que inconstitucional, não é constitucional; e vice-versa: tudo o que é constitucional não é inconstitucional. Mas a oposição entre ambos admite várias possibilidades. A intuição faz perceber que a oposição *Cálias é justo/Cálias é injusto* não é igual à oposição *Cálias é justo/Cálias é não justo*. Na segunda oposição, o predicado *não justo* admite várias possibilidades de incompatibilidade com o predicado *justo*. Vale dizer, o

---

43. *O controle*, p. 292.

primeiro caso submete-se ao princípio do terceiro excluído: *ou* é justo, *ou* não é, excluída uma terceira hipótese. Já o segundo não se submete ao princípio do terceiro excluído: Cálias é não justo não implica que seja justo, podendo ser outra coisa (tolerante, fraco, indeciso, etc.).

Ora, *constitucional* pode opor-se a *inconstitucional* e, portanto, declarar que uma norma é *constitucional* significará que ela *não é inconstitucional*. Mas declarar que ela é *não inconstitucional* pode significar outra coisa, por exemplo, que sua constitucionalidade deve ser apreciada de caso para caso. Ou seja, quando se trabalhava apenas com a declaração direta de inconstitucionalidade, a dicotomia *constitucional/inconstitucional* se submetia ao princípio do terceiro excluído. Com o advento da declaração de constitucionalidade, o princípio já não atua. Identidade e não contradição, sim; mas não, o terceiro excluído.

Em outras palavras, como nota Jorge Miranda, se, no caso de uma *declaração direta de inconstitucionalidade*, determinados artigos da lei são declarados inconstitucionais e os demais, constitucionais, esse último termo pode significar que o restante é *não inconstitucional*. Já numa declaração direta de constitucionalidade, declarada a lei, em parte de seus artigos, constitucionais, o restante será *não constitucional*, donde, porém, certa imprecisão na qualificação de *inconstitucionalidade*[44].

Com a clareza e precisão, Luís Roberto Barroso[45] sintetiza tais nuances. A Lei nº 9.868/99 trata da decisão em sede de ADI conjuntamente com a decisão proferida na ação declaratória de constitucionalidade, como uma unidade conceitual, tendo em vista, sobretudo, o seu caráter dúplice ou ambivalente.

O art. 24 da Lei acentua esse caráter dúplice ou ambivalente da ação direta de inconstitucionalidade ou da ação declaratória de constitucionalidade, estabelecendo que "proclamada a constitucionalidade, julgar-se-á improcedente a ação direta ou procedente eventual ação declaratória e, proclamada a inconstitucionalidade, julgar-se-á procedente a ação direta ou improcedente eventual ação declaratória".

Em nota[46], lembra, com pertinência, a dificuldade de entender-se a improcedência numa declaração de inconstitucionalidade como de-

---

44. Problema notado por Jorge Miranda no seu Manual de direito constitucional, Coimbra, 2003, t. 6, p. 72.

45. Controle de Constitucionalidade, p. 274 ss.

46. Controle, p. 275, nota 261.

claração de constitucionalidade, resumindo a pendência na tomada de posição do STF, quando entendeu *não ser possível utilizar a ação de inconstitucionalidade para fins diversos, como a obtenção da declaração de constitucionalidade* (RTJ, 129:41, 1989, Rep. 1.349, rel. Aldir Passarinho).

Diante disso, como o controle concentrado é processo de natureza objetiva, mas acaba por afetar os de natureza subjetiva, segue a necessidade de examinar as situações possíveis no que diz respeito à coisa julgada.

Nesse ponto, merece destaque, de início, o fato de que, ao contrário do que ocorre com a *res iudicata* nos processos subjetivos, a doutrina assevera que a decisão de improcedência do pedido em sede de ADI não se reveste da autoridade da coisa julgada material, por ser inadequado impedir o STF de reapreciar a constitucionalidade ou não de uma lei anteriormente considerada válida, à vista de novos argumentos, de novos fatos, de mudanças formais e informais no sentido da Constituição ou de transformações na realidade que modifiquem o impacto ou a percepção da lei.

Assim, a decisão que declara a inconstitucionalidade de uma lei em ação direta de inconstitucionalidade reveste-se de autoridade de coisa julgada, com sua eficácia vinculativa para todos os órgãos judiciais, inclusive para o próprio STF.

Mas a conclusão não é a mesma quando se trata de ADC. Expressivo, nesse sentido, o voto do Min. Carlos Velloso: "Alterando-se a constituição substancial, a esta há de ajustar-se a constituição formal. Daí por que interpreto a norma inscrita na Emenda Constitucional n. 3, de 1993, que estabelece a eficácia *erga omnes* para a decisão que resolve em definitivo a ação declaratória de constitucionalidade *cum grano salis*. Quer dizer, a declaração de constitucionalidade da lei não impede, a meu ver, diante de alteração de circunstâncias fáticas ou da realidade normativa, a propositura da ação direta de inconstitucionalidade. Penso que esta é uma posição que a Corte constitucional deve assentar. É que, como foi dito: hoje, a lei pode ser constitucional, amanhã, não" (julgamento de QO na ADC 1-DF – RTJ, 157:371, 1996, p. 401) [47].

A fortiori, a decisão que julga improcedente o pedido – e, consequentemente, "*declara*" (por força da *improcedência*) a *não inconstitucionalidade* da lei ou ato normativo – poderia produzir efeito vinculante, subordinando todos os demais tribunais, mas não o próprio Supremo

---

47. Citado por Luís Roberto Barroso, O Controle, p. 286, nota 285.

Tribunal Federal, que poderá revê-la se assim lhe aprouver (por exemplo, em face de uma *reclamação*). O que pospõe o termo *a quo* para a produção de efeitos, submetidos, então à modalização.

Ora, de um lado, ao lidar-se com a segurança-garantia da coisa julgada faz, pois, todo sentido que, quando o pedido de declaração de inconstitucionalidade é considerado improcedente **prevalece a coisa julgada que se formou anteriormente.**

E, de outro, supondo-se que por força da improcedência do pedido em ADI pudesse ocorrer uma modificação no estado de direito (*relações continuativas*) antes configurado definitivamente em uma declaração incidental de inconstitucionalidade, também faz sentido que, para a produção do efeito vinculante dessa declaração (de não inconstitucionalidade), se tenha, no mínimo, de levar em conta a possibilidade de o STF, de alguma forma, reexaminar a questão, por exemplo, em repercussão geral.

Portanto apenas **quando** vier a ser decidida pela Corte em sede de *repercussão geral* é que o efeito vinculante, sujeito à modulação, poderá ocorrer. E, assim mesmo, não de forma automática.

Portanto, não é conclusivo que, por força de controle direto, o efeito modificativo nas relações de direito, antes alcançadas por uma declaração incidental de inconstitucionalidade, deva ter uma **repercussão imediata (automática)** no plano da administração.

O tema, que toca na noção de *relações continuativas*, merece reflexão.

Vejam-se, a propósito, as observações de Teori Zavascki[48], segundo as quais, no caso de relações continuativas, a decisão do Supremo, cuja eficácia *erga omnes* lhe outorga incontestável valor normativo, opera uma relevante modificação do estado de direito; essa modificação, "embora **não** seja apta a desconstituir **automaticamente** os efeitos passados e já consumados da sentença que julgou o caso concreto, terá, certamente, influência em relação aos seus efeitos futuros" (grifei).

Põe-se aqui, quanto a esse ponto, o sentido dessa *influência* em seus efeitos futuros (segundo o autor, prevalecerá com relação a eles, em substituição ao comando da sentença anterior, o efeito vinculante da decisão proferida na ação de controle concentrado), tendo em vista o dispositivo do Código de Processo a respeito das relações continuativas.

---

48. Cf. Teori Zavascki, *Eficácia das sentenças na jurisdição constitucional*, p. 92 ss.

5. COISA JULGADA E RELAÇÕES CONTINUATIVAS

Essa questão tem relevância para o caso de declarações incidentais que tenham tido por objeto a inexistência de relação jurídica continuativa entre as partes por força da inconstitucionalidade da lei que a estabelece.

Deve-se reiterar, primeiramente, que a decisão do STF em controle concentrado, sendo declaratória, não altera, em regra, a validade da lei (se constitucional, permanece válida, se inconstitucional, não terá sido válida), mas, levando em conta sua existência positivada, a Corte pode dispor sobre seus efeitos: *ex tunc/ex nunc*. É essa disposição que produz um *efeito vinculante* no sentido de que irradia seus efeitos sobre as relações jurídicas de trato continuado (duradouras ou sucessivas), ainda que declaradas por sentença que as apreciou em demanda individualizada. Entretanto, tratando-se de prevalência da sua força vinculante sobre a sentença do caso concreto transitada em julgado, a vinculação tem de levar em conta as possibilidades de submissão da questão ao STF. Ou seja, apenas **quando** vier a ser decidida pela Corte em sede de *repercussão geral* é que o efeito vinculante, sujeito à modulação, poderá ocorrer. E, assim mesmo, não de forma automática.

Pois, relativamente ao ocorrido no período anterior, não havendo, à época, decisão com efeito vinculante *erga omnes*, vigorou, sem empecilho, o efeito vinculante *inter partes* da sentença proferida na demanda particular. E, tendo em vista que o problema da força *erga omnes* de uma decisão *abstrata* em face de outra, em regra, limitada às partes, não indica que seja dispensável o exame das circunstâncias do caso concreto, quer para a manutenção dos efeitos da lei quer para a supressão dos efeitos da lei constitucional/inconstitucional, disso resulta, de um lado, a questão da modulação do efeito temporal e o respeito a garantias como as referentes à retroatividade (CF, art. 5º, XXXVI) e, de outro, a questão, então, de como lidar com a coisa julgada nas relações jurídicas continuativas.

Afinal, o efeito vinculante da decisão em controle concentrado não deve atingir as situações jurídicas já decorridas do cumprimento da sentença transitada em julgado, pois o efeito vinculante não ataca a própria *sentença transitada em julgado*, que, por força constitucional, é imutável e indiscutível pelas partes, mas sim os seus *efeitos*. Em suma, o efeito vinculante é para <u>obstar</u> que <u>os efeitos</u> daquela sentença sobre uma relação continuativa e transitada em julgado continuem a ser produzidos.

Em outras palavras, esse efeito vinculante, dirigido ao Judiciário e à Administração, não tem uma incidência imediata no sentido de criar-se um dispositivo <u>autoaplicável</u>. Importante, nesse sentido, atentar para a disposição do CPC quando diante da vedação de *decidir novamente questões já decididas*, ressalva a possibilidade: "se, tratando-se de relação jurídica continuativa, sobreveio modificação no estado de fato ou de direito; caso em que poderá a parte **pedir a revisão** do que foi estabelecido na sentença" (grifei).

O texto sublinhado é relevante. A coisa julgada material que se forma sobre a sentença de mérito e aprecia um feito cujo suporte é constituído por relação continuativa, traz ínsita a cláusula *rebus sic standibus*. Mas, como percebem N.Nery e R.M. Nery, nos comentários ao CPC de 1973, art. 471-I[49], o preceito nada tem a ver com a intangibilidade da coisa julgada material, "que se mantém intacta", circunstância, aliás, que, "antes de ofender a coisa julgada, na verdade expressamente a reconhece". Na verdade a leitura do preceito mostra que "[n]ão se trata de 'repropositura' da mesma ação anterior, cuja sentença de mérito foi acobertada pela autoridade da coisa julgada, mas sim da 'propositura' de ação nova, fundada em novos fatos ou em novo direito". Pois, modificadas as situações fáticas ou jurídicas sobre as quais se formou a anterior coisa julgada material, "**tem-se uma *nova* ação, isto é, com nova causa de pedir próxima (fundamentos de fato) ou nova causa de pedir remota (fundamentos de direito)**".

Tratando-se, pois, de comando antes estatuído em sentença transitada em julgado, o efeito vinculante de decisão em controle concentrado, admitido, então, que viesse a alterar as relações jurídicas continuativas, deveria adequar-se à hipótese do CPC, que na parte final do art. 505 (art. 471, I, do CPC/73), estabelece uma regra que *indica a possibilidade de um "pedido de revisão" do que foi estatuído na sentença.*

Por conseguinte, mesmo a admitir-se que, por força do efeito vinculante, há uma alteração na situação de direito na relação jurídica continuativa[50] que se formou em razão de decisão incidental de inconsti-

---

49. *Código de Processo Civil Comentado*. O Art. 471 do CPC/73 teve sua redação mantida pelo novo CPC, art. 505; Art. 505. Nenhum juiz decidirá novamente as questões já decididas relativas à mesma lide, salvo: I – se, tratando-se de relação jurídica continuativa, sobreveio modificação no estado de fato ou de direito; caso em que poderá a parte pedir a revisão do que foi estatuído na sentença; II – nos demais casos prescritos em lei.

50. A hipótese exigiria que se equiparasse a decisão em ADI à lei capaz de estabelecer um "novo" estado de direito em lugar do "antigo" estado de direito; como se trata de *declaração*, talvez o que se queira dizer é que *os efeitos* (*ex tunc*) da declaração de não inconstitucionalidade restauram um estado de direito que deixara de existir pela declaração incidental de inconsti-

tucionalidade, daí não decorre que a autoridade administrativa estaria autorizada *automaticamente* a proceder ao novo lançamento.

Nessa linha, ao julgar a possibilidade de decisão transitada em julgado, ainda que proferida em confronto com a jurisprudência predominante do STF, ser questionada pelo TCU[51], aventa o Relator (Min. Celso de Mello) os seguintes argumentos que vêm bem a propósito da mencionada exigência de *nova* ação.

O primeiro reporta-se a Eduardo Talamini, que faz observar que, em primeiro lugar essa hipótese não diz respeito propriamente à revisão da coisa julgada, *mas à possibilidade de apresentação* de uma nova pretensão alheia aos limites da anterior *res iudicata*, destacando que, de todo modo, essa parte da disposição **sugere a existência de uma via própria** para o exercício dessa nova pretensão.[52]

Menciona Talamini, Jaime Guasp, que cogita de três possíveis vias de atuação nessa hipótese. A primeira seria um recurso, interno ao processo em que foi proferida *a primeira sentença – a qual, portanto, para ser alvo de um recurso propriamente dito, nem transitaria em julgado*. Mas seria necessária *a expressa previsão desse recurso*. A segunda consistiria em uma *ação impugnativa autônoma*, destinada a obter a modificação do pronunciamento anterior. Mas Guasp lembraria que também essa via depende sempre de expressa previsão legal. Por fim, a terceira solução seria a de simples propositura de uma nova ação, destinada à obtenção de um novo pronunciamento sobre o novo objeto processual que, para Guasp, seria a *maneira idônea de resolver o problema*, quando a questão não é expressamente disciplinada pelo direito positivo.

---

titucionalidade. Mas o efeito vinculante dessa declaração não tem como ignorar o passado, donde a necessidade de sua modulação e, por força da segurança-garantia da coisa julgada, também de nova ação (revisional).

51. Sustenta o Relator que a "norma inscrita no art. 474 do CPC impossibilita a instauração de nova demanda para rediscutir a controvérsia, mesmo que com fundamento em novas alegações, pois o instituto da coisa julgada material – considerada a finalidade prática que o informa – absorve, necessariamente, *"tanto as questões que foram discutidas como as que o poderiam ser"* (LIEBMAN), mas não o foram. A autoridade da coisa julgada *em sentido material* estende-se, *por isso mesmo*, tanto ao que foi efetivamente arguido pelas partes quanto ao que poderia ter sido alegado, *mas não o foi*, desde que tais alegações e defesas se contenham no objeto do processo (*"tantum judicatum quantum disputatum vel disputari debebat"*). Aplicação, *ao caso*, do art. 474 do CPC. Doutrina. Precedentes."

52. Eduardo Talamini, *"A Coisa Julgada no Tempo – Os Limites Temporais da Coisa Julgada"*, *"in"* Revista Jurídica Notadez, nº 354, p. 17/26, 23-24, 2007.

Ora, pondera Talamini, no direito positivo brasileiro, fica integralmente descartada a primeira via de um recurso próprio (lembrando que há trânsito em julgado, mesmo na sentença de alimentos, ao contrário do que impropriamente indica o art. 15 da Lei 5.478/1968). O pedido de revisão constituirá, pois, uma nova ação. Não se irá simplesmente retomar o anterior processo, já extinto.

Já as outras duas vias cogitadas por Guasp teriam acolhida na ordem processual brasileira. Em face disso assim conclui Talamini:

> "Há casos em que a lei expressamente prevê que, havendo alteração fática ou jurídica que repercuta na relação continuativa, caberá à parte interessada ir a juízo 'pedir a revisão' a que alude a regra em exame. Nessa hipótese, a lei está conferindo ao interessado um 'direito potestativo' ao estabelecimento de uma nova disciplina concreta mediante nova sentença. A 'ação revisional' (ou de 'modificação' – no dizer de PONTES DE MIRANDA) terá, assim, natureza 'constitutiva' e, em regra, eficácia 'ex nunc'. Servem de exemplo a ação de revisão de alimentos e a ação de revisão de valor de aluguel fixado em anterior sentença. Mas uma ação dessa espécie só é cabível – e só é necessária – quando a lei expressamente estabelece esse regime para as relações continuativas, condicionando uma nova disciplina concreta a uma nova sentença. (...)."[53]

Entende-se, nesses termos, que *desconsiderar simplesmente* (*automaticamente*) a autoridade da coisa julgada em função de coisa julgada por decisão *inter partes*, que ocorreu em outro processo, ainda que em última instância constitucional, não é compatível com a segurança jurídica, direito fundamental reconhecido pela CF.

Na verdade, para desfazer, portanto, as consequências até então produzidas pela referida sentença, cumpre ao interessado (autoridade

---

53. Para maior clareza, veja-se a manifestação de Pontes de Miranda: "*Distinguindo-se, tem-se: (1) Tratando-se de sentença definitiva, a redecisão das questões somente pode dar-se: a) pela ação rescisória (arts. 485 e 486), atingindo a coisa julgada material; ou b) quando, no caso de solução a respeito de relação jurídica contínua, a sentença contém, explícita ou implícita, em virtude do art. 471, I, a cláusula de 'modificabilidade' mesma, ou c) o que o Código deixou de prever, quando há cláusula 'rebus sic stantibus' (cf. art. 471, II). O Código adotou a condenação às prestações futuras (art. 290), e a mudança de algum pressuposto tem de influir para a modificabilidade. (...).*

   Quando, em caso de condenação a prestações periódicas 'futuras', as circunstâncias se modificarem de tal maneira, que não mais se justifiquem as prestações, no todo, ou em parte, ou a própria condenação, ou a duração delas – cabe à parte reclamar pela chamada 'ação de modificação'. Nós já a tínhamos (...), a respeito de prestações alimentares. (...).

   A ação de modificação supõe que a sentença mesma, que formalmente transitou em julgado, 'pode' ser alterada no que dispusera para o futuro: a eficácia no futuro é que está sujeita, devido à natureza da sentença, a mudança, se o juízo a reconhecer." Pontes de Miranda, "Comentários ao Código de Processo Civil", tomo V, p. 147/149, itens ns. 1 e 2, 3ª ed., 1997, Forense.

administrativa) utilizar as vias judiciais ordinárias, nomeadamente a da ação revisional, sendo que os efeitos da coisa julgada cessarão apenas com o trânsito em julgado da ação revisional.

6. CONCLUSÃO

Em síntese, retomo o exposto, tendo em vista a autonomia dos processos de controle incidental e de controle abstrato, e o efetivo reconhecimento da possibilidade de ocorrer um <u>distanciamento temporal</u> entre as decisões proferidas nos respectivos sistemas (*ex tunc* em decisão incidental anterior versus *ex nunc em decisão in abstracto* posterior). Lembro que esse distanciamento exige, por parte de quem decide, um senso de equilíbrio na avaliação das consequências às vezes imprevisíveis da retroatividade sobre as situações anteriores, pelo sopesamento entre a regra da nulidade e as exigências de segurança na imposição dos efeitos. Afinal, o distanciamento temporal entre as decisões pode ensejar <u>insegurança</u>. São essas observações que levam à conclusão de que, em termos de razoabilidade na flexibilização da presunção de nulidade, o fator temporal é fundamental. Assim é a possibilidade de uma decisão de inconstitucionalidade *ex tunc*, pronunciada *in abstracto*, vir a ter efeitos sobre decisões já proferidas em outras instâncias igualmente com efeito *ex tunc*.

Assim, o problema a ser encarado, no caso de distância temporal entre uma decisão em controle abstrato e a manutenção de decisões incidentais em sentido diferente está na determinação de uma medida razoável para a eventual manutenção de uma situação outrora garantida e, ao longo do tempo, consolidada para casos e sujeitos. Até porque, afinal, em nome da coisa julgada material obtida em controle incidental, há de se ter em conta se uma verdadeira ruptura jurídica não estaria ocorrendo em termos de uma grave quebra de confiança. Ou seja, é preciso que o tribunal, no caso em que entenda afastar a coisa julgada longamente estabelecida, tenha também em conta o que representa a confiança na permanência dessa coisa julgada ao longo do tempo.

BIBLIOGRAFIA

BALEEIRO, Aliomar. *Direito Tributário Brasileiro*. 11ª ed. Rio de Janeiro: Forense, 1999.

BARROSO, Luís Roberto. *O controle da constitucionalidade no direito brasileiro*, São Paulo: Saraiva, 2016.

BASTOS, Celso Ribeiro. *Perfil constitucional da ação direta de declaração de inconstitucionalidade, RDP, 22, 1972.*

BITTENCOURT, Lúcio. *O controle jurisdicional da constitucionalidade das leis*, Rio de Janeiro: Forense, 1945.

BOBBIO, Norberto. *Teoria dell'ordinamento giuridico*, Torino: G. Giappichelli, 1960.

BOTELHO DE MESQUITA, José Ignácio. *A coisa julgada*, Rio de Janeiro: Forense, 2004.

BUZAID, Alfredo. *Da ação direta de declaração de inconstitucionalidade no direito brasileiro*, São Paulo: Saraiva, 1958.

CALMON DE PASSOS, José Joaquim. *Comentários ao Código de Processo Civil*, Vol. III. Rio de Janeiro: Forense, 1977.

CASTRO, Carlos Roberto de Siqueira. O devido processo legal e a razoabilidade das leis na nova Constituição do Brasil, Forense, 1989.

CAVALCANTI FILHO, Teophilo. *O problema da Segurança Jurídica*. São Paulo, 1964.

CAVALCANTI, Themístocles. *Do contrôle da constitucionalidade*, Rio de Janeiro: Forense, 1966.

CINTRA, Antonio Carlos de Araújo; GRINOVER, Ada Pelegrini, DINAMARCO, Candido Rangel. *Teoria Geral do Processo*. São Paulo: Malheiros, 1995.

COUTURE, Eduardo J. *Fundamentos do Direito Processual Civil*. São Paulo: Saraiva, 1946.

FERRAZ JR, Tercio Sampaio. *Direito, Retórica e Comunicação*. 3ª ed. São Paulo, 2014.

FERRAZ JUNIOR, Tercio Sampaio. *Introdução ao Estudo do Direito*, 8ª edição, Atlas, São Paulo, 2015.

GRICE, Paul. "Logic and Conversation", in *Studies in the way of words*, Harvard University Press, 1991.

GRINOVER, Ada Pellegrini. As garantias constitucionais do direito de ação, RT, São Paulo, 1973.

HARTSHORNE, Charles; WEIS, Paul (Eds.). *Collected Papers of Charles Sanders Peirce*. Cambridge: Harvard University Press, 1932.

HILPINEN, R. Conflict and Change in Norm Systems, em A. Frandberg y M. van Hoecke (eds.) *The Structure of Law*, Uppsala: Jiustus Forlag, 1987.

KELSEN, Hans. *Allgemeine Theorie der Normen*, Wien, 1979, 59. Kapitel

_____. *Reine Rechtslehre*, Wien, 1960.

LINARES, Juan Francisco. *Razonabilidad de las leyes*, Buenos Aires: Astrea, 1989.

MENDES, Gilmar Ferreira. *Direitos fundamentais e controle da constitucionalidade*. São Paulo: Saraiva, 2014.

_____. *Controle incidental e a aplicação do art. 27 da Lei n. 9.868/1999*, em Repertório de Jurisprudência IOB, 2ª quinzena de junho de 2005, n. 12/2005, Volume I.

_____. *O papel do Senado Federal no controle da constitucionalidade: um caso clássico de mutação constitucional*, Revista de Informação Legislativa, 162, 2004.

_____. *O princípio da proporcionalidade na jurisprudência do Supremo Tribunal Federal: novas leituras*. Repertório IOB de Jurisprudência, n. 14/2000, Caderno I.

PONTES DE MIRANDA. Francisco Cavalcanti. *Comentários ao Código de Processo Civil*, Tomo V, 1997, Forense.

ROSS, Alf. *Sobre el Derecho y la Justicia*. Buenos Aires: Eudeba, 1970.

SCHAUER, Frederick. *Playing by the Rules: A Philosophical Examination of Rule Based Decision-Making in Law and in Life*, Clarendon Press, Oxford, 1991.

TALAMINI, Eduardo. *A Coisa Julgada no Tempo – Os Limites Temporais da Coisa Julgada"*, *"in"* Revista Jurídica Notadez, nº 354, 2007.

_____. *Novos aspectos da jurisdição constitucional brasileira: repercussão geral, força vinculante, modulação dos efeitos do controle de constitucionalidade e alargamento do objeto do controle direto*, tese de livre-docência, Faculdade de Direito da USP, 2008.

VON WRIGHT, G.H. *Norms Truth and Logic in Pratical Reason*, em *Philosophical Papers*, Oxford: Basil Blackwell, 1983, v. 1.

ZAVASCKI, Teori Albino. *Eficácia das Sentenças na Jurisdição Constitucional*. São Paulo: RT, 2001.

A FUNÇÃO REPRESENTATIVA E MAJORITÁRIA DAS CORTES CONSTITUCIONAIS[1]

Luís Roberto Barroso[2]

SUMÁRIO: Nota prévia. I. Introdução. II. O novo direito constitucional e a ascensão do Judiciário III. A expansão da jurisdição constitucional e seus diferentes papéis. A. O papel contramajoritário das cortes supremas. B. A crise da representação política. C. O papel representativo das cortes supremas. IV. Conclusão

NOTA PRÉVIA

Conheci Carlos Ayres Britto numa distante manhã de 1982, em um Congresso do Instituto Brasileiro de Direito Constitucional, em Belo Horizonte. Aplicou-se a nós uma frase inspirada de Vinícius de Moraes: "A gente não faz amigos. A gente os reconhece". Desde então, temos sido parceiros pela vida afora, nessa árdua missão de pensar o Brasil e tentar aprimorar nossas instituições. Carlos foi um Ministro do Supremo Tribunal Federal que fez história, pela forma, pelo conteúdo e pela coragem. Foi na sua presidência e com seu empenho que o Brasil começou a ser passado a limpo, com o julgamento da Ação Penal 470, conhecida como *Mensalão*.

Como se sabe, não há ex-Ministro do Supremo. O *slogan* que se repete é que os Ministros são de hoje, de ontem e de sempre. Porém, após deixar o Supremo Tribunal Federal, Carlos Ayres Britto talvez tenha

---

1. O presente texto é uma adaptação, especialmente para esta coletânea, de um trabalho maior, intitulado "A razão sem voto: o Supremo Tribunal Federal e o governo da maioria".

2. Ministro do Supremo Tribunal Federal – STF. Professor Titular de Direito Constitucional da Universidade do Estado do Rio de Janeiro – UERJ. Mestre em Direito pela Universidade de Yale. Doutor e Livre-Docente pela UERJ. Professor Visitante na Universidade de Poitiers, França (2010). *Visiting Scholar* na Universidade de Harvard (2011).

cumprido a maior missão da sua vida: a de uma espécie de consciência crítica e reserva moral da nação. Quando tudo parece fora de lugar, é a sua voz serena e sua atitude retilínea, somadas a uma postura sempre gentil, que sugere as reflexões adequadas e os rumos certos. Tive a honra de ocupar a sua cadeira no STF. Nos últimos anos, a vida nos proporcionou estabelecermos nova parceria em instituição acadêmica de Brasília, onde continuamos a tentar concretizar os nossos sonhos de juventude: ajudar a construir um país democrático, justo e decente. Vida longa, meu caro amigo.

I. INTRODUÇÃO

Dois professores debatiam acerca do papel do Poder Judiciário e das cortes supremas nas democracias, em uma das mais renomadas universidades do mundo. Ambos eram progressistas e tinham compromissos com o avanço social. O primeiro achava que só o Legislativo poderia consagrar direitos e conquistas. O segundo achava que o Legislativo deveria ter preferência em atuar. Mas se não agisse, a atribuição se transferia para o Judiciário. Eis o diálogo entre ambos:

- Professor 1: "A longo prazo as pessoas, por meio do Poder Legislativo, farão as escolhas certas, assegurando os direitos fundamentais de todos, aí incluídos o direito de uma mulher interromper a gestação que não deseja ou de casais homossexuais poderem expressar livremente o seu amor. É só uma questão de esperar a hora certa".

- Professor 2: "E, até lá, o que se deve dizer a dois parceiros do mesmo sexo que desejam viver o seu afeto e seu projeto de vida em comum agora? Ou à mulher que deseja interromper uma gestação inviável que lhe causa grande sofrimento? Ou a um pai negro que deseja que seu filho tenha acesso a uma educação que ele nunca pôde ter? Desculpe, a história está um pouco atrasada; volte daqui a uma ou duas gerações?"[3].

---

3. O debate foi na Universidade de Harvard entre o Professor Mark Tushnet e o autor desse texto, realizado em 7 nov. 2011. Intitulado *Politics and the Judiciary*, encontra-se disponível em vídeo em https://www.youtube.com/watch?v=giC_vOBn-bc. Sobre o tema, v., de autoria de Mark Tushnet, *Taking the constitution away from the courts*, 1999; e *Weak courts, strong rights:* judicial review and social welfare rights in comparative constitutional law, 2008. De autoria de Luís Roberto Barroso, v. Constituição, democracia e supremacia judicial: direito e política no Brasil contemporâneo, in *O novo direito constitucional brasileiro:* contribuições para a construção teórica e prática da jurisdição constitucional no Brasil, 2012.

O texto que se segue lida, precisamente, com essa dualidade de perspectivas. Nele se explora o tema do papel representativo das cortes supremas, sua função iluminista e as situações em que elas podem, legitimamente, *empurrar a história*. Escrito para um seminário realizado em Belo Horizonte, no Brasil, o texto se utiliza de alguns aspectos da experiência e da jurisprudência brasileira. O argumento desenvolvido, todavia, baseia-se na literatura internacional e tem pretensão de validade universal, aplicando-se a boa parte dos Estados constitucionais democráticos contemporâneos.

A conclusão a que se chega é bastante simples e facilmente demonstrável, apesar de contrariar em alguma medida o conhecimento convencional: em alguns cenários, em razão das múltiplas circunstâncias que afetam ou paralisam o processo político majoritário, cabe à suprema corte ou ao tribunal constitucional assegurar o governo da maioria e a igual dignidade de todos os cidadãos. A política majoritária, conduzida por representantes eleitos, é um componente vital para a democracia. Mas a democracia é muito mais do que a mera expressão numérica de uma maior quantidade de votos. Para além desse aspecto puramente formal, ela possui uma dimensão substantiva, que abrange a preservação de valores e direitos fundamentais. A essas duas dimensões – formal e substantiva – soma-se, ainda, uma dimensão deliberativa, feita de debate público, argumentos e persuasão. A democracia contemporânea, portanto, exige votos, direitos e razões. Esse é o tema do presente ensaio.

II. O NOVO DIREITO CONSTITUCIONAL E A ASCENSÃO DO JUDICIÁRIO

Ao final da Segunda Guerra Mundial, países da Europa continental passaram por um importante redesenho institucional, com repercussões de curto, médio e longo prazo sobre o mundo romano-germânico em geral. O direito constitucional saiu do conflito inteiramente reconfigurado, tanto quanto ao seu objeto (novas constituições foram promulgadas), quanto no tocante ao seu papel (centralidade da Constituição em lugar da lei), como, ainda, com relação aos meios e modos de interpretar e aplicar as suas normas (surgimento da nova hermenêutica constitucional). Ao lado dessas transformações dogmáticas, ocorreu igualmente uma notável mudança institucional, representada pela criação de tribunais constitucionais e uma progressiva ascensão do Poder Judiciário. No lugar do Estado legislativo de direito, que se consolidara no século XIX, surge o Estado constitucional de direito, com todas as suas implicações[4]. Esse novo modelo tem sido identificado como constitucionalismo do pós-guerra, novo direito constitucional ou neoconstitucionalismo[5].

Este novo direito constitucional se desenvolve em um ambiente de transformações profundas da cultura jurídica, que incluíram: (i) a atenuação do formalismo jurídico, (ii) o desenvolvimento de uma visão filosófica pós-positivista e (iii) a passagem da Constituição para o centro do sistema jurídico. Os textos constitucionais se tornam mais analíticos, com a previsão de um catálogo extenso de direitos fundamentais. Por outro lado, as sociedades ficam mais complexas e plurais. Como consequência, diminui a capacidade de previsão normativa expressa de uma grande quantidade de questões, aumentando a indeterminação do direito. Nesse ambiente, tanto a Constituição como as leis transferem parte da competência decisória para os intérpretes judiciais, mediante o emprego de princípios e cláusulas de textura aberta. A interpretação judicial, por sua vez, recorre com maior frequência a conceitos e técnicas como ponderação, proporcionalidade e razoabilidade.

Concomitantemente a esses desenvolvimentos filosóficos, teóricos e práticos, verificou-se uma importante ascensão institucional do Poder Judiciário. O fenômeno é mundial e também está associado historicamente ao final da Segunda Guerra Mundial. A partir daí, o mundo deu-se conta de que a existência de um Judiciário independente e forte é um importante elemento de preservação das instituições democráticas e dos direitos fundamentais. A esse fator somam-se, ainda, um certo desencanto com a política majoritária e a incapacidade dos parlamentos de produzirem consenso em relação a determinados temas controvertidos. O termo neoconstitucionalismo é, em última análise, *descritivo* dessa nova realidade, em que há expansão do papel da Constituição, ascensão do Judiciário e uma interpretação jurídica menos formalista e positivista. Mas a ideia de neoconstitucionalismo tem, igualmente, uma dimen-

---

4. Sobre o tema, v. Luigi Ferrajoli, Pasado y futuro del Estado de derecho. In: Miguel Carbonell (org.), *Neoconstitucionalismo(s)*, 2003.

5. A ideia de neoconstitucionalismo é frequentemente associada à filosofia política e jurídica de autores como Ronald Dworkin, Robert Alexy e Carlos Nino, embora nenhum deles tenha utilizado diretamente o termo, que se tornou mais comum em países como Itália, Espanha e Brasil. Para duas coletâneas importantes sobre o tema, em língua espanhola, v. Miguel Carbonell, *Neoconstitucionalismo(s)*, 2003, e *Teoría del neoconstitucionalismo:* ensayos escogidos, 2007. As ideias desenvolvidas nos dois parágrafos seguintes foram sistematizadas, originariamente, em Luís Roberto Barroso, Neoconstitucionalismo e constitucionalização do Direito, *Revista de Direito Administrativo 240:*1, 2005.

A FUNÇÃO REPRESENTATIVA E MAJORITÁRIA DAS CORTES CONSTITUCIONAIS

são *normativa*, ao endossar essas transformações. Trata-se, portanto, não apenas de um modo de descrever o direito constitucional contemporâneo, mas também de desejá-lo. Um direito que deixa a sua zona de conforto tradicional, que é o da conservação de conquistas políticas relevantes, e passa a ter, também, uma função promocional, constituindo-se em instrumento de avanço social.

III. A EXPANSÃO DA JURISDIÇÃO CONSTITUCIONAL E SEUS DIFERENTES PAPÉIS

Ao longo da segunda metade do século XX, os países da Europa continental e os que seguem a tradição romano-germânica, de uma maneira geral, assistiram a uma importante mudança de paradigma em relação ao desenho e à teoria constitucionais: a passagem do Estado legislativo de direito para o Estado constitucional de direito[6]. No modelo antigo, a Constituição era compreendida, essencialmente, como um documento político, cujas normas não eram aplicáveis diretamente, ficando na dependência de desenvolvimento pelo legislador ou pelo administrador. Tampouco existia o controle de constitucionalidade das leis pelo Judiciário – ou, onde existia, era tímido e pouco relevante. Nesse ambiente, vigorava a centralidade da lei e a supremacia do parlamento. No Estado constitucional de direito, a Constituição passa a valer como norma jurídica. A partir daí, ela não apenas disciplina o modo de produção das leis e atos normativos, como estabelece determinados limites para o seu conteúdo, além de impor deveres de atuação ao Estado. Nesse novo modelo, vigora a centralidade da Constituição e a supremacia judicial, como tal entendida a primazia de um tribunal constitucional ou suprema corte na interpretação final e vinculante das normas constitucionais.

A expressão jurisdição constitucional designa a interpretação e aplicação da Constituição por órgãos judiciais. Nos Estados Unidos e nos países que adotam o seu modelo de *judicial review* – como é o caso do Brasil –, essa competência é exercida por todos os juízes e tribunais, situando-se a suprema corte no topo do sistema. A jurisdição constitucional compreende duas atuações particulares. A primeira, de aplicação direta da Constituição às situações nela contempladas. Por exemplo, o reconhecimento de que determinada competência é do governo federal e não

---

6. Sobre o tema, v. Luigi Ferrajoli, *Pasado y futuro Del Estado de Derecho*. In: Miguel Carbonell (org.), *Neoconstitucionalismo(s)*, 2003, p. 14-17; e Gustavo Zagrebelsky, *El Derecho Dúctil*: Ley, Derechos, Justicia, 2005, p. 21-41.

dos estados, ou o direito à liberdade de expressão sem censura prévia. Também se insere na aplicação direta da Constituição a competência, mais complexa e politicamente delicada, de sanar omissões inconstitucionais, nos casos em que a ausência de norma regulamentadora frustra o exercício de um direito fundamental. A segunda atuação envolve a aplicação indireta da Constituição, que se dá quando o intérprete a utiliza como parâmetro para aferir a validade de uma norma infraconstitucional (controle de constitucionalidade) ou para atribuir a ela o melhor sentido, em meio a diferentes possibilidades (interpretação conforme a Constituição). Em suma: a jurisdição constitucional compreende o poder exercido por juízes e tribunais na aplicação direta da Constituição, no desempenho do controle de constitucionalidade das leis e dos atos do Poder Público em geral e na interpretação do ordenamento infraconstitucional conforme a Constituição.

Do ponto de vista político-institucional, o desempenho da jurisdição constitucional por supremas cortes ou tribunais constitucionais mundo afora envolve dois tipos de atuação: a contramajoritária e a representativa. A atuação contramajoritária é um dos temas mais analisados na teoria constitucional, que há muitas décadas discute a legitimidade democrática da invalidação de atos do Legislativo e do Executivo por órgão jurisdicional. Já a função representativa tem sido largamente ignorada pela doutrina e pelos formadores de opinião em geral. Nada obstante isso, em algumas partes do mundo, e destacadamente no Brasil, este segundo papel se tornou não apenas mais visível como, circunstancialmente, mais importante. O presente artigo procura lançar luz sobre esse fenômeno, que tem passado curiosamente despercebido, apesar de ser, possivelmente, a mais importante transformação institucional da última década.

A. O papel contramajoritário das cortes supremas

Supremas cortes e cortes constitucionais em geral – inclusive o Supremo Tribunal Federal brasileiro – exercem o controle de constitucionalidade dos atos normativos, inclusive os emanados do Poder Legislativo e da chefia do Poder Executivo. No desempenho de tal atribuição, podem invalidar atos do Congresso ou do Parlamento – compostos por representantes eleitos pelo povo – e do Presidente da República, eleito com mais de meia centena de milhões de votos. Vale dizer: no caso brasileiro, onze Ministros do Supremo Tribunal Federal (na verdade seis, pois basta a maioria absoluta), que jamais receberam um voto popular, podem sobrepor a sua interpretação da Constituição à que foi feita por agentes políticos investidos de mandato representativo e legitimidade

A FUNÇÃO REPRESENTATIVA E MAJORITÁRIA DAS CORTES CONSTITUCIONAIS

democrática. A essa circunstância, que gera uma aparente incongruência no âmbito de um Estado democrático, a teoria constitucional deu o apelido de "dificuldade contramajoritária"[7].

A despeito de resistências teóricas pontuais[8], esse papel contramajoritário do controle judicial de constitucionalidade tornou-se quase universalmente aceito. A legitimidade democrática da jurisdição constitucional tem sido assentada com base em dois fundamentos principais: a) a proteção dos direitos fundamentais, que correspondem ao mínimo ético e à reserva de justiça de uma comunidade política[9], insuscetíveis de serem atropelados por deliberação política majoritária; e b) a proteção das regras do jogo democrático e dos canais de participação política de todos[10]. A maior parte dos países do mundo confere ao Judiciário e, mais particularmente à sua suprema corte ou corte constitucional, o *status* de sentinela contra o risco da tirania das maiorias[11]. Evita-se, assim, que possam deturpar o processo democrático ou oprimir as minorias. Há razoável consenso, nos dias atuais, de que o conceito de democracia transcende a ideia de governo da maioria, exigindo a incorporação de outros valores fundamentais.

Um desses valores fundamentais é o direito de cada indivíduo a igual respeito e consideração[12], isto é, a ser tratado com a mesma dignidade dos demais – o que inclui ter os seus interesses e opiniões levados em conta. A democracia, portanto, para além da dimensão procedimental de ser o governo da maioria, possui igualmente uma dimensão substantiva, que inclui igualdade, liberdade e justiça. É isso que a transforma, verdadeiramente, em um projeto coletivo de autogoverno, em que ninguém é deliberadamente deixado para trás. Mais do que o direito de participação igualitária,

---

7.   A expressão se tornou clássica a partir da obra de Alexander Bickel, *The least dangerous branch:* the Supreme Court at the bar of politics, 1986, p. 16 e s. A primeira edição do livro é de 1962.

8.   E.g., Jeremy Waldron, The Core of the Case against Judicial Review. *The Yale Law Journal* 115:1346, 2006; Mark Tushnet, *Taking the Constitution away from the Courts*, 2000; e Larry Kramer, *The people themselves:* popular constitutionalims and judicial review, 2004.

9.   A equiparação entre direitos humanos e reserva mínima de justiça é feita por Robert Alexy em diversos de seus trabalhos. V., *e.g.*, *La institucionalización de la justicia*, 2005, p. 76.

10. Para esta visão processualista do papel da jurisdiçao constitucional, v. John Hart Ely, *Democracy and distrust*, 1980.

11. A expressão foi utilizada por John Stuart Mill, *On Liberty*, 1874, p. 13: "A tirania da maioria é agora geralmente incluída entre os males contra os quais a sociedade precisa ser protegida (...)".

12. Ronald Dworkin, *Taking Rights Seriously*, 1997, p. 181. A primeira edição é de 1977.

democracia significa que os vencidos no processo político, assim como os segmentos minoritários em geral, não estão desamparados e entregues à própria sorte. Justamente ao contrário, conservam a sua condição de membros igualmente dignos da comunidade política[13]. Em quase todo o mundo, o guardião dessas promessas[14] é a suprema corte ou o tribunal constitucional, por sua capacidade de ser um fórum de princípios[15] – isto é, de valores constitucionais, e não de política – e de razão pública – isto é, de argumentos que possam ser aceitos por todos os envolvidos no debate[16]. Seus membros não dependem do processo eleitoral e suas decisões têm de fornecer argumentos normativos e racionais que a suportem.

Cumpre registrar que, no Brasil, esse papel contramajoritário do Supremo Tribunal Federal tem sido exercido, como é próprio, com razoável parcimônia. De fato, nas situações em que não estejam em jogo direitos fundamentais e os pressupostos da democracia, a Corte tem sido deferente para com a liberdade de conformação do legislador e a razoável discricionariedade do administrador. Por isso mesmo, é relativamente baixo o número de dispositivos de leis federais efetivamente declarados inconstitucionais, sob a vigência da Constituição de 1988[17]. É certo que, em uma singularidade brasileira, existem alguns precedentes de dispositivos de emendas constitucionais cuja invalidade foi declarada pelo Supremo Tribunal Federal[18]. Mas, também aqui, nada de especial significação, em quantidade e qualidade. Anote-se, por relevante, que em alguns casos emblemáticos de judicialização de decisões políticas – como a legitimidade ou não das pesquisas com células-tronco embrionárias, a validade ou não de lei federal que previa ações afirmativas em favor de negros no acesso a universidades e a constitucionalidade do decreto do

---

13. V. Eduardo Mendonça, *A Democracia das Massas e a Democracia das Pessoas:* Uma Reflexão sobre a Dificuldade Contramajoritária. Mimeografado, 2014, p. 84.

14. A expressão consta do título do livro de Antoine Garapon, *O juiz e a democracia:* o guardião das promessas, 1999.

15. Ronald Dworkin, The Forum of Principle, *New York University Law Review 56*:469, 1981.

16. John Rawls, *Political Liberalism*, 2005, p. 231 e s. A primeira edição é de 1993.

17. Com base em levantamento elaborado pela Secretaria de Gestão Estratégica do Supremo Tribunal Federal, foi possível identificar 93 dispositivos de lei federal declarados inconstitucionais, desde o início de vigência da Constituição de 1988 – um número pouco expressivo, ainda mais quando se considera que foram editadas, no mesmo período, nada menos que 5.379 leis ordinárias federais, somadas a outras 88 leis complementares.

18. V. STF, DJ 09.03.1994, ADI 939, Rel. Min. Sydney Sanches; STF, ADI 1.946, DJ 16.05.2003, Rel. Min. Sydney Sanches; STF, DJ 18.02.2005, ADI 3.128, Rel. p/ o acórdão Min. Cezar Peluso; STF, DJe 19.05.2011, MC na ADI 2.356, Rel. p/ o acórdão Min. Ayres Britto; STF, DJe 19.12.2013, ADI 4.357 e ADI 4.425, Rel. Min. Luiz Fux.

Presidente da República que demarcou uma extensa área do Estado de Roraima como reserva indígena –, a posição do Tribunal, em todos eles, foi de autocontenção e de preservação da decisão tomada pelo Congresso Nacional ou pelo Presidente da República.

Até aqui procurou-se justificar a legitimidade democrática do papel contramajoritário exercido pela jurisdição constitucional, bem como demonstrar que não há superposição plena entre o conceito de democracia e o princípio majoritário. Antes de analisar o tema da função representativa das cortes supremas e concluir o presente ensaio, cabe enfrentar uma questão complexa e delicada em todo o mundo, materializada na seguinte indagação: até que ponto é possível afirmar, sem apegar-se a uma ficção ou a uma idealização desconectada dos fatos, que os atos legislativos correspondem, efetivamente, à vontade majoritária?

B. A crise da representação política

Há muitas décadas, em todo o mundo democrático, é recorrente o discurso acerca da crise dos parlamentos e das dificuldades da representação política. Da Escandinávia à América Latina, um misto de ceticismo, indiferença e insatisfação assinala a relação da sociedade civil com a classe política. Nos países em que o voto não é obrigatório, os índices de abstenção revelam o desinteresse geral. Em países de voto obrigatório, como o Brasil, um percentual muito baixo de eleitores é capaz de se recordar em quem votou nas últimas eleições parlamentares. Disfuncionalidade, corrupção, captura por interesses privados são temas globalmente associados à atividade política. E, não obstante isso, em qualquer Estado democrático, política é um gênero de primeira necessidade. Mas as insuficiências da democracia representativa, na quadra atual, são excessivamente óbvias para serem ignoradas.

A consequência inevitável é a dificuldade de o sistema representativo expressar, efetivamente, a vontade majoritária da população. Como dito, o fenômeno é em certa medida universal. Nos Estados Unidos, cuja política interna tem visibilidade global, os desmandos do financiamento eleitoral, a indesejável infiltração da religião no espaço público e a radicalização de alguns discursos partidários deterioraram o debate público e afastaram o cidadão comum. Vicissitudes análogas acometem países da América Latina e da Europa, com populismos de esquerda, em uma, e de direita, em outra. No Brasil, por igual, vive-se uma situação delicada, em que a atividade política desprendeu-se da sociedade civil, que passou a vê-la com indiferença, desconfiança ou desprezo. Ao longo dos anos, a ampla exposição das disfunções do financiamento eleitoral, das relações oblíquas entre Executivo e parlamentares e do exercício de cargos públicos para benefício próprio revelou as mazelas de um sistema que gera muita indignação e poucos resultados. Em suma: a doutrina, que antes se interessava pelo tema da dificuldade contramajoritária dos tribunais constitucionais, começa a voltar atenção para o déficit democrático da representação política[19].

Essa crise de legitimidade, representatividade e funcionalidade dos parlamentos gerou, como primeira consequência, em diferentes partes do mundo, um fortalecimento do Poder Executivo. Nos últimos anos, porém, e com especial expressão no Brasil, tem-se verificado uma expansão do Poder Judiciário e, notadamente, do Supremo Tribunal Federal. Em curioso paradoxo, o fato é que em muitas situações juízes e tribunais se tornaram mais representativos dos anseios e demandas sociais do que as instâncias políticas tradicionais. É estranho, mas vivemos uma quadra em que a sociedade se identifica mais com seus juízes do que com seus parlamentares. Um exemplo ilustra bem a afirmação: quando o Congresso Nacional aprovou as pesquisas com células-tronco embrionárias, o tema passou despercebido. Quando a lei foi questionada no Supremo Tribunal Federal, assistiu-se a um debate nacional. É imperativo procurar compreender melhor este fenômeno, explorar-lhe eventuais potencialidades positivas e remediar a distorção que ele representa. A teoria constitucional ainda não elaborou analiticamente o tema, a despeito da constatação inevitável: a democracia já não flui exclusivamente pelas instâncias políticas tradicionais.

C.   O papel representativo do Supremo Tribunal Federal

> *"A grande arte em política não é ouvir os que falam, é ouvir os que se calam".*
> *Etienne Lamy*

Ao longo do texto procurou-se ressaltar a substantivação do conceito de democracia, que, além de não se identificar integralmente com o prin-

---

19.   V., *e.g.*, Mark A. Graber, The Countermajoritarian Difficulty: From Courts to Congress to Constitutional Order, *Annual Review of Law and Social Science 4:*361-62 (2008). V. tb. Luís Roberto Barroso, *Neoconstitucionalismo e Constitucionalização do Direito:* O Triunfo Tardio do Direito Constitucional no Brasil, *Revista de Direito Administrativo 240:*1, 2005, p. 41.

cípio majoritário, tem procurado novos mecanismos de expressão. Um deles foi a transferência de poder político – aí incluído certo grau de criação judicial do direito – para órgãos como o Supremo Tribunal Federal. O presente tópico procura explorar esse fenômeno, tanto na sua dinâmica interna quanto nas suas causas e consequências. No arranjo institucional contemporâneo, em que se dá a confluência entre a democracia representativa e a democracia deliberativa[20], o exercício do poder e da autoridade é legitimado por votos e por argumentos. É fora de dúvida que o modelo tradicional de separação de Poderes, concebido no século XIX e que sobreviveu ao século XX, já não dá conta de justificar, em toda a extensão, a estrutura e funcionamento do constitucionalismo contemporâneo. Para utilizar um lugar comum, parodiando Antonio Gramsci, vivemos um momento em que o velho já morreu e novo ainda não nasceu[21].

A doutrina da dificuldade contramajoritária, estudada anteriormente, assenta-se na premissa de que as decisões dos órgãos eletivos, como o Congresso Nacional, seriam sempre expressão da vontade majoritária. E que, ao revés, as decisões proferidas por uma corte suprema, cujos membros não são eleitos, jamais seriam. Qualquer estudo empírico desacreditaria as duas proposições. Por numerosas razões, o Legislativo nem sempre expressa o sentimento da maioria[22]. Além do já mencionado déficit democrático resultante das falhas do sistema eleitoral e partidário, é possível apontar algumas outras. Em primeiro lugar, minorias parlamentares podem funcionar como *veto players*[23], obstruindo o processamento da vontade da própria maioria parlamentar. Em outros

---

20. A ideia de democracia deliberativa tem como precursores autores como John Rawls, com sua ênfase na razão, e Jurgen Habermas, com sua ênfase na comunicação. Sobre democracia deliberativa, v., entre muitos, em língua inglesa, Amy Gutmann e Dennis Thompson, *Why Deliberative Democracy?*, 2004; em português, Cláudio Pereira de Souza Neto, *Teoria Constitucional e Democracia Deliberativa*, 2006.

21. Antonio Gramsci, *Cadernos do Cárcere*, 1926-1937. Disponível, na versão em espanhol, em <http://pt.scribd.com/doc/63460598/Gramsci-Antonio-Cuadernos-de-La-Carcel-Tomo-1--OCR>: "A crise consiste precisamente no fato de que o velho está morrendo e o novo não pode nascer. Nesse interregno, uma grande variedade de sintomas mórbidos aparecem". V. tb., entrevista do sociólogo Zigmunt Bauman, disponível em <http://www.ihu.unisinos.br/noticias/24025-%60%60o-velho-mundo-esta-morrendo-mas-o-novo-ainda-nao--nasceu%60%60-entrevista-com-zigmunt-bauman>.

22. Sobre o tema, v. Corinna Barrett Lain, Upside-down Judicial Review, *The Georgetown Law Review 101*:113, 2012-2103. V. tb. Michael J. Klarman, The Majoritarian Judicial Review: The Entrenchment Problem, *The Georgetown Law Journal 85*:49, 1996-1997.

23. *Veto players* são atores individuais ou coletivos com capacidade de parar o jogo ou impedir o avanço de uma agenda. Sobre o tema, v. Pedro Abramovay, *Separação de Poderes e Medidas Provisórias*, 2012, p. 44 e s.

casos, o autointeresse da Casa legislativa leva-a a decisões que frustram o sentimento popular. Além disso, parlamentos em todo o mundo estão sujeitos à captura eventual por interesses especiais, eufemismo que identifica o atendimento a interesses de certos agentes influentes do ponto de vista político ou econômico, ainda quando em conflito com o interesse coletivo[24].

Por outro lado, não é incomum nem surpreendente que o Judiciário, em certos contextos, seja melhor intérprete do sentimento majoritário. Inúmeras razões contribuem para isso. Inicio por uma que é menos explorada pela doutrina em geral, mas particularmente significativa no Brasil. Juízes são recrutados, na primeira instância, mediante concurso público. Isso significa que pessoas vindas de diferentes origens sociais, desde que tenham cursado uma Faculdade de Direito e tenham feito um estudo sistemático aplicado, podem ingressar na magistratura. Essa ordem de coisas produziu, ao longo dos anos, um drástico efeito democratizador do Judiciário. Por outro lado, o acesso a uma vaga no Congresso envolve um custo financeiro elevado, que obriga o candidato, com frequência, a buscar financiamentos e parcerias com diferentes atores econômicos e empresariais. Esse fato produz uma inevitável aliança com alguns interesses particulares. Por essa razão, em algumas circunstâncias, juízes são capazes de representar melhor – ou com mais independência – a vontade da sociedade. Poder-se-ia contrapor que este argumento não é válido para os integrantes do Supremo Tribunal Federal. Na prática, porém, a quase integralidade dos Ministros integrantes da Corte é composta por egressos de carreiras jurídicas cujo ingresso se faz por disputados concursos públicos[25].

Diversas outras razões se acrescem a esta. Em primeiro lugar, juízes possuem a garantia da vitaliciedade. Como consequência, não estão su-

---

24. Este tema tem sido objeto de estudo, nos Estados Unidos, por parte da chamada *public choice theory*, que procura desmistificar a associação entre lei e vontade da maioria. Para um resumo desses argumentos, v. Rodrigo Brandão, *Supremacia Judicial* versus *Diálogos Institucionais*: A Quem Cabe a Ultima Palavra sobre o Sentido da Constituição, 2012, p. 205.

25. Na composição de julho de 2014: Celso de Mello era integrante do Ministério Público de São Paulo. Gilmar Mendes e Joaquim Barbosa vieram do Ministério Público Federal. Carmen Lúcia e Luís Roberto Barroso eram procuradores do Estado. Luiz Fux e Teori Zavascky proveem, respectivamente, da magistratura estadual e federal. Rosa Weber, da magistratura do trabalho. Os outros três Ministros, embora não concursados para ingresso nas instituições que integravam, vieram de carreiras vitoriosas: Marco Aurélio Mello (Procuradoria do Trabalho e, depois, Ministro do TST), Ricardo Lewandowski (Desembargador do Tribunal de Justiça de São Paulo, tendo ingressado na magistratura pelo quinto constitucional) e Dias Toffoli (Advogado-Geral da União).

jeitos às circunstâncias de curto prazo da política eleitoral, nem tampouco, ao menos em princípio, a tentações populistas. Uma segunda razão é que os órgãos judiciais somente podem atuar por iniciativa das partes: ações judiciais não se instauram de ofício. Ademais, juízes e tribunais não podem julgar além do que foi pedido e têm o dever de ouvir todos os interessados. No caso do Supremo Tribunal Federal, no Brasil, além da atuação obrigatória do Procurador-Geral da República e do Advogado-Geral da União em diversas ações, existe a possibilidade de convocação de audiências públicas e da atuação de *amici curiae*. Por fim, mas não menos importante, decisões judiciais precisam ser motivadas. Isso significa que, para serem válidas, jamais poderão ser um ato de pura vontade discricionária: a ordem jurídica impõe ao juiz de qualquer grau o dever de apresentar razões, isto é, os fundamentos e argumentos do seu raciocínio e convencimento.

Convém aprofundar um pouco mais este último ponto. Em uma visão tradicional e puramente majoritária da democracia, ela se resumiria a uma *legitimação eleitoral* do poder. Por esse critério, o fascismo na Itália ou o nazismo na Alemanha poderiam ser vistos como democráticos, ao menos no momento em que se instalaram no poder e pelo período em que tiveram apoio da maioria da população. Aliás, por esse último critério, até mesmo o período Médici, no Brasil, passaria no teste. Não é uma boa tese. Além do momento da investidura, o poder se legitima, também, por suas ações e pelos fins visados[26]. Cabe aqui retomar a ideia de democracia deliberativa, que se funda, precisamente, em uma *legitimação discursiva*: as decisões políticas devem ser produzidas após debate público livre, amplo e aberto, ao fim do qual se forneçam as *razões* das opções feitas. Por isso se ter afirmado, anteriormente, que a democracia contemporânea é feita de votos e argumentos. Um *insight* importante nesse domínio é fornecido pelo jusfilósofo alemão Robert Alexy, que se refere à corte constitucional como *representante argumentativo da sociedade*. Segundo ele, a única maneira de reconciliar a jurisdição constitucional com a democracia é concebê-la, também, como uma representação popular. Pessoas racionais são capazes de aceitar argumentos sólidos e corretos. O constitucionalismo democrático possui uma legitimação discursiva, que é um projeto de institucionalização da razão e da correção[27].

---

26. V. Diogo de Figueiredo Moreira Neto, *Teoria do poder*, Parte I, 1992, p. 228-231, em que discorre sobre a legitimidade *originária*, *corrente* e *finalística* do poder político.

27. V. Robert Alexy, Balancing, constitutional review, and representation, *International Journal of Constitutional Law 3*:572, 2005, p. 578 e s.

Cabe fazer algumas observações adicionais. A primeira delas de caráter terminológico. Se se admite a tese de que os órgãos representativos podem não refletir a vontade majoritária, decisão judicial que infirme um ato do Congresso pode não ser contramajoritária. O que ela será, invariavelmente, é *contrarrepresentativa*[28], entendendo-se o parlamento como o órgão por excelência de representação popular. De parte isso, cumpre fazer um contraponto à assertiva, feita parágrafos atrás, de que juízes eram menos suscetíveis a tentações populistas. Isso não significa que estejam imunes a essa disfunção. Notadamente em uma época de julgamentos televisados[29], cobertura da imprensa e reflexos na opinião pública, o impulso de agradar a plateia é um risco que não pode ser descartado. Mas penso que qualquer observador isento testemunhará que esta não é a regra. É pertinente advertir, ainda, para um outro risco. Juízes são aprovados em concursos árduos e competitivos, que exigem longa preparação, constituindo quadros qualificados do serviço público. Tal fato pode trazer a pretensão de sobrepor uma certa racionalidade judicial às circunstâncias dos outros Poderes, cuja lógica de atuação, muitas vezes, é mais complexa e menos cartesiana. Por evidente, a arrogância judicial é tão ruim quanto qualquer outra, e há de ser evitada.

O fato de não estarem sujeitas a certas vicissitudes que acometem os dois ramos políticos dos Poderes não é, naturalmente, garantia de que as supremas cortes se inclinarão em favor das posições majoritárias da sociedade. A verdade, no entanto, é que uma observação atenta da realidade revela que é isso mesmo o que acontece. Nos Estados Unidos, décadas de estudos empíricos demonstram o ponto[30]. Também no Brasil tem sido assim. Em dois pronunciamentos relevantes, o Supremo Tribunal Federal chancelou a proibição do nepotismo nos três Poderes[31], em claro

---

28. Tal particularidade foi bem captada por Eduardo Mendonça, *A democracia das massas e a democracia das pessoas:* uma reflexão sobre a dificuldade contramajoritária, 2014, p. 213 e s.

29. No Brasil, as sessões do Supremo Tribunal Federal, inclusive na fase de deliberação, são transmitidas pela televisão aberta.

30. V. Corinna Barrett Lain, Upside-down judicial review,*The Georgetown Law Review 101:*113, 2012-2103, p. 158. V. tb. Robert A. Dahl, Decision-making in a democracy: the Supreme Court as a national policy-maker, *Journal of Public Law 6:* 279, 1957, p. 285; e Jeffrey Rosen, *The most democratic branch:* how the courts serve America, 2006, p. xii: "Longe de proteger as minorias contra a tirania das maiorias ou contrabalançar a vontade do povo, os tribunais, ao longo da maior parte da história americana, têm se inclinado por refletir a visão constitucional das maiorias". Na mesma linha, como assinalado, v. Mark Tushnet, *Taking the Constitution away from the courts*, 1999, p. 153.

31. Assim se deu no julgamento da ADC nº 13, Rel. Min. Carlos Ayres Britto, e na edição da Súmula Vinculante nº 13, que proíbe a nomeação de parentes até o terceiro grau para cargos em comis-

alinhamento com as demandas da sociedade em matéria de moralidade administrativa. A tese vencida era a de que somente o legislador poderia impor esse tipo de restrição[32]. Também ao apreciar a legitimidade da criação do Conselho Nacional de Justiça – CNJ como órgão de controle do Judiciário e ao afirmar a competência concorrente do Conselho para instaurar processos disciplinares contra magistrados, o STF atendeu ao anseio social pela reforma do Judiciário, apesar da resistência de setores da própria magistratura[33]. No tocante à fidelidade partidária, a posição do STF foi ainda mais arrojada, ao determinar a perda do mandato por parlamentar que trocasse de partido[34]. Embora tenha sofrido crítica por excesso de ativismo, é fora de dúvida que a decisão atendeu a um anseio social que não obteve resposta do Congresso. Outro exemplo: no julgamento, ainda não concluído, no qual se discute a legitimidade ou não da participação de empresas privadas no financiamento eleitoral, o STF, claramente espelhando um sentimento majoritário, sinaliza com a diminuição do peso do dinheiro no processo eleitoral[35]. A Corte acaba realizando, em fatias, de modo incompleto e sem possibilidade de sistematização, a reforma política que a sociedade clama.

Para além do papel puramente representativo, supremas cortes desempenham, ocasionalmente, o papel de vanguarda iluminista, encarregada de empurrar a história quando ela emperra. Trata-se de uma competência perigosa, a ser exercida com grande parcimônia, pelo risco democrático que ela representa e para que as cortes constitucionais não se transformem em instâncias hegemônicas. Mas, vez por outra, trata-se de papel imprescindível. Nos Estados Unidos, foi por impulso da Suprema Corte que se declarou a ilegitimidade da segregação racial nas escolas públicas, no julgamento de *Brown v. Board of Education*[36]. Na África do Sul, coube ao Tribunal Constitucional abolir a pena de morte[37]. Na Ale-

---

são ou funções gratificadas.

32. Em defesa do ponto de vista de que o CNJ não teria o poder de impor tal vedação, v. Lenio Streck, Ingo Wolfgang Sarlet e Clemerson Merlin Cleve, Os Limites Constitucionais das Resoluções do Conselho Nacional de Justiça (CNJ) e do Conselho Nacional do Ministério Público (CNMP). Disponível em <http://www.egov.ufsc.br/portal/sites/default/files/anexos/15653-15654-1-PB.pdf>.

33. ADI nº 3367, Rel. Min. Cezar Peluso, e ADI nº 4.638, Rel. Min. Marco Aurélio.

34. MS nº 26.604, Rel. Min. Cármen Lúcia.

35. ADI nº 4.650, Rel. Min. Luiz Fux.

36. 347 U.S. 483 (1954).

37. *S v. Makwanyane and Another* (CCT3/94) [1995] ZACC 3. Disponível em <http://www.constitutionalcourt.org.za/Archimages/2353.pdf>.

manha, o Tribunal Constitucional Federal deu a última palavra sobre a validade da criminalização da negação do holocausto[38]. A Suprema Corte de Israel reafirmou a absoluta proibição da tortura, mesmo na hipótese de interrogatório de suspeitos de terrorismo, em um ambiente social conflagrado, que se tornara leniente com tal prática[39].

No Brasil, o Supremo Tribunal Federal equiparou as uniões homoafetivas às uniões estáveis convencionais, abrindo caminho para o casamento entre pessoas do mesmo sexo[40]. Talvez esta não fosse uma posição majoritária na sociedade, mas a proteção de um direito fundamental à igualdade legitimava a atuação. Semelhantemente se passou com a permissão para a interrupção da gestação de fetos anencefálicos[41]. São exemplos emblemáticos do papel iluminista da jurisdição constitucional. Nesses dois casos específicos, um fenômeno chamou a atenção. Em razão da natureza polêmica dos dois temas, uma quantidade expressiva de juristas se posicionou contrariamente às decisões – "não por serem contrários ao mérito, absolutamente não..." –, mas por entenderem se tratar de matéria da competência do legislador, e não do Supremo Tribunal Federal. Como havia direitos fundamentais em jogo, esta não parece ser a melhor posição. Ela contrapõe o princípio formal da democracia – as maiorias políticas é que têm legitimidade para decidir – aos princípios materiais da igualdade e da dignidade da pessoa humana, favorecendo o primeiro em ambos os casos[42]. Coloca-se o procedimento acima do resultado, o que não parece um bom critério[43].

Às vezes, ocorre na sociedade uma reação a certos avanços propostos pela suprema corte. Nos Estados Unidos, esse fenômeno recebe

---

38. 90 *BVerfGe* 241 (1994). V. Winfried Brugger, Ban on Or Protection of Hate Speech? Some Observations Based on German and American Law,*Tulane European& Civil Law Forum*, n. 17, 2002, p.1.

39. *Public Committee Against Torture in Israel v. The State of Israel & The General Security Service*. HCJ 5100/94 (1999). Disponível em <http://elyon1.court.gov.il/files_eng/94/000/051/a09/94051000.a09.pdf>.

40. ADPF nº 132 e ADI nº 142, Rel. Min. Carlos Ayres Britto.

41. ADPF nº 54, Rel. Min. Marco Aurélio.

42. Sobre princípios formais e materiais, e critérios para a ponderação entre ambos, v. Robert Alexy, Princípios formais. In: Alexandre Travessoni Gomes Trivisonno, Aziz Tuffi Saliba e Mônica Sette Lopes (orgs.), *Princípios Formais e Outros Aspectos da Teoria Discursiva*, 2014. Na p. 20, escreveu Alexy: "Admitir uma competência do legislador democraticamente legitimado de interferir em um direito fundamental simplesmente porque ele é democraticamente legitimado destruiria a prioridade da constituição sobre a legislação parlamentar ordinária".

43. Inúmeros autores têm posição diversa. V. por todos, Jurgen Habermas, *Between Facts and Norms*, 1996, p.

o nome de *backlash*. Um caso paradigmático de reação do Legislativo se deu contra o julgamento de *Furman v. Georgia*[44], em 1972, no qual a Suprema Corte considerou inconstitucional a pena de morte, tal como aplicada em 39 Estados da Federação[45]. O fundamento principal era o descritério nas decisões dos júris e o impacto desproporcional sobre as minorias. Em 1976, no entanto, a maioria dos Estados havia aprovado novas leis sobre pena de morte, contornando o julgado da Suprema Corte. Em *Gregg v. Georgia*[46], a Suprema Corte manteve a validade da nova versão da legislação penal daquele Estado. Também em *Roe v. Wade*[47], a célebre decisão que descriminalizou o aborto, as reações foram imensas, até hoje dividindo opiniões de maneira radical[48]. No Brasil, houve alguns poucos casos de reação normativa a decisões do Supremo Tribunal Federal, como, por exemplo, em relação ao foro especial para certas autoridades[49], às taxas municipais de iluminação pública[50], à progressividade das alíquotas do imposto sobre propriedade urbana[51], à cobrança de contribuição previdenciária de inativos[52] e à definição do número de vereadores das câmaras municipais[53].

Em favor da tese que se vem sustentando ao longo do presente trabalho, acerca do importante papel democrático da jurisdição constitu-

---

44. 408 U.S. 238 (1972).

45. Para um estudo da questão, v. Corinna Barrett Lain, Upside-down judicial review, *The Georgetown Law Review 101*:113, 2012, p. 12 e s.

46. 428 U.S. 153 (1976).

47. 410 U.S. 113 (1973).

48. Sobre o tema, v. Robert Post e Reva Siegel, Roe Rage: Democratic Constitutionalism and Backlash, *Harvard Civil Rights-Civil Liberties Law Review*, 2007; Yale Law School, Public Law Working Paper No. 131. Disponível em <http://ssrn.com/abstract=990968>.

49. O Congresso Nacional aprovou uma lei restabelecendo a competência do Supremo Tribunal Federal para julgar autoridades públicas, após haverem deixado o cargo. A lei procurava superar precedente do próprio Tribunal. No entanto, em um caso singular de reação jurisdicional à reação legislativa, o Supremo Tribunal Federal declarou a inconstitucionalidade da lei, afirmando que não caberia ao Congresso, mediante lei ordinária, rever a interpretação do texto constitucional dada pelo Tribunal. V. STF, ADI 2.797, DJ 19.12.2006, Rel. Min. Sepúlveda Pertence.

50. A Emenda Constitucional nº 39/02 superou o entendimento que fora fixado pelo STF no julgamento do RE 233.332/RJ, Rel. Min. Ilmar Galvão.

51. A Emenda Constitucional n° 29/2000 superou o entendimento da Corte e admitiu expressamente a progressividade.

52. A Emenda Constitucional nº 41/03 superou o entendimento que fora firmado no julgamento da ADI 2010/DF, Rel. Min. Celso de Mello.

53. A Emenda Constitucional nº 58/09 superou em parte o entendimento que fora firmado no julgamento do RE 197.917/SP, Rel. Min. Maurício Corrêa.

cional, é possível apresentar uma coleção significativa de decisões do Supremo Tribunal Federal que contribuíram para o avanço social no Brasil. Todas elas têm natureza constitucional, mas produzem impacto em um ramo específico do Direito, como enunciado abaixo:

Direito civil: proibição da prisão por dívida no caso de depositário infiel, reconhecendo a eficácia e prevalência do Pacto de San Jose da Costa Rica em relação ao direito interno.

Direito penal: declaração da inconstitucionalidade da proibição de progressão para regime mais favorável de cumprimento de pena, em caso de crimes de tráfico de drogas e outros considerados hediondos.

Direito administrativo: vedação do nepotismo nos três Poderes.

Direito à saúde: determinação de fornecimento de gratuito de medicamentos necessários ao tratamento da AIDS em pacientes sem recursos financeiros.

Direito à educação: direito à educação infantil, aí incluídos o atendimento em creche e o acesso à pré-escola, reconhecendo o dever do Poder Público de dar efetividade a esse direito.

Direitos políticos: proibição de livre mudança de partido após a eleição, sob pena de perda do mandato, por violação ao princípio democrático.

Direitos dos trabalhadores públicos: regulamentação, por via de mandado de injunção, do direito de greve dos servidores e trabalhadores do serviço público.

Direito dos deficientes físicos: direito de passe livre no sistema de transporte coletivo interestadual a pessoas portadoras de deficiência, comprovadamente carentes.

Proteção das minorias:

(i) *Judeus*: a liberdade de expressão não inclui manifestações de racismo, aí incluído o antissemitismo.

(ii) *Negros:* validação de ações afirmativas em favor de negros, pardos e índios.

(iii) *Homossexuais:* equiparação das relações homoafetivas às uniões estáveis convencionais e direito ao casamento civil.

(iv) *Comunidades indígenas:* demarcação da reserva indígena Raposa Serra do Sol em área contínua.

Liberdade de pesquisa científica: declaração da constitucionalidade das pesquisas com células-tronco embrionárias.

Direito das mulheres: direito à antecipação terapêutica do parto em caso de feto anencefálico; constitucionalidade da Lei Maria da Penha, que reprime a violência doméstica contra a mulher.

Três últimos comentários antes de encerrar. Primeiro: a jurisdição constitucional, como se procurou demonstrar acima, tem servido bem ao país. A preocupação com abusos por parte de juízes e tribunais não é infundada, e é preciso estar preparado para evitar que ocorram[54]. Porém, no mundo real, são muito limitadas as decisões do Supremo Tribunal Federal às quais se possa imputar a pecha de haverem ultrapassado a fronteira aceitável. E, nos poucos casos em que isso ocorreu, o próprio Tribunal cuidou de remediar[55]. Portanto, não se deve desprezar, por um temor imaginário, as potencialidades democráticas e civilizatórias de uma corte constitucional. A crítica à atuação do Supremo Tribunal Federal, desejável e legítima em uma sociedade plural e aberta, provém mais de atores insatisfeitos com alguns resultados e de um nicho acadêmico minoritário, que opera sobre premissas teóricas diversas das que vão aqui enunciadas. A propósito, cabe formular uma pergunta crucial[56]: o argumento de que a jurisdição constitucional tem atuado em padrões antidemocráticos não deveria vir acompanhado de uma insatisfação popular com o papel desempenhado pela suprema corte? O que dizer, então, se ocorre exatamente o contrário: no Brasil e no mundo, os índices de aprovação que ostenta a corte constitucional costumam estar bem acima dos do Legislativo[57]. Por certo não se devem extrair desse fato conclusões precipitadas nem excessivamente abrangentes. Porém, uma crítica formulada com base em uma visão formal da democracia, mas sem povo, não deve impressionar.

---

54. Para uma reflexão sobre o tema, tendo como marco teórico a teoria dos sistemas, de Niklas Luhmann, v. Celso Fernandes Campilongo, *Política, Sistema Jurídico e Decisão Judicial*, 2001, p. 63.

55. No julgamento envolvendo a demarcação da Terra Indígena Raposa Serra do Sol, em embargos de declaração, foi restringido o alcance das denominadas "condicionantes" ali estabelecidas, para explicitar que não vinculavam, prospectivamente, novas demarcações. V. Pet. 3388 – ED, Rel. Min. Luís Roberto Barroso.

56. V. Eduardo Mendonça, *A Democracia das Massas e a Democracia das Pessoas: Uma Reflexão sobre a Dificuldade Contramajoritária*, 2014, p. 19-20

57. Segundo pesquisa do IBOPE, realizada em 2012, o índice de confiança dos brasileiros no STF é de 54 pontos (em uma escala de 0 a 100). O do Congresso é 39 pontos. V. http://www.conjur.com.br/2012-dez-24/populacao-confia-stf-congresso-nacional-ibope.

O segundo comentário é intuitivo. Como já se teve oportunidade de afirmar diversas vezes, decisão política, como regra geral, deve ser tomada por quem tem voto. Portanto, o Poder Legislativo e o chefe do Poder Executivo têm uma preferência geral *prima facie* para tratar de todas as matérias de interesse do Estado e da sociedade. E, quando tenham atuado, os órgãos judiciais devem ser deferentes para com as escolhas legislativas ou administrativas feitas pelos agentes públicos legitimados pelo voto popular. A jurisdição constitucional somente deve se impor, nesses casos, se a contrariedade à Constituição for evidente, se houver afronta a direito fundamental ou comprometimento dos pressupostos do Estado democrático. Porém, como o leitor terá intuído até aqui, a jurisdição constitucional desempenha um papel de maior destaque quando o Poder Legislativo não tenha atuado. É nas lacunas normativas ou nas omissões inconstitucionais que o STF assume um papel de eventual protagonismo. Como consequência, no fundo, é o próprio Congresso que detém a decisão final, inclusive sobre o nível de judicialização da vida.

Merece registro incidental, antes de encerrar o presente trabalho, um fenômeno conhecido na doutrina como *diálogo constitucional* ou *diálogo institucional*[58]. Embora a corte constitucional ou corte suprema seja o intérprete final da Constituição em cada caso, três situações dignas de nota podem subverter ou atenuar esta circunstância, a saber: a) a interpretação da Corte pode ser superada por ato do Parlamento ou do Congresso, normalmente mediante emenda constitucional; b) a Corte pode devolver a matéria ao Legislativo, fixando um prazo para a deliberação ou c) a Corte pode conclamar o Legislativo a atuar, o chamado "apelo ao legislador". Na experiência brasileira existem diversos precedentes relativos à primeira hipótese, como no caso do teto remuneratório dos servidores públicos[59] e da base de cálculo para incidência de contribuição previdenciária[60], além dos já referidos anteriormente nesse mesmo tópico.

---

58. A expressão tem origem na doutrina canadense. V. Peter Hogg e Allison A. Bushell, The Charter Dialogue between Courts and Legislatures (Or Perhaps the Chart Isn't Such a Bad Thing after All), *Osgoode Hall Law Journal 35:*75, 1997.

59. ADI 14, Rel. Min. Celio Borja, j. 13.09.89. No início da vigência da Constituição de 1988, o STF entendeu que o teto remuneratório do art. 37, XI não se aplicava às "vantagens pessoais", frustrando, na prática, a contenção dos abusos nessa matéria. Foram necessárias duas emendas constitucionais para superar tal entendimento: a de nº 19, de 1998, e a de nº 41, de 2003.

60. RE 166.772, Rel. Min. Marco Aurélio, *DJ* 16 dez. 1994.

Em relação à segunda hipótese, referente à fixação de prazo para o Congresso legislar, há precedentes em relação à criação de Municípios[61] ou à reformulação dos critérios adotados no Fundo de Participações dos Estados[62], embora nem sempre se dê o adequado cumprimento dentro do período demarcado pela decisão. Por fim, relativamente à terceira hipótese, por muitos anos foi esse o sentido dado pela jurisprudência do STF ao mandado de injunção[63]. Um caso muito significativo de diálogo institucional informal se deu em relação ao art. 7º, I da Constituição, que prevê a edição de lei complementar disciplinando a indenização compensatória contra a despedida arbitrária ou sem justa causa de um trabalhador. No julgamento de mandado de injunção, o plenário do Supremo Tribunal Federal deliberou que iria fixar, ele próprio, o critério indenizatório, tendo em vista a omissão de mais de duas décadas do Congresso em fazê-lo[64]. Diante de tal perspectiva, o Congresso aprovou em tempo recorde a Lei nº 12.506/2011, provendo a respeito.

Mais recentemente, dois casos de diálogo institucional tiveram lugar. Ao decidir ação penal contra um Senador da República, o STF, por maioria apertada de votos, interpretou o art. 55, VI e seu § 2º no sentido de caber à Casa legislativa decretar a perda do mandato de parlamentar que sofresse condenação criminal transitada em julgado[65]. Ministros que afirmaram a posição vencedora registraram sua crítica severa à fórmula imposta pela Constituição, instando o Congresso a revisitar o tema[66]. Pouco tempo após o julgamento, o Senado Federal aprovou Proposta de Emenda Constitucional superadora desse tratamento deficiente da matéria. Em final de 2014, a Proposta ainda se encontrava em tramitação na Câmara. Em outro caso, um Deputado Federal foi condenado a mais de 13 anos de prisão, em regime inicial fechado[67]. Submetida a questão

---

61. ADI 2240, Rel. Min. Eros Grau.

62. ADI 3682, Rel. Min. Gilmar Mendes. Neste caso, o STF fixou o prazo de 18 meses para o Congresso Nacional sanar a omissão relativamente à edição da lei complementar exigida pelo art. 18, § 4º da CF, tida como indispensável para a criação de Municípios por lei estadual. V. tb. ADI

63. O mandado de injunção é uma ação criada pela Constituição brasileira destinada a remediar omissões legislativas inconstitucionais. Por largo período, o STF entendeu que a única decisão possível em mandado de injunção era comunicar ao Congresso Nacional seu estado de mora e omissão. Posteriormente, o Tribunal passou a criar ele próprio, normalmente por analogia com alguma lei existente, a norma faltante.

64. MI 943/DF, Rel. Min. Gilmar Mendes.

65. AP 565, Rel. Minª Carmen Lúcia (caso Ivo Cassol).

66. V. meu voto no MS 32.326, Rel. Luís Roberto Barroso.

67. AP 396, Rel. Minª Carmen Lúcia (caso Natan Donadon).

da perda do seu mandato à Câmara dos Deputados, a maioria deliberou não cassá-lo. Em mandado de segurança impetrado contra esta decisão, foi concedida liminar pelo relator, sob o fundamento de que em caso de prisão em regime fechado, a perda do mandato deveria se dar por declaração da Mesa e não por deliberação política do Plenário[68]. Antes do julgamento do mérito do mandado de segurança, a Câmara dos Deputados suprimiu a previsão de voto secreto na matéria e deliberou pela cassação.

O que se deduz desse registro final é que o modelo vigente não pode ser caracterizado como de supremacia judicial. O Supremo Tribunal Federal tem a prerrogativa de ser o intérprete final do direito, nos casos que são a ele submetidos, mas não é o dono da Constituição. Justamente ao contrário, o sentido e o alcance das normas constitucionais são fixados em interação com a sociedade, com os outros Poderes e com as instituições em geral. A perda de interlocução com a sociedade, a eventual incapacidade de justificar suas decisões ou de ser compreendido, retiraria o acatamento e a legitimidade do Tribunal. Por outro lado, qualquer pretensão de hegemonia sobre os outros Poderes sujeitaria o Supremo a uma mudança do seu desenho institucional ou à superação de seus precedentes por alteração no direito, competências que pertencem ao Congresso Nacional. Portanto, o poder do Supremo Tribunal Federal tem limites claros. Na vida institucional, como na vida em geral, ninguém é bom demais e, sobretudo, ninguém é bom sozinho.

IV. CONCLUSÃO

Nas décadas que se seguiram ao final da Segunda Guerra Mundial, verificou-se uma vertiginosa ascensão institucional do Poder Judiciário e da jurisdição constitucional. Não seria exagero afirmar que prevaleceu, em diversas partes do mundo, o modelo americano de constitucionalismo, com suas características de centralidade da Constituição, controle judicial de constitucionalidade e judicialização das controvérsias envolvendo direitos fundamentais. No presente texto, procurei demonstrar que cortes supremas – como o Supremo Tribunal Federal brasileiro, por exemplo – passaram a desempenhar, simultaneamente ao papel contramajoritário tradicional, uma função representativa, pela qual atendem a demandas sociais que não foram satisfeitas pelo processo político majoritário. Por evidente, no desempenho de tal atribuição, o juiz constitu-

---

68. MS 32326, Rel. Min. Luís Roberto Barroso.

cional não está autorizado a impor a suas próprias convicções. Pautado pelo material jurídico relevante (normas, doutrinas, precedentes), pelos princípios constitucionais e pelos valores civilizatórios, cabe-lhe interpretar o sentimento social, o espírito de seu tempo e o sentido da história. Com a dose certa de prudência e de ousadia.

Como se percebe claramente, sou um defensor da jurisdição constitucional. A meu crédito, tenho essa posição desde muito antes de me tornar juiz constitucional. Acho que ela desempenha um papel relevante mesmo em democracias maduras, como Estados Unidos, Alemanha ou Canadá. Mas considero-a ainda mais importante em países de redemocratização recente ou de democratização tardia. Nesses Estados, como é comum, o processo político majoritário não consegue satisfazer plenamente as demandas sociais, em razão de distorções históricas na distribuição de poder e riqueza. Por certo, não se deve viver a ilusão de que o Judiciário seja imune a essas distorções. Porém, circunstâncias associadas ao modo de investidura de seus membros, às suas garantias institucionais e ao tipo de relação que mantêm com a sociedade (que não é ligada ao voto ou a objetivos de curto prazo) potencializa sua aptidão para o uso da razão e a proteção dos direitos fundamentais. Por evidente, a condição imprescindível é que consiga escapar da política ordinária – como tem sido, felizmente, o caso do Brasil.

DA TEORIA DA CONSTITUIÇÃO ÀS TEORIAS DO CONSTITUCIONALISMO E DA CONSTITUCIONALIZAÇÃO

J. J. Gomes Canotilho

SUMÁRIO: A - A Dissolução da Teoria da Constituição I – Considerações gerais II – Teoria da constituição e teoria da administração 1. Teoria do estado administrativo 2. A ambição constitucional da lei administrativa global III – Teoria da Constituição e teoria da justiça 1. A ideia de Constituição como reserva de justiça 2. Estado constitucional democrático e concepção pública da justiça 3. Estado constitucional e concepção comparativa da justiça B – Teoria da constituição e teoria do constitucionalismo 1. O "Moderno direito constitucional" 2. O "novo constitucionalismo" ("New constitutionalism") 3. O neoconstitucionalismo 4. Constitucionalismo societal 5. Transconstitucionalismo 6. Constitucionalismo multinível C – Teoria da constituição e constitucionalização 1. Constitucionalização do direito 2. Constitucionalização e jusfundamentalização. Referências bibliográficas.

A - A DISSOLUÇÃO DA TEORIA DA CONSTITUIÇÃO

I – Considerações gerais

Uma das nossas teses é esta: a Teoria da Constituição encontra-se, hoje, dissolvida noutras teorias, o que conduziu à desvalorização da Constituição e das teorias nela centradas. De certo modo, as teorias da Constituição foram objecto de erosão e esvaziamento, a montante e a jusante. A montante, as *teorias filosóficas da justiça* aproveitaram-se da ideia de Constituição para recortar, em termos moralmente contratualistas, os traços da justiça numa sociedade bem ordenada[1]. A jusante, as *teorias sociológicas* do direito descobrem na Constituição os últimos traços normativos da razão prática (Habermas) e procuram esquemas re-

---

1. Sobre o constitucionalismo suprapositivista e moralista, cfr. CARLOS BLANCO DE MORAIS, *Direito Constitucional*, II/2, cit. P. 314 ss

gulativos mais adequados à materialização do direito (Luhman, Teubner, Willke)[2]. Comprimida entre a *factualidade* ("facticidade") e a *validade*, a Constituição parece impotente para enfrentar a tensão entre o materialismo da ordem jurídica, sobretudo da sua *lex mercatoria*, e o idealismo do direito constitucional que não sabe como recuperar o contacto com a realidade social[3]. A erosão da Teoria da Constituição vem, ainda, do interior do direito público. Com efeito, a desvalorização da Constituição emerge das tentativas de autonomização, de legitimação e supraordenação do *poder administrativo*. A administração assume as funções reservadas ao legislador e à Constituição, com a vantagem de responder à falta de eficácia da razão normativo-constitucional e normativo-legal. Vejamos mais de perto estas dissoluções.

II – Teoria da constituição e teoria da administração

1. *Teoria do estado administrativo*

Uma das propostas teóricas mais insistentemente insinuada – mas nem sempre exposta de forma expressa – reconduz-se à substituição da *teoria da constituição* pela *teoria da administração*. Os rastos da memória desta transmutação podem registar-se de forma sucinta. Logo após a 2.ª Grande Guerra, alguns dos teóricos da Constituição proclamaram, com mágoa e saudade, o desaparecimento da "estadualidade" ou da "estatalidade"[4]. Perante o desaparecimento do Estado como ponto de arrimo da Teoria da Constituição, passa-se a procurar o nervo ordenador na estrutura administrativa (*Verwaltungsstaat*)[5]. A mudança de estrutura da estadualidade, reflectida sobretudo no trânsito do estado de direito para o estado democrático e social, obriga a sistematizar a administração e as suas tarefas através de uma teoria do direito administrativo (*Verwaltungsrechtslehre*), que, assim, assume as vestes de equivalente funcional da Teoria da Constituição. Esta centralidade da administração radica na ideia de o aparelho burocrático do

---

2. Cfr. Morlok, Was heist und zu Welchum Ende studierte man Verfassungstheorie?, Berlin, 1988, p. 93.

3. Habermas, *Faktizität und Geltung*, pp. 10 e ss.

4. Referimo-nos sobretudo a E. Forsthoff, discípulo de C. Schmitt. *Vide* E. Forsthoff, *Rechtstaat im Wandel. Verfassungsrechtliche Abhandlungen*, 1954-1973, München, 2.ª ed., 1976.

5. Note-se que esta inversão não é nova. No século XIX, o *Code Civil* de Napoleão foi erguido a verdadeira constituição da sociedade, enquanto o direito administrativo se convertia em espinha dorsal do Estado, ou seja, a sua "constituição administrativa". Cfr. em termos impressivos Pierre Legendre, *Trésor Historique de l'État en France*, 1992, p. 589.

alto funcionalismo e do poder judicial administrador da justiça poderem servir como última instância do "poder neutral" outrora constituído pelo Estado. Contra as tendências constitucionais democráticas enredadas em "pluralismos dissolventes" e "mediações partidárias desagregadoras", a "teoria da administração e do direito administrativo" elege o "poder do *status quo*" – o poder administrativo – como eixo central do poder político. Esta emergência da "teoria do direito administrativo" como sub-rogação teórica da clássica Teoria da Constituição vai ser aproveitada, em termos jurídico-constitucionais e jurídico--políticos, pelos defensores do "poder administrativo democrático". A administração deixa o estatuto humilhante de "poder não democrático", ou apenas "indirectamente legitimado", para invocar um estatuto de legitimação igual ao dos outros poderes do Estado. Num segundo momento, a legitimação justifica a ideia de *poder administrativo autónomo,* directamente vinculado à Constituição, mas tendencialmente livre da lei. Num terceiro momento, a teoria do direito administrativo e do poder administrativo autónomo passa a defender a existência de uma *Teoria do Estado administrativo* em que o *Governo* é convertido em «defensor da Constituição e guardião dos direitos fundamentais». Estamos perante o *administrative constitutionalism*[6]. Com base no dado inquestionável da crescente intervenção regulativa pública através do *governo-legislador* (decretos-leis) e do *governo-administrador* (regulamentos, para-regulamentos, decretos), o Governo, ou melhor, a esfera político-burocrática do centro estatal, faz apelo à sua mais-valia de instância concretizadora da socialidade para reivindicar um acréscimo de legitimação político-constitucional[7]. A pouco e pouco, a administração programa-se a ela própria e, mesmo quando tem de observar os chamados *princípios constitucionais da administração* (cfr. CRP, art. 266.°: princípio da imparcialidade, princípio da justiça, princípio da boa fé), estes princípios são mais princípios autónomos da administração do que princípios heterônomos da Constituição.

---

6. Cfr. Ana Raquel Moniz, "O *administrative constitutionalism*: resgatar a Constituição para a Aminitração Pública", in *Est. Hom. Gomes Canotilho*, IV, pp. 387 e ss.

7. Várias destas ideias encontram-se mais ou menos disseminadas numa significativa literatura jusadministrativista. Cfr. Rogério Soares, "Administração Pública e Controlo Judicial", in *RLJ*, 127, pp. 226 e ss; Vieira de Andrade, *O dever de fundamentação dos actos administrativos,* Coimbra, 1992, p. 72; Paulo Otero, *O Poder de Substituição,* II, pp. 564 e ss.; Ana Raquel Moniz, "O *administrative constitutionalism*", cit., p. 411. Refracções das mesmas ideias num plano mais jurídico-constitucional em M. Afonso Vaz, *Lei e Reserva de Lei,* pp. 512 e ss. Ver a posição crítica de D. Freitas do Amaral, *Curso de Direito Administrativo,* II, 2.ª ed., Coimbra, 2011, pp. 201 e ss.

A constituição, entendida e compreendida como "lei-quadro" global, pressupõe ou implica três ideias fundamentais. A primeira – referida por vários autores, mas recentemente acentuada de forma clara[8] – é a de que o carácter "fragmentário", "aberto" e "incompleto" da lei constitucional não pode dispensar uma *actualização concretizadora* levada a efeito, em primeira linha, pelo legislador democrático. Em segundo lugar, a constituição, para se conservar no lugar proeminente de "reserva de justiça", carece de distanciação relativamente ao agir concreto do legislador ou da administração. O direito constitucional não é um direito burocrático-técnico; é direito fundamental do estado e da sociedade. Em terceiro lugar, a constituição deve continuar a assegurar, através da sua fragmentariedade e incompletude, a *primazia da política* democrático--parlamentarmente alicerçada, e não uma encapuçada "entronização" do poder administrativo autónomo[9]. Em países onde o executivo tem poderes legislativos (Portugal, Brasil) as disfunções administrativizantes para a teoria da constituição poderão ainda ser maiores, falando-se da "executivização da constituição" e da sua "administração economista" (Bolzan de Morais). A dependência administrativa da constituição (Paulo Otero) não é, necessariamente, um "corolário" de uma teoria da administração. Salienta-se que a programaticidade constitucional com as suas "normas-fim" e "normas-tarefas" é directamente responsável pela erosão da teoria da constituição em prol do "activismo" constitucional da administração pública[10].

2.   *A ambição constitucional da lei administrativa global*

Os "problemas da Constituição" radicam também na "desmontagem do direito público em geral" (P. Huber)[11]. Esta desmontagem opera a nível do "estado" e da "sua constituição", (i) o "estado social" alargou as suas margens da administração para o "organizar prestacional"; (ii)

---

8.   Cfr. BADURA, "Die Verfassung im Ganzen der Rechtsordnung um die Verfassungskonkretisierung durch Gesetz", in J. ISENSEE/P. KIRCHHOF, *Handbuch des Staatsrechts,* Vol. VII, 1992, parágrafo 165.

9.   Cfr. A. DEHNHARDT, *Dimensionen staatlichen Handeln – Verwaltung-Verfassung-Nation*, in J. GETHARDT/RAINER SCHMALZ-BRUNS, *Demokratie, Verfassung und Nation,* Baden-Baden, 1994, pp. 187 e ss. No sentido do texto, cfr., por último, A. TRONCOSO REIGADA, "Dogmatica Administrativa e Derecho Constitucional", in *REDC,* n.º 57 (1999), pp. 87 e ss.; J. L. BOLZAN DE MORAIS, "Constituição ou barbárie: perspectivas constitucionais", p. 22.

10.   Veja-se esta observação em PAULO OTERO, *Legalidade e Administração Pública,* p. 28 ss.

11.   *Vide* PETER HUBER, "Die Demontage des öffentlichen Rechts", *FS für Rolf Stober,* 2008, pp. 597 e ss.

o estado regulador (*regulatory state*) abre um grande espaço de actuação às empresas privadas; (iii) o estado possibilitador (*enabling state*) cria uma "república de escolhas" no acesso a bens públicos. Em larga medida, o estado converteu-se em parceiro de actores privados, perdendo a administração a sua característica de autoridade. Esta chamada "recomposição" e "reinvenção do estado"[12], opera-se no contexto de normatividades partilhadas e de "governance" também "partilhada"[13]. Como a reconstrução do direito administrativo é global, parece incontornável que, será administração a máquina adequada para entrar na arena do "direito administrativo global", procurando aceitar e compreender os mecanismos de *accountability* dentro da *governance regulatória global*. As características desta administração são conhecidas: (i) actuações menos prescritivas, menos amarradas a limites e enquadramentos normativos; (ii) problemas de legitimação resolvidos através de estruturas rebeldes a exigências de fundamentação legal, tratando-se de uma "administração global" a operar num "espaço administrativo global".

III – Teoria da Constituição e teoria da justiça

1. A ideia de Constituição como reserva de justiça[14]

Até há poucos anos, a ideia de Constituição como "*reserva de justiça*" tinha o sentido de as normas constitucionais se afirmarem como garantidoras da "justiça" e do "direito justo" num determinado ordenamento jurídico. Como estalão normativo superior, pertencia ao direito constitucional assegurar e garantir a "justiça" das normas jurídicas e das decisões dos poderes públicos. Pressupunha-se que esta função de reserva de justiça do direito positivo só poderia ser desempenhada por uma Constituição também materialmente justa. De certo modo, a elevação da Constituição a "jardim de justiça" transportava a ideia, já velha, da sub-rogação da "*higher law*" jusnaturalista por normas constitucionais "jusnaturalisticamente" iluminadas. Por outras palavras: a Constituição

---

12. Veja-se também as refracções destas ideias na "lei administrativa europeia". Cfr. Suzana Tavares da Silva, "Acto administrativo de faca e garfo", *Est. Hom. Gomes Canotilho*, IV, p. 641.

13. Incisivo e esclarecedor, cfr. Gérard Timsit, "La réinvention de l'État-Suite", *Revue Internationale de Sciences Administratives*, 74, 2008, pp. 181 e ss.

14. Cfr. Martin Morlock, *Was heisst und zu welchem Ende studiert man Verfassungstheorie?*, cit., p. 93. Em língua portuguesa, cfr. Oscar Vieira, *A Constituição e a sua reserva de justiça*, São Paulo, 1999.

"constitucionalizou" a ideia, ou ideias, de justiça inerentes ao "direito superior" ou suprapositivo. Ao incorporarem os "princípios do direito natural" e os "princípios da razão", ao definirem as regras para a "felicidade" individual e dos povos, ao afirmarem o princípio da igualdade, ao positivarem direitos e liberdades, ao obedecerem ao procedimento legitimador contratualista, as constituições foram reservando para si as "ideias de justiça" ou os princípios de justiça que a *experiência* comunitária ia revelando.

A ideia de "reserva de justiça" atribuída à Constituição parecia mesmo reforçar-se em consequência da "tecnicização" do direito positivo[15] e da emergência de novos problemas carecidos de resolução justa numa *comunidade de inclusão*[16]. Em termos práticos, à medida que cresciam as "normas dos engenheiros", dos "farmacêuticos", dos "arquitectos", dos "biólogos", dos "médicos", levianamente consideradas como insensíveis a apelos de justiça, e perante a angústia avassaladora dos "bebés proveta", da "sida", dos "códigos genéticos", das "vigilâncias de Schengen", das "catástrofes de Chernobyl", da "digitalização dos amores e desamores", procurou-se no texto constitucional, sobretudo na sua mensagem "quase bíblica", a resposta, ou, pelo menos, a primeira resposta, para os novos maquinismos "a-in-justos". Como é de calcular, se isto dignificava materialmente o direito constitucional, também aumentava a sua *responsabilidade* e intensificava a *pressão da reflexividade* sobre ele mesmo. Em vez de a problemática das *expectativas de justiça* se concentrar sobre todo o sistema social, deslocava-se obsessivamente para a lei fundamental. Se a pluralização e diferenciação da pós-modernidade apela sobretudo para "dissensos" e "diferenças" e não para consensos em torno da "justiça" armazenada nos vasos normativo--constitucionais, a constituição corre o risco de se converter mais numa *constituição simbólica*[17] do que numa reserva normativa de justiça dotada de capacidade reflexiva. À Teoria da Constituição pertence discutir, descobrir e criticar os limites, as possibilidades e a força normativa do direito constitucional, daí resultando a *sobrecarga do próprio direito constitucional* e a própria *questionabilidade legitimatória de algumas*

---

15. Cfr., por todos, a *"mise au point"* de Rogério Soares, *Direito Público e Sociedade Técnica*, Coimbra, 1967, pp. 50 e ss.

16. Para a explicitação deste conceito cfr., na literatura portuguesa, Jónatas Machado, *Liberdade Religiosa numa Comunidade Inclusiva*, Coimbra, 1996; Jónatas Machado, *A Liberdade de Expressão*, pp. 142 e ss.

17. Cfr., precisamente, Marcelo Neves, *A Constituição simbólica,* cit., pp. 35 e ss.

decisões constitucionais (ex.: sobre a interrupção da gravidez, sobre o tratado de Maastricht e de Lisboa, sobre a conformidade constitucional de memorando de entendimento).

Perante as dificuldades da Teoria da Constituição, compreende-se que ela acabasse também por dissolver-se nas modernas teorias da justiça e teorias do discurso. Basta ler as últimas obras dos autores mais representativos destas teorias para verificarmos que assim é[18]. A teoria do liberalismo político de John Rawls procura recortar as instituições básicas de uma "democracia constitucional"[19] ou de um "regime democrático". As concepções abstractas utilizadas por este autor – "justiça como equidade", "sociedade bem ordenada", "estrutura básica", "consenso de sobreposição", "razão pública" – servem para aprofundar o ideal de democracia constitucional. A democracia constitucional será, no fundo, aquela que dá resposta ao problema central do *liberalismo político*: "como é que é possível a existência de uma sociedade justa e estável de cidadãos livres e iguais que se mantêm profundamente divididos por doutrinas religiosas, filosóficas e morais razoáveis?"[20]. Muitas das categorias a que Rawls faz apelo – legitimidade, consenso constitucional, direitos e liberdades básicos, razão pública, elementos constitucionais essenciais – há muito que fazem parte do arsenal clássico da Teoria da Constituição. A própria ideia de *razão pública*, entendida como "razão dos cidadãos iguais que, como corpo colectivo exercem um poder político e coercivo decisivo uns sobre os outros elaborando leis ou emendando a sua constituição"[21], retoma, sob vestes construtivistas, a discussão teorético-constitucional do poder constituinte. De um modo ainda mais claro, a ideia de que "num regime constitucional com fiscalização da constitucionalidade das leis (*judicial review*), a razão pública é a razão do seu Supremo Tribunal"[22], Rawls retoma o problema central do constitucionalismo moderno – o direito de exame dos actos legislativos pelo poder judicial – e em termos que, como o próprio reconhece, não têm nada de novo. Finalmente, a análise da "estrutura básica", à qual perten-

---

18. Referimo-nos a JOHN RAWLS e às suas obras *Uma Teoria da Justiça* (trad. portuguesa, Lisboa) e *Political Liberalism* (1993) e a JÜRGEN HABERMAS, *Faktizität und Geltung*, Frankfurt/M, 1992, e *Die Einbeziehung des Anderen*, Frankfurt/M, 1997.

19. Cfr. JOHN RAWLS, *Political Liberalism*, p. 4.

20. Cfr. JOHN RAWLS, *Political Liberalism*, p. 47.

21. Cfr. JOHN RAWLS, *Political Liberalism*, p. 214; "The Idea of Public Reason Revisited", in JOHN RAWLS, *Collected Papers*, Cambridge/London, 2000, pp. 574 e ss.

22. Cfr. JOHN RAWLS, *Political Liberalism*, p. 231.

ce a "constituição política"[23] bem como a discussão das "liberdades básicas", retoma em termos originais e inovadores a problemática clássica da ordenação constitucional e das garantias de direitos, desde sempre associada à Teoria da Constituição. No entanto, algumas das teorias aqui avançadas (ex.: tutela marginal decrescente dos direitos fundamentais) revelam que as premissas da "razão pública" podem conduzir a questionamentos em sede da teoria da Constituição[24].

Por sua vez, a teoria da razão comunicativa aplicada por J. Habermas aos problemas do direito, da democracia e do Estado de direito, tal como se pode observar em duas importantes obras, é, no fundo, uma Teoria da Constituição. Ele próprio confessa que pretende clarificar os paradigmas do direito e da Constituição e reabilitar os pressupostos normativos inerentes às práticas jurídicas existentes[25]. Reagindo contra o cepticismo dos juristas, Habermas reabilita o *medium* normativo do direito – sobretudo do direito constitucional – para percorrer os problemas clássicos (confessa também que os seus conceitos pressupõem as categorias tradicionais da Constituição e do constitucionalismo) e fornecer uma compreensão do Estado de direito democrático e da teoria da democracia, tentando fugir, quer ao autismo da *validade* normativa, quer à pura *facticidade* típica da objectivação sociológica.

2. Estado constitucional democrático e concepção pública da justiça

Depois das referências sumárias à "concepção pública da justiça", à teoria da razão comunicativa, à teoria do pensamento comparativo e de realizações sociais efectivas, parece necessário enfrentar este problema básico: estas teorias consumirão de todo a Teoria da Constituição? A nossa resposta é negativa. A Teoria da Constituição pode e deve continuar a estruturar-se como reflexão do Estado constitucional democrático – agora, também europeu, internacional e ecológico – se e na medida em que este Estado esteja ancorado num *sistema jurídico-normativo* informado por uma *pretensão de justiça* das suas regras. Colocada assim a questão, poder-se-á demonstrar a tendencial centralidade que uma Constituição assume neste sistema jurídico. Assentemos nestas características do sis-

---

23. Cfr. JOHN RAWLS, *Political Liberalism,* p. 258.

24. Cfr. entre nós, JÓNATAS MACHADO, *Liberdade de Expressão,* p. 145, que, contudo, parece aplaudir o mundo fechado das "liberdades básicas".

25. Cfr. JÜRGEN HABERMAS, *Faktizität und Geltung,* p. 11.

tema – o sistema normativo-constitucional – que derivamos de um conhecido cultor alemão da teoria do direito[26]: I – (1) conjunto de normas (2) pertencentes a uma Constituição dotada de eficácia social (3) e não intolerantemente injustas; II – conjunto de normas emitidas em conformidade com esta Constituição, também não intoleravelmente injustas e dotadas de um mínimo de eficácia social; III – conjunto de princípios e argumentos normativos que servem (ou devem servir) para fundamentar o procedimento de aplicação do direito, ou para cumprir a pretensão de correcção do sistema. Perante o "desencanto" e a "tragédia do estado", aparecem no campo do político uma *teoria moral* aplicada à política, uma *teoria comunicativa* do direito e da política, e uma *teoria comparativa centrada em realizações sociais*. Estas teorias não estão aptas, porém, a substituir a Teoria da Constituição. É esta teoria que aqui se eleva a teoria da reflexão, de explicação e de justificação das leis fundamentais e dos seus princípios materiais estruturantes.

As novas exigências dirigidas à teoria da constituição resultam de achegas recentes fornecidas pelas teorias da justiça centradas nas *realizações sociais* e na *comparação dessas mesmas realizações*[27]. O desafio destes últimos contributos é relevante porque marcam uma decidida ruptura face às teorias da justiça do "institucionalismo transcendental" construídas com base na ideia do que é "perfeito" ou "justo" em abstracto. O problema central das nossas sociedades é tentar encontrar critérios para uma alternativa que seja menos injusta do que a outra. Já atrás, ao fazermos menção ao chamado "método comparativo" em sede de interpretação e aplicação de normas havíamos relevado a lógica intercultural e a necessidade de comparação de experiências constitucionais, desde os textos das constituições até ao direito vivo jurisprudencialmente dinamizado pelos tribunais (*hidden dialogue*)[28]. Agora, procura-se captar também os *materiais da justiça* (vidas, liberdades, capacidades, recursos, felicidade, bem estar, igualdade, liberdade) e a articulação da justiça com a *argumentação pública* e a *democracia* (democracia como racionalidade pública, direitos humanos, imperativos globais). O facto de se ten-

---

26. Referimo-nos a R. ALEXY, *Begriff und Geltung des Rechts*, Alber, Freiburg im Br., 1992, p. 201.

27. Cfr. AMARTYA SEN, *A Ideia de Justiça* (trad. port. de 2010. O título original de 2009, é *The Idea of Justice*, London, 2009). Este autor insere-se na corrente por ele designada de *pensamento comparativo* onde inclui Adam Smith, Condorcet, Bentham, Wollstonecraft, Stuart Mill, Marx. No *institucionalismo transcendental* situa Hobbes, Locke, Rousseau, Kant, Rawls e Dworkin.

28. É a proposta sistematicamente reiterada por PETER HÄBERLE de uma teoria da constituição como "ciência cultural". Cfr. *Verfassungslehre als Kulturwissenschaft*, 2.ª ed., München, 1998, pp. 312 e ss.

tar compreender a *justiça* através da *injustiça*, mediante a *escolha social* e não pelo *contrato social*, ou convocando a *elaboração de comparações valorativas* acerca de *diferentes realizações sociais* e não captando a razão pura das *instituições justas*, obriga também a teoria da constituição a reforçar o seu papel de instância crítica relativamente a dogmáticas constitucionais e, sobretudo, dogmáticas jusfundamentais próximas de um "paroquialismo" conducente a "resultados injustos". Digno de nota nesta abordagem é o lugar concedido aos *direitos humanos*, onde se incluem os direitos económicos e sociais. A afirmação de direitos humanos é um "apelo à acção", um apelo à "mudança social" que não é parasitariamente dependente de qualquer preexistente viabilidade[29].

3. *Estado constitucional e concepção comparativa da justiça*

O problema que se coloca é o de saber se a "reconstrução democrática"[30] do direito constitucional e da teoria da Constituição deve continuar a pressupor teorias transcendentais da justiça[31] sem dar o devido relevo a teorias comparativas da justiça como a que acaba de ser exposta. Algumas sugestões são avançadas pela teoria da democracia deliberativa que põe justamente em relevo as condições para a cooperação na deliberação democrática (direitos fundamentais, liberdade, igualdade). Mas o problema colocado por alguns defensores das teorias comparativas da justiça continua a justificar a pergunta: as teorias transcendentais "puras e duras" não correrão o risco de fazer as vezes de algo à maneira de um grandioso "manual" revolucionário que ensina como fazer as coisas "de uma assentada só"?[32] A teoria da constituição "tetraneta de Rousseau e de Kant" e de vários iluminismos da razão sempre andou ligada a pressupostos transcendentais. O que se lhe pede, hoje, não é que ela aponte para "*padrões de optimalidade*" de políticas constitucionais perfeitas mas para *padrões de maximalidade* indispensáveis para se obter uma escolha aceitável. Nesse sentido, o roteiro da "escolha social" terá de percorrer os passos da argumentação racional e razoável:

---

29. A conclusão de AMARTYA SEN, *A Ideia de Justiça*, cit., p. 505, é incisiva: "A exclusão de todos os direitos económicos e sociais do recinto sagrado dos direitos humanos, deixando que esse espaço fique apenas reservado para a liberdade e para outros direitos de primeira geração, não é mais do que uma tentativa, dificilmente sustentável, de traçar uma linha na areia".

30. Parafraseando aqui o título do notável livro coordenado por LUÍS ROBERTO BARROSO, *A Reconstrução Democrática do Direito Público no Brasil*, Rio de Janeiro, 2007.

31. Cfr. C. SOUSA NETO, "Teoria da Democracia Deliberativa", in LUÍS ROBERTO BARROSO, *A Reconstrução Democrática do Direito Público no Brasil*, Rio de Janeiro, 2007.

32. Assim, precisamente, coloca o problema AMARTYA SEN, *A Ideia de Justiça*, cit., p. 157.

(i) centramento da atenção na dimensão comparativa, e não somente na transcendental; (ii) reconhecimento da inevitabilidade de princípios concorrentes; (iii) abertura para reavaliações e posteriores escrutínios fornecendo-se os meios necessários para isso; (iv) admissibilidade de resoluções parciais; (v) diversidade de interpretações e *inputs*. A nível de uma teoria da constituição, todos os constitucionalismos invocados para a agenda discursiva – *comparative constitutionalism, international constitutionalism, democratic constitutionalism* – perfilar-se-ão como instrumentos de competência intercultural constitucional[33]. A competência intercultural constitucional crismada por uma "teoria comparativa da justiça" exige: (i) a incorporação na teoria da constituição de temas simultaneamente "fractais", "includentes", "globalizadores" e "universalizadores" (nacionalismo cultural, cosmopolitismo constitucional, universalização de direitos, pluriculturalismo, reconhecimento e diferenças); (ii) a deslocação desta competência intercultural para o quadro do constitucionalismo multinível e pós-nacional com afirmação das identidades políticas múltiplas, das interdependências políticas, dos quadros de razão pública comum); (iii) indispensabilidade da comparação de experiências jurídicas constitucionais, desde os textos da constituição até ao direito jurisprudencial[34].

B – TEORIA DA CONSTITUIÇÃO E TEORIA DO CONSTITUCIONALISMO

1. O "Moderno direito constitucional"

O "moderno direito constitucional" recupera experiências constitucionais já captadas na história do constitucionalismo. Referimo-nos, em

---

33. *Vide* Bruno Galindo, *Teoria Intercultural da Constituição*, Porto Alegre, 2006, que desenvolve uma perspectiva sustentada de "interculturalismo constitucional" e de "constitucionalismo intercultural" que lhe permite estruturar uma teoria intercultural de constituição quer na Europa quer no continente americano (cfr. pp. 91 e ss.). A "teoria comparada de escolhas constitucionais" conduz o autor a salientar um ponto importante: o da "inevitável subsistência de paradigmas constitucionalistas do Estado nacional clássico e o afastamento dos modelos constitucionais da actualidade".

34. *Vide* Giuseppe Ferrari/ António Gambaro, *Corti Costituzionale e Comparazione Giuridica*, Napoli/Roma, 2006; TEITEL, "Comparative Constitutional Law in a Global Age", *Harvard Law Review*, 117 (2004), p. 2570. Há uma longa distância entre o que se defende no texto e a posição de A. Posner, "The Supreme Court – 2004 – A Political Court", in *Harvard Law Review*, 119 (2005), que não hesita em considerar o "comparativ constitutionalism or a *meretricious practice*". O autor retoma o tema no seu recente livro *How Judges Think*, Cambridge, Mas./London, 2008, pp. 347 e ss., a propósito do "judicial cosmopolitanism". Elege como alvo de crítica dois livros: David M. Beatty, *The Ultimate Rule of Law*, 2004; e Aharon Barak, *The Judge in a Democracy*, 2006.

primeiro lugar, à viragem *jurisprudencial* do direito constitucional: o direito constitucional é aquilo que os juízes dizem que é. O fenómeno não é novo e há muito que os americanos sintetizam esta ideia na célebre fórmula do juiz Hughes – "a constituição é o que os juízes dizem" – ou, se preferirmos o texto inglês, "*we are under a Constitution but the Constitution is what the judges say it is*". Não sendo nova esta tendência, ela é uma experiência de *living constitution* relativamente recente na Europa e está relacionada com a institucionalização de tribunais constitucionais em grande número de países. As decisões dos tribunais constitucionais passaram a considerar-se como um novo modo de praticar o direito constitucional – daí o nome de *moderno direito constitucional*. O conhecimento das sentenças principais sobre cada problema converte-se em instrumento inelimininável da formação do jurista constitucional. Conheçam-se os *leading cases* resolvidos pelos tribunais constitucionais se quisermos conhecer a constituição viva.

De qualquer modo, o moderno direito constitucional mais não é do que a realização de um dos conceitos de constituição forjados nos movimentos do constitucionalismo: a constituição como esquema de *juridificação* da política (constitucionalismo britânico e constitucionalismo americano) que tem como ponto de partida a imposição da *rule of law* e a sedimentação da *judicial review of legislation* (fiscalização judicial da constitucionalidade das leis). A acentuação, nos tempos actuais, desta juridificação da política, baseia-se na influência metódica e metodológica: (i) da ideia de "constituição como lei" e da "força normativa da constituição" conducente a uma progressiva constitucionalização de amplos ramos do direito (direito civil, direito penal, direito processual, direito do trabalho) com a consequente "missão" das autoridades judiciárias na concretização e desenvolvimento das regras e princípios constitucionais[35]; e (ii) de que os direitos, liberdades e garantias, constitucionalmente reconhecidos, bem como os direitos humanos plasmados em convenções internacionais (Declaração Universal dos Direitos do Homem, Convenção Europeia dos Direitos do Homem), reforçaram o papel do judiciário na interpretação e aplicação das normas constitucionais.

Em boa medida, o moderno direito constitucional tornou-se mais moderno porque um grande número de casos politicamente densos e socialmente "fractais" se converteram em "*hard cases*" (casos difíceis)

---

35. Cfr., recentemente, M. LOUGHLIN, "What is Constitutionalism?", in P. DOBNER/ M. LOUGHLIN, *The Twillight*, cit. p. 63.

discutidos em última instância nos tribunais com funções constitucionais (tribunais constitucionais e tribunais superiores). Basta lembrar a discussão sobre a igualdade de direitos cívicos e a luta contra o *apartheid* com a fórmula legitimadora (*"separate but equal"*), a discussão sobre a discriminação positiva e o problema das "quotas" (*"quotas are bad, wrong and illegal"*), o problema do "crucifixo nas escolas públicas" e a reserva de "tempos de oração" nas mesmas escolas, o problema da interrupção da gravidez, o problema da protecção dos embriões, o problema dos "testamentos vitais", etc. Todas estas questões colocaram os juízes no altar de "donos da última palavra" porque são eles que em última instância tomam decisões vinculativas sobre estes problemas[36]. No fundo, como alguém escreveu, a constituição é "uma comunicação dirigida aos juízes" (*law is a communication addressed to judges*)[37].

2. O "novo constitucionalismo" ("New constitutionalism")

De novo direito constitucional, ou melhor, de "novo constitucionalismo" (*New Constitutionalism*) fala-se também no sentido de o direito constitucional proporcionar a releitura de programas políticos (da esquerda, do centro e da direita)[38]. Não admirará, por isso, que os autores aproveitem a oportunidade para abordar novos *desenhos* de reconstrução das instituições políticas. As novas formas de modernidade política e económica obrigam os cultores do direito constitucional a prestar mais atenção a certos problemas como os da crise de representação, da envolvência dos direitos constitucionais nacionais pelo emergente *direito constitucional global ou internacional* e pelo já vigente *direito constitucional da União Europeia*, da erupção de *novos direitos* e *novos deveres* intimamente relacionados com a liberdade e a dignidade da pessoa humana e com os outros seres da comunidade biótica ("direitos fundamen-

---

36. O "moderno direito constitucional" é, nesta perspectiva, um direito de interpretação judicial da Constituição. Cfr., precisamente, MURPHY/FLEMING/BARBER/MACEDO, *American Constitutional Interpretation*, 3ª ed., New York, 2003, pp. 953 e ss. Vide também ANDRÉS IBANEZ, "El juez", in L.M. DÍEZ-PICAZO (org.), *El oficio de jurista*, Madrid, 2006, que analisa o modelo de juiz segundo a "alternativa neoconstitucional".

37. Este tópico está estreitamente relacionado com o chamado "activismo judicial" largamente discutido na doutrina brasileira. Consultar também R. HIRSCHL, *Towards Juristocracy: The Origin and Consequences of the New Constitutionalism*, Cambridge, Mass., 2004; *idem*, "The New Constitutionalism and the Judicialization of Pure Politics Worldwide", Fordham Law Review, 75 (2006), pp. 721 e ss.

38. Cfr. STEPHEN L.ELKIN/ KAROL EDWARD SOLTAN, (org.) *A New Constitutionalism, Designing Political Institutions for a Good Society*, The University of Chicago Press, Chicago and London, 1993.

tais dos seres vivos"). Acrescentem-se ainda os problemas da "reinvenção do território" conducentes à releitura das obras sobre "federalismo" e "antifederalismo" e à sugestão de novos fenótipos organizatórios de comunidades supranacionais (União Europeia, Mercosul, NAFTA).

3. O neoconstitucionalismo

O neoconstitucionalismo é uma espécie de "conceito represa" que recebe águas de várias proveniências. Os traços fundamentais deste "movimento"[39] serão aqui registados para oferecer um arrimo imprescindível a todos os que se preocupam com os problemas de direito constitucional. Em primeiro lugar, o neoconstitucionalismo adere a uma concepção de constituição *juridificadora da política* (tal como o "moderno direito constitucional), insistindo em esquemas metódicos de interpretação e aplicação optimizadores das normas – sobretudo dos princípios constitucionais – com a consequente pressão de juridificação da política no contexto do Estado constitucional democrático. Em segundo lugar, o neoconstitucionalismo pretende salientar a importância dos princípios fundantes e estruturantes da ordem constitucional aberta. Por outras palavras: os princípios perfilam-se como veículos de uma *estatalidade aberta*, quer no sentido da sua importância na *constitucionalização da ordem jurídica*, quer no sentido de instrumentos de *integração de constelações políticas pós-nacionais* (ex: União Europeia). Em terceiro lugar, o neoconstitucionalismo procura recuperar dimensões *cosmopolitas* particularmente importantes no âmbito da garantia dos direitos fundamentais sob o prisma da sua *universalização* e da sua radicação como "núcleo duro" das culturas jurídico-constitucionais democráticas[40]. Em quarto lugar, poderemos assinalar as críticas do neoconstitucionalismo às insuficiências de uma abordagem dita positivista, formalista e exegética dos textos constitucionais. Sob diferentes perspectivas, os juristas pretendem levar a sério o impulso dialógico que hoje é fornecido pelas

---

39. Cfr., por todos, MIGUEL CARBONELL, (org.), *Neoconstitucionalismo(s)*, Trotta, Madrid, 2006; *Teoria do neoconstitucionalismo: ensayos escogidos*, Trotta, Madrid, 2007; T. MAZZARESE (org.), *Neocostituzionalismo e tutela (sovra)nazionale dei diritti fondamentali*, Torino, 2002; G. BONGIOVANI, *Costituzionalismo e teoria del diritto*, Roma-Bari, 2005. Em língua portuguesa, cfr. U. M. BARBERIS, "Neoconstitucionalismo", *RBDC*, 2006, p. 1 ss. LUÍS ROBERTO BARROSO, "Neoconstitucionalismo e constitucionalização do direito", in C. SOUZA NETO e DANIEL SARMENTO (org.), *A Constitucionalização do Direito*, Rio de Janeiro, 2007, pp. 203 e ss.; DANIEL SARMENTO (org.), *Filosofia e Teoria Constitucional Contemporânea*, Rio de Janeiro, 2009.

40. Cfr. SANDRO STAIANO (org.), *Giurisprudenza Costituzionale e Principi Fondamentali. Alla Ricerca del Nucleo Duro delle Costituzioni*, Torino, 2006.

teorias políticas da justiça, pelas *teorias do republicanismo* e pelas *teorias críticas da sociedade*[41] associadas a instrumentos metódico-hermenêuticos capazes de recuperar as *dimensões praxeológicas* da razão prática inerentes ao processo de extrinsecação do direito (ponderação, interpretação e aplicação) e ao processo especifico de controlo do cumprimento da constituição.

Deve questionar-se se o neoconstitucionalismo não será mesmo uma fórmula "passe partout"[42] que pretende abarcar uma panóplia de ideias regulativas agitadas nos quadrantes da teoria da constituição, da filosofia política e do direito. De qualquer modo, é um esquema epistemológico de conhecimento dos novos desenvolvimentos do constitucionalismo[43]: (i) *democracia* constitucional como democracia garantidora de direitos desde os direitos de liberdade aos direitos sociais; (ii) *constituição* como valor; (iii) interpretação constitucional operada por juízes ancorada na ponderação de valores constitucionais (muitas vezes colidentes).

4. Constitucionalismo societal

O *constitucionalismo societal* é talvez o primeiro constitucionalismo a tentar desvincular-se da constituição do constitucionalismo tal como é descrito nas considerações anteriores. No contexto da globalização policêntrica, propõem alguns autores[44] uma teoria do "constitucionalismo

---

41. Cfr. S. POZZOLO, *Neocostituzionalismo e positivismo giuridico*, Torino, 2001; T. MAZZARESE (org.), *Neocostituzionalismo e tutela (sovra)nazionale dei diritti fondamentali*, Torino, 2002; G. BONGIOVANI, *Costituzionalismo e teoria del diritto*, Roma-Bari, 2005. Por último, cfr. S. POZZOLO, "Neocostituzionalismo. Breve nota sulla fortuna di una parola", *MatSCJ*, 2/2008, p. 415, que salienta o vigor de alguma doutrina brasileira na problematização das premissas teórico-dogmáticas do neoconstitucionalismo brasileiro; A. CAVALCANTI MAIA, "As transformações dos sistemas jurídicos contemporâneos. Apontamentos acerca do neoconstitucionalismo", *RDJ*, 16 (2007), pp. 7 e ss.; DIMITRI DIMOULIS, "Neoconstitucionalismo e moralismo", in DANIEL SARMENTO (org.), *Filosofia e Teoria Constitucional Contemporânea*, cit., pp. 213 e ss.

42. Ver a cuidadosa abordagem de LENIO STRECK no pos-fácio da obra de E. RAMOS DUARTE/ SUSANA A. POZOLO, *Neoconstitucionalismo e Positivismo Jurídico*, São Paulo, 2010.

43. Cfr. por todos, DANIEL SARMENTO, "O neoconstitucionalismo no Brasil: riscos e possibilidades" in G. SALOMÃO LEITE/ INGO W. SARLET, *Direitos Fundamentais e Estado Constitucional. Estudos em homenagem a J.J. Gomes Canotilho*, Coimbra Editora/ Revista dos Tribunais, São Paulo, 2009, pp. 9 e ss.; E. RAMOS DUARTE/ SUSANA A. POZOLO, *Neocontitucionalismo e Positivismo Jurídico*, São Paulo, 2010.

44. A começar por TEUBNER, a quem se deve a fórmula de "Societal Constitutionalism". Cfr. G. TEUBNER, "Globale Zivilverfassungen: Alternativen zur staatszentrierten Verfassungstheorie", *Zeitschrift für ausländisches öffentliches Recht und Völkerrecht*, 63, 2003; D. SCIULLI, *Theory of Societal Constitutionalism*, Cambridge, 2005.

social global" assente nas seguintes ideias: (i) "constituições parciais globais"; (ii) "constituições civis" sem política; (iii) constituições juridicamente vinculativas no plano global. Em primeiro lugar, as constituições são *parciais* porque se limitam a determinados sistemas sociais (o "sistema da saúde", o "sistema da energia", o "sistema da economia"). Não têm qualquer pretensão de "ordenamento constitucional geral" e de constituição mundial. Em segundo lugar, abandona-se a ideia central da constituição política. Em vez de constituições políticas, apela-se para a ideia de "constituição civil", sem política ou fora da política, porque o seu objectivo é recortar o enquadramento jurídico, a hierarquia normativa, os controlos jurídicos, as formas, procedimentos e processos de esquemas constitucionais societais de matriz global ("a constituição do comércio através da organização mundial do comércio", "a constituição mundial da saúde"). Em terceiro lugar, estamos perante verdadeiras constituições jurídicas (e não perante simples "constituições reais" ou "fácticas") porque elas contêm mecanismos de produção jurídica conducentes à definição de quadros jurídicos regulatórios e de sustentação da legitimidade e legitimação de algumas das suas normas como "normas superiores", ou seja, como normas constitucionais[45].

Não é este o lugar adequado para uma apreciação demorada crítica desta proposta. Ela tem o mérito de chamar a atenção para a formação incremental de um novo direito na "arena" da sociedade mundial. Para além do direito constitucional (estatal) clássico, do direito internacional (também clássico) e do direito supranacional, desenvolve-se um "direito societal global". As fontes são os contratos entre "global players", a regulação dos mercados através de empresas multinacionais, as regulações internas de organizações internacionais, os sistemas regulativos interorganizativos, e os processos de estandardização globais. São estes novos fenómenos que conduzem a "momentos de juridificação global" e à evocação incrementadora de "normas constitucionais", fora das instituições políticas estatais ou internacionais. As "constituições civis, parciais e globais" já pouco ou nada têm a ver com "processos constituintes" ou momentos extraordinários de revelação do poder constituinte. Também se afastam da ideia de "sujeito constituinte", ou seja, o povo titular do poder constituinte. Os esquemas juridificadores destas "constituições parciais" ("constituição económica", "constituição digital",

---

45. Cfr. o texto "Constitucionalismo político e constitucionalismo societal no mundo globalizado", in J.J. GOMES CANOTILHO, *"Brancosos" e Interconstitucionalidade Itinerários dos Discursos sobre a Historicidade Constitucional*, 2ª edição, Coimbra, 2008, pp. 281 e ss.

DA TEORIA DA CONSTITUIÇÃO ÀS TEORIAS DO CONSTITUCIONALISMO E DA CONSTITUCIONALIZAÇÃO

"constituição da saúde") reconduzem-se a modelações reguladoras de uma "governance transnacional"[46]. A sua matriz marginaliza a política, a vinculação do direito à política democrática, e a política democrática inerente ao direito constitucionalmente positivado. O problema central do "societal constitutionalism" é então este: o constitucionalismo transporta valores e pressupostos políticos e culturais que dificilmente são preenchidos pelas "constituições específicas" de sectores civis globais. A diferenciação de ordens jurídicas globais (*lex mercatoria*, para a economia, *lex digitalis* para a *internet, lex sportiva* para o desporto) não corresponde à estruturação de uma ordem constitucional[47]. Do mesmo modo, a "governance transnacional" é um esquema não político e culturalmente constitucional.

De qualquer modo, a leitura acabada de referir recorta com incisividade a *nova questão constitucional* (*Verfassungsfrage*). Nos séculos XVIII e XIX o *punctum saliens* da questão constitucional consistia (i) na captação da *positividade* do estado veiculada pela libertação das suas energias políticas e, simultaneamente, (ii) na organização dos limites do poder através da ideia de *juridicidade* estatal (estado de direito). A nova questão constitucional ergue-se sobre as tendências autodestrutivas dos sistemas sociais desenvolvidos em espaços sociais *externos* aos estados: (1) externos porque forjam processos de poder transnacionais; (2) externos porque esses processos se desenvolvem fora dos sectores políticos institucionalizados, a saber, os *sectores* privados da sociedade mundial[48]. A questão não seria inteiramente nova porque ela já se revelava na incapacidade do constitucionalismo clássico inserir a "constituição social" (áreas sociais) na constituição política. Deveriam as áreas sociais ser capturadas por constituições políticas programáticas ou deveriam estes "espaços sociais" formar, em termos autónomos, as suas próprias constituições? A recente "crise dos mercados mundiais" – verdadeiro "momento constitu-

---

46. Veja-se JOERGES/SAND/TEUBNER (org.), *Transnational governance and constitutionalism*, Hart, 2004; SABINO CASSESE, *Lo spazio giuridico globale*, Roma-Bari, 2003; MARIA ROSARIA FERRARESE, *Diritto sconfinato. Inventiva giuridica e spazi nel mondo globale*, Roma-Bari, 2006; JEAN-BERNARD AUBY, *La Globalisation, le droit et l'État*, Paris, 2003.

47. Cfr. MARCELO NEVES, *Transconstitucionalismo*, São Paulo, 2009, p. 100, mas a partir de uma teoria sistémica que não é aqui sufragada. Veja-se também MARCO DANI, "Il diritto costituzionale nell' época della circolazione dei fattori di produzione", *Cuaderni Costituzionali*, 4/27 (2007), pp. 795 e ss. No âmbito do desporto cfr. o notável trabalho de FRANK LATTY, *La lex sportiva. Recherche sur le droit transnational*, Leiden, Boston, 2007.

48. Cfr. G. TEUBNER, "Il costituzionalismo della societá mondiale. Cinque tesi sulle costituzioni proprie di spazi transnazionale", in *La stida della transnazionalizzazione tra teoria delle fonti e dottrina della costituzione*, Seminários, Enna, 2009.

cional" – viria demonstrar a indispensabilidade de uma "constituição dos mercados financeiros" global e juridicamente estabilizados. Aqui, como noutros domínios (energia, ambiente, saúde) o perigo de autodestruição dos sistemas sociais exigirá um *constitucionalismo transnacional*.

5. *Transconstitucionalismo*

O *transconstitucionalismo* aproxima-se do "constitucionalismo societal" ao inserir-se na problemática da globalização policêntrica e respectivos processos e formas de criação e aplicação de normas. A chamada *teoria dos processos jurídicos transnacionais*[49] tenta captar, descrever e explicar estes processos dinâmicos de criação, interpretação e aplicação de normas jurídicas internacionais por parte de actores tão diversos como governos nacionais, organizações internacionais, empresas multinacionais, organizações não governamentais, redes de peritos profissionais, e até indivíduos. Dentre as várias "constelações regulativas" que se incluem nestes processos transnacionais ("actos administrativos transnacionais", "contratos de consumo transnacionais", "law shopping", "forum shopping", "processo legal internacional", "transnacionalização da jurisdição", "arbitragem transnacional"), descobrem alguns autores a "razão transversal" de um novo fenómeno do constitucionalismo: o *transconstitucionalismo*[50]. Esta razão transversal conduziria mesmo à rejeição do transnacionalismo. Como afirma um dos mais ilustres cultores desta teoria[51], "o transconstitucionalismo não toma uma única ordem ou um determinado tipo de ordem como ponto de partida ou *ultima ratio*" . Rejeita tanto o estatalismo quanto o internacionalismo, o supranacionalismo, o transnacionalismo e o localismo como espaço de solução privilegiada dos problemas constitucionais. O transconstitucionalismo procura antes lançar "pontes" de transição, de promoção de "conversações constitucionais", de fortalecimento dos entrelaçamentos constitucionais entre as diversas ordens jurídicas (estatais, internacionais, transnacionais, supranacionais e locais).

O transconstitucionalismo pode ser um esquema metodologicamente estimulante para, "a nível da sociedade mundial se conseguir dar

---

49. Para uma visão geral desta teoria de processos jurídicos transnacionais cfr. Felix Hansch-mann, "Theorie transnationaler Rechtprozesse" in Buckel/ Christensen/ Fischer-Lescano (org.), *Neue Theorien des Rechts*, 2ª ed., Stuttgart, 2009, pp. 375 e ss.

50. Cfr., por todos, Marcelo Neves, *Transconstitucionalismo*, São Paulo, 2009.

51. Referimo-nos a Marcelo Neves. Cfr. notas anteriores.

operatividade prática às "conversações constitucionais" entre ordens jurídicas, entre direito internacional público e direito estatal, entre direito supranacional e direito estatal, entre ordens jurídicas estatais, entre ordens jurídicas estatais e transnacionais, entre ordens jurídicas estatais e ordens locais extra estatais, entre direito supranacional e direito internacional[52] [53]. É questionável, porém, que as lógicas transconstitucionais possam ser captadas através da ideia contrafáctica de *razão transversal*.

6. Constitucionalismo multinível

O constitucionalismo multinível ou constitucionalismo a vários níveis (*multi-level constitutionalism, Verfassungsverbund*) tem sido desenvolvido no contexto da União Europeia[54]. Os elementos básicos deste constitucionalismo seriam os seguintes: (i) um conceito pós-nacional de constituição; (ii) compreensão do processo de construção da União Europeia como um processo conduzido por cidadãos; (iii) uma relação estreita entre as constituições dos Estados-Membros e a Constituição Europeia; (iv) reconhecimento das múltiplas identidades políticas dos cidadãos europeus; (v) compreensão da União Europeia como uma união de cidadãos europeus. O constitucionalismo "multinível" coloca vários problemas, desde problemas metódicos de aplicação de diferentes normas por diferentes agentes (legisladores, governos, tribunais) até aos problemas do supranacionalismo deliberativo indispensável para a solução de conflitos de normas no quadro da União Europeia[55]. Muitos destes problemas decorrem da *interconstitucionalidade* aberta: turbulências politicamente exógenas, reconfiguração das dimensões constitucionais clássicas através de sistemas organizativos de natureza superior, articulação da coerência constitucional estadual com a diversidade de constituições inseridas na rede interconstitucional, criação de um esquema jurídico de confiança recíproca. A evolução previsível ancorada no Tratado de Lisboa pautar-se-á pela crescente juridicização dos problemas e pela procura de soluções para o proclamado déficit democrático do "federalismo larvar" subjacente ao conceito.

---

52. Cfr. Marcelo Neves, ob. cit., p. XVIII.

53. Vide as sugestões metodológicas de Marcelo Neves, ob. cit., pp. 240 e ss.

54. Os trabalhos pioneiros e de referência continua a ser de Ingolf Pernice, "Multilevel Constitutionalism and the Treaty of Amesterdam: European Constitution-Making Revisited?", *Common Market Law Review*, 36 (1999), pp. 703 e ss.

55. *Vide* a exposição e crítica de Mariana Canotilho, *O Princípio do Nível Mais Elevado de Protecção em Matéria de Direitos Fundamentais*, Coimbra, 2009.

C – TEORIA DA CONSTITUIÇÃO E CONSTITUCIONALIZAÇÃO

1. Constitucionalização do direito

A *constitucionalização do direito* não deve confundir-se com constitucionalismo ou neoconstitucionalismo[56]. Tornou-se, porém, nos tempos recentes, um tópico obsessivo, mas sem que haja uma correspondência de rigor à reiteração do uso de semelhante vocábulo. Vale a pena, por isso, explicar o sentido do chamado "movimento de constitucionalização da ordem jurídica". Em primeiro lugar, a constitucionalização pode significar coisas diferentes quando falamos de *constitucionalização do direito na ordem jurídica interna* e *constitucionalização do direito internacional*[57]. Nesta última acepção, a constitucionalização é um esquema compreensivo do desenvolvimento da ordem jurídica internacional no sentido da sua transformação em "sistema constitucional" com a consequente autonomização do sistema internacional "em face da compreensão clássica do direito internacional como esquema de actos inter-estatais ou intergovernamentais". As notas mais salientes desta constitucionalização internacional são (i) o reconhecimento dos interesses dos vários sujeitos da ordem internacional (estado, organizações, indivíduos), (ii) densidade normativizadora (iii) a introdução de mecanismos adequados à sua execução (de grande acuidade no âmbito da protecção de direitos humanos)[58]. Na primeira acepção, significa fundamentalmente

---

56. Cfr. LUIS ROBERTO BARROSO, "Neoconstitucionalismo e constitucionalização do direito. O triunfo tardio do Direito Constitucional no Brasil", *Revista Direito Administrativo, 240* (2005), p. 1 – 67; J ADERCIO LEITE SAMPAIO, *Teoria da Constituição e dos Direitos Fundamentais*, cit., p. 181 ss.

57. O fenómeno da constitucionalização do direito começou por ser trabalhado na doutrina francesa: LOUIS FAVOREU, "La Constitutionalisation du droit", *Mélanges Roland Drago*, 1996; idem, "La constitutionalisation du droit administratif", *Mélanges*, 1998, pp. 97 e ss.; MATHIEU/ VERPEAU, *La constitutionalisation des branches de droit*, 1998, pp. 197 e ss.; SCHUPPERT/ BUMKE, *Die Konstitutionalisierung der Rechtsordnung*, 2000; Jan Klabbers et alli, *The Constitutionalization of International Law*, 2009; THOMAS KLEINLEIN *Konstitutionalisierung im Völkerrecht: Konstruktion und Element einer idealistischen Volkerrechts lehre*, 2012.

58. Cfr., especificamente, BRUN-OTTO BRYDE, "Konstituzionalisierung des Völkerrecht und Internationalisierung des Verfassungsrechts", *Der Staat*, 42 (2003), pp. 61 e ss.; MATTHIAS KNAUF, "Konstitutionalisierung im inner-und überstaatlich Recht-Konvergenz oder Divergenz", in *ZAÖRV*, 68/2008, pp. 454 e ss.; M. LOUGHLIN, "What is Constitutionalism?", in P. DOBNER/ M. LOUGHLIN, *The Twillight*, cit. pp. 47 e ss. ERIKA DE LET, The constitutionalization of Public International law", in M. ROSENFELD/ A. SAJO, *Comparative Constitutional Law*, cit., p. 1209 e ss.; ANNE PETERS, „Compensatory constitucionalism: The function and potencional fundamental international law and strutures", Leiden Journal IL 1 (220&), p. 547; THOMAS KLEINLEIN, „Uberstaatliches Verfassungsrecht zur Konstitutionalisierung in Völkerrecht", *Archiv des Völkerrechts*, 44 (2006), p. 235 ss; JANE E NIJMAN / A. WOLLKAEMNER (eds), *New perspectives on the divide between national and international law*, 2007.

a irradiação e impacto da lei constitucional na forma de compreensão, interpretação e apreciação da ordem jurídica infraconstitucional[59]. Em termos mais analíticos, a constitucionalização do direito "entranha-se" através de diferentes processos: reformas legislativas, novos direitos, mudança de paradigmas, irradiação para as relações jurídico-privadas, desenvolvimento do dever de protecção do estado, dinamização de novos processos no campo jurisdicional[60]. Aqui interessa-nos, sobretudo, a constitucionalização da ordem jurídica interna, mas devendo ter em atenção o *processo de constitucionalização da União Europeia* que, entre outras funções, se vai afirmando como categoria complementar do poder constituinte na medida em que contribui para o chamado *constitucionalismo evolutivo* de uma constelação política pós-nacional como é a União Europeia[61].

A constitucionalização insere-se no processo do constitucionalismo ligado à "juridificação da política" ou, melhor, do exercício do poder político, e à ideia a ela associada de controlo jurídico deste poder[62]. Registaremos as várias dimensões: (i) constitucionalização como introdução gradual de processos típicos do direito constitucional em ordens jurídicas desprovidas de constituição (Grã-Bretanha); (ii) elevação à hierarquia

---

59. Cfr. JOAQUIM SOUSA RIBEIRO, "Constitucionalização do direito civil", *BFDC*, 79, (1998), pp. 729 e ss. Uma ilustração da irradiação destes princípios para outros campos do direito (direito civil, direito processual civil, direito penal, direito processual penal, direito do trabalho, direito administrativo, direito fiscal, direito da família, direito do ambiente, direito da segurança social) ver-se-á em M. MESSIAS PEIXINHO/ I. FRANCO GUERRA/ F. NASCIMENTO FILHO (org.), *Os princípios da Constituição de 1988*, Rio de Janeiro, 2006, pp. 211 e ss.; RICARDO L. TORRES, "Introdução", in RICARDO L. TORRES (org.) *Legitimação dos direitos humanos*, Rio de Janeiro, 2002, p. 3 ss.

60. Desenvolvidamente, sobre estes processos, cfr. GUNNAR FOLKE SHUPPERT/CH. BUMKE, *Die Konstitutionalisierung der Rechtsordnung: Uberlegungen zum Verhältnis von verfassungsrechtlicher Ausstrahlungswirkung und Eigenständigkeit des „einfachen Rechts"*, 2000; J. HABERMAS, "Die Krise der Europäischen Union im Lichte einer Konstitunalisierung des Völksrechts. Ein Esssay zur Verfassung Europa", in J. HABERMAS, *Zur Verfassung Europa. Ein Essay*, Berlin, 2011, pp. 39-96 (há tradução portuguesa, Coimbra, 2012). Um resumo destas perspectivas pode ver-se, em língua portuguesa, no trabalho de V. AFONSO DA SILVA, *Constitucionalização do Direito*, São Paulo, 2005, pp. 38 e ss. Para outros quadrantes jurídico-culturais cfr. R. GUASTINI "La constitucionalización del ordenamiento jurídico: el caso italiano", in M. CARBONNEL (org), *Neoconstitucionalismo(s)*, Madrid, 2003; Carlos Bernal Pulido, *El neoconstitucionalismo a debate*, Bogotá, 2006.

61. Cfr. A. VON BOGDANDY/ J. BAST (org.), *Europäisches Verfassungsrecht*, cit., p. 266; P. HÄBERLE, *Europäische Verfassungslehre*, 2ª ed., 2004, pp. 250 e ss.

62. Veja-se a explicação dos vários "emaranhados" jurídico-políticos "judicialização da política", "politicização da justiça" e "activismo político", in J. ADÉRCIO SAMPAIO, *Teoria da Constituição*, cit., p. 188 ss.

formal da constituição de normas infraconstitucionais ou densificação reforçada de princípios e regras constitucionais; (iii) predeterminação do direito material através da Constituição; (iv) irradiação dos direitos humanos garantidos por tratados internacionais[63]. A constitucionalização da ordem jurídica significa, nesta perspectiva de juridificação do exercício do poder, levar a sério a *constituição como norma*, alargando a aplicação concorrente dos princípios e regras do direito constitucional à interpretação e aplicação das várias disposições normativas espalhadas pelos diferentes ramos do direito da ordem jurídica. É bom de ver que as notas agora realçadas estão já presentes em algumas caracterizações da evolução do neoconstitucionalismo. O objectivo central da constitucionalização é o de fornecer esquemas de adaptação, orientação e recomposição dos materiais normativos concretos que enchem os ordenamentos jurídicos. Precisamente por isso, a constitucionalização é um *continuum* de interacção entre a jurisprudência constitucional e a jurisprudência dos tribunais ordinários.

2. Constitucionalização e jusfundamentalização

A constitucionalização da ordem jurídica está também associada à jusfundamentalização derivada da *dimensão objectiva* dos direitos fundamentais. Pretende-se, com isto, salientar que a protecção destes direitos não se limita à garantia liberal de defesa de posições subjectivas jusfundamentais perante o estado. Impõe-se também a sua protecção através da mobilização de novos instrumentos: efeito de irradiação dos direitos, liberdades e garantias para a ordem jurídica privada (CRP, art. 18/1), garantias de organização e de procedimentos adequados, reconhecimento de conteúdos prestacionais aos direitos, deveres de protecção do estado. Foi precisamente a refracção dos direitos nos vários ramos da ordem jurídica (direito do trabalho, direito penal, direito civil) que conduziu à ideia de *constitucionalização material*[64], legitimando a consideração da constituição pelos cidadãos como *lei fundamental* que lhes diz directamente respeito. Está bem longe a redução da lei constitucional a estatuto organizatório do Estado.

---

63. Cfr. LUC HEUSCHLING, " Verwaltungsrecht und Verfassungsrecht", in BOGDANDY/ CASSESE/ HUBER (org.), *Handbuch Jus Publicum Europeum*, III, 2010, p. 536.

64. Cfr. P. CRUZ VILLALÓN, "Grundlagen und Grundzüge staatlichen Verfassungsrecht: Vergleich", in VON BOGDANDY/ VILLALÓN/ HUSTER, *Ius Publicum Europeum*, I, pp. 733 e ss.; M. DOGLIANI/C. PINELLI, "Grundlagen und Grundzüge staatlichen Verfassungsrechts: Italien", incluido na obra acabada de citar, pp. 300 e ss., onde se analisam as épocas e as matérias desta constitucionalização; B. MATHIEU/ M. VERPEAUX, *La Constitutionnalisation des Branches de Droit*, Paris, 1998.

REFERÊNCIAS BIBLIOGRÁFICAS

Alexy, Robert – *Theorie der Grundrechte*, Frankfurt/M, Suhrkamp, 1985.

Barroso, L. R. – *O direito constitucional e a efectividade das suas normas: limites e possibilidades da Constituição brasileira*, Rio de Janeiro, 1996.

Belvisi, F. – "Un fondamento delle Costituzioni Democratiche Contemporanee? Ovvero: Per una costituzione senza fondamento", in G. Gozzi, (org.), *Democrazia, Diritti, Costituzione*, Bologna, 1998, p. 231.

Bohman, James – *Public Deliberation, Pluralism, Complexity and Democracy*, Mit Press, Cambridge, London, 1996.

Canotilho, J. J. C. – "O Direito Constitucional na Encruzilhada do Milénio. De uma disciplina dirigente a uma disciplina dirigida", in *Livro de Homenagem a M. Garcia Pelayo*, Madrid, 2000, pp. 217 e ss.

Cassese, Sabino – *Lo Spazio Giuridico Globale*, Bari, 2003

Cohen, Jean e Arato, Andrew – *Civil Society and Political Theory*, Mit Press, 1992.

Delpérée, F. – "La déstructuration de l'État-Nation", in A. Sedjari (org.), *L'État-Nation et prospective des territoires*, 1996.

Faria, José Eduardo – *O direito na economia globalizada*, São Paulo, 1997.

Ferrarese, Maria R. – *Diritto Sconfinato. Inventiva Giuridica e Spazi nel Mundo Globale*, Bari, 2006

Guerra Filho, W. – *Autopoiese do Direito na Sociedade Pós-Moderna*, Porto Alegre, 1997.

Gunther, Gerald – *Constitutional Law*, 11, Mineola, New York, 1985.

Günther, Klaus – *Der Sinn für Angemessenheit, Anwendungsdiskurse in Moral und Recht*, Frankfurt/M, 1988.

Habermas, Jürgen – *Faktizität und Geltung. Beiträge zur Diskurstheorie des Rechts und des demokratischen Rechtsstaats*, Frankfurt/M, Suhrkamp, 1992.

Hespanha, A. – *Panorama Histórico de Cultura Jurídica Europeia*, Publicações Europa-América, Lisboa, 1997.

Lübbe-Wolf G. – "Präventiver Umweltschutz – Auftrage und Grenzen des Vorsorgeprinzips im deutschen und im europäischen Recht", in J. Bizer/H. Koch, *Sicherheit, Vielfalt, Solidarität. Ein neues Paradigma des Verfassungsrechts?*, Baden-Baden, 1998.

Luhmann, Niklas – *Soziale System. Grundriss einer allgemeinen Theorie*, Frankfurt/M, Suhrkamp, 1987.

– *Das Recht der Gesellschaft*, Frankfurt/M, Suhrkamp, 1993.

– *Die Wissenschaft der Gesellschaft*, Frankfurt/M, Suhrkamp, 1991.

– *Die Politik der Gesellschaft*, Frankfurt/M, 2002.

Machado, Jónatas – *Liberdade de Expressão. Dimensões Constitucionais da Esfera Pública no Sistema Social*, Coimbra, 2002.

Morais, J. L. B. –"Constituição ou barbárie: perspectivas constitucionais", in Ingo Sarlet (org.), *A Constituição Concretizada*, Porto Alegre, 2000.

Morais, J. L. A./L. Streck, *Ciência Política e Teoria Geral do Estado*, 2.ª ed., Porto Alegre, 2001.

Neto, C./Bercovici, G./Filho, J./Lima, M. *Teoria da Constituição. Estudos sobre o lugar da política no Direito Constitucional*, Rio de Janeiro, 2003.

Neves, Marcelo – *Verfassung und Positivität des Rechts in der peripheren Moderne Eine teoretische Betrachtung und eine Interpretation des Falls Brasilien*, Berlin, Duncker & Humblot, 1992.

– "Symbolische Konstitutionalisierung und faktische Entkonstitutionalisierung: Wechsel und Änderungen in Verfassungstext und Fortbestand der realen Machtverhältnisse", in *Law and Politics in Africa, Asia and Latin America*, 29 (1996), Baden-Baden, pp. 309 e ss.

Nonet, Ph. e Selznick, Ph. – *Law and Society in Transition. Toward Responsive Law*, New York, Harper y Row, 1978.

Reigada, A. T., "Dogmatica Administrativa y Derecho Constitucional: el Caso del Servicio Publico", in *REDC*, 57 (1999), pp. 87 e ss.

Sanchez, J. A. – "Transformaciones de la Constitución en el siglo XX", in *REP* (100) (1998), pp. 57 e ss.

Santos, Boaventura – *Toward a New Common Sense*, New York, London, Routledge, 1995.

Sen, Amartya – *A Ideia de Justiça*, Coimbra, 2010

Streck, L. L. – *Jurisdição Constitucional e Hermenêutica*, Porto Alegre, 2002.

Teubner, Gunther – *Recht als autopoietisches System*, Frankfurt/M, Suhrkamp, 1989 (trad. port. Fund. Calouste Gulbenkian, Lisboa).

Tribe, Laurence – *Constitutional Law*, 2.ª ed., Mineola, New York, 1988.

Willke, Helmut – *Die Ironie des Staates*, Frankfurt/M, Suhrkamp, 1991.

Zolo, Danilo – *Democracy and Complexity*, Pennsylvania, Pennsylvania University Press, 1992.

VALORES PERMANENTES DA CONSTITUIÇÃO PORTUGUESA

Jorge Miranda

SUMÁRIO: I. Introdução II. A dignidade da pessoa humana III. Os valores e princípios inerentes a um Estado de Direito material IV. A liberdade e a igualdade, fundamentos da democracia representativa V. O pluralismo político VI. O jus-universalismo.

I. INTRODUÇÃO

1. Sem esquecer a relevância da forma de Estado e da forma do sistema de governo, o essencial de uma Constituição *material*, subjacente à Constituição *formal*, consiste num conjunto de valores ou princípios em que assentam, desde logo, o seu articulado e, depois, todo o ordenamento jurídico.

É isso que, ao longo dos tempos, em Portugal distingue as sucessivas Constituições, as liberais, a de 1933 e a de 1976. É isso que, num determinado momento, distingue a Constituição de um Estado da de outro Estado (por exemplo, a Constituição portuguesa e a Constituição chinesa).

2. Quanto à Constituição de 1976, são valores permanentes identificadores do seu substrato:

1º) A dignidade da pessoa humana;

2º) A liberdade e a igualdade como fundamentos da democracia representativa;

3º) Os valores inerentes ao Estado de Direito material;

4º) O pluralismo político;

5º) O jus-universalismo.

A súmula destes valores e dos princípios conexos chama-se, de acordo com a própria Constituição, Estado de Direito democrático (preâmbulo e art. 2º).

II. A DIGNIDADE DA PESSOA HUMANA

I – O primeiro valor da Constituição material de 1976, o mais importante entre todos, por alguns reconduzido a um metaprincípio, vem a ser a dignidade da pessoa humana.

A dignidade da pessoa humana, base da República, segundo o art. 1º, e do qual arrancam tanto os direitos, liberdades e garantias como os direitos económicos, sociais e culturais. A dignidade da pessoa humana, traduzida nuns e noutros direitos e que o Estado deve assegurar ou efetivar [arts. 2º e 9º, alíneas *c*) e *d*)], para se chegar a uma "sociedade livre, justa e fraterna" (conforme se lê no preâmbulo), ou a "uma sociedade livre, justa e *solidária*" (conforme diz ainda o art. 1º, após 1989).

E, textualmente, reiteram-na o art. 13º, nº 1, ao proclamar-se que "todos os cidadãos têm a mesma *dignidade social* e são iguais perante a lei"; o art. 26º, nº 2, ao dizer que "A lei estabelece garantias efetivas contra a utilização abusiva ou contrária à *dignidade humana*, de informações relativas às pessoas e famílias"; o art. 26º, nº 3 ao garantir "a *dignidade pessoal* e a identidade genética do ser humano ..."; o art. 59º, nº 2, alínea *b*), ao prescrever "que todos os trabalhadores, sem distinção de idade, sexo, raça, cidadania, território de origem, religião, convicções políticas ou ideológicas, têm direito: à organização do trabalho em *condições socialmente dignificantes*, de forma a facultar a realização pessoal e a permitir a conciliação da actividade profissional com a vida familiar"; o art. 67º, nº 2, alínea *c*) ao incumbir o Estado para protecção da família: "regulamentar a procriação assistida, em termos que salvaguardem a *dignidade da pessoa humana*"; o art. 206º ao admitir limites às audiências públicas dos tribunais para *salvaguarda da dignidade das pessoas* (art. 206º).

II – A Constituição confere uma unidade de sentido, de valor e de concordância prática ao sistema de direitos fundamentais. Mas para além da unidade do sistema, o que conta é a unidade da pessoa. A conjugação dos diferentes direitos e das normas constitucionais, legais e internacionais a eles atinentes torna-se mais clara a essa luz. O "homem situado" do mundo plural, conflitual e em acelerada mutação do nosso tempo encontra-se muitas vezes dividido por interesses, solidariedades e desafios discrepantes; só na consciência da sua dignidade pessoal retoma unidade de vida e de destino.

III – O art. 1º da Declaração Universal dos Direitos do Homem (Declaração recebida como critério de interpretação e integração) precisa e explicita a conceção de pessoa da Constituição, recolhendo as inspirações de diversas filosofias e, particularmente, de diversas correntes jusnaturalistas: "Todos os seres humanos nascem livres e iguais em dignidade e em direitos. Dotados de razão e de consciência devem agir uns para com os outros em espírito de fraternidade".

Dotados de razão e de consciência – eis o denominador comum a todos os homens em que consiste essa igualdade. *Dotados de razão e consciência* – eis o que, para além das diferenciações geográficas, económicas, culturais e sociais, justifica o reconhecimento, a garantia e a promoção dos direitos fundamentais. *Dotados de razão e de consciência* – eis por que os direitos fundamentais, ou os que estão no seu cerne, não podem desprender-se da consciência jurídica dos homens e dos povos.

IV – Característica essencial da pessoa – como sujeito, e não como objeto, coisa ou instrumento – a dignidade é um princípio que coenvolve todos os princípios relativos aos direitos e também aos deveres das pessoas e à posição do Estado perante elas. Princípio axiológico fundamental e limite transcendente do poder constituinte, é isso que explica que não apareça no quadro dos limites materiais de revisão constitucional do art. 288º.

Relativamente aberto como todos os princípios – até porque a sua concretização se faz histórico-culturalmente – não deixa de encerrar um valor absoluto. Pode haver ponderação da dignidade de uma pessoa com a dignidade de outra pessoa, não com qualquer outro princípio, valor ou interesse.

V – A partir daqui, da consciência jurídica geral e de diferentes princípios e regras constitucionais pode enunciar-se os seguintes pontos:

a) A dignidade da pessoa humana é a dignidade da pessoa humana individual e concreta;

b) A dignidade da pessoa humana é da pessoa enquanto homem e mulher;

c) A dignidade da pessoa humana é tanto da pessoa já nascida como da pessoa desde a conceção;

d) A dignidade da pessoa humana não pode ser apreendida sem consideração da bioética;

e) A dignidade da pessoa humana compreende o respeito das pessoas carecidas ou sujeitas a cuidados de saúde;

f) O respeito da dignidade implica a garantia da intimidade pessoal e familiar;

g) O respeito da dignidade implica o respeito da orientação sexual das pessoas;

h) A dignidade pressupõe autonomia da pessoa, embora não pressuponha capacidade (psicológica) de livre decisão;

i) Cada pessoa vive em relação comunitária, que exige o reconhecimento por cada pessoa de igual dignidade das demais pessoas;

j) Cada pessoa vive em relação comunitária, mas a dignidade que possui é dela mesma, e não da situação em si;

k) A dignidade da pessoa, que é também dignidade social, exige integração, participação na vida comunitária, inclusão;

l) A dignidade da pessoa exige condições adequadas de vida material;

m) O primado da pessoa é do *ser*, não o do *ter*, e a liberdade prevalece sobre a propriedade;

n) Somente a dignidade explica a procura da qualidade de vida;

o) O respeito da dignidade justifica a criminalização da ofensa dos bens jurídicos subjacentes aos direitos fundamentais de acordo com a consciência geral e um princípio de proporcionalidade, e requer a proteção da vítima;

p) Todavia, a dignidade da pessoa permanece independentemente dos seus comportamentos ilícitos;

q) A dignidade da pessoa é um *prius* em relação à vontade popular;

r) A dignidade da pessoa está para além da cidadania portuguesa.

Não é possível aqui considerar todos estes aspetos. Só alguns.

VI – Em primeiro lugar, a dignidade da pessoa é da pessoa concreta, na sua vida real e quotidiana; não é de um ser ideal e abstrato. É o homem ou a mulher, tal como existe, que a ordem jurídica considera irredutível, insubstituível e irrepetível. É o homem e a mulher, cuja participação democrática na vida política constitui condição e instrumento de consolidação do sistema democrático (arts. 48º e 109º).

O valor eminente reconhecido a cada pessoa conduz, antes de mais, à inexistência da pena de morte (art. 24º, nº 2) e, coerentemente – mas quase ineditamente em Direito comparado – à proibição da extradição por crimes a que corresponda, segundo o direito do Estado requisitante, pena de morte ou outra de que resulte lesão irreversível da integridade física (art. 33º, nº 6).

Explica a garantia da integridade pessoal contra a tortura, a coação e os maus tratos, incluindo em processo criminal (art. 32º, nº 6); os direitos à identidade pessoal, ao desenvolvimento da personalidade, à capacidade civil e ao bom nome e reputação (art. 26º, nº 1). Assim como justifica o princípio da culpa em Direito penal.

Veda a suspensão, mesmo em estado de sítio, em qualquer caso, dos direitos à vida, à integridade pessoal, à identidade pessoal, à capacidade civil e à cidadania, a não retroatividade da lei criminal, o direito de defesa dos arguidos e a liberdade de consciência e de religião (art. 19º, nº 6). Assim como determina a conservação pelos condenados sujeitos a pena ou a medida de segurança privativas da liberdade dos seus direitos fundamentais, salvas as limitações inerentes ao sentido da condenação e às exigências próprias da respetiva execução (art. 30º, nº 5).

VII – Cada pessoa tem, contudo, de ser compreendida em relação com as demais. A dignidade de cada pessoa é incindível da das demais pessoas. Dignidade implica intersubjetividade.

Donde, em geral, a vinculação das entidades privadas aos direitos, liberdades e garantias (art. 18º, nº 1), assim como o direito de resposta e de retificação na imprensa (art. 37º, nº 4), a proibição de organizações racistas (art. 46º, nº 4), os direitos dos trabalhadores no trabalho (art. 59º), os direitos dos consumidores (art. 60º), os deveres de respeito e solidariedade para com os cidadãos portadores de deficiência (art. 71º, nº 2) e para com os idosos (art. 72º).

Donde, como formalidades de educação, a par do desenvolvimento da personalidade, o espírito de tolerância, de compreensão mútua, de solidariedade e de responsabilidade (art. 73º, nº 2).

Donde, ainda, por exemplo, a punição do lenocínio, porque, afirmou o Tribunal Constitucional no acórdão nº 144/2004, de 10 de março, uma ordem jurídica assente na dignidade da pessoa humana não deve ser mobilizada para garantir, enquanto expressão de liberdade de ação, situações e atividades, cujo "princípio" seja o de que uma pessoa, numa qualquer dimensão (seja a intelectual, seja a física, seja a sexual), possa ser utilizada como mero instrumento ou meio ao serviço de outra.

VIII – A dignidade da pessoa exige condições de vida capazes de assegurar liberdade e bem-estar (cfr., ainda, art. 25º da Declaração Universal).

Daí, a retribuição do trabalho segundo a quantidade, a natureza e a qualidade, observando-se o princípio de a trabalho igual salário igual [art. 59º, nº 1, alínea *a*)]; a incumbência do Estado de estabelecer e atualizar o salário mínimo nacional [art. 59º, nº 2, alínea *a*)]; as garantias especiais do salário (art. 59º, nº 3); o direito dos trabalhadores a assistência material, quando, involuntariamente, se encontrem em situação de desemprego [art. 59º, nº 3, alínea *e*)].

Daí, caber ao sistema de segurança social proteger os cidadãos – e também os não cidadãos residentes, por força do princípio da equiparação (art. 15º, nº 1) – na doença, na velhice, na invalidez, na viuvez e na orfandade, no desemprego e em todas as outras situações de falta ou diminuição dos meios de subsistência ou de capacidade para o trabalho (art. 63º, nº 3).

Daí também os direitos e garantias perante os impostos [arts. 103º, 105º e 165º, nº 2, alínea *i*)], evitando que estes onerem inigualitária e desproporcionadamente os cidadãos.

Daí, em suma, o direito das pessoas a uma existência condigna [art. 59º, nº 2, alínea *a*), *in fine*], o que implica, pelo menos, a garantia de subsistência, numa dupla dimensão: negativa – garantia de salário, impenhorabilidade do salário mínimo ou de parte do salário e da pensão que afete a subsistência, não sujeição a imposto sobre o rendimento pessoal de quem tenha rendimento mínimo; e dimensão positiva – atribuição de prestações pecuniárias a quem esteja abaixo do mínimo de subsistência. Mas o que seja uma existência condigna não é a mesma coisa que o que se entendia há 50 ou 100 anos; as transformações sociais vão exigindo mais e melhor.

IX – O ser humano não pode ser desinserido das condições de vida que usufrui; e, na nossa época, anseia-se pela sua constante melhoria e, em caso de desníveis e disfunções, pela sua transformação.

A Constituição alude, pois, repetidas vezes à "qualidade de vida" ligada à efetivação dos direitos económicos, sociais, culturais e ambientais [art. 9º, alínea *d*)], à proteção dos consumidores (art. 60º, nº 1), à defesa do ambiente e da natureza (art. 66º), à incumbência prioritária do Estado de promoção do aumento do bem-estar social e económico, em especial das pessoas mais desfavorecidas [art. 81º, alínea a)], aos objetivos dos planos de desenvolvimento económico e social (art. 91º). Mas a qualidade de vida só pode fundar-se na dignidade da pessoa humana; não é um valor em si mesmo; e muito menos se identifica com a propriedade ou com qualquer critério patrimonial.

E apela também a Constituição (após 1997) à solidariedade entre gerações, a propósito do aproveitamento racional dos recursos naturais [art. 66º, nº 2, alínea d)]. Ora, esta solidariedade assenta ainda no valor da dignidade: é para que as gerações futuras, compostas por homens e mulheres com a mesma dignidade dos de hoje, possam igualmente desfrutar dos bens da natureza que importa salvaguardar a capacidade de renovação desses recursos e a estabilidade ecológica, no quadro de um desenvolvimento sustentável.

III. OS VALORES E PRINCÍPIOS INERENTES A UM ESTADO DE DIREITO MATERIAL

I – Transcrevendo de novo uma fórmula lapidar da Declaração Universal (do seu preâmbulo): "É essencial a proteção dos direitos do homem através de um *regime de direito* para que o homem não seja compelido, em supremo recurso, à revolta contra a tirania e a opressão".

Com a fórmula "Estado de Direito democrático" (preâmbulo e, após 1982, art. 2º), e não simplesmente "Estado de Direito", a Constituição pretende realçar a confluência de Estado de Direito e democracia.

Porque, se, historicamente, surgiram sob influências e em momentos diversos, hoje uma democracia representativa e pluralista não pode deixar de ser um Estado de Direito – por imperativo de racionalidade ou funcionalidade jurídica e de respeito dos direitos das pessoas. O poder político pertence ao povo e é exercido de acordo com a regra da maioria (arts. 2.º, 3.º, n.º 1, 10.º, n.º 1, 108.º, 114.º, n.º 1, 187.º, etc.), mas está subordinado – material e formalmente – à Constituição (citados arts. 3.º, n.º 2, 108.º, 110.º, n.º 2, 225.º, n.º 3, 266.º, 288.º, etc.), com a consequente fiscalização jurídica dos atos do poder (arts. 3.º, n.º 3, 204.º, 268.º, n.º 4, 278.º e segs.).

Há uma interação de dois princípios substantivos – o da soberania do povo e o dos direitos fundamentais – e a mediatização dos princípios adjetivos da constitucionalidade e da legalidade. Numa postura extrema de irrestrito domínio da maioria, o princípio democrático poderia acarretar a violação do conteúdo essencial de direitos fundamentais; assim como, levado aos últimos corolários, o princípio da liberdade poderia recusar qualquer decisão jurídica sobre a sua modelação; o equilíbrio obtém-se através do esforço de conjugação, constantemente renovado e atualizado, de princípios, valores e interesses, bem como através de uma complexa articulação de órgãos políticos e jurisdicionais, com gradações conhecidas.

II – Reportando-nos à Constituição, no articulado atual, firmam o Estado de Direito:

a) A eficácia imediata dos direitos fundamentais (art. 18º, nº 1);

b) O caráter restritivo das restrições a direitos, liberdades e garantias (art. 18.º, n.ᵒˢ 2 e 3);

c) Os princípios da segurança jurídica (arts. 18.º, n.º 3, 32.º, n.º 9, 102.º, n.º 3, 266.º, n.º 2, 280.º, n.º 3, e 282.º, n.º 4), da proporcionalidade (arts. 18.º, n.º 2, 19.º, n.ᵒˢ 4 e 8, 30.º, n.º 5, 50.º, n.º 3, 65.º, n.º 4, 266.º, n.º 2, 267.º, n.º 4, 270.º e 272.º, n.º 2) e da tutela jurisdicional efetiva dos direitos (arts. 20.º e 268.º, n.ᵒˢ 4 e 5);

d) O princípio de separação e interdependência dos órgãos de poder [arts. 2.º, 112.º, n.º 1, e 288.º, alínea *j)*];

e) A reserva aos tribunais da função jurisdicional, visto que eles são "os órgãos de soberania com competência para administrar a justiça em nome do povo" (art. 202.º), e, assim, cabe-lhes defender os direitos e interesses legalmente protegidos dos cidadãos, reprimir a violação da legalidade democrática e dirimir os conflitos de interesses públicos e privados (art. 202.º e ainda arts. 20.º, n.º 1, e 113.º, n.º 7);

f) O exercício do poder político, a nível do Estado, das regiões autónomas e do poder local, com sujeição à Constituição [art. 3.º, n.º 2 – inicial 115.º – e arts. 10.º, n.º 1, 108.º, 110.º, n.º 2, 111.º, n.º 1, 114.º, n.º 2, 223.º, n.º 2, alínea *f)*, 225.º, n.º 3, 227.º, n.º 1, alíneas *a)* e *b)*, 234.º, n.º 1, e 241.º], dependendo a validade dos seus atos da conformidade com a Constituição (art. 3.º, n.º 3); o poder de apreciação pelos tribunais da existência de inconstitucionalidade nos feitos submetidos a julgamento (art. 204.º); a competência de declaração de inconstitucionalidade com força obrigatória geral pelo Tribunal Constitucional (art. 281.º);

g) A subordinação dos órgãos e agentes administrativos à Constituição e à lei com respeito pelos princípios da igualdade, da proporcionalidade, da justiça, da imparcialidade e da boa fé (art. 266.º, n.º 2);

h) A responsabilidade civil do Estado e das demais entidades públicas, em forma solidária com os titulares dos seus órgãos, funcionários ou agentes, por ações ou omissões praticadas no exercício das suas funções e por causa desse exercício, de que resulte violação dos direitos, liberdades e garantias ou prejuízo para outrem (art. 22.º).

A tudo isto há que acrescentar o contributo da jurisprudência em muitas áreas, densificando princípios e formulando direitos fundamentais implícitos.

III – Em segundo lugar, porém, Estado de Direito democrático parece querer significar um pouco mais. Ele liga-se especificamente também à democracia económica, social e cultural, cuja realização é objetivo da democracia política (art. 2.º, 2.ª parte); reporta-se ao relevo assumido pelos direitos económicos, sociais e culturais e pelas condições da sua efetivação [art. 9.º, alínea d), e arts. 58.º e segs.]; torna-se indissociável da vinculação das entidades privadas aos direitos, liberdades e garantias (art. 18.º, n.º 1, in fine) e da subordinação do poder económico ao poder político democrático [art. 80.º, alínea a), e art. 81.º, alínea e)]; pretende-se um modelo mais exigente (não necessariamente mais original) de Estado de Direito, quer no tocante aos direitos sociais quer no que tange aos próprios direitos de liberdade.

Afirmando a decisão de assegurar o primado do Estado de Direito democrático, a Constituição reitera do mesmo modo o primado do Direito – do Direito que justifica e organiza um Estado democrático e, concomitantemente, reflete e conforma uma sociedade que se aspira de pessoas livres e iguais. O Estado e a sociedade são, assim, qualificados pela sua integração pelo Direito e este é, por seu turno, posto perante a vivência dos fatores de várias ordens decorrentes daquela perspetiva.

Não é uma harmonia pré-estabelecida que se pretende conservar a todo o custo, é uma sociedade imperfeita que se pretende transformar no respeito de certas regras e com vista a certos objetivos. Não se negam os contrastes, os conflitos e os antagonismos de classes, de grupos, de gerações, de setores e de regiões; mas inserem-se tais contrastes numa visão dinâmica do processo social em que se espera a sua superação através de níveis crescentes de participação e desalienação – tudo dentro dum rigoroso quadro constitucional e na permanência dos valores que imprimem caráter e razão de ser à comunidade política.

IV – Mais ainda um Estado de Direito material, um Estado de direitos fundamentais não pode deixar de ser também um Estado de Justiça, e significativos são os artigos da Constituição que pressupõem um princípio de justiça ou que mesmo se lhe referem expressamente.

Assim, pressupõem-no: o art. 20.º, n.ºs 4 e 5, sobre direito a decisão judicial em prazo razoável e mediante processo equitativo; o art. 22.º, sobre responsabilidade civil do Estado e das demais entidades públicas por ações ou omissões de que resulte prejuízo para outrem; o art. 30.º, n.ºs 2 e 3, sobre o princípio da culpa; o art. 32.º, n.º 5, sobre o princípio do contraditório em processo criminal; o art. 59.º, n.º 1, alínea *a)*, sobre o princípio de para trabalho igual salário igual.

O art. 23.º, n.º 1, confere ao Provedor de *Justiça* o poder de dirigir aos órgãos competentes as recomendações necessárias para prevenir ou reparar *injustiças*; o art. 29.º, n.º 6, estatui que os cidadãos *injustamente* condenados têm direito, nas condições que a lei determinar, à revisão da sentença e à indemnização pelos danos sofridos; o art. 53.º, veda os despedimentos sem *justa* causa; o art. 59.º, n.º 1, alínea *f)*, garante aos trabalhadores direito a *justa* reparação, quando vítimas de acidentes de trabalho ou de doença profissional; o art. 62.º, n.º 2, prescreve que a requisição e a expropriação por utilidade pública só podem ser efetuadas mediante o pagamento de *justa* indemnização; o art. 103.º, n.º 1, declara que o sistema fiscal, além de visar a satisfação das necessidades financeiras do Estado e de outras entidades públicas, visa uma repartição *justa* dos rendimentos e da riqueza; o art. 104.º, n.º 4 liga a tributação do consumo à *justiça social*; e, segundo o art. 282.º, n.º 4, o Tribunal Constitucional poderá fixar os efeitos de inconstitucionalidade e de ilegalidade por razões de *equidade*.

Não menos importante, o art. 266.º, n.º 2, declara o princípio da justiça um dos princípios que devem respeitar os órgãos e agentes da Administração, autonomizando-o em face dos princípios da igualdade e da proporcionalidade.

Como estes dois princípios, por seu turno, podem considerar-se eles próprios expressões da ideia de justiça, então no art. 266.º o princípio de justiça está tomado em sentido estrito, seja autónomo ou residual, de modo a cobrir situações que aqueles não possam abarcar ou conferindo-lhe uma projeção mais intensa na vida institucional e coletiva.

Ora, neste sentido estrito, o princípio da justiça não se esgota na função administrativa. Abarca igualmente a função jurisdicional – dir-se-ia por definição (art. 202.º) – e a função legislativa. Precisamente, algumas das normas constitucionais há pouco indicadas dirigem-se imediatamente ao legislador.

Isto tudo sem esquecer os objetivos programáticos de construção de um país *mais justo* ou de realização de uma sociedade *justa* (preâmbulo e art. 1.º), da incumbência prioritária do Estado de promover a *justiça* social, de assegurar a igualdade de oportunidades e de operar as necessárias correções dos rendimentos e da riqueza [art. 81.º, alínea *b)*, e art. 103.º, n.º 1] e, noutro contexto, de criação de uma ordem internacional capaz de assegurar a paz e a *justiça* nas relações entre os povos (art. 7.º, n.º 2).

IV. A LIBERDADE E A IGUALDADE, FUNDAMENTOS DA DEMOCRACIA REPRESENTATIVA

I – A Constituição de 1976 institucionalizou em Portugal a democracia representativa, pois:

1.º) Declara a República um Estado *democrático* fundado na vontade e soberania popular (arts. 1.º e 2.º);

2.º) Declara que a soberania *reside* no povo (art. 3.º, n.º 1) e que o poder *pertence* ao povo (art. 108.º) (1);

3.º) Estabelece que o povo exerce o poder político através do sufrágio universal, igual, directo, secreto e periódico (arts. 10.º, n.º 1, e 49.º, n.º 1);

4.º) Prevê a eleição, de acordo com este princípio, do Presidente da República, dos deputados à Assembleia da República e às Assembleias Legislativas Regionais e dos membros das assembleias das autarquias locais (arts. 121.º, 149.º, 231.º, n.º 2, e 239.º, n.º 1);

5.º) Prescreve que os partidos concorrem para a organização e para a expressão da vontade popular (arts. 1.º, n.º 2, e 51.º, n.º 1).

II – A representação política implica a responsabilidade política, ou seja, o dever de prestar contas por parte dos governantes, a sujeição a um juízo de mérito sobre os seus actos e actividades por parte dos governados e a possibilidade da sua substituição por acto destes.

Trata-se, antes de mais, de uma responsabilidade *difusa*. O Presidente da República e os deputados representam todo o povo; logo, respondem perante todo o povo, e não apenas perante quem neles votou ou (quanto aos deputados) perante quem os elegeu, nos diferentes círculos.

Responsabilidade difusa, porque realizada:

a) Através da crítica dos cidadãos no exercício das liberdades fundamentais (em especial, de expressão e de manifestação), o que pressupõe o direito de eles serem esclarecidos objectivamente sobre os actos do Estado e demais entidades públicas e de serem informados pelo Governo e outras autoridades acerca da gestão dos assuntos públicos (art. 48.º, n.º 2, da Constituição);

b) Através das eleições no final dos mandatos, *maxime* através da não reeleição ou não recondução ou da não eleição de candidatos que apareçam identificados com os titulares cessantes;

c) Através de eleições para outros órgãos (*v. g.,* de autarquia locais) com significado político relevante.

E, como sublinha ANTONIO D'ATENA, o intervalo entre os actos eleitorais introduz um elemento de racionalização. Limitar a decisão do povo às escolhas periódicas dos representantes significa criar condições para a apreciação dos seus actos menos emotivamente e para que o juízo popular tenha por objecto não tanto cada uma das decisões quanto a complexa actividade por eles desenvolvida ao longo do tempo.

III – Mas a responsabilidade política é também uma responsabilidade institucional, quando manifestada através dos poderes e direitos da Oposição, decorrente do exercício colectivo ou em comum daquelas liberdades fundamentais e exigida pela necessidade de se formularem alternativas e alternâncias.

A livre actividade da Oposição individualiza os sistemas políticos pluralistas: aqui, a maioria deve governar e a minoria deve estar na oposição (entendida como fiscalização pública dos actos dos governantes); e, portanto, a Oposição não é dos cidadãos individualmente considerados, mas sim a de aglutinados em partido político.

O direito de oposição democrática (art. 114, n.º 2), elevada a limite material de revisão constitucional [art. 288.º, alínea i), 2.ª parte], traduz--se, entre nós, no direito de resposta ou réplica política ao Governo (art. 40.º, n.º 2), no direito de informação regular e directa sobre o andamento dos principais assuntos públicos [arts. 114.º, n.º 3, e 180.º, n.º 2, alínea j)], no de determinar a ordem do dia de certo número de reuniões do Parlamento (art. 176.º, n.º 4) e no direito de interpelação [art. 180.º, n.º 2, alínea d)]. E meios extremos, por envolverem a responsabilidade política do Governo, são as moções de rejeição do respectivo programa e as moções de censura (arts. 192.º, n.º 3, e 194.º).

IV – Se o sufrágio é o modo específico de participação política dos cidadãos, a maioria é o critério de decisão – de decisão quer do conjunto dos cidadãos nas eleições e no referendo, quer dos órgãos do Estado de natureza colegial. Governo representativo é *governo de maioria*.

Contudo, a maioria não é fonte de verdade ou de justiça; é apenas forma de exercício de poder, ou meio de acção; e, por isso, está sujeita aos mecanismos de fiscalização, política e jurisdicional, já indicados.

Não há, nem deixa de haver verdade nesta ou naquela opção política; há só (ou tem de se pressupor que haja) referência ao bem comum. Naturalmente, quando se suscitem problemas de verdade, sejam quais forem – religiosos, morais, filosóficos, científicos ou técnicos – não cabe decisão de maioria. As minorias políticas são sempre contingentes e variáveis. Diversas, porque permanentes, são as minorias étnicas nacionais, linguísticas e religiosas – que existem em não poucos Estados e que se repercutem nas respectivas estruturas constitucionais.

Tão pouco se admitem decisões de maioria que afectem o conteúdo essencial dos direitos fundamentais ou o conteúdo essencial da própria democracia representativa – mais especificamente, o pluralismo, os direitos das minorias e a possibilidade de alternâncias e de alternativas.

V – Qualquer forma de governo funda-se em certos valores que, conferindo-lhe sentido, vêm, por um lado, alicerçar o consentimento dos governados e o projecto dos governantes e, por outro lado, construir o referente ideal de todos quantos por ela se batem.

Assim, por detrás da diversidade de concepções e formulações teóricas, avultam valores políticos sem os quais a democracia aparece desprovida de razão de ser. É porque todos os seres humanos são livres e iguais que devem ser titulares de direitos políticos e, assim, interferir conjuntamente, uns com os outros, na definição dos rumos do Estado e da sociedade em que têm de viver.

A liberdade revela-se, portanto, do mesmo passo, fundamento e limite de democracia. Revela-se fundamento, visto que a participação na condução dos destinos comuns pressupõe a liberdade. E revela-se limite, visto que a democracia não pode pôr em causa a liberdade, e a maioria é sempre maioria de conjuntura, não maioria definitiva, pronta a esmagar os direitos da minoria.

VI – É ainda em virtude de uma opção pela liberdade, e não, simplesmente, por impossibilidade da democracia directa (de um qualquer seu sucedâneo), que se justifica a democracia representativa, porquanto:

- apenas na democracia representativa se distinguem (sem se cortarem pontes) espaço público e espaço privado, a esfera do Estado e a esfera da sociedade;

- do mesmo modo, apenas na democracia representativa, se distinguem o cidadão e a pessoa na sua vida própria, não deixando esta ser absolvida pelo cidadão total (caso da Atenas antiga e, sobretudo, dos regimes totalitários do século XX);

- apenas a democracia representativa assegura a separação de poderes e a responsabilidade política dos governantes perante os governados;

- somente a democracia representativa propicia o pluralismo e o contraditório (sem prejuízo do compromisso) no âmbito das assembleias representativas.

Não por acaso têm-se dito muitas vezes, que ela não constitui um *minus* no confronto com a democracia directa. Constitui um *majus.*

V. O PLURALISMO POLÍTICO

I – A liberdade política desemboca em pluralismo. O pluralismo requer liberdade. O pluralismo de expressão e de organização política democráticas implica pluralismo partidário [arts. 2.º e 288.º, alínea *i)*, 1.ª parte].

A democracia interna dos partidos é um corolário, por coerência, do princípio democrático em que assenta a Constituição. Não pode haver democracia na República e não haver democracia no interior dos partidos.

VALORES PERMANENTES DA CONSTITUIÇÃO PORTUGUESA

II – O falar-se em pluralismo de expressão e de organização política *democrática*, assim como em oposição *democrática* [arts. 114.º, n.º 2, e 288.º, alínea *i)*, 2.ª parte], e o impor-se aos partidos o respeito do princípio da *democracia política* (art. 10.º, n.º 2) poderia inculcar, à primeira vista, uma ideia de limitação ou de uma democracia *defensiva* ou *militante*.

Pois *democrático* pode ser entendido tanto no sentido de *favorável* à democracia (sendo antidemocrático o que propugna um sistema político não democrático) como no sentido de conforme com a democracia (sendo antidemocrático o que utiliza meios não democráticos de acção política para realizar o seu programa, democrático ou não). Ali, para se avaliar da democraticidade, haveria que confrontar a doutrina e as finalidades dos grupos políticos com a concepção democrática que a Constituição consagra; aqui, haveria que confrontar a prática com as regras fundamentais da vida política democrática, para verificar se estas são ou não observadas.

O primeiro entendimento reduziria a margem de liberdade e de segurança dos cidadãos; daria à maioria de momento a possibilidade de eliminar as minorias sob pretexto de contrariarem a democracia; levaria a um beco sem saída, porque, afora a democracia pluralista e representativa de tipo ocidental, outras visões de democracia se conhecem, cada qual pretendendo-se de maior validade, de tal sorte que, onde essas concepções estivessem algo difundidas, se tornaria impossível banir da vida pública os grupos e partidos correspondentes sem repressão ou sem marginalização de vasto número de cidadãos.

É preferível, sem hesitar, o segundo entendimento. O carácter democrático da expressão e da organização políticas tem de ser visto em acto, e não em intenções, palavras, programas ou ideologias, e é isso que verdadeiramente interessa para salvaguarda da ordem constitucional democrática; o qualificar-se um partido nunca pode ser uma questão jurídica, porque juridicamente só actos podem ser apreciados, não ideologias; o exercício da liberdade política não pode ser restringido por razões ou opções de natureza política.

A menção da democracia no art. 2.º incorpora uma regra prescritiva, não uma regra negativa ou proibitiva. Obriga a que na expressão e na organização políticas se observem as regras inerentes a uma ordem constitucional democrática – esse o sentido do art. 10.º, n.º 2; obriga a que se siga o "método democrático" de acção política, e não qualquer método assente na subversão ou na violência.

Não proíbe, só por si, nenhuma expressão ou organização, nem sequer a expressão e a organização que se proponham criar um regime diferente do regime democrático; nem autoriza qualquer discriminação com fundamento em fidelidade ou não à democracia, visto que ninguém pode ser privilegiado, beneficiado, prejudicado, privado de qualquer direito ou isento de qualquer dever em razão de convicções políticas ou ideológicas (art. 13.º, n.º 2), a informática não pode ser utilizada para tratamento de dados referentes a convicções políticas ou a filiação partidária (art. 35.º, n.º 3), são proibidos despedimentos por motivos políticos ou ideológicos (art. 53.º) e os funcionários e agentes do Estado e das demais entidades não podem ser prejudicados ou beneficiados em virtude do exercício de quaisquer direitos políticos previstos na Constituição, nomeadamente por opção partidária (art. 269.º, n.º 2).

O que a Constituição impede é a actividade, seja ela qual for e em nome de seja qual for a ideologia, que atente contra o respeito dos direitos fundamentais e contra o funcionamento das instituições constitucionais. Porém, essa actividade há de apurar-se objectivamente através do seu enquadramento nos tipos de crimes previstos e punidos pela lei penal e só os tribunais a podem punir, como violação da legalidade democrática (art. 202.º, n.º 2), e não quaisquer órgãos políticos.

E é, a esta luz, que se entende a proibição de associações armadas, militarizadas e paramilitares e de organizações racistas (art. 46.º, n.º 4), aquelas por contrariarem a unidade do Estado e o Estado de Direito e estas por ofensivas da dignidade da pessoa humana.

III – Única excepção a este princípio – mas que, por isso mesmo, o confirma – é o art. 46.º, n.º 4, *in fine* [e, em conjugação com ele, o art. 160.º, n.º 1, alínea *d)*], o qual não consente "organizações que perfilhem a ideologia fascista". Verdadeira quebra ou autorruptura da Constituição, há, contudo, que delimitá-la restritivamente, até por maioria de razão à face das regras do art. 18.º, n.º 2.

Se ele pode ter sido emblemático na conjuntura histórica em que foi aprovado, *de jure condendo* nem por isso ele se justifica, por pôr em causa tanto a total democraticidade do sistema como o princípio da igualdade, através da discriminação contra uma ideologia, entre as várias eventualmente não identificadas com a democracia pluralista consagrada na Constituição.

VI. O JUS-UNIVERSALISMO

I – Depois de muitos anos de incompreensão e de isolamento perante as grandes transformações do mundo e de hostilidade contra as Nações Unidas, Portugal, desde 1974, reabriu-se à comunidade internacional e retomou a tradição ecuménica de fraternidade entre os povos que haviam marcado os momentos mais altos da sua história.

Conforme consta do texto constitucional de 1976 (após sucessivas revisões):

- Portugal rege-se nas relações internacionais pelos princípios da independência nacional, do respeito dos direitos do homem, dos direitos dos povos, da igualdade entre os Estados, da solução pacífica dos conflitos internacionais, da não ingerência nos assuntos internos dos outros Estados e da cooperação com todos os outros povos para a emancipação e o progresso da humanidade (art. 7º, nº 1);

- Portugal preconiza o estabelecimento de um sistema de segurança coletiva, com vista à criação de uma ordem internacional capaz de assegurar a paz e a justiça nas relações entre os povos (art. 7º, nº 2);

- Portugal reconhece o direito dos povos à autodeterminação e independência e ao desenvolvimento (art. 7º, nº 3);

- Portugal mantém laços privilegiados de amizade e cooperação com os países de língua portuguesa (art. 7º, nº 4);

- Portugal empenha-se no reforço da identidade europeia e no fortalecimento da ação dos Estados europeus a favor da democracia, da paz, do progresso económico e da justiça nas relações entre os povos (art. 7º, nº 5);

- Portugal pode, em condições de reciprocidade, com respeito pelos princípios fundamentais do Estado de Direito democrático e pelo princípio da subsidiariedade e tendo em vista a realização da coesão económica, social e territorial, de um espaço de liberdade, segurança e justiça e a definição e a execução de uma política externa, de segurança e de defesa comum, convencionar o exercício, em comum, em cooperação ou pelas instituições da União, dos poderes necessários à construção e aprofundamento da união europeia (art. 7º, nº 6);

- Portugal pode, tendo em vista a realização de uma justiça internacional que promova o respeito pelos direitos da pessoa humana e dos povos, aceitar a jurisdição do Tribunal Penal Internacional, nas condições de complementaridade e demais termos estabelecidos no Estatuto de Roma (art. 7º, nº 7);

- Incumbe ao Estado, em cooperação com todos os agentes culturais, desenvolver as relações culturais com todos os povos, especialmente os de língua portuguesa [art. 78º, nº 2, alínea *d*)];

- Uma das incumbências do Estado no âmbito económico-social é desenvolver as relações económicas com todos os povos [art. 81º, alínea *j*)].

Por outro lado:

- As normas e os princípios de Direito internacional geral ou comum fazem parte integrante do Direito português (art. 8º, nº 1);

- As normas constantes de convenções internacionais regularmente ratificadas ou aprovadas vigoram na ordem interna após a sua publicação oficial e enquanto vincularem internacionalmente o Estado Português (art. 8º, nº 2);

- As normas emanadas dos órgãos competentes das organizações internacionais de que Portugal seja parte vigoram diretamente na ordem interna, desde que tal se encontre estabelecido nos respetivos tratados constitutivos (art. 8º, nº 3);

- As disposições dos tratados que regem a União Europeia e as normas emanadas das suas instituições, no exercício das respectivas competências, são aplicáveis na ordem interna, nos termos definidos pelo direito da União, com respeito pelos princípios fundamentais do Estado de direito democrático (art. 8º, nº 4);

- Prevalece na doutrina e na jurisprudência a supremacia do Direito internacional sobre o Direito ordinário interno e a lei orgânica do Tribunal Constitucional explícita o poder dos tribunais em geral, com recurso para o Tribunal Constitucional, de recusarem a aplicação de ato legislativo com fundamento na sua contrariedade com uma convenção internacional [art. 70º, nº 1, alínea *i*)];

VALORES PERMANENTES DA CONSTITUIÇÃO PORTUGUESA

– O princípio da legalidade criminal não impede a punição, nos limites da lei interna, de ação ou omissão que, no momento da sua prática, seja considerada criminosa segundo os princípios gerais do Direito internacional comumente reconhecidos (art. 29º, nº 2).

II – Não menos claro vem a ser o sistema de direitos fundamentais:

– Os estrangeiros e os apátridas que se encontrem ou residam em Portugal gozam, salvo exceções contadas, dos direitos e estão sujeitos aos deveres do cidadão português (art. 15º, nos 1 e 2);

– Aos cidadãos dos Estados de língua portuguesa com residência permanente em Portugal são reconhecidos, nos termos da lei e em condições de reciprocidade, direitos não conferidos a estrangeiros, salvo o acesso aos cargos de Presidente da República, Presidente da Assembleia da República, Primeiro-Ministro, Presidentes dos tribunais supremos e o serviço nas Forças Armadas e na carreira diplomática (art. 15º, nº 3);

– A lei pode atribuir a estrangeiros residentes no território nacional, em condições de reciprocidade, capacidade eleitoral activa e passiva para a eleição dos titulares de órgãos de autarquias locais (art. 15º, nº 4);

– A lei pode ainda atribuir, em condições de reciprocidade, aos cidadãos dos Estados-membros da União Europeia residentes em Portugal o direito de elegerem e serem eleitos Deputados ao Parlamento Europeu (art. 15º, nº 5);

– Os direitos fundamentais consagrados na Constituição não excluem quaisquer outros não apenas constantes da lei como das regras aplicáveis de Direito internacional (art. 16º, nº 1);

– Os preceitos constitucionais e legais relativos aos direitos fundamentais devem ser interpretados e integrados de harmonia com a Declaração Universal dos Direitos do Homem (art. 16º, nº 2);

– É garantido o direito de asilo aos estrangeiros e aos apátridas perseguidos ou gravemente ameaçados de perseguição, em consequência da sua atividade em favor da democracia, da libertação social e nacional, da paz entre os povos, da liberdade e dos direitos da pessoa humana (art. 33º, nº 8) e a lei define o estatuto de refugiado político (art. 33º, nº 9);

- A expulsão de quem tenha entrado ou permaneça regularmente em território nacional, de quem tenha obtido autorização de residência ou de quem tenha apresentado pedido de asilo não recusado só pode ser determinada por autoridade judicial, assegurando a lei formas expeditas de decisão (art. 33º, nº 2);

- Sem prejuízo das normas de cooperação judiciária penal no âmbito da União Europeia, só é admitida a extradição por crime a que corresponda, segundo o Direito do Estado requisitante, pena ou medida de segurança privativa ou restritiva de liberdade com carácter perpétuo ou de duração indefinida, se, nesse domínio, o Estado requisitante for parte de convenção internacional a que Portugal esteja vinculado e oferecer garantias de que tal pena ou medida de segurança não será aplicada ou executada (art. 33º, nos 4 e 5);

- Não é admitida a extradição, nem a entrega, a qualquer título, por motivos políticos ou por crime a que corresponda, segundo o Direito do Estado requisitante, pena de morte ou outra de que resulte lesão irreversível da integridade física (art. 33º, nº 6);

- A extradição só pode ser determinada por autoridade judicial (art. 33º, nº 7).

III – Finalmente, uma brevíssima referência à Declaração Universal.

As circunstâncias políticas anteriores a 1974 e as imediatamente posteriores levaram a que tanto nas primeiras declarações revolucionárias de 1974 como na Assembleia Constituinte se tomasse a Declaração Universal dos Direitos do Homem como elemento fulcral da legitimidade encarnada no novo Direito constitucional português e daí o há pouco citado art. 16º, nº 2 da Constituição de 1976.

Este art. 16º, nº 2 não envolve uma receção material. Não sujeita os artigos ou proposições da Declaração Universal aos quadros da Constituição; conjuga, sim, a Constituição com a Declaração Universal no domínio dos direitos fundamentais, fazendo-a participar e depender do seu espírito numa necessária harmonia valorativa. É uma norma de recepção formal.

Traduzindo-se, como se traduz, a Declaração Universal em princípios gerais de Direito internacional, eles aplicar-se-iam sempre, enquanto tais, na ordem interna por virtude da cláusula de receção do Direito internacional geral ou comum do art. 8º, nº 1, da Constituição e da cláusula aberta de direitos fundamentais do art. 16º, nº 1.

O art. 16º, nº 2, eleva-os, porém, diretamente à categoria de princípios constitucionais, a par dos que estão inscritos no preâmbulo da Constituição e no articulado e de outros, ainda, que o legislador constituinte não tenha querido ou podido explicitar. E, desse jeito, integra a Constituição positiva portuguesa com "o ideal comum a atingir" ou a "conceção comum" de direitos e liberdades a que se reconduzem tais princípios; configura a Constituição em sentido formal e a Constituição em sentido material de modo a aí abranger a Declaração.

A função do art. 16º, nº 2, vem a ser dupla. Em primeiro lugar, ele situa os direitos fundamentais em Portugal num contexto mais vasto e mais sólido que o da ordem jurídica positiva do Estado, situa-os no contexto da Declaração Universal dos Direitos do Homem. Em segundo lugar, vai impregnar a Constituição dos princípios e valores da Declaração, como parte essencial da ideia de Direito à luz da qual todas as normas constitucionais – e, por conseguinte, todas as normas da ordem jurídica portuguesa – têm de ser pensadas e postas em prática.

O STF E A OPINIÃO PÚBLICA

Marcelo Novelino[1-2]

SUMÁRIO: Introdução. 1. A tensão entre o controle de constitucionalidade e o princípio majoritário: a "dificuldade contramajoritária" 1.1 O papel protetivo, conformador e representativo das cortes constitucionais 2. O STF e a Opinião Pública 2.1 Razões subjacentes à convergência de opiniões 2.1.1 Hipóteses para a influência indireta 2.1.2 Hipóteses para a influência direta 2.2 Variáveis intervenientes 2.2.1 Variáveis subjetivas 2.2.2 Variáveis objetivas 3. Conclusão. 4. Referências bibliográficas.

INTRODUÇÃO

A influência da opinião pública é um dos temas de grande relevância para o estudo do comportamento judicial[3] e, por conseguinte, para o desenvolvimento de teorias normativas da decisão. Para dizer como os juízes devem decidir, é necessário saber como são capazes de decidir,[4] o que exige, em certa medida, o conhecimento das razões pelas quais determinados fatores extrajurídicos tendem a influenciar seu comportamento e em que tipo de circunstâncias há maior probabilidade disso ocorrer. Em contextos decisórios e institucionais característicos, a opinião pública tende a influenciar não apenas o resultado do julgamento, mas também aspectos importantes como, *e.g.*, o tempo de tramitação do processo ou a concessão de liminar. Tal constatação suscita uma ques-

---

1. Doutor em Direito Público pela Universidade do Estado do Rio de Janeiro (UERJ). Assessor de Ministro do Supremo Tribunal Federal. Professor de Direito Constitucional.

2. Esta é uma versão reduzida e atualizada do artigo "A influência da opinião pública no comportamento judicial dos membros do STF".

3. O termo "comportamento judicial" será empregado em sentido amplo, designando as atitudes adotadas pelos juízes tanto na decisão de mérito, quanto durante as demais fases do processo judicial.

4. Nesse sentido, Schauer (2008, p. 24) afirma que, "antes de decidir inteligentemente o que os juízes *devem* fazer, precisamos ver tanto o que eles estão fazendo, como o que eles podem fazer", investigação que pode ser proveitosamente informada pelas sérias pesquisas empíricas sobre a psicologia do julgamento.

tão intrigante: por que juízes que não dependem do apoio popular se importariam com a opinião pública e em que medida essa preocupação interfere em seu comportamento?

Definida por Jellinek como os pontos de vista da sociedade sobre determinados assuntos de natureza política ou social,[5] a *opinião pública* nem sempre é identificável de forma nítida. Muitas vezes, a origem e a extensão dos pontos de vista acolhidos pela sociedade são incertas, não sendo possível precisar se resultam de consistente vontade popular ou se refletem apenas paixões momentâneas decorrentes de acontecimentos de grande repercussão social ou induzidas por alguns grupos de pressão. O fato de os juízes se manterem cientes dos anseios populares, sobretudo, através da mídia, potencializa a possível interferência dos meios de comunicação na percepção da vontade popular. Distorções, omissões ou superexposições para favorecer ou prejudicar os interesses de certos grupos não são incomuns. Mesmo em pesquisas de opinião pública sobre temas específicos, persiste o risco de serem produzidos resultados artificiais, "seja porque quando indagadas sobre temas polêmicos as pessoas tendem a emitir julgamentos sobre assuntos sobre os quais não refletiram ou que desconhecem, seja porque o próprio processo de inquirição eventualmente sugestiona as respostas" (PEREIRA, 2012).

Em termos *normativos*, a discussão envolvendo a influência da opinião pública tem como foco central sua legitimidade, sobretudo ante o papel contramajoritário da jurisdição constitucional. Em que medida os juízes devem estar atentos à opinião pública e se deixar influenciar por ela? Há situações em que tal influência deve ser admitida? A sensibilidade dos juízes aos anseios sociais fortalece o regime democrático ou é algo incompatível com o papel do Judiciário em um Estado de Direito? As respostas para essas questões pressupõem o conhecimento e a compreensão do cenário decisório real, possíveis apenas por meio da observação e interpretação dos fenômenos empíricos e dos mecanismos de pressão atuantes sobre o comportamento dos juízes.

A presente abordagem, de caráter eminentemente *descritivo*, será voltada à análise da efetiva influência exercida pela opinião pública, com

---

5. Na Ciência política, a "opinião pública" é apresentada com sentidos diversos. Como observa Paulo Bonavides (1988, p. 562), o termo é utilizado "ora como a opinião de uma classe, ora de toda a nação (opinião de todos), ora simplesmente da maioria dominante ou ainda das classes instruídas, em contraste com as massas analfabetas."

vistas a fornecer subsídios para responder às seguintes perguntas: Por que membros de tribunais constitucionais se preocupam com a possível reação da sociedade às suas decisões? Em que medida isso tende a influenciar seu comportamento? Em quais contextos tal interferência tem maior probabilidade de se manifestar?

1. A TENSÃO ENTRE O CONTROLE DE CONSTITUCIONALIDADE E O PRINCÍPIO MAJORITÁRIO: A "DIFICULDADE CONTRAMAJORITÁRIA"

Uma das principais críticas à influência da opinião pública tem como fundamento o papel contramajoritário das cortes constitucionais. A base lógica tradicionalmente invocada para se conferir poder político a um órgão composto de membros não eleitos é a necessidade de proteção das minorias contra o excesso democrático, o que pressupõe, até certo ponto, uma atuação independente dos pontos de vista acolhidos pela maioria. Nesse sentido, os defensores da *resposta madisoniana*[6] consideram o controle dos excessos de maiorias legislativas como principal razão para a existência da jurisdição constitucional. (NORPOTH; SEGAL, 1994, p. 711). O papel contramajoritário revelar-se-ia especialmente relevante naqueles casos em que direitos básicos são desrespeitados pela maioria legislativa e teria por finalidade evitar que esta se transforme em uma maioria "tirânica". O princípio democrático, segundo essa concepção, não se esgotaria no princípio majoritário, mostrando-se desejável que algumas decisões políticas sejam tomadas por uma instituição relativamente isolada de pressões políticas. (BARNUM, 1985, p. 652-653).

Essa resposta tradicional, no entanto, vem sendo contestada por teóricos positivos,[7] desde meados do século passado, com base na *tese do regime dominante* (*ruling regime*) formulada por Robert Dahl.[8] Ao ana-

---

6. James Madison, advogado e político, foi o quarto Presidente dos Estados Unidos e coautor da famosa obra "Os Federalistas".

7. O termo "téoricos positivos" é utilizado, sobretudo na ciência política, para designar os estudiosos que têm como foco central de suas preocupações teóricas a descrição da realidade existente. Distinguem-se, portanto, dos "teóricos normativos", cuja preocupação principal está relacionada à modificação da realidade existente, a como esta realidade deveria ser e não como ela efetivamente é.

8. A importância do artigo elaborado por Dahl é destacada por Epstein, Knight e Martin (2001, p. 583) ao observarem que "não decorreu um único ano ao longo das duas últimas décadas sem que um artigo publicado em uma revista de ciências sociais ou em uma revista de direito

lisar o contexto estadunidense, Dahl (1957) conclui que a preocupação com a "dificuldade contramajoritária"[9] é algo sem fundamento, por terem sido raríssimos os casos nos quais a Suprema Corte foi bem sucedida na tentativa de bloquear a vontade da maioria em questões políticas importantes. Segundo o autor, embora tenha competência para tomar decisões políticas contramajoritárias, a Suprema Corte geralmente não o faz por estar alinhada ao "regime dominante", isto é, com o Presidente da República e com o Congresso. Somente durante curtos períodos de transição, quando a antiga aliança está se desintegrando e a nova está lutando para assumir o controle das instituições políticas, o papel contramajoritário teria maior probabilidade de ser desempenhado, haja vista que, nesses períodos, o Tribunal ainda é um resquício da antiga coalizão. De acordo com essa tese, a Suprema Corte funcionaria como uma espécie de "órgão de legitimação"[10] das políticas da aliança dominante e dos padrões básicos de comportamento necessários ao funcionamento de uma democracia, os quais pressupõem a existência de um amplo consenso acerca de sua validade e adequação. Nesse sentido, embora não seja uma instituição formalmente democrática, a corte constitucional, quando sensível à vontade majoritária, teria um caráter substancialmente democrático.

A tese de que os juízes votam de acordo com as próprias preferências políticas e que estas coincidem com as do regime dominante é contestada pelos adeptos do *modelo estratégico*,[11] os quais apontam fun-

---

tenha citado a peça. Ainda mais importante é a diversidade de trabalhos – e trabalhos de alta qualidade – baseados no estudo do professor Dahl, da investigação sobre a relação entre a opinião pública e a Suprema Corte dos EUA até o papel que os *justices* desempenham para facilitar os realinhamentos partidários à capacidade do Tribunal de gerar mudanças sociais."

9. Em *The least dangerous branch*, Alexander Bickel argumenta que a declaração de inconstitucionalidade de leis elaboradas por representantes democraticamente eleitos contraria a vontade popular e que, nesta tendência contramajoritária, estaria a raiz da dificuldade de se justificar a *judicial review*. Segundo Bickel (1986, p. 16-17), quando um tribunal declara a inconstitucionalidade de um ato do Legislativo ou do Executivo, contraria a vontade de representantes eleitos democraticamente e, por isso, exerce um controle contra a maioria dominante, e não em nome dela.

10. FUNSTON (1975, p. 808-809): "... os professores Dahl e Charles Black estavam corretos ao enfatizar a função da Corte como um órgão de legitimação. O conceito tradicional da Corte como o paladino dos direitos das minorias contra as exigências da maioria é, *em grande medida*, incorreta."

11. O *modelo estratégico* parte de uma premissa simples, mas bastante persuasiva: se os juízes, de fato, se preocupam em avançar objetivos pessoais, seria ingênuo supor que atuam pensando somente no seu resultado preferido, sem considerar as possíveis consequências de suas escolhas e sem agir para torná-las compatíveis, tanto quanto possível, com suas preferências.

damentos diversos para o alinhamento entre os poderes. Para Epstein *et al.* (2004, p. 186), a constatação empírica de que a Suprema Corte quase nunca assume um papel contramajoritário pode ser melhor explicada pela necessidade de uma atuação estratégica de seus membros em virtude das limitações institucionais a que estão submetidos. Nessa perspectiva, os *justices* não conseguiriam implementar as próprias preferências políticas sem levar em conta as preferências e as prováveis reações do Legislativo e do Executivo. A "dificuldade contramajoritária" seria resolvida, então, com base em um importante efeito do sistema da separação de poderes: "um incentivo estratégico para antecipar e reagir às preferências dos agentes eleitos." Para evitar que novas leis ou mesmo emendas à constituição venham a superar as próprias decisões, os juízes interessados em aproximar o conteúdo do direito de suas preferências políticas pessoais teriam que agir estrategicamente, ou seja, não poderiam se afastar muito das preferências do "regime dominante", o que resultaria no alinhamento constatado.

1.1. O papel protetivo, conformador e representativo das cortes constitucionais

A suposta correspondência entre a vontade popular e o conteúdo das normas elaboradas por representantes democraticamente eleitos, assim como a noção de que a proteção de direitos das minorias implica uma atuação contramajoritária são hipóteses que, por variados motivos, nem sempre se verificam na realidade.[12]

(BAUM, 2008, p. 14). Apesar de compatível com qualquer outro modelo de comportamento judicial orientado pelo objetivo, a maior parte dos adeptos do *modelo estratégico* adota a mesma premissa do *modelo atitudinal*, no sentido de que os membros da corte constitucional têm como principal objetivo aproximar o direito de suas preferências ideológicas. A principal diferença entre os dois modelos é a forma de atuação (sincera ou estratégica) adotada para alcançar este objetivo.

12. MENDONÇA (2009, p. 236): "A chamada dificuldade contramajoritária, apontada como característica da jurisdição constitucional, assume como premissa a suposta identidade real entre a vontade popular e as manifestações dos agentes eleitos. Entretanto, nada garante que tal identidade exista de fato. Pelo contrário, é bastante razoável supor que muitas das decisões provenientes das instâncias majoritárias seriam rechaçadas pela maioria do eleitorado caso fosse possível submetê-las à ratificação. Sem dúvida, tal circunstância é potencializada pela atual crise de representatividade dos parlamentos, agravada no Brasil pela virtual inexistência de mecanismos de acompanhamento democrático do exercício dos mandatos legislativos. Apesar disso, a constatação seria pertinente mesmo em um sistema de representação em adequado funcionamento. A possibilidade de desencontro entre a manifestação de vontade do corpo de representantes e dos representados é uma característica inerente à representatividade, nem sempre percebida com clareza em razão do alheamento político e da dispersão da opinião pública, sobretudo em relação aos temas menos glamourosos."

Primeiro, porque a *maioria legislativa*, compreendida como o número necessário de parlamentares para a aprovação de uma lei, não corresponde necessariamente à *maioria popular*. Além de uma parte significativa da população não participar ativamente do processo político-eleitoral,[13] muitos candidatos podem ser eleitos com menos da metade do total de votos.[14] Ademais, os interesses de caráter pessoal, as distorções existentes no processo eleitoral e também o conjunto de forças socioeconômicas atuantes nas eleições e durante os mandatos, com frequência, impedem que o grupo político escolhido pelo voto popular represente os reais interesses daqueles que os elegeram ou que vote de acordo com as preferências e desejos da maioria da população. São comuns os casos de grupos de interesse que, apesar de numericamente minoritários, conseguem se fazer representar de um modo desproporcionalmente forte.[15] Em contrapartida, há vários segmentos sociais sub-representados, quer em virtude de algum tipo de hipossuficiência, preconceito ou discriminação, quer apenas por não conseguir se mobilizar politicamente de forma articulada. Vale ressaltar, ainda, que a Constituição brasileira de 1988 consagrou um processo legislativo indireto, modelo no qual os parlamentares recebem poderes para decidir os assuntos de sua competência legiferante com total autonomia em relação à vontade daqueles que os elegeram. Não são necessárias investigações empíricas para constatar a existência de inúmeras normas jurídicas cujo conteúdo não reflete a vontade majoritária e que, se submetidas a consulta popular, seriam rechaçadas pela grande maioria da população. Por tudo isso, mais do que a expressão da vontade de uma maioria, as opções

---

13. No Brasil, não podem votar os menores de 16 anos, os estrangeiros, os conscritos durante o serviço militar obrigatório (CRFB/88, Art. 14, § 2º) e os que estiverem com os direitos políticos suspensos (CRFB/88, Art. 15). Ademais, o voto é facultativo para os analfabetos, os maiores de setenta anos e os maiores de dezesseis e menores de dezoito anos (CRFB/88, Art. 14, § 1º, II). Por fim, há ainda os que, apesar de terem capacidade eleitoral ativa, abstêm-se de votar. Segundo o *Tribunal Superior Eleitoral* (TSE), os índices de abstenção no 1º turno das eleições federais e estaduais foram de: 11,9% em 1989; 17,8% em 1994; 21,49% em 1998; 17,7% em 2002; 16,76% em 2006; 18,12% em 2010. No segundo turno das eleições municipais de 2012, o índice chegou a 19, 11%.

14. É o que ocorre nas eleições majoritárias para o Senado (CRFB/88, art. 46), nas quais se exige a maioria relativa dos votos, e nas eleições proporcionais para a Câmara dos Deputados (CRFB/88, Art. 45), para as Assembleias Legislativas (CRFB/88, Art. 27, § 1º) e Câmara de Vereadores (CRFB/88, Art. 29, IV). Nas eleições para o Executivo federal, estadual e municipal, a Constituição de 1988 exige a maioria absoluta dos votos, exceto para os Municípios com até duzentos mil eleitores (CRFB/88, Art. 29, II).

15. De acordo com Segal e Spaeth (1993, p. 240), "os grupos de interesse estão entre os principais definidores de políticas públicas nos Estados Unidos. Eles contribuem com grandes quantidades de dinheiro e pessoal para campanhas políticas."

políticas consagradas nas leis costumam ser "o resultado do conflito, da negociação e do acordo entre as minorias".[16]

Em segundo lugar, é preciso distinguir a legislatura da época em que um determinado projeto de lei foi aprovado daquela contemporânea à decisão que declarou a lei inconstitucional. Em muitos casos, as preferências políticas dos integrantes da *legislatura atual* não continuam idênticas às da *legislatura de aprovação* da lei. A superveniência de eleições pode gerar um "conflito intertemporal de interesses", devido a mudanças nas preferências políticas dos parlamentares eleitos para as diferentes legislaturas (FEREJOHN; WEINGAST, 1991, p. 1). Quanto maior o lapso temporal entre a promulgação de uma lei e a decisão que a invalidou, maior a possibilidade de que mudanças fáticas e sociais reduzam o grau de correspondência entre o conteúdo normativo e as preferências políticas da maioria legislativa atual. Nesse caso, a rigor, a invalidação de uma lei pela corte constitucional não pode ser rotulada como uma decisão efetivamente "contramajoritária".[17]

Um terceiro aspecto relevante se refere às possíveis divergências entre a *maioria nacional* e as *maiorias locais*. Em inúmeras questões federais, a proteção de direitos da maioria da população nacional pode exigir decisões contrárias a interesses da maioria local. Isso significa que uma determinada decisão pode ser contramajoritária em termos regionais ou locais, mas majoritária no âmbito nacional.[18]

---

16. DAHL (1957, p. 294): "De um modo geral, a política em nível nacional é o resultado do conflito, da negociação e do acordo entre as minorias; o processo não é nem o governo da minoria, nem o governo da maioria, mas o que poderia ser melhor denominado de governo das *minorias*, onde uma agregação de minorias alcança políticas em oposição a outra agregação."

17. Um julgado ilustrativo desta situação é o caso no qual a Suprema Corte invalidou uma lei de 1879 do Estado de Connecticut que proibia o uso de contraceptivos (*Griswold v. Connecticut*, 1965). No momento em que a decisão foi proferida, pesquisas de opinião pública indicavam que mais de 80% dos norte-americanos eram favoráveis à disponibilização de informações relativas ao controle de natalidade. Neste caso, a intervenção judicial no processo de formulação de políticas serviu para colocar a legislação em conformidade com as preferências de uma maioria nacional, configurando-se em um exemplo flagrante de decisão "majoritária" (BARNUM, 1985, p. 655).

18. É o que ocorreu, por exemplo, na decisão da Suprema Corte dos EUA que anulou as leis que exigiam a segregação racial nas escolas (*Brown v. Board of Education*, 1954) e na que invalidou as leis que proibiam o casamento inter-racial (*Loving v. Virginia*, 1967). Segundo Barnum (1985, p. 657), embora existissem evidências de que "a Corte estava em sintonia com as tendências pré-existentes em nível nacional da opinião pública sobre as questões de dessegregação na escola e de casamento inter-racial, a intervenção da Corte no processo de formulação de políticas em cada uma dessas questões foi aparentemente um genuíno ato de tomada de decisão contramajoritária."

Por fim, vale lembrar que nem toda decisão favorável à *proteção de minorias* é necessariamente uma *decisão contramajoritária*. Em muitas questões, pode haver um apoio efetivo ou tendencial aos direitos de minorias pela maioria da população. Em casos com tais características, um tribunal pode decidir em favor dos direitos de minorias e, ainda sim, contar com o apoio majoritário.[19]

Todas essas distinções, que demonstram inexistir uma correspondência necessária entre as escolhas formalizadas pelos representantes democraticamente eleitos e a vontade real da maioria popular, revelam a fragilidade da premissa na qual se apoia a chamada "dificuldade contramajoritária". A legitimidade democrática formal não representa qualquer garantia de *legitimidade democrática substancial*, considerada como a efetiva correspondência entre as escolhas legislativas e as preferências da parcela majoritária da população. Em muitos casos, a anulação de atos legislativos pela jurisdição constitucional vai ao encontro do que realmente deseja a maioria da população. Em outros, a declaração de inconstitucionalidade de uma lei e/ou a proteção de direitos de minorias pode significar um reforço da vontade majoritária e não um enfraquecimento. Por tais razões, a mera análise estatística da quantidade de leis invalidadas, por si só, diz muito pouco sobre uma efetiva atuação "contramajoritária" das cortes constitucionais. Estas desempenham não apenas um importante *papel protetivo* dos direitos das minorias contra eventuais excessos da maioria, mas também um importante *papel conformador* no sentido de detectar eventuais conflitos entre a legislação e a vontade da maioria popular e estimular o processo de conformação da política estatal às efetivas preferências nacionais. (BARNUM, 1985, p. 664). É possível identificar, ainda, um *papel representativo* exercido pelas cortes constitucionais ao atender demandas sociais e anseios políticos que não foram satisfeitos a tempo e a hora pelo parlamento.[20]

---

19. Atento a esta questão, Barnum (1985, p. 662) considera que a reputação contramajoritária da Suprema Corte no período posterior ao *New Deal* pode ter sido exagerada. Segundo ele, em muitas das decisões nas quais protegeu direitos das minorias, a Corte foi apoiada pela maioria popular ou, ao menos, havia uma tendência crescente de apoio no sentido da decisão. Nas questões em que não gozava do apoio da opinião da maioria em favor dos direitos das minorias, o Tribunal se mostrou relutante para decidir. Diante dos dados pesquisados, Barnum concluiu que o ativismo judicial da Suprema Corte pós-*New Deal*, se analisado no contexto das tendências da opinião pública, mostra-se surpreendentemente coerente com os princípios majoritários.

20. Nesse sentido, Mendonça e Barroso (2013) observam que "circunstâncias diversas têm colocado ênfase no papel representativo do Supremo Tribunal Federal. Apesar de se tratar de uma questão pouco teorizada, o fato é que um olhar reconstrutivo sobre a jurisprudência e

Isso não significa que tenham maior expertise ou que sejam a instituição mais adequada para representar a vontade majoritária, mas revela que uma dicotomia irrefletida entre maioria e minoria pode conduzir a respostas desnecessariamente antagônicas, ofuscando a visão sobre o efetivo papel desempenhado pelas cortes constitucionais, que, além de atuarem no sentido de *proteger* os direitos das minorias contra eventuais excessos da maioria, estimulam a *conformação* dos atos políticos à vontade da maioria popular e, eventualmente, até a *representam* em demandas não atendidas pelos órgãos de representação popular.

2. O STF E A OPINIÃO PÚBLICA

Nos últimos anos, a intensa exposição midiática do Supremo Tribunal Federal (STF) tem despertado a atenção não só de cientistas políticos, mas também de juristas interessados em compreender de que forma as pressões externas podem interferir no comportamento de voto dos ministros. Dentre os variados fatores que têm contribuído para a crescente visibilidade do Tribunal, pode-se destacar a inédita sequência de casos com forte apelo social, político /ou midiático que teve como ápice o "julgamento do mensalão" (AP 470/DF), que despertou grande interesse do público e foi objeto de uma cobertura jamais vista no país, com matérias e reportagens veiculadas diariamente em jornais, revistas, rádios e emissoras de televisão.[21] A exposição midiática foi de tal monta que alguns dos ministros se tornaram personagens conhecidos de grande parte dos cidadãos brasileiros.[22]

---

a própria postura da Corte permite concluir que ela tem desenvolvido, de forma crescente, uma nítida percepção de si mesma como representante da soberania popular. Mais precisamente, como representante de decisões soberanas materializadas na Constituição Federal e difundidas por meio de um sentimento constitucional que, venturosamente, se irradiou pela sociedade como um todo. Tal realidade é perceptível na frequência com que as normas da Constituição são invocadas nos mais diversos ambientes."

21. FERREIRA (2013, p. A10): "Em 2012, ano do julgamento do mensalão e de outros casos de grande repercussão, a exposição do Supremo Tribunal Federal (STF) em 1.424 veículos de mídia escrita do país cresceu 116%, na comparação com 2011. O pico no número de citações ao tribunal em jornais, revistas, portais e blogs da internet verificados por empresas de mídia contratadas pelo STF ocorreu em agosto, primeiro mês do mensalão, quando as referências à corte mais que quadruplicaram. O 'ano pop' do STF também foi percebido nas redes sociais. Em janeiro de 2012 o tribunal tinha cerca de 180 mil seguidores no Twitter. Esse número subiu para 316 mil em dezembro."

22. Em uma pesquisa de opinião pública realizada no final de 2012, o Ministro Joaquim Barbosa – Relator do processo e um de seus principais protagonistas – chegou a ter 10% das intenções de voto para a Presidência da República, aparecendo em terceiro lugar entre os potenciais candidatos. A pesquisa apontou, ainda, que o Ministro ganha destaque entre os mais escola-

Na percepção de alguns analistas, a forte pressão exercida pela mídia e pela opinião pública teria influenciado o comportamento de voto de alguns dos ministros.[23] Para Mendonça e Barroso (2013), a postura mais rígida adotada pelo STF teria sido um "ponto fora da curva", uma vez que as demais decisões proferidas no mesmo ano contrariam a suposta tendência de endurecimento em matéria penal.[24] Parte da comunidade jurídica criticou a mudança de tom em relação à jurisprudência até então adotada pelo tribunal, sob o argumento de que teria se distanciado da tradição garantista, flexibilizando a interpretação e os critérios de admissibilidade de determinadas provas. Não faltaram penalistas a destacar que a "teoria do domínio do fato", invocada como fundamento

---

rizados (21%) e entre aqueles com renda mensal familiar de 5 a 10 mínimos (20%). (DATA-FOLHA, 2012). No final de 2013, após mais um ano de "julgamento do mensalão" com intensa cobertura da imprensa, o nome de Joaquim Barbosa passou a ter a segunda maior intenção de votos (15%) entre os eleitores, um aumento de 50% em relação o ano anterior, ficando atrás apenas do Presidente da República em exercício. (DATAFOLHA, 2013a).

23. Nesse sentido, *e.g.*, a opinião manifestada por Breno Altman (2012, p. A3): "Os monopólios da comunicação exercem pressão para que a corte endosse sua versão e condene a qualquer custo. Mais que preocupação eleitoral imediata, a batalha se trava para legitimar a velha mídia, verdadeiro partido das elites, como senhora da opinião pública, além de impor gravame ético ao PT e ao governo Lula. Apesar da resistência de alguns juízes, vem à baila comportamento que remonta a práticas inquisitoriais. Jurisprudências estão sendo alteradas por novas interpretações. Magistrados que absolveram o ex-presidente Fernando Collor da denúncia de corrupção passiva, inexistindo ato de ofício, agora apregoam que essa já não é a exigência seminal. Fala-se abertamente em 'flexibilização de provas', eufemismo para que condenações possam ser emitidas a despeito da materialidade dos fatos, ampliando de forma quase ilimitada a subjetividade de opinião dos que têm o dever de julgar. Também apela-se à tese de 'domínio funcional do fato'. Por esse conceito, pode-se condenar sem provas cabais de autoria, bastando que o cargo do réu, mais evidências *latu sensu*, corrobore ilação de responsabilidade, na prática eliminando a presunção de inocência."

24. MENDONÇA; BARROSO (2013): "A verdade é que jamais houve um julgamento sob clamor público tão intenso, assim como sob mobilização tão implacável dos meios de comunicação. E é fora de dúvida que o STF aceitou e apreciou o papel de atender à demanda social pela condenação de certas práticas atávicas, que não devem ser aceitas como traço inerente ao sistema político brasileiro ou à identidade nacional. Desempenhou, assim, o papel representativo de agente da mudança. É inegável, todavia, que a superação de linhas jurisprudenciais anteriores, a dureza das penas e o tom por vezes panfletário de alguns votos surpreenderam boa parte da comunidade jurídica. [...] A visibilidade pública, a cobrança da mídia e as paixões da plateia criaram, na sociedade, um ambiente mais próprio à catarse do que à compreensão objetiva dos fatos. Divergências maiores ou menores quanto à prova e suas implicações jurídicas eram tratadas pelo público e com a exaltação das torcidas futebolísticas. De lado a lado. Esse misto de incompreensão e intolerância levou a episódios de incivilidade como o que foi vivido pelo ministro Lewandowski em uma seção eleitoral em São Paulo. O mesmo ministro, aliás, que havia recebido inúmeras manifestações de apoio popular por seu papel de destaque na condução das Eleições de 2010 e no julgamento que confirmou a validade da Lei da Ficha Limpa. A lição é inequívoca: o reconhecimento popular pode ser efêmero e mutável, e o bom juiz não pode e não deve agir para obtê-lo."

para algumas das condenações, teria sido aplicada de modo equivocado e que, a rigor, não fora utilizada para a descoberta do resultado, mas apenas para justificar escolhas feitas sob a influência da mídia e da opinião pública.[25]

A pressão externa gerou reações em sentidos opostos dentro da corte.[26] De um lado, ministros mais afinados com o discurso da imprensa e com o ímpeto punitivo da maioria da população[27] sustentavam que deveria ser oferecida uma pronta resposta à sociedade e consideravam que a celeridade do julgamento seria algo desejável.[28] De outro, aqueles que acolhiam pontos de vista divergentes, ressaltavam a necessidade de assegurar aos réus o direito à ampla defesa e demonstravam visível desconforto com as medidas voltadas a tornar mais célere a tramitação do processo.[29] Antes mesmo do início do julgamento no plenário, após ter sido criticado pela demora, Lewandowski antecipou a liberação de seu

---

25. TÓRTIMA (2012): "Não se pode deixar de lamentar que aparentemente se tenha recorrido ao seu uso de forma equivocada em um julgamento de tamanha repercussão. [...] A adoção de teorias aparentemente herméticas, e, de toda sorte, conhecidas por uma parcela pequena da população e mesmo da comunidade jurídica, costuma servir de álibi para drásticas alterações de orientação de entendimento jurídico."

26. O Ministro Celso de Mello, responsável pelo voto de desempate a favor da admissibilidade dos embargos infringentes, afirmou: "Há alguns que ainda insistem em dizer que não fui exposto a uma brutal pressão midiática. Basta ler, no entanto, os artigos e editoriais publicados em diversos meios de comunicação social (os 'mass media') para se concluir diversamente! É de registrar-se que essa pressão, além de inadequada e insólita, resultou absolutamente inútil. [...] Essa tentativa de subjugação midiática da consciência crítica do juiz mostra-se extremamente grave e por isso mesmo insólita." (BERGAMO, 2013, p. E2).

27. Pouco antes do início do "julgamento do mensalão", o jornal *Folha de S. Paulo* publicou pesquisa de opinião pública na qual cerca de 70% dos brasileiros eram favoráveis à condenação dos réus.

28. O então Presidente do STF, Ministro Ayres Britto, chegou a enviar um ofício ao revisor alertando sobre os prazos regimentais, o que causou indignação nos advogados dos réus e em alguns membros do Partido dos Trabalhadores (PT) que consideraram a ação como "atípica". Ao defenderem a atitude de Britto, alguns Ministros chegaram a afirmar que o revisor estaria agindo "contra o colegiado" ao protelar a liberação do voto. (MAGALHÃES, 2012, p. A4). Em outra oportunidade, o Ministro Joaquim Barbosa demonstrou irritação com a possibilidade de que o "julgamento do mensalão" se prolongasse até 2013. "A nação não aguenta mais este julgamento"; "está na hora de acabar", afirmou o Relator no final de 2012. (SELIGMAN; COUTINHO; FALCÃO, 2012, p. A4).

29. Na sessão do dia 15.08.2013, o Ministro Ricardo Lewandowski sugeriu que a sessão fosse interrompida para ser retomada na semana seguinte e, diante da negativa de Joaquim Barbosa, afirmou: "Presidente, nós estamos com pressa de quê? Nós queremos fazer justiça." Barbosa, por sua vez, respondeu: "Nós queremos fazer nosso trabalho. Fazer nosso trabalho e não chicana." Diante da dura discussão travada entre os ministros, o decano da Corte, Ministro Celso de Mello, fez uma intervenção para sugerir que a sessão fosse suspensa.

voto e desabafou: "É o voto-revisor mais curto da história do Supremo Tribunal Federal. A média para um réu é de seis meses. Eu fiz das tripas coração para respeitar o que foi estabelecido pela Suprema Corte." (SELIGMAN, 2012, p. A4).[30]

Um verdadeiro embate doutrinário e ideológico foi travado entre os ministros. Se, de um lado, Joaquim Barbosa afirmava que algumas das penas impostas foram demasiadamente baixas em decorrência de uma "leitura errônea" do dispositivo do Código Penal;[31] de outro, Dias Toffoli criticava a "dureza" das penas aplicadas aos réus e defendia a fixação de medidas alternativas, sob o argumento de se tratar de um tipo de crime praticado por "pessoas que não são violentas, que não agridem o ser humano do ponto de vista real."[32] O julgamento foi marcado, ainda, por acalorados debates e contundentes discordâncias sobre a interpretação de textos normativos e a valoração de fatos, principalmente, entre o relator e o revisor. Segundo levantamento do jornal *O Globo*, Joaquim Barbosa e Ricardo Lewandowski tiveram uma visão diferente em 46% das 71 decisões que trataram sobre a prática ou não de um determinado crime. (GÓES, 2012). Não obstante as divergências mostrarem-se usuais no meio jurídico, a defesa contundente de posições diametralmente

---

30. Em reportagem publicada pelo Jornal *Folha de S. Paulo*, no ano de 2007, a jornalista Vera Magalhães (2007, p. A4) afirmou ter presenciado conversa telefônica na qual o Ministro teria manifestado seu desconforto com a pressão externa exercida pela imprensa. A notícia foi veiculada nos seguintes termos: "Em conversa telefônica na noite de anteontem, o ministro Ricardo Lewandowski, do STF (Supremo Tribunal Federal), reclamou de suposta interferência da imprensa no resultado do julgamento que decidiu pela abertura de ação penal contra os 40 acusados de envolvimento no mensalão. 'A imprensa acuou o Supremo', avaliou Lewandowski para um interlocutor de nome 'Marcelo'. 'Todo mundo votou com a faca no pescoço.' Ainda segundo ele, 'a tendência era amaciar para o Dirceu'. Lewandowski foi o único a divergir do relator, Joaquim Barbosa, quanto à imputação do crime de formação de quadrilha para o ex-ministro da Casa Civil e deputado cassado José Dirceu, descrito na denúncia do procurador-geral da República, Antonio Fernando de Souza, como o 'chefe da organização criminosa' de 40 pessoas envolvidas de alguma forma no escândalo."

31. O Ministro afirmou: "Eu chamei a atenção no Plenário para uma discrepância que ocorria durante o julgamento. Disse, naquela oportunidade, que o Plenário vinha fazendo uma leitura errônea do artigo do Código Penal relativo à corrupção passiva, que me parecia uma leitura errônea e, em consequência dessa leitura errônea, algumas penas, sobretudo as fixadas após a saída do ministro Carlos Britto, estavam muito baixas, muito discrepantes. Eu cumpri o meu dever, alertei para o fato. O Plenário, que é soberano, achou por bem não considerar as consequências daquele fenômeno que eu havia apontado. Não insisti mais no pleito." (BALIARDO, 2012).

32. Durante o julgamento, o Ministro Dias Toffoli chegou a afirmar que "prisão combina com período medieval" e que "a filosofia daquele que comete um delito está em debate na sociedade contemporânea há muito tempo. Esse parâmetro do julgamento em 2012 não é o parâmetro da época de Torquemada, da época da condenação fácil à fogueira." (Agência Brasil, 2012).

opostas durante o julgamento e as ásperas discussões travadas entre os ministros não deixam dúvidas de que a alta saliência política, social e midiática do caso tornou o ambiente decisório ainda mais suscetível à influência não apenas da mídia e da opinião pública, mas também de outros fatores extrajurídicos.

2.1. Razões subjacentes à convergência de opiniões

Os ministros do Supremo Tribunal Federal, além de possuírem garantias funcionais voltadas a proteger sua independência e imparcialidade, não dependem da população para serem mantidos no cargo e, portanto, não possuem os mesmos incentivos de agentes políticos eleitos pelo voto popular. Por que motivo, então, a opinião pública poderia influenciar o comportamento deles?

Ao contrário das críticas dirigidas às pressões externas, em geral, de forma contundente,[33] as poucas manifestações favoráveis à sensibilidade dos juízes aos anseios populares costumam ser feitas com cautela e de modo eufemístico.[34] Não obstante, o fato de a opinião pública raramente ser mencionada em "pronunciamentos oficiais" de membros do Judiciário tem pouca relevância na aferição de sua real influência. Refe-

---

33. O Ministro Luís Roberto Barroso, quando do "julgamento do mensalão", afirmou: "Se o que eu considerar certo e justo não coincidir com o que sai no jornal no outro dia, cumpro o meu dever contra a opinião pública. Esse é o papel de uma corte constitucional. Sou um juiz constitucional. Não julgamos para a multidão, julgamos pessoas. [...] Não estou subordinado à multidão, estou subordinado à Constituição." O Ministro Gilmar Mendes é um dos que costuma adotar, com maior frequência, uma postura crítica em relação à influência da opinião pública. Quando do julgamento da "Lei da Ficha Limpa" (RE 633.703/MG, j. 23.3.2011), diante da pressão popular para que o STF admitisse a incidência imediata das novas regras, Mendes destacou que a missão da Corte seria aplicar a Constituição, independentemente da opinião pública, sendo que o princípio da anterioridade eleitoral (CRFB/88, art. 16), enquanto *garantia da minoria*, deveria atuar como "uma barreira contra a atuação sempre ameaçadora da maioria." Em seu voto como Relator, o Ministro teceu as seguintes considerações: "É compreensível a ação das várias associações e das várias organizações sociais tendo em vista a repercussão que esse tema tem na opinião pública. Sabemos que, para temas complexos em geral, há sempre uma solução simples e em geral errada. E para esse caso a população passa a acreditar que a solução para a improbidade administrativa, para as mazelas da vida política, é a Lei do Ficha Limpa. A partir daí há, na verdade, a tentativa de aprisionar, o que nos dificulta enormemente a missão nesta Corte, como em outros casos, porque acabamos tendo de nos pronunciar de forma contramajoritária, claro, tendo em vista a opinião pública, segundo as pesquisas manifestadas de opinião. Mas esta é a missão desta Corte: aplicar a Constituição, ainda que contra a opinião majoritária."

34. Por sua vez, o Ministro Luiz Fux, embora tenha ressalvado que a opinião pública não pode interferir na "avaliação das provas" e na "aplicação do direito" em ações individuais, admitiu que "as vozes sociais têm que ser ouvidas" em determinadas questões e citou, como exemplo, os casos envolvendo a "união homoafetiva" e a "marcha da maconha". (BASILE, 2012).

rências à opinião pública podem ser deliberadamente omitidas por esta ser considerada uma influência indevida ou mesmo para evitar que o tribunal seja visto como uma instituição política semelhante às demais. Não seria sensato esperar que os juízes, ao proferir decisões, admitissem estar cedendo a algum tipo de pressão popular.[35] Em alguns casos, é provável, ainda, que essa influência opere abaixo do nível da plena consciência, sem que seja deliberadamente levada em conta pelo julgador. A rigor, as alusões à opinião pública se caracterizam como enunciados normativos formulados no sentido de que ela *deve* ou *não deve* influenciar as decisões judiciais.

A convergência entre a opinião pública e as decisões do STF pode resultar de razões de natureza distinta, conforme o contexto decisório e institucional. Tais razões serão analisadas em separado, o que não significa que sejam necessariamente excludentes ou incompatíveis entre si.

2.1.1. Hipóteses para a influência indireta

O alinhamento entre determinadas decisões de uma corte constitucional e a vontade majoritária não significa necessariamente uma influência direta da opinião pública sobre o comportamento de voto dos seus membros. Em certos casos, os pontos de vista em comum podem decorrer do compartilhamento de valores e preferências semelhantes.

Uma das prováveis razões para esse alinhamento é a forma de recrutamento dos juízes, cuja escolha tende a levar em conta a convergência de pontos de vista com o "regime dominante". Como os membros do Executivo e do Legislativo são eleitos pelo voto popular, as preferências políticas tendem a estar em sintonia com a opinião pública. Os ministros do STF são escolhidos pelo Presidente da República e a nomeação depende da aprovação da maioria absoluta dos membros do Senado (CRFB/88, art. 101, parágrafo único). Apesar de os critérios utilizados serem bastante diversificados, o alinhamento político-ideológico é um dos fatores que têm sido considerados para a escolha dos nomes, sobretudo nos últimos anos, a partir do "Governo Lula".[36] Essa *"hipótese da*

---

35. Mesmo na Suprema Corte dos EUA, onde o alinhamento com a opinião pública tem sido constatado empiricamente, as referências a ela não são usuais. De acordo com o levantamento feito por Thomas Marshall (1989, p. 35-39), a opinião pública é mencionada em menos de 2% dos votos majoritários dessa Corte, e, somente em cerca de um quinto desses casos, os *justices* sugerem que o direito deve refleti-la em alguma medida.

36. DESPOSATO; INGRAM; LANNES (2012, p. 12-13): "Desde logo, não estamos dizendo que nenhum juiz STF antes de Lula teve qualquer tipo de *background* político. De fato, pelo menos,

nomeação" pode explicar a sintonia do Tribunal com a opinião pública em determinados temas.

Além disso, os ministros do STF estão inseridos em um contexto sociocultural e, da mesma forma que os demais membros da sociedade, são influenciados pela evolução das normas e valores sociais.[37] A convergência de opiniões ou a coincidência entre a mudança de atitude de determinados ministros e as flutuações da opinião pública não significam, necessariamente, uma resposta sistemática do Tribunal à sociedade. Segundo salientam Mendonça e Barroso (2013), "os magistrados, assim como as pessoas em geral, não são seres desenraizados, imunes ao processo social de formação das opiniões individuais." Conforme acontece com o "humor do público", os valores e convicções dos juízes também se transformam ao longo do tempo.[38] A mudança de atitude dos ministros pode ter como causa, portanto, a evolução social, já que estes são influenciados pelos mesmos eventos e forças que afetam a sociedade como um todo. De acordo com a "*hipótese da socializa-*

---

seis juízes pré-Lula ocuparam um cargo eletivo formal, antes de entrar para o STF, e cinco desses juízes tiveram pelo menos um cargo eletivo em nível federal. Um Ministro adicional, Francisco Rezek, foi nomeado para o tribunal em 1983, renunciou para ser Ministro das Relações Exteriores (ou seja, Ministro de Estado) de Collor, em 1990, e mais tarde foi renomeado por Collor para o Tribunal em 1992. Vários juízes ocuparam cargos por nomeação em diferentes níveis de governo, incluindo Gilmar Mendes (nomeado por Fernando Henrique Cardoso), que, como Dias Toffoli [...], foi AGU. No entanto, esses outros juízes estavam espalhados por várias administrações. Em contraste, além de Dias Toffoli, quatro das oito nomeações de Lula ocuparam cargos por nomeação no governo local ou federal (Carlos Britto, Eros Grau, Ricardo Lewandowski e Menezes Direito), e apenas três dos oito já tinham sido juízes (Cezar Peluso, Lewandowski e Direito). De fato, pelo menos um relato jornalístico relata declarações de Lula que mostram que ele buscou colocar juízes simpatizantes da esquerda no Tribunal. Em agosto de 2007, o STF estava preenchido com seis juízes escolhidos por Lula – a maioria – e estava decidindo um caso importante envolvendo a suposta corrupção de muitos políticos do seu partido (em um escândalo conhecido como o mensalão). Como os juízes que ele tinha selecionado votaram contra os políticos do PT, queixou-se, 'todos esses juízes de esquerda que eu nomeei estão votando contra mim.' A seleção do mais apolítico, 'técnico' Menezes Direito no mês seguinte foi, em parte, devido à reação de Lula por ter se frustrado com a maneira como suas preferências anteriores por juízes de esquerda tinha saído pela culatra neste caso...".

37. Em relação aos membros da Suprema Corte dos EUA, Mishler e Sheehan (1993, p. 89) argumentam que, "se, por exemplo, as atitudes da cultura política em relação ao papel da mulher na sociedade sofrem alterações significativas ao longo do tempo, é pouco provável que as atitudes e crenças dos *justices* possam ficar permanentemente imunes a essa mudança nos costumes. Gradualmente, as atitudes, pelo menos de alguns dos *justices*, serão susceptíveis a mudança, deslocando também o centro de gravidade ideológica da Corte."

38. MISHLER; SHEEHAN (1994, p. 717): "Aqui, o argumento não é que os *justices* votam contrariamente a suas crenças em resposta ao sentimento público, mas que as crenças de pelo menos *alguns justices ocasionalmente* mudam em resposta a alterações fundamentais de longo prazo no que Stimson chama de humor do público, e Lippman, de filosofia pública."

ção política", a rigor, o que influencia o comportamento judicial são as predisposições (*"fatores cognitivos"*) e preferências políticas (*"fatores ideológicos"*) dos juízes, as quais são conformadas pelo mesmo conjunto de eventos e forças que atingem os demais membros da sociedade.

Tendo em conta que a grande maioria dos ministros do STF advém da classe média e pertence a uma elite intelectual,[39] a tendência é que respondam à evolução das normas e valores sociais de forma mais próxima à dos membros deste segmento do que às do público em geral. Embora sejam raras as pesquisas de opinião pública envolvendo temas que foram objeto de decisões específicas,[40] nos últimos anos, o Supremo tem se caracterizado por uma tendência fortemente liberal em questões moralmente carregadas e mais à esquerda em comparação com as instâncias representativas,[41] posicionamento que está mais próximo da ideologia da elite intelectual brasileira do que do público em geral, que, em sua maioria, é conservador e situado mais à direita.[42]

---

39. Para uma análise do perfil social e da trajetória de carreira dos ministros do STF, cfr. OLIVEIRA (2012, p. 45 e ss.).

40. Uma das poucas exceções é a decisão que reconheceu, para fins de proteção jurídica, as uniões homoafetivas estáveis como entidade familiar. (ADPF 132/RJ e ADI 4.277/DF, j. 05.05.2011). Em pesquisa de opinião pública realizada pelo IBOPE (2011), aproximadamente dois meses após a decisão, apenas 45% dos entrevistados declararam ser favoráveis ao reconhecimento da união estável entre homossexuais. No entanto, a proporção se inverte à medida que aumenta a classe social, a renda ou a escolaridade. Entre as pessoas com ensino superior, o percentual favorável chega a ser de 60%.

41. BARROSO; MENDONÇA (2012): "No campo dos direitos sociais, em particular, é possível dizer que a Corte tem se posicionado à esquerda das instâncias representativas. Após inúmeras decisões relacionadas ao direito de cada indivíduo a exigir tratamentos médicos do Poder Público, o STF começa a sinalizar que está disposto a estender seu controle também a outros tipos de políticas públicas."

42. Pesquisa realizada pelo DATAFOLHA (2010) revelou que os eleitores se localizam mais à direita que à esquerda no espectro político. Dos entrevistados, *17% se consideram de centro, 20% mais próximos da esquerda* e 37% *mais à direita 37%*. Os resultados não apresentaram variações significativas em relação à pesquisa anterior realizada em 2006, na qual *22% se classificavam à esquerda, 17% como centro e 35% mais à direita*. Em ambas as pesquisas, um quarto dos eleitores brasileiros (25%) não soube dizer qual sua posição política. A última pesquisa revelou, ainda, que quanto mais alto o grau de escolaridade do entrevistado, maior a tendência de posicionamento político em torno do centro e em direção à esquerda: com *ensino fundamental* (5% de centro-esquerda, 12% de centro e 12% de centro-direita); com *ensino médio* (10% de centro-esquerda, 21% de centro e 12% de centro-direita; com grau de *escolaridade superior* (15% de centro-esquerda, 23% de centro e 17% de centro-direita). Como se pode notar, o percentual de entrevistados com ensino superior que se dizem de centro-esquerda é três vezes maior em comparação com os que possuem apenas o ensino fundamental.

2.1.2. Hipóteses para a influência direta

A influência direta da opinião pública sobre determinadas decisões do STF pode ser decorrente de interesses pessoais ou institucionais (*"fatores de interesse"*) capazes de estimular a opção por certos tipos de comportamento.

Um dos motivos para que um ministro se preocupe com a opinião pública, mesmo estando protegido por garantias funcionais e institucionais, é o desejo de obter uma reputação positiva perante o público em geral (*"hipótese do autointeresse"*). Os juízes, como seres humanos que são, possuem as mesmas predisposições, preferências e interesses inerentes a qualquer outra pessoa dessa espécie. O fato de vestirem uma toga preta e de participarem de uma sessão repleta de ritos e formalidades, por vezes semelhantes às de um ritual místico, não lhes retira essa condição. Como qualquer indivíduo, os juízes também gostam de ser respeitados e admirados, desejos que, em determinados contextos decisórios, podem influenciar, ainda que de forma não plenamente consciente, o seu comportamento. Lawrence Baum (2008, p. 65) considera que o interesse pessoal na aprovação de certas plateias (*"audiences"*) *fornece* um forte incentivo para a adoção de determinados comportamentos, maior até que a preocupação com o potencial impacto de uma decisão impopular sobre a legitimidade do tribunal.[43]

O acesso à grande maioria das decisões do STF e o interesse em seu conteúdo tendem a ficar restritos a segmentos específicos da comunidade, em especial, a grupos direta ou indiretamente interessados no

---

43. Para o professor da Universidade de Ohio, os membros da Suprema Corte dos EUA são mais propensos a buscar a aprovação de *segmentos específicos da sociedade do que do público em geral, o que acaba dificultando a aferição do real impacto exercido pela opinião pública sobre as decisões da Corte.* Baum e Devins (2010, p. 1.580) acreditam haver razões mais fortes para os membros da Suprema Corte se preocuparem com os grupos de elite do que com o povo norte-americano em geral. Segundo os autores, "mesmo que alguns *Justices* tenham a opinião pública em conta (em parte porque exageram a necessidade de proteger a posição do Tribunal com o público), a Corte como um todo tem demonstrado uma independência considerável em relação à opinião pública. Em contraste, os *Justices* têm fortes incentivos para manter a sua posição com as plateias de elite que são salientes para eles. Fundamentalmente, esses incentivos não derivam da preocupação sobre o suporte para o Tribunal, como instituição, mas a partir da necessidade humana de aprovação de indivíduos e grupos que são importantes para eles. Porque os indivíduos e os grupos mais relevantes para os *Justices* são esmagadoramente dos segmentos da elite da sociedade norte-americana, são os valores e opiniões das elites que têm o maior impacto sobre os *Justices*. Esta é uma razão importante pela qual as decisões da Corte normalmente estão em harmonia com os pontos de vista das pessoas mais educadas do que com as opiniões do público como um todo."

julgamento e a membros da comunidade jurídica. Proporcionalmente à quantidade de casos decididos pelo Tribunal, poucos são os que têm saliência suficientemente alta para despertar algum interesse do grande público. Casos como o "julgamento do mensalão" são exceções que raramente acontecem. Ainda assim, mesmo nas situações de grande repercussão midiática e social, o desejo de alguns em manter uma reputação positiva perante outras plateias igualmente relevantes – como, *e.g.*, colegas de tribunal, juristas, ou grupos de elite – pode fornecer incentivos mais fortes que a preocupação com a opinião pública.

Outro potencial motivo para os ministros do STF levarem em conta a opinião pública é a preocupação como o *prestígio institucional* da Corte.[44] As cortes constitucionais são instituições políticas, cuja autoridade e eficácia das decisões dependem, em certa medida, da confiança e respeito do público. Em períodos de crise ou conflito com outras instituições, o fortalecimento da legitimidade se torna especialmente relevante e, dependendo do contexto decisório, pode ser considerado por parte de seus membros.[45] O prestígio institucional perante o público é importante não apenas por facilitar o exercício da autoridade e contribuir para o acatamento voluntário das decisões,[46] mas também por maximizar a eficácia do tribunal na formulação de políticas públicas, reduzindo as chances de reversão de suas decisões através de leis ou de emendas constitucionais e impedindo retaliações ou reações contrárias por parte de

---

44. BARROSO (2011, p. 267): "A participação e o engajamento popular influenciam e legitimam as decisões judiciais, e é bom que seja assim. Dentro de limites, naturalmente. O mérito de uma decisão judicial não deve ser aferido em pesquisa de opinião pública. Mas isso não diminui a importância de o Judiciário, no conjunto de sua atuação, ser compreendido, respeitado e acatado pela população. A opinião pública é *um* fator extrajurídico relevante no processo de tomada de decisões por juízes e tribunais. Mas não é o único e, mais que isso, nem sempre é singela a tarefa de captá-la com fidelidade."

45. TYLER (2006, p. 375): "A legitimidade é uma propriedade psicológica de uma autoridade, instituição ou organização social que leva os que estão ligados a ela a acreditar que é apropriada, adequada e justa. Por causa da legitimidade, as pessoas sentem que devem se submeter às decisões e normas, a segui-las voluntariamente por obrigação e não por medo de punição ou antecipação de recompensa. Ser legítimo é importante para o sucesso das autoridades, instituições e arranjos institucionais, uma vez que é difícil exercerem influência sobre outros com base unicamente na posse e uso do poder. Ser capaz de obter a aquiescência voluntária da maioria das pessoas, na maioria das vezes, devido ao seu senso de obrigação aumenta a eficácia em períodos de escassez, crise e conflito."

46. TYLER (2006, p. 379): "Na área jurídica, a investigação sobre as interações pessoais dos indivíduos com policiais e juízes indica que as pessoas que veem essas autoridades como legítimas são mais propensas a aceitar as suas decisões, um efeito que é distinto da conclusão geral de que as pessoas são mais propensas a aceitar decisões que são mais favoráveis e/ou justas."

outros poderes.[47] O apoio do público pode ter, ainda, um efeito significativo sobre a disposição das autoridades públicas de cumprir as decisões, incentivando-as a agir de forma rápida e decisiva na implementação de políticas públicas definidas judicialmente.[48] De acordo com a "*hipótese da legitimidade institucional*", a opinião pública tende a ser levada em consideração por uma razão estratégica: o fortalecimento do prestígio do tribunal perante o público com o objetivo de assegurar a fiel execução de suas decisões.[49] A tentativa de subverter decisões proferidas por uma prestigiada instituição nacional pode provocar a reação pública (*public backlash*) contra aqueles que se atreverem a arriscar. (FRIEDMAN, 2005, p. 323-324).

O apoio conferido pelo público pode ser *específico*, para uma determinada decisão com a qual concordam, ou *difuso*, compreendido como uma reserva de "boa vontade" em relação às instituições, a qual contribui para a opinião pública tolerar ou aceitar determinadas decisões desfavoráveis aos seus interesses imediatos.[50] O bom funcionamento do mercado político pressupõe certa correspondência entre o que os gover-

---

47. Nesse sentido, FRIEDMAN (2009, p. 375): "O Tribunal tem de estar em sintonia com a opinião pública desperta, porque é o público que pode salvar um Tribunal quando este estiver em apuros com os líderes políticos e que igualmente pode motivar os líderes políticos contra ele."; FRANKLIN; KOSAKI (1989, p. 751): "Os tribunais devem ser responsivos ["responsive"] por causa de sua fraqueza institucional. As ferramentas disponíveis para os tribunais fazerem valer sua vontade sobre um público resistente são poucas."; McGUIRE; STIMSON (2004, p. 1.019): "Os *justices* que querem ver as suas preferências pessoais expressas em políticas públicas sabem que a eficácia dessa política depende de sua aceitação por seus implementadores e daqueles a quem eles são responsáveis."

48. GRIMM (2009, p. 23): "Se a verdadeira essência do constitucionalismo é a submissão da política à lei, então a verdadeira essência da adjudicação constitucional é aplicar o direito constitucional em relação [vis-à-vis] ao governo. Isso implica a revisão judicial de atos políticos – incluindo a legislação. No entanto, os tribunais constitucionais ou tribunais com jurisdição constitucional não podem compensar totalmente a fraqueza do direito constitucional. Como o poder de usar a força física permanece nas mãos dos órgãos políticos do governo, os tribunais são impotentes quando os políticos se recusam a cumprir com a constituição ou ignorar as ordens do tribunal."

49. McGUIRE; STIMSON (2004, p. 1.023): "... a partir de nossa perspectiva teórica, vemos o papel de antecipação racional da Corte vis-à-vis com o do Congresso e o do Presidente ser uma diferença de grau, não de tipo. Os ministros podem estar relativamente isolados da pressão da opinião pública, mas isso não garante que ela seja ignorada por eles. O mecanismo que impulsionaria os ministros a seguir a opinião pública, pressupomos, é a expectativa do Tribunal sobre as consequências futuras de suas decisões. O humor do público, então, deve ser um barômetro pelo qual os *justices* calculam a medida que as suas políticas preferenciais provavelmente vão ser aceitas e postas em prática."

50. A ideia de um *apoio difuso* encontra raízes no trabalho seminal de David Easton que o definiu como "um reservatório de atitudes favoráveis ou de boa vontade que ajuda os membros a

nados querem e aquilo que de fato recebem. Embora necessariamente existe uma folga entre o desejado e o recebido, esta folga não deve ser exageradamente grande. Na precisa síntese de Barry Friedman (2009, p. 379), o apoio difuso é a medida da folga que a instituição tem para seguir o seu próprio caminho em certas questões.

A importância do apoio do público para a preservação do poder institucional tende a inibir a adoção de comportamentos constantemente distantes dos pontos de vista majoritários sobre questões fundamentais.[51] A história tem mostrado que podem ocorrer reações indesejadas quando as decisões judiciais se afastam muito daquilo que a sociedade está disposta a tolerar. Apesar de não haver mecanismos formais para que a sociedade impeça o cumprimento de uma decisão judicial, podem ser criados obstáculos à sua implementação, mesmo quando a oposição se restringe apenas a um público local.[52]

2.2. Variáveis intervenientes

A influência da opinião pública sobre o comportamento judicial pode operar de forma não plenamente consciente, ou seja, não exige que o juiz a tenha em consideração de modo deliberado e intencional. Há uma série de variáveis subjetivas e objetivas potencialmente capazes de estimular ou inibir a interferência deste fator, conforme veremos a seguir.

---

aceitar ou tolerar saídas [outputs] às quais se opõem ou o efeito que vêem como prejudicial à sua vontade." (FRIEDMAN, 2005, p. 326).

51. Tendo como base investigações empíricas envolvendo a Suprema Corte dos EUA, Mishler e Sheehan (1994, p. 717) fazem a seguinte ressalva: "a teoria não é que os *justices* rotineiramente mudam as suas decisões com base em pesquisas de opinião pública, mas que *alguns justices ocasionalmente* modificam suas decisões (se não as suas crenças pessoais) sobre *questões* importantes em resposta a *mudanças de longo prazo e fundamentais* na opinião pública percebidas como ameaçadoras da autoridade da Corte."

52. Foi o que ocorreu, por exemplo, em relação às decisões da Suprema Corte dos EUA sobre o fim do sistema de segregação racial nas escolas (caso *Brown v. Board of Education*), assim como na decisão do Tribunal Constitucional Federal alemão que determinou a retirada de crucifixos das salas de aula de escolas públicas (*Kruzifix* - BVERFGE 93, 1). Vanberg (2005, p. 4) relata que, em um artigo sobre a crise instalada com esta decisão, o *Neue Zürcher Zeitung*, um dos jornais mais influentes da Europa, concluiu que, 'com exceção de alguns casos extremamente raros, nada mudou no cotidiano escolar da Baviera' (16 de dezembro de 1995)." Ainda segundo este autor, um dos juízes do Tribunal Constitucional Federal afirmou, de forma irônica, durante uma palestra proferida na Universidade de Freiburg, que "há mais crucifixos pendurados nas salas de aula bávaras agora do que antes da decisão."

2.2.1. Variáveis subjetivas

Cada juiz responde à interferência de fatores extrajurídicos com sensibilidade, velocidade e intensidade diversas. Com a opinião pública não é diferente. No STF, sempre foi possível notar uma maior sintonia, por parte de alguns ministros – *e.g.*, Ayres Britto[53] e Joaquim Barbosa[54] –, com os anseios populares.

Em se tratando de decisões colegiadas, nem sempre a influência exercida pela opinião pública sobre alguns dos juízes será refletida no posicionamento majoritário. Não obstante, o alinhamento entre as decisões de um tribunal e os pontos de vista da sociedade não exige que todos os seus membros se mostrem igualmente sensíveis a eles. Em questões sobre as quais o colegiado esteja fortemente dividido, se um único julgador é influenciado pela opinião pública, esta pode ter um impacto relevante no resultado final.[55]

Estudos empíricos demonstram que a influência direta da opinião pública costuma ser maior quando as preferências políticas pessoais

---

53. Questionado sobre "até que ponto a Justiça pode ser suscetível às questões sociais", Ayres Britto disse que o juiz não deve "ser refém da sociedade, vassalo da opinião pública", mas "deve, sim, auscultar os anseios populares, coletivos, para ver se é possível formatá-los em decisões técnicas." Em sua concepção, "quando isso acontece, o juiz concilia a Justiça com a vida." (RANGEL, 2012, p. 21). Quando de seu discurso de posse como Presidente do STF, Britto asseverou, em clara referência às críticas de que decisões do Tribunal estariam sendo influenciadas pela opinião pública, que "os julgamentos feitos pelo Poder Judiciário devem promover a abertura das janelas dos autos para o mundo circundante, a fim de conhecer a particularizada realidade dos seus jurisdicionados e as expectativas sociais sobre a decisão objetivamente justa para aquele tipo de demanda. Juiz não é traça de processo, não é ácaro de gabinete, e por isso, sem fugir das provas dos autos nem se tornar refém da opinião pública, tem que levar os pertinentes dispositivos jurídicos ao cumprimento de sua, pouco percebida, mediata ou macro-função de conciliar o Direito com a vida." (BRITTO, 2012).

54. A visível sintonia do ex-ministro Joaquim Barbosa com a opinião pública era constantemente mencionada pela imprensa, chegando a ser destacada até pela Revista inglesa "The Economist". (SÁ, 2009). Com o julgamento do "mensalão" (AP 470/DF), Barbosa se tornou uma figura extremamente popular, chegando a ser apontado como o potencial candidato à Presidência da República com a segunda maior intenção de votos (15%) entre os eleitores. (DATAFOLHA, 2013a).

55. Ao investigarem a influência da opinião pública sobre as decisões da Suprema Corte dos EUA, Mishler e Sheehan (1994, p. 721) observaram que, em virtude do critério majoritário, a opinião pública tende a influenciar as decisões finais apenas quando o seu impacto é generalizado ou quando a distribuição ideológica é relativamente equilibrada. Tendo em vista que a "ideologia" judicial tende a ser relativamente resistente a mudanças, é provável que os efeitos coletivos da opinião pública sejam dependentes da existência de um equilíbrio ideológico. Nos casos em que a Corte está razoavelmente equilibrada, o impacto da opinião pública sobre um único *justice* pode ser suficiente para alterar as decisões nas margens.

("ideologia") do juiz sobre o tema em questão são mais moderadas. Nos casos complexos envolvendo temas com alta carga moral ou política, o comportamento de juízes ideologicamente extremados tende a ser mais fortemente influenciado por suas preferências políticas do que por qualquer outro fator extrajurídico, inclusive a opinião pública. Quando um tribunal possui uma forte e equilibrada divisão ideológica, os membros mais moderados atuam como o fiel da balança. Como as decisões colegiadas são tomadas pela maioria, os votos daqueles que se situam mais ao centro acabam sendo decisivos para o resultado final, o que, sem dúvida, confere-lhes um enorme poder.

No tocante às variáveis subjetivas, pode-se formular o seguinte enunciado probabilístico: *Quanto mais forte a ideologia do juiz, menor a probabilidade de influência da opinião pública.*

2.2.2. Variáveis objetivas

As variáveis objetivas, compreendidas como aquelas relacionadas às características do caso a ser decidido ("contexto decisório") e ao ambiente no qual as instituições políticas estão inseridas ("contexto institucional"),[56] também são determinantes para a influência exercida pela opinião pública.

Quanto ao *contexto decisório*, há dois aspectos primordiais: as características marcantes da controvérsia judicial e o grau de determinação dos elementos fáticos e jurídicos do caso a ser decidido.

Há casos que envolvem temas e/ou interesses tão acentuados que tornam o ambiente decisório mais propício à influência de certos fatores extrajurídicos. O interesse do público, o impacto social, a relevância dos valores envolvidos e a visibilidade da decisão são algumas das características marcantes das controvérsias judiciais em que a opinião pública tende a fornecer razões contributivas para a escolha do comportamento a ser adotado pelos juízes. Julgamentos de grande repercussão que des-

---

56. PEREIRA (2012): "Na vida real, o que acontece com grande frequência é um processo heterogêneo e complexo em que o Judiciário constrói estrategicamente sua imagem, podendo eventualmente ceder à opinião pública e em outras vezes manter-se imune a ela. As Cortes, assim como as pessoas, agem intuitivamente e tem senso de autopreservação. Colegiados são grupos humanos, e como tais podem agir segundo um cálculo da repercussão de seus atos, alternando períodos de recolhimento com outros de maior ousadia. Os juízes podem, ainda, revezar decisões impopulares com outras que aumentam seu crédito público, num processo de equilíbrio e compensação entre perdas e ganhos, que afinal pode ser ou não bem sucedido."

pertam o interesse do público e da mídia costumam estampar manchetes de jornais e revistas, ser objeto de editoriais, de debates no rádio e na televisão, além de intensamente comentados nas redes sociais. É natural que esses *casos de alta saliência social e/ou midiática* despertem algum tipo de receio quanto à reação da sociedade e criem um ambiente inóspito para a atuação judicial. Com exceção das situações nas quais não é possível detectar as tendências fundamentais da opinião pública ou em que esta se mostrar nitidamente dividida, é provável que a pressão externa influencie, de modo consciente ou inconsciente, o comportamento judicial de alguns dos juízes. Em síntese, pode-se dizer que a *alta saliência social e/ou midiática* de um caso tende a favorecer a influência de determinados tipos de "fatores de interesse", dentre eles, a preocupação com a opinião pública, tanto por razões de natureza pessoal (obtenção de prestígio, de admiração, de estima...), como institucional (apoio do público para o fortalecimento da legitimidade do tribunal). É oportuno registrar, no entanto, que casos de alta saliência são exceções, mesmo no âmbito das cortes constitucionais.[57] No STF, a esmagadora maioria das dezenas de milhares de casos examinados anualmente se caracteriza pela pouca visibilidade e, por conseguinte, mostra-se isenta de qualquer tipo de influência direta dos pontos de vista da sociedade.

No tocante às características marcantes da controvérsia judicial, pode-se formular o seguinte enunciado probabilístico: *Quanto mais alta a saliência social e/ou midiática do caso, maior a probabilidade de influência da opinião pública.*

O segundo aspecto primordial do contexto decisório é o *grau de determinação dos elementos fáticos e jurídicos* do caso judicial, certamente a variável mais relevante no que se refere à influência de fatores extrajurídicos.[58] Quanto maior a indeterminação das circunstâncias fáticas ou

---

57. Friedman (2009, p. 377) observa que, mesmo na Suprema Corte dos EUA – que julga pouco mais de cem casos por ano e tem discricionariedade para escolher os mais relevantes –, apenas uma pequena parte das decisões chega ao conhecimento do público e que, em casos de baixa saliência, o tribunal tem a chance de seguir seu próprio caminho, *i.e.*, ele "pode voar sob o radar, sem ser percebido".

58. As investigações empíricas são unânimes em constatar que "o grau de incerteza do direito é o principal fator na capacidade de normas jurídicas determinarem as decisões judiciais". Por isso, Brian Tamanaha (2010, p. 151) afirma que "a linha de base deve levar em conta os diferentes tipos de disposições jurídicas e diferentes tipos de questões. Normas legais, como razoabilidade ou justiça, por exemplo, convidam os juízes para fazer julgamentos baseados em valores; algumas decisões judiciais, como a condenação criminal, estão comprometidas com a discrição ou julgamento dos juízes. Por sua natureza, estes tipos de decisões serão

dos enunciados normativos, maior a margem de ação conferida ao juiz e, por conseguinte, maior a probabilidade de que fatores extrajurídicos influenciem, de forma consciente ou inconsciente, o comportamento dele. Em casos controversos, as razões fornecidas pelo material jurídico (legislação, doutrina e jurisprudência) orientam e limitam a tomada de decisão, mas não são capazes de determiná-la com exclusividade.

Em casos de maior complexidade, o *raciocínio decisório* empregado para chegar à descoberta do resultado também é extremamente complexo e se devolve, em parte, no sistema intuitivo.[59] Durante esse processo mental, misturam-se, de maneira anárquica, expectativas, experiências e conhecimentos (jurídicos e extrajurídicos) que formam a pré-compreensão do juiz. Nessa fase de descoberta, são travadas contínuas e variadas batalhas internas até o momento em que um limiar é cruzado e o resultado interpretativo "acontece".[60] Quanto maior a complexidade do caso apreciado, mais caóticos e desordenados tendem a ser os processos de análise e ponderação das diferentes razões favoráveis e contrárias. Vale dizer: na busca pelo resultado, o peso atribuído às diferentes razões fornecidas pelo material jurídico não provém de um processo

---

suscetíveis a maior variação. Quando as regras são claras e simples e os fatos tendem a ser simples, ao contrário, deve-se esperar um alto grau de consistência."

59. A tomada de decisão envolve dois tipos de processos mentais realizados através de sistemas distintos. No *sistema intuitivo* (*Sistema 1*), o processo mental envolve decisões tomadas de forma espontânea, automática, com pouco esforço e sem controle voluntário. Este sistema abrange as intuições, impressões, pré-concepções e vieses cognitivos. No *sistema deliberativo* (*Sistema 2*), o processo de pensamento é controlado, tal como ocorre em decisões governadas por regras, tomadas lentamente e com grande esforço mental. Nele estão abrangidas as atividades mentais relacionadas à concentração e ao raciocínio lógico. A relação entre os dois sistemas é complicada e bastante complexa. Os processos mentais do *sistema intuitivo* possuem uma tendência a cometerem erros sistemáticos em circunstâncias específicas e a serem afetados por vieses cognitivos que pode ser minimizada, mas não totalmente controlada pelo raciocínio desenvolvido no *sistema deliberativo*. Considerando a impossibilidade de se evitar totalmente que erros sistemáticos e vieses cognitivos afetem a tomada de decisão, o melhor que se pode fazer é identificar as situações em que os enganos e inclinações são mais prováveis a fim de tentar minimizar sua interferência. (KAHNEMAN, 2012, p. 38-39).

60. Nas palavras de Marco Marrafon (2010, p. 168), a internalização das diferentes experiências ônticas promove "sucessivas projeções, contínuos tensionamentos, correções e deslocamentos de horizontes, até o ponto em que a verdade interpretativa *acontece* para a autoridade judicante. Quando isso ocorre, encerra-se o debate, fazendo cessar as voltas no círculo hermenêutico. Manifesta-se, assim, o processo hermenêutico-epistemológico de tomada de decisão em sua complexa unidade como um ato único, que se desenvolve continuamente por um determinado período de tempo, sem subdivisões. Esta concepção é compatível com a recusa gadameriana da tradicional divisão do problema hermenêutico em três, *subtilitas intelligendi* (compreensão), *subtilitas explicandi* (interpretação) e *subtilitas aplicandi* (aplicação) e, portanto, contempla a tese da unidade da *applicatio*."

mental plenamente consciente, deliberado, racional e analítico, mas sim de um raciocínio anárquico e susceptível à influência, consciente ou inconsciente, de vários fatores, inclusive os extrajurídicos decorrentes de predisposições, preferências e interesses pessoais. As ferramentas analíticas fornecidas pela doutrina (métodos interpretativos, diretrizes hermenêuticas, metanormas, parâmetros decisórios objetivos), desde que internalizadas, contribuem para orientar a busca pela melhor resposta, mas nem sempre são capazes de conduzir o julgador, de modo inexorável, a um único resultado.

Após vivenciar essa batalha interna travada durante o processo de descoberta (*heuresis*) e sentir que a questão foi resolvida, o juiz inicia o processo de justificação no qual procura demonstrar que a decisão formulada é juridicamente legítima.[61] Para fundamentá-la, o juiz precisa organizar e dar coerência à profusão caótica de ideias e razões que o levaram àquele resultado decisório. Para isso, recorre ao *raciocínio justificativo*, um processo mental desenvolvido de forma deliberada, consciente, refletida, racional, organizada e analítica. O objetivo principal da fundamentação não é descrever os exatos caminhos mentais percorridos até chegar à descoberta do resultado – até porque isso seria impossível –, mas demonstrar que a decisão é juridicamente correta e logicamente consistente, ou seja, que o resultado alcançado, além de coerente com os fatos do caso e com as avaliações geralmente aceitas, é o melhor à luz do direito vigente.[62] Embora a justificação seja uma racionalização posterior de um resultado previamente encontrado, quando realizada adequadamente, pode auxiliar o juiz a detectar eventuais inconsistências, contradições e erros cometidos durante o raciocínio decisório, permitindo correções e alterações posteriores.

---

61. A não correspondência necessária entre os dois processos fica evidenciada pela possibilidade de que uma decisão tomada de forma intuitiva ou até irracional seja justificada *ex post* com argumentos racionais convincentes ou, no sentido oposto, de que uma decisão racional seja justificada de modo inadequado. (TARUFFO, 2007, p. 75-46).

62. TAMANAHA (2010, p. 124-125): "Há muito se tem reconhecido que as fundamentações não devem ser interpretadas como representação do processo de raciocínio real de um juiz. [...] O estilo em que a decisão é apresentada não tem a intenção de representar uma indicação de como ela foi obtida. É o melhor argumento que um juiz pode apresentar para apoiar a decisão. Se essa distinção não foi compreendida antes, certamente se tornou bem conhecida após Dewey articulá-la. A finalidade das fundamentações é justificar a conclusão, fornecer orientações para casos posteriores, e resolver as questões jurídicas com caráter definitivo. Faz sentido, portanto, que as opiniões sejam afirmadas com clareza, logicamente apoiadas, e não expressem dúvidas sobre as consequências jurídicas alcançadas. Uma vez que a decisão é tomada, comentou Schaefer, o juiz responsável pela fundamentação 'se torna um advogado' em seu favor."

No que se refere ao grau de determinação dos elementos fáticos e jurídicos, pode-se formular o seguinte enunciado probabilístico: *Quanto maior o grau de indeterminação do direito em casos de alta saliência social e/ou midiática, maior a probabilidade de influência da opinião pública.*

Por fim, no tocante ao *contexto institucional*, há duas situações típicas que favorecem a influência direta da opinião pública: em períodos de grave crise institucional entre os poderes ou nos quais o prestígio do tribunal se encontra seriamente ameaçado, a preocupação com o apoio do público tende a ser maior do que em situações de normalidade. O STF, assim como qualquer corte constitucional, necessita de outras instituições para assegurar o efetivo cumprimento de suas ordens, o que, de certo modo, estimula a adoção de comportamentos dentro dos limites gerais de aceitação pública. Friedman (2009, p. 375) argumenta que a opinião pública pode salvar uma corte constitucional quando esta estiver em apuros perante os demais poderes, mas também pode motivar os líderes políticos a agirem contrariamente às suas decisões. Por isso, a preocupação dos juízes com a preservação de legitimidade institucional de uma corte e/ou com a eficácia de suas decisões tende a fazer com que levem em consideração os pontos de vista acolhidos pelo público em temas de grande relevância social.

Em relação ao contexto institucional, pode-se formular o seguinte enunciado probabilístico: *Quanto maior a gravidade de uma crise institucional e/ou a perda de prestígio de um tribunal perante o público, maior a probabilidade de influência da opinião pública.*

3. CONCLUSÃO

A presente abordagem teve por objetivo central analisar as razões pelas quais a opinião pública tende a influenciar o comportamento dos ministros do STF em certos contextos decisórios e institucionais.

Em casos de maior complexidade, o material jurídico orienta e limita o comportamento judicial, mas não é suficiente para determiná-lo com exclusividade, ou seja, sem a interferência de fatores extrajurídicos. Por isso, em contextos decisórios complexos, caracterizados pela indeterminação do direito e pela alta saliência social e/ou midiática do caso, os pontos de vista acolhidos pelo público tendem a fornecer razões contributivas para a decisão judicial.

O mesmo tende a ocorrer em contextos de grave crise institucional entre os poderes ou nos quais o prestígio do tribunal perante o público esteja ameaçado. Embora as constituições consagrem garantias funcionais e institucionais com o objetivo de assegurar a neutralidade e a imparcialidade das decisões proferidas pelo Poder Judiciário, tais instrumentos não são suficientes para blindar os juízes contra todos os tipos de pressões externas.

Por fim, vale ressaltar que ser *influenciado* pela opinião pública não significa ser *determinado* por ela. Por isso, a afirmação de que, em certos contextos decisórios e institucionais, a opinião pública tende a fornecer *razões contributivas* (e não definitivas) para a decisão. Se, por um lado, mesmo os juízes mais experientes dificilmente conseguiriam se manter totalmente imunes à opinião pública; por outro, também não seria razoável supor que membros de uma corte constitucional decidam determinados casos baseados somente na vontade popular. Em um Estado de Direito, ainda que o material jurídico nem sempre seja suficiente para determinar, com exclusividade, o comportamento judicial, sem dúvida, ele é o principal protagonista no processo decisório.

4. REFERÊNCIAS BIBLIOGRÁFICAS

AGÊNCIA BRASIL (2012). Toffoli diz que 'prisão combina com período medieval'. *Diário do Nordeste*. Disponível em: http://diariodonordeste.globo.com/noticia. asp?codigo=349123&modulo=964. Acesso em: 09 fev 2013.

ALTMAN, Breno (2012). De qual lado ficará o STF? *Folha de S. Paulo*, São Paulo, 24 set. 2012. Opinião, p. A3.

BALIARDO, Rafael (2012). Barbosa diz que ministros fizeram "leitura errônea". Revista Consultor Jurídico [periódico na Internet]. 2012 dez [acesso em 2013 fev 09]; [aproximadamente p.]. Disponível em: http://www.conjur.com.br/2012-dez-20/ barbosa-ministros-fizeram-leitura-erronea-processo-mensalao

BARNUM, David G. (1985). The Supreme Court and public opinion: judicial decision making in the post-New Deal period. *The Journal of Politics*, Vol. 47, N. 2, (Jun., 1985), pp. 652-666. Disponível em: http://www.jstor.org/stable/2130901. Acesso em: 22 ago 2012.

BARROSO, Luís Roberto (2011). Constituição, democracia e supremacia judicial: direito e política no Brasil contemporâneo. *As novas faces do ativismo judicial*. FELLET, André L. F.; PAULA, Daniel Giotti de; NOVELINO, Marcelo. Salvador: Juspodivm, p. 225-270.

BARROSO, Luís Roberto; MENDONÇA, Eduardo (2012). STF foi permeável à opinião pública, sem ser subserviente. Revista Consultor Jurídico [periódico na Internet]. 2012 jan [acesso em 2013 fev 09]; Disponível em: http://www.conjur.com.br/2012--jan-03/retrospectiva-2011-stf-foi-permeavel-opiniao-publica-subserviente

BARTELS, Brandon L.; MUTZ, Diana C. (2009). Explaining processes of institutional opinion Leadership. *The Journal of Politics*, Vol. 71, No. 1, January 2009, p. 249–261.

BASILE, Juliano (2012). Fux diz que opinião pública não influencia resultado do mensalão. *Valor Econômico*, 12 de jul. 2012. Disponível em: http://www.valor.com.br/politica/2710444/fux-diz-que-opiniao-publica-nao-influencia-resultado-do-mensalao. Acesso em: 11 jan 2013.

BAUM, Lawrence (2008). *Judges and their audiences: A perspective on judicial behavior*. Princeton: Princenton University Press.

BAUM, Lawrence; DEVINS, Neal (2010). Why the Supreme Court Cares About Elites, Not the American People. *Faculty Publications*. Paper 1116. Disponível em: http://scholarship.law.wm.edu/facpubs/1116. Acesso em: 07 jan 2013.

BAUMAN, Zygmunt (2000). *Em busca da política*. Tradução: Marcus Penchel. Rio de Janeiro: Jorge Zahar.

BICKEL, Alexander M. (1986). *The least dangerous Branch: The Supreme Court at the bar of politics*. 2. ed. New Haven and London: Yale University Press.

BONAVIDES, Paulo (1988). *Ciência política*. 7. Ed. Rio de Janeiro: Forense.

BRITTO, Ayres (2012). *Discurso de posse no cargo de Presidente do Supremo Tribunal Federal e do Conselho Nacional de Justiça*. Disponível em: http://www.stf.jus.br/arquivo/cms/noticiaNoticiaStf/anexo/DiscursoAyresBritto.pdf. Acesso em: 11 jan. 2013.

CALDEIRA, Gregory A.; GIBSON, James L. (1992). The Etiology of Public Support for the Supreme Court. *American Journal of Political Science*, Vol. 36, No. 3, August 1992, p. 635-664.

CAMPANHA, Diógenes. (2012) Confiança no STF sobe em meio ao mensalão. *Folha de S. Paulo*, São Paulo, 16 dez. 2012. Poder, p. A6.

CASPER, Jonathan D. (1976). The Supreme Court and National Policy Making. *The American Political Science Review*, Volume 70, Issue 1, p. 50-63.

DAHL, Robert A. (1957) Decision-making in a democracy: the Supreme Court as a national policy-maker. *Journal of Public Law*, p. 279-295.

DATAFOLHA (2010). *Opinião Pública*. 30 mai. 2010. Disponível em: http://datafolha.folha.uol.com.br/po/ver_po.php?session=983. Acesso em: 28 jan. 2013.

___ (2012). *Opinião Pública*. 14 dez. 2012. Disponível em: http://datafolha.folha.uol.com.br/po/ver_po.php?session=1281. Acesso em: 15 dez. 2012.

___ (2013a). *Opinião Pública*. 20 nov. 2013. Disponível em: http://datafolha.folha.uol.com.br/opiniaopublica/2013/12/1379494-dilma-aumenta-vantagem-sobre-potenciais-adversarios-em-2014.shtml. Acesso em: 02 dez. 2013.

DESPOSATO, Scott W.; INGRAM, Matthew C.; LANNES, Osmar P. (2012). Judicial Behavior in Civil Law Systems: Changing Patterns on the Brazilian *Supremo Tribunal Federal*. *Seminários de Pesquisa Ciclo 2012-II* (CIEF-CERME-UNB), Brasília, 14 nov. 2012. Disponível em http://www.cerme.unb.br/images/stories/seminario/ciclo2012_2/judicial_behavior_in_civil_law_systems__changing_patterns_on_the_brazilian_stf__deposato_ingram_and_lannes_.pdf. Acesso em: 05 jan. 2013.

EISENBERG, Theodore; JOHNSON, Sheri Lynn (1991). The Effects of Intent: Do We Know How Legal Standards Work?. *Cornell Law Faculty Publications*. Paper 409. Disponível em: http://scholarship.law.cornell.edu/facpub/409. Acesso em: 19 jul 2012.

EPSTEIN, Lee; KNIGHT, Jack (1998). *The choices Justices make*. Washington, D.C.: CQ Press.

EPSTEIN, Lee; KNIGHT, Jack; MARTIN, Andrew D. (2001). The Supreme Court as a strategic national policymaker. *Emory Law Journal*, 50 (Spring): p. 583-611.

___ (2004). Constitutional interpretation from a strategic perspective. *Making policy, making law: An interbranch perspective*. Marck C. Miller e Jeb Barnes (editors). Washington, D.C.: Georgetown University Press.

EPSTEIN, Lee; MARTIN, Andrew D. (2010) Does public opinion influence the Supreme Court? Possibly yes (but we're not sure why). *University of Pennsylvania Journal of Constitutional Law*, Vol. 13, No. 263. Disponível em: http://ssrn.com/abstract=2087255. Acesso em: 18 jan 2013.

FEREJOHN, John A.; WEINGAST, Barry R. (1991). A positive theory of statutory interpretation. *Working Papers in Political Science*, n. P-91-2, The Hoover Institution, Stanford University, p. 1-25.

FERREIRA, Flávio (2013). Visibilidade do Supremo mais que duplica no ano passado. *Folha de S. Paulo*, São Paulo, 13 jan. 2013. Poder, p. A10.

FRANKLIN, Charles H.; KOSAKI, Liane C. (1989). Republican Schoolmaster: The U.S. Supreme Court, Public Opinion, and Abortion. *The American Political Science Review*, Vol. 83, No. 3. (Sep., 1989), pp. 751-771. Disponível em: http://links.jstor.org/sici?sici=0003-0554%28198909%2983%3A3%3C751%3ARSTUSC%3E2.0.CO%3B2-3. Acesso em: 14 ago 2012.

FRIEDMAN, Barry (2005) The Politics of Judicial Review. *Texas Law Review*, Vol. 84, p. 257-337. Disponível em: http://papers.ssrn.com/sol3/papers.cfm?abstract_id=877328. Acesso em: 13 jul 2010.

___ (2009). *The will of the people: How public opinion has influenced the Supreme Court and shaped the meaning of the Constitution*. Farrar, Straus and Giroux: New York.

FUNSTON, Richard (1975). The Supreme Court and Critical Elections. *The American Political Science Review*, Vol. 69, No. 3, pp. 795-811. Disponível em: http://www.jstor.org/stable/1958390. Acesso em: 22/08/2012.

GEORGE, Tracey E.; EPSTEIN, Lee (1992). On the Nature of Supreme Court Decision Making. *The American Political Science Review*, Vol. 86, No. 2 (Jun., 1992), p. 323-337. Disponível em: http://links.jstor.org/sici?sici=0003-0554%28199206%2986%3A2%3C323%3AOTNOSC%3E2.0.CO%3B2-S; Acesso em: 02 ago 2004.

GIBSON, James L.; CALDEIRA, Gregory A. (2009). Have Segal and Spaeth Damaged the Legitimacy of the U.S. Supreme Court? (July 20, 2009). Disponível em: http://ssrn.com/abstract=1436426. Acesso em: 14/07/2012.

GÓES, Bruno. (2012). Lewandowski discordou de quase metade das condenações de Barbosa. *O Globo*, Rio de Janeiro, 12 out. 2012. Disponível em: http://br.noticias.yahoo.com/lewandowski-discordou-metade-das-condena%C3%A7%C3%B5es-barbosa-110000476.html. Acesso em: 12 out 2012.

GOLDMAN, Sheldon (1975). Voting Behavior on the United States Courts of Appeals. *The American Political Science Review*, Vol. 69, No. 2 (Jun., 1975), pp. 491-506. Disponível em: http://www.jstor.org/stable/1959082. Acesso em: 24 nov 2012.

HAMILTON, Alexander; MADISON, James; JAY, John (2009). *The federalist*. Harvard University Press.

IBOPE (2011). *União estável entre homossexuais*. 18 jul. 2011. http://media.folha.uol.com.br/cotidiano/2011/07/28/casamentogay.pdf. Acesso em: 04 jun. 2012.

IRWIN, John F.; REAL, Daniel L. (2010). Unconscious influences on judicial decision-making: The illusion of objectivity. (October 23, 2010). *McGeorge Law Review*, Vol. 43, 2010. Disponível em: http://ssrn.com/abstract=1696643. Acesso em: 22 jun 2012.

KAHNEMAN, Daniel (2012). *Rápido e devagar: duas formas de pensar*. Tradução: Cássio de Arantes Leite. Rio de Janeiro: Objetiva.

MAGALHÃES, Vera (2012). Cobrança de Ayres Britto revolta advogados de réus do mensalão. *Folha de S. Paulo*, 26 jun. 2012. Poder; p. A4.

MARSHALL, Thomas R. (1989). *Public Opinion and the Supreme Court*. New York: Longman.

McGUIRE, Kevin T.; STIMSON, James A. (2004). The Least Dangerous Branch Revisited: New Evidence on Supreme Court Responsiveness to Public Preferences. *The journal of politics*, Vol. 66, No. 4, November 2004, Pp. 1018–1035.

MENDONÇA, Eduardo (2009). A inserção da jurisdição constitucional na democracia: algum lugar entre o direito e a política. *Revista de Direito do Estado*. Rio de Janeiro, ano 4, n. 13, jan/mar 2009, p. 211-247.

MENDONÇA, Eduardo; BARROSO, Luís Roberto (2013). STF entre seus papéis contramajoritário e representativo. *Revista Consultor Jurídico* [periódico na Internet]. 2013 jan [acesso em 2013 fev 09]; Disponível em: http://www.conjur.com.br/2013--jan-03/retrospectiva-2012-stf-entre-papeis-contramajoritario-representativo

MENEZES, Cynara (2012). Um poeta na alta corte. *Carta Capital*, São Paulo, n. 695, 02 mai. 2012, Seu país, p. 24-28.

MERRILL, Thomas W. (1994). A modest proposal for a political court. 17 *Harv. J. L. & Pub.* Pol'y 137 1994, p. 137-147. Disponível em: http://heinonline.org; Acesso em: 15 jul 2012.

MISHLER, William; SHEEHAN, Reginald S. (1993). The Supreme Court as a Countermajoritarian Institution? The Impact of Public Opinion on Supreme Court Decisions. *The American Political Science Review*, Vol. 87, No. 1, pp. 87-101. Disponível em: http://www.jstor.org/stable/2938958. Acesso em: 16/08/2012.

MISHLER, William; SHEEHAN, Reginald S. (1994). Response: Popular Influence on Supreme Court Decisions. *The American Political Science Review*, Vol. 88, n. 3, pp. 716–724. Disponível em: http://www.jstor.org/stable/2944805. Acesso em: 16 ago 2012.

NORPOTH, Helmut; SEGAL, Jeffrey A. (1994). Comment: Popular Influence on Supreme Court Decisions. *The American Political Science Review*, Vol. 88, n. 3, pp. 711–716. Disponível em: http://www.jstor.org/stable/2944805. Acesso em: 16 ago 2012.

OLIVEIRA, Fabiana Luci (2012). *Supremo Tribunal Federal: do autoritarismo à democracia*. Rio de Janeiro: Elsevier: FGV, 2012.

PECZENIK, Aleksander; HAGE, Jaap (2000). Law, morals and defeasibility. *Ratio Juris*, Vol. 13, n. 3, Set. 2000, p. 305-325.

PEREIRA, Jane Reis (2012). O Judiciário e a opinião pública: riscos e dificuldades de decidir sob aplausos e vaias. Disponível em: http://estadodedireitos.com/2012/10/29/o--judiciario-e-a-opiniao-publica-riscos-e-dificuldades-de-decidir-sob-aplausos-e--vaias/. Acesso em: 29 out 2012.

POSNER, Richard A. (2008). *How judges think*. Cambridge: Harvard University Press.

RANGEL, Rodrigo (2012). Será o julgamento do século. *Veja*, São Paulo, n.2264, 11 abr. 2012, Entrevista, p. 17-21.

RIBEIRO, Ricardo Silveira Ribeiro (2012). Política e economia na jurisdição constitucional abstrata (1999-2004). *Revista Direito GV*, São Paulo, 8(1), p. 87-108, jan-jun 2012.

SCHAUER, Frederick (2008). Is there a psychology of judging? *The psychology of judicial decision making*. David E. Klein; Gregory Mitchell [eds.]. New York: Oxford University Press. Disponível em: http://ssrn.com/abstract=1015143. Acesso em: 01 jul. 2011.

SEGAL, Jeffrey A.; SPAETH, Harold J. (1993). *The Supreme Court and the attitudinal model*. New York: Cambridge University Press.

SEGAL, Jeffrey A.; SPAETH, Harold J. (2002). *The Supreme Court and the attitudinal model revisited*. Cambridge: Cambridge University Press.

SELIGMAN, Felipe (2012). Ministro libera mensalão para ser julgado em agosto. *Folha de S. Paulo*, 27 jun. 2012. Poder; p. A4.

SELIGMAN, Felipe; COUTINHO, Felipe; FALCÃO, Márcio (2012). Perda do mandato de deputado abre nova divergência no STF. *Folha de S. Paulo*, São Paulo, 7 dez. 2012. Poder, p. A4.

SHAPIRO, David (2008). The Role of Precedent in Constitutional Adjudication: An Introspection. Texas Law Review. Vol. 86, N. 5, April 2008. Disponível em: HTTP://ssrn.com/abstract=1108440; Acesso em: 04 ago 2012.

TAMANAHA, Brian Z. (2010). *Beyond the formalist-realist divide: The role of politics in judging*. Princeton: Princeton University Press.

TÓRTIMA, Fernanda Lara (2012). Poder mandar não significa mandei. *O Estado de S. Paulo*, São Paulo, 18 nov. 2012. Notícias. Disponível em: http://www.estadao.com.br/noticias/impresso,poder-mandar-nao-significa-mandei,961758,0.htm. Acesso em: 18/11/2012.

TYLER, Tom R. (2006). Psychological perspectives on legitimacy and legitimation. *Annu. Rev. Psychol.* 57:375–400; Disponível em: 10.1146/annurev.psych.57.102904.190038. Acesso em: 01/08/2012.

DEVER E DIGNIDADE HUMANA NA FUNDAMENTAÇÃO DA METAFÍSICA DOS COSTUMES DE IMMANUEL KANT

George Salomão Leite[1]

SUMÁRIO: 1. Introdução. 2. Princípio supremo da moralidade. 3. Boa vontade. 4. Sobre o dever. 5. Dos imperativos hipotéticos e categóricos. 6. Autonomia da vontade e dignidade humana. 7. Considerações finais. 8. Referências bibliográficas.

1. INTRODUÇÃO

O presente trabalho tem por objeto descrever o pensamento de Kant contido em uma de suas principais obras sobre ética intitulada *Fundamentação da metafísica dos costumes*. Inicialmente, o propósito era abordar a *dignidade humana* na concepção de Kant, todavia, percebemos que para uma exposição adequada tínhamos de partir da ideia inicial de *boa vontade, dever, imperativos hipotéticos e categóricos, autonomia da vontade e*, por fim, *dignidade humana*.

A escolha da obra e do autor se deu em razão de sua relevância não apenas para a Moral, mas também para o Direito. Raros são os autores contemporâneos que tratam da dignidade humana e que não fazem referências a Kant, seja formulando críticas positivas ou negativas. Urge ressaltar que o (s) conceito (s) jurídico (s) de dignidade humana da atualidade se desenvolveu a partir dos ensinamentos filosóficos do medievo e do racionalismo da modernidade.

O que veremos adiante é apenas uma visão reducionista da dignidade humana, porquanto a mesma não se resume apenas à racionalidade e

---

1. Doutorando em Ciências Jurídicas pela Pontifícia Universidade Católica de Buenos Aires – UCA. Mestre em Direito Constitucional pela Pontifícia Universidade Católica de São Paulo – PUC/SP. Presidente da Escola Brasileira de Estudos Constitucionais – EBEC.

não instrumentalização do ser humano (*fim em si mesmo*). A dignidade vai mais além! Todavia, este não é nosso propósito, mas tão somente apresentar as ideias de Kant acerca da relação de *dever* e *dignidade humana*.

2. PRINCÍPIO SUPREMO DA MORALIDADE

Investigar o princípio supremo da moralidade constitui o objeto da *Fundamentação da metafísica dos costumes,* de Immanuel Kant. Trata-se de uma obra de filosofia pura[2], assentada tão-somente na razão e separada de todo e qualquer elemento empírico. A moral, pois, diz sobre as leis da liberdade constituídas pela razão.

Para que uma lei moral possa ser considerada válida, constituindo o fundamento de uma obrigação, tem de levar consigo uma necessidade absoluta. Em razão deste caráter absoluto da necessidade que legitima uma lei moral, não é lícito buscar o fundamento de uma obrigação na natureza mesma do homem ou nas circunstâncias do universo em que ele está posto, haja vista serem contingentes, senão "*a priori* exclusivamente em conceitos da razão pura."[3] Desta forma, qualquer preceito, mesmo que dotado de relativa universalidade, que se fundamente em princípios da experiência, não possui a natureza de uma lei moral, mas de uma regra prática.

Kant propõe uma ética de vontade em oposição a uma ética de resultado. Neste sentir, o que deve ser moralmente bom não basta que seja *conforme* a lei moral, mas tem que ser *através* da lei moral. Assim, é possível que uma ação seja *conforme* a lei moral, todavia assentada em fundamentos imorais, posto ser o motivo o elemento que determinará a moralidade do ato.

Por tais breves razões, a "*metafísica dos costumes deve investigar a idéia e os princípios de uma vontade pura possível, e não as ações e condições do querer humano em geral, as quais em sua maior parte se tomam*

---

2. O autor divide a filosofia em pura e empírica. A primeira apresenta suas teorias derivando-as exclusivamente de princípios *a priori*, ao passo que a segunda assenta seus fundamentos na experiência. Em se tratando da ação humana, a parte empírica será objeto da *antropologia prática*, conforme denomina Kant, e a parte racional será investigada pela moral. *Fundamentação*, p. 15. Consoante Flamarion Tavares Leite, "*Metafísica* significa a forma de conhecimento racional puro, não derivado da experiência ou, na linguagem de Kant, conhecimento *a priori* ou de entendimento puro e de razão pura." *In* 10 Lições sobre Kant, p. 82.

3. *Fundamentación de la metafísica de las costumbres*, p. 16.

da psicologia."[4] Com isto, não pretende Kant, no dizer de Georges Pascal, inventar uma nova moral, mas tão-somente apresentar o princípio supremo da moralidade tal como ele se manifesta em toda consciência humana.[5]

3. BOA VONTADE

O ponto de partida do pensamento de Kant acerca do princípio supremo da moralidade é o conceito de *boa vontade*, que há de ser absoluto por não comportar restrições. Eis o que diz o autor: "*Nem no mundo, nem, em geral, tampouco fora do mundo, é possível pensar em nada que possa considerar-se como bom sem restrição, a não ser tão-só uma boa vontade.*[6]" O gracejo, o entendimento, o Juízo, a honra, a reflexão de si mesmo etc., embora a princípio bons e desejáveis, não podem ser considerados bons sem restrição, posto que se não estiverem a serviço de uma boa vontade, podem ser maléficos e danosos. Evidencia-se, deste modo, que não é o resultado da ação que faz dela boa ou má, mas apenas se a mesma se deu por uma *boa vontade*. A *boa vontade*, segundo Kant, "*não é boa pelo que efetue ou realize, não é boa por sua adequação para alcançar algum fim que nos tenhamos proposto; é boa só pelo querer, é dizer, é boa em si mesma.*[7]" A título de exemplo, se um indivíduo salva a outrem buscando fama, recompensa, reconhecimento etc., sua ação não possui um valor moral, posto que não agiu por *boa vontade*, mesmo que o resultado do agir tenha sido benéfico, qual seja, a salvaguarda da vida de terceiro. O resultado da ação é irrelevante para qualificá-la como boa ou má, mas apenas o agir por *boa vontade* é que vai legitimá-la moralmente[8].

---

4. Idem, p. 17.

5. *Compreender Kant*, p. 118.

6. *Fundamentación de la metafísica de las costumbres*, p. 21.

7. *Fundamentación de la metafísica de las costumbres*, p. 21.

8. Ao ressaltar o valor da *boa vontade*, assevera Kant: "*Considerada por si mesma, é, sem comparação, muitíssimo mais valiosa que tudo o que por meio dela pudéramos verificarem proveito ou graça de alguma inclinação e, se se quer, da soma de todas as inclinações. Ainda quando, por particulares encontros do azar ou pela mesquinhez de uma natureza madrasta, lhe falte por completo a essa vontade a faculdade de sacar adiante seu propósito; se, apesar de seus maiores esforços, não pudesse levar a cabo nada e só restasse a boa vontade – não desde logo como um mero desejo, senão como o apelo de todos os meios que estão em nosso poder – seria essa boa vontade como uma jóia brilhante por si mesma, como algo que em si mesmo possui seu pleno valor. A utilidade ou a esterilidade não podem nem acrescentar nem quitar nada a esse valor.*" In *Fundamentação*, p. 22.

4. SOBRE O DEVER

Com o afã de desenvolver o conceito de *boa vontade*, é dizer, de uma vontade considerada em si mesma e desprovida de qualquer propósito, Kant passa a considerar o conceito de *dever*. Este contém em si o conceito de uma vontade boa, embora sob certas restrições e obstáculos subjetivos. Tais entraves, no entanto, não fazem da *boa vontade* um conceito obscuro e incognoscível. Ao revés, por contraste, a faz ressaltar e aparecer com maior clareza. A boa vontade é uma vontade que se opera *por dever*. Deste modo, as ações humanas têm valor moral quando praticadas *por dever* e não *em conformidade* ao dever. Dentre os exemplos citados por Kant, tomemos o relativo à conservação da vida humana. Por inclinação, todos nós *devemos* conservar nossas próprias vidas. No entanto, nem todo ato de preservação da vida humana possui relevância moral. O ser humano que em perfeito estado de saúde pratica atos para manutenção de sua própria vida, o faz *em conformidade ao dever* de preservar sua existência. No entanto, uma pessoa que padece de uma enfermidade terminal, cuja vida não lhe parece mais digna de ser vivida, mas que decide conservá-la ainda assim somente *por dever*, tal conduta se reveste de conteúdo moral. Noutras palavras, para que uma dada conduta humana se revista de conteúdo moral, não basta que seja praticada *conforme ao dever*, mas sim *por dever*. Diz Kant: "*Precisamente nisto estriba o valor do caráter moral, do caráter que, sem comparação, é o supremo: o fazer o bem, não por inclinação, senão por dever.*[9]"

Para Kant, o valor moral da ação reside na *intenção*, no *querer*. Em consequência, "*uma ação feita por dever tem seu valor moral, não no propósito que por meio dela se quer alcançar, senão na máxima segundo a qual tem sido resolvida; não depende, pois, da realidade do objeto da ação, senão meramente do princípio do querer, segundo o qual tem sucedido a ação, prescindindo de todos os objetos da faculdade de desejar.*[10]" Com isto, verifica-se que o fim pretendido ao se praticar uma ação é irrelevante para sua configuração moral. Portanto, em uma ação, o elemento volitivo deve ser completamente dissociado dos propósitos do ato, para efeitos de precisar sua natureza moral. Não será o resultado benéfico da conduta que vai qualificá-la como moralmente boa, mas a *vontade* do agir consoante uma máxima da ação. Desta forma, o objeto da ação não é suficiente para qualificá-la moralmente. Assim, reiteramos, o valor

---

9. *Fundamentación de la metafísica de las costumbres*, p. 25.
10. *Fundamentación de la metafísica de las costumbres*, p. 26.

moral do ato está na *intenção* em seu estado de pureza, desvinculada dos propósitos almejados com a realização da conduta. Consoante Georges Pascal, é preciso considerar a intenção *"unicamente como intenção de fazer o que se deve fazer.*[11]*"*

Disto resulta o conceito de dever em Kant, apresentando-o como a *"necessidade de uma ação por respeito à lei.*[12]*"* Apenas à lei se pode ter respeito, jamais ao objeto da ação, porquanto efeito desta, sendo possível, neste caso, ter inclinações. Deste modo, objeto de respeito só pode ser aquilo que esteja diretamente vinculado à vontade na condição de simples fundamento, mas não como efeito. Como o propósito não pode ser levado em conta para qualificar uma ação como moralmente boa, todas as inclinações devem ser excluídas do âmbito de apreciação da conduta, restando, portanto, como motivo da ação de quem quer agir por dever, apenas o respeito à lei que determina cumprir o dever.[13]

Portanto, a representação da lei em si mesma constitui o fundamento determinante da vontade, e não o efeito da vontade que impulsiona uma determinada ação. No entanto, qual é esta lei cuja representação tem de determinar a vontade para que esta seja boa em absoluto, é dizer, sem restrição alguma? Por ter subtraído da vontade todas as inclinações que pudessem afastá-la do cumprimento de uma lei, aduz Kant que não resta nada mais que *"a universal legalidade das ações em geral – que deve ser o único princípio da vontade.*[14]*"* É, portanto, a forma (universalidade da lei) que constitui o fundamento da boa vontade. Assim, dispõe: *"eu não devo obrar mais que de modo que possa querer que minha máxima deva converter-se em lei universal.*[15]*"* Dito de outro modo, *eu só devo agir na medida em que a máxima da minha ação deva converte-se em lei universal*. Portanto, é a pretensão de universalidade da máxima que fundamenta a vontade que faz dela boa e, consequentemente, absoluta.

O conceito de dever não se extrai da experiência. Trata-se de um conceito *a priori*, da razão pura prática. Kant adverte que embora mui-

---

11. *Compreender Kant*, p. 121.

12. *Fundamentación de la metafísica de las costumbres*, p. 26.

13. Assevera Kant: *"Uma ação realizada por dever tem, no entanto, que excluir por completo o influxo da inclinação, e com esta todo objeto da vontade; não resta, pois, outra coisa que possa determinar a vontade, senão é, objetivamente, a lei e, subjetivamente, o respeito puro a essa lei prática, e, portanto, a máxima de obediência sempre a essa lei, embora com prejuízo de todas minhas inclinações."* in *Fundamentação*, p. 27.

14. *Fundamentación de la metafísica de las costumbres*, p. 28.

15. *Fundamentación de la metafísica de las costumbres*, p. 28.

tas ações sejam praticadas *conforme* o dever, sempre resta a dúvida se foram praticadas *por* dever. Tal consideração é relevante posto ser impossível penetrar na psique humana e saber qual o real motivo pelo qual uma ação foi praticada, posto que vários são os móveis que norteiam uma determinada conduta. Segundo Kant, "*é, na realidade, absolutamente impossível determinar por experiência e com absoluta certeza um só caso em que a máxima de uma ação, conforme por demais ao dever, tenha tido seu assento exclusivamente em fundamentos morais e na representação da lei.*[16]" Não causa estranheza o fato de Kant situar o conceito de dever no âmbito da razão pura prática, posto que o mesmo exclui qualquer elemento empírico na tentativa de revelar o princípio supremo da moralidade. Isto em face de as questões morais serem apreciadas internamente, e não externamente. A moral, porquanto ideal, situa-se no âmbito do dever ser; a experiência, porquanto real, situa-se no âmbito do ser. A abstração do ideal moral é relevante na medida em que acentua a nota da universalidade do dever, algo que não pode ser aferido na experiência. A teoria da moralidade, portanto, deve fundar-se em conceitos *a priori* da razão pura, desvinculada de qualquer elemento empírico.[17]

A lei moral serve para guiar a conduta humana, é dizer, para que o indivíduo pratique uma ação *por* boa vontade. Todo ser humano racional é possuidor de vontade, apresentando-se esta como a faculdade de agir consoante a representação de determinadas leis. Para derivar as ações destas leis, o homem necessita da razão, daí afirma Kant que a vontade é razão prática.[18] A vontade pode ser *perfeita* ou *imperfeita*. Diz-se que uma vontade é perfeita quando a mesma encontra-se sob as leis objetivas da razão, não se submetendo a nenhuma condição subjetiva

---

16. *Fundamentación de la metafísica de las costumbres*, p. 31. Interessante, neste sentido, são as palavras de Georges Pascal: "*Não é possível refutar com exemplos a tese de La Rochefoucauld, segundo a qual todos os nossos atos, até mesmo os mais virtuosos na aparência, se inspiram no amor-próprio e no interesse. Não há exemplo onde não se possa supor a intervenção de um desses dois móveis. Da irmã de caridade se poderá dizer que espera ganhar o paraíso; do indivíduo que arrisca a vida para salvar a de outrem, que aspira uma medalha, etc.*" in *Compreender Kant*, p. 125.

17. "*Por todo o dito se vê claramente: que todos os conceitos morais têm seu assento e origem, completamente a priori, na razão, e isto na razão humana mais vulgar tanto como na mais altamente especulativa; que não podem ser abstraídos de nenhum conhecimento empírico, o qual, portanto, seria contingente; que nessa pureza de sua origem reside sua dignidade, a dignidade de servir-nos de princípios práticos supremos; que sempre que acrescentamos algo empírico subtraímos outro tanto de seu legítimo influxo e quitamos algo ao valor ilimitado das ações.*" Kant, *Fundamentación de la metafísica de las costumbre*, p. 35.

18. *Fundamentación de la metafísica de las costumbres*, p. 36.

da sensibilidade, é dizer, às inclinações; ao revés, imperfeita é a vontade que não se compatibiliza por inteiro à lei objetiva da razão, deixando-se levar também pelas inclinações, o que a torna, por suposto, contingente. Consoante tal classificação, podemos afirmar que a vontade humana é sempre imperfeita. Daí a necessidade de um elemento para determinar a vontade em consonância à lei objetiva. A esse elemento Kant denomina *constrição*, ou seja, *"a relação das leis objetivas a uma vontade não inteiramente boa é representada como a determinação da vontade de um ser racional por fundamentos da vontade, sim, porém por fundamentos aos quais esta vontade não é por sua natureza necessariamente obediente.*[19]*"* Consoante Georges Pascal, *"a vontade não obedece à razão salvo se for constrangida por ela, e não naturalmente, como o faria se fosse pura.*[20]*"*

5. DOS IMPERATIVOS HIPOTÉTICOS E CATEGÓRICOS

A lei moral constritiva da vontade imperfeita do ser humano se apresenta sob a forma de mandatos, de imperativos, que se expressam através de um *dever ser*. Segundo Kant, os imperativos *"mostram assim a relação de uma lei objetiva da razão a uma vontade que, por sua constituição subjetiva, não é determinada necessariamente por tal lei (uma constrição)* [21]*"* Deste modo, *"são fórmulas para expressar a relação entre as leis objetivas do querer em geral e a imperfeição subjetiva da vontade de tal ou qual ser racional; v. gr., da vontade humana.*[22]*"*

Kant classifica os imperativos em hipotéticos ou categóricos. São hipotéticos os imperativos que apontam para uma ação como meio para obtenção de um propósito; categóricos são aqueles que determinam a ação por si mesma, como necessária e incondicionada. Os imperativos hipotéticos podem ser de *habilidade* ou *sagacidade* (prudência). Exemplo dos primeiros são as regras práticas das ciências que seguem os pesquisadores para obtenção de um dado resultado, ao passo que os segundos apresentam diretrizes para obtenção do propósito da *felicidade*. Nestes casos, sempre a ação está condicionada a um fim. Tais imperativos são analíticos, pois quem quer os fins, necessita dos meios (necessários) para alcançá-los. No imperativo categórico, que é próprio da moralidade, a ação é um fim em si mesmo, sendo necessária e abso-

---

19. *Fundamentación de la metafísica de las costumbre*, p. 36.
20. *Compreender Kant*, p. 127.
21. *Fundamentación de la metafísica de las costumbres*, p. 36.
22. *Fundamentación de la metafísica de las costumbres*, p. 37.

luta. Tal imperativo é sintético-prático *a* priori, pois prescindindo dos fins, faz unir a vontade à lei. Ademais destas distinções, Kant indica outra relacionada à desigualdade da constrição da vontade relacionada a esses três princípios. Os imperativos de habilidade fixam *regras;* os de sagacidade, *conselhos;* e os de moralidade, *leis.* Portanto, somente os imperativos categóricos constituem o âmbito da moralidade, *"pois só a lei leva consigo o conceito de uma necessidade incondicionada e objetiva, e, portanto, universalmente válida, e os mandatos são as leis as quais há que obedecer, isto é, dar cumprimento mesmo contra as inclinações.*[23]"

Ao discorrer sobre o conteúdo dos imperativos, afirma Kant que em se tratando dos *hipotéticos,* não é possível saber de antemão o que ele conterá, salvo se lhe for apresentadas as condições; de maneira distinta, é possível revelar o que um imperativo categórico contém. Aduz o autor: *"pois como o imperativo, a parte da lei, não contém mais que a necessidade da máxima de conformar-se com essa lei, e a lei, no entanto, não contendo nenhuma condição a que esteja limitada, não resta, pois, nada mais que a universalidade de uma lei em geral, a que há de conformar--se a máxima da ação, e essa conformidade é o único que o imperativo representa propriamente como necessário.*[24]" Tornamos a dizer, pois, que a universalidade, necessidade e incondicionalidade, constituem a nota característica do imperativo categórico que, no dizer de Kant, é único.

O imperativo categórico, portanto, se expressa através da seguinte fórmula: *"obra só segundo uma máxima tal que possas querer ao mesmo tempo que se torne lei universal.*[25]" Deste imperativo derivam todos os demais imperativos do dever.

Para precisar o significado do dever e expor a utilidade de sua teoria moral, Kant parte da ideia de *natureza* em seu sentido mais amplo como sendo a existência das coisas, porquanto determinadas por leis universais. A partir daí extrai um outro imperativo categórico, que se expressa da seguinte forma: *"obra como se a máxima de tua ação devera tornar--se, por tua vontade, lei universal da natureza.*[26]" Em outras palavras, resta saber se o princípio subjetivo do querer, por vontade própria, pode converter-se em lei universal da natureza. Para tanto, Kant nos fornece quatro exemplos, partindo da distinção entre deveres com nós mesmos

---

23. *Fundamentación de la metafísica de las costumbres,* p. 39.

24. *Fundamentación de la metafísica de las costumbres,* p. 42.

25. *Fundamentación de la metafísica de las costumbres,* p. 43.

26. *Fundamentación de la metafísica de las costumbres,* p. 43.

DEVER E DIGNIDADE HUMANA

e para com os demais seres racionais, a saber: a) suicídio; b) falsa promessa; c) desperdício do talento e; d) ausência de ajuda ao próximo. Ora, se a moralidade do ato depende da pretensão de tornar a máxima da ação em lei universal, aplicável a todos os demais seres humanos, força concluir que todas as condutas acima descritas são imorais. O ser humano que pratica o suicídio o faz por egoísmo, por amor próprio, de modo que *"uma natureza cuja lei fosse destruir a vida mesma, pela mesma sensação cuja determinação é atiçar o fomento da vida, seria contraditória e não poderia subsistir como natureza; portanto, aquela máxima não pode realizar-se como lei natural universal.[27]"* De igual modo, aquele que promete falsamente para livrar-se de um problema, sabedouro que não pode honrar o prometido, também pratica uma conduta contrária à moral. Ora, se a todos fossem dados a prerrogativa de prometer falsamente, em razão de sua conversão em lei universal, cairia por terra a própria noção de promessa, pois ninguém mais acreditaria naquilo que está sendo proposto e que deveria ser cumprido. Por fim, aquele que deixa desperdiçar o talento por preguiça ou que é indiferente quanto às dificuldades alheias, não podem ter a pretensão de que sua máxima se converta em lei universal, pois *"nenhum ser dotado de razão pode querer que os homens, por preguiça, deixem de cultivar suas aptidões, ou, por egoísmo, se mantenham isolados e desinteressados uns dos outros."[28]*

Importa salientar que, quando praticamos uma conduta contrária ao dever, é dizer, imoral, em razão de nossas inclinações, a fazemos como uma exceção. Inexiste a pretensão de torná-la lei universal da natureza. Ao contrário, a prática de uma conduta imoral apenas reforça a dignidade do imperativo categórico, posto que atuamos daquela forma apenas excepcionalmente e, aos nossos olhos, de maneira insignificante. O dever de atuar através da lei moral continua válido.

6. AUTONOMIA DA VONTADE E DIGNIDADE HUMANA

A vontade é a faculdade de agir em conformidade com a representação de certas leis. Todo ser humano racional é possuidor de vontade. *Fim* é o que serve a vontade como fundamento objetivo de sua autodeterminação e, quando posto pela razão, há de ser observado por todos os seres racionais. Isto porque, uma vez posto racionalmente, o *fim* tem a pretensão de universalidade. Assim, é possível distinguir os *fins subjetivos* dos

---

27. *Fundamentación de la metafísica de las costumbres,* p. 43.
28. Georges Pascal, *Compreender Kant,* p. 130.

209

fins objetivos. Pelos primeiros, entendem-se todos aqueles relacionados ao sujeito, é dizer, são propósitos almejados em face das inclinações do sujeito, dos seus desejos, que, por sua natureza contingente, são relativos. Por situarem no campo da experiência, os fins subjetivos não se prestam a uma *boa vontade*, posto que esta se abstrai de todo elemento empírico. Resta, pois, que a vontade há de servir a um fim objetivo, algo que seja universal e absoluto, é dizer, *um fim em si mesmo*. Portanto, o que pode ser considerado como fim em si mesmo, cuja existência em si mesma possua um valor absoluto e que sirva de fundamento ao imperativo categórico? Kant responde: *"o homem, e em geral todo ser racional, existe como fim em si mesmo, não apenas como meio para usos quaisquer desta ou daquela vontade; deve em todas suas ações, não só as dirigidas a si mesmo, senão as dirigidas aos demais seres racionais, ser considerado sempre ao mesmo tempo como fim.*[29]*"*

Deste modo, os seres humanos, porquanto racionais, são fins em si mesmos e têm valor absoluto e incondicionado. A eles Kant denomina *pessoas*, para estabelecer uma distinção pelo que se compreende por *coisas*, ou seja, os seres irracionais cuja existência não repousa em nossa vontade, mas na natureza mesma e, por isso, tem um valor meramente relativo, como meio. A partir da ideia de que a racionalidade humana constitui um fim em si mesma, formula-se o seguinte imperativo prático: *"obra de tal modo que uses a humanidade, tanto em tua pessoa como na pessoa de qualquer outro, sempre como um fim ao mesmo tempo e nunca somente como meio.*[30]*"* Tal preceito veda, portanto, a instrumentalização do ser humano e da humanidade. O ser humano nunca deve ser considerado um meio a serviço de um fim, mas ele próprio, ser racional, constitui um fim em si mesmo.

Segundo Kant, é possível extrair da conjugação dos dois primeiros princípios (natureza e finalidade) um outro, a saber: *"a idéia da vontade de todo ser racional como uma vontade universalmente legisladora.*[31]*"* Segundo este princípio, a vontade não está apenas submetida à lei, mas é, ela própria, vontade, legisladora. Em outras palavras, a vontade subordina-se à lei por ser ela própria sua autora. A lei emana da vontade, submetendo-se esta àquela. Deste modo, o terceiro imperativo categórico pode exprimir-se na ideia da vontade de todo ser racional como *vontade*

---

29. *Fundamentación de la metafísica de las costumbres*, p. 48.
30. *Fundamentación de la metafísica de las costumbres*, p. 49.
31. *Fundamentación de la metafísica de las costumbres*, p. 50.

legisladora universal[32]. Denomina-se, pois, este princípio, de *autonomia da vontade*. A noção de autonomia é importante para Kant posto que a vontade, para ser boa, não pode estar condicionada a nenhum elemento externo. Contrapõe, portanto, o autor, o conceito de autonomia ao de heteronomia.

O conceito de autonomia da vontade, segundo Kant, conduz a um outro bastante frutífero e útil, embora situado no campo do ideal, qual seja: o *reino dos fins*. Este *reino* é composto por distintos seres racionais submetidos a uma legislação comum, de maneira que nenhum indivíduo pode tratar a si mesmo ou aos demais como simples meio, mas sempre como um fim em si mesmo. Nesta *comunidade ideal*, todos os seres racionais são simultaneamente membros e chefe; na condição de *membro*, é *legislador universal* e submete-se a essa mesma lei; como *chefe*, não está subordinado a nenhuma outra lei (vontade), salvo a que deu a si próprio na condição de *legislador*. Uma ação é considerada moralmente quando conforme à legislação que possibilita o *reino dos fins*. Afirma Kant que esta legislação há de ser tida em conta por todo ser racional e emanar de sua própria vontade, cujo princípio consiste em praticar nenhuma ação por outra máxima que esta, a saber: *"que possa ser a tal máxima uma lei universal e, portanto, que a vontade, por sua máxima, possa considerar-se a si mesma ao mesmo tempo como universalmente legisladora.*[33]*"*

Kant associa a noção de autonomia da vontade à dignidade humana. Segundo ele, no reino dos fins tudo tem um *preço* ou uma *dignidade*. Aquilo que tem um preço pode ser substituído por outro equivalente; no entanto, o que está acima de todo preço e não possui equivalente algum, tem dignidade. O ser racional, porquanto fim em si mesmo, possui dignidade. Trata-se de um valor inato ao homem. Deste modo, o ser humano não deve condicionar-se a nenhuma outra vontade, salvo a dele próprio na condição de legislador universal, por ser dotado de dignidade. Assim, o ser humano é digno por ter autonomia de vontade. *"A autonomia é, pois, o fundamento da dignidade da natureza humana e de toda natureza racional.*[34][35]*"*

---

32. *Fundamentación de la metafísica de las costumbres*, p. 51.

33. *Fundamentación de la metafísica de las costumbres*, p. 53.

34. *Fundamentación de la metafísica de las costumbres*, p. 54.

35. *"Ora, a dignidade da pessoa não consiste apenas no fato de ser ela, diferentemente das coisas, um ser considerado e tratado como um fim em si e nunca como um meio para a consecução de determinado resultado. Ela resulta também do fato de que, pela sua vontade racional, só a pes-*

Diz, ainda, o autor, que *"somente a dignidade do homem, como natureza racional, sem considerar nenhum outro fim ou proveito a conseguir por ela, isto é, só o respeito por uma mera idéia, deve servir, sem embargo, de imprescindível preceito da vontade, e precisamente nesta independência, que desliga a máxima de todos os móveis semelhantes, consiste sua sublimidade e faz a todo sujeito racional digno de ser membro legislador no reino dos fins, pois de outro modo teria que representar-se somente como submetido à lei natural de suas necessidades.[36]"*

Portanto, em Kant, a dignidade humana se fundamenta na autonomia da vontade. Trata-se de uma dignidade autônoma[37], que decorre da própria racionalidade humana. O ser humano é digno porquanto dotado de razão.

7. CONSIDERAÇÕES FINAIS

Fundamentar a dignidade humana na autonomia da vontade suscita sérios problemas de natureza moral e jurídica, posto que não se vislumbra com clareza quando o ser humano passa a ser digno e quando deixa de sê-lo. Na obra ora em análise, Kant não discorre sobre a problemática em apreço, sustentando apenas que, em razão de o ser humano possuir autonomia da vontade e constituir um fim em si mesmo, é dotado de dignidade. Depreende-se, pois, que *pessoa* é o ser humano dotado de razão e somente esta possui dignidade.

Ora, se a noção de dignidade humana está associada à concepção de pessoa enquanto ser racional, todos os seres humanos que não estiverem de posse de suas faculdades mentais não têm dignidade. Assim, por exemplo, um recém-nascido ou alguém que esteja em estado vegetativo. Tais seres humanos não seriam, na concepção de Kant, *pessoas*, logo não teriam dignidade. Assim, se trouxermos à discussão problemas como a moralidade do aborto ou da eutanásia, em uma perspectiva puramente kantiana de pessoa como sujeito moral, algumas questões estariam facilmente resolvidas, pois o feto humano e os seres humanos despro-

---

soa vive em condições de autonomia, isto é, como ser capaz de guiar-se pelas leis que ele próprio edita." In Fábio Konder Comparato, *A afirmação histórica dos direitos humanos*, p. 21.

36. *Fundamentación de la metafísica de los costumbres*, p. 56.

37. Sobre dignidade autônoma e heterônoma, cf. Luis Roberto Barroso. *A dignidade da pessoa humana no Direito Constitucional contemporâneo: natureza jurídica, conteúdos mínimos e critérios de aplicação*. Versão provisória para debate público. Mimeografado, dezembro de 2010. Ao se referir à dignidade heterônoma, o autor utiliza da expressão *"valor comunitário"*.

vidos de razão não teriam dignidade por não serem *pessoas*, podendo ser tratados, portanto, como *coisas*. Em outras palavras, podem ser *instrumentalizados*. Outro aspecto que merece reflexão é atribuir à dignidade humana caráter absoluto, quando na verdade sabemos que muitos valores podem entrar em conflito ante uma situação concreta, havendo necessidade de uma ponderação, o que implica uma relativização axiológica, incluindo, claro, a dignidade humana.

Um dos méritos de Kant foi conceber a dignidade autônoma, rompendo com a concepção heterônoma desenvolvida no período medieval, sobretudo da visão difundida pelo cristianismo, pondo acento no princípio da autonomia da vontade. Além disto, identificar o ser humano com um fim em si mesmo, não podendo ele ser instrumentalizado pelos demais, é bastante significativo.

Embora tenha sido um dos filósofos mais relevantes do Século das Luzes, é certo que suas ideias não podem ser absorvidas sem restrições na contemporaneidade, em razão do seu exacerbado formalismo – assim como Kelsen – e apego à racionalidade como pressuposto do conceito de pessoa e fundamento da dignidade humana. Entendemos, por fim, que a dignidade não integra apenas a esfera de um ser racional, abstratamente considerado e desprovido de todos os seus desejos, vontades, paixões etc., mas de todo e qualquer *ser humano concreto*, estando presente desde o início da vida até o advento da morte.

8. REFERÊNCIAS BIBLIOGRÁFICAS

BARROSO, Luis Roberto. *A dignidade da pessoa humana no Direito Constitucional contemporâneo: natureza jurídica, conteúdos mínimos e critérios de aplicação*. Versão provisória para debate público. Mimeografado, dezembro de 2010.

COMPARATO, Fábio Konder. *A afirmação histórica dos direitos humanos.* 2ª Ed. Saraiva: São Paulo, 2001.

DWORKIN, Ronald. *Domínio da vida.* Martins Fontes: São Paulo, 2003.

HUNT, Lynn. *La invención de los derechos humanos.* Tusquets Editores: Buenos Aires, 2010.

KANT, Manuel. *Fundamentación de la metafísica de las costumbres.* Editorial Porrúa: México, 2007.

KONINCK, Thomas de. *De la dignidad humana.* Dykinson: Madrid, 2006.

LEITE, Flamarion Tavares. *10 Lições sobre Kant.* 4ª Ed. Editora Vozes: Petrópolis, 2010.

MAIHOFER, Werner. *Estado de Derecho y Dignidad Humana.* Editorial B de F: Montevideo-Buenos Aires, 2008.

MARTÍNEZ, Gregorio Peces-Barba. *La dignidad de la persona humana desde la Filosofía del Derecho.* 2ª Ed. Dykinson: Madrid, 2003.

NINO, Carlos Santiago. *Ética y derechos humanos.* 2ª Ed. Editorial Astrea: Buenos Aires, 2007.

PASCAL, Georges. *Compreender Kant.* 5ª Ed. Editora Vozes: Petrópolis, 2009.

SARLET, Ingo Wolfgang. *Dignidade da Pessoa Humana e Direitos Fundamentais.* 8ª Ed. Livraria do Advogado: Porto Alegre, 2010.

SINGER, Peter. *Ética Prática.* Martins Fontes: São Paulo, 2006.

A DIPLOMACIA JUDICIAL: O USO DE PRECEDENTES ESTRANGEIROS PELA CORTE CONSTITUCIONAL BRASILEIRA

Álvaro Chagas Castelo Branco[1]

SUMÁRIO: Introdução 1. A utilização de precedentes estrangeiros 2. A utilização de precedentes estrangeiros no Brasil 3. Considerações finais. Bibliografia.

INTRODUÇÃO

Pelos padrões globais, o Supremo Tribunal Federal brasileiro, se comparado com outras Cortes Constitucionais – inclusive da América do Sul – é de certa forma relutante em se envolver em análise constitucional comparativa. No ordenamento jurídico brasileiro, muito pouco tem sido estudado e produzido sobre a o uso de precedentes e jurisprudência constitucional estrangeira pela nossa Corte Suprema. Escassos trabalhos abordam a questão empírica subjacente à razão pela qual alguns tribunais constitucionais fazem um maior uso do direito estrangeiro do que outros.

Dentro das transformações do Estado contemporâneo, com as mudanças na arquitetura global e a intensificação da interação econômica, social e cultural, cada vez mais a jurisdição enfrenta a exigência do intercâmbio com as demais ordens jurídicas do sistema internacional.

Estudos preliminares sugerem que uma combinação de fatores estruturais que se reforçam mutuamente podem criar as condições necessárias para o "comparativismo judicial" prosperar. O primeiro fator é a capacidade institucional. Um tribunal que não tem quaisquer mecanismos institucionais para aprender sobre a lei estrangeira, tais como o

---

1. Advogado da União. Professor Universitário. Membro do CBEC/UniCEUB. *LLM in US Law* (Washington University in St. Louis, Missouri, USA). Mestre em Direito (UniCEUB/DF).

recrutamento de servidores e assessores com larga experiência jurídica estrangeira ou o uso de pesquisadores que se especializam em direito estrangeiro, é pouco provável que faça mais do que o uso esporádico da lei estrangeira. O segundo fator é um sistema de suporte adequado de operadores do direito, com aptidão para o "comparativismo".

A investigação em busca das razões pelas quais os tribunais se envolvem em "comparativismo" também revela um fenômeno subjacente oculto da "diplomacia judicial". Ao contrário de outras práticas judiciais como o "textualismo" ou o "originalismo", o "comparativismo" não é apenas um meio pelo qual os juízes executam funções legais e judicantes; ele também pode ser uma forma de atividade diplomática.

Quando os tribunais constitucionais demonstram o domínio da lei estrangeira, os seus objetivos não se constituem, exclusivamente, em desenvolver opiniões fortes ou conquistar audiências domésticas. Eles também podem estar competindo uns com os outros para a influência e projeção internacional, ou para a prossecução dos objetivos de política externa, como a promoção do Estado de Direito e da independência judicial em outros países.

O conceito de "diplomacia judicial" ajuda a explicar porque os tribunais constitucionais se envolvem em uma série de práticas que são extremamente relacionadas com a atividade judicante. Embora o Supremo Tribunal Federal brasileiro, se comparado com outras cortes constitucionais, raramente pratique o "comparativismo constitucional", é um praticante ativo da diplomacia judicial de outras formas.

1. A UTILIZAÇÃO DE PRECEDENTES ESTRANGEIROS

A utilização de precedentes estrangeiros, em especial pelas Cortes constitucionais, tem recebido maior atenção nos últimos anos, embora ainda de maneira extremamente incipiente, mesmo na literatura estrangeira.

A tendência do intenso uso do direito comparado, pelos juízes constitucionais nacionais, como método de interpretação concretização (e de realização) constitucional, fenômeno que se desenvolve em várias intensidades e compreende doutrina, legislação e decisões estrangeiras. É importante destacar que o recurso a elementos exógenos já existia, por exemplo, nas colônias.[2]

---

2. MIRANDA, Jorge. *Teoria do estado e da constituição*. Coimbra: Coimbra Editora, 2002. p. 651.

A novidade é que atualmente não mais se verifica a recepção, e sim o diálogo enriquecedor do próprio direito interno, em que se percebe que os juízes citam outros sistemas não só para preencher as lacunas ou para tratar de algo novo tal como era feito no período colonial, mas para "find out how other judges have responded when faced with a comparable issue".[3]

Nos Estados Unidos, por exemplo, país marcado por uma forte tradição jurisprudencial sempre mais próxima do unilateralismo de suas próprias fórmulas jurídicas e com alta valorização dos precedentes jurisprudenciais, os métodos de trabalho da Corte Suprema parecem ter sofrido as consequências do contexto da afirmação plena do modelo político, econômico e cultural hasteado pelo país e que culminou na globalização, de modo que parte dos *justices* passou a empregar nas suas decisões fontes jurisprudenciais estrangeiras, embora de forma esporádica e intermitente, geralmente de países europeus ou de Estados partidários do sistema da *Common Law*.

Austin Parrish, é um dos defensores da legitimidade do uso do direito estrangeiro pela Suprema Corte Americana. Parrish discute a sua utilização como "autoridade persuasiva" e oferece uma análise crítica do discurso contrário a tal prática. O inconformismo com relação ao uso de fontes jurídicas estrangeiras em sede de jurisdição constitucional nos Estados Unidos tem como fundamentos a ilegitimidade do constitucionalismo comparado e a ameaça que o mesmo representaria à soberania nacional.[4]

Entretanto, algumas importantes decisões da Suprema Corte Norte Americana, entretendo, como por exemplo, no caso *Altkins v. Virginia* (pena de morte para pessoas com incapacidade mental), *Gratz v. Bollinger* (ações afirmativas para admissões universitárias) e *Lawrence v. Texas* (sodomia), foram de extrema importância, se tornando verdadeiros marcos no uso de precedentes estrangeiros. Em todos estes casos o direito estrangeiro foi citado, com fortes reações contrárias por parte da academia e do congresso americano.[5]

Verifica-se, portanto, que até mesmo os Estados Unidos da América, inicialmente refratários ao uso de qualquer normatização não nacional,

---

3. SLAUGHTER, Anne-Marie. *A global community of courts.* Harvard International Law Journal, v. 44, n. 1, 2003, p. 197.

4. PARRISH, Austen L. *Storm in a Teacup: The U. S. Supreme Court's Use of Foreign Law.* In: University of Illinois Law Review, vol. 637, 2007, v. 2. p. 641-642.

5. LAW, David S. *Judicial Comparativism and Judicial Diplomacy.* University of Pennsylvania Law Review, vol. 163, March 2015, n. 4, p. 931.

passaram, aos poucos, a modificar seu posicionamento, mantendo sempre o cuidado de justificar que sua soberania, em nenhum momento, seria fragilizada.

Nas palavras de Mark Tushnet, o Direito Constitucional Internacional consuetudinário faz parte das leis dos Estados Unidos, sob a chamada "Cláusula da Supremacia". Não afetaria, desta forma, a soberania da nação na medida em que um Tribunal Federal dos Estados Unidos deveria antes decidir se a decisão competira ou não a algum tribunal ou corte internacional.[6]

No Brasil, a Constituição Federal de 1988 consolidou os ideais do pós-positivismo, quais sejam: a valorização dos princípios, com sua incorporação explícita ou implícita; o reconhecimento do *status* de norma jurídica para as regras contidas na Lei Maior; a reaproximação do Direito e da Ética; a consagração da supremacia dos direitos fundamentais com base na dignidade da pessoa humana.

Ou seja, a partir da sua entrada em vigor, a Constituição Federal de 1988 concretizou o entendimento de que a interpretação de qualquer dispositivo legal deveria partir à luz da Lei Maior, e dela deveria emanar todo e qualquer dispositivo legal.

É latente o crescente uso do direito comparado na racionalidade das decisões dos tribunais constitucionais. A aproximação do direito constitucional com o direito comparado tem sido constantemente identificada em recentes decisões do Supremo Tribunal Federal.

2. A UTILIZAÇÃO DE PRECEDENTES ESTRANGEIROS NO BRASIL

Parece que no Brasil, o Supremo Tribunal Federal tem se curvado a uma tendência comparativa, buscando na legislação e normas estrangeiras algumas soluções para casos concretos brasileiros.

O tema é complexo. Adriana de Moraes Vojvodic indaga, por exemplo, se o uso de precedentes estrangeiros não passaria de mais uma importação de um elemento característico de outros sistemas jurídicos, não compatível com a tradição jurídica brasileira.[7]

---

6. TUSHNET, MARK. *Transnational/Domestic Constitutional Law. Georgetown University Law Center 2003 Working Paper Series in Public Law and Legal Theory.* p. 2.

7. VOJVODIC, Adriana de Moraes. *Precedentes e argumentação no Supremo Tribunal Federal: entre a vinculação ao passado e a sinalização para o futuro.* Tese de Doutorado. Faculdade de Direito da Universidade de São Paulo: São Paulo, 2012. p. 203

Nessa mesma linha de ideias, Diego Lopez Medina sustenta que, tradicionalmente, o direito Latino Americano caracterizou-se pela importação de elementos e mecanismos estrangeiros, que indiscriminadamente foram absorvidos pelos sistemas jurídicos de modo acrítico, e nem sempre acompanhados pelas mesmas condições jurídicas e sociais nas quais os mesmos elementos e mecanismos foram criados.[8]

Nada obstante, tanto a doutrina como a jurisprudência de outros países passaram a ser constantemente invocadas nos votos proferidos pelos ministros da Corte Suprema brasileira, principalmente nos votos exarados pelos ministros Gilmar Ferreira Mendes, Celso de Mello, Joaquim Barbosa, Ellen Gracie e Eros Grau, que o fazem como forma de qualificação do debate e de aprofundamento das análises e argumentações desenvolvidas nos julgamentos, elidindo que o uso da comparação seja considerado mera citação decorativa. O resultado pode ser observado em decisões interessantemente fundamentadas e ricas culturalmente, alcançando, por conseguinte, a própria melhora da jurisprudência interna.

De fato, assim ilustram Carlos Ari Sunfeld e Rodrigo Pagani de Souza:

> "Em matéria de citações de Direito estrangeiro, um perfil preciso do Tribunal não ficou claro, exceto a circunstância de que no conjunto amostral houve um número não desprezível de citações do gênero. E a circunstância de que, em sua maioria, foram citações de leis e precedentes de ordenamento jurídicos de Países da Europa e dos Estados Unidos da América. Uma reflexão sugerida por essa constatação diz respeito ao que estaria motivando a Corte brasileira a inspirar-se noutros ordenamentos, nas ocasiões em que o fez. Outra reflexão sugerida pelo dado diz respeito ao porquê desse olhar fixado em ordenamentos de Países *desenvolvidos*, em lugar de países *em desenvolvimento*, com características sociais, políticas e econômicas mais semelhantes às do Brasil.
>
> Todos esses traços dos perfis deliberativo e argumentativo do órgão colegiado, contudo, não correspondem necessariamente aos perfis individuais de seus integrantes. Cada ministro, apesar das semelhanças com os perfis de seus pares, geralmente apresentou ao menos uma característica própria, marcante e destoante das mais recorrentes entre seus colegas. Marcando o modo de argumentar e deliberar de cada ministro, os perfis individuais por vezes também se revelaram potentes, forjando em boa medida o perfil do órgão colegiado."[9]

---

8. MEDINA, Diego López. *Teoria impura del derecho. La transformación de la cultura jurídica latino-americana*. Bogotá: Ediciones Universidad de los Andes, 2004. p. 273.

9. SUNFELD; Carlos Ari Sunfeld; SOUZA, Rodrigo Pagani de. *Accountability e jurisprudência do Supremo Tribunal Federal*. In: VOJVODIC, Adriana *et al* (Orgs.). *Jurisdição Constitucional no*

Segundo os pesquisadores, com relação à citação de legislação e precedentes estrangeiros, o Ministro Gilmar Mendes contrastou fortemente com os de todos os seus pares, pelo alto percentual de citações do gênero que fez. Só foi equiparado em percentual de citações de precedentes estrangeiros pelo Ministro Menezes Direito. Além disso, a circunstância de que o Ministro Gilmar Mendes ter sido o "campeão" de citações de direito estrangeiro, com ênfase no direito alemão, poderia sugerir crítica a suposto "uso problemático" do direito estrangeiro pelo ministro, uso este que decorreria mais de razões próprias de sua biografia acadêmica ligada à Alemanha do que de necessidades próprias dos julgamentos.[10]

De fato, recentemente, por ocasião da discussão do exercício do direito de greve por parte dos servidores públicos civis, o argumento comparado ajudou a garantir a evolução do tema no âmbito do Supremo Tribunal Federal, tanto que o ministro e relator para o caso, justamente o Ministro Gilmar Mendes, fez constar da ementa do acórdão que:

> "[n]a experiência do direito comparado (em especial, na Alemanha e na Itália), admite-se que o Poder Judiciário adote medidas normativas como alternativa legítima de superação de omissões inconstitucionais, sem que a proteção judicial efetiva a direitos fundamentais se configure como ofensa ao modelo de separação de poderes (CF, art. 2º)."[11]

O recurso ao argumento comparado mostrou que a experiência alemã sobre a declaração de inconstitucionalidade sem pronúncia de nulidade, tendo em vista especialmente as omissões legislativas parciais, assim como as sentenças aditivas do direito italiano, denotava que, em se tratando do direito de greve dos servidores públicos civis, estava-se diante de hipótese na qual a omissão constitucional reclamaria uma solução diferenciada.

Nessa mesma linha de ideias, no voto que proferiu, o ministro Celso de Mello teve oportunidade de destacar os modelos normativos do direito de greve dos servidores públicos no âmbito comparado, demonstrando, com tal exposição, o gritante e injustificado atraso do legislador brasileiro no concretizar da norma constitucional.

Outro caso de grande importância para o constitucionalismo brasileiro e no qual a comparação de direitos ganhou relevância foi o que discutiu a condenação do escritor e sócio de editora por delito de des-

---

Brasil. São Paulo: Malheiros, SBDP, Direito GV, 2012. pp. 114-115.

10. *op. cit.* p. 115-116.

11. Mandado de Injunção nº 708/DF, julgado em 25/10/2007.

criminação contra os judeus por ter publicado, distribuído e vendido ao público obras antissemitas, delito ao qual foi atribuída a imprescritibilidade prevista no artigo 5º, XLII, da Constituição Federal.[12]

De acordo com Gustavo Vitorino Cardoso, na decisão do caso, a extensa referência a instrumentos internacionais, especialmente a Declaração Universal dos Direitos Humanos, foi acompanhada da comparação jurídica mediante a análise e a articulação da lei francesa nº 90.615/90; do artigo 416 do Novo Código Penal da França; da lei espanhola contra o racismo de 1995; do artigo 240 do Código Penal português; da Lei Gaysott, da França, de 1990; do "Licensing Act", da Inglaterra, de 1695; da Emenda nº 1 da Constituição Americana de 1787; da "Race Relations Act", de 1976. Também houve o registro de inúmeras decisões estrangeiras: os casos "Estados Unidos versus Lemrick Nelson", da Corte de Apelação da Califórnia, de agosto de 1999; "Mandla e outro versus Dowell Lee e outro", da Câmara dos Lords, na Inglaterra, de 1983; "Shaare Tefila Congregation versus Cobb" (US 615), da Suprema Corte norte-americana, de 1987; "Lüth", da Corte Constitucional Alemã (BverfGE 7, 198), julgado em 15 de janeiro de 1958; "Livro sobre a Guerra", da Corte Constitucional Alemã (BverfGE 90, 1-22), julgado em 11 de janeiro de 1994; "Soldados assassinos", da Corte Constitucional alemã (BverfGE 93, 266-312), julgado em 10 de outubro de 1995; "Romance Pornográfico", também da Corte Constitucional alemã (BverfGE 83, 130), julgado em 27 de novembro de 1990; "Terminiello versus Chicago" (337 US 1), da Suprema Corte norte-americana, julgado em 16 de maio de 1949; "R.A.V. versus City of St. Paul" (505 US 377), da Suprema Corte, julgado em 22 de junho de 1992; "Texas versus Johnson" (491 U.S. 397), também da Suprema Corte norte-americana, julgado em 21 de junho de 1989; "Publicação cômica contra o povo judeu", julgado pelo Tribunal Constitucional espanhol, sentença 176/1995, de 1995; "Schenck versus United States" (249 U.S. 47, 52), com o voto do Juiz Oliver Wendell Holmes Jr., proferido em 1919; "Virginia versus Black et al.", da Suprema Corte dos Estados Unidos; e, finalmente, o caso "Jersild versus Dinamarca", julgado pela Corte Europeia de Direitos Humanos em setembro de 1994.[13]

Na Questão de Ordem na Arguição de Descumprimento de Preceito Fundamental nº 54/DF, novamente através da lavra do ministro Gilmar

---

12. Habeas Corpus nº 82424/RS, julgado em 17/09/2003.

13. CARDOSO, Gustavo Vitorino. *O direito comparado na jurisdição constitucional.* Revista Direito GV, São Paulo 6(2) | p. 476| JUL-DEZ 2010

Ferreira Mendes, ponderou-se a respeito da "Roe versus Wade", da Suprema Corte dos Estados Unidos; de inúmeras decisões da Corte alemã e da Corte Constitucional italiana; da Constituição de Weimar; dos artigos 123, inciso I, e 178, inciso II, da Constituição de Bonn; do artigo 282, parágrafo 4º, da Constituição portuguesa de 1976; dos artigos 33, e 44, I, "A", da Lei Orgânica do Tribunal Constitucional espanhol; do artigo 44, parágrafo 90, incisos I e II, da Lei Orgânica da Corte Constitucional alemã; do capítulo 3, artigos 2213-1 a 2213-4, do livro 2 do Código de Saúde Pública da França; do artigo 140 da Lei Constitucional da Áustria; do artigo 134 da Constituição da Itália; e da Lei Constitucional de 9 de fevereiro de 1948, da Itália.

Toda essa construção se deu, em parte, para demonstrar que a maior parte dos Estados constitucionais assegurava aos seus respectivos tribunais constitucionais competência para aferir a constitucionalidade das leis pré-constitucionais em face da Constituição vigente e, também, para reprochar uma introdução acrítica no ordenamento brasileiro da cláusula de subsidiariedade na forma como existe no direito alemão (recurso constitucional) e no direito espanhol (recurso de amparo), para fins de admissibilidade da arguição de preceito fundamental nos termos da Lei nº 9.882/1999.

No mesmo caso, a ministra Ellen Gracie frisou o valor da comparação jurídica por se estar diante de um instituto novo, em boa parte influenciado pela experiência constitucional europeia, enquanto o ministro Carlos Veloso citou apenas a legislação francesa para demonstrar a complexidade do caso submetido à apreciação do STF.

Outro exemplo paradigmático foi a ADPF 130, caso em que se discutiu a recepção da Lei de Imprensa pela Constituição de 1988. O STF, em uma de suas decisões mais relevantes com relação ao tema da liberdade de expressão. Decidida em 30 de abril de 2009, a ADPF 130 tinha como objeto definir se a Lei n.º 5.250/1967 adequava-se ou não direitos e garantias individuais elencados no texto constitucional de 1988.

No caso em apreço, houve várias citações de decisões e precedentes estrangeiros, tendo sido trazidos ao debate, em especial, casos referentes a restrições à liberdade de imprensa decididos na Suprema Corte norte-americana e no Tribunal Constitucional alemão. Dentre esses casos, um especial é usado por mais de um Ministro, e analisado em maior profundidade. Trata-se do caso Lebach, decidido pelo Tribunal Constitucional Alemão em 1973, onde se discutiu se uma rede de televisão poderia ser proibida de incluir em sua programação um documentário sobre a história de um criminoso que estava a poucos dias de deixar a prisão. Tal caso foi debatido pelos ministros em mais de uma ocasião durante o julgamento, sendo citado pelos ministros Menezes Direito, Gilmar Mendes e Carlos Britto. Sustentou-se que as restrições à liberdade de imprensa e expressão podem estar presentes em uma democracia, pois garantem que essas liberdades não serão exercidas às custas da limitação excessiva de outras garantias constitucionais.

Para Gustavo Vitorino Cardoso, a habitualidade com que o STF se mune da comparação não é, atualmente, confrontada pelos juristas atentos aos trabalhos do Tribunal. De acordo com o autor, no tocante à doutrina, é importante frisar o constante uso de estudos estrangeiros nas decisões da Corte brasileira, especialmente os provenientes da ciência jurídica espanhola, alemã, italiana e francesa.[14]

O autor afirma que o argumento comparado não é de modo algum ignorado pela prática judicativa. Pelo contrário, pois é explorado a fundo pelos juízes constitucionais de vários países, tendência da qual os juízes do STF não se afastam, ainda que neste a comparação não seja de fundo, isto é, não venha acompanhada da discussão sobre os alicerces contextuais da lei, do precedente ou da doutrina estrangeira.[15]

Contudo, há premente necessidade de se identificar uma sistemática jurídica própria, um método para o uso de uma fundamentação lançada com base em elementos apurados em outra ordem jurídica, tarefa essa que é levada a efeito como apoio na caracterização do denominado estado constitucional.

Segundo Christine Oliveira Peter da Silva, até o ano de 2013, no sítio de Supremo Tribunal Federal, estavam registradas aproximadamente 200 decisões com referências a precedentes estrangeiros como fundamentação dos votos dos ministros.[16]

A primeira decisão analisada na pesquisa era do ano de 1961 e a última era do ano de 2012, de forma que a pesquisa avançou por decisões da Suprema Corte Brasileira nos últimos 50 anos. Nesse período, somen-

---

14. CARDOSO, Gustavo Vitorino. *O direito comparado na jurisdição constitucional.* Revista Direito GV, São Paulo 6(2) | p. 477| JUL-DEZ 2010

15. *op. cit.* p. 478.

16. SILVA, Christine O. Peter da. *Transjusfundamentalidade: diálogos judiciais transnacionais sobre direitos fundamentais.* 2013, 274 f. Tese (Doutorado) – Pós-Graduação em Direito, Estado e Constituição da Faculdade de Direito da Universidade de Brasília – UnB. p. 161

te a década de 70 não teve o registro de nenhuma decisão do Supremo Tribunal Federal em que se usou da jurisprudência estrangeira como tópico argumentativo de votos dos Ministros da Corte.[17]

O STF mantém em seu sítio na rede mundial de computadores uma área específica destinada à publicação das traduções, nas línguas inglesa e espanhola, de resumos da sua jurisprudência mais significativa, o que tem o condão de promover o intercâmbio de informações legislativas e jurisprudenciais entre os diversos países. Ademais, é nesses casos mais significativos, entendidos aqui como polêmicos, que o direito comparado é mais habitualmente empregado. Como já ressaltado várias vezes, não se trata de fenômeno muito recente no Tribunal, tendo crescido nos últimos anos o número de decisões que trazem a comparação no seu bojo.

3. CONSIDERAÇÕES FINAIS

A utilização de precedentes estrangeiros gera uma indagação: qual seria o papel do Direito comparado, e qual o seu alcance no constitucionalismo pátrio?

Até mesmo a Corte Suprema dos Estados Unidos da América, inicialmente contrária ao uso de qualquer normatização não nacional, passou, aos poucos, a modificar o seu posicionamento e adotando precedentes estrangeiros em suas decisões, mantendo sempre o cuidado de justificar que sua soberania, em nenhum momento, seria fragilizada.

A atitude interpretativa dos Tribunais tem um caráter integracionista, e os entusiastas do uso de precedentes estrangeiros ou do direito internacional veem estas fontes como parte de um processo constitucional de interpretação mais amplo.

Nos Estados Unidos, por exemplo, tem-se adotada a jurisprudência estrangeira de forma episódica e não sistemática.

No entanto, o recurso a casos estrangeiros é muito mais antigo nos Estados Unidos do que no Brasil, já que no nosso ordenamento, o uso de tais precedentes se deu com o advento da Constituição de 1988.

No caso brasileiro, pelos exemplos citados, é possível afirmar que os elementos estrangeiros são, ordinariamente, utilizados sem maiores

---

17. *op. cit.* p. 162.

critérios metodológicos, se considerados os padrões fixados pelo direito comparado moderno.

Não se sustenta a tese de que os intérpretes devem se sujeitar à vontade do autor da lei. A jurisprudência constitucional é determinada pelos contextos sociais, econômicos e políticos.

A utilização de precedentes estrangeiros nas cortes constitucionais é um fenômeno lento, porém necessário, inclusive no âmbito global, pois existe uma base, um alicerce de liberdades individuais fundamentais, comuns que vão além de suas particularidades em todos os sistemas jurídicos.

Sua utilização deve ser encarada como matéria de interesse no social, buscando-se o equilíbrio entre os Estados e dentro do contexto histórico cultural de nosso país, levando-se em consideração o ativismo judicial sem a aproximação do subjetivismo judicial.

Tal fato decorre da crescente e incessante evolução social e da globalização, impulsionadas pelas redes sociais e internet, que possibilitam a troca de informações e experiências jurídicas em grau máximo, gerando, assim necessária limitação aos poderes do Estado, em prol da sociedade.

Vários mecanismos podem e devem ser implementados para um maior ativismo judicial comparativo, como, por exemplo, a capacitação de servidores e magistrados no exterior, com a possibilidade de experiência, contato direto e convivência com casos e ordenamentos jurídicos estrangeiros, bem como o incentivo a parcerias e convênios internacionais. O acesso à informação amplo e praticamente ilimitado e as facilidades das comunicações eletrônicas, são elementos que tornam a diplomacia judicial um caminho sem volta.

4. BIBLIOGRAFIA

CARDOSO, Gustavo Vitorino. O direito comparado na jurisdição constitucional. Revista Direito GV, São Paulo 6(2) | p. 477| JUL-DEZ 2010

LAW, David S. Judicial Comparativism and Judicial Diplomacy. University of Pennsylvania Law Review, vol. 163, March 2015, n. 4, p. 931.

MEDINA, Diego López. Teoria impura del derecho. La transformación de la cultura jurídica latino-americana. Bogotá: Ediciones Universidad de los Andes, 2004.

MIRANDA, Jorge. Teoria do estado e da constituição. Coimbra: Coimbra Editora, 2002.

PARRISH, Austen L. Storm in a Teacup: The U. S. Supreme Court's Use of Foreign Law. In: University of Illinois Law Review, vol. 637, 2007, v. 2.

SILVA, Christine O. Peter da. Transjusfundamentalidade: diálogos judiciais transnacionais sobre direitos fundamentais. 2013, 274 f. Tese (Doutorado) – Pós-Graduação em Direito, Estado e Constituição da Faculdade de Direito da Universidade de Brasília – UnB.

SLAUGHTER, Anne-Marie. A global community of courts. Harvard International Law Journal, v. 44, n. 1, 2003.

SUNFELD; Carlos Ari Sunfeld; SOUZA, Rodrigo Pagani de. Accountability e jurisprudência do Supremo Tribunal Federal. In: VOJVODIC, Adriana et al (Orgs.). Jurisdição Constitucional no Brasil. São Paulo: Malheiros, SBDP, Direito GV, 2012. p. 469-492.

TUSHNET, MARK. Transnational/Domestic Constitutional Law. Georgetown University Law Center 2003 Working Paper Series in Public Law and Legal Theory.

VOJVODIC, Adriana de Moraes. Precedentes e argumentação no Supremo Tribunal Federal: entre a vinculação ao passado e a sinalização para o futuro. Tese de Doutorado. Faculdade de Direito da Universidade de São Paulo: São Paulo, 2012.

A LIQUIDEZ DA DEMOCRACIA

Rafael Freitas Machado[1]

SUMÁRIO: 1. Introdução 2. A relatividade da democracia 2.1 O tempo e o espaço como elementos fundamentais 2.2 As ondas democráticas e o efeito reinventivo 3. A democracia na sociedade sem fronteiras 3.1 Informação, Fiscalização e participação 3.2 A busca pelo equilíbrio como desafio democrático 3.3 A liquidez da democracia como convite à sua efetividade 4. Conclusões 5. Referências bibliográficas.

> *"Essa democracia [que], finalmente, não aceita mais escamoteação... [e] que começa a se dar o respeito. Uma democracia que resolveu altivamente sair do armário" – Ministro Carlos Ayres Brito – em palestra promovida pela Federação do Comércio de São Paulo – Divulgado pela EBC Agência Brasil dia 06/03/2017"*

1. INTRODUÇÃO

Preliminarmente, merece registro e justificativa para o título empregado ao presente trabalho. Na maioria das vezes e no atual contexto, quando se invoca a palavra "liquidez", se faz alusão ao pensamento de "Modernidade líquida"[2] do sociológico polonês *Zygmunt Bauman*. Para o presente ensaio, a palavra "Liquidez" procura agregar uma característica (sem qualquer juízo de valor) da democracia, no sentido de adaptabilidade constante e preenchimento de formas condicionadas ao tempo e

---

1. Advogado sócio do Machado, Leite e Bueno Advogados. Professor e Doutorando em Direito pelo Centro Universitário de Brasília – Uniceub. Mestre em Ciências jurídico-politicas pela Faculdade de Direito de Lisboa – Portugal. Coordenador Regional do Comitê Brasileiro de Arbitragem – Cbar. Membro do CBEC – Centro Brasileiro de Estudos Constitucionais, da *ICC – International Chamber of Commerce* e do IRELGov – Instituto de Relações Governamentais.

2. BAUMAN, ZYGMUNT. Tradutor Plinio Dentizien. Editora Zahar, 2001. A mesma linha é desenvolvida em suas demais obras, como Tempos Líquidos, Medo Líquido e Amor Líquido.

ao espaço, ou seja, a relatividade da democracia, segundo tempo/espaço. Para a presente abordagem, considera-se a liquidez da democracia como elemento fundante da própria democracia, o que adverte-se, ao nosso ver, não se trata de uma característica negativa.

Tratar sobre Democracia é obrigatoriamente visualizar a pessoa do professor e Ministro Carlos Ayres Britto, um dos maiores defensores da Democracia e do constitucionalismo sincero, a quem registro todas as homenagens e os agradecimentos pelo convívio e pelos ensinamentos.

2. A RELATIVIDADE DA DEMOCRACIA

A ideia central do presente tópico é tratar acerca da democracia e de suas variações ao longo do tempo e do espaço. Isto porque, Dahl, em sua obra "Sobre a democracia", estabelece um percurso metodológico problematizante sobre a democracia, acerca dos países democráticos, dos não democráticos e dos países em transição. Além disso, trata sobre as razões e os por quês para a democracia, além de abordar o que foi realizado e "o que há pela frente".

Não é o caso de se detalhar as especificações de cada abordagem do referido Autor. Apenas cumpre registrar e concordar com uma singela e preliminar conclusão, segundo a qual, a Democracia carrega em si, o fundamental aspecto de relatividade no que pertine à forma, ao exercício, à prática e às consequências. Neste contexto, ainda que a questão gire em torno do único objeto, qual seja, "a Democracia", ela possui diferentes significados em diferentes épocas. Isto significa que, verdadeiramente, a democracia, como tipo de regime ou sistema político, possui como língua a história[3].

Possivelmente, sob um olhar mais absolutamente fiel[4] à ideia de democracia, pode-se ansiar que ela seja universal, única e, principalmente, ausente de imperfeições. Entretanto, não é. Primeiro, porque não é correta a suposição, segundo a qual a maioria da população no mundo vive

---

3. KEANE, John. *Vida e Morte da Democracia.* Trad. Nuno Castello-Branco Bastos, 2009, edições 70, Portugal, p. 15.

4. Relevante a consideração feita por Keane acerca da relação entre a democracia e a fé; "Não obstante esta obra reconheça que a democracia sempre teve uma forte relação com a fé no sagrado, desde o início que tive as minhas dúvidas de que uma fé que vai além da história – ou que, saindo do mundo, entra num mundo de essências eternas – pudesse ser a chave de compreensão da democracia." *Idem,* p. 882.

sob a democracia[5]. Segundo, conforme apregoa Dahl, ainda que afastadas a China e a Rússia da análise democrática, por exemplo, os duzentos países que adotam a democracia como sistema, possuem e formam um conjunto diversificado de modelos, absolutamente diferentes uns dos outros.

Portanto, deve-se desmistificar a ideia de existência da Democracia como algo único. E mais, é possível avançar com relação a mencionada ideia. O caráter líquido ora proposto permite firmar a posição, que sequer é necessária a formatação ou a pontuação de um conceito único, justamente porque sua característica é a existência de várias formas, ou seja, múltiplas democracias.[6]

Assim, a democracia praticada no Brasil é diferente da democracia efetivada na Grécia Clássica, das cidades-independentes e das assembleias passíveis de participação ou da Roma Antiga, restrita aos aristocratas ou mesmo dos Estados Unidos[7]. No mesmo sentido, a democracia da Europa do Norte, tratada por Dahl[8] e caracterizada pela combinação de instituições políticas, de soluções das disputadas pelos homens livres, níveis de representatividade é diferente da democracia realizada e desenvolvida na África do Sul, tendo em vista, por exemplo, a luta por uma democracia não racial.

2.1. O tempo e o espaço como elementos fundamentais

Neste contexto de relatividade, tempo e espaço assumem significado vinculante, condicionante e certeza à democracia. Em termos gerais, mostra-se deficiente qualquer análise sobre a democracia sem que sejam analisados, de forma metodológica e científica, qual o período e o local específico de vivência e da prática democrática. Isto significa que jamais a mesma democracia será vivida em países, cidades, cantões ou blocos diferentes, da mesma forma que não serão igualmente equiva-

---

5. DAHL, Roberto. *Sobre a democracia*. Brasília: UnB, 2001.
6. ZAGREBELSKY, Gustavo. *A crucificação e a democracia*. trad. Monica de Sanctis Viana. São Paulo: Saraiva, 2011, p. 15. A relatividade aqui indicada, é tratada por Zagrebelsky, como o *pensamento da possibilidade, "...que mantém constantemente aberto para a indagação e tem como postulado a polivalência estrutural de toda e qualquer situação em que nos possamos encontrar..."*
7. A respeito: TOCQUEVILLE, Alexis. *A democracia na América. Leis e Costumes*. Trad. Eduardo Brandão. Martins Fontes, São Paulo, 2005.
8. Idem.

lentes as democracias praticadas em momentos temporais diferentes, ainda que o espaço seja o mesmo.

O grau de dependência da democracia com os dois elementos (tempo/espaço) é de tal ordem que acarreta a interdependência entre os próprios elementos mencionados. Essa multiplicidade de "resultados possíveis" afasta a possível ideia "comum" de existência de apenas uma democracia, bem como, evidencia que a democracia está diretamente relacionada à práxis democrática, ao contexto histórico específico, às peculiaridades social e econômica e principalmente à realidade política[9].

Karl Loewenstein[10] destaca que nenhuma sociedade estatal moderna pode ser analisada exclusivamente à luz de suas instituições constitucionais e legais, prescindindo do papel que os grupos pluralistas jogam no processo político. Acrescenta, ainda que nenhuma questão política – no caso, a democracia – pode ser separada de suas repercussões econômicas e vice-versa.

Portanto, além do tempo e do espaço, devem ser agregados à democracia aos elementos (instituições, economia, política e outros) específicos que influenciam diretamente a própria democracia e sua práxis. Trata-se da democracia real, praticado segundo determinado período temporal e afetada pelas variáveis do espaço escolhido como objeto de análise.

A referida questão assume outros contornos mais amplos, pois, em meio aos múltiplos elementos constantes e condicionantes da democracia, em certos casos – segundo tempo/espaço – ocorre a apropriação da democracia para a prática de atos contrários à própria democracia, o que evidencia o caráter de retroalimentação paradoxal da democracia. Em complemento, sob a pecha, a justificativa ou a bandeira de defesa ou exercício da democracia, atos são praticados casuisticamente para atender a determinado interesse ou grupo, sem que isso signifique necessariamente defesa da democracia como instituto, mas como apenas uma prática aparentemente democrática.[11]

---

9. Realidade política defendida e suscitada por Dahl na obra "Sobre a Democracia" como possibilidade de conflito entre critérios e a necessidade de ponderação dos valores conflitantes.

10. LOEWENSTEIN, *Karl. Teoria de la Constituicion.* Intellectus – Editorial Ariel – Barcelona - Caracas – México, 1976, CAPÍTULO XII. p. 25.

11. *Jacques Rancière* destaca, a título de exemplo, neste contexto que "A redação da Constituição dos Estados Unidos é o exemplo clássico desse trabalho de composição de forças e equilíbrio dos mecanismos institucionais destinados a tirar do fato democrático o melhor que se podia

Igualdade, liberdade, direitos humanos, participação efetiva, prosperidade, busca pela paz, autonomia, como consequências desejáveis ofertadas pela democracia, ao mesmo passo que se tornam impeditivos aos governos cruéis e perversos, garantidores dos direitos fundamentais e igualdade política. Entretanto, ao mesmo passo que os elementos acima sejam consequências desejáveis, repita-se: a práxis democrática aplicada segundo o tempo e o espaço pode justamente enfraquecer os ideários democráticos e torná-los meros discursos retóricos legitimadores de práticas antidemocráticas.

Com efeito, a liquidez da democracia, vista sob a ótica da plena adaptabilidade ao tempo e ao espaço, ao ser conjugada à discricionariedade e à variável específica, possibilita que manifestações paradoxais da democracia sejam evidenciadas, porém, não como algo necessariamente inerente à própria democracia, mas sim como elemento decorrente ao exercício real do poder na prática democrática, segundo os interesses coletivos e individuais em determinado espaço e tempo.

O grau de democracia ou, o que Dahl denominou de "democracia em escalas diferentes", em suas variadas formas de representação, de participação ou assembleia, por exemplo, exige condições reais e concretas para a implementação, o desenvolvimento e a vivência da (e para) a democracia.

Defende-se que as condições para a democracia não passam somente pela existência de instituições sólidas e praticante de atos democráticos ou do cumprimento de regras legitimamente estabelecidas. O espírito democrático é necessário e deve ser direcionado a cada indivíduo e às instituições, a fim de que o desenvolvimento democrático seja social, histórico e naturalmente construído, em sua configuração real de voluntariedade.

A potencialização do espírito democrático atinge o aspecto socioeducativo de uma sociedade e possui eficácia de alcançar gerações (elemento tempo), alterar o social, elevar o grau de cidadania, democratizar e fortalecer a coletividade. A Educação como fator essencial, como "investimento democrático".[12]

---

tirar dele, ao mesmo tempo contê-lo estritamente para preservar dois bens considerados sinônimos: o governo dos melhores e a defesa da ordem proprietária." RANCIÈRE, Jacques. *O ódio à democracia*. Trad. Mariana Echalar. São Paulo: Boitempo Editorial, 2014, p. 9.

12. Segundo Levi, "a Constituição americana de 1787, por exemplo, com o passar do tempo, a bem da democracia, foi sendo paulatinamente aperfeiçoada em sua letra e, sobretudo, em sua

Adicione-se a isso, a importância da existência de condições econômicas que permitam oportunidades, estabilidade, fruição de bens, desenvolvimento individual e coletivo em prol da democracia, ou seja, o grau democrático também está diretamente relacionado ao desenvolvimento econômico. Sem equilíbrio econômico (inclui-se neste contexto também o fiscal), as relações entre indivíduo e a sociedade tencionam e retraem a democracia.

Ainda sobre a importância e a influência de condições econômicas favoráveis à democracia, referido aspecto amplia-se na medida em que, contemporaneamente, tem-se a inexistência de fronteiras rígidas entre os países, a ocorrência de interconexão entre os Estados, principalmente os democráticos e o aumento globalizante das práticas comerciais em escala mundial. Ainda que a soberania de determinados países seja formalmente mantida, inclusive por limitações/previsões constitucionais, fluxos e influxos econômicos influenciam as democracias contemporâneas de tal forma, que a democracia de um país possa se afetar por movimentos da economia global.

Acrescente-se ao referido ponto, o seguinte fato: se determinado país estiver bem economicamente em um determinado momento, provavelmente o grau de satisfação democrática da população será elevado. Por outro lado, se a economia não "vai bem", a população é afetada com inflação, aumento de preços etc., o grau de satisfação com a democracia também será afetado e esta será vivida de forma retraída.

Agrega-se às condições social e econômica, os elementos políticos e constitucionais. Políticas envolvem poderes instituídos e instituições focadas no respeito à democracia. Respeito e diálogos mútuos, sem que isso signifique eterna calmaria ou ausência de ruídos. Cumprimento de funções típicas e atípicas nos limites constitucionalmente previstos, ou seja, a regra é a Constituição.

O experimentalismo institucional democrático, defendido por Mangabeira Unger[13], é a positiva abertura do sistema ao exercício real do po-

---

prática. (...) O próprio Dahl registra que as gerações americanas subsequentes à fundação, com aspirações mais democráticas, desencadearam uma revolução democrática.". JÚNIOR, JOSÉ LEVI MELLO DO AMARAL. In: *A Constituição do povo e sua afirmação popular.* http://www.conjur.com.br/2013-out-06/analise-constitucional-constituicao-moldar-vontade-povo Acesso em 11/02/2016.

13. Em síntese, a ideia do experimentalismo de Unger é no sentido que não há predeterminações para o possível.

A LIQUIDEZ DA DEMOCRACIA

der pelas instituições e pelas pessoas, segundo as regras constitucionais estabelecidas e a necessidade de transformação. O fato é que a previsibilidade do texto constitucional assume sua normatividade com a sua aplicação.

Constituição – ao menos em um regime democrático – como obra do povo ou de seus representantes eleitos – é a representação contemporânea de neutralidade e da equiparação entre os poderes, da limitação do exercício real do poder, da preservação das garantias e dos direitos fundamentais e da concordância às regras (escolhas) que foram adotadas pelos indivíduos, pela sociedade e pelo país. Dahl (cap. 11 de sua obra) sustenta que um projeto constitucional cuidadoso pode servir para preservar as instituições democráticas básicas. E ainda destaca que, por mais que seja essencial, manter a estabilidade democrática não é o único critério pertinente a uma boa Constituição, pois representação justa, transparência, abrangência e governo eficaz também são fundamentais.

A variação quanto à forma, ao conteúdo e as especificidades de cada texto constitucional, tem relação direta com as condicionantes tempo, espaço e principalmente a historicidade. Isto porque, considerar que uma Constituição classificada como extensa, escrita, federal, social seja pior ou melhor é relativo, pois depende do momento histórico e de determinada escolha feita pelo povo em momento específico.

No Brasil, a Constituição Democrática de 1988, comumente classificada de extensa ou analítica, representou uma conquista histórica importante que careceu, à época, de estabelecimento no texto de uma série de disposições. Pragmaticamente, firmar um texto analítico significa enrijecer com mais segurança determinadas questões que, por consequência e supostamente, segundo a rigidez, são mais dificultosas de alterações. Ora, se na prática as alterações do texto são (ou não tão) difíceis, trata-se da práxis constitucional específica do Brasil em um determinado período.

Neste mesmo sentido, se há omissões legislativas que são preenchidas pelo Judiciário, ou ainda, se há previsão constitucional para o rito de *impeachment* do Presidente da República e este rito carece de esclarecimento, a Constituição Federal, no caso a de 1988, deve ser interpretada e aplicada ao caso concreto, segundo o momento histórico pertinente.

A democracia brasileira foi brindada com uma Constituição permeada de normas constitucionais que, ao menos historicamente, foram e são fundamentais para empregar a necessária previsibilidade às "regras

233

do jogo". O caráter simbiótico entre social e liberal da Carta de 1988, busca o equilíbrio de vieses e pilares fundamentais para o Estado Democrático de Direito.

De forma geral, a sociedade brasileira, ao adotar a Carta de 1988, visualizou-a como verdadeira "taboa de salvação" para todas as mazelas do país. Isto significou, em termos práticos, uma busca desenfreada pelo reconhecimento de direitos, em uma realidade descompassada de evolução e amadurecimento social. A sociedade brasileira acionou (aciona) o Estado-Juiz e este, principalmente no que tange à proteção de direitos fundamentais, assumiu sua função de concretizador dos direitos. Ocorre que, o movimento de ingresso em juízo, se por um lado demostrou a efetividade da democracia, pelo funcionamento regular por parte do Judiciário, por outro, ocasionou justamente a perda "democrática" de solução dos conflitos pela própria sociedade.

O excesso de acionamento do Estado-Juiz, provedor e acolhedor no sentido freudiano, esvaziou a pró-atividade da sociedade para solucionar e ser protagonista de suas próprias soluções. Após o agravamento da crise do Judiciário, principalmente relacionada ao excesso de demandas, o Estado (leia-se: Legislativo, Executivo e Judiciário) e a sociedade brasileira são chamados ao retorno aos Métodos Adequados de Solução dos Conflitos[14].

Em verdade, não há nada inovador, apenas o retorno da sociedade brasileira ao protagonismo de construção e execução de suas próprias decisões. Trata-se da reinvenção do constitucionalismo democrático. Não restam dúvidas que o projeto de aplicação dos Métodos Adequados de Solução de Conflitos por parte da sociedade brasileira é uma reformulação e proposição de uma democracia ativa diante da crise, no caso do Judiciário.

O contemporâneo constitucionalismo democrático é a combinação concreta da existência da Constituição como norma maior, limitadora e real que estabelece e assegura direitos aos cidadãos e busca indicar os caminhos (sociais e liberais) para o desenvolvimento de cada país, segundo premissas, valores e ideais de respeito à lei e aos cidadãos.

Assim, o que se percebe é que, novamente segundo o experimentalismo de Mangabeira Unger, as crises são oportunidades para criação,

---

14. Conciliação, Negociação, Mediação e Arbitragem.

com afastamento de modelos e práticas utópicas desconectadas da realidade e de propostas concretas de modificação.

A questão que se impõe é: na crise[15], como a democracia reage? Crises políticas[16], econômicas[17] e jurídicas[18] representam oportunidade e autoafirmação[19] para a democracia, ainda que a sociedade e o Estado tenham que pagar por alto custo para enfrentá-las. Carlos Sávio Teixeira analisa o experimentalismo e a democracia, segundo os ensinamentos de Mangabeira Unger e registra pontualmente que o pensamento programático de Unger trata justamente da relação entre transformação e a crise. Para Sávio, "Todo o pensamento programático de Unger pode ser definido como um esforço de afirmar teoricamente que os maiores interesses materiais, morais e intelectuais estão envolvidos na tarefa de construir uma sociedade que faça com que a mudança dependa menos da crise e, consequentemente, torne o impulso transformador endógeno às estruturas da sociedade e da cultura."[20]

Se ao mesmo tempo, as condições favoráveis à democracia são importantes, as condições desfavoráveis são desastrosas. A forma de presidencialismo[21] (chamado de coalizão) praticado no Brasil, o alto grau de corrupção, o reduzido nível de cidadania, o descrédito com a maioria dos representantes proporcionam que a democracia, no caso do Brasil, tenha que assumir, segundo a sua liquidez, um formato necessário e do-

---

15. Para Simone Goyard-Fabre "Sob as inflexões e as variâncias que acompanharam a lenta marcha do modelo democrático até condená-lo, hoje, à profunda crise que manifesta sua dificuldade de existir..." GOYARD-FABRE, Simone. *O que é Democracia?* Trad. Claudia Berliner. Martins Fontes, São Paulo, 2003, p. 5.

16. Ausência de diálogos responsáveis e maduros entre Executivo e Legislativo, trancamento de pauta e falta de apoio político para implementação de projetos para o país.

17. Constantes rebaixamentos de avaliação de graus de risco, aumento da inflação e redução de crédito.

18. Incertezas quanto à aplicação de normas.

19. Oportunas as palavras do professor Carlos Ayres Brito "Limpando o país, a pressa pode ser inimiga da perfeição. A democracia é como uma luta de boxe contra a velha ordem. Nessa luta não há nocaute. A democracia ganha por pontos. É preciso paciência e tolerância. Não se pode deixar de observar o devido processo legal porque isso é símbolo de civilidade." Palestra concedida no Insper. Disponível em:
http://www.ayresbritto.com.br/direito-nao-admite-supressao-de-etapas-diz-ex-ministro-ayres-britto/ Acesso em 05/07/2017.

20. TEIXEIRA, Carlos Sávio. *Experimentalismo e Democracia em Unger.* Lua Nova, São Paulo, 80; 45-69, 2010, p. 48.

21. Vide: GODOY, Arnaldo Sampaio de Moraes. *Domesticando o Leviatã: litigância intragovernamental e presidencialismo de articulação institucional.* Brasília: edição do autor, 2013.

loroso para o país, ao exigir fiscalização e participação, cada vez mais frequente, principalmente por parte de suas instituições e de seus cidadãos.

2.2. As ondas democráticas e o efeito reinventivo

Do mesmo modo que se defende a existência de certa volatividade da democracia, constata-se a existência de uma característica fundamental da liquidez democrática, qual seja: o seu caráter paradoxal ou a sua ambivalência[22].

A democracia carrega em si dois lados que tensionam em sentidos inversos, o que Dahl (cap. 14) fez alusão ao Deus Grego Janos, com os dois rostos do capitalismo de mercado. Prega e defende a igualdade, porém há o aumento da desigualdade. Defende o reconhecimento da diferença, entretanto, perpetua a exclusão. O ideário de poder do povo, em verdade, na maioria dos casos, é o poder de determinados grupos políticos, econômicos ou eleitorais. A Liberdade e as oportunidades também são limitadoras. A pureza dos princípios e a impureza da realidade. Ódio e felicidade.

Por tal razão, é que *Jacques Rancière* afirma que o que provoca a crise do governo democrático nada mais é que a intensidade da vida democrática[23]. O que se percebe é que ao longo da história "o governo do povo" sofreu momentos de expansão e de retratação. Como um pêndulo que, em determinados momentos, direciona-se para a direção do aumento das características democráticas, como participação popular e fortalecimento das instituições para, posteriormente, iniciar uma caminhada de retratação do grau de democracia em constante reflexão e reinvenção.

Charles Kurzman[24], em seu texto intitulado "Waves of Democratization" registra a analogia das ondas da democracia com as ondas eletromagnéticas ou as ondas estabelecidas na água que formam círculos com intensidades diferentes. Para o referido autor, as ondas demonstram a intensidade da democracia que, ao reverso, podem demonstrar a implosão da democracia.

---

22. Vide: MARKOFF, John. Where and When Was Democracy Invented? Comparative Studies in Society and History, Vol. 41, No. 4. (Oct., 1999), pp. 660-690.

23. RANCIÈRE, Jacques. Idem p. 16.

24. http://www.unc.edu/~kurzman/cv/Kurzman_Waves_of_Democratization.pdf Acesso em 12/02/2016.

A expressão "Ondas da Democracia"[25] pode ser atribuída à Samuel Huntington's. Segundo Levi, a História registra processos sociais que têm redefinido continuamente o significado de democracia. Ao longo do tempo, a democracia passa por ciclos ou por "ondas", para usar a expressão de John Markoff (1996, p. 18). Durante cada "onda", discute-se o verdadeiro significado de democracia."[26]

A aderência da democracia em determinados locais e em específico momento, aliada às peculiaridades do contexto, representa objetivamente oscilações de afirmação, de confirmação e de valorização das características da democracia, como a presença de instituições e de regras que permitem aos cidadãos a escolha de suas preferências sobre políticos e suas escolhas e o grau de garantia das liberdades e garantias individuais dos cidadãos, mas que sofre retração/diminuição, principalmente pelo atingimento de zonas limites de efetivação, de modo que a limitação pulsiona para a retração.

Esse movimento cíclico ou pendular do movimento democrático acarreta permanente inconstância quanto às premissas, aos modelos e as práticas. Trata-se do efeito reinventivo da democracia, ou seja, a forma de adaptabilidade ora denominada de liquidez que carrega consigo movimentos periódicos de reinvenção do modelo democrático aplicado. Sem dúvidas que a constância de variações gera insegurança ou descrédito pelo povo para e com a democracia.

Questiona-se: será que justamente a inconstância da democracia é algo inerente à democracia? Acredita-se que sim, principalmente pelo fato que a reflexão e a reinvenção são geradas na mudança. O ponto de extrema fundamentalidade, como foi dito, são os efeitos gerados pelas mudanças, por exemplo, se a reação é realizada em conformidade à Lei, se o povo vai às ruas com ou sem armas, se o respeito às garantias fundamentais são preservadas ou não. O ponto nefrálgico é o *modus* como a sociedade, as instituições e os cidadãos reagem às tensões, às crises, aos conflitos e aos "chamamentos democráticos" em momentos de mudança e de autoafirmação democrática.

---

25. https://is.cuni.cz/studium/predmety/index.php?do=download&did=82308&kod=JMM705 Vide planilha com as 3 ondas da democracia que refletem os movimentos de retração e expansão. Acesso em 11/02/2016.

26. JÚNIOR, José Levi Mello do Amaral. *O Poder Legislativo na democracia contemporânea. A função de controle político dos Parlamentos na democracia contemporânea.* Revista de informação legislativa, v. 42, n. 168, p. 7-17, out./dez. 2005.

Exemplificativamente, tem-se a mudança de paradigmas democráticos nos EUA com os atentados de 11 de setembro, ou seja, recursos para a manutenção da guerra no Oriente Médio e restrições às liberdades individuais. O aumento de averiguação e de processamento dos crimes de corrupção no Brasil reflete, de forma objetiva, que as instituições responsáveis pela fiscalização têm realizado com mais eficácia as suas funções.

O efeito reinventivo da democracia não é algo solto e de suposta responsabilidade exclusiva da própria democracia. A reinvenção da democracia é condicionada ao grau de sinceridade, de imaginação[27] e de vontade que cada cidadão e cada instituição executa no cenário jurídico-político.

3. A DEMOCRACIA NA SOCIEDADE SEM FRONTEIRAS

Atualmente tem-se denominado que o *locus* da vivência humana é o mundo. Muito disso se confirma pela velocidade de troca de informações e de relações. De limitações principalmente firmadas pelas fronteiras, o mundo contemporâneo se apresenta como um local globalizado e interconectado que permite a maioria das pessoas, em qualquer lugar do mundo, se comunicar, se relacionar, trocar informações e estabelecer relações.

Neste contexto global, não se analisa o país, o Estado ou a cidade, mas sim as Uniões, os grupos e os blocos firmados. No âmbito jurídico, de um Direito pronto e acabado nos limites territoriais de cada país, inclusive como demonstração de soberania, passa-se a um Estado Constitucional Cooperativo[28] e transconstitucional[29].

A intitulada "sociedade sem fronteiras" é uma sociedade cada vez mais plural, diversificada e complexa, que impõe variedade e pluralismo ao mesmo passo que firma igualdade de tratamento na diferença. Aumenta-se com isso a gama de situações e peculiaridades as quais o Direito incidirá, tornando-o, do mesmo modo, complexo na sua proteção.

---

27. Para Mangabeira Unger, é de fundamental importância a utilização do inconformismo e da imaginação à serviço da mudança das instituições e da sociedade, de uma democracia radical. *In: Necessidades falsas introdução a uma teoria social antideterminista a serviço da democracia radical*. São Paulo, Boitempo, 2005, p. 55.

28. HABERLE, Peter. Direito Constitucional Cooperativo. Rio de Janeiro. Renovar.

29. NEVES, Marcelo. Transconstitucionalismo. 1ª. ed. São Paulo: WMF Martins Fontes, 2009.

A sociedade sem fronteias é um "povoado" que se expandiu para o global e que se singulariza, cada vez mais, por sua pluralidade e pelo seu caráter multifacetário de empregar um novo modo de viver. O ponto é que, diante da fragilidade das fronteiras formais anteriormente erguidas, atualmente se impõe como desafio a necessária convivência de várias formas de democracia.

À difícil convivência entre "as democracias", acrescente-se a existência de Estados não democráticos e de fundamentalismos (econômicos e religiosos) que entram na rota de colisão com as práticas democráticas consolidadas que, não necessariamente, significam que sejam as melhores, mas certamente, são as mais desejadas e confiáveis pelo povo.

O cenário delineado acima induz a seguinte indagação: como o constitucionalismo democrático se amolda à chamada "sociedade sem fronteiras"? Intencionalmente parte-se da premissa segundo a qual o fato social – "a sociedade sem fronteiras" – antecede e influencia diretamente o chamado constitucionalismo democrático.

3.1. Informação, fiscalização e participação

O constitucionalismo democrático, na denominada "sociedade sem fronteiras", ergue-se nos pilares de respeito e de proteção à Constituição, como instrumento normativo neutro que tutela o Estado, estabelece competências e prevê direitos e deveres fundamentais. Da previsão legal dos direitos fundamentais – principalmente, os de primeira geração ou dimensão -, de caráter principalmente de abstenção (*non facere*) por parte do Estado, passou-se a promoção e ao cumprimento de direitos de segunda geração/dimensão, de cunho eminentemente prestacional (*facere*).

A interdependência e a interconexão dos direitos fundamentais (em suas gerações/dimensões) possibilitam uma maior vinculatividade do Estado aos direitos fundamentais, especialmente o direito fundamental à informação. Assim, há verdadeira compatibilização entre a "sociedade sem fronteiras" e o direito à informação, a partir do aumento da intensidade das trocas de informação, ao mesmo passo que ocorre a maximização do direito fundamental à informação nas mais variadas vertentes.

A informação eleva o seu grau de importância, pois permite que ocorra um número maior de fluxo de conteúdo entre as pessoas, independentemente do país que estejam. Ainda que o *modus operandi* da "sociedade sem fronteiras" permita uma intensa troca de informação, esta, não necessariamente, pode ser considerada absoluta e substancialmente relevante ou qualificada para o desenvolvimento da democracia, do país ou do cidadão. O que se pretende afirmar é que proporcionalmente ao fluxo de informações, o número de informações despiciendas também aumenta, o que permite também que errôneas, equivocadas ou falsas informações também estejam na gama de informações.

A elevação da intensidade do fluxo de informações acarreta, do mesmo modo, maior educação e conhecimento por parte da sociedade e do cidadão. Exige-se, com isso, que o "conhecimento" (esparso ou profundo), de alguma forma, ocasione maior de responsabilidade não apenas por parte do Estado, mas pela sociedade e pelo cidadão, a partir dos denominados deveres fundamentais[30].

A sociedade é chamada há exercer a democracia não apenas pela tradicional via representativa, ou seja, pelos seus representantes eleitos, mas sim, democraticamente no exercício de duas funções primordiais: fiscalização e participação. A fiscalização ora proposta, parte do estabelecimento constitucional e democrático das competências dirigidas e previstas às instituições, aos Poderes e aos cidadãos, bem como aos órgãos especificamente criados para a realização da fiscalização[31].

Entende-se que o amadurecimento da democracia está diretamente relacionado à existência de mecanismos[32] de fiscalização legítimos que permitam o restabelecimento do grau aceitável e democrático – sem abusos ou excessos – do exercício regular do poder. A mera previsão de competência no texto constitucional é insuficiente para a efetivação. É

---

30. Para PECES-BARBA MARTINEZ, deveres fundamentais são aqueles deveres jurídicos que se referem a dimensões básicas da vida do homem em sociedade, a bens de primordial importância, a satisfação de necessidades básicas que afetam setores especialmente importantes para a organização e funcionamento das instituições públicas e o exercício de direitos fundamentais, *Los Deberes Fundamentales*, Doxa, Alicante, n. 4, 1987, p. 329. PAULO OTERO, *Instituições Políticas e Constitucionais, Volume I*, Coimbra, 2007, p. 538, defende que deveres fundamentais são pressupostos de existência e funcionamento do próprio Estado, pois "nenhuma comunidade política pode sobreviver se os seus membros possuírem apenas direitos e não tiverem quaisquer deveres verticais para com essa comunidade, motivo pelo qual é ainda na razão da própria existência do Estado que se deve encontrar o fundamento de tais deveres fundamentais".

31. Ministério Público, Tribunais de Contas, Conselhos Nacionais de Justiça e do Ministério Público, por exemplo.

32. No caso do Brasil, a Constituição Federal de 1988 é permeada de exemplos que tratam dos mecanismos de fiscalização, seja ao tratar das relações entre os entes (União, Estados, Municípios e Distrito Federal), seja ao envolver os *checks and balances* entre os "Poderes" (Executivo, Legislativo e Judiciário) e as instituições (p. ex. Ministério Público).

necessário dar vida e dinamicidade ao texto, com a concretização do texto ao contexto, da competência à fiscalização, principalmente a partir da interpretação responsável.

Ao tratar da dualidade democrática (legitimação e controle), Rodolfo Viana Pereira apregoa que, na democracia, a função de controle/fiscalização "...tem como efeito criar anteparos à prática desviante desse poder, prezando pela adequação do seu uso e exercício."[33]

A informação, aliada aos mecanismos legítimos de fiscalização, emoldura um maior grau de desenvolvimento democrático que permitirá maior participação pelos cidadãos ao ponto de formação de um legítimo Estado democrático-participativo. Mais uma vez, relativiza-se a dependência "quase absoluta" do cidadão perante o Estado, no caso, a clássica democracia nos moldes representativos fragilizada e desacreditada, para o desenvolvimento e fortalecimento da democracia participativa.

Bonavides propõe como uma "Legitimidade que mana, enfim, do cidadão erguido faticamente às últimas instâncias do poder, tendo de sua mão, por expressão de soberania, os freios à conduta e à política dos governos, que ele, o cidadão mesmo, como povo, há de traçar, sancionar e executar."[34] Quanto mais participativo, mais responsável. Quanto mais responsividade, mas elevação do grau democrático.

Tratar da democracia participativa meramente como algo proposto é, com o devido respeito aos que assim não entendem, desconsiderar os elementos existentes e condicionantes – bons e ruins – para uma efetiva participação. Desigualdade, direitos e deveres fundamentais, história e incentivo.

O caminho para tornar cada vez mais real a democracia participativa é a educação. Educação, em seu sentido substancial, voltada para a construção de pilares evolutivos de constante aderência e multiplicidade de conceitos e valores cívicos direcionados à formação da alteridade democrática a partir da formação individual de um real sentido para a palavra povo.[35]

---

33. PEREIRA, Rodolfo Viana. *Direito Constitucional Democrático. Controle e Participação como elementos fundantes e garantidores da Constitucionalidade.* 2008. Editora Lumen Juris, Rio de Janeiro, p. 35.

34. BONAVIDES, Paulo. *Teoria Constitucional da Democracia Participativa por um Direito Constitucional de luta e resistência por uma Nova Hermenêutica por uma repolitização da legitimidade.* 3ª edição. São Paulo, Malheiros, 2008, p. 19.

35. A respeito vide: MULLER, Friedrich. *Quem é o povo? A questão fundamental da democracia.* 6ª edição. São Paulo, Revista dos Tribunais.

3.2. A busca pelo equilíbrio como desafio democrático

Neste contexto de informação, fiscalização e participação, como tríade proposta para o desenvolvimento da democracia e do constitucionalismo responsável é que a efetividade da democracia proporciona mais uma relação aparentemente conflitante, pois, vislumbram-se na democracia propostas e práticas de entrelaçamento das relações coletivas, de modo a fortalecer os vínculos coletivos, políticos e naturais do povo, no sentido idealizado por Tocqueville. A isso, pode-se denominar de alteridade democrática.

A alteridade pode ser considerada como elemento eficiente para a transformação do sujeito-indivíduo para a ideia de sujeito-cidadão responsável (ou corresponsável) pelas propostas, pela execução e por resultados.

A diferença será reconhecida e respeitada efetivamente se ocorrer a prática e o pensamento, como apontado por Derrida, na ideia de hospitalidade como pressuposto da alteridade[36] que permeia as relações e situações jurídicas, a demonstrar que o trauma da diferença se torna um encontro ético, como nos sustentou Levinas.[37] Agindo desta maneira, preserva-se o pluralismo, enquanto se busca garantir um mínimo de harmonia e um máximo de realização dos direitos constitucionais.

Afinal, é ideia central da teoria discursiva da democracia aceitar que os direitos fundamentais não se prestam a fazer com que as pessoas passem a ser boas e justas e a se amarem incondicionalmente, em verdade, é tarefa da Constituição garantir a capacidade de autodeterminação individual, assegurando a existência de uma esfera privada dentro da qual as pessoas possam formar suas próprias convicções, sempre abarcando a singularidade dos outros e sem se desconectar ou ignorar o coletivo.

A trajetória da razão é "compreender a si mesma como serviço de seu Outro."[38] Por outro lado, há o pensamento que a aplicabilidade da democracia aliada ao capitalismo de mercado, em seu caráter de busca

---

36. PEREIRA, Gustavo Oliveira de Lima. *A pátria dos sem pátria: direitos humanos & alteridade.* Porto Alegre: Editora UniRitter, 2011.

37. DERRIDA, J; STIEGLER, B. *Échographies de la télévision.* Paris: Galilée-INA, 1996, p. 18. Veja: BERNARDO, Fernanda. A ética da hospitalidade, segundo J. Derrida, ou o porvir do cosmopolitismo por vir a propósito das cidades-refúgio, re-inventar a cidadania(ii). *Revista Filosófica de Coimbra,* n.º 22, (2002), p. 421-446. Disponível em: http://www.uc.pt/fluc/dfci/publicacoes/a_etica_da_hospitalidade_II Acesso em: 26 de janeiro de 2016.

38. TIMM DE SOUZA, RICARDO. Sentido e Alteridade. Editora EDIPUCRS – PUC RS, 2010, p. 4

A LIQUIDEZ DA DEMOCRACIA

pela igualdade, desenvolveria, na prática e como consequência, justamente a desigualdade e o individualismo

Entretanto, o individualismo como forma de conduta de cada indivíduo não pode ser posto e imposto como algo (atributo e característica) inerente à democracia e, da mesma forma, não necessariamente consequência do capitalismo de mercado. Da mesma forma que o individualismo é uma escolha literalmente pessoal, o coletivismo ou a alteridade parte necessária e preliminarmente de uma escolha de cada indivíduo que pode – e não deve – ser replicada coletivamente..

Sem sombra de dúvidas, o grande desafio que se impõe à Democracia contemporânea é a conjugação, o encaixe e o funcionamento de um formato de prática democrática do capitalismo de mercado que consiga naturalmente implementar o individualismo como etapa de desenvolvimento e execução do projeto maior de alteridade democrática. É a busca pelo equilíbrio a partir de um individualismo democrático positivo, aliado e parte da alteridade democrática, sintetizada por Enrico Grosso na frase "Invece il demos è in realtá uma somma di individualità, anche se il nome coletivo oculta la realtà." [39]

A tarefa de equilíbrio entre alteridade e individualismo democráticos não é simples e carece, principalmente, de três esforços: i) políticas públicas educacionais de qualidade que desenvolvam e executem projetos a curto, médio e longo prazo de amadurecimento e conscientização democrática, a partir da responsividade; ii) vontade política e engajamento administrativo; e iii) desenvolvimento e participação da sociedade e da imprensa.

O foco é o individualismo responsivo baseado na maximização responsável e solidária da liberdade, como ponte para a alteridade democrática, suficiente capaz de alcançar o substancial e real do sentido do "povo"[40] canalizado para o desenvolvimento do país, para a satisfação das pessoas e para a confirmação das instituições democráticas.

---

39. GROSSO, Enrico. *Democrazia rappresentativa e democrazia direta nel pensiero di Norberto Bobbio*. Rivista nº 4/2015 da Associazione Italiana dei Costituzionalisti, data pubblicazione 02/10/2015, p. 8 (1-19).

40. Segundo Müller, "Quanto mais o "povo" for idêntico com a população no direito efetivamente realizado de uma sociedade constituída, tanto mais valor de realidade e consequentemente legitimidade terá o sistema democráticos existente como forma. E essa correlação conjunta "quanto mais...tanto mais" implica que a aproximação das duas figuras ocorre por meio de gradações e tipificações, em correlação com as diferentes esferas funcionais: povo ativo, povo como instância de atribuição, povo-destinatário em oposição ao povo-ícone." MüLLER, Frie-

Estas funções ou vínculos perfazem o que Jacques Rancière qualifica como *double bind* (duplo vínculo), em que "a democracia como forma de governo e de vida social capaz de controlar o duplo excesso de atividade coletiva ou de retração individual inerente à vida democrática." [41]

Portanto, a busca pelo equilíbrio entre individualismo e alteridade trata-se de mais um desafio para a democracia que necessita de constante alimentação do sistema com elementos que promovam a transformação da sociedade, do povo e das instituições, no sentido de desenvolvimento de um individualismo positivo que pautado na liberdade e na responsividade consiga alcançar patamares eficientes de laços sociais, políticos e jurídicos capazes de promover a adequação da liquidez democrática de elementos aparentemente paradoxais, porém potenciais quando e se acoplados.

3.3. A liquidez da democracia como convite a sua efetividade

A liquidez da democracia, vista como a característica orgânica da democracia de assumir variadas formas, conforme determinados tempo e espaço, ao mesmo passo que suscita certo grau de insegurança, diante da flexibilidade conceitual e das variáveis de aplicação, permite que, a multiplicidade de sua adaptabilidade seja um atributo de extrema significância para a própria concepção de democracia.

O caráter líquido da democracia, ora proposto, equivale defender a premissa segundo a qual "o objeto" – no caso, a democracia – possui capacidade de autorreprodução, de autodesenvolvimento e de autoadaptabilidade suficiente para atingir resultados e formatos melhores para a própria democracia. A presente afirmação alcança a clássica ideia de autopoiese de Niklas Luhmann[42], sendo a democracia um sistema que produz internamente elementos que são capazes de alimentar e paradoxalmente desagregar a própria democracia. Nesta perspectiva, a democracia, seja onde e quando estiver em análise, recebe influência externa e, com isso, gera alteração de seu funcionamento e de sua forma de comunicação.

A dependência da democracia com os vários elementos, tais como o tempo, o espaço, a práxis democrática e a vontade por democracia, faz

---

drich. *Quem é o povo? A questão fundamental da democracia.* 6ª edição. São Paulo, Revista dos Tribunais, p. 89.

41. RANCIÈRE, Jacques. *O ódio à democracia.* Trad. Mariana Echalar. São Paulo: Boitempo Editorial, 2014, pp. 17 e 96.

42. LUHMANN, Niklas. La Sociedad de la Sociedad.México: Herder, 2007.

com que os resultados do exercício da democracia sejam variados. Isto é relevante para a inversão de uma possível suposição de que algumas mazelas ocorridas nos países são decorrentes da democracia. Ora, não se pretende defender a democracia, a qualquer custo, porém, atribuir responsabilidade política, social e jurídica a algo que funciona como instrumento, vinculado aos responsáveis, trata-se de verdadeira fuga retórica para enfrentamento dos problemas.

A liquidez da democracia assume o formato de um convite a evoluir, direcionado à sociedade, ao Estado e ao indivíduo de constante readaptação e transposição de uma práxis democrática tradicional para uma prática democrática-constitucional-ativa, de modo que, conscientemente a democracia assume novas feições e novos formatos ante a tensão de seus próprios paradoxos produzidos.

Para o bem da própria democracia e do Estado Democrático de Direito, a liquidez da democracia não pode significar aceitabilidade material de e por qualquer efeito, prática ou circunstância indesejada política e juridicamente. Aceitar a ocorrência de crises na democracia é aceitar mudanças. A redução da ocorrência das crises ou, ao menos dos impactos e de suas consequências, funciona como um processo maduro de conscientização e desenvolvimento democrático que Dahl pontua como uma "viagem inacabada" que não precisa atravessar caminhos tão traumáticos ou severamente gravosos para a sua evolução. A liquidez é uma sinalização aos executores e aos viventes da democracia que exige práticas responsáveis para que o convite se torne efetividade.

4. CONCLUSÕES

Ao se propor tratar sobre o caráter líquido da democracia buscou-se demonstrar que a democracia não possui um significado ou apenas um formato. Pela sua utilização e principalmente vivência ao longo da história se constata que a democracia assumiu (e assume) uma gama variada de experiências, de características, de idealizações e de realidade.

Tal característica está diretamente vinculada à relatividade da própria democracia, obrigatoriamente dependente de fatores como tempo e espaço que delimitam e caracterizam a democracia em um lapso temporal e diante de uma limitação espacial específica.

Além disso, a democracia exige uma serie de condições para que seja possível se alcançar maiores e melhores resultados voltados à participação do povo, igualdade política e respeito às liberdades e garantias dos cidadãos. Vontade política, estabilidade econômica e o projeto constitucional ideal e realizável que permita um experimentalismo institucional democrático consciente e maduro.

A ocorrência de crises é inerente ao sistema democrático e permitem que a democracia assuma uma função reinventiva de si própria, como forma de exigir do país, das instituições e do povo propostas e soluções criativas para a ultrapassarem a crise e gerarem ganhos para a democracia.

Em uma sociedade denominada de "sem fronteiras", o grande desafio que se impõe não é a convivência entre Estados Democráticos, mas sim o enfrentamento da crise da Democracia diante do fundamentalismo e do radicalismo estatal e principalmente religioso. Em situações complexas, a democracia é chamada a se autorreproduzir e se autoafirmar para alcançar um novo formato compatível com o tempo e o espaço.

Por isso é que se trata das ondas democráticas, pois, diante do seu grau de relatividade e de liquidez, conjugado pelos elementos de variação, a democracia vive períodos pendulares de retração e de expansão. Diferentemente de outros períodos históricos, tem-se atualmente como característica fundamental uma sociedade global e "sem fronteiras", diante da possibilidade e facilidade de troca de informações, pessoas e mercadorias. A sociedade cada vez mais plural e multifacetária emprega um novo modo de viver, diante do fato da necessidade de convivência de várias formas de democracia.

O constitucionalismo democrático assume a posição de responsável e propulsor pela informação, pela transparência e pelo conhecimento, de modo a permitir e ativar o povo, as instituições e a sociedade como um todo para formas democráticas de desenvolvimento, como a fiscalização e principalmente a participação. Fragiliza-se a dependência do povo ao Estado e desloca-se a responsabilidade e as práticas democráticas aos principais responsáveis: o povo.

A educação é a proposta para o desenvolvimento da prática de participação. Educação política, cívica e constitucional que permita o fortalecimento do individualismo democrático não como fim, mas como meio de alcance do altruísmo democrático que permite o exercício democrático com mais solidez entre os cidadãos. A liquidez da democracia como elemento orgânico do sistema democrático permite que ocorra uma constante readaptação da democracia. Segundo Dahl, a expressão adequada é que a democracia é uma verdadeira "viagem

A LIQUIDEZ DA DEMOCRACIA

inacabada" que tem na sua liquidez o instrumento de convocação da sociedade, do Estado e de cada indivíduo para viver, efetivar e desenvolver a prática democrática.

5. REFERÊNCIAS BIBLIOGRÁFICAS

AMARAL JÚNIOR, José Levi Mello do. O Poder Legislativo na democracia Contemporânea. A função de controle político dos Parlamentos na democracia contemporânea. Brasília a. 42 n. 168 out./dez. 2005, p. 7-18.

BAUMAN, ZYGMUNT. *Modernidade líquida.* Tradutor Plinio Dentizien. Rio de Janeiro: Editora Zahar, 2001.

BERNARDO, Fernanda. A ética da hospitalidade, segundo J. Derrida, ou o porvir do cosmopolitismo por vir a propósito das cidades-refúgio, re-inventar a cidadania(ii). *Revista Filosófica de Coimbra,* n.º 22, (2002), p. 421-446.

BONAVIDES, Paulo. *Teoria Constitucional da Democracia Participativa por um Direito Constitucional de luta e resistência por uma Nova Hermenêutica por uma repolitização da legitimidade.* 3ª edição. São Paulo: Malheiros, 2008.

BRITO, Carlos Ayres. Palestra promovida pela Federação do Comércio de São Paulo – Divulgado pela EBC Agência Brasil dia 06/03/2017

DAHL, Roberto. *Sobre a democracia.* Brasília: UnB, 2001.

DERRIDA, J; STIEGLER, B. *Échographies de la télévision.* Paris: Galilée-INA, 1996.

GODOY, Arnaldo Sampaio de Moraes. *Domesticando o Leviatã: litigância intragovernamental e presidencialismo de articulação institucional.* Brasília: edição do autor, 2013.

GOYARD-FABRE, Simone. *O que é Democracia?* Trad. Claudia Berliner. São Paulo: Martins Fontes, 2003.

GROSSO, Enrico. *Democrazia rappresentativa e democrazia direta nel pensiero di Norberto Bobbio.* Rivista nº 4/2015 da Associazione Italiana dei Costituzionalisti, data pubblicazione 02/10/2015, p. 8 (1-19).

HABERLE, Peter. *Direito Constitucional Cooperativo.* Rio de Janeiro. Renovar, 2007.

KEANE, John. *Vida e Morte da Democracia.* Trad. Nuno Castello-Branco Bastos. Lisboa: Edições 70, 2011.

HABERLE, Peter. *Estado Constitucional Cooperativo.* Rio de Janeiro: Renovar, 2007.

KELSEN, Hans. *A democracia.* São Paulo: Martins Fontes, 1993.

LOEWENSTEIN, Karl. *Teoria de la Constituicion.* Intellectus – Editorial Ariel – Barcelona - Caracas – México, 1976.

LUHMANN, Niklas. *La Sociedad de la Sociedad.* México: Herder, 2007.

MARKOFF, John. Olas de democracia: movimentos sociales e cambio político. Tecnos: Madrid, 1996.

MARKOFF, John. Where and When Was Democracy Invented? Comparative Studies in Society and History, Vol. 41, No. 4. (Oct., 1999), pp. 660-690.

MARTINEZ, PECES-BARBA. *Los Deberes Fundamentales,* Doxa, Alicante, n. 4, 1987.

MüLLER, Friedrich. *Quem é o povo? A questão fundamental da democracia.* 6ª edição. São Paulo: Revista dos Tribunais, 2009.

NEVES, Marcelo. *Transconstitucionalismo.* 1ª. ed. São Paulo: WMF Martins Fontes, 2009.

OTERO, Paulo. *Instituições Políticas e Constitucionais, Volume I.* Coimbra: Almedina, 2007.

PEREIRA, Gustavo Oliveira de Lima. *A pátria dos sem pátria: direitos humanos & alteridade.* Porto Alegre: Editora UniRitter, 2011.

PEREIRA, Rodolfo Viana. *Direito Constitucional Democrático. Controle e Participação como elementos fundantes e garantidores da Constitucionalidade.* Rio de Janeiro: Editora Lumen Juris, 2008.

RANCIÈRE, Jacques. *O ódio à democracia.* Trad. Mariana Echalar. São Paulo: Boitempo Editorial, 2014.

SOUSA SANTOS, Boaventura de. *El Milenio Huérfano. Ensayos para una nueva cultura política.* Madrid: Editorial Trotta, 2005.

TEIXEIRA, Carlos Sávio. *Experimentalismo e Democracia em Unger.* São Paulo: Lua Nova, 2010.

TIMM DE SOUZA, RICARDO. *Sentido e Alteridade.* Editora EDIPUCRS – PUC RS, 2010.

TOCQUEVILLE, Alexis. *A democracia na América. Leis e Costumes.* Trad. Eduardo Brandão. São Paulo: Martins Fontes, 2005.

UNGER, Mangabeira. *Necessidades falsas introdução a uma teoria social antideterminista a serviço da democracia radical.* São Paulo: Boitempo, 2005.

ZAGREBELSKY, Gustavo. *A crucificação e a democracia.* Trad. Monica de Sanctis Viana. São Paulo: Saraiva, 2011.

SITES:

BRITTO, Carlos Ayres. "Direito não admite supressão de etapas, diz ex-ministro Ayres Britto" Disponível em: http://www.ayresbritto.com.br/direito-nao-admite-supressao-de-etapas-diz-ex-ministro-ayres-britto/ Acesso em 05/07/2017.

JÚNIOR, JOSÉ LEVI MELLO DO AMARAL. In: *A Constituição do povo e sua afirmação popular.* http://www.conjur.com.br/2013-out-06/analise-constitucional-constituicao-moldar-vontade-povo Acesso em 11/02/2016.

http://www.unc.edu/~kurzman/cv/Kurzman_Waves_of_Democratization.pdf Acesso em 12/02/2016.

https://is.cuni.cz/studium/predmety/index.php?do=download&did=82308&kod=J MM705 12/20/2016

ENTRE O CONGRESSO E A OPINIÃO PÚBLICA: A MISSÃO DO SUPREMO TRIBUNAL FEDERAL REVISITADA

Patrícia Perrone Campos Mello[1]

SUMÁRIO: I. Decisões majoritárias proferidas pelo Supremo Tribunal Federal *i)* Foro especial por prerrogativa de função *ii)* Fidelidade Partidária *iii)* Direito de greve dos servidores públicos *iv)* Aviso prévio proporcional *v)* Financiamento privado de campanha II. O Congresso e a falha representativa III. Elementos indutores do alinhamento entre o Supremo Tribunal Federal e a opinião pública *i)* Critério político de seleção dos juízes da Suprema Corte *ii)* Valores da comunidade e movimentos sociais *iii)* Legitimidade e estabilidade institucional da Suprema Corte *iv)* Diálogo social *v)* Opinião pública como grupo de referência IV. Conclusão.

O Supremo Tribunal Federal tem a missão de dar a última palavra sobre o teor da Constituição em âmbito judicial[2]. Compõe-se de onze ministros, indicados pelo presidente da República e aprovados pelo Senado, cujas convicções não foram testadas diretamente pelas urnas. Dar

---

1. Procuradora do Estado do Rio de Janeiro, Assessora de Ministro do Supremo Tribunal Federal, Professora de Direito Constitucional da Uniceub, Mestre e Doutora pela Universidade do Estado do Rio de Janeiro.

2. O poder do Supremo Tribunal Federal de dar a última palavra sobre o significado da Constituição é contestado por trabalhos que demonstram que suas decisões podem ser superadas, através de emendas constitucionais, ou simplesmente descumpridas pelos demais Poderes. Ainda assim, e mesmo que o debate sobre certo assunto possa ser "reaberto" pelas instâncias políticas, pode-se afirmar que compete ao STF a última palavra sobre a Constituição, em sede judicial, a cada "rodada" em que for travada a discussão sobre determinada matéria constitucional. Nessa medida estreita, é possível lhe atribuir a última palavra. V. BARROSO, Luís Roberto. Constituição, democracia e supremacia judicial. direito e política no Brasil contemporâneo. Disponível em http://www.luisrobertobarroso.com.br/pt/noticias/constituicao_democracia_e_supremacia_judicial_11032010.pdf. Acesso em: 02 jul. 2012; SARMENTO, Daniel; SOUZA NETO, Cláudio Pereira de. *Direito Constitucional. Teoria, história e métodos de trabalho.* Belo Horizonte: Fórum, 2013, p. 401-410; BRANDÃO, Rodrigo. *Supremacia judicial* versus *diálogos constitucionais: a quem cabe a última palavra sobre o sentido da Constituição?.* Rio de Janeiro: Lumen Juris, 2012; MENDONÇA, Eduardo. A jurisdição constitucional como canal de processamento do autogoverno democrático. SARMENTO, Daniel. *Jurisdição constitucional e política.* Rio de Janeiro: Forense, 2015; MELLO, Patrícia Perrone Campos. *Nos bastidores do Supremo Tribunal Federal.* No prelo, 2015.

a última palavra na matéria significa atribuir novos sentidos ao texto constitucional e eventualmente invalidar leis e atos produzidos pelo Legislativo e pelo Executivo – compostos por membros eleitos pelo voto popular. Justamente em razão disso, atribui-se à referida função judicial o caráter de "contramajoritária" e discute-se em que medida e com base em quais fundamentos seria possível legitimá-la à luz do princípio democrático, que atribui ao povo a titularidade do poder soberano.

Dois argumentos principais prestam-se à defesa da legitimidade democrática da jurisdição constitucional. Afirma-se que o controle de constitucionalidade constitui um mecanismo de *defesa de direitos fundamentais*, de conteúdos morais mínimos, que, por sua essencialidade, devem ser retirados do alcance da política majoritária, com o propósito de serem protegidos inclusive contra maiorias transitórias. E defende-se que a jurisdição constitucional presta-se a *tutelar o próprio processo democrático*, cabendo-lhe avaliar se os canais de participação política que levaram à elaboração de uma norma estavam abertos e/ou se a nova norma frustra a participação de grupos minoritários no processo político[3]. A despeito de tais justificativas, não é incomum que se dirijam críticas à jurisdição constitucional, imputando-lhe a pecha de antidemocrática justamente por afastar atos praticados pelo Executivo e pelo Legislativo.

É um equívoco, contudo, pensar que sempre que o STF diverge dos poderes eleitos tal divergência implica necessariamente e proferir decisões contrárias ao que pensa a população. Não se deve idealizar a capacidade de efetiva representação de tais poderes ou sua congruência com a vontade popular. Tampouco se deve superestimar o poder de uma corte constitucional de contrariar sistematicamente a população sem colocar a própria estabilidade institucional em risco. A jurisprudência do Supremo é repleta de decisões majoritárias e de casos em que o tribunal foi a via utilizada pela maioria para fazer-se ouvir em temas que não encontraram acolhida nas instâncias majoritárias. Alguns casos emblemáticos ilustram a assertiva.

I. DECISÕES MAJORITÁRIAS PROFERIDAS PELO SUPREMO TRIBUNAL FEDERAL

i) Foro especial por prerrogativa de função

---

3. A discussão sobre a legitimidade democrática da jurisdição constitucional é abordada neste trabalho sem pretensão exaustiva, nos limites necessários à reflexão que será nele desenvolvida. Ver sobre o assunto: BINENBOJM, Gustavo. *A nova jurisdição constitucional brasileira: legitimidade democrática e instrumentos de realização.* Rio de Janeiro: Renovar, 2001.

De acordo com o art. 102, I, (b) e (c), da Constituição, compete ao Supremo Tribunal Federal processar e julgar, nas infrações penais comuns e/ou nos crimes de responsabilidade, conforme o caso, as mais altas autoridades do país, entre as quais o presidente da República, os ministros de Estado e os membros do Congresso Nacional. Uma competência mal vista pela comunidade, para quem tal foro especial por prerrogativa de função favorece a impunidade dos poderosos. De fato, na prática, poucos são os políticos que chegam a ser julgados pela Corte. E a jurisprudência do STF agravara o problema, estendendo tal foro aos ex-ocupantes de cargos e funções públicas, como previsto na Súmula 394 do Tribunal[4].

Então, no ano de 2001, o Tribunal decidiu reapreciar o assunto. Apesar de se reconhecer a existência de jurisprudência antiga sobre a matéria, e mesmo não tendo havido alteração no texto da Constituição, a maioria decidiu revogar o verbete e determinar que, cessado o exercício do cargo ou da função, a autoridade deixaria de ter direito ao foro especial, devendo-se remeter o feito ao juízo natural para prosseguimento. O voto que propôs tal revogação foi elaborado pelo Ministro Sydney Sanches e observava que nem a Constituição de 1946, sob cuja égide a súmula fora elaborada, nem a de 1967, ou a Emenda Constitucional nº 1/69, haviam atribuído – expressamente – competência originária à Corte Constitucional para o processo e julgamento de ex-exercentes de cargos ou mandatos, pela prática de crimes ocorridos durante o respectivo exercício. Tampouco se incluiu previsão nesse sentido na Constituição de 1988.

Não bastasse isso, segundo o Relator, o instituto da prerrogativa de foro visaria a garantir tão-somente o exercício do cargo ou do mandato, e não a proteger quem o exerce e, menos ainda, quem deixa de exercê-lo. Ademais, tratando-se de um privilégio, não deveria sofrer interpretação ampliativa.

Reconheceu-se, por fim, que a competência originária em matéria penal era uma missão de difícil cumprimento pelo STF, já que o ministro relator, na instrução desses feitos, precisava atuar como um juiz de primeiro grau na produção e apreciação de provas. Um tribunal superior não era adequadamente estruturado para esse tipo de atividade, típica da primeira instância. Esse fato somado à notória sobrecarga de proces-

---

4. Segundo a Súmula 394, STF: "Cometido o crime durante o exercício funcional, prevalece a competência especial por prerrogativa de função, ainda que o inquérito ou a ação penal sejam iniciados após a cessação daquele exercício".

sos enfrentada pela Corte acabava resultando na não apreciação de um considerável quantitativo de ações penais[5].

Contrariado pelo novo entendimento do Supremo Tribunal Federal, o Congresso, cujos membros eram potenciais beneficiados pela prerrogativa de foro, aprovou a Lei nº 10.628/02, que alterou o art. 84 do Código de Processo Penal, estabelecendo, em seu parágrafo primeiro, que "a competência especial por prerrogativa de função, relativa a atos administrativos do agente" prevaleceria "ainda que o inquérito ou a ação judicial sejam iniciados após a cessação do exercício da função pública".

A nova norma teve a sua constitucionalidade questionada nas ADINs nos 2797 e 2860[6]. Durante o julgamento, mais uma vez, observou-se que a experiência mostrava que o Supremo Tribunal Federal não era um tribunal vocacionado para o exercício de tais competências, que os aludidos julgamentos não eram concluídos e que, por consequência, as ex-autoridades restavam impunes[7]. Por isso, o entendimento proferido no Inquérito 687 deveria ser mantido. Esse entendimento era essencial para superar a inércia e a impunidade na matéria e possivelmente respondia às mesmas forças políticas que modelavam o pensamento dominante na sociedade: era preciso apurar e penalizar os crimes praticados pelas autoridades públicas e fazer com que o Judiciário atuasse a contento[8].

No ano seguinte ao julgamento antes aludido, o Senado Federal propôs uma emenda constitucional, a fim de estender o foro por prerrogativa de função aos ex-ocupantes de cargos públicos, por meio de norma

---

5. Inquérito nº 687, j. 25 ago. 1999, *DJ* 09 nov. 2001.

6. ADINs nºs 2797 2 2860, j. 15 set. 2005, *DJ* 19 dez. 2006.

7. V. voto do Ministro Carlos Veloso nas ADINs nos 2797 e 2860.

8. Curiosamente, entre o julgamento do Inquérito nº 687 e das ADINs nºs 2797 e 2860, o STF apreciou a constitucionalidade de uma lei que conferiu foro especial para os presidentes e ex-presidentes do Banco Central (BACEN). A norma teve sua constitucionalidade questionada nas ADINs nos 3.289 e 3.290. Entretanto, contraditoriamente, o STF reconheceu a validade da extensão do foro aos ex-presidentes do BACEN, equiparados a ministros de Estado, pela Lei nº 11.036/2004. A explicação para as decisões conflitantes é política: a extensão do foro aos ex-ocupantes do último cargo era vista como essencial para possibilitar que as autoridades em tal posição pudessem tomar determinadas medidas econômicas, durante seu mandato, sem temer serem futuramente expostas a uma multiplicidade de demandas por todo o país. Entretanto, a Corte não articulou qualquer fundamento jurídico para diferenciar o caso apreciado nas duas últimas ações diretas do caso tratado nas duas primeiras. Tratava-se de um situação evidente de distinção inconsistente entre precedentes. V. MELLO, Patrícia Perrone Campos. *Precedentes (o desenvolvimento judicial do direito no constitucionalismo contemporâneo)*. Rio de Janeiro: Renovar, 2008.

constitucional[9]. Entretanto, uma pesquisa contratada pela Associação dos Magistrados Brasileiros (AMB) no ano de 2007 indicou que *79,8% da população eram contra o foro especial*[10]. E a referida proposta não chegou a ser aprovada.[11]

Embora permaneça o foro privilegiado para os ocupantes dos cargos públicos, em razão de disposição constitucional expressa, cuja supressão dependeria de emenda constitucional, a extensão do foro especial para aqueles que deixaram o poder, que decorria de mera interpretação do STF, foi suprimida pela alteração de tal entendimento por parte do Tribunal. Assim, uma vez findo o exercício do cargo ou do mandato, os respectivos ex-ocupantes passaram a ter seus processos remetidos às instâncias inferiores talvez ainda em tempo de serem apreciados. Coube ao STF, portanto, a decisão que atendia, ao menos em parte, aos anseios da população.

ii) Fidelidade Partidária

Em 2008, o Supremo Tribunal Federal foi chamado a manifestar-se sobre a possibilidade de perda de mandato por infidelidade partidária, no âmbito das eleições proporcionais para a Câmara dos Deputados, caso parlamentares eleitos por um determinado partido buscassem aderir a partido diverso durante o prazo do mandato[12]. A discussão era antiga e já havia sido apreciada pelo STF. Nos autos do MS 20.927, a Corte assentara, em 1989, que o dispositivo que previa a perda de mandato por infidelidade partidária foi revogado pela Emenda Constitucional 25/1985 e não voltou a ser inserido no texto da Constituição de 1988, de modo que não haveria que se falar em perda de mandato por eventuais parlamentares que viessem a mudar de partido após as eleições[13].

A despeito disso, a Corte entendeu que era hora de reapreciar o tema. Ponderou, então, que no sistema proporcional de listas abertas e votação nominal, pelo qual os deputados federais são eleitos, os partidos

---

9.   De acordo com a PEC 358/2005: "Art. 97-A. A competência especial por prerrogativa de função em relação a atos praticados no exercício da função pública ou a pretexto de exercê-la, subsiste ainda que o inquérito ou a ação judicial venham a ser iniciados após a cessação do exercício da função".

10. Opinião Consultoria. A imagem das instituições públicas brasileiras. Brasília, set. 2007, p. 13. Disponível em: <http://www.amb.com.br/docs/pesquisa/imagem_instituicoes.pdf>. Acesso em: 18 jun. 2013.

11. Disponível em: <http://www.amb.com.br/portal/docs/noticias/estudo_corrupcao.pdf>. Acesso em: 18 jun. 2013.

12. MS 26.602, MS 26.603 e MS 26.604, j. 4 out. 2007, *DJe* 03 out. 2008.

13. MS 20.927, j. 11 out. 1989, *DJ* 15 abr. 1994.

políticos apresentam listas abertas, coma a indicação dos nomes de seus candidatos, observando-se a seguinte sistemática: *(i)* os *votos válidos* são aqueles conferidos à legenda partidária e ao candidato; *(ii)* o *quociente eleitoral* corresponde ao índice de votos a ser obtido para a distribuição das vagas e é calculado mediante a divisão do número de votos válidos pelo número de lugares a serem preenchidos no Legislativo[14]; *(iii)* o *quociente partidário* indica o número de vagas alcançado pelos partidos na casa legislativa e é calculado pela divisão do número de votos conferidos ao partido (ou a seus candidatos) pelo quociente eleitoral[15]. São eleitos tantos candidatos por partido quantos o quociente partidário possibilitar, na ordem da votação nominal de cada candidato[16].

Como se trata de um modelo de listas abertas, o desempenho das legendas depende, em geral, do desempenho de alguns candidatos específicos, de personalidades, que, por sua popularidade, levantam a votação no partido[17]. O mandato é, portanto, o resultado do desempenho do partido e da expressão dos seus candidatos. No entanto, na legislatura em curso à época do julgamento, o percentual de candidatos que conquistaram quociente eleitoral por votação própria era ínfimo, inferior a 6,04 % do total de eleitos[18].

Concluiu-se, por isso, que existe um liame entre o partido, o eleitor e o eleito, em caso de representação proporcional, e que os partidos não podem ser tratados como meros instrumentos de acesso ao poder. O parlamentar não seria apenas representante do povo, mas também representante do partido, e, se fosse possível trocar inconsequentemente de legenda, uma vez conquistado o mandato com o quociente eleitoral de determinado partido, haveria o risco de tal partido zerar seus representantes e não mais poder exercer seu direito subjetivo ao funcionamento parlamentar, quer perante a Câmara dos Deputados, quer perante o Supremo Tribunal Federal, na propositura de ações diretas de inconstitucionalidade. Nessas circunstâncias, estaria neutralizado, ainda, o direito de oposição e de representação das minorias, na medida em que os partidos com maior peso passariam a atrair os mandatários dos partidos menores.

---

14. Art. 106 da Lei 4.737/1965 (Código Eleitoral).
15. Art. 107 do Código Eleitoral.
16. Art. 108 do Código Eleitoral.
17. Cf. voto do ministro Gilmar Mendes, no MS 26.602, p. 363 e ss.
18. MS 26.602, p. 213.

ENTRE O CONGRESSO E A OPINIÃO PÚBLICA

Subjacente ao julgamento revelava-se uma realidade de fato de consideráveis trocas de partidos, em favor das agremiações maiores, o que efetivamente implicava uma distorção no processo de representação democrática. Não interessava à maioria dos parlamentares a mudança de tal estado de coisas. Ao contrário, os partidos maiores, que detinham maior representação na Câmara dos Deputados, valiam-se deste expediente justamente para se fortalecerem.

No entanto, uma pesquisa de opinião realizada pelo Instituto Brasileiro de Opinião Pública e Estatística (IBOPE), a pedido da Confederação Nacional da Indústria (CNI), apurou que *52% da população aprovavam a fidelidade partidária e que apenas 37% eram contra a medida*[19]. Tudo indica, portanto, que o STF proferiu, neste caso, uma decisão convergente com o entendimento da maioria. E que as instâncias representativas, ao contrário, vinham mantendo uma atitude contramajoritária, que atendia aos interesses de um determinado grupo – os partidos políticos maiores.

iii) Direito de greve dos servidores públicos

No mesmo ano, o Tribunal deu provimento a três mandados de injunção pelos quais se requeria a regulamentação do direito de greve de certas categorias de servidores públicos[20]. A questão já havia sido objeto de inúmeros outros feitos examinados pela Corte, nos quais esta se limitara a reconhecer a mora do legislador. Verificou-se, contudo, que a não regulamentação de tal direito pelo Congresso atendia a dois grupos de interesse aparentemente antagônicos. O Poder Público acreditava que a omissão legislativa lhe era favorável porque ensejava a ilegalidade das greves de servidores. Os sindicatos, na ausência de norma, promoviam paralisações em condições menos onerosas do que aquelas aplicáveis aos trabalhadores da iniciativa privada, nas quais se autorizava, por exemplo, o corte do ponto, em caso de não comparecimento ao serviço.

A população era a maior prejudicada pela não regulamentação do direito de greve. Os cidadãos foram submetidos a verdadeiros colapsos

---

19. Não se obteve acesso direto à aludida pesquisa de opinião. As assertivas acima se baseiam em referências idênticas acerca de seu resultado, publicadas em três veículos diversos. Disponível em: <http://www.impactoonline.com.br/not%C3%ADcias-de-impacto/ibope-aponta-que-54--sao-contra-voto-obrigatorio.html; http://www.vermelho.org.br/orlando_silva/noticia.php?id_noticia=10856&id_secao=1; http://tede.pucrs.br/tde_busca/arquivo.php?codArquivo=1306>. Acessos em: 30 maio 2013.

20. MI 670, MI 708 e MI 712, j. 25 out. 2007, *DJ* 31 out. 2008.

na prestação de serviços públicos essenciais, cujo exemplo mais emblemático foi a greve dos controladores de voo, que ocorreu no início do ano em que se deu o julgamento e instalou um verdadeiro caos nos aeroportos do país. Merecem menção, ainda, algumas greves de policiais, que privaram os cidadãos de condições mínimas de segurança pública e geraram grande alarme em alguns Estados da federação.

O Supremo Tribunal Federal que, até tal momento, apenas reconhecera a mora do legislador, decidiu, então, supri-la, ante a persistente inércia do Legislativo, e determinou a aplicação analógica da norma que regulava a greve na iniciativa privada às greves de servidores, com algumas adaptações. Ao fazê-lo, agiu em desacordo com os interesses da política majoritária, que optara por não regulamentar o direito, mas em linha com os interesses da comunidade.

iv) Aviso prévio proporcional

Em 2011, o STF deu início ao exame de um mandado de injunção pelo qual se requeria a regulamentação do direito ao aviso prévio proporcional, previsto no art. 7º, XXI, CF, em favor dos trabalhadores[21]. A mora do legislador em dispor sobre tal direito já havia sido decretada pela Corte em diversos outros feitos. Entretanto, a não regulamentação do dispositivo atendida a interesses de grupos empresariais, em detrimento da maioria dos trabalhadores. O feito foi levado a julgamento em sessão plenária, quando os ministros do Supremo Tribunal Federal indicaram que reconheceriam a procedência do pedido e produziriam uma "norma" dispondo sobre o benefício.

O julgamento foi suspenso para que refletissem sobre paradigmas legislativos a serem utilizados para a solução do caso. Entretanto, antes da retomada do julgamento, o Legislativo aprovou a Lei nº 12.506/2011, superando uma inércia de quase 23 anos. Em síntese, a decisão por parte da "instância representativa" somente se concretizou após o sinal de que o Supremo Tribunal Federal avançaria sobre o campo legislativo para solucionar o assunto[22].

---

21.   MI 943, j. 06 fev. 2013, *DJe* 02 maio 2013. Não foram localizadas pesquisas sobre a aprovação da decisão do STF pelo público, até porque tal decisão não chegou a ser proferida por completo, como esclarecido adiante. No entanto, tratava-se de decisão favorável aos trabalhadores, apta, portanto, a provocar uma recepção positiva por parte de uma parcela da população potencialmente majoritária.

22.   No mesmo sentido: BARROSO, Luís Roberto. Constituição, democracia e supremacia judicial: direito e política no Brasil contemporâneo. Disponível em http://www.lrbarroso.com.br/pt/noticias/constituicao_democracia_e_supremacia_judicial_11032010.pdf. Acesso em 02 jul.

v) Financiamento privado de campanha

Em 2013, o Supremo Tribunal Federal deu início ao julgamento da ADI 4650, que tinha por objeto o reconhecimento da inconstitucionalidade do atual sistema de financiamento de campanha[23]. Por meio dela, o Conselho Federal da Ordem dos Advogados do Brasil (OAB) pleiteou: *(i)* a declaração da inconstitucionalidade das doações, por pessoas jurídicas, a campanhas eleitorais ou a partidos políticos; *(ii)* a limitação das doações por pessoas físicas, bem como do uso de recursos próprios pelos candidatos, para os mesmos fins, de forma a assegurar a igualdade nas eleições.

Segundo dados coletados pelo relator do feito, o Ministro Luiz Fux, o país vinha sofrendo uma "crescente influência do poder econômico sobre o processo político", expressa no aumento exponencial dos gastos com campanhas eleitorais. A título de ilustração, nas eleições de 2002, os candidatos teriam gasto 798 milhões de reais, ao passo que, em 2012, os valores superaram 4,5 bilhões de reais. Ainda de acordo com os aludidos dados, 0,89% de toda a riqueza gerada pelo país teria sido destinada ao financiamento de campanhas eleitorais.

No entendimento do relator, tais números indicavam que o candidato capaz de levantar maior volume de recursos para sua campanha eleitoral tinha maiores chances de eleição; enquanto que os candidatos com menor apelo ao poder econômico, tinham menos chances de se elegerem. Disso resultaria que os candidatos eleitos não representavam efetivamente o pensamento dominante na sociedade, mas sim os interesses da minoria que financiava os partidos e as campanhas. Nessas condições, o modelo de financiamento de campanha vigente era incompatível com o princípio da igualdade de chances nas eleições e com o regime democrático.

Com base nesses fundamentos, o relator proferiu voto que julgava procedente a ação e invalidava o referido modelo de financiamento, mantendo a sua eficácia por 24 meses, prazo durante o qual o Congresso Nacional deveria elaborar um novo marco normativo, observadas as se-

---

2012, p. 33. Sobre a corte constitucional como "representante argumentativo da sociedade", cf. ALEXY, Robert. Constitucionalismo discursivo. Trad. Luis Afonso Heck. 2. ed. Porto Alegre: Livraria do Advogado, 2008. Para o questionamento da representação argumentativa, v. PEREIRA, Jane Reis Gonçalves. Entrevista concedida ao blog Os Constitucionalistas. Disponível em http://estadodedireitos.com/>. Acesso em: 07 jan. 2014.

23. Informativo 732, STF.

guintes diretrizes: *(i)* a inconstitucionalidade das doações por pessoas jurídicas; e *(ii)* a limitação às doações por pessoas naturais e ao uso de recursos próprios pelos candidatos, em patamares que não comprometam a igualdade de chances. O relator foi integralmente acompanhado por outros 4 ministros – os Ministros Luís Roberto Barroso, Joaquim Barbosa, Dias Toffoli e Ricardo Lewandowski. Foi, ainda, acompanhado parcialmente pelo Ministro Marco Aurélio, no que respeita à inconstitucionalidade do financiamento por parte de pessoas jurídicas. O julgamento foi suspenso pelo pedido de vista do Ministro Gilmar Mendes.

Entretanto, em tal momento, já havia maioria consolidada no Tribunal – de 6 votos – pela declaração de inconstitucionalidade das doações de pessoas jurídicas. O entendimento do Supremo Tribunal Federal acolhia o pensamento da maioria da população. Segundo pesquisa divulgada pelo Datafolha, 74% dos brasileiros são contra o financiamento de campanha por empresas privadas, e 79% acreditam que esse tipo de financiamento estimula a corrupção[24], já que aqueles que financiaram as campanhas teriam a expectativa de ter seus interesses acolhidos e de eventualmente celebrar negócios vantajosos com o Poder Público.

Em resposta, a Câmara dos Deputados decidiu não aguardar o final do julgamento. Levou à deliberação uma emenda constitucional inserindo previsão expressa que aprovava o financiamento privado de campanha por pessoa jurídica. A emenda foi rejeitada em 26 de junho de 2015[25]. Entretanto, um dia mais tarde, sob forte pressão, uma nova emenda sobre o tema foi levada à votação, permitindo que os partidos recebessem doações de pessoas jurídicas privadas. E dessa vez a emenda foi aprovada[26]. O projeto foi remetido ao Senado Federal. No final de

---

24. SOUZA, André. Datafolha: Três em cada quatro brasileiros são contra o financiamento de campanha por empresas privadas. *O Globo,* Rio de Janeiro, 06 jul. 2015. Disponível em http://oglobo.globo.com/brasil/datafolha-tres-em-cada-quatro-brasileiros-sao-contra-financiamento-de-campanha-por-empresas-privadas-16672767. Acesso em 05 ago. 2015. Por outro lado, de acordo com pesquisa realizada pelo Instituto Sensus, 75,2% da população é contra o financiamento público exclusivo das campanhas eleitorais. V. MILITÃO, Eduardo. Maioria é contra financiamento público de campanha. Uol, Congresso em foco, 26 jun. 2007. Disponível em http://congressoemfoco.uol.com.br/noticias/maioria-e-contra-financiamento-publico--de-campanha/. Acesso em 05 ago. 2015.

25. PRAZERES, Leandro. Câmara recua e aprova financiamento privado de campanha. *Uol.* Política. 27 maio 2015. Disponível em http://noticias.uol.com.br/politica/ultimas-noticias/2015/05/27/camara-volta-atras-e-aprova-financiamento-privado-de-campanhas.htm. Acesso em 10 ago. 2015.

26. Proposta de Emenda à Constituição nº 182/2007: "Art. 17. [...]. § 5º É permitido aos partidos políticos receber doações de recursos financeiros ou de bens estimáveis em dinheiro de

2015, o julgamento no STF se concluiu, restando reconhecida a inconstitucionalidade do financiamento privado de campanha por pessoa jurídica tal como praticado até então. A questão do financiamento de campanhas eleitorais permanece em debate no Legislativo.

II. O CONGRESSO E A FALHA REPRESENTATIVA

Nos casos narrados, coube à Corte Constitucional, e não às instâncias representativas clássicas, responder ao anseio popular. Ao contrário, as instâncias representativas contrariaram o entendimento da maioria. E foi no Supremo Tribunal Federal que os interesses dessa encontraram caminho.

Algumas características do processo político brasileiro podem ajudar a entender a suposta troca de papéis em tais circunstâncias. O mecanismo da representação popular pressupõe a não participação direta do cidadão em determinadas decisões. Não participando diretamente, a vontade da maioria se sujeita a interpretação. O representante vota de acordo com as convicções que acredita predominar em seu eleitorado ou, eventualmente, de acordo com as suas próprias convicções, que podem ser convergentes com as de seu eleitorado em muitos temas, mas não em todos. Eventualmente, disputam com os interesses dos eleitores os interesses dos partidos e os interesses dos próprios candidatos.

No sistema proporcional de listas abertas, como já mencionado, os candidatos geralmente não se elegem com base na votação individual que recebem, mas sim com base nos votos angariados por seu partido. *Os partidos não têm uma definição ideológica e programática clara* e/ou formam coligações partidárias ao arrepio de seus compromissos ideológicos, comprometendo sua representatividade[27]. Para aumentar o nú-

---

pessoas físicas ou jurídicas. § 6º É permitido aos candidatos receber doações de recursos financeiros ou de bens estimáveis em dinheiro de pessoas físicas. § 7º Os limites máximos de arrecadação e gastos de recursos para cada cargo eletivo serão definidos em lei". A aprovação do projeto na Câmara dos Deputados levou alguns de seus membros a impetrar o MS 33.630, perante o STF, distribuído à relatoria da Ministra Rosa Weber, alegando violação ao art. 60, §5º, CF. A liminar foi indeferida. O referido dispositivo constitucional estabelece: "§ 5º A matéria constante de proposta de emenda rejeitada ou havida por prejudicada não pode ser objeto de nova proposta na mesma sessão legislativa". PASSARINHO, Natália. Câmara aprova por na Constituição doação de empresas a partidos. *G1*. Política. 25 maio 2015. Disponível em http://g1.globo.com/politica/noticia/2015/05/camara-aprova-incluir-na-constituicao-doacao-de-empresas-partidos-politicos.html. Acesso em 6 maio 2015.

27. BARROSO, Luís Roberto. A reforma política: uma proposta de sistema de governo, eleitoral e partidário para o Brasil. Disponível em http://www.luisrobertobarroso.com.br/wp-content/

mero de votos a seu favor, lançam mão de candidaturas de celebridades, que majoram artificialmente a votação e, portanto, a representatividade do partido. Tais aspectos comprometem a congruência esperada entre as opiniões dos eleitores e a atuação dos representantes que elege.

Por outro lado, a representação de cada estado no Senado independe de sua população, de forma que os estados que detêm maioria nesta casa não necessariamente representam a maioria do povo[28]. Na Câmara dos Deputados, embora o número de parlamentares guarde proporcionalidade à população do estado, a Constituição determina que cada ente terá o mínimo de oito e o máximo de setenta deputados. Há, portanto, na Constituição, *regras mitigam a relação de proporcionalidade entre o número de eleitores dos estados e sua representação no Congresso*, gerando distorções em favor dos entes que têm menor densidade demográfica[29].

No que respeita ao processo legislativo, a superação do veto presidencial aos projetos de lei aprovados pelo Congresso Nacional depende de *quórum qualificado correspondente à maioria absoluta dos deputados e senadores*, circunstância que permite o bloqueio da decisão pela minoria[30]. Do mesmo modo, o *quorum* para a aprovação de projetos de emenda à Constituição é de 3/5 dos votos dos membros de cada casa do Congresso Nacional. Tais projetos podem, assim, ser obstados pela vontade da minoria[31].

---

uploads/2010/12/Relatório-Reforma-Política-OAB.pdf>. Acesso em: 01 jun. 2013, p. 13-15.

28. Art. 46, § 1º, CF: "Art. 46. O Senado Federal compõe-se de representantes dos Estados e do Distrito Federal, eleitos segundo o princípio majoritário. § 1º – Cada Estado e o Distrito Federal elegerão três Senadores, com mandato de oito anos".

29. Art. 45, §§ 1º e 2º, CF, dispõe: "Art. 45. A Câmara dos Deputados compõe-se de representantes do povo, eleitos, pelo sistema proporcional, em cada Estado, em cada Território e no Distrito Federal. § 1º – O número total de Deputados, bem como a representação por Estado e pelo Distrito Federal, será estabelecido por lei complementar, proporcionalmente à população, procedendo-se aos ajustes necessários, no ano anterior às eleições, para que nenhuma daquelas unidades da Federação tenha menos de oito ou mais de setenta Deputados. § 2º – Cada Território elegerá quatro Deputados".

30. Art. 66, § 4º, CF: "§ 4º – O veto será apreciado em sessão conjunta, dentro de trinta dias a contar de seu recebimento, só podendo ser rejeitado pelo voto da maioria absoluta dos Deputados e Senadores, em escrutínio secreto".

31. Art. 60: "A Constituição poderá ser emendada mediante proposta: I – de um terço, no mínimo, dos membros da Câmara dos Deputados ou do Senado Federal; II – do Presidente da República; III – de mais da metade das Assembleias Legislativas das unidades da Federação, manifestando-se, cada uma delas, pela maioria relativa de seus membros. [...]. § 2º – A proposta será discutida e votada em cada Casa do Congresso Nacional, em dois turnos, considerando-se aprovada se obtiver, em ambos, três quintos dos votos dos respectivos membros".

Além disso, os procedimentos previstos nos regimentos internos da Câmara e do Senado permitem o *estabelecimento de exigências adicionais e dilatórias para a apreciação e para a votação dos projetos de lei*, que podem postergar ou inviabilizar a conclusão do processo legislativo em prazo razoável. A título de exemplo, deputados e senadores podem requerer que os projetos de lei sejam submetidos a um sem--número de comissões legislativas, desde que tenham alguma relação com o tema tratado.[32]

Por fim, o *financiamento privado* de campanhas eleitorais e os vultosos valores nelas empregados, também já mencionados, tornam os candidatos muito vulneráveis ao poder econômico. Como tais candidatos dependem de importâncias consideráveis para viabilizar sua eleição, pode se tornar bastante oneroso contrariar determinados interesses empresariais[33]. Nota-se, portanto, que o funcionamento do próprio sistema permite que os parlamentares se distanciem da vontade de seus eleitores.

Os cidadãos, por sua vez, sabem muito pouco sobre os diversos assuntos tratados no âmbito do Executivo e do Legislativo, ou sobre como votou exatamente cada qual dos parlamentares nas diversas matérias diariamente apreciadas pelo Congresso Nacional. Para que tais fatos cheguem ao domínio da comunidade, depende-se da atuação de corpos intermediários tais como grupos de interesses, movimentos sociais e, sobretudo, a imprensa. Esses corpos intermediários funcionam por uma lógica própria. Têm seus próprios interesses. Selecionam e interpretam os fatos à luz de tais interesses e não com base na necessidade de levar conhecimento amplo e neutro sobre questões relevantes para o processo democrático. Portanto, nem todos os posicionamentos dos parlamentares – talvez poucos deles – se refletem nas urnas.

---

32. De acordo com o Regimento Interno da Câmara dos Deputados: "Art. 140. Quando qualquer Comissão pretender que outra se manifeste sobre determinada matéria, apresentará requerimento escrito nesse sentido ao Presidente da Câmara, com a indicação precisa da questão sobre a qual deseja o pronunciamento [...]." Já o Regimento Interno do Senado prevê: "Art. 279. A discussão, salvo nos projetos em regime de urgência e o disposto no art. 349, poderá ser adiada, mediante deliberação do Plenário, a requerimento de qualquer Senador ou comissão, para os seguintes fins: I – audiência de comissão que sobre ela não se tenha manifestado; II – reexame por uma ou mais comissões por motivo justificado". Disponível em: <http://www2.camara.leg.br/atividade-legislativa/comissoes>. Acesso em: 01 jun. 2013.

33. BARROSO, Luís Roberto. A reforma política: uma proposta de sistema de governo, eleitoral e partidário para o Brasil. Disponível em http://www.luisrobertobarroso.com.br/wp-content/uploads/2010/12/Relatório-Reforma-Política-OAB.pdf>. Acesso em: 01 jun. 2013.

Quando eventualmente tais questões chegam ao conhecimento da população, esta, por sua vez, não necessariamente se interessará por elas ou será capaz de formular um juízo crítico sobre os diversos fatos que lhe são apresentados. Seja como for, a formação de massa crítica e de cidadania é um processo em permanente construção.

III. ELEMENTOS INDUTORES DO ALINHAMENTO ENTRE O SUPRE-MO TRIBUNAL FEDERAL E A OPINIÃO PÚBLICA

i) Critério político de seleção dos juízes da Suprema Corte

Por outro lado, alguns fatores podem induzir uma Corte Constitucional a um comportamento judicial convergente com as convicções da maioria. O primeiro deles, examinado por Robert Dahl, é o critério político de seleção dos juízes da Corte[34]. Como já esclarecido, os ministros do STF são escolhidos pelo presidente e submetidos à aprovação do Senado. Segundo Dahl, tal critério de seleção induziria à escolha de candidatos que transitam bem na fronteira entre o direito e a política, já que as tendências ideológicas e as conexões políticas de tal profissional têm um peso especial em sua avaliação. A aprovação de tais candidatos dependeria de refletirem ideologicamente o conjunto de forças dominantes no cenário político na ocasião de sua indicação, aspecto que repercutiria em suas decisões.

Pela mesma razão, a constante alteração da composição de uma Corte Constitucional também pode constituir um mecanismo indutor do alinhamento de seus ministros a tendências ideológicas dominantes na comunidade. Basta lembrar que, durante seus dois mandatos, o presidente Fernando Henrique Cardoso nomeou três ministros para o STF[35]; o presidente Lula nomeou oito ministros[36]; a presidente Dilma nomeou cinco[37]; o presidente Temer nomeou um ministro. Como resultado, há hoje considerável maioria de ministros selecionados por presidentes eleitos pelo Partido dos Trabalhadores (PT)[38]. Em aproximadamente 22

---

34. DAHL, Robert A. Decision-making in a democracy: the Supreme Court as a national policy-maker. *Journal of Public Law*, v. 6, 1957, p. 570 e ss.

35. Ministros Nelson Jobim, Gilmar Mendes e Ellen Gracie.

36. Ministros Cezar Peluso, Ayres Britto, Joaquim Barbosa, Eros Grau, Ricardo Lewandowski, Cármen Lúcia, Menezes Direito e Dias Toffoli.

37. Ministros Luiz Fux, Rosa Weber, Teori Zavascki, Luís Roberto Barroso e Edson Fachin.

38. Essa tese é contestada com base em dois argumentos. Em primeiro lugar, observa-se que, apesar de os presidentes procurarem nomear juízes que se alinhem com as suas convicções

anos, a Corte recebeu 17 novos ministros. Recebeu, portanto, em média, mais de 2 ministros novos a cada três anos.

ii) Valores da comunidade e movimentos sociais

Em todas as sociedades, existe uma compreensão sobre a missão a ser cumprida por uma Corte Constitucional, sobre o que são bons e maus argumentos, sobre os valores essenciais a serem preservados. Os juízes não são seres isolados, alheios à vida social. Integram a sociedade e, portanto, são influenciados por tais elementos. Sujeitam-se, ainda, às mesmas forças sociais que modelam e que eventualmente alteram a opinião pública. Por isso, acredita-se, haveria uma tendência natural à convergência entre seus julgados e a visão dominante na comunidade[39].

A generalizada insatisfação com a política majoritária, os reiterados desvios do processo representativo, a crônica ineficiência do Poder Público são temas reiteradamente debatidos na vida pública brasileira, da qual os ministros do Supremo Tribunal Federal fazem parte. É natural que tal ambiente tenha levado o Tribunal a refletir criticamente sobre o sistema e a eventualmente propor uma evolução dos entendimentos que poderiam contribuir para seu aperfeiçoamento. É o que parece ter ocorrido no julgamento sobre a prerrogativa de foro especial, sobre a fidelidade partidária e sobre o financiamento privado de campanha.

---

fundamentais, nada garante que tal magistrado não os surpreenderá com decisões que conflitam com tais convicções. Além disso, as tendências ideológicas de um juiz podem variar ao longo do tempo. Há, ainda, na literatura norte-americana, estudos empíricos que apresentam indícios de que as cortes constitucionais são sensíveis a alterações ideológicas independentemente de haver ou não mudança em sua composição. Caso confirmada essa premissa, a tese de Dahl, ainda que válida, não forneceria uma explicação completa para a convergência entre os julgados e a opinião pública. Ao contrário, o fato de os juízes alterarem seus entendimentos e se alinharem a mudanças na opinião pública, mesmo quando já empossados em cargos vitalícios, indicaria a existência de um vínculo direto entre o sentimento popular e as decisões da Suprema Corte. Cf. LAIN, Corinna Barrett. Upside-down judicial review. Upside-down judicial review. Disponível em http://ssrn.com/abstract=1984060. Acesso em 27 set. 2013, p. 47 e ss.; GILES, Micheal W; BLACKSTONE, Bethany; VINING, Richard L. The Supreme Court in American democracy: unraveling the linkages between public opinion and judicial decision--making. . *Journal of Politics*, v. 70, p. 293-306, 2008; MARSHALL, Thomas R. *Public opinion and the Supreme Court*. Nova York: State University of New York Press, 2008, p. 116-119.

39. LAIN, Corinna Barrett. Upside-down judicial review. Op. cit., p. 49 e ss.; SUNSTEIN, Cass. A constitution of many minds. Nova Jersey: Princeton University Press, 2009, p. 142 e ss.; GILES, Micheal W.; BLACKSTONE, Bethany; VINING, Richard L. The Supreme Court in American democracy: unraveling the linkages between public opinion and judicial decision-making. Op. cit., p. 6 e ss.; BRENNER, Saul; WHITMEYER, Joseph M. Strategy on the United States Supreme Court. Nova York: Cambridge University Press, 2009, p. 134.

iii) Legitimidade e estabilidade institucional da Suprema Corte

O Supremo Tribunal não tem poderes para legislar ou para impor o cumprimento de seus próprios julgados. Ao contrário, depende da adesão dos demais Poderes para isso e sujeita-se a normas constitucionais que lhes conferem considerável rol de medidas de represália em desfavor da Corte. No passado, o Supremo Tribunal Federal teve decisões descumpridas, juízes aposentados compulsoriamente e competências suprimidas[40]. Na vigência da Constituição de 1988, aprovou-se emenda constitucional para alterar a idade para a aposentadoria compulsória dos ministros e evitar a indicação de novos membros pela presidente Dilma Roussef, no curso de seu segundo mandato[41]. O orçamento da Corte, a remuneração de seus ministros e o subsídio de seus servidores dependem de aprovação pelas instâncias majoritárias[42].

Em tal cenário, *a melhor proteção de que dispõe uma Corte Constitucional contra os representantes do povo é o próprio povo*[43]. Decidir as grandes questões em debate de forma convergente com a opinião pública ajuda a preservar a imagem da Corte e a reforçar a sua legitimidade[44]. Uma vez alinhado com a opinião pública, o STF torna-se menos vulnerável ao ataque dos demais poderes. Por isso, reações muito negativas

---

40. V. RODRIGUES, Lêda Boechat. *História do Supremo Tribunal Federal*. Rio de Janeiro: Ed. Civilização Brasileira, 1965, 1968, 1991, 2002. t. 1, 2, 3 e 4; VIEIRA, Oscar Vilhena. *Supremo Tribunal Federal*: jurisprudência política. 2. ed. São Paulo: Malheiros, 2002.

41. V. Emenda Constitucional nº 88/2015, cuja proposta, por estender o tempo dos atuais membros do Supremo Tribunal Federal, Superior Tribunal de Justiça e no Tribunal de Contas da União no cargo, foi apelidada de "PEC da Bengala". Cf, ainda, MENDES, Conrado Hübner. O STF entre 2014 e 2015. Disponível em: <http://www.jota.info/retrospectiva-stf-2014>. Acesso em 28 jan 2015.

42. V. BICKEL, Alexander M. *The least dangerous branch*. 2. ed. New Haven: Yale University Press, 1986.

43. LAIN, Corinna Barrett. Upside-down judicial review. Op. cit., p. 49; EGAN, Patrick J.; CITRIN, Jack. Opinion leadership, backlash, and delegitimation: supreme court rulings and public opinion. **Social Science Research Network**, [Rochester], ago. 2009. Disponível em: <http://ssrn.com/abstract=1443631>. Acesso em: 27 set. 2013.; PRITCHETT, C. Herman. *Congress versus the Supreme Court*: 1957-1960. Minneapolis: University of Minnesota, 1961.

44. Como esclarece Luís Roberto Barroso: "De fato, a legitimidade democrática do Judiciário, sobretudo quando interpreta a Constituição, está associada à sua capacidade de corresponder ao sentimento social. Cortes constitucionais, como os tribunais em geral, não podem prescindir do respeito, da adesão e da aceitação da sociedade. A autoridade para fazer valer a Constituição, como qualquer autoridade que não repouse na força, depende da confiança dos cidadãos. Se os tribunais interpretarem a Constituição em termos que divirjam significativamente do sentimento social, a sociedade encontrará mecanismos de transmitir suas objeções e, no limite, resistirá ao cumprimento da decisão" (BARROSO, Luís Roberto. Constituição, democracia e supremacia judicial: direito e política no Brasil contemporâneo. Op. cit., p. 41-42).

da comunidade, que possam provocar um descumprimento em massa das decisões do STF, podem comprometer a sua imagem e desestabilizá-lo institucionalmente[45]. Se um julgado puder despertar reações de tal ordem, que ameacem a credibilidade da Corte, talvez a decisão não deva ser tomada, até porque, sendo descumprida, não gerará qualquer benefício concreto[46].

É importante notar, contudo, que as considerações acima não implicam dizer que uma Corte Constitucional não pode contrariar a opinião pública em nenhuma hipótese. O Supremo Tribunal Federal tem um justificável papel contramajoritário a desempenhar na proteção dos direitos fundamentais e do processo democrático. A questão que se coloca, portanto, é a de saber como conciliar a função contramajoritária com a preservação da sua estabilidade institucional.

Ao tratar do assunto, a doutrina costuma recorrer aos conceitos de "apoio popular específico" (*specific support*) e de "apoio popular difuso" (*difuse support*). O apoio popular específico refere-se à aprovação de uma decisão determinada de uma corte constitucional pelo público. O apoio popular difuso diz respeito à credibilidade de que dispõe tal corte perante a comunidade como um todo. Ela é produto de sua história, do acerto das decisões tomadas no passado, da confiança conquistada junto à população.

Uma corte constitucional profere, ao longo do tempo, muitas decisões populares e algumas impopulares. As decisões populares geram uma espécie de "reserva de credibilidade", de "apoio difuso", que constituirá o seu "capital político". Quanto maior for tal "reserva", maior será a sua liberdade para tomar decisões contramajoritárias, que não gozarão do apoio específico da população. Por outro lado, nenhuma instituição política é capaz de se manter sistematicamente em confronto com as opiniões dominantes na sociedade. Tal "capital político" é finito e deve ser utilizado com parcimônia. Caberá à corte avaliar quando deve fazer uso dele[47].

---

45. FRIEDMAN, Barry. *The will of the people: how public opinion has influenced the Supreme Court and shaped the meaning of the Constitution.* Nova Iorque: Farrar, Strauss and Giroux, 2009, p. 375.

46. SUNSTEIN, Cass R. A Constitution of many minds. Op. cit., p. 159 e ss.

47. A ideia de que as instituições públicas têm uma reserva de apoio popular difuso que as protege contra decisões impopulares específicas foi formulada originalmente por David Easton (A re-assessment of the concept of popular support. *British Journal of Politics Science*, n. 5, 1975, p. 435 e ss., 1975). Cf., sobre o tema: FRIEDMAN, Barry. *The will of the people: how public*

iv) Diálogo social

Mesmo nas situações em que uma corte constitucional opta por produzir uma decisão contramajoritária, esta não necessariamente será definitiva. Quando uma decisão de tal molde provocar uma intensa e prolongada discordância por parte da comunidade, provavelmente, ela cumprirá a função de "abrir" o debate acerca de uma questão que é altamente controvertida, cuja relevância talvez não fosse adequadamente captada pelo Tribunal. Tal debate repercutirá nas instâncias representativas e possivelmente provocará iniciativas que novamente conduzirão o assunto à Suprema Corte, abrindo-se a oportunidade para que esta volte a se manifestar sobre a matéria, até que se encontre um ponto de equilíbrio com o pensamento majoritário[48].

A criação do Conselho Nacional de Justiça (CNJ) e a definição do alcance de suas atribuições são um exemplo disso. No fim do ano de 2004, a tão aguardada reforma do Judiciário finalmente foi efetivada, por meio da Emenda Constitucional 45/2004. A reforma previa medidas que tinham o propósito de reduzir o volume de processos recebidos pelo Supremo Tribunal Federal e reforçar o poder vinculante de seus julgados. E criava o CNJ, órgão de composição híbrida, integrado por juízes e por agentes externos à magistratura, entre os quais: dois membros do Ministério Público, dois advogados indicados pelo Conselho Federal da Ordem dos Advogados do Brasil (OAB) e dois cidadãos com notável saber jurídico, indicados um pelo Senado e outro pela Câmara dos Deputados. Atribuiu-se ao CNJ o controle administrativo, financeiro e ético-disciplinar do Poder Judiciário[49].

A criação de um órgão com tal composição e com as referidas competências encontrava grande resistência na magistratura. Afirmava-se que a atuação do CNJ poderia comprometer a independência dos juízes

---

opinion has influenced the Supreme Court and shaped the meaning of the Constitution. Op. cit., p. 379 e ss.; FRIEDMAN, Barry. The politics of judicial review. *Texas Law Review*, Austin, v. 84, 2005, p. 326; FRIEDMAN, Barry. Mediated popular constitutionalism. *Michigan Law Review*, v. 101, 2003, p. 2615 e ss.; EGAN, Patrick J.; CITRIN, Jack. Opinion leadership, backlash, and delegitimation: Supreme Court rulings and public opinion. Disponível em: <http://ssrn.com/abstract=1443631>. Acesso: em 27 set. 2013, p. 5 e ss.; Giles, Micheal W.; BLACKSTONE, Bethany; VINING, Richard L. The Supreme Court in American democracy: unraveling the linkages between public opinion and judicial decision-making. Op. cit., p. 4.

48. MARSHALL, Thomas R. *Public opinion and the Supreme Court*. Op. cit., p. 24; LIPPMANN, Walter. *Opinião pública*. Petrópolis: Ed. Vozes, 2008.

49. Cf. art. 103-B, § 4º, CF.

e argumentava-se que sua criação violava o princípio da separação dos poderes. Motivada por esse entendimento, a Associação dos Magistrados Brasileiros (AMB) ajuizou uma ação direta com o objetivo de questionar a constitucionalidade do CNJ.

Por outro lado, a criação de um órgão de controle do Judiciário e a própria reforma deste Poder haviam sido objeto de amplo debate na sociedade brasileira. Tais inciativas eram vistas pela população como providências essenciais ao adequado funcionamento da instituição. Assim, a discussão sobre a constitucionalidade da criação do CNJ era particularmente delicada para o Supremo Tribunal Federal, já que lhe transferia a decisão sobre a validade de uma norma aprovada com considerável apoio popular, que tinha a própria magistratura como destinatária. Não seria surpreendente se uma decisão favorável ao pleito da AMB viesse a ser qualificada como corporativista pela opinião pública.

A ADIn 3367 foi distribuída à relatoria do ministro Cézar Peluso[50]. O relator, embora reconhecendo suas "reservas cívicas" à reforma, nos termos em que foi realizada, e seu desconforto quanto "à extensão e à heterogeneidade da composição do Conselho", defendeu a validade da sua criação, sob o fundamento de que este havia sido caracterizado como órgão integrante do Poder Judiciário, e não como órgão externo, bem como sob a alegação de que o Conselho se comporia por uma maioria de juízes. O ministro Peluso registrou, ainda, que os atos do CNJ estavam sujeitos ao controle de constitucionalidade por parte do Supremo Tribunal Federal.

O entendimento do ministro relator foi acompanhado pela maioria, a despeito da existência de diversos precedentes do Supremo Tribunal Federal que reconheciam a inconstitucionalidade da criação, em âmbito estadual, de órgão de controle do Judiciário com composição híbrida, por se entender que tais órgãos ensejavam violação ao princípio da separação dos poderes. Segundo o ministro Sepúlveda Pertence, que ficou vencido, a mesma lógica era aplicável à esfera federal. Não havia um critério consistente para distinguir entre uma situação e outra.

A distinção inconsistente entre a decisão proferida pela maioria na ADI 3367 e os mencionados precedentes sugere que o julgado pode ter sido influenciado pela pressão exercida pela comunidade no caso. A leitura do acórdão traz diversos registros da preocupação dos ministros

---

50. ADIn 3367, j. 13 abr. 2005, *DJ* 17 mar. 2006.

com as expectativas da sociedade. O ministro Marco Aurélio, ao votar pela inconstitucionalidade da criação do CNJ, afirmou que se dava "uma esperança vã à sociedade brasileira" com essa providência, porque não se perquiria a causa dos problemas enfrentados pelo Judiciário e tratava-se o assunto como se fosse uma questão disciplinar.

O ministro Celso de Mello, que se manifestou favorável à constitucionalidade do Conselho, aludiu à necessidade de compreensão do "contexto histórico" do país e da "realidade política", que impunham a reformulação do Judiciário e a viabilização de um processo de "fiscalização social" dos atos não jurisdicionais desse Poder. Na mesma linha, o ministro Eros Grau defendeu a criação do CNJ, ao argumento de que o princípio da separação dos poderes não era estanque, admitindo inovações, no que respeita ao controle dos poderes políticos, e sustentou que a decisão do Supremo Tribunal Federal não podia desconsiderar "o imaginário social" e suas "expectativas", sob pena de se promover *enorme desgaste para o Tribunal*.

Por fim, o ministro Nelson Jobim ressaltou que o Poder Judiciário tornara-se "uma preocupação nacional", em virtude de seu isolamento da sociedade, da necessidade de melhorar o se·viço prestado à população e de efetivamente punir as infrações praticadas pelos magistrados. Segundo o ministro Jobim, a reforma do Judiciário contribuía para a superação de um "modelo autonômico corporativo de isolamento" da Justiça para um "modelo em função do consumidor". E o CNJ teria a missão de formular uma política para o aprimoramento do Judiciário e de viabilizar a atividade disciplinar, cujo exercício muitas vezes ficava prejudicado por órgãos de correição exclusivamente compostos por magistrados.

A preocupação dos ministros em dar uma resposta à sociedade, as diversas alusões às expectativas da população, ao imaginário social, à superação de um modelo de isolamento social para um modelo voltado para a satisfação dos "consumidores do serviço judicial" indicam a preocupação do STF com a repercussão de sua decisão junto à população e talvez expliquem a disposição do Tribunal para aprovar uma medida tão impopular entre os magistrados. Mas a disputa em torno do CNJ ainda não estava encerrada.

Em 2011, o Conselho Nacional de Justiça editou a Resolução 135/2011, que dispôs sobre a uniformização de normas relativas ao procedimento administrativo disciplinar aplicável aos magistrados. Essa resolução previa que o CNJ teria competência *concorrente* com os tribunais para a instauração de processos administrativos disciplinares contra os juízes e para a aplicação de penalidades[51].

No entanto, a Associação dos Magistrados Brasileiros entendia que o art. 103-B, §4º, CF havia atribuído ao CNJ mera competência disciplinar *subsidiária* para processar e julgar os magistrados, quando a competência dos tribunais não fosse adequadamente exercida. O entendimento da AMB tinha por base a redação dos incisos III e V do mencionado dispositivo[52], bem como a necessidade de harmonizar as competências do CNJ com a autonomia administrativa dos tribunais[53]. A discordância acerca da natureza da competência disciplinar do Conselho Nacional de Justiça motivou a propositura de uma nova ação direta, questionando a constitucionalidade do art. 12 da Resolução 135/2011, entre outros dispositivos[54]. A ação foi ajuizada em agosto de 2011, tendo-se requerido ao STF a concessão de uma liminar que suspendesse a eficácia da norma.

Entretanto, a atribuição de competência disciplinar concorrente ao CNJ era muito bem vista pela população, ao passo que a resistência da magistratura à atuação concorrente do Conselho era considerada uma atitude corporativista de favorecimento à impunidade.

O debate atraiu a atenção da imprensa, que passou a monitorar o caso e a noticiar reiteradamente a posição do Conselho e a posição

---

51. Era a seguinte a redação do dispositivo: "Art. 12. Para os processos administrativos disciplinares e para a aplicação de quaisquer penalidades previstas em lei, é competente o Tribunal a que pertença ou esteja subordinado o Magistrado, sem prejuízo da atuação do Conselho Nacional de Justiça".

52. O art. 103-B, § 4º, III e V, CF, dispunha: "Art. 103-B. [...]. § 4º Compete ao Conselho o controle da atuação administrativa e financeira do Poder Judiciário e do cumprimento dos deveres funcionais dos juízes, cabendo-lhe, além de outras atribuições que lhe forem conferidas pelo Estatuto da Magistratura: [...]; III – receber e conhecer das reclamações contra membros ou órgãos do Poder Judiciário, inclusive contra seus serviços auxiliares, serventias e órgãos prestadores de serviços notariais e de registro que atuem por delegação do poder público ou oficializados, sem prejuízo da competência disciplinar e correicional dos tribunais, podendo avocar processos disciplinares em curso e determinar a remoção, a disponibilidade ou a aposentadoria com subsídios ou proventos proporcionais ao tempo de serviço e aplicar outras sanções administrativas, assegurada ampla defesa; [...]; V – rever, de ofício ou mediante provocação, os processos disciplinares de juízes e membros de tribunais julgados há menos de um ano".

53. Sobre a autonomia administrativa do Poder Judiciário, a Constituição de 1988 dispunha: "Art. 96. Compete privativamente: I – aos tribunais: a) eleger seus órgãos diretivos e elaborar seus regimentos internos, com observância das normas de processo e das garantias processuais das partes, dispondo sobre a competência e o funcionamento dos respectivos órgãos jurisdicionais e administrativos"; e "Art. 99. Ao Poder Judiciário é assegurada autonomia administrativa e financeira".

54. ADIn 4638, j. 8 fev. 2012, *DJ* 30 out. 2014.

da magistratura, em termos que polarizavam a discussão: de um lado, encontrava-se o CNJ, que trabalhava pelo aprimoramento da Justiça; de outro, a AMB, que resistia à implementação das reformas necessárias ao aperfeiçoamento do Judiciário. O contexto não favorecia uma decisão em benefício da magistratura, tendo-se criado um ambiente de desconfiança quanto à isenção do STF para decidir o caso.

Em razão de tais circunstâncias, o pedido de cautelar foi incluído em pauta treze vezes pela presidência do Supremo Tribunal Federal, ao longo dos meses de outubro, novembro e dezembro, sem que viesse a ser efetivamente examinado pelo Plenário[55]. Aparentemente, postergava-se a decisão, na expectativa de que os ânimos se acalmassem e de que o STF tivesse um ambiente mais sereno para decidir. Enquanto isso, a imprensa noticiava que a reação da opinião pública em favor do CNJ estava impedindo o Tribunal de lhe "retirar poderes"[56].

A última sessão plenária do ano de 2011 ocorreu em 19 de dezembro. E o pedido de liminar não foi analisado. Em consequência disso, o ministro Marco Aurélio, relator do processo, valeu-se do que dispunha o art. 21, IV, do Regimento Interno do STF[57] para apreciar e deferir monocraticamente a liminar, suspendendo a eficácia de diversos dispositivos da Resolução 135/2011 e afirmando a natureza subsidiária da atribuição disciplinar do CNJ. A decisão foi muito mal recebida pela imprensa e por setores da sociedade civil, que a interpretaram como uma atitude que frustrava o controle social do Judiciário[58]. A própria OAB promoveu um ato público de apoio ao CNJ, no qual estiveram presentes autoridades, juristas, advogados, membros da Associação Brasileira de Imprensa e da Confederação Nacional dos Bispos do Brasil.

Então, em julgamento realizado em fevereiro de 2012, o Pleno do Supremo Tribunal Federal, por um *quorum* apertadíssimo, de 6 a 5, ne-

---

55. O processo constou da pauta dos dias 14, 21 e 28 de setembro, 5, 13, 19 e 26 de outubro, 3, 16, 23 e 30 de novembro, 7 e 14 de dezembro.

56. BRÍGIDO, Carolina. Faltou clima. STF desiste de julgar ação que tiraria do CNJ poder de investigar e punir magistrados. *O Globo*, Rio de Janeiro, p. 3, 29 set. 2011.

57. De acordo com esse dispositivo: Art. 21. São atribuições do relator: "[...]; IV – submeter ao Plenário ou à Turma, nos processos da competência respectiva, medidas cautelares necessárias à proteção de direito suscetível de grave dano de incerta reparação, ou ainda destinadas a garantir a eficácia da ulterior decisão da causa; V – determinar, em caso de urgência, as medidas do inciso anterior, *ad referendum* do Plenário ou da Turma".

58. RECONDO, Felipe. Liminar do STF esvazia poder do CNJ para investigar juízes. *O Estado de São Paulo*. São Paulo, 20 dez. 2011.

gou referendo à liminar, na parte em que esta afirmara a competência subsidiária do Conselho Nacional de Justiça, qualificando tal competência como *concorrente* àquela desempenhada pelas corregedorias dos tribunais, seguindo, assim, o entendimento que parecia ser dominante na sociedade[59].

Meses depois, o ministro Cezar Peluso, ao se desligar do STF, em virtude de sua aposentadoria, concederia uma entrevista à imprensa sobre os casos julgados durante o período em que presidiu o Tribunal e reconheceria que no julgamento sobre a competência disciplinar do CNJ os ministros foram submetidos a uma fortíssima pressão por parte da opinião pública, pressão esta que, em sua opinião, havia interferido sobre o resultado do julgamento[60]. O ministro Peluso declarou, ainda, em outra entrevista, que havia uma preocupante tendência no STF a se alinhar com a opinião pública[61].

O caso demonstra que o Supremo Tribunal Federal não é tão livre para produzir decisões contramajoritárias. Demonstra também que, diante de uma reação contundente da opinião pública, o Tribunal pode vir a recuar. Há um custo político e um risco institucional para o STF em contrariar a comunidade em questões que lhe sejam muito caras. Nesse caso, o custo pareceu tão alto, que o Tribunal decidiu em desfavor dos interesses de uma grande parcela do Judiciário.

v) Opinião pública como grupo de referência

Os grupos de referência que influenciam as opiniões dos ministros geralmente variam de acordo com seu *background* e com o nível de identificação estabelecido com o pensamento de tais grupos[62]. Os ministros dirigem-se a diversas "audiências" quando proferem seus vo-

---

59. Votaram favoravelmente à competência concorrente do CNJ os ministros Ayres Britto, Joaquim Barbosa, Rosa Weber, Dias Toffoli, Cármen Lúcia e Gilmar Mendes. Ficaram vencidos os ministros Marco Aurélio, Luiz Fux, Lewandowski, Celso de Mello e Cezar Peluso.

60. BASILE, Juliano. Peluso propõe esforço concentrado para julgar mensalão neste ano. *Valor*. São Paulo, p. A16, 19 abr. 2012, Política.

61. SOUZA, André de; BRÍGIDO, Carolina. Cezar Peluso ataca, alvos não revidam críticas. *O Globo*, Rio de Janeiro, 19 abr. 2012, p. 15, O País. Segundo a reportagem, o ministro Peluso teria declarado textualmente: "Há uma tendência dentro da Corte em se alinhar com a opinião pública".

62. GOFFMAN, Irving. *The presentation of self in everyday life*. Nova Iorque: Double Day, 1959; WALSH, Katherine Cramer. *Talking about politics: informal groups and social identity in American life*. Chicago: The University of Chicago Press, 2004, p. 8-91; BAUM, Lawrence. *Judges and their audiences: a perspective on judicial behavior*. Nova Jersey: Princeton University, 2008, p. 28; ASHENFELTER, Orley; EISENBERG, Theodore; SCHWAB, Stewart. Politics and the judicia-

tos e se importam com a imagem que formarão diante delas[63]. A profusão de citações acadêmicas nos votos de um ministro é um possível indicador da relevância que o reconhecimento da comunidade jurídica tem para ele[64]. A alusão a obras religiosas sugere a identificação do magistrado com grupos religiosos[65]. A preocupação com a superação da desigualdade entre os sexos e com a opressão das mulheres pode ser indicativa da influência de grupos de defesa dos direitos das mulheres sobre o comportamento judicial[66]. Naturalmente, os ministros sofrem a influência simultânea de diversos grupos de identificação. Tais grupos podem ter visões convergentes ou divergentes sobre certa questão constitucional. A depender da posição e da relevância de cada grupo, sua influência poderá ensejar a polarização ou a moderação dos votos de um magistrado, a fim de minimizar seus impactos negativos sobre um público que valoriza.

Todos os ministros, em maior ou menor grau, têm em conta o que diz ou dirá a imprensa sobre suas posições. A mídia é o principal intermediário entre eles e todos os demais grupos aos quais reconhecem valor. O que chega ao conhecimento de tais grupos, como regra, são os fatos selecionados pela imprensa, tal como interpretados por ela. Por isso, pode ser extremamente danoso ser retratado criticamente pela mídia.

A opinião da maioria da população também pode ser um grupo de referência para a atuação de um ministro, quer em virtude de sua identificação com o povo, quer em razão de desejar o seu reconhecimento. Em certa ocasião, quando foi perguntado ao ministro Joaquim Barbosa se pensava no público que o assistia através da TV Justiça ao proferir seus

---

ry: the influence of judicial background on case outcomes. *Journal of Legal Studies*, v. 24, p. 257, 1995.

63. POSNER, Richard. *How judges think*. Cambridge: Harvard University, 2008; POSNER, Richard. What do judges maximize? The same thing everybody else does. *Supreme Court Economic Review*, Nova Iorque, v. 3, p. 1, 1993; SCHAUER, Frederick. Incentives, reputation and the inglorious determinants of judicial behavior. *Cincinnati Law Review*, v. 68, p. 615-636, 2000.

64. V. votos do Ministro Gilmar Mendes na ADIn 3510, na ADIn 4277, na ADPF 132 e na ADPF 54, a título de ilustração.

65. V. voto do Ministro Menezes Direito na ADIn 3510.

66. Cf. manifestação da Ministra Cármen Lúcia no HC 106.212, bem como entrevista em que a Ministra afirma que as juízas do Supremo Tribunal Federal também sofrem preconceito e que já houve quem lhe dissesse que o Tribunal não era lugar para mulheres (ROCHA, Cármen Lúcia Antunes. Cármen Lúcia, comandante das eleições, luta pelas liberdades. Entrevista concedida a Carolina Brigido. *O Globo*, Rio de Janeiro, 10 mar. 2012. Disponível em http://oglobo.globo.com/pais/carmen-lucia-comandante-das-eleicoes-luta-pelas-liberdades-4279478>. Acesso em: 18 jun. 2013).

votos, este respondeu, categoricamente, que *seu público era a nação*, não eram os advogados, nem a academia[67]. De fato, o discurso centrado na moralidade administrativa, na não perpetuação do *status quo* e na ruptura com a impunidade de autoridades públicas, muito presente em seus votos, era absolutamente alinhado com o pensamento dominante na sociedade brasileira.

O próprio *background* do ministro Joaquim Barbosa, que veio de uma família muito humilde e conquistou reconhecimento profissional com uma história de esforço e de superação, constituíam poderosos elementos de identificação popular[68]. E coube justamente a ele a relatoria da Ação Penal nº 470, caso rumoroso, referente a um suposto esquema de corrupção de membros do Legislativo, com vistas a aprovar projetos de interesse do Executivo. Mais uma ação que expunha as fragilidades do processo político brasileiro, cujo desfecho, com a condenação de altas autoridades, tornou-se um símbolo de ruptura com a impunidade na política e transformou seu relator em um dos homens mais populares da República.

Pode-se afirmar, portanto, a partir dos casos já examinados, que a importância da opinião pública como grupo de referência na formação da convicção dos magistrados varia conforme o ministro examinado e tem relação com: *i)* a sua identificação sincera com este grupo (produto, em parte, de seu *background*); *ii)* a sua identificação com outros grupos de referência que possam influenciar a decisão do caso (como a academia, a comunidade jurídica, grupos religiosos e movimentos de defesa de minorias); *iii)* a preocupação estratégica de minimizar reações negativas da comunidade e/ou de ser reconhecido positivamente por ela. Dependendo da interação entre tais elementos, o juiz atuará sinceramente, de acordo com suas preferências, ou estrategicamente, moderando seu voto de forma a mitigar seu impacto negativo[69].

---

67. GOMES, Joaquim Benedito Barbosa. Aos que apostam na impunidade, isso acabou. Entrevista concedida a BRIGIDO, Carolina; GODOY, Fernanda; LEALI, Francisco; FADU, Sérgio. *O Globo*, Rio de Janeiro, 2 set. 2007. Disponível em: <http://www.stf.jus.br/arquivo/biblioteca/PastasMinistros/JoaquimBarbosa/Entrevistas/2007_set_02_005.pdf>. Acesso em: 17 jun. 2013.

68. SANTOS, Joaquim Ferreira do. Ministro do STF sentiu dores nas costas e faltou a festa em homenagem aos homens que fizeram história em 2012. *O Globo*, Rio de Janeiro, p. 3, 07 nov. 2012. Segundo Caderno; CARVALHO, Jailton de; BRÍGIDO, Carolina. Mudança no Supremo. Perfil Joaquim Barbosa. Da infância no interior de Minas para o comando do principal Tribunal do país. *O Globo*, Rio de Janeiro, p. 8, 22 nov. 2012, País; BRUNO, Cássio; AMORIM, Silvia. Barbosa na pesquisa. Presidente do STF diz que está lisonjeado. *O Globo*, p. 6, 2 jul. 2013, País.

69. Obviamente, esses não são os únicos fatores que interferem nas decisões judiciais. Não se pretende descartar, com a afirmação acima, a influência de outros elementos. Pretende-se

IV. CONCLUSÃO

O Supremo Tribunal Federal não é insensível ao pensamento popular. Os ministros preocupam-se com a sua imagem e com a repercussão que seus votos produzirão. O Tribunal proferiu, nos últimos anos, diversas decisões convergentes com o pensamento dominante na comunidade, inclusive quando tal pensamento não encontrou acolhida nas instâncias majoritárias. Muito embora os ministros não sejam eleitos pelo voto, são selecionados por um processo que é político. Sua indicação pelo presidente da República e sua aprovação pelo Senado resultam na escolha de profissionais que transitam entre o direito e a política e que refletem, em alguma medida, as forças dominantes na sociedade. A frequente troca de juízes da Corte também pode favorecer o alinhamento com tais forças. Além disso, os ministros não são seres isolados, são cidadãos que integram a sociedade, que compartilham seus valores e suas insatisfações.

O Supremo Tribunal Federal não tem meios para compelir os demais Poderes ou os cidadãos a cumprirem suas decisões. Depende, para tal, da adesão de tais Poderes e da sua legitimação junto ao público. Ao longo do tempo, tal legitimação é construída pelo conjunto de decisões majoritárias proferidas pelo Tribunal. Esse é o seu capital político. É o que assegura o respeito às suas decisões impopulares. Entretanto, esse capital político é finito, e seus ministros têm consciência disso. Nenhuma corte constitucional é capaz de preservar a sua estabilidade institucional decidindo permanentemente em desacordo com o que pensa a maioria da população.

BIBLIOGRAFIA

ALEXY, Robert. *Constitucionalismo discursivo*. Trad. Luis Afonso Heck. 2. ed. Porto Alegre: Livraria do Advogado, 2008.

ASHENFELTER, Orley; EISENBERG, Theodore; SCHWAB, Stewart. Politics and the judiciary: the influence of judicial background on case outcomes. *Journal of Legal Studies*, v. 24, 1995.

BARROSO, Luís Roberto. Constituição, democracia e supremacia judicial. direito e política no Brasil contemporâneo. Disponível em http://www.luisrobertobarroso.com. br/pt/noticias/constituicao_democracia_e_supremacia_judicial_11032010.pdf. Acesso em: 02 jul. 2012

BAUM, Lawrence. *Judges and their audiences: a perspective on judicial behavior*. Nova Jersey: Princeton University, 2008.

---

apenas indicar aspectos que podem interferir no comportamento judicial dos ministros e que têm relação direta com a interação com a opinião pública.

ENTRE O CONGRESSO E A OPINIÃO PÚBLICA

BICKEL, Alexander M. *The least dangerous branch*. 2. ed. New Haven: Yale University Press, 1986.

BINENBOJM, Gustavo. *A nova jurisdição constitucional brasileira: legitimidade democrática e instrumentos de realização*. Rio de Janeiro: Renovar, 2001.

BRANDÃO, Rodrigo. *Supremacia judicial* versus *diálogos constitucionais: a quem cabe a última palavra sobre o sentido da Constituição?*. Rio de Janeiro: Lumen Juris, 2012.

BRENNER, Saul; WHITMEYER, Joseph M. Strategy on the United States Supreme Court. Nova York: Cambridge University Press, 2009.

DAHL, Robert A. Decision-making in a democracy: the Supreme Court as a national policy-maker. *Journal of Public Law*, v. 6, 1957.

EGAN, Patrick J.; CITRIN, Jack. Opinion leadership, backlash, and delegitimation: supreme court rulings and public opinion. **Social Science Research Network, ago. 2009.** Disponível em: <http://ssrn.com/abstract=1443631>. Acesso em: 27 set. 2013.

FRIEDMAN, Barry. *The will of the people: how public opinion has influenced the Supreme Court and shaped the meaning of the Constitution.* Nova Iorque: Farrar, Strauss and Giroux, 2009.

_____. The politics of judicial review. *Texas Law Review*, Austin, v. 84, 2005

_____. Mediated popular constitutionalism. *Michigan Law Review*, v. 101, 2003.

GOFFMAN, Irving. *The presentation of self in everyday life*. Nova Iorque: Double Day, 1959.

LIPPMANN, Walter. *Opinião pública*. Petrópolis: Ed. Vozes, 2008.

MARSHALL, Thomas R. *Public opinion and the Supreme Court*. Nova York: State University of New York Press, 2008.

MELLO, Patrícia Perrone Campos. *Precedentes (o desenvolvimento judicial do direito no constitucionalismo contemporâneo)*. Rio de Janeiro: Renovar, 2008.

POSNER, Richard. *How judges think*. Cambridge: Harvard University, 2008.

_____. What do judges maximize? The same thing everybody else does. *Supreme Court Economic Review*, Nova Iorque, v. 3, p. 1, 1993.

PRITCHETT, C. Herman. *Congress versus the Supreme Court*: 1957-1960. Minneapolis: University of Minnesota, 1961.

RODRIGUES, Lêda Boechat. *História do Supremo Tribunal Federal*. Rio de Janeiro: Ed. Civilização Brasileira, 1965, 1968, 1991, 2002. t. 1, 2, 3 e 4.

SARMENTO, Daniel. *Jurisdição constitucional e política*. Rio de Janeiro: Forense, 2015.

_____; SOUZA NETO, Cláudio Pereira de. *Direito Constitucional. Teoria, história e métodos de trabalho.* Belo Horizonte: Fórum, 2013.

SCHAUER, Frederick. Incentives, reputation and the inglorious determinants of judicial behavior. *Cincinnati Law Review*, v. 68, p. 615-636, 2000.

SUNSTEIN, Cass. A constitution of many minds. Nova Jersey: Princeton University Press, 2009.

VIEIRA, Oscar Vilhena. *Supremo Tribunal Federal*: jurisprudência política. 2. ed. São Paulo: Malheiros, 2002.

WALSH, Katherine Cramer. *Talking about politics: informal groups and social identity in American life*. Chicago: The University of Chicago Press, 2004.

UMA DEFINIÇÃO DE INTERPRETAÇÃO

Roberto Carlos Silva[1]

SUMÁRIO: 1. Introdução. 2. Interpretação e interpretação jurídica. 3. Compreender, explicar e decidir: O aprender e ensinar. 4. Características fundamentais da interpretação jurídica. Conclusão.

1. INTRODUÇÃO

O Ministro Carlos Ayres Britto vem, reiteradamente, sustentando a necessidade de substituição da expressão "interpretação da Constituição" por "hermenêutica da Constituição"[2]. O presente artigo não tem por objetivo discutir a proposta desse grande jurista, mas voltar a um momento prévio, necessário ao aprofundamento da discussão sobre o tema. Para tanto, desenvolveremos alguns pontos necessários à definição de interpretação jurídica.

Procuraremos abordar a interpretação das normas jurídicas, tomando a perspectiva da pragmática jurídica, em seus âmbitos comunicacionais, a decisão diante de uma questão conflitiva e a situação comunicativa apresentada.

Podemos afirmar que a pragmática é a parte da teoria da linguagem que se encarrega – entre outras coisas[3] – de explicar os princípios do uso da linguagem que permitem que os usuários de uma língua possam se compreender mutuamente, isto é, possam interpretar adequadamente, no contexto de uso, elocuções ou textos[4].

---

1. Promotor de Justiça do MPDFT; Doutor em Filosofia do Direito e do Estado pela PUC/SP. Professor da pós-graduação da FESMPDFT; Professor da pós-graduação *lato sensu* do Uniceub.

2. Cf. BRITTO, Carlos Ayres. Teoria da constituição. Rio de Janeiro: Forense. 2006.

3. Esta ressalva é necessária porque a pragmática lida não só com os usos comunicativos ou sociais da linguagem, mas também com os usos que são, de certo modo, puramente privados (como por exemplo, no raciocínio, na solução de problemas, nos sonhos etc.) Ela pode ser então subdividida em sociopragmática e psicopragmática.

4. DASCAL, Marcelo. Interpretação e compreensão. São Leopoldo: Unisinos. 2006, p. 342.

Viola e Zaccaria chamam a atenção ao afirmarem:

> "Depois de ter explorado as razões pelas quais é necessária a coordenação jurídica das ações sociais, é preciso indicar os problemas relativos ao dinamismo interno do processo de coordenação guiado pelo direito. Como se viu, o sentido do direito é o de favorecer a comunicação entre indivíduos e grupos estranhos entre si. A convivência e a coexistência são fenômenos comunicativos. O direito se serve da comunicação e ele mesmo é comunicação"[5].

Imediatamente é necessária a busca de uma definição mínima do que vem a ser a interpretação que se elabora no âmbito do direito.

Para encontrar uma definição mínima é necessário passar por uma possível distinção entre interpretação e interpretação jurídica; discutir o compreender, explicar e decidir; analisar as características principais da interpretação jurídica.

Passemos, portanto, à análise destes aspectos.

2. INTERPRETAÇÃO E INTERPRETAÇÃO JURÍDICA

Dúvidas não devem prevalecer de que em qualquer momento e a cada ato, sejam eles os mais relevantes ou aqueles que aparentam mais secundários, "toda nossa experiência está caracterizada pela centralidade do fenômeno interpretação"[6]. E esta interpretação deve ser entendida em seu sentido mais amplo e genérico, qual seja atividade intelectual de aprendizado, de crítica, bem como a seleção e juízos, aos quais se dirigem à identificação dos conteúdos expressos na linguagem, atribuindo-se significados e enunciados linguísticos. No mesmo sentido é a definição de Maximiliano, já estabelecendo um conceito do âmbito da ciência do direito, no que diz respeito à interpretação jurídica, ao afirmar que interpretar é "determinar o sentido e o alcance das expressões do Direito"[7].

Como procura e atribuição de sentido, a interpretação pode referir-se não só a enunciados linguísticos, mas também a entidades e acontecimentos extralinguísticos, tal como o comportamento humano. Além

---

5. VIOLA, Francesco e ZACCARIA, Giuseppe. Derecho e interpretación. Elementos de teoría hermenéutica del derecho. Madrid: Dykinson. 2007, p. 98.

6. VIOLA, Francesco e ZACCARIA, Giuseppe. Derecho e interpretación. Elementos de teoría hermenéutica del derecho. Madrid: Dykinson. 2007, p. 113.

7. MAXIMILIANO, Carlos. Hermenêutica e aplicação o direito. 19. ed. 14. tir. Rio de Janeiro: Forense. 2009, p. 1.

dos textos, pode referir-se a fatos, a atos, a prática, a hábitos e costumes, dos quais se quer captar o sentido interno. "Estas operaciones, cognoscitivas, además de representar una actividad intelectual, nos transforman a su vez, implicándonos como personas en procedimiento dinámicos, y por esto constituyen un compromiso vital"[8].

Fazendo uma crítica veemente quanto ao modismo intelectual construído em torno da interpretação, transformando-o, por vezes, em um jargão que funciona como ornamento a conclusões céticas sobre direito, psicologia, física ou praticamente para qualquer outra coisa, Michael S. Moore afirma:

> "Tudo isso é perturbador para aqueles de nós que se interessavam pela interpretação antes que ela se tornasse moda. Não é apenas a infelicidade que sentimos quando símbolos de nossa personalidade são apropriados pelas massas - como quando os *hippies* fizeram dos *blue jeans* um uniforme, ou quando os *yuppies* fizeram dos BMWs um automóvel de *status* elevado. Trata-se antes do desagrado de ver um conceito útil transformado num exemplo de retórica vazia. É como a aflição que um cirurgião sentiria se, depois de calibrar suas habilidades e instrumentos para uma operação delicada, descobrisse que outros jogaram lama nos seus bisturis"[9].

E tal afirmação não nos impede de perceber que em qualquer momento que se assume uma posição filosófica, deixe-se ver uma atitude cultural ou mesmo se adote uma postura política, qual seja a manifestação de uma determinada perspectiva pessoal de tipo singular, não será possível alcançar um plano de compreensão sobre esta tomada de posição especialmente. A obra da interpretação é vista como o elo entre as intenções dos homens e os objetivos de seus comportamentos[10].

É possível afirmar que o homem não é capaz de encontrar as expressões completamente adequadas às suas intenções, apesar das diversas tentativas de buscar uma língua "científica" capaz de expressar perfeitamente tais intenções, a exemplo da tentativa do círculo de Viena. Pode-se identificar que esta impossibilidade é precisamente o que em sua finitude o constitui. Viola e Zaccaria acrescentam:

---

8. VIOLA, Francesco e ZACCARIA, Giuseppe. Derecho e interpretación. Elementos de teoría hermenéutica del derecho. Madrid: Dykinson. 2007, p. 115.

9. MOORE, Michael S. Interpretando a interpretação. *In* MARMOR, Andrei. Direito e interpretação: Ensaios de filosofia do direito. São Paulo: Martins Fontes. 2000, p. 4.

10. Cf. SILVA, Roberto Carlos. Interpretação pragmática do discurso jurídico. Curitiba: Juruá. 2017.

A específica atividade interpretativa que se concretiza na compreensão de um texto jurídico ou literário ou na interpretação de uma obra de arte, bem antes de configurar-se segundo específicas modalidades técnicas, apresenta-se como uma forma geral da existência humana e do contexto de efeitos históricos e de tradições sociais que envolvem o homem. Por tanto, une ao sujeito que compreende e ao objeto que deve ser compreendido em um encontro que reciprocamente os transforma e no qual está em jogo o mesmo ser do intérprete: acomoda assim, no exercício da interpretação, as razões da fidelidade e da continuidade e o risco da inovação[11].

Marcelo Dascal toma por empréstimo a interessante definição Wroblewski, sobre a interpretação, a qual transcrevemos literalmente abaixo:

a) 'Interpretação' *latíssimo sensu* [interpretação – LS] refere-se a qualquer compreensão de qualquer objeto como um objeto de cultura, por meio da atribuição ao substrato material desse objeto de um significado, um sentido ou um valor. Esse conceito é, filosoficamente, uma das bases para a alegação de que as ciências humanas, que lidam com tais objetos 'significativos', deveriam ser metodologicamente distintas das ciências naturais (ver Rickert, 1911). A hermenêutica textual e filosófica costuma chamar a atenção para esse tipo de compreensão ou interpretação (ver Gadamer, 1976; ver Capítulo 29).

b) 'interpretação' *lato sensu* [interpretação – L] refere-se a uma atribuição de significado a signo tratado como se pertencesse a uma determinada língua e sendo usado de acordo com as suas regras e as práticas comunicativas aceitas. Compreender um signo linguístico significa, então, L – interpretá-lo. A semântica e, como veremos adiante, a pragmática ocupam-se desse tipo de interpretação.

c) 'interpretação' *stricto sensu* [interpretação – S] refere-se a uma atribuição de significado a signo linguístico no caso do seu significado ser duvidoso em uma situação comunicativa, isto é, no caso de sua 'compreensão direta' não ser suficiente para o propósito comunicativo em vista. Ao contrário da interpretação-L, a interpretação-S se refere, portanto, apenas à compreensão 'problemática', devido a fenômenos como obscuridade, ambiguidades, metáfora, implicitude, indiretividade, alteração de significado etc. A prática legal enfrenta esses problemas com frequência e há, consequentemente, uma tendência a ver esse tipo de 'interpretação' como a única relevante para o direito. A pragmática, em seu sentido estrito, também tende a enfocar exclusivamente a compreensão 'problemática', isto é, os casos em que somente a semântica não é o bastante para determinar o significado de signo linguístico e nos quais, por isso, a informação contextual deve ser tomada em consideração[12].

---

11. VIOLA, Francesco e ZACCARIA, Giuseppe. Derecho e interpretación. Elementos de teoría hermenéutica del derecho. Madrid: Dykinson. 2007, p. 116.

12. DASCAL, Marcelo. Interpretação e compreensão. São Leopoldo: Unisinos. 2006, p. 343.

Com a finalidade de dar maior precisão ao tema, é necessário restringir e precisar o significado muitas vezes amplo, outras tantas genérico, com o qual se usa o termo interpretação. Viola e Zaccaria apresenta a definição aproximada de que a interpretação é a "atividade que capta e atribui significados a partir de determinado signos", e acrescentam:

> Signos que pode ser da mais diversa natureza: podem ser constituídos por textos escritos, por palavras ou por discursos pronunciados em determinadas circunstâncias – pertencerão então ao âmbito de uma atividade discursiva -, porém também podem ser representados por comportamentos. De fato não emitimos signos só com nossas palavras, senão também com nossas ações que dão forma à nossa existência individual e social. Toda série de signos a se interpretar instituem necessariamente uma relação com algo que é externo a tal relação, é um itinerário dinâmico que abre um caminho [Eco][13].

Aponta, assim, a intenção como elemento que confere uma direcionalidade, um movimento em direção a alguém ou a algo, tomando como ponto de partida as condições históricas de quem está em um conjunto complexo de intenções que se entrecruzam. Complementa, afirmando que "interpretar um texto significa, então, entrar em diálogo com uma realidade mais ampla, com um contexto no qual o texto escrito converte-se em algo vivo e real". Como participantes de uma conversação, interpretar determinados sinais ou mesmo determinadas palavras significa captar o significado de algo mais do que simplesmente foi dito ou até mesmo feito. Em uma conversa há pretensão de expressar-se muito mais do que aquilo que é identificado pelo significado literal das palavras. Conforme ressaltado por Grice, o significado que é entendido pelo falante é produto de suas expectativas a respeito do que o ouvinte pensa como implicado em seu próprio discurso conversacional[14].

Este ingrediente para a análise do comportamento humano impõe à interpretação atuar de maneira mais ampla do que os enunciados linguísticos propriamente ditos. Um comportamento humano pode parecer significativo, ainda que o seu autor não possua a consciência de que expressa significado através dele[15]. É importante ressaltar que nesta análise da interpretação, está presente a noção de alteridade, de

---

13. VIOLA, Francesco e ZACCARIA, Giuseppe. Derecho e interpretación. Elementos de teoría hermenéutica del derecho. Madrid: Dykinson. 2007, p. 116.

14. DASCAL, Marcelo. Fundamentos metodológicos da linguística: Pragmática - problemas, críticas, perspectivas da linguística. Campinas: Ed. do Autor. 1982, p. 85-88.

15. ECO, Umberto. Tratado Geral de Semiótica. 4. ed. 1. reimp. São Paulo: Perspectiva. 2003, p. 60-62.

relação entre os sujeitos participantes da relação linguística, bem como do objeto da comunicação. Destaca-se, desde a análise ontológico-fundamental de Hans Georg Gadamer, uma fusão de horizontes, com a finalidade especifica de apresentar que a compreensão é entendida como inserido no meio de um processo histórico, "mesclando para isto uma mediação de significado com a situação do intérprete, então não consiste em uma misteriosa comunhão de almas, senão na participação em um sentido comum"[16].

A presença dos participantes da relação comunicativa pode dar-se fisicamente ou não no instante da emissão do discurso, desde que possam fazer parte de um contexto linguístico comum, de um mundo de significados previamente compartilhados.

> "Habitualmente os significados (de um texto, de um discurso, de um comportamento) estão estritamente unidos aos estados mentais dos destinatários: a interpretação de um texto está guiada pelas expectativas do leitor e pela comparação do pensamento com as diversas possibilidades que o texto oferece-lhes, enquanto que a interpretação de uma palavra ou de um discurso depende do que seu autor e destinatário têm em comum. O significado de um enraíza-se na prática de um intercâmbio linguístico, ainda que não se possa reduzir a tal intercâmbio"[17].

É certo que há a necessidade de imposição de regras específicas do discurso para evitar-se que a interpretação possa conduzir ao regresso infinito. As regras dos diálogos são introduzidas a partir da situação comunicativa. Estas são gerais e básicas do discurso dialógico e consistem em: a) toda ação linguística pode ser questionada; b) a ação linguística primária do orador não pode ser atacada pelo ouvinte, já que eventualmente ela pode ser defendida pelo orador, redundando que o ouvinte limita-se a ela; c) por último, o orador não pode mais por em dúvida a sua ação linguística primária. Já em Wittgenstein é possível identificar a correção de posição que possibilitaria conceber a interpretação como regresso ao infinito, que consiste na substituição de um signo por outros[18]. Mais que proceder à identificação de uma determinada entidade associada a um signo, o significado é ligado à sua utilização em um determinado contexto no qual o orador possa reconhecer. Viola e Zaccaria

---

16. VIOLA, Francesco e ZACCARIA, Giuseppe. Derecho e interpretación. Elementos de teoría hermenéutica del derecho. Madrid: Dykinson. 2007, p. 117.

17. VIOLA, Francesco e ZACCARIA, Giuseppe. Derecho e interpretación. Elementos de teoría hermenéutica del derecho. Madrid: Dykinson. 2007, p. 117.

18. WITTGENSTEIN, Ludwig. Tratado lógico-filosófico; Investigações filosóficas. 3. ed. Lisboa: Fundação Calouste Gulbenkian. 2002.

apontam o exemplo da significação do sinal de trânsito em um cruzamento e dar a preferência para direita ou para a esquerda pressupõe, como sua condição necessária, uma relação sistemática entre emissor e destinatário que permita a transmissão de informações eficazes[19].

É justamente na interpretação das expressões linguísticas que vai ser fundada a tese do método único para as ciências do espírito (*Geisteswissenchafen*)[20] no final do século XIX e início do século XX, desenvolvida por Wilhelm Dilthey (1992), posteriormente Max Weber (2004), sendo difundida em toda a Europa. Há um profundo liame entre as práticas interpretativas no conjunto das ciências humanas e sociais, bem assim com a filosofia hermenêutica de Gadamer. Viola e Zaccaria destacam a sua natureza essencialmente intermediária, que se coloca entre a universalidade do texto e o aspecto fático, concreto, da situação histórica. E acrescentam:

> "Se se tem em conta, de fato, que as singulares interpretações regionais não são fenômenos exclusivamente setoriais, senão que se reconduzem à natureza da interpretação em geral, é mais fácil evitar o erro de transferir à interpretação enquanto tal características próprias de um singular – ainda que importante – prática interpretativa "regional". Também nesta perspectiva é certamente útil – como sucede com frequência na teoria contemporânea do direito – comparar a interpretação jurídica com outros tipos paradigmáticos de interpretação, como a interpretação literária, a artística, a musical ou a bíblica, com algumas das quais é possível que se tenha uma familiaridade mais frequente de quanto sucede no campo jurídico."

Apesar de não ser possível o aprofundamento desta discussão, no que diz respeito à observação colacionada acima, é necessário reconhecer que arte, religião, direito usam linguagens diversas e "constituem mundos" que possuem suas próprias regras de pertinência e plausibilidade. Tal pluralidade de mundo corresponde a uma pluralidade de tipos de discurso, jurídico, teológico, literário, histórico, artístico etc., bem como tipos de linguagens diversas, a respeito das quais é legítimo investigar seus cânones interpretativos próprios.

Com tal afirmativa, podemos lançar a pergunta: a interpretação jurídica é uma espécie do gênero interpretação? Ou é uma realidade diversa de qualquer outra interpretação? Enfim, há como acentuar mais a

---

19. VIOLA, Francesco e ZACCARIA, Giuseppe. Derecho e interpretación. Elementos de teoría hermenéutica del derecho. Madrid: Dykinson. 2007, p. 118.

20. Que poderia ser traduzida por Ciências Humanas, ou das humanidades ou até mesmo da mente.

diferença que a semelhança entre a interpretação jurídica e as demais? Viola e Zaccaria apresentam como resposta possível, em um dos casos, com uma operação epistemologicamente redutiva, corre-se o risco redimensionar a riqueza deste tipo de linguagem a qual é dotada de um sofisticado aparato conceitual que é a linguagem jurídica. Para o outro caso, arrisca-se perder contato com a pertinência do direito a contexto de compreensão mais amplo[21]. Não se pode apresentar uma resposta definitiva para o momento, mas apenas apresentar um caminho possível, reafirmando a estreita ligação entre os diversos tipos de interpretação, sem abrir mão dos aspectos específicos e peculiares que são próprios à interpretação jurídica.

Para não fugirmos, no entanto, da busca inicial do que podemos entender por interpretação, é necessário apresentar alguns pontos sobre nosso entendimento. Se a fala se refere ao uso atual da língua, falar é dar a entender alguma coisa a alguém mediante símbolos linguísticos, sendo, portanto, um fenômeno comunicativo. Exige-se um emissor, um receptor e a troca de mensagens. Como destaca FERRAZ JUNIOR, falar em português a um chinês e olhar seu ar de desamparo não é falar[22].

Quem envia uma mensagem comunica um complexo simbólico que é selecionado pelo ouvinte. Porém, pode não ser coincidente. Essa não coincidência dupla (de lado a lado – emissor e receptor) constitui a contingência dupla da fala.

> Podemos chamar essa seletividade de interpretação. Interpretar, portanto, é selecionar possibilidades comunicativas da complexidade discursiva. Dizemos também, em consequência, que toda interpretação é duplamente contingente. Ora, essa contingência tem de ser controlada, ou a fala não se realiza. Para seu controle precisamos de códigos, isto é, seletividades fortalecidas a que ambos os comunicadores têm acesso, que podem ser fruto de convenções implícitas ou explícitas[23].

É nesse universo de complexidade que se coloca o problema da interpretação. Para interpretar temos de decodificar os símbolos no seu uso, o que significa conhecer as regras de controle de denotação e co-

---

21. VIOLA, Francesco e ZACCARIA, Giuseppe. Derecho e interpretación. Elementos de teoría hermenéutica del derecho. Madrid: Dykinson. 2007, p. 119.

22. FERRAZ JÚNIOR, Tercio Sampaio. Introdução ao estudo do direito: Técnicas, decisão, dominação. 3. ed. São Paulo: Atlas. 2001, p. 261.

23. FERRAZ JÚNIOR, Tercio Sampaio. Introdução ao estudo do direito: Técnicas, decisão, dominação. 3. ed. São Paulo: Atlas. 2001, p. 256.

notação (regras semânticas), de controle das combinatórias possíveis (regras sintáticas) e de controle das funções (regras pragmáticas).

3. COMPREENDER, EXPLICAR E DECIDIR: O APRENDER E ENSINAR

Como afirmado acima, quem realiza um ato comunicativo tem a expectativa de ser entendido. Este ato gera um dever para o destinatário, o dever de compreender[24]. Mas para buscar-se o compreender temos de nos referir ao explicar e visando uma melhor delimitação da nossa temática é que passamos a uma pequena análise das concepções de compreender, explicar e decidir. O que é empreendido a partir deste momento.

A expressão interpretação pode referir-se a duas coisas diferentes, as quais é oportuno manter-se separadas, embora em virtude do fato de estarem internamente ligadas, é hábito comum, confirmado pelo uso linguístico, evitar distingui-las e considerá-las como entidade linguística única.

Apresenta-se, desta maneira, duas formas distintas de interpretação. A primeira como a atividade que atribui significado a um documento, a expressão linguística, a um comportamento humano. Caracteriza-se aqui uma espécie de interpretação atividade.

> "Por uma parte "interpretação" indica a atividade de atribuição de significado a um documento, a uma expressão linguística, a um comportamento humano: neste sentido, é sinônimo de interpretar, ou seja, designa um ato ou uma série de atos através dos quais se desenvolve a atividade de interpretação[25]".

A segunda forma de interpretação refere-se ao produto da interpretação, ao seu resultado, a qual podemos chamar de interpretação produto.

> "Por outra parte, "interpretação" se refere ao resultado de tal atividade, em suma ao produto do interpretar: no caso específico dos juízes ou dos funcionários administrativos, ou seja, dos sujeitos cuja atividade interpretativa implica efeitos relevantes nas situações jurídicas de outros sujeitos, o fruto da obra interpretativa está incluído em um documento jurídico que reformula enunciados legislativos[26]."

---

24. DASCAL, Marcelo. Interpretação e compreensão. São Leopoldo: Unisinos. 2006, p. 105-123.

25. VIOLA, Francesco e ZACCARIA, Giuseppe. Derecho e interpretación. Elementos de teoría hermenéutica del derecho. Madrid: Dykinson. 2007, p. 120.

26. VIOLA, Francesco e ZACCARIA, Giuseppe. Derecho e interpretación. Elementos de teoría hermenéutica del derecho. Madrid: Dykinson. 2007, p. 120.

De ver-se que a concepção apresentada encontra confirmação na riqueza terminológica que as línguas modernas designam o fenômeno interpretativo, exemplificativamente: "Auslegung/Interpretation; explanation/interpretation; explication/interpretation". Como nos chama a atenção Viola e Zaccaria, estas expressões designam uma atividade orientada a explicar, a desenvolver. Ao mesmo tempo, porém, em virtude do efeito translatício que os termos vão assumindo, conotando não só uma atividade material, mas também um procedimento cognoscitivo, também designam o resultado deste procedimento, o produto da prestação interpretativa.

A riqueza da linguagem nos conduz à riqueza do fenômeno interpretativo, que a distinção entre interpretação-atividade e interpretação-produto deixa transparecer: a dicotomia que encontramos em toda interpretação entre explicar e compreender.

É necessário chamar a atenção para o fato de que diante da dicotomia destacada, não resta afastada a dialogicidade do discurso, embora seja difícil de identificar em uma conversação, na medida em que a compreensão permite surgir a insegurança no ouvinte, levando-o ao questionamento. Sublinha o aspecto "dubium", necessariamente permeado pela reflexividade do discurso.

O raciocínio que nos leva à dicotomia mencionada, deve-se às reflexões do final do século dezenove, particularmente a Dilthey. Esta reflexão diferencia o aspecto de explicar como próprio das ciências da natureza e o aspecto de compreender como do âmbito das ciências do espírito. Viola e Zaccaria explicitam:

> O *explicar* vem referido, por conseguinte, aos aspectos objetivos do conhecer, o *compreender* aos aspectos subjetivos. Mais ainda: o *explicar* é um procedimento que representa casos particulares como elementos específicos de um fenômeno geral, o *compreender* interessa-se pelo "significado" e pelo "valor" dos fenômenos[27].

Ricoeur ressalta que quando explicamos alguma coisa a alguém há uma suposição de que este último compreenda e que possa explicar o que compreendeu a um terceiro. Há portanto uma tendência de sobrepor-se e transitar uma a outra. Pode-se supor que "na explicação explicamos ou desdobramos o âmbito das proposições e significados, ao passo que na compreensão compreendemos ou apre-

---

27. VIOLA, Francesco e ZACCARIA, Giuseppe. Derecho e interpretación. Elementos de teoría hermenéutica del derecho. Madrid: Dykinson. 2007, p. 121.

endemos como um todo a cadeia dos sentidos parciais num único ato de síntese" [28].

Assim, podemos afirmar que o primeiro atua através de uma cadeia de causas e efeitos, ao passo que o segundo contempla os modos como se chega aos fatos. Em outras palavras, o explicar é atemporal; o compreender é histórico.

Viola e Zaccaria destacam que não é difícil reconhecer que não é possível explicar sem compreender e que não é possível compreender sem explicar.

> "De fato não possui descrição nem explicação de fatos que possam abstrair-se de maneira com que os vejam, e que possa prescindir de participar numa comunicação intersubjetiva, já que a compreensão da linguagem não é possível fora de uma forma de vida que encarna uma série de regras e de práticas compartilhadas. Como também, por outro lado, não é possível a orientação no mundo se desconsiderarmos as explicações necessárias para recorrer a tal orientação. Se qualquer interpretação de fenômenos individuais começa com uma hipótese, que no desenvolvimento da compreensão é convalidada, corrigida ou rejeitadas, o "compreender" é também um proceder segundo regras[29]."

Ricoeur salienta entretanto que a polaridade incoativa, que se estabelece entre explicação e compreensão, obscura para ser percebida no processo de comunicação da conversação, torna-se uma dualidade visivelmente contrastada na hermenêutica romântica. "Cada termo do par representa aí um modo distinto e irredutível de inteligibilidade". E acrescenta:

> "A explicação encontra o seu campo paradigmático de aplicação nas ciências naturais. Quando há factos externos a observar, hipóteses a submeter à verificação empírica, leis gerais para cobrir tais factos, teorias para conter as leis num todo sistemático, e a subordinação de generalizações empíricas a procedimentos hipotético-dedutivos, então, podemos dizer que "explicamos". E o correlato apropriado da explicação é a natureza entendida como o horizonte comum de factos, leis e teorias, hipóteses, verificações e deduções [30]."

No que diz respeito à compreensão, Ricoeur leciona:

> "A compreensão acha o seu campo originário de aplicação nas ciências humanas (as *Geisteswissenschaften* alemãs), onde a ciência tem a ver

---

28. RICOEUR, Paul. Teoria da interpretação. Lisboa: Edições 70. 2000, p. 84.

29. VIOLA, Francesco e ZACCARIA, Giuseppe. Derecho e interpretación. Elementos de teoría hermenéutica del derecho. Madrid: Dykinson. 2007, p. 121.

30. RICOEUR, Paul. Teoria da interpretação. Lisboa: Edições 70. 2000, p. 84.

com a experiência de outros sujeitos ou de outras mentes semelhantes às nossas. Funda-se no caráter significativo de formas de expressão como signos fisionómicos, gestuais vocais, ou escritos, e em documentos e monumentos que partilham com a escrita o carácter geral de inscrição. Os tipos imediatos de expressão são significativos porque se referem directamente à experiência das outras mentes, que eles veiculam. As outras fontes menos directas como signos escritos, documentos e monumentos não são menos significativos, excepto que nos transmitem as experiências das outras mentes indirectamente, e não de modo directo. A necessidade de interpretar tais signos deriva precisamente do modo indirecto como eles nos transmitem tais experiências. Mas não haveria nenhum problema de interpretação, tomada como um derivativo da compreensão, se as fontes indirectas não fossem expressões imediatas de uma vida psíquica, homogénea das expressões imediatas de uma vida psíquica estranha. A continuidade entre signos directos e indirectos explica porque é que a "empatia", enquanto transferência de nós mesmos para a vida psíquica de outrem, é princípio comum a toda a espécie de compreensão, directa ou indirecta[31] (Ibidem, p. 84-85)."

Mais uma vez é necessário ressaltar que tal dicotomia entre compreensão e explicação é simultaneamente epistemológica e ontológica, as quais opõem duas metodologias e duas esferas de realidade, qual seja a natureza e o espírito. Deixa-se consignado que a interpretação não é um terceiro termo nem mesmo designa a dialética entre compreender e explicar. Mas, como ressalta Ricouer, "um caso particular de compreensão. É a compreensão aplicada às expressões escritas".

As diversas tentativas de excluir um dos termos em favor de outro tem sido como um inevitável destino de esterilizar-se numa fórmula abstrata e conflitiva. Um exemplo de tentativa aconteceu, de um lado, em nome do empirismo, ao reduzir o compreender no explicar, operação própria do Círculo de Viena, e por outro lado na postura romântica, de excluir da compreensão toda análise do tipo objetivo, em nome da subjetividade[32].

No campo do direito a dicotomia tem se revelado inadequada frente à dificuldade de colocar os fenômenos jurídicos e as estruturas institucionais dos ordenamentos em um ou outro dos dois planos mencionados. Já mencionava Viehweg a respeito da dicotomia ao analisar a distinção feita entre "techné" e "episteme", originalmente estabelecida por Aristóteles. Embora não fosse objeto de preocupação dos jurisconsultos

---

31. RICOEUR, Paul. Teoria da interpretação. Lisboa: Edições 70. 2000, p. 84-85.

32. VIOLA, Francesco e ZACCARIA, Giuseppe. Derecho e interpretación. Elementos de teoría hermenéutica del derecho. Madrid: Dykinson. 2007, p. 121.

UMA DEFINIÇÃO DE INTERPRETAÇÃO

romanos, Certo, havia uma conexão relativamente estreita entre "techné" e "espisteme", o que dificulta sobremaneira "fixar o sentido de ambas as palavras univocamente, estabelecendo os termos correspondentes em latim"[33] (1979, p. 54).

Certo, no entanto, que o homem pertence, efetivamente, tanto ao mundo da natureza como ao do espírito. Tomando em conta esse contorno dúplice, esse traço misto da ação, sempre constrangida a conectar-se em si mesma momentos entrelaçados de intencionalidade e causalidade, deduz-se o reconhecimento de uma relação dialética e de complementaridade entre a dimensão do compreender e a do explicar.

Essa dialética é orientada como um compreender o sentido do locutor e, compreender o sentido da enunciação constituem um processo circular . Assim leciona Ricouer:

> "O desenvolvimento da explicação enquanto processo autónomo parte da exteriorização do evento no sentido, que é completado pela escrita e pelos códigos generativos da literatura. Por conseguinte, a compreensão, que se dirige mais para a unidade intencional do discurso, e a explicação, que visa mais a estrutura analítica do texto, tendem a torna-se os pólos distintos de uma dicotomia desenvolvida. Mas tal dicotomia não vai ao ponto de destruir a dialética inicial do significado do locutor e da enunciação[34]."

Podemos acrescentar que compreender e explicar, portanto, constituem polaridades reciprocamente entrelaçadas, próprias da interpretação. Esta última é o procedimento complexo e sutilmente dialético que as relaciona e as mantém unidas.

Passa-se à interpretação tal como é praticada no âmbito do direito,[35] que é o ponto central do presente trabalho. Toma-se a noção de interpretação normativa, qual seja, destinada à compreensão preordenada à finalidade de regular a ação. Contempla-se, desta forma, a prática concreta e a aplicação realizadas, sobretudo, pelos juízes e funcionários administrativos, ressaltando que se busca a decisão de uma questão conflitiva, tendo como parâmetro textos normativos vinculantes que necessitam ser interpretados.

---

33. VIEHWEG, THEODOR. Tópica e jurisprudência. Brasília: Departamento de Imprensa Nacional. 1979, p. 54.

34. RICOEUR, Paul. Teoria da interpretação. Lisboa: Edições 70. 2000, p. 85-86.

35. É importante deixar claro que não se trabalha com uma noção de interpretação jurídica restrita ao plano da operação intelectual que consiste em um ato de conhecimento essencialmente científico.

> "A aplicação inclui e pressupõe como sua parte integrante da interpretação, que por sua vez contém em si mesma um aspecto cognitivo e um aspecto re-formulativo e re-produtivo (Wittgenstein). Haverá, em seguida, referir-se a uma idéia mais ampla de interpretação que se refere a uma atividade meramente cognitivo ou recognitiva, porque inclui não só aspectos de conhecimento mas também de decisão (e por ele, de vontade): e isto já nas determinações de normas gerais a casos individuais. O fim, essencialmente prático, é submeter a máxima, seja para decidir, seja para atuar[36]."

O que há de absolutamente específico na interpretação jurídica orientada à decidibilidade está na necessidade de atribuir-se um sentido válido não somente para a norma, mas, e principalmente, para a relação comunicativa a qual se manifesta numa relação de autoridade. Assim, é correto afirmar que o momento da decisão não pode ser suprimido do âmbito da interpretação, do contrário estar-se-á diante da postura "juspositivista" tradicional, na qual quem aplica o direito deve limitar-se a operações do tipo lógico-cognoscitivo.

Kelsen afasta-se de tal perspectiva ao sustentar a liberdade plena do juiz e sua independência de métodos que limitem o ato de eleição entre os diversos significados possíveis de uma norma geral. Desta forma a interpretação não constitui um problema de conhecimento, mas um ato de vontade[37].

> "No entanto, contrariamente ao que afirma Hans Kelsen, a interpretação é também um ato de conhecimento e não apenas de decisão: muitas das dificuldades que inevitavelmente encontra todo discurso sobre a interpretação jurídica proveem precisamente da natureza composta do ato imperativo (Guastini). Se por um lado nenhum processo interpretativo pode excluir momentos de decisão, por outro lado nenhuma decisão é, na interpretação jurídica, mero decisionismo, sem eleição, mas a escolha, ou melhor, sucessão de atos de escolha são tomadas no âmbito de um processo interpretativo[38]."

A palavra interpretação revela a existência de um discurso que se interpõe, que se posiciona entre aquele que fala e o objeto da comunicação.

> "De fato, desde o momento em que se insere entre quem interpreta e a "coisa" que tem que se interpretar o discurso interpretativo ao mesmo

---

36. VIOLA, Francesco e ZACCARIA, Giuseppe. Derecho e interpretación. Elementos de teoría hermenéutica del derecho. Madrid: Dykinson. 2007, p. 122.

37. KELSEN, Hans. Teoria pura do direito. 3. ed. São Paulo: Martins Fontes. 1991, p. 364-367.

38. VIOLA, Francesco e ZACCARIA, Giuseppe. Derecho e interpretación. Elementos de teoría hermenéutica del derecho. Madrid: Dykinson. 2007, p. 123.

UMA DEFINIÇÃO DE INTERPRETAÇÃO

tempo se põe em comunicação com a "coisa" e passa a representar a única chave possível de acesso a ela. Se de um lado é inegável que "o discurso que se encontra entre" priva - por causa de sua apresentação - a capacidade de ver o objeto diretamente, por outro lado, também é certo que lhe permite chegar perto, penetrando para chegar a um entendimento[39] (Ibidem, p. 123-124)."

Vê-se, dessa forma, que a "coisa" a interpretar-se é alcançável exclusivamente através do discurso interpretativo, mas está além do discurso interpretativo e por isso não se reduz a este.

4. CARACTERÍSTICAS FUNDAMENTAIS DA INTERPRETAÇÃO JURÍDICA

Apresentamos acima três concepções de interpretações retiradas por Dascal de Jerzy Wroblewski. Ali informou-se a possibilidade de interpretação "latissimo sensu" – LS, "lato sensu" – L e "stricto sensu" – S. A primeira a referir-se a qualquer compreensão de qualquer objeto e atribuição de significado, sentido ou valor. A segunda refere-se à atribuição de significado a um signo pertencente a uma língua, de acordo com as regras e práticas comunicacionais aceitas. A última, referindo-se à compreensão problemática devido a fenômenos como obscuridade, ambiguidade, metáfora, implicitude, indiretividade e alteração do significado.

O ponto a ser apresentado diz respeito à problematização da questão a ser interpretada. Não se pode falar em interpretação sem que se analise uma dose de problematização, de obscuridade, de não obviedade o que dá legitimidade a um pluralismo interpretativo, uma diversidade de interpretações possíveis entre si. A semelhança dos sons das palavras hermético e hermenêutico na língua portuguesa liga-se à mitologia grega, com bem destaca Eco:

> "Fascinada pelo infinito, a civilização grega elabora, ao lado do conceito de identidade e não-contradição, a ideia de metamorfose contínua, simbolizada por Hermes. Hermes é volátil, ambíguo, pai de todas as artes mas deus dos ladrões, *iuvenis et senex* a um tempo. No mito de Hermes são negados os princípios de identidade, de não-contradição e de meio excluído, as cadeias causais enrolam-se sobre si mesmas em espiral, o depois precede o antes, o deus não conhece confins espaciais e pode estar, sob formas diferentes, em diferentes lugares ao mesmo tempo[40]."

---

39. VIOLA, Francesco e ZACCARIA, Giuseppe. Derecho e interpretación. Elementos de teoría hermenéutica del derecho. Madrid: Dykinson. 2007, p. 123-124.

40. ECO, Umberto. Os limites da interpretação. 2. ed. São Paulo: Perspectiva. 2004, p. 23.

A pluralidade de interpretações funciona em um espaço interpretativo que exige uma interpretação razoavelmente diversa. No âmbito jurídico esta afirmação é particularmente verdadeira para as normas jurídicas que necessitam ser aplicadas a um caso concreto. E tal se afirma em virtude da característica de que a norma destina-se a uma decisão de questões conflitivas. Assim, devem ser reformuladas continuamente e não são claras por todo. "A interpretação do direito opera a mediação entre o caráter geral do texto normativo e sua aplicação particular: isto é, opera a sua *inserção na vida*"[41]. Com isto podemos afirmar que não há explicação teórica e preventiva que esteja em situação de satisfazer a exigência de resolver "ex ante" toda dúvida possível a respeito de sua aplicação. Afasta-se, desta forma, a concepção iluminista que possuía a aspiração da transparência perfeita e a exaustividade racionalista da lei, na qual sustentava que "in claris non fit interpretatio", que traz consigo as conhecidas consequências de uma concepção mecânica e silogística da interpretação.

Pela possibilidade de obter-se uma pluralidade de normas, de um único enunciado legislativo, que sejam diversas entre si, alternativas ou até mesmo cumulativas, apresenta-se a distinção fundamental e amplamente difundida e discutida em direito sobre a distinção entre disposição (texto legal) e norma. Ao buscar o conteúdo da norma, "não significa a identidade entre *texto e norma*. Isto é assim mesmo em termos linguísticos: o texto é o 'sinal linguístico'; a norma é o que se 'revela', 'designa'"[42]. Na análise da distinção entre texto e norma é importante tomarmos o ensinamento de Viola e Zaccaria:

> "É a que existe entre disposição e norma, onde por disposição entende-se o enunciado que deve ser interpretado, entretanto por norma entende-se a disposição interpretada, ou seja, o conteúdo de sentido da disposição, uma vez que ela tem sido interpretada e portanto reformulada pelo intérprete.
>
> (...)
>
> "No princípio" existe o texto jurídico normativo, "no final" existe o enunciado que serve de guia para a decisão no caso concreto[43]."

---

41. GRAU, Eros Roberto. Ensaio e discurso sobre a interpretação/aplicação do direito. São Paulo: Malheiros. 2002, p. 70.

42. CANOTILHO, J. J. Gomes. Direito Constitucional e teoria da constituição. 7. ed. 3. reimp. Coimbra: Almedina. 2003, p. 1218.

43. VIOLA, Francesco e ZACCARIA, Giuseppe. Derecho e interpretación. Elementos de teoría hermenéutica del derecho. Madrid: Dykinson. 2007, p. 126.

A interpretação, portanto, representa a passagem do início para o fim de tal procedimento. Estão aí as diversas possibilidades concorrentes que se põe à disposição do intérprete, tomando a disposição, texto legal, como uma parte a ser interpretada, que resultará na norma como parte do texto interpretado. Com tal afirmação, podemos chegar a outra: que o significado do texto normativo é dado pelas decisões judiciais e administrativas e não pelo legislador. Pode-se identificar aqui, sem sombra de dúvidas, o aspecto criativo da atividade do juiz que reformula textos normativos em outros textos. Devemos, no entanto, estar atentos às diversas possibilidades do uso de tal criatividade conforme o aspecto ressaltado nesta atividade.

Sob o ponto de vista que podemos chamar de analista e realista, a ênfase da criação normativa é posta na análise elaborada pelos juristas. A atribuição dos significados aos enunciados é fruto de operações subjetivas e são ressaltadas mais as consequências dos atos criadores do que o conteúdo vinculante das disposições normativas. Há, portanto, uma saliência da norma resultada da interpretação sobre o texto normativo, o qual é utilizado para construí-la. Supõe, dessa forma, a existência de tantas formulações quantos intérpretes, sem a preocupação da correspondência entre as premissas e o produto do procedimento[44].

Já do ponto de vista das teorias hermenêutico-jurídicas o sentido das disposições completa-se na concretização da norma, efetuada a cada vez pelo intérprete.

> "Não é possível interpretar nem portanto reformular enunciados normativos se se prescinde de uma compreensão, ainda que seja inicial e aproximativa, do significado que eles expressam, de maneira que os dois momentos do texto normativo e da atribuição a ele de um significado não pré-constituído se encontram estritamente conectados pela atividade interpretativa, que se refere a normas jurídicas, entendidas como normas válidas. As teorias hermenêutico-jurídicas revalorizam desta forma a "práxis" interpretativa[45]."

Na teoria estruturante do direito (Strukturierende Rechtslehre) de Friedrich Müller radicalizam as teorias hermenêuticas, afastando-se da conexão entre o texto normativo e a norma. Na proposta de Müller, o

---

44. Cf. GUASTINI, Ricardo. Le fonti del diritto e l'interpretazione. Milano. Giuffrè. 1993 e L'interpretazione dei documenti normativi. Milano: Giuffrè. 2004; TARELLO, Giovani. L'interpretazione della legge. Milano: Giuffrè. 1980.

45. VIOLA, Francesco e ZACCARIA, Giuseppe. Derecho e interpretación. Elementos de teoría hermenéutica del derecho. Madrid: Dykinson. 2007, p. 126.

jurista constrói a norma seja a partir de dados textuais, seja a partir de dados reais, no curso do processo de sua concretização[46].

Como nos chama a atenção Grau, "a concretização envolve também análise do âmbito da norma, entendido como tal o aspecto da realidade a que respeita o texto"[47]. Explicando: a norma é produzida no processo de concretização, tomando os elementos do texto, não somente, acrescido dos dados da realidade à qual a norma deve ser aplicada.

Caberia a pergunta da razão pela qual o juiz deve aceitar os dados iniciais contidos no texto normativo, como fonte de direito, e não outros como, exemplificativamente, a Justiça. No entanto, para tal questão apresenta respostas mais no campo da ética-política do que justificações de caráter teórico[48].

De salientar, que o pluralismo interpretativo toca em delicados problemas no que diz respeito a uma possível objetividade da interpretação, seu desenvolvimento correto, que seja dotada de coerência.

Um segundo aspecto a ser desenvolvido está relacionado ao fato de que a interpretação é sempre relacionada a algo preciso[49]. "É sempre algo que será interpretado, algo diverso e distinto da atividade interpretativa, mas por esta pode ser enriquecido e desenvolvido". Assim, se interpretação é interpretação de algo, este mesmo algo deve ter um significado suscetível de ser interpretado. É neste algo, portanto, que encontraremos o limite da interpretação, retirando a tentação de ser onipresente. No campo jurídico, a exemplo da literatura[50], é o texto que impõe limites à interpretação, mas deve-se reconhecer que os comportamentos humanos também impõem limites.

Reconheceu-se que o direito é uma situação comunicativa e desta forma o discurso é caracterizado como um discurso dialógico. Tomando tal

---

46. MÜLLER, Friedrich. Métodos de trabalho do direito constitucional. 2. ed. São Paulo: Max Limonad. p. 2000, 60 e segs; O novo paradigma do direito: Introdução à teoria e metódica estruturantes do direito. São Paulo: Editora Revista dos Tribunais. 2007, p. 143-171

47. GRAU, Eros Roberto. Ensaio e discurso sobre a interpretação/aplicação do direito. São Paulo: Malheiros. 2002, p. 64.

48. As respostas são do tipo: oportunidade de manter firme o princípio constitucional do Estado de Direito, razão pela qual quem aplica o direito encontra-se vinculado aos limites oferecidos pela letra do texto normativo apresentado (MÜLLER. 2000, p. 64-66; 2007, p. 103 e segs.)

49. VIOLA, Francesco e ZACCARIA, Giuseppe. Derecho e interpretación. Elementos de teoría hermenéutica del derecho. Madrid: Dykinson. 2007, p. 128.

50. FISH, Stanley. Doing What comes naturally: Change, rhetoric and the practice of theory in literary and legal studies. 4. ed. Durham-UK: Duke University Press. 1999, p. 82-102.

UMA DEFINIÇÃO DE INTERPRETAÇÃO

afirmação é que analisaremos um terceiro aspecto a ser ressaltado da interpretação, consistente em que a interpretação não pode prescindir das intenções de quem é o autor do texto que será interpretado, nem do sujeito interpretante. O aspecto a ser desenvolvido aqui não está, necessariamente, na dicotomia entre "voluntas legislatoris" e "voluntas legis". Antes ao contrário é tomada como a mensagem dos participantes da comunicação.

Não se pode compreender um discurso sem entender suas intenções. Viola e Zaccaria lecionam mais uma vez:

> "A intenção é o desenho ou projeto contido na mente do autor: ela começa pela referencia do autor a si mesmo, por sua convicção e pretensão de conhecimento individual [Tugendhat]. A hermenêutica do século XIX, entendendo o compreender como processo de reconstrução psicológica por parte do intérprete dos pensamentos e das intenções do autor de um texto, atribuía um relevo crucial à intenção do autor [Schleiermacher, Dilthey] [51]."

Com Morris encontramos referência a este aspecto por demais importante para a interpretação, principalmente ao propor-se uma interpretação pragmática para o direito. Afirma ele:

> "Historicamente, a retórica pode considerar-se como uma forma restringida e precoce de pragmática; por outro lado, o aspecto pragmático da ciência tem sido um tema recorrente entre os divulgadores e intérpretes da ciência experimental. A referencia ao intérprete e à interpretação é comum na definição clássica dos signos. Aristóteles, em *De interpretacione*, fala das palavras como signos convencionais de pensamentos que todos os homens têm em comum. Suas palavras contêm a base da teoria que se converteu em tradicional: o intérprete do signo é a mente; o interpretante é um pensamento ou um conceito; estes pensamentos ou conceitos são comuns a todos os homens e procedem da apreensão de objetos e de suas propriedades por parte da mente; a mente outorga às palavras enunciadas a função de representar diretamente estes conceitos e indiretamente a de fazer o próprio com as coisas correspondentes; os sons que se elegem para este propósito são arbitrários e variam de um grupo social para outro; as relações entre os sons não são arbitrárias mas corresponde às relações de conceitos e, nessa medida, às das coisas[52] (1985, p. 68)."

Esta intenção não pode ser entendida ao teor de um fato privado, já que também a ação intencional dá sempre lugar a algo diverso do que inicialmente era nas intenções do agente. O ato intencional tem a pro-

---

51. VIOLA, Francesco e ZACCARIA, Giuseppe. Derecho e interpretación. Elementos de teoría hermenéutica del derecho. Madrid: Dykinson. 2007, p. 128.

52. MORRIS, Charles. Fundamentos de la teoría de los signos. Barcelona: Paidós. 1985, p. 68.

priedade de "tender a", neste sentido implica como correlativos outros atos unidos àquele. Assim, v. g., o ato de cumprimento de uma obrigação jurídica é relacionado com os atos dotados de intenção diretivo-prescritiva que os prescrevem. Nunca é demais lembrar a afirmação de Wittgenstein, que o sinal quando tomado sozinho parece morto, na verdade, vive na utilização, no fluxo da comunicação linguística e, portanto, em ligação com outros sinais relacionados com ele. Na experiência hermenêutica, como esclarecem Heidegger e Gadamer, superando a perspectiva psicologista de Schleiermacher, o significado é sempre intersubjetivo, se produz e se esclarece dentro de um diálogo interpretativo dialógico, para o qual o compreender é sempre um abrir-se e, portanto, um relacionar-se. Desta forma é preciso analisar o ato da comunicação, cujos participantes, ao compartilharem uma linguagem, colocam-se em um contexto de significados previamente compartilhados. Por meio da comunicação de significados realiza-se e instaura-se a cooperação social, uma prática comum do discurso e da ação. A comunicação é particularmente importante para o direito, o qual possui entre seus objetivos principais o aceitar e promover a comunicação entre os sujeitos que são entre si diversos e distantes. Podemos afirmar, com Noekel que o direito mesmo é em certo sentido comunicação.

Assim, o significado não pode manifestar-se independentemente das intenções do falante e da reação que se pretende suscitar no ouvinte, resultante do efeito que se induz em diversos contextos.

> "Uma das características fundamentais da intenção é sua orientação a um objetivo. É certo, por outro lado, que o significado do que o sujeito faz não se esgota no que ele entende que significa seu fazer e que ainda que direcionado aos seus objetivos as intenções nunca são capazes de alcançá-lo plenamente. A necessidade de recorrer à interpretação é precisamente o sinal da finitude de nossas intenções, de nossa exigência insuprimível de expressar nossas intenções (se bem que em uma realidade nunca completamente expressível) e de voltar continuamente a elas[53]."

No direito encontramos comumente a utilização do critério de busca da intenção do legislador como critério de interpretação[54]. E em que pese a admissão por alguns da superação completa de possível distinção entre a vontade do legislador e a vontade (intenção) da lei, no cotidiano prático ainda encontramos algumas menções sobre o tema (STRECK, 2003, p. 96-

---

53. VIOLA, Francesco e ZACCARIA, Giuseppe. Derecho e interpretación. Elementos de teoría hermenéutica del derecho. Madrid: Dykinson. 2007, p. 130.

54. Sobre o tema veja o próximo capítulo.

99). Ressalte-se, mais uma vez, que em soluções dogmáticas assistimos cotidianamente o seu emprego nas mais diversas instâncias decisórias.

CONCLUSÃO

Apresentamos a centralidade do fenômeno da interpretação no seu sentido mais amplo em uma atividade de aprendizado, de crítica e a seleção de juízos aos quais se dirigem à identificação dos conteúdos expressos na linguagem, atribuindo-se significados e enunciados linguísticos.

A interpretação como busca e atribuição de sentido pode referir--se não só a enunciados linguísticos, mas também a entidades e acontecimentos extralinguísticos, tal como o comportamento humano. Foi apresentado um conceito de interpretação como a atividade que capta e atribui significados a partir de determinado signos. Procurou-se ressaltar que a análise da interpretação está contida a noção de alteridade, de relação entre os sujeitos participantes da relação linguística, bem como do objeto da comunicação.

Para evitar que a interpretação leve ao regresso infinito, apresentamos as regras gerais e básicas do discurso dialógico, trazendo, em seguida, um conceito mínimo de interpretação. Dentro da compreensão, explicação e aprendizado da interpretação, oferecemos duas formas distintas. A primeira atribuindo significado a um documento e a segunda referindo-se ao produto da interpretação.

Por fim estabelecemos as características fundamentais da interpretação jurídica.

Toda a discussão é dada como uma contribuição ao debate da interpretação constitucional, com abordagem distinta do tradicional processo interpretativo e sua ampliação, para verificarmos a atualidade do tema. Trata-se de questão que pode ser revigorada a todo instante, cuja compreensão prévia parece contribuir para a proposta do Ministro Carlos Ayres Britto de substituir a interpretação constitucional por hermenêutica constitucional.

REFERÊNCIAS BIBLIOGRÁFICAS

CANOTILHO, J. J. Gomes. *Direito Constitucional e teoria da constituição*. 7. ed. 3. reimp. Coimbra-PT: Almedina. 2003.

DASCAL, Marcelo. *Filosofia del lenguaje II. Pragmática*. Madrid-ES: Trotta. 1999.

_____. *Fundamentos metodológicos da linguística: Pragmática - problemas, críticas, perspectivas da linguística*. Campinas: Ed. do Autor. 1982.

_____. *Interpretação e compreensão.* São Leopoldo: Unisinos. 2006.

DILTHEY, Wilhelm. *Teoria das concepções do mundo.* Lisboa: Edições 70. 1992.

ECO, Umberto. *Os limites da interpretação.* 2. ed. São Paulo: Perspectiva. 2004.

_____. *Quase a mesma coisa.* Rio de Janeiro: Record. 2007.

_____ *Tratado Geral de Semiótica.* 4. ed. 1. reimp. São Paulo: Perspectiva. 2003.

FERRAZ JÚNIOR, Tercio Sampaio. *Introdução ao estudo do direito: Técnicas, decisão, dominação.* 3. ed. São Paulo: Atlas. 2001.

FISH, Stanley. *Doing What comes naturally: Change, rhetoric and the partice of theory in literary and legal studies.* 4. ed. Durhan-UK: Duke University Press. 1999.

GADAMER, Hans-Georg. *Verdade e Método - Traços fundamentais de uma hermenêutica filosófica.* 5. ed. Petrópolis: Vozes, 2003.

_____. *Verdade e Método - Complementos e índice.* Petrópolis: Vozes, 2002.

GRICE, Paul. *Studies in the way of words.* Cambridge-MA: Havard University Press. 1991.

_____. *Lógica e conversação. In* DASCAL, Marcelo (org.). *Fundamentos metodológicos da linguística: Pragmática - problemas, críticas, perspectivas da linguística.* Campinas: Ed. do Autor. 1982.

GUASTINI, Ricardo. *Le fonti del diritto e l'interpretazione.* Milano. Giuffrè. 1993.

_____. *Lezioni sul linguaggio giuridico.* Torino: G. Giappichelli. 1985.

_____. *L'interpretazione dei documenti normativi.* Milano: Giuffrè. 2004.

_____.*Teoría e ideología de la interpretación constitucional.* 2. ed. Trotta: Madrid. 2010.

KELSEN, Hans. *Teoria Geral das Normas.* Porto Alegre: Fabris. 1986.

_____. *Teoria pura do direito.* 3. ed. São Paulo: Martins Fontes. 1991.

MAXIMILIANO, Carlos. *Hermenêutica e aplicação o direito.* 19. ed. 14. tir. Rio de Janeiro: Forense. 2009.

MOORE, Michael S. Interpretando a interpretação. In MARMOR, Andrei. *Direito e interpretação: Ensaios de filosofia do direito.* São Paulo: Martins Fontes. 2000, p. 3-46.

MORRIS, Charles. *Fundamentos de la teoría de los signos.* Barcelona: Paidos. 1985.

MÜLLER, Friedrich. *Direito - linguagem - violência: Elementos de uma teoria constitucional, I.* Porto Alegre: Sérgio Antônio Fabris Editor. 1995.

_____. *Juristiche methodik.* 2.ed. Berlin: Duncker und Humblot. 1976.

_____. *Métodos de trabalho do direito constitucional.* 2. ed. São Paulo: Max Limonad. 2000.

_____. *O novo paradigma do direito: Introdução à teoria e metódica estruturantes do direito.* São Paulo: Editora Revista dos Tribunais. 2007.

RICOEUR, Paul. *Teoria da interpretação.* Lisboa: Edições 70. 2000.

TARELLO, Giovani. *L'interpretazione della legge.* Milano: Giuffrè. 1980.

VIEHWEG, THEODOR. *Tópica e jurisprudência.* Brasília: Departamento de Imprensa Nacional. 1979.

VIOLA, Francesco e ZACCARIA, Giuseppe. *Derecho e interpretación. Elementos de teoría hermenéutica del derecho.* Madrid: Dykinson. 2007.

WITTGENSTEIN, Ludwig. *Investigaciones filosóficas.* Barcelona: Ediciones Altaya. 1999.

_____. *Tratado lógico-filosófico; Investigações filosóficas.* 3. ed. Lisboa: Fundação Calouste Gulbenkian. 2002.

SOBRE O ATIVISMO JUDICIAL: TÓPICOS PARA REFLEXÃO

Inocêncio Mártires Coelho[1]

SUMÁRIO: 1. Introdução; 2. Conceitos de ativismo judicial e de criação judicial do direito; 3. A inevitável e necessária criatividade do intérprete/aplicador do direito; 4. A regra de reconhecimento e os tribunais constitucionais como legisladores positivos; 5. O controle jurisdicional da constitucionalidade como gerador do ativismo judicial; 6. O ativismo judicial no Brasil; 7. Conclusão.

1. INTRODUÇÃO

Assumindo-se que a *gramática do tema é a higiene da controvérsia,* o ponto de partida destas anotações há de ser o prévio esclarecimento do que se entende por *ativismo judicial* e *criação judicial do direito,* dois conceitos que, pela sua proximidade, dão lugar a desentendimentos e controvérsias. [2]

O mesmo se verifica com os conceitos afins de *criação* e de *interpretação do direito,* os quais — aparentemente contrapostos — a rigor implicam-se mutuamente, pois sem a atividade hermenêutica não é possível aplicar os enunciados normativos, abstratos e gerais, às situações da vida, singulares e concretas, com que se defrontam os operadores do direito, em geral. [3]

---

1. Doutor em Direito. Professor Titular do Programa de Mestrado e de Doutorado do Centro Universitário de Brasília — UniCEUB; Professor Titular Aposentado da Universidade de Brasília; Subprocurador-Geral da República Aposentado; ex-Procurador-Geral da República.

2. Letamendi, in Julio Otero y Valentin. Etiologia Jurídica. Madrid: Aguilar, s/d, p. 23.

3. Hans-Georg Gadamer. Verdad y Método. Salamanca: Sígueme, 5ª edição, vol. 1, 1993, p. 613, e Verdade e Método. Petrópolis-RJ, 1ª edição, vol. 2, p. 464/466: "Parece coisa própria de profanos imaginar a aplicação da lei a um caso concreto como um processo lógico de subsunção do particular sob o geral; [...] a distância entre a generalidade da lei e a situação jurídica concreta, que cada caso particular suscita, é essencialmente insuperável; [...] o notável nesta questão é que a tarefa hermenêutica de superar a distância entre a lei e o caso se coloca mesmo quando

Se tivermos presente, por outro lado, o fenômeno contemporâneo do avanço das leis sobre os chamados "espaços livres do direito", numa "hipertrofia legislativa" que se reflete negativamente sobre a segurança jurídica — a ponto de se dizer que a própria segurança jurídica se tornou é um conceito *juridicamente inseguro* [4] —, verificaremos que mais e mais se incrementa essa inevitável atividade hermenêutica, que anda como que a reboque das "multidões de leis" e dos "furacões normativos", que a todo instante se abatem sobre nós, por obra e graça de afoitos "legisladores motorizados", que de tanto legislar acabam provocando o que se convencionou chamar de uma *hipostenia legislativa,* ou seja, o enfraquecimento da clássica *força de lei*, tão cara ao Estado de Direito. [5]

Independentemente desses fatores conjunturais, num plano mais sofisticado, de nítida extração filosófica, Reale proclama a existência de uma essencial correlação entre ato normativo e ato interpretativo, elementos que se coimplicam e se integram e que só podem ser separados por abstração, para atender a exigências da pesquisa analítica. [6]

2. CONCEITOS DE ATIVISMO JUDICIAL E DE CRIAÇÃO JUDICIAL DO DIREITO

Pois bem, a fim de explicitar o conceito de *ativismo judicial* para os fins deste debate, nos valemos, basicamente, de dois recentes estudos publicados no Brasil sobre o tema: *Ativismo Judicial. Parâmetros Dogmáticos,* a erudita tese com a qual o jurista Elival da Silva Ramos ascendeu ao cargo de professor titular de Direito Constitucional da Faculdade de Direito da Universidade de São Paulo, e que vem de ser publicada pela Editora Saraiva; e *Ativismo ou Altivez? O outro lado do Supremo Tribunal Federal,* dissertação de alta qualidade com a qual o jovem constitucionalista Saul

---

nenhuma mudança das relações sociais ou quaisquer outras alterações históricas façam com que o direito vigente pareça ultrapassado ou inadequado."

4. Antonio-Enrique Pérez Luño. La seguridad jurídica, cit., p. 28/30.

5. Para uma visão geral desse problema, ver, entre outros, Karl Larenz. Metodologia da Ciência do Direito. Lisboa: Gulbenkian, 1978, p. 429; A. E. Pérez Luño. El desbordamiento de las fuentes del Derecho. Sevilla: Real Academia Sevillana de Legislación y Jurisprudencia, 1993, p. 80; José Luis Palma Fernández. La seguridad jurídica ante la abundancia de normas. Madrid: Centro de Estudios Políticos y Constitucionales, 1997, p. 13/15; Gustavo Zagrebelsky. El derecho dúctil. Madrid: Trotta, 1999, p. 39; Gema Marcilla Córdoba. Racionalidad legislativa. Crisis de la ley y nueva ciencia de la legislación. Madrid: Centro de Estudios Políticos y Constitucionales, 2005, p. 186; e Luis Prieto Sanchís. Ley, principios, derechos. Madrid: Dykinson, 1998, p. 27.

6. Miguel Reale. O direito como experiência. São Paulo: Saraiva, 1968, p. 247; e Estudos de filosofia e ciência do direito. São Paulo: Saraiva, 1978, p. 77 e Nota 5.

SOBRE O ATIVISMO JUDICIAL: TÓPICOS PARA REFLEXÃO

Tourinho Leal obteve o grau de Mestre em Direito, no Instituto Brasiliense de Direito Público, e que vem de ser publicada pela Editora Fórum.

No que se refere à *criação judicial do direito*, tomamos como referência, essencialmente, três estudos tornados clássicos acerca do tema: *La jurisprudencia como fuente del Derecho*, do espanhol José Puig Brutau; *Essai sur le pouvoir créateur et normatif du juge*, do francês Sadok Belaïd, e, por fim, a obra *Juízes legisladores?*, do italiano Mauro Cappelletti, mas advertidos, desde logo, pelo mestre argentino Genaro Carrió, de que em torno da expressão "os juízes criam direito" existe uma polêmica que parece interminável, não se sabendo ao certo se essa briga é apenas uma questão de fato, um desencontro puramente verbal ou, talvez, um desacordo de atitude entre os vários contendores. Afinal, como observa o igualmente clássico Henri De Page, a controvérsia sobre a autoridade da jurisprudência é tão velha quanto o direito, o que significa dizer-se que legislador e juiz sempre andaram juntos — ora bem próximos, ora mais afastados — embora muitos observadores de fora acreditem que eles deveriam dar-se as costas.[7] E isso sem precisarmos nos valer do mau exemplo dos regimes autoritários, nos quais os detentores do poder ditam as normas que eles mesmos aplicam ditatorialmente, razão por que são (des) qualificados como *ditadores*. Outro não é o sentido destas palavras de Montesquieu, cuja permanente atualidade justifica relembrá-las aqui e agora:

> "A liberdade política, num cidadão, é esta tranqüilidade de espírito que provém da opinião que cada um possui de sua segurança; e, para que se tenha essa liberdade, cumpre que o governo seja de tal modo que um cidadão não possa temer outro cidadão.
>
> Quando na mesma pessoa ou no mesmo corpo de magistratura, o poder legislativo está reunido ao poder executivo, não existe liberdade, pois se pode temer que o mesmo monarca ou o mesmo senado apenas estabeleçam leis tirânicas para executá-las tiranicamente.
>
> Não haverá também liberdade se o poder de julgar não estiver separado do poder legislativo e do poder executivo. Se estivesse ligado ao poder legislativo, o poder sobre a vida e a liberdade dos cidadãos seria arbitrário, pois o juiz seria legislador. Se estivesse ligado ao poder executivo, o juiz poderia ter a força de um opressor.
>
> Tudo estaria perdido se o mesmo homem ou o mesmo corpo dos principais ou dos nobres, ou do povo, exercesse esses três poderes: o de fazer

---

7. Genaro R. Carrió. *Los jueces crean derecho*, in Notas sobre derecho y lenguaje. Buenos Aires: Abeledo-Perrot, 4ª edición, 1994, p. 105/114; Henri De Page. De l'interprétation des lois. Bruxelas: Payot, vol. 2, 1925, p. 334.

as leis, o de executar as resoluções públicas, e o de julgar os crimes ou as divergências dos indivíduos." [8] (grifos nossos).

À primeira vista, numa interpretação literal desse texto clássico, poder-se-ia dizer que o ativismo judicial, na medida em que implica a criação de normas jurídicas — ainda que somente para a solução de casos concretos [9]—, configura procedimento vedado à magistratura, qual seja, a invasão de competência própria do Legislativo. Uma reflexão mais acurada, no entanto, acabará justificando certo incremento dessa criatividade — inclusive nos sistemas jurídicos de tradição continental —, chegando mesmo a evidenciar que essa suposta usurpação de poder se mostra indispensável para *realizar* a Constituição e tornar efetiva a defesa dos direitos fundamentais contra eventuais agressões do legislador. [10]

Não por acaso, em obra célebre, Jean Cruet afirmou, nos idos de 1908, que "o juiz, esse *ente inanimado*, de que falava Montesquieu, tem sido na realidade a alma do progresso jurídico, o artífice laborioso do direito novo contra as fórmulas caducas do direito tradicional", assim como, em 1945, Gaston Morin proclamou a insurreição dos fatos contra o Código, a que se sucedeu idêntica revolta do próprio direito contra o Código, seja pela desarmonia entre o direito positivo e as necessidades econômicas e sociais, seja pelo conflito entre o direito atual e o espírito do Código Napoleão. [11]

3. A INEVITÁVEL E NECESSÁRIA CRIATIVIDADE DO INTÉRPRETE/APLICADOR DO DIREITO

Em definitivo — porque ninguém nega que, nalguma medida, quando decide, todo juiz sempre cria direito [12] —, o essencial não é sabermos

---

8.   Montesquieu. Do Espírito das Leis. São Paulo: Difusão Européia do Livro, 1º vol., 1962, p. 181.

9.   Hans Kelsen. Teoria Pura do Direito. Coimbra: Arménio Amado, vol. 2, 1962, p. 292/298, e Teoría General del Derecho y del Estado. México: Unam, 1969, p. 156/160; Josef Esser. Principio y norma en la elaboración jurisprudencial del derecho privado. Barcelona: Bosch, 1961, Cap. XII, p. 309/339; Eugen Ehrlich. Fundamentos da sociologia do direito. Brasília: Editora da Universidade de Brasília, 1986. p. 137; Karl Larenz. Metodologia da ciência do direito. Lisboa: Gulbenkian, 6ª edição, 2012, p. 190/201.

10. Marina Gascón Abellán, *El papel del juez en el Estado de Derecho*, in Marina Gascón Abellán & Alfonso García Figueroa. La argumentación en el Derecho. Lima: Palestra, 2ª edição, 2005, p. 45, *apud* Manuel Segura Ortega. Sentido y límites de la discrecionalidad judicial. Madrid: Editorial Universitaria Ramón Areces, 2006, p. 25, Nota 40.

11. Jean Cruet. A vida do direito e a inutilidade das leis. Lisboa: José Bastos & Cia., 1908, p. 26; Gaston Morin. La Révolte du Droit contre le Code. Paris: Sirey, 1945, p. 2.

12. Mauro Cappelletti. Juízes legisladores? Porto Alegre: Sergio Fabris Editor, 1993, p. 13/27; Rafael de Asis Roig. Jueces e normas. Madrid: Marcial Pons, 1995, p. 281/282 e 300.

se ele pode ou deve assumir papel ativo e autônomo na elaboração do direito, mas determinarmos *de que maneira e em que limites* se dará essa inevitável e necessária colaboração, até porque, via de regra, toda lei precisa de *consistência judicial*, vale dizer, de uma espécie de juízo de validação pelo Judiciário, para que se tenha como efetiva e definitivamente em vigor, sendo certo, ademais, que a participação dos juízes na criação do direito varia, significativamente, conforme o tipo de norma que se tem de interpretar, aplicar e desenvolver. [13]

Ilustrativa, nesse particular, é a mensagem enviada ao Congresso Americano, em 8 de dezembro de 1908, pelo então presidente dos Estados Unidos, Theodore Roosevelt, que mesmo não sendo jurista, teceu estas certeiras considerações sobre o papel dos juízes na conformação do direito:

> "Os principais criadores do direito (...) podem ser, e frequentemente são, os juízes, pois representam a voz final da autoridade. Toda a vez que interpretam um contrato, uma relação real (...) ou as garantias do processo e da liberdade, emitem necessariamente no ordenamento jurídico partículas dum sistema de filosofia social; com essas interpretações, de fundamental importância, emprestam direção a toda atividade de criação do direito. As decisões dos tribunais sobre questões econômicas e sociais dependem da sua filosofia econômica e social, motivo pelo qual o progresso pacífico do nosso povo, no curso do século XX, dependerá em larga medida de que os juízes saibam se fazer portadores duma moderna filosofia econômica e social, antes que de superada filosofia, por si mesma produto de condições econômicas superadas.[14]"

Por essas e outras é que, diante da latitude do texto constitucional norte-americano e da consequente liberdade para interpretá-lo, Alexander Pekelis chegou a dizer que, a rigor, os Estados Unidos não teriam uma constituição escrita.

São desse jurista as palavras transcritas a seguir, que se tornaram clássicas em tema de interpretação constitucional e de criação judicial do direito.

Devemos recordar que em certo sentido os Estados Unidos não têm uma constituição escrita. As grandes cláusulas da Constituição ameri-

---

13. Henri De Page. De l'intérprétation des lois, cit., p.123; Edward H. Levi. *Introducción* al razonamiento jurídico. Buenos Aires: Eudeba, 1971, p. 47; Luis Prieto Sanchís. Ideología e interpretación jurídica. Madrid: Tecnos, 1993, p. 136/137; Guy Canivet. *Activisme judiciaire et prudence interprétative. Introduction générale,* in Archives de philosophie du droit. Paris: Dalloz,Tome 50, 2007, p. 7/32.

14. Mauro Cappelletti. Juízes legisladores? Porto Alegre: Sergio Fabris Editor, 1993, p. 5.

cana, assim como as disposições mais importantes das nossas leis fundamentais, não contêm senão um apelo à honestidade e à prudência daqueles a quem é confiada a responsabilidade da sua aplicação. Dizer que a compensação deve ser *justa*; que a proteção da lei deve ser *igual*; que as penas não devem ser nem *cruéis* nem *inusitadas*; que as cauções e as multas não devem ser *excessivas*; que as investigações ou as detenções hão de ser *motivadas*; e que a privação da vida, da liberdade ou da propriedade não se pode determinar *sem o devido processo legal*, tudo isso outra coisa não é senão autorizar a criação judicial do direito, e da própria Constituição, pois a tanto equivale deixar que os juízes definam o que seja cruel, razoável, excessivo, devido ou talvez igual.[15]

Sob essa mesma compreensão do papel dos juízes e tribunais na criação do direito, sobretudo em sede constitucional, assim se expressou o erudito Francisco Campos, então Ministro de Estado da Justiça, em discurso proferido na solenidade de abertura dos trabalhos do STF, em 2 de abril de 1942:

> "Juiz das atribuições dos demais Poderes, sois o próprio juiz das vossas. O domínio da vossa competência é a Constituição, isto é, o instrumento em que se define e se especifica o Governo. No poder de interpretá-la está o de traduzi-la nos vossos próprios conceitos. Se a interpretação, e particularmente a interpretação de um texto que se distingue pela generalidade, a amplitude e a compreensão dos conceitos, não é operação puramente dedutiva, mas atividade de natureza plástica, construtiva e criadora, [então] no poder de interpretar há de incluir-se, necessariamente, por mais limitado que seja, o poder de formular. O poder de especificar implica margem de opção tanto mais larga quanto mais lata, genérica, abstrata, amorfa ou indefinida [for] a matéria de cuja condensação há de resultar a espécie."[16]

A essa luz, uma defesa dogmático-jurídica da criatividade judicial do direito parece encontrar suporte, por exemplo, no art. 20, § 3º, da Constituição da Alemanha, cujo enunciado — *o poder legislativo está subordinado à ordem constitucional; os poderes executivo e judicial obedecem à lei e ao direito* — recebeu do Tribunal Constitucional Federal a seguinte interpretação, verbis:

> "A vinculação tradicional do juiz à lei, parte integrante fundamental do princípio da separação de poderes e, portanto, do Estado de Direito, foi,

---

15. Alexander Pekelis. *La tecla para una ciencia jurídica estimativa*, in El actual pensamiento jurídico norteamericano. Buenos Aires: Editorial Losada, 1951, p. 125.

16. *O Poder Judiciário na Constituição de 1937*, in Direito Constitucional. Rio de Janeiro: Forense, 1942, p. 367.

SOBRE O ATIVISMO JUDICIAL: TÓPICOS PARA REFLEXÃO

no entanto, modificada na sua formulação na Lei Fundamental, no sentido de que a administração da justiça está vinculada à lei e ao Direito. Com isso recusa-se, segundo a opinião geral, um positivismo legal estrito. A fórmula mantém a convicção de que lei e Direito em geral se identificam faticamente, mas não sempre e necessariamente. O Direito não se identifica com a totalidade das leis escritas. Face às estatuições positivas do poder estadual, pode em certas circunstâncias existir um mais de D, que tem as suas fontes na ordem jurídica conforme a Constituição, como um todo de sentido e que pode operar como corretivo da lei escrita: achá-lo e realizá-lo em resoluções é tarefa da jurisprudência." [17]

Nesse contexto, o jurista e cientista político norte americano Chistopher Wolfe registra esta espirituosa argumentação, desenvolvida por alguns dos arautos do ativismo judicial, verbis:

"Uma defesa possível para um poder judicial em expansão é, simplesmente, a satisfação com os seus resultados. A prova do pastel está em seu sabor, argumentam os defensores do Tribunal moderno, e o ativismo judicial — seja qual for a sua receita — tem produzido muito bem e pouco mal."[18]

4. A REGRA DE RECONHECIMENTO E OS TRIBUNAIS CONSTITUCIONAIS COMO LEGISLADORES POSITIVOS

De outra parte — o que se nos mostra de grande importância neste debate —, é o fato de que o acolhimento das leis pelos juízes parece ser o elemento decisivo para se dizer que uma norma pertence *de fato* a determinado sistema jurídico – a chamada *regra de reconhecimento* [19] –, uma realidade que se evidencia principalmente em sede de controle de constitucionalidade das leis, por exemplo, onde as cortes constitucionais ora *confirmam*, ora *transformam*, ora *excluem*, ora apenas *interpretam*, ora *revelam* a existência de normas até então não percebidas no interior dos ordenamentos jurídicos, o que parece dar razão ao intuitivo Lúcio Bittencourt, quando afirmou, em estudo de 1942, que a interpretação é parte integrante do processo legislativo. [20] Tudo somado, esse estado de coisas parece remeter para o museu da história a clássica tese kelsenia-

---

17. *BVerfGE* 34, 269, 287. Ver Karl Larenz. Metodologia da Ciência do Direito. Lisboa: Gulbenkian, 6ª edição, 2012, p. 522/524.

18. Christopher Wolfe. La transformación de la interpretación constitucional. Madrid: Civitas, 1991, p. 26/27.

19. Herbert L. A. Hart. O conceito de direito. Lisboa: Gulbenkian, 2007, p. 111/135.

20. C. A. Lúcio Bittencourt. *A interpretação como parte integrante do processo legislativo*, in Revista do Serviço Público, Ano V, dezembro de 1942, Vol. IV - N. 3, p. 121/127.

na de que, ao examinar a validade das leis em face da Constituição, os tribunais constitucionais só poderiam agir como *legisladores negativos*. [21]

Um ligeiro passar de olhos sobre as chamadas sentenças *intermediárias* — sobretudo aquelas de efeitos normativos —, proferidas pela Justiça Constitucional em diversos países mostrará o crescimento dessa heterônoma *legislação judicial*, o que levou alguns juristas a se perguntarem, entre perplexos e apreensivos, se já não estaríamos vivenciando uma transferência do poder político do legislador para o juiz e se, diante da onipotência do Judiciário, o atual Estado constitucional de Direito não seria uma simples *máscara ideológica*, com que se disfarça um verdadeiro Estado *judicial* de Direito. [22]

Não por acaso, ao se referirem aos tribunais constitucionais e aos seus integrantes, os críticos mais severos costumam chamá-los de *quarto poder*, *gabinetes na sombra*, *variantes do poder legislativo*, *legisladores complementares*, *parlamentos de notáveis*, *legisladores positivos*, *juízes soberanos*, *contra capitães*, *instâncias supremas de revisão* ou, mais ainda, *constituintes de plantão*, nominadas , todas elas, a evidenciar o inconformismo desses juristas com o que chamam de um *novo governo dos juízes*, reputado incompatível com o Estado *democrático* de Direito. [23]

5. O CONTROLE *JURISDICIONAL* DA CONSTITUCIONALIDADE DAS LEIS COMO PROPULSOR DO ATIVISMO JUDICIAL

Conquanto, normalmente, pelo menos que seja do nosso conhecimento, o ativismo judicial não seja visto a essa luz, acreditamos não cometer exagero se considerarmos que o controle *jurisdicional* da cons-

---

21. Hans Kelsen. Teoria Geral do Direito e do Estado. Brasília: Editora da UnB, 1990, p. 261; *La garantie juridictionnelle de la Constitution (La Justice constitutionnelle)*, in Revue du Droit Public et de la Science Politique en France et a l'Étranger. Paris: 1928, T. XLV, p. 224; Jurisdição Constitucional. São Paulo: Martins Fontes, 2003, p. 152.

22. José Adércio Leite Sampaio. A Constituição reinventada pela jurisdição constitucional. Belo Horizonte: Del Rey, 2002, p. 206/225, e *As sentenças intermediárias de constitucionalidade e o mito do legislador negativo*, in Hermenêutica e Jurisdição Constitucional. José Adércio Leite Sampaio & Álvaro Ricardo de Souza Cruz (Coordenadores). Belo Horizonte: Del Rey, 2001, p. 159/194; Augusto Martín de la Vega. La sentencia constitucional en Italia. Madrid: Centro de Estudios Políticos y Constitucionales., 2003 Luis Prieto Sanchís. Justicia Constitucional y Derechos Fundamentales. Madrid: Trotta, 2003, p. 120, Ideología e interpretación jurídica. Madrid: Tecnos, 1993; P. Andrés Ibáñez. *La Justicia en el Estado de derecho y la crisis del Estado Social*, in Justicia/Conflicto. Madrid: Tecnos, 1988, p. 120; e Elias Díaz. Curso de Filosofía del Derecho. Madrid: Marcial Pons, 1998, p. 110.

23. Sobre essas denominações críticas, cf., por todos, Helmut Simon. *La Jurisdicción Constitucional*, in Manual de Derecho Constitucional. Ernesto Benda *et al.* Madrid: Marcial Pons, 1996, p. 838.

titucionalidade das leis, pelos argumentos em que se sustenta e pelas consequências que desencadeia, parece consubstanciar a forma mais radical ou, se preferirmos, o exemplo emblemático desse procedimento da judicatura. Se não, vejamos.

Com efeito, se ampliarmos o foco sobre a seminal e paradigmática decisão da Suprema Corte dos Estados Unidos, no célebre caso *Marbury v. Madison*, em fevereiro de 1803, não será difícil enxergarmos no veredicto proferido por esse tribunal a semente do que viria a ser, no curso da história, a institucionalização das cortes constitucionais como instâncias sobrepostas aos demais poderes do Estado e, por via de consequência, como juízes de sua própria autoridade, o que permitiu a Mauro Cappelletti afirmar, sem incômodo algum, que as cortes constitucionais estão situadas fora e acima da tradicional tripartição dos poderes estatais e que a elas pertence, de fato, uma função autônoma de controle constitucional, que não se identifica com nenhuma das funções próprias de cada um dos poderes tradicionais, mas se projeta de várias formas sobre todos eles, para reconduzi-los, quando necessário, à rigorosa obediência às normas constitucionais. [24]

Para ilustrar essa tese, relembremos, *en passant*, os principais argumentos desenvolvidos em torno do tema, tendo como referência o aludido julgado e como roteiro doutrinário *A Lei e a Constituição*, do nosso saudoso mestre, professor Orlando Bitar. [25]

Pois bem. Por que foi atribuído ao Judiciário o poder ou o dever de declarar inválidos os atos inconstitucionais? Por que, se a Constituição é suprema, tal supremacia é decretada pelo Poder Judiciário, como faculdade inerente ao exercício da jurisdição?

Segundo a lição de Bitar, é no julgamento do famoso caso Marbury *vs.* Madison que encontraremos uma fundamentação para essa prerrogativa, sustentada pelo *Chief Justice* John Marshall, sinteticamente, nos termos seguintes: "provado que a Constituição é suprema, sendo concomitante a nulidade dos atos em contrário, ela mesma, por implicância, dará ao Judiciário autoridade para proclamar aquela nulidade e invalidez."[26]

---

24. Mauro Cappelletti. *O controle de constitucionalidade das leis no sistema das funções estatais*, in Revista de Direito Processual Civil. São Paulo: Saraiva, vol. 3, 1961, p. 38.

25. Orlando Bitar. *A lei e a Constituição*, in Obras Completas de Orlando Bitar. Rio de Janeiro: Conselho Federal de Cultura e Departamento de Assuntos Culturais do MEC, vol. 2, 1978, p. 77 e seguintes.

26. *A lei e a Constituição*, in Obras Completas de Orlando Bitar, cit., p. 77.

A origem da questão, segundo o magistério de Charles Hughes, que foi Presidente da Suprema Corte dos Estados Unidos, e de Charles Beard, citado por aquele *Chief Justice,* está na interpretação que a jurisprudência americana deu ao *Judiciary Act* de 1789, em razão do qual foi reconhecido aos tribunais dos Estados o poder de examinar a validade das leis do Congresso, cabendo à Suprema Corte o reexame das decisões locais, para confirmá-las ou reformá-las.

Se os autores dessa regra (*Judiciary Act)* julgavam a Suprema Corte competente para anular ou confirmar a decisão de uma Corte estadual, impugnando, como inconstitucional, uma lei federal, não seria absurdo admitir – enfatiza Beard – que eles também julgassem a Corte Suprema competente para declarar a inconstitucionalidade de um ato do Congresso, independentemente de qualquer decisão de tribunal estadual; absurdo seria admitir que um ato do Congresso pudesse ser anulado por um tribunal estadual, com aprovação da Suprema Corte, e não o pudesse ser diretamente pela própria Suprema Corte. [27]

Para Charles Hughes, ainda que não se reconhecesse essa autoridade da Suprema Corte, como reconhecida Lei de Administração da Justiça, ou como consequência das ideias que eram patrimônio comum do povo americano, quando se redigiu a Constituição, chegar-se-ia a resultado idêntico pela necessidade de pôr em prática as limitações que a Constituição estabeleceu à atividade legislativa do Congresso e os preceitos por ela instituídos para proteger os direitos individuais, nos termos dessa mesma Constituição. [28]

Desenvolvendo esse raciocínio, Hughes afirma que algum tribunal deveria existir para declarar em que casos aquelas limitações foram ultrapassadas ou aqueles direitos não foram reconhecidos ou respeitados. Naturalmente — prossegue ele —, esse tribunal não poderia ser o de um Estado, porque isso permitiria aos Estados anular a autoridade federal; nem se poderia atribuir tal prerrogativa ao Executivo, porque isso implicaria torná-lo superior ao Congresso; nem muito menos ao próprio Congresso, porque isso o tornaria juiz único de sua própria autoridade, capacitando-o a ultrapassar todos os limites impostos às suas faculdades e a sobrepor-se aos Estados.

---

27. Charles A. Bear. A Suprema Corte e a Constituição. Rio de Janeiro: Forense, 1965, p. 71/72.
28. Charles Evans Hughes. La Suprema Corte de Estados Unidos. México: Fondo de Cultura Económica, 1945, p. 92/93.

SOBRE O ATIVISMO JUDICIAL: TÓPICOS PARA REFLEXÃO

Se a Constituição havia de ser judicialmente aplicada como norma suprema, na decisão de pleitos ou controvérsias, contra o disposto nas leis dos Estados – acentua Hughes –, em que se poderia apoiar quem sustentasse que essa aplicação judicial não teria idêntico cabimento contra o disposto em leis do Congresso? Haveriam de se manter as limitações estabelecidas na Constituição Federal em relação aos Estados e não em relação a quem tinha os poderes federais restringidos? Então, se o poder judicial se estendeu a tais casos, a decisão da Suprema Corte teria que ser necessariamente final.

A questão foi decidida pela própria Suprema Corte, no tantas vezes citado caso *Marbury vs. Madison*, quando o *Chief Justice* John Marshall, sem as discriminar, refere-se a três provisões constitucionais que, conquanto não outorgassem expressamente ao Judiciário o poder de decretar a inconstitucionalidade das leis, continham implícita essa faculdade excepcional.

Os dispositivos constitucionais invocados por Marshall são os seguintes:

> *"Art. III, Seção 2, Cláusula 1ª* — A competência do Poder Judiciário se estenderá a todos os casos de aplicação da Lei e da Equidade ocorridos sob a presente Constituição, sob as leis dos Estados Unidos e os tratados celebrados ou que se celebrarem sob sua autoridade; etc.

> *Art. VI, Cláusulas 2ª e 3ª* — "Esta Constituição e as leis complementares e todos os tratados já celebrados ou por celebrar sob a autoridade dos Estados Unidos constituirão a lei suprema do país; os juízes de todos os Estados serão sujeitos a ela, ficando sem efeito qualquer disposição em contrário na Constituição e nas leis de qualquer dos Estados.

> Os Senadores e Deputados acima mencionados, os membros das legislaturas dos diversos Estados e todos os funcionários do Poder Executivo e do Judiciário, tanto dos Estados Unidos como dos diferentes Estados, obrigar-se-ão por juramento ou declaração a defender esta Constituição; etc."

Em síntese admirável, Orlando Bitar articula o raciocínio desenvolvido por Marshall: se os juízes, na forma do artigo III, têm a sua jurisdição estendida a todos os casos de aplicação da Lei e da Equidade, que nasçam sob a Constituição, as leis e os tratados, etc.; se, pelo artigo VI, a Constituição e as leis feitas em conformidade com ela, bem como os tratados celebrados sob a autoridade dos Estados Unidos, são a suprema lei da terra, terão as autoridades judiciárias, no julgamento de *casos e controvérsias,* de verificar, *sempre*, qual a lei aplicável. Inspecionarão essas autoridades, antes de tudo, pelos preceitos mesmos do art. VI, a

309

hierarquia das leis que tutelam os direitos e, dada a natureza limitada dos poderes do Congresso e das Assembleias, examinarão obrigatoriamente se não houve excesso de competência. Se tiver havido, é nulo e de nenhum efeito o ato exorbitante. Tal fundamento, inferido da necessidade de aplicação de uma lei a cada caso, na justificação da sentença, combina-se, assim, com o policiamento da competência definida de cada departamento, tudo confluindo com o poder de interpretação inerente à função judiciária.

Conquanto tenha sido acolhido pela Suprema Corte esse raciocínio de Marshall, a tal ponto que a doutrina do *judicial review*, no dizer de Hughes, praticamente se integrou ao sistema de governo dos Estados Unidos, da mesma forma que dele faz parte a própria função judicial, os críticos daquele grande Juiz dizem que os fundamentos da sua decisão foram deduzidos sem maior penetração e que, em lamentável petição de principio, ele teria dado como provado exatamente aquilo que deveria provar, porque, em nenhuma passagem da Constituição, em nenhum dos seus dispositivos, havia qualquer referência à faculdade, afinal reconhecida e incorporada ao sistema jurídico norte-americano e aos sistemas jurídicos que nele se inspiraram, de os Tribunais declararem a inconstitucionalidade das leis.[29]

Em sentido contrário a essa critica, encontramos as palavras lapidares de Hamilton, delegado de Nova Iorque à Convenção de Filadélfia e um dos protagonistas do Grande Ensaio (Carl Van Doren), de que resultou o notável monumento da sabedoria humana que é a Constituição Americana:

> "O direito dos tribunais para declarar nulos os atos da legislatura, com fundamento em que são contrários à Constituição, tem suscitado certas dúvidas como resultado da ideia errônea de que a doutrina que o sustém implicaria a superioridade do poder judicial sobre o legislativo. Argumenta-se que a autoridade que pode declarar nulos os atos da outra, necessariamente será superior àquela de quem procedem os atos anulados.
>
> Não há proposição que se apoie sobre princípios mais claros que a que afirma que todo ato de uma autoridade delegada, contrário aos termos do mandato segundo o qual se exerce, é nulo. Portanto, nenhum ato legislativo contrário à Constituição pode ser válido. Negar isto equivaleria a afirmar que o mandatário é superior ao mandante, que o servidor é mais que seu amo, que os representantes do povo são superiores ao próprio povo e que os homens que trabalham em virtude de determi-

---

29. Orlando Bitar. *A Lei e a Constituição*, cit., p. 77/78.

nados poderes podem fazer não só o que estes não permitem, como, inclusive, o que proíbem.

Se se disser que o corpo legislativo por si *só* é constitucionalmente o juiz de seus próprios direitos, e que a interpretação que *deles* se faz é decisiva para os outros departamentos, é licito responder que não pode ser esta a presunção natural nos casos em que não se coligam disposições especiais da Constituição.

Não é admissível supor que a Constituição tenha tido a intenção de facultar aos representantes do povo substituir sua vontade à de seus eleitores. É muito mais racional entender que os tribunais foram concebidos como um corpo intermediário entre o povo e a legislatura, com a finalidade, entre várias outras, de manter esta última dentro dos limites atribuídos à sua autoridade.

A interpretação das leis é própria e peculiarmente da incumbência dos tribunais. Uma Constituição é, de fato, uma lei fundamental e assim deve ser considerada pelos juízes. A eles pertence, portanto, determinar seu significado, assim como o de qualquer lei que provenha do corpo legislativo. E se ocorrer entre as duas alguma discrepância, deverá ser preferida, como é natural, aquela que possua força obrigatória e validez superiores; em outras palavras, deverá ser preferida a Constituição à lei ordinária, a intenção do povo à intenção de seus mandatários.

Esta conclusão não supõe de nenhum modo a superioridade do poder judicial sobre o legislativo. Somente significa que o poder do povo é superior a ambos e que onde a vontade da legislatura, declarada em suas leis, se acha em oposição com a do povo, declarada na Constituição, os juízes deverão ser governados pela última de preferência às primeiras. Deverão regular suas decisões pelas normas fundamentais e não pelas que não o são."[30]

6. O ATIVISMO JUDICIAL NO BRASIL

No Brasil, sob aplausos de uns e críticas de outros, nos deparamos com o STF, a nossa corte constitucional, a criar *direito novo*, embora ainda com a cautela de anunciar que as normas emergentes dos seus julgados não surgiram do nada, antes foram apenas *extraídas* do próprio texto da Constituição, onde estavam insinuadas, latentes ou implícitas, como que à espera do momento oportuno para se mostrarem às claras. Tal foi o caso da sentença em que o tribunal — num *exercício candente de ativismo judiciário*, no dizer de Elival da Silva Ramos —, assentou o entendimento de que os mandatos políticos — no Legislativo ou no Executivo — pertencem aos partidos, razão por que haverão de perdê-los

---

30. Alexander Hamilton, in O Federalista. Rio de Janeiro: Editora Nacional de Direito, 1959, Capítulo LXXVIII, p. 313/315.

todos quantos abandonarem as suas legendas, seja trocando de partido, seja simplesmente desligando-se, sem justa causa, da agremiação pela qual se elegeram. [31]

Por *ativismo judicial* – segundo esse jurista –, deve-se entender o exercício da função jurisdicional para *além dos limites* impostos pelo próprio ordenamento jurídico, que, institucionalmente, incumbe ao Poder Judiciário fazer atuar, resolvendo tanto litígios de feições subjetivas (conflitos de interesses) quanto controvérsias jurídicas de natureza objetiva (conflitos normativos); Saul Tourinho Leal, de sua parte, mesmo destacando que há dificuldade em se fixarem critérios objetivos para uma conceituação sobre o termo *ativismo judicial*, assinala que essa expressão está associada à ideia de *exorbitância de competência* por parte do Poder Judiciário, razão por que — adverte —, chamar-se de *ativista* um tribunal implica atribuir-lhe algo de negativo na sua conduta institucional.

Para esses dois autores, portanto, o ativismo judicial significa uma espécie de *mau comportamento* ou de *má consciência* do Judiciário acerca dos limites normativos substanciais do seu papel no sistema de separação de poderes do Estado Constitucional de Direito. [32]

Diversamente do ativismo judicial, que desrespeitaria esses limites, a *criação judicial do Direito* seria o *exercício regular* do poder-dever, que incumbe aos juízes, de transformar o direito legislado em direito interpretado/aplicado, caminhando do geral e abstrato da lei ao singular e concreto da prestação jurisdicional, a fim de realizar a justiça em sentido material, que outra coisa não é senão *dar cada um o que é seu*, tratando igualmente os iguais e desigualmente dos desiguais, na medida da sua desigualdade.

Nesse sentido — nunca é demais relembrar — o clássico Jean Cruet afirmou, no começo do século passado, que o juiz, esse "ente inanimado"

---

31. Adotando esse entendimento, o Tribunal Regional Eleitoral do Distrito Federal (TRE-DF), em 16/3/10, por 4x3 votos, cassou o mandato do então governador do DF, José Roberto Arruda, por infidelidade partidária, caracterizada, no caso, por sua *desfiliação partidária sem justa causa*. A corte seguiu o voto do desembargador Mário Machado, que entendeu não ter havido motivo justo para que Arruda deixasse o DEM, partido sob cuja legenda ele se elegera. Ameaçado por um processo no Conselho de Ética do partido, Arruda preferiu se desfiliar a ser expulso daquela agremiação partidária.

32. Elival da Silva Ramos. Ativismo Judicial. Parâmetros Dogmáticos, cit., p. 129 e 138; Saul Tourinho Leal. Ativismo ou Altivez? O outro lado do Supremo Tribunal Federal. Belo Horizonte: Editora Fórum, 2010, p. 24.

SOBRE O ATIVISMO JUDICIAL: TÓPICOS PARA REFLEXÃO

de que falava Montesquieu, tem sido na realidade a alma do progresso jurídico, o artífice laborioso do direito novo contra as fórmulas caducas do direito tradicional, uma ideia de resto compartilhada tanto por Henri De Page, para quem a lei é uma fórmula incompleta e tardia, que depende da doutrina e da jurisprudência para encontrar novos caminhos, quanto por Puig Brutau, ao dizer que o legislador nos dá a sensação de um míope equipado com uma arma poderosa, porque só se decide a atuar quando o objetivo que se propõe já está traçado por uma série de necessidades acumuladas; e, ainda, por Bruno Heusinger, ao proclamar, em 30/3/1968, no seu discurso de despedida da presidência do Tribunal Federal da Alemanha, que o ato de conhecimento do juiz é, simultaneamente, pensamento e ação, e que vida de juiz é vida ativa, e não vida contemplativa, uma autoanálise tão sincera quanto o reconhecimento, por Zaffaroni, de que o juiz asséptico, imparcial, objetivo ou incondicionado é uma *impossibilidade antropológica.* [33]

Assim vistas as coisas, pode-se dizer, em resumo, que qualquer avaliação crítica – criticar é distinguir – do problema do ativismo judicial implica delimitar-se a fronteira entre criação judicial do direito conforme ou desconforme com o traçado constitucional da separação dos poderes, fórmula que funciona bem nas situações de clara ultrapassagem dos limites, mas é de escassa ou nenhuma utilidade naqueles casos em que o próprio texto da Constituição – pela sua abertura semântica –, comporta leituras que, embora distintas, são igualmente defensáveis ou plausíveis. Daí a observação, aparentemente estranha, de Karl Larenz, a nos dizer que o jurista considera "plausível" uma resolução quando pelo menos haja bons argumentos que apontem tanto no sentido da sua correção, quanto em sentido oposto. [34]

Essa sensação de estranheza se dissipa, no entanto, se tivermos presente que um conteúdo normativo vinculante não se obtém de um texto normativo *marco*; que não é possível subordinar-se a interpretação a algo que ela mesma irá produzir; ou, ainda, e finalmente, que sendo indeterminadas as normas constitucionais objeto de exegese, o seu sig-

---

33. Jean Cruet. A vida do direito e a inutilidade das leis. Lisboa: José Bastos, 1908, p. 26; Henri De Page. *De l'interprétation des lois*, cit., vol. 1, p. 74/75; José Puig Brutau. La jurisprudencia como fuente del Derecho. Barcelona: Bosch, s/d, p. 19; Karl Larenz. Metodologia da Ciência do Direito. Lisboa: Gulbenkian, 1978, p. 426; e Eugenio Raúl Zaffaroni. Estructuras judiciales. Buenos Aires: Ediar, 1994, p. 109.

34. Karl Larenz. Metodologia da Ciência do Direito. Lisboa: Gulbenkian, 4ª edição, 2005, p. 414.

nificado só se revelará ao termo da interpretação, para a qual, por isso mesmo, não pode servir de ponto de partida. [35]

A liberdade do intérprete/aplicador do direito, por outro lado, há de ser uma liberdade responsável e autocontrolada, pois não lhe é dado introduzir na lei o que deseja extrair dela e tampouco aproveitar-se da abertura semântica dos textos para neles inserir, fraudulentamente, conteúdos que, de antemão, ele sabe serem incompatíveis com esses enunciados normativos. [36] Afinal, é de ciência elementar, no âmbito da teoria do conhecimento, que o objeto transcende o sujeito, o qual, por isso mesmo, deve respeitar a *autonomia/alteridade* do objeto, sob pena de inviabilizar o evento cognitivo, na medida em que este consiste, precisamente, na apreensão — não na criação — do objeto pelo sujeito do conhecimento, mesmo sabendo-se que essa apreensão decorre ou depende do trabalho do sujeito sobre o objeto que intenta conhecer.[37]

Nesse sentido é o ensinamento de Gadamer, a nos dizer que uma consciência formada *hermeneuticamente* tem que se mostrar receptiva, desde o começo, à *alteridade* do texto, sem que isso signifique neutralidade ou autodestruição diante dele; que uma verdadeira compreensão exige confronto/interação entre as verdades do intérprete e as verdades do texto; e que, enfim, uma coisa é respeitarmos a alteridade/transcendência do texto e outra, bem diversa, é adotarmos uma postura de "objetividade eunuca", que a tanto equivale nos postarmos, passivamente, diante do que está escrito sem lhe provocar com alguma pergunta. [38]

No domínio da experiência jurídica, esse modo de ver o problema da relação sujeito/objeto do conhecimento jurídico remonta aos autores clássicos, como o já citado De Page, para quem o de que se trata é de construir uma teoria adaptada aos fatos, decorrente deles e suficientemente ampla e precisa para ponderar os prós e os contras; uma teoria capaz de estabelecer um critério apto a precisar a esfera de intervenção do juiz e de separá-la daquela outra, imaginada e obscuramente pres-

---

35. Ernst-Wolfgang Böchenförde. Escritos sobre Derechos Fundamentales. Baden-Baden: Nomos Verlagsellschaft, 1993, p. 32 e 34.

36. Emilio Betti. La Interpretación de la ley y de los actos jurídicos. Madrid: Revista de Derecho Privado, 1975, p. 32/33; Karl Larenz. Metodologia da Ciência do Direito, cit., p. 493.

37. Sobre a importância do *fator subjetivo* no processo do conhecimento, ver Adam Schaff. História e Verdade. São Paulo: Martins Fontes, 1987, Capítulo I — *A Relação Cognitiva, O Processo do Conhecimento, A Verdade* - págs. 65/98.

38. Hans-Georg Gadamer. Verdad y Método. Salamanca: Sígueme, vol. I, 1993, p. 335 e 440; e vol. II, 1994, p. 123.

sentida, onde o poder criador do juiz ficará interditado, no todo ou em parte, em razão de incompatibilidades objetivas, a serem determinadas; enfim, traçar a linha demarcatória entre a autoridade da lei e a liberdade da jurisprudência. [39]

Para posterior desenvolvimento, registramos que, ao menos em relação aos tribunais constitucionais, o juízo de reprovação do ativismo judicial, enquanto conduta que seria ofensiva ao dogma da separação de poderes, não é compartilhado por muitos juristas de expressão, como é o caso de Mauro Cappelletti, por exemplo, para quem, pela singular posição institucional de que desfrutam – situadas fora e acima da tradicional tripartição dos poderes –,as cortes constitucionais não podem ser enquadradas nem entre os órgãos jurisdicionais, nem entre os legislativos, nem muito menos entre os órgãos executivos, porque a elas pertence de fato uma função autônoma de controle constitucional, que não se identifica com nenhuma das funções próprias de cada um dos Poderes tradicionais, antes se projeta de várias formas sobre todos eles, para reconduzi-los, quando necessário, à rigorosa obediência das normas constitucionais. [40]

Mais expressiva, ainda, nessa rejeição à tese de que a criação judicial do direito ofenderia o princípio constitucional da separação dos poderes, é a posição de Ignácio de Otto, para quem, em realidade, a atribuição de valor vinculante à jurisprudência é o único modo de manter a própria separação de poderes, que estaria comprometida caso a interpretação das leis ficasse a cargo do próprio legislador, que as edita, e não do juiz, um terceiro imparcial, que fixa o sentido das normas à luz dos casos e controvérsias, complementando, por essa forma, a tarefa legislativa. [41]

Aceita, apenas para debate, essa distinção genérica entre ativismo judicial e criação judicial do Direito, podemos dizer, com Larenz, que somente uma época que identifique o Direito com a lei e esta com a vontade do legislador, assim como uma concepção instrumental do Direito ou uma concepção para a qual valem mais a segurança jurídica e a calculabilidade das resoluções do que a justiça, propende a reduzir a faculdade

---

39. Henri De Page. De l'interprétation des lois, cit., vol. 2, p. 123 e 125.

40. Mauro Cappelletti. *O controle de constitucionalidade das leis no sistema das funções estatais,* in Revista de Direito Processual Civil, São Paulo: Saraiva, Ano II, janeiro a junho de 1961, vol. 3, p. 38.

41. Ignácio de Otto. Derecho constitucional. Sistema de fuentes. Barcelona: Ariel, 2007, p. 302/303.

do juiz em relação à interpretação das leis e a negar o desenvolvimento aberto do Direito. [42]

Se, ao contrário, tivermos presente que a lei não esgota o Direito, antes exige, quando necessário, concretizá-lo para além do sentido literal dos enunciados normativos, a função do juiz não se resumirá a *dizer* um direito previamente posto e sobreposto, e tampouco a servir de mero porta-voz do legislador, como preconizava Montesquieu, que reduzia o juiz à condição de *boca que pronuncia as palavras da lei*, e a função de julgar, a uma espécie de *prerrogativa de certo modo nula*. [43]

Diversamente, esse *novo juiz* é aquele que faz o direito no momento em que decide as causas e controvérsias, porque verdadeiro legislador não é a pessoa que por primeiro escreveu ou ditou quaisquer normas jurídicas, mas quem dispõe de autoridade absoluta para *interpretá-las*, uma prerrogativa que se potencializa quando os enunciados normativos não veiculam comandos precisos ou *regras de direito*, antes se apresentam como fórmulas abertas, como *princípios jurídicos*, que servem de ponto de partida e de apoio para que o julgador construa a decisão que repute *correta* e *justa* em cada situação hermenêutica. [44]

Destarte, a precedência cronológica, no escrever como no falar, não tem a menor importância para a injuntividade do direito, porque só é juridicamente obrigatório, mesmo, aquilo que vier a ser estatuído no ato e no momento da decisão, e isso apenas por quem a tanto esteja institucionalmente autorizado, porque no Estado constitucional, como Estado de *competências*, só cria direito quem disponha de competência para fazê-lo. [45]

Aprofundando-se um pouco mais a análise do processo de realização do direito, percebe-se que no começo da atividade hermenêutica está o texto da lei, só aparentemente claro e fácil de aplicar, e no final — se este existe —, entretecida em torno do texto, encontra-se toda uma teia de interpretações, restrições e complementações, que regula a sua aplicação no caso singular e que transmudou amplamente o seu conte-

---

42. Karl Larenz. Metodologia da Ciência do Direito. Lisboa: Gulbenkian, 7ª edição, 2014, p. 521.

43. *De L'Esprit des Lois*, in Oeuvres Complètes de Montesquieu. Paris: Chez Lefrèvre, Éditeur, Tome Premier, 1839, p. 193 e 196; e Do Espírito das Leis. São Paulo: Difusão Européia do Livro, 1º vol., 1962, p. 185 e 187.

44. Hans Kelsen. Teoría General del Derecho y del Estado. México: UNAM, 1969, p. 182/183; Karl Larenz. Metodologia da Ciência do Direito. Lisboa: Gulbenkian, 1978, p. 398.

45. Martin Kriele. Introducción a la Teoría del Estado. Buenos Aires: Depalma, 1980, p. 151.

údo, a ponto de, em casos extremos, torná-lo quase irreconhecível. Um estranho resultado daquilo que o jurista se habituou a denominar simplesmente "aplicação das normas", mas que um mínimo de sinceridade nos impõe reconhecer como aberta criação judicial do direito. [46]

E isso para não falarmos nos casos de falta de normas, em que o intérprete/aplicador — obrigado a dizer o direito —, tem não apenas o poder, mas, sobretudo, o dever de formular a *regra de decisão*, tarefa da qual se desincumbe, observa Reale, correlacionando dois princípios jurídicos fundamentais: o de que o juiz não pode se eximir de julgar a pretexto de haver lacuna ou obscuridade da lei; e o de que, na omissão da lei, deve proceder como se fora legislador. [47]

E tamanha é a naturalidade com que se aceita e prestigia essa *legislação judicial*, que já se tornou lugar comum entre os juristas conferir-se à jurisprudência o *status* de fonte imediata do direito, sendo cada vez mais expressivos e numerosos os estudos sobre a normatividade das decisões judiciais, em diferentes latitudes do mundo jurídico, assim como a publicação, em ritmo frenético, de repertórios de jurisprudência. [48]

Nesse panorama há mesmo quem afirme que, nalguns países, como na França e na Alemanha, por exemplo, onde a jurisprudência, em certos domínios, está em primeiro plano na evolução do direito, as obras de doutrina, muitas vezes, se limitam à exegese da jurisprudência, um fato que se observa na atual cultura jurídica brasileira. [49]

No âmbito legislativo, entre nós, o mais destacado exemplo do reconhecimento e da inexorabilidade da força normativa dos precedentes judiciais é o artigo 932 do CPC — Lei 13.105/15 —, ao consignar que o

---

46. Karl Larenz. Metodologia da Ciência do Direito. Lisboa: Gulbenkian, 2ª edição, 1989, p. 250.

47. Miguel Reale. Fontes e Modelos do Direito — Para um novo paradigma hermenêutico. São Paulo: Saraiva, 1994, p. 70.

48. Ver, entre outros, Patrícia Perrone Campos Mello. Precedentes — O desenvolvimento judicial do direito no constitucionalismo contemporâneo. Rio de Janeiro: Renovar, 2008; José Rogério Cruz e Tucci. Precedente judicial como fonte do direito. São Paulo: RT, 2004; Rafael de Asis Roig. Jueces y normas. La decisión judicial desde el Ordenamiento. Madrid: Marcial Pons, 1995; Marina Gascón Abellán. La técnica del precedente y la argumentación racional. Madrid: Tecnos, 1993; Manuel Segura Ortega. Sentido y limites de la discrecionalidad judicial. Madrid: Editorial universitaria Ramón Aceres, 2006; Rodolfo Vasquez *et al*. Interpretación jurídica y decisión judicial. México: Fontamara, 2003; Luis Prieto Sanchís. Ideología e interpretación jurídica. Madrid: Tecnos, 1993; François Rigaux. A lei dos juízes. São Paulo: Martins Fontes, 2000.

49. René David. Os grandes sistemas do direito contemporâneo. São Paulo: Martins Fontes, 1986, p. 117.

relator negará seguimento a recurso que esteja em confronto com súmula ou com jurisprudência dominante do respectivo tribunal, do STF ou de Tribunal Superior, assim como, pelo mesmo fundamento, proverá recurso, se a decisão recorrida estiver em manifesto confronto com tais paradigmas, o que, tudo somado e já ampliado por decisões em torno desse dispositivo, significa atribuir *força de lei* às interpretações judiciais consolidadas, postura que, entre nós, remonta aos antigos *Prejulgados* da Justiça do Trabalho, enunciados normativos que o STF — então prisioneiro da separação dos poderes em sentido forte —, declarou inconstitucionais, mas neles acabou se inspirando para patrocinar, 60 anos depois, a constitucionalização da chamada *Súmula Vinculante*, uma espécie de *superlei*, que a todos se impõe, menos ao próprio STF, pois só a ele compete criar, alterar ou cancelar esses enunciados normativos.

A propósito, embora pela letra da Constituição (art. 103-A), o comando das *Súmulas Vinculantes* não se imponha ao Poder Legislativo, na prática o Parlamento acaba sofrendo, ainda que reflexamente, os efeitos inibidores de que são dotados esses enunciados hermenêuticos, pois em sã consciência dificilmente algum deputado ou senador se animará a propor projetos de lei na contramão do que, em matéria constitucional, tenha sido decidido pelo STF. E se o fizer e sua proposta converter-se em lei, esse ato legislativo não acarretará o cancelamento definitivo de *Súmula Vinculante* afrontada por essa lei, pela simples razão de que o STF poderá declará-la nula e de nenhum efeito, em sede de controle de constitucionalidade.

Em síntese, embora previstas como atos normativos infraconstitucionais, na prática as *Súmulas Vinculantes* acabam dotadas de *pretensão de injuntividade* idêntica à de que desfrutam os preceitos da própria Constituição. [50]

Diante desse estado de coisas, a configurar uma verdadeira *judicialização do direito*, tem razão o clássico René David, quando diz que mais do que às fórmulas dos autores e mais do que às obras de doutrina, é necessário, para se ter a visão justa da questão, atentar para um outro fator, que é a existência e o desenvolvimento das compilações ou repositórios de jurisprudência, obras que não são escritas para uso dos historiadores do direito e dos sociólogos, e tampouco para o prazer dos seus leitores, antes se elaboram para uso dos juristas práticos e só se

---

50. Sobre o conceito de *pretensão de injuntividade*, ver Karl Larenz. Metodologia da Ciência do Direito. Lisboa: Gulbenkian, 7ª edição, 2014, p. 262.

explicam se a jurisprudência for, no verdadeiro sentido desta expressão, uma autêntica *fonte do direito*. [51]

No âmbito do direito público, é de merecer registro, igualmente, a observação de López Aguilar, a nos dizer que o Direito Constitucional já não é apenas o que prescreve o texto da Lei Maior, mas também a *bagagem de padrões hermenêuticos* desse bloco normativo incorporada na jurisprudência constitucional, ideia presente, no essencial, tanto na frase do juiz Hughes, de que os Estados Unidos vivem sob uma Constituição, mas que essa carta política é aquilo que os seus juízes dizem que ela é, quanto na observação, esta do jusfilósofo espanhol Elias Díaz, de que o direito compõe-se não apenas de normas, mas também do trabalho dos seus operadores. [52]

Disso tudo emerge, agigantada, a figura do juiz, que deixa de ser um mero executor de comandos legislativos, vindos de cima e de fora, para se converter em legítimo criador de normas jurídicas, se não genéricas e de eficácia *erga omnes* — que incumbe ao legislador editar —, pelo menos como *regras de decisão*, de todo indispensáveis para que se individualizem e se concretizem os enunciados jurídico-normativos — sempre abstratos e gerais —, a que chamamos as *palavras da lei*.

Por tudo isso, não parece absurdo dizer-se que, na sua formulação legal, a norma jurídica — alheia às circunstâncias de cada caso —, há de ser, por princípio, abstrata e geral e, não raro, por isso mesmo, necessariamente injusta, raciocínio que encontra correspondência no pensamento do famoso juiz Oliver Holmes, para quem as proposições gerais não resolvem os casos particulares e, por isso, a decisão a ser proferida dependerá de um juízo ou intuição mais sutil do que qualquer articulada premissa maior. [53]

---

51. René David. Os grandes sistemas do direito contemporâneo, cit., p. 118.

52. Juan Fernando López Aguilar. Lo constitucional en el Derecho: sobre la idea e ideas de Constitución y Orden Jurídico. Madrid: Centro de Estudios Políticos y Constitucionales, 1998, p. 60. A frase de Hughes é referida, entre outros, por Antonio Carrillo Flores, no *Prólogo* à edição espanhola da obra de Charles Evans Hughes The Supreme Court of the United States. Its Foundation, Methods and Achievements. An Interpretation, publicada em 1946, pelo Fondo de Cultura Económica, com o título La Suprema Corte de Estados Unidos; Elias Díaz. Curso de Filosofía del Derecho. Madrid: Marcial Pons, 1998, p. 22.

53. Aurelio Menéndez Menéndez. *Sobre lo jurídico y lo justo*, in Eduardo García de Enterría & Aurelio Menéndez Menéndez. El Derecho, la Ley e el Juez. Dos estudios. Madrid: Civitas, 2000, p. 76; César Arjona Sebastià. Los votos discrepantes del juez O. W. Holmes. Madrid: Iustel, 2006, p. 80; Oliver Wendell Holmes, *apud* José Puig Brutau, La jurisprudencia como fuente del derecho, cit., p. 49, Nota 2.

De mais a mais, como assinala o mesmo Puig Brutau, se as regras gerais decidissem os casos particulares, o Direito só evoluiria com a promulgação de leis de caráter geral, o que é contrariado pela história, a nos mostrar que nos séculos XIX e XX, por exemplo, não só na América como noutras partes do mundo, os grandes avanços do Direito decorreram da atividade prática dos juristas, ainda que muitos deles não se deem conta da sua capacidade criadora e alimentem a mais ingênua confiança no valor do método dedutivo, acreditando que é da lei, como premissa maior, que se extraem, por derivação silogística, as soluções para os casos concretos. [54]

E a tal ponto vai essa atuação instauradora de modelos jurídicos novos, por parte dos intérpretes/aplicadores do direito, em cada situação hermenêutica, que autores como o citado Puig Brutau, por exemplo, chegam a dizer que não se trata propriamente de concretizar uma norma abstrata — porque isso ainda seria aplicá-la mecanicamente —, e, sim, de criar uma regra concreta [direito novo, portanto], que resolva o problema e, pela sua eficácia, possa valer como precedente.[55]

Para não se chegar a tanto e, dessa forma, a pretexto de realizar a justiça em sentido material, acabar permitindo que o juiz invada o espaço nomogenético que o constituinte reservou ao legislador — o que caracterizaria o *ativismo judicial* como conduta constitucionalmente indevida —, bastaria dizermos que na criação do direito, tarefa que lhes é comum [56], legisladores e juízes atuam em dois tempos e a quatro mãos, no âmbito de um *acordo tácito* – alguns chegam a falar em *cumplicidade* [57] —, por força de cujas cláusulas, em obediência à *natureza das coisas* e ao princípio da *separação dos poderes*, o Parlamento continua com o monopólio da *redação* das leis, mas o Judiciário fica liberado para interpretá-las *criativamente*, de preferência se o fizer dizendo que as suas *leituras* não ultrapassam o *sentido literal possível* desses enunciados normativos. [58]

---

54. José Puig Brutau, La jurisprudencia como fuente del derecho, cit., p. 50.

55. José Puig Brutau. La jurisprudencia como fuente del derecho, cit., p. 51.

56. Edward H. Levi. Introducción al razonamiento jurídico. Buenos Aires: Eudeba, 1971, p. 47: "Las legislaturas y los tribunales son cuerpos creadores de derecho que actúan en colaboración".

57. Manuel Segura Ortega. La Racionalidad Jurídica. Madrid: Tecnos, 1998, p. 84.

58. Karl Larenz. Metodologia da Ciência do Direito. Lisboa: Gulbenkian, 6ª edição, 2012, p. 450/457.

SOBRE O ATIVISMO JUDICIAL: TÓPICOS PARA REFLEXÃO

É assim que se "comportam" lei e função judicial na criação do direito, porque não é somente a lei, mas também a função judicial, que, juntas, proporcionam ao povo o seu direito. [59]

Visualizada essa questão no contexto do *multiculturalismo* dos nossos dias; da *materialização* das modernas cartas políticas; e da concomitante estruturação dos enunciados constitucionais sob a forma de *princípios*, torna-se evidente que o juiz não *aplica* normas a fatos, nem *subsume* fatos a normas, porque, outra vez, os fatos se revoltam contra os códigos e a realidade se opõe à lei, exigindo dos juristas uma capacidade sobre-humana para equacionar problemas que nem o mais clarividente dos legisladores poderia imaginar. [60]

Posta a questão dessa forma, vale dizer, em termos de pluralidade de convicções e distintos modos de vida, outra indagação de maior profundidade se coloca diante de nós, desafiando-nos a revelar qual o *critério de verdade* que legitimaria a imposição de crenças particulares à obediência geral, como acontece na seara dos *direitos humanos*, por exemplo, cujas solenes *Declarações*, embora autodenominadas *universais*, são vistas pelos críticos como textos *ocidentais* e, por isso mesmo, carentes de normatividade para quem vive do *outro lado do mundo* e ali se conduz em conformidade com valores diversos.

É o que se evidencia, entre outros, num instigante ensaio de Panikar, onde ele ressalta que a formulação desses direitos emergiu de um diálogo muito parcial no seio das culturas existentes no mundo, indagando, a seguir, se em razão da estreiteza desse ponto de partida a noção dos direitos humanos não seria um conceito marcadamente ocidental. [61]

O tema é de gritante atualidade e a sua problemática cada vez mais crítica, na exata medida em que, por força da crescente transumância e da globalização das relações humanas, avolumam-se os conflitos interculturais — de que são exemplos significativos as controvérsias do *Crucifixo* e do *Véu Islâmico*, com que se defrontou o Tribunal Constitucional da Alemanha, e o particularmente dramático caso da *Excisão*, submetido

---

59. Karl Engisch. La idea de concreción en el derecho y en la ciencia jurídica actuales. Pamplona: Ediciones Universidad de Navarra, 1968, especialmente o Capítulo VII, p. 325/413.

60. Gaston Morin. La révolte du droit contre le code. Paris: Sirey, 1945.

61. Raimundo Panikar. *É a noção de direitos humanos um conceito ocidental?*, in Revista Diógenes, Brasília, Editora da UnB, 1983, p. 5/28.

ao Tribunal Criminal de Paris[62] —, a desafiarem a capacidade do Estado Democrático de Direito, em especial dos órgãos da sua jurisdição constitucional, para administrar essas diferenças sem que, por excesso de zelo com as minorias, acabe por fragmentar a própria sociedade, como adverte Habermas, para quem a coexistência, com igualdade de direitos, de *diferentes formas de vida* não pode levar a uma segmentação social, antes exige a integração dos cidadãos do Estado e o reconhecimento recíproco de suas pertenças a grupos subculturais, no quadro de uma cultura política que há de ser compartilhada[63], até porque nesses contextos de expansão do pluralismo ético e cultural, é muito provável que o exercício da autoridade seja percebido como a imposição de normas e/ou valores não compartidos. [64]

Diante desse panorama desafiador, no qual o Estado de Direito se autocompreende e se afirma *democrático*, *pluralista* e comprometido com a causa dos *direitos humanos*, mostram-se particularmente embaraçosas, se não mesmo insolúveis, questões como as formuladas a seguir — todas suscitadas a propósito de casos concretos submetidos à jurisdição constitucional —, pela simples razão de que não dispomos de nenhum *critério de verdade* para respondê-las adequadamente, formulando *regras de decisão* aptas a realizar a justiça em sentido material, que outra coisa não é senão *dar a cada um o que é seu*.

Melhor do que quaisquer reflexões em abstrato sobre a sua extrema complexidade, as próprias questões se encarregam de evidenciar as aporias a que nos conduzem. Se não, vejamos. [65]

— *Pode um motociclista <u>sikh</u> exigir que se lhe dispense da obrigação geral de usar capacete, invocando o seu dever religioso de vestir turbante?*

— *Cabe exigir-se de um preso judeu que aceite os alimentos comuns da prisão ou se deve oferecer-lhe comida kosher?*

---

62. Benito Aláez Corral & Leonardo Alvarez Alvarez. Las decisiones básicas del Tribunal Constitucional Federal alemán en las encrucijadas del cambio de milenio. Madrid: Centro de Estudios Políticos y Constitucionales, 2008, p. 938/978 e 978/1039; Carlos María Cárcova. La opacidad del derecho. Madrid: Trotta, 1998, p. 83/91.

63. Jürgen Habermas. Entre naturalismo e religião. Rio de Janeiro: Tempo Brasileiro, 2007, p. 300.

64. Francesco Viola & Giuseppe Zaccaria. Derecho e Interpretación. Elementos de Teoría Hermenéutica del Derecho. Madrid: Dykinson, 2007, p. 90.

65. Erhard Denninger & Dieter Grimm. Derecho constitucional para la sociedad multicultural. Madrid: Trotta, 2007, p. 54/56.

SOBRE O ATIVISMO JUDICIAL: TÓPICOS PARA REFLEXÃO

— *Tem direito um trabalhador muçulmano de interromper brevemente o seu trabalho para fazer as orações prescritas pela sua religião?*

— *Pode ser despedido um trabalhador por não assumir o seu posto de trabalho nos dias em que se celebram as festividades máximas da sua comunidade religiosa?*

— *Perde o auxílio-desemprego o trabalhador despedido por esse motivo?*

— *Deve permitir-se aos comerciantes judeus que abram os seus negócios aos domingos, dado que não podem fazê-lo nos sábados porque a sua religião lhes proíbe?*

— *Tem direito uma aluna islâmica de ser dispensada da aula de educação física, em colégio misto, porque não lhe é permitido mostrar-se em traje esportivo a pessoas de outro sexo?*

— *Podem usar o seu véu na sala de aula as alunas islâmicas?*

— *O que acontece quando não se trata das alunas, mas das professoras de uma escola pública?*

— *Vigora para as monjas católicas uma regra diferente da que se aplica às professoras muçulmanas?*

— *Podem os imigrantes exigir que o enterro dos seus mortos se faça conforme as prescrições da sua religião, sem submeter-se ao regime geral do direito funerário vigente no país de acolhida?*

— *Podem as autoridades alemãs exigir de uma estrangeira a ser expulsa para o seu país de origem que ponha o véu para ser fotografada, sob o argumento de que o país que vai recebê-la só reconhece as fotos das mulheres que se mostram com véu?*

— *Deve ser tolerada nas cidades alemãs a difusão em autofalantes da chamada do muezim para as orações, assim como se permite o toque dos sinos na torre das igrejas cristãs?*

— *Podem os pais recusar, por motivos religiosos, que receba transfusão de sangue um filho seu que esteja em perigo de morte?*

— *Deve permitir-se aos estrangeiros que degolem animais conforme os mandamentos da sua religião, ainda que isso contrarie as leis nacionais de proteção dos animais?*

— *Podem os pais estrangeiros, conforme os seus costumes culturais, privar as filhas de educação superior ou casá-las contra a vontade?*

— *Deve-se prever uma dispensa da escolarização obrigatória quando os fins educativos da escola pública contradigam as concepções de valor de determinado grupo cultural?*

— *Deve-se autorizar a poligamia aos imigrantes no país de acolhida quando ela é permitida em seu país de origem?*

Diante dessas questões, que a sinceridade nos obriga a considerar pelo menos incômodas, é de se perguntar se o Estado Constitucional de Direito está em condições de enfrentar tais problemas e dar-lhes soluções que se possam considerar não apenas *corretas*, mas também *justas*, vale dizer, plenamente justificadas *por dentro* e *por fora* – justificação interna e justificação externa –, como se exige das decisões que se pretendem *jurídica* e *moralmente* aceitáveis.

Como, por outro lado, todas essas indagações consubstanciam *questões de direitos humanos*, seu deslinde está afeto, imediatamente, às cortes constitucionais dos Estados onde surgem tais controvérsias, assim como, mediatamente, às instâncias internacionais ou supranacionais, que já recebem *petições* de indivíduos ou grupos de particulares que se considerem vítimas de violação dos direitos humanos, por qualquer Estado, nos termos e para os efeitos da ordem jurídica internacional. [66]

De igual modo, não se pode exigir que o Judiciário, pelo receio de parecer ativista, se furte ao dever de dar a cada um o que é seu, de preferência *secundum legem* ou *praeter legem*, mas, se necessário, até mesmo *contra legem*, quando a lei se mostrar contrária ao direito, como estatui o já citado art. 20.3, da Lei Fundamental de Bonn, a dizer que o Executivo e o Judiciário obedecem à Lei e ao Direito, expressando, assim, que "lei" e "Direito" não são por certo coisas opostas, mas ao Direito corresponde, em comparação com a Lei, um conteúdo suplementar de sentido, ou, ainda, que esse aditamento remete, na verdade, para além da Lei, para um Direito supralegal, que sendo anterior e superior a qualquer direito posto, impõe-se até mesmo às normas constitucionais, como premissa antropológico-cultural do Estado de Direito e valor fundante de toda a experiência ética. [67]

---

66. Max Sorensen. Manual de Derecho Internacional Público. México: Fondo de Cultura Económica, 2002, p. 474/492; Nguyen Quoc Dinh, Patrick Daillier & Alain Pellet. Direito Internacional Público. Lisboa: Gulbenkian, 2ª edição, 2003, p. 671; e Antônio Augusto Cançado Trindade. A proteção internacional dos direitos humanos e o Brasil. Brasília: Editora da UnB, 1998, p. 17/21.

67. Karl Larenz. Metodologia da Ciência do Direito. Lisboa: Gulbenkian, 6ª edição, 2012, p. 522; Karl Engisch. Introdução ao Pensamento Jurídico. Lisboa: Gulbenkian, 1988, p. 333; Otto Ba-

SOBRE O ATIVISMO JUDICIAL: TÓPICOS PARA REFLEXÃO

Sendo esse o panorama atual, nos diferentes quadrantes do mundo jurídico, não seria aceitável que, no Brasil, se adotasse comportamento diverso e, na contramão da história, ficássemos apegados, anacronicamente, ao princípio da separação dos poderes em sentido forte, como se isso ainda fosse preciso, depois de superados os obstáculos com que se defrontaram os formuladores desse dogma, e consolidado o sistema de freios e contrapesos, graças a cujo funcionamento efetivo o poder controla o poder e o cidadão pode dormir em paz.

Se, ainda assim, os adversários da criação judicial do direito recearem a instauração ou a reinstauração de um indesejável *governo dos juízes*, que, a ser perigoso, o será em qualquer direção, poderão esses críticos ficar sossegados, pois se algum poder ainda se faz temido e, por isso, deve ser controlado, esse certamente não é o poder do juiz democrático, que desfrutava da confiança de Hamilton, mas o do monarca despótico, que assustava Montesquieu. Hoje, como ontem, o Judiciário continua a ser o mais "neutro" dos Poderes, e os juízes, os "menos perigosos" dos agentes políticos, porque não dispõem nem da *bolsa* nem da *espada* para ameaçar a liberdade dos cidadãos. [68]

Portanto, e noutras palavras, o de que se trata é de *reinterpretar* esse velho dogma para adaptá-lo ao moderno Estado *constitucional*, que sem deixar de ser *liberal*, tornou-se igualmente *social* e *democrático*, e isso não apenas pela ação legislativa dos Parlamentos, ou pelo intervencionismo igualitarista do Poder Executivo, mas também pela atuação *política* do Poder Judiciário, sobretudo das modernas Cortes Constitucionais, crescentemente comprometidas com o *alargamento* da cidadania e a *realização* dos direitos fundamentais. [69]

---

chof. Jueces y Constitución. Madrid: Civitas, 1985, p. 37/43; Peter Häberle. *El Estado constitucional*. México: Unam, 2001, p. 169 e seguintes; Miguel Reale, *Pluralismo e liberdade*. São Paulo: Saraiva, 1963, p. 70/74, Filosofia do Direito. São Paulo: Saraiva, 9ª edição, 1982, p. 211/214, e Fontes e modelos do direito. São Paulo: Saraiva, 1994, p. 114.

68. Alexander Hamilton. *Os juízes como guardiões da Constituição*, in O Federalista. Brasília: Editora da UnB, 1984, p. 576; Luis Prieto Sanchís, *Neoconstitucionalismo y ponderación judicial*, in Neoconstitucionalismo (s). Miguel Carbonell (Org.). Madrid: Trotta, 2005, p. 125.

69. Cf., entre outros, Francisco Campos. Direito Constitucional. Rio de Janeiro: Forense, 1942, p. 339/354; J. Djordjevic *et al*. O papel do Executivo no Estado Moderno. Belo Horizonte: Revista Brasileira de Estudos Políticos, 1959; Georges Burdeau. O Poder Executivo na França. Belo Horizonte: Revista Brasileira de Estudos Políticos, 1961; Nuno Piçarra. A separação dos poderes como doutrina e princípio constitucional. Coimbra: 1989; Mauro Cappelletti. Juízes Legisladores? Porto Alegre, Sergio Fabris Editor, 1993; J. Sousa e Brito *et al*. Legitimidade e Legitimação da Justiça Constitucional. Coimbra: Coimbra Editora, 1995; Gilmar Ferreira Mendes. Jurisdição Constitucional. São Paulo: Saraiva, 2005 e Direitos Fundamentais e Controle

Vistas as coisas sob essa ótica, não temos receio em dizer que aquilo que se critica, sem maior profundidade, como *ativismo judicial* — no Brasil, como alhures —, não configura nenhum extravasamento de juízes e tribunais no exercício das suas atribuições, antes traduz a indispensável e assumida participação da magistratura na tarefa de construir o direito *de mãos dadas com o legislador*, completando-lhe a obra e acelerando-lhe os passos, quando necessário, porque assim o exige um mundo que se tornou complexo e rápido demais para reger-se por fórmulas ultrapassadas. E isso sem precisarmos apelar para os argumentos linguísticos, que, sabidamente, dão respaldo à inevitável criatividade dos intérpretes/aplicadores do direito, diante da circunstância de que as situações de fato particulares não esperam pelos juízes já separadas umas das outras e com etiquetas apostas como casos de incidência da regra geral, cuja aplicação está em causa, e tampouco essa regra geral, em si mesma, pode avançar e reclamar os seus próprios casos de aplicação. [70]

Afinal, como assinalou Mauro Cappelletti, ao comparar os textos legais com outras *formas significativas*, e como ponderou François Rigaux, em suas reflexões sobre a *legislação judicial*, pode-se dizer que, por mais que se esforce em permanecer fiel ao seu "texto", o intérprete/aplicador do direito será sempre, por assim dizer, *forçado a ser livre* e a *dobrar a lei*, porque não há texto legislativo nem tampouco texto musical ou poético, que não deixe espaço para variações e *nuances*, para a criatividade interpretativa. [71] A partitura "indica" ao intérprete o que ele tem de fazer, mas não existem concertos iguais, porque cada maestro interpreta de acordo com o seu gosto e personalidade, chegando mesmo a torcer a melodia e o ritmo, se ele o sente de maneira distinta do compositor ou se está disposto a ceder aos caprichos do público.[72]

Em suma, sem a mediação dos operadores jurídicos, as situações de fato e as regras gerais não se encaixam, os textos não falam, o seu signi-

---

de Constitucionalidade. São Paulo: Saraiva, 1998; Inocêncio Mártires Coelho. Interpretação Constitucional. São Paulo: Saraiva, 2007; e Peter Häberle. Hermenêutica Constitucional: A Sociedade Aberta dos Intérpretes da Constituição: contribuição para a interpretação pluralista e "procedimental" da Constituição. Porto Alegre: Sergio Fabris Editor, 1997.

70. Herbert L. H. Hart. O conceito de direito. Lisboa: Gulbenkian, 2007, p. 139; Duncan Kennedy. Izquierda y derecho. Ensayos de teoría jurídica crítica. Buenos Aires: Siglo Veintuno, Editores, 2010, p. 117.

71. Juízes legisladores?, cit., p. 22; François Rigaux. A lei dos juízes. São Paulo: Martins Fontes, 2000, p. 185.

72. Alejandro Nieto. Crítica de la razón jurídica. Madrid: Trotta, 2007, p. 86.

SOBRE O ATIVISMO JUDICIAL: TÓPICOS PARA REFLEXÃO

ficado latente não se manifesta e o direito deixa de cumprir a sua função precípua de instrumento ordenador das relações sociais. [73]

Sob essa nova compreensão do papel do Judiciário como legítimo produtor de modelos jurídicos autônomos — que nem por isso configuram atos legislativos [74] —, pode-se dizer que apesar do grande esforço despendido para condenar o que chamou de "ativismo na recente jurisprudência do STF", o ilustre constitucionalista pátrio Elival da Silva Ramos parece não ter alcançado esse objetivo, na medida em que as decisões que ele apontou como ilustrativas desse suposto "mau comportamento" da nossa Excelsa Corte, em face do princípio da separação dos poderes, podem assimilar-se como exemplos da natural *criação judicial do direito*, tanto mais aceitáveis quanto respaldadas em argumentos que evidenciam tratar-se de soluções que, embora ousadas ou simplesmente altivas, ainda são compatíveis com o programa normativo da Constituição. [75]

Mesmo assim, convém ter-se presente a advertência de Karl Larenz, a nos dizer que, em princípio, os juízes — porque vinculados à lei e ao Direito —, não têm a faculdade de emitir resoluções *contra legem*, embora possam e devam promover o desenvolvimento do Direito *superador da lei*, quando assim o exijam o tráfego jurídico, a praticabilidade das normas jurídicas, a natureza das coisas e os princípios ético-jurídicos subjacentes à ordem jurídica no seu conjunto. Mas tudo isso sem ultrapassar o limite da sua competência, que, em concreto, nem sempre é facilmente cognoscível. Caso contrário, as suas decisões correm o risco de ser interpretadas como tomada de partido ante as divergências de opiniões políticas e já não serem aceitas como enunciados fundados no Direito, como *considerações especificamente jurídicas*. [76]

Finalmente, mas antes de encerrar, uma observação que normalmente não ocorre nem aos defensores, nem, obviamente, aos detratores

---

73. Karl Larenz. Metodologia da Ciência do Direito. Lisboa: Gulbenkian, 1ª edição, 1978, p. 396; 2ª edição, 2009, p. 282 e 439/441.

74. Carlos E. Alchourrón & Eugenio Bulygin. Introducción a la metodología de las ciencias jurídicas y sociales. Buenos Aires: Editorial Astrea, 1998, p. 136.

75. Elival da Silva Ramos. Ativismo judicial, cit, p. 226/267, onde o autor comenta tais decisões do STF, sob os seguintes títulos; *a aplicação irrefletida da modulação dos efeitos temporais; a construção pretoriana da perda de mandato por desfiliação partidária; a restrição à nomeação de parentes para cargos de confiança; e a implementação de direitos sociais veiculados por normas de eficácia limitada.* Saul Tourinho Leal. Ativismo ou Altivez?, cit. p. 163/198.

76. Karl Larenz. Metodologia da Ciência do Direito. Lisboa: Gulbenkian, 6ª edição, 2012, p. 606/610.

do ativismo *judicial*: a criação judicial do direito, aplaudida por uns e malsinada por outros, não constitui ato solitário e, tampouco, espontâneo dos juízes e tribunais, no exercício da jurisdição. Pelo contrário, configura *ato complexo* e instigado *de fora*, ato que se produz no âmbito de um processo dialético, do qual participam múltiplos personagens, embora, no conjunto, ganhe relevo a figura do julgador porque a ele compete a palavra final, a sentença que põe termo ao *conflito de interpretações* em que consiste a realização judicial do direito. [77]

Com efeito, não podendo agir de ofício, antes dependendo da provocação de terceiros — e esta é uma das *virtudes passivas* do processo jurisdicional, exaltadas por Cappelletti [78] —, mas, quando acionado, *tendo de decidir sempre*, nos limites da lide e de modo a convencer do acerto das suas decisões não apenas a si mesmo, mas também as partes e a comunidade, que o investiu no poder de julgar [79], por tudo isso pode-se dizer que o juiz é um *servidor* da Justiça, que embora pareça livre para *dizer o direito*, a rigor movimenta-se num espaço de decisão regrado/delimitado por normas cogentes, por comandos vão desde os dispositivos constitucionais, que estruturam o Poder Judiciário e o *devido processo legal*, até os preceitos legais e regimentais, que ordenam processos e procedimentos, o que, tudo somado, faz do *discurso jurídico* — do qual o discurso judicial é apenas uma das suas modalidades —, um caso especial do discurso prático geral.[80] Daí o reconhecimento de que os juízes não se arrogam faculdades de que não dispõem, antes simplesmente exercem as suas funções de acordo com as normas do sistema em que atuam; e tampouco decidem contra as suas próprias convicções, pois se o fizessem a sua conduta seria de todo injustificá-

---

77. Paul Ricoeur. <u>Do Texto à Acção</u>. Porto-Portugal: RÉS-Editora, s/d, p. 206.

78. Mauro Cappelletti. <u>Juízes legisladores?</u>, cit., p. 73/81.

79. Carlos Cossio. <u>La teoría egológica del derecho y el concepto jurídico de libertad</u>. Buenos Aires: Abeledo Perrot, 1964, p. 333 e 661/662, Nota 17; e A. L. Machado Neto. <u>Teoria Geral do Direito</u>. Rio de Janeiro: Tempo Brasileiro, 1966, p. 40/41.

80. Robert Alexy. <u>Teoría de la Argumentación Jurídica</u>. Madrid: Centro de Estudios Constitucionales, 1989, p. 34 e *passim*; e Miguel Reale. <u>O direito como experiência</u>. São Paulo: Saraiva, 1968, p. 244: "Em todo o seu processo mental, de cuja eficiência depende o valor real da sua jurisdição, o juiz não é, com efeito, *nem absolutamente necessitado*, — pois em tal caso não teria problema algum a resolver, e por conseguinte, nenhum ato de inteligência lhe caberia desenvolver, — *nem absolutamente livre* , visto como em tal hipótese não se lhe apresentaria, de igual modo, nenhum problema, não podendo ele, em virtude do mesmo pressuposto, encontrar qualquer obstáculo." (Transcrição feita, por Miguel Reale, da obra <u>La Logica del Giudice e il suo Controlo in Cassazione</u>, de Guido Calogero. Pádua, 1937, p. 99).

vel.[81] Em suma, conquanto pareça livre para dizer ou pôr direito, em cada situação hermenêutica, em verdade, o juiz prolata sua decisão como a *única possível* diante dos aspectos fáticos e axiológicos que permeiam a causa sob apreciação, sendo tais fatores tanto os que, originariamente, condicionaram a produção do modelo jurídico, quanto os que, posteriormente, emergiram da experiência jurídica, redesenhando o modelo emanado do legislador.[82]

De outro lado, se tivermos presente que a relação processual não se instaura de ofício nem se desenvolve livremente, antes se desenrola no âmbito de um modelo discursivo regrado — cujas normas enlaçam e integram, compulsoriamente, todos os sujeitos, condutas, fases e atos processuais —, se atentarmos para isso, o que se rotula, negativamente, de criação *judicial* do direito, em verdade, não merece censura, pois não implica nenhum extravasamento de poder, nem constitui obra exclusiva de juízes e tribunais, sendo, isto sim, a *grand finale* de uma peça dramática de nítida extração social, que é escrita pelo legislador, mas cuja montagem e encenação o sistema jurídico confia a outros personagens – atores e figurantes –, aos quais, indistintamente, nós chamamos de agentes da realização judicial do direito. [83]

Se, ademais, concordarmos com Habermas quando ele diz que *todas* as argumentações — quer tenham elas por objeto questões de direito ou de moral, hipóteses científicas ou obras de arte —, exigem *a mesma* forma de organização básica de uma *busca cooperativa* da verdade, então se tornará evidente que também o discurso judicial deva desenvolver-se sob essa forma e com idêntico propósito, ainda que a motivação real das partes litigantes seja obter *decisões fundamentadas* ou *deliberações pertinentes*, que lhes sejam vantajosas [84], o que, de outro lado, vale como advertência para que os seus advogados, mesmo raciocinando sobre os fatos e normas *antes* dos juízes e tribunais, nem por isso desenvolvam argumentos carentes de sustentação.[85]

---

81. Manuel Segura Ortega. Sentido y límites de la discrecionalidad judicial. Madrid: Editorial Universitaria Ramón Areces, 2006, p. 72/73.

82. Miguel Reale. *Gênese e vida dos modelos jurídicos*, in O direito como experiência. São Paulo: Saraiva, 2002, p. 191.

83. Nessa denominação genérica estão compreendidos os juízes, advogados, membros do Ministério Público e auxiliares da Justiça, porque, no exercício das respectivas atribuições, todos colaboram para que se ultime a prestação jurisdicional.

84. Jürgen Habermas. Teoría de la acción comunicativa. Madrid: Taurus, vol. 1, 1988, p. 60; Robert Alexy. Teoría de la Argumentación Jurídica, cit., p. 211.

85. Neil MacCormick. Argumentação jurídica e teoria do direito. São Paulo: Martins Fontes, 2006, p. 156.

Em suma, na medida em que devem veicular as suas pretensões em conformidade com as *regras do jogo*, mesmo agindo/pugnando sob a lógica da *conclusão desejada*, são os participantes do debate judicial que, de fato, *viabilizam* esse jogo e *concorrem* para o seu desfecho jurídico, que outro não é senão o ato decisório pelo qual, em nome da *comunidade pretensora* [86], o seu funcionário juiz não apenas *soluciona* como também *termina* os conflitos, impedindo que eles prossigam ou se renovem.[87] Por isso, temos afirmado, com insistência quase obsessiva, que as decisões judiciais, sejam elas monocráticas ou emanadas de órgãos colegiados, a rigor não traduzem a vontade daqueles que as proferem – e sequer do Poder Judiciário, em qualquer das suas instâncias –, antes são expressão do *Poder Social*, nos termos em que está conformado pelas regras e princípios do ordenamento jurídico. Não por acaso a nossa Constituição proclama – em atitude de humilde reconhecimento – que *todo o poder emana do povo*, não dos seus representantes e tampouco do texto constitucional, sendo de importância secundária a referência ao modo como o povo exercerá esse poder, se diretamente ou por meio dos delegados que eleger.

7. CONCLUSÃO

Diante de todo o exposto, sobretudo do reconhecimento de que "o juiz, esse *ente inanimado*, de que falava Montesquieu, tem sido na realidade a alma do progresso jurídico, o artífice laborioso do direito novo contra as fórmulas caducas do direito tradicional", diante de tudo isso, acreditamos poder afirmar que o chamado *ativismo judicial* — pelo menos na forma e pelos argumentos emocionais, que usualmente se utilizam para combatê-lo —, não passa de uma *expressão nova* com a qual se pretende rebatizar, acriticamente, a imemorial *criação judicial do direito*.[88] Nada mais do que isso.

---

86. Carlos Cossio. La teoría egológica del derecho y el concepto jurídico de libertad. Buenos Aires: Abeledo Perrot, 1964, p. 333 e 661/662, Nota 17; e A. L. Machado Neto. Teoria Geral do Direito. Rio de Janeiro: Tempo Brasileiro, 1966, p. 40/41.

87. Tercio Sampaio Ferraz Jr. Função social da Dogmática Jurídica. São Paulo: Max Limonad, 1998, p. 163; e Introdução ao estudo do direito: técnica, decisão, dominação. São Paulo: Atlas, 2008, p. 289.

88. Sobre a criação judicial do direito, adaptando a lei às transformações sociais na Roma antiga, ver Rudolf von Ihering. El espíritu del Derecho Romano. Madrid: Casa Editorial Bailly Baillere, s/d, vol. 2, p. 74/75, e vol. 3, p. 147/178, especialmente estas duas passagens, *verbis*: "Com a interpretação propriamente dita das disposições da lei, a jurisprudência soube satisfazer as necessidades crescentes da vida e manter a lei à altura dos progressos do tempo"; "... a juris-

A IDENTIDADE CONSTITUCIONAL DA MULHER: DISTANCIAMENTO ENTRE A NORMA E A REALIDADE FEMININA

Grace Maria Fernandes Mendonça[1]

Os homens distinguem-se pelo que fazem; as mulheres, pelo que levam os homens a fazer
Carlos Drummond de Andrade

SUMÁRIO: 1. Introdução 2. A mulher como sujeito de direitos constitucionais 3. A mulher na sociedade brasileira após quase 30 (trinta) anos do advento da Constituição Federal de 1988 4. A mulher no contexto dos compromissos internacionais assumidos pela República Federativa do Brasil. Lei Maria da Penha 5. A mulher e as ações afirmativas 6. Conclusão. Referências bibliográficas.

1. INTRODUÇÃO

A frase de Carlos Drummond de Andrade, embora possa ter múltiplo alcance interpretativo, traz em sua essência a percepção acerca da posição diferenciada entre homem e mulher no contexto das realizações. Os homens têm a capacidade de fazer e se destacam por seus feitos. As

---

prudência antiga, apesar do caráter rigoroso da interpretação literal, recusava apegar-se de modo absoluto ao texto da lei. Sob essa relação, quase se poderia dizer que ela tinha mais liberdade do que a jurisprudência atual..."; "a jurisprudência antiga, com efeito, não se limitava a explicar o conteúdo da lei, antes a interpretava conforme resolvia fazê-lo e, submetendo-se aparentemente à lei, em verdade colocava-se fora dela."

1. Advogada-Geral da União. Especialista em Direito Processual Civil e mestranda em Direito Constitucional. Professora da Universidade Católica de Brasília (2002-2015) nas disciplinas de Direito Constitucional, Direito Administrativo e Direito Processual Civil. Foi Secretária-Geral de Contencioso da Advocacia-Geral da União (2003-2016), Adjunta do Advogado-Geral da União (2002-2003) e Coordenadora-Geral do Gabinete do Advogado-Geral da União (2001-2002).

mulheres são distinguidas não por suas próprias obras, mas pelo que levam os homens a fazer.

Historicamente afastada de uma atuação direta e determinante nos rumos da sociedade, a mulher vem sendo vista, ao longo da evolução da humanidade, como a força motivadora do agir masculino, capaz de conduzir o homem a grandes feitos.

Sem adentrar no exame acerca da extensão e da importância desse papel feminino, fato certo é que a mulher vivencia, ainda nos dias atuais, processo de adequação de seu posicionamento social. Ter a sua própria identidade, ocupar seus próprios espaços e também participar diretamente das realizações no seio da sociedade não tem sido uma tarefa fácil para as mulheres.

O contexto de exclusão e subserviência que tem acompanhado a figura feminina ao longo dos anos enraizou fortemente distorções acerca da capacidade de determinação da mulher. São reais entre nós demonstrações de estranheza e de desconfiança quando uma mulher passa a ocupar posição de destaque. Tais espaços, aliás, de modo geral, são abertos às mulheres após redobrada comprovação de sua aptidão, em nível de esforço diferenciado e mais elevado do que aquele exigido para os homens.

Não obstante, embora diferentes em sua gênese, homens e mulheres são merecedores do mesmo tratamento perante a lei e de acesso a equânimes oportunidades. Não se constrói um Estado Democrático de Direito sem o tratamento igualitário associado umbilicalmente ao respeito às diferenças. Igualdade, a propósito, configura um dos pilares da própria cidadania e anda de mãos dadas com a liberdade[2], compondo direitos fundamentais da pessoa humana, independentemente do gênero.

A mulher, assim, vem buscando ser reconhecida como mulher cidadã, sujeito de direito constitucional, dotada de identidade própria, mas nem por isso inferior. Essa conquista passa necessariamente pelo reconhecimento de seu direito fundamental de ser tratada em linha de igualdade com o homem, assim como de medidas efetivas voltadas ao estabelecimento desse estado de igualdade.

Nesse sentido, a Constituição da República pátria foi precisa ao estabelecer a igualdade de tratamento entre homens e mulheres perante a

---

2. ROSENFELD, Michel. A identidade do sujeito constitucional. Tradução Menelick de Carvalho Netto. Belo Horizonte: Mandamentos, 2003.

lei, ao tempo em que cuidadosa ao respeitar as diferenças e as peculiaridades femininas.

Uma série de preceitos foi endereçada à mulher, com o escopo de promover a igualdade anunciada, dando contornos à identidade feminina no cenário nacional.

Apesar da precisão do legislador constituinte, dados estatísticos revelam a larga distância entre a norma e a realidade enfrentada pela mulher no contexto dos fatos. São preocupantes os números do preconceito de gênero que insiste em residir entre nós, tornando imperiosa a adoção de ações afirmativas, aptas a minimizar o quadro de descompasso entre a norma e a realidade feminina.

Esse texto abordará brevemente aspectos ligados à identidade do sujeito constitucional, avançando nos principais comandos constitucionais dirigidos à mulher e nos basilares compromissos assumidos pela República Federativa do Brasil tendentes a combater a discriminação de gênero.

O artigo adentra também em considerações acerca do posicionamento da Suprema Corte brasileira quanto à constitucionalidade da Lei Maria da Penha, bem como na importância das ações afirmativas voltadas a concretizar a sociedade igualitária entre homem e mulher concebida pelo legislador constituinte originário.

2. A MULHER COMO SUJEITO DE DIREITOS CONSTITUCIONAIS

Ao abordar a identidade do sujeito constitucional (*constitucional subject*), Michel Rosenfeld aponta a sobrecarga de dificuldade em torno do conceito da expressão. *Subject* tanto pode se referir àqueles que se sujeitam à Constituição, aos próprios elaboradores ou ainda à matéria que é objeto da Constituição. A identidade constitucional tende a se alterar com o tempo, associando-se a complexas relações com outras identidades relevantes, como as nacionais, étnicas e culturais.

A identidade do sujeito constitucional, assim, não está expressamente definida no seio de uma Constituição, mesmo que escrita, já que o texto será sempre incompleto e demandará ampla atuação interpretativa dos Tribunais Constitucionais. Assim, destaca Rosenfeld:

> "ainda que a real intenção dos constituintes fosse plena e claramente acessível, permaneceria em discussão o quanto e em qual medida e extensão ela deveria ser relevante ou vinculante para uma determinada gera-

ção subsequente. E, dado que a intenção dos constituintes sempre poderá ser apreendida em diversos níveis de abstração, sempre haverá a possibilidade de a identidade constitucional ser reinterpretada e reconstruída."[3]

Nesse sentido, conclui que a identidade do sujeito constitucional é o produto de um processo dinâmico sempre aberto à maior elaboração. Trata-se de conceito incompleto, parcial e fragmentado, que permite ser amoldado à luz da evolução das relações sociais e que deve respeitar a pluralidade, valor inerente ao constitucionalismo.

As premissas apontadas por Rosenfeld são importantes no enfrentamento da posição da mulher na ordem constitucional pátria. A mulher pode ser considerada sujeito constitucional? É possível extrair do texto constitucional brasileiro e das interpretações a ele conferidas pela Corte Suprema que há identidade de sujeito constitucional na figura feminina?

A Constituição Federal de 1988 foi inovadora ao dispor sobre a mulher. Adotou, como um de seus pilares, a igualdade de gênero e contemplou, no acervo dos objetivos fundamentais da República Federativa do Brasil, a promoção do bem de todos, sem preconceito de origem, raça, sexo, cor, idade e quaisquer outras formas de discriminação.

Assim, como "todos são iguais perante a lei, sem distinção de qualquer natureza" (art. 5, *caput*), "Homens e mulheres são iguais em direitos e obrigações, nos termos da Constituição." (art. 5, II).

O princípio da igualdade é dirigido não somente ao legislador, como também ao aplicador do direito e ao particular, os quais devem desempenhar sua função sem o cometimento de diferenciações ilegítimas, isto é, não respaldadas no texto constitucional.

Do mesmo modo, o princípio da igualdade encerra em si não apenas a exigência de tratamento igualitário, como também de proibição de tratamento discriminatório[4], vedando-se a discriminação das pessoas em razão do sexo, no plano da dicotomia homem/mulher (gênero), conforme assinalado pelo Ministro Ayres Britto, no julgamento da Ação Direta de Inconstitucionalidade nº 4.277 e da Arguição de Descumprimento de Preceito Fundamental n° 132[5].

---

3. ROSENFELD, Michel. A identidade do sujeito constitucional. Tradução Menelick de Carvalho Netto. Belo Horizonte: Mandamentos, 2003, p. 17-21.

4. MENDES, Gilmar Ferreira. Direitos Fundamentais e Controle de Constitucionalidade. Estudos de Direito Constitucional. 3ª ed. São Paulo: Saraiva, 2004, p. 10.

5. STF. Julgamento em 5.5.2011, plenário, DJE de 14.10.2011. Disponível em www.stf.jus.br

Dando ao princípio da igualdade seu real significado, o legislador constituinte originário não desconsiderou a história de discriminação sistematicamente combatida pela mulher, tampouco as peculiaridades atinentes à figura feminina. Articulou, com precisão, uma série de direitos aptos a tornar concreta a igualdade entre homem e mulher.

Nesse sentido, reconheceu como direito da mulher trabalhadora a licença à gestante, sem prejuízo do emprego e do salário, com duração de 120 (cento e vinte) dias (art. 7º, XVIII). Igualmente, a proteção do mercado de trabalho da mulher, mediante incentivos específicos, nos termos da lei (art. 7º, XX).

Atento à importância de criar mecanismos favoráveis à inserção da mulher no mercado de trabalho, garantiu a assistência gratuita aos filhos e dependentes desde o nascimento até cinco anos de idade em creches e pré-escolas (art. 7º, XXV), respaldo sem o qual a mulher não teria meios de avançar.

Também vedou diferença de salários, de exercício de funções e de critério de admissão por motivo de sexo, idade, cor ou estado civil (art. 7º, XXX). Em decorrência, "nosso sistema constitucional é contrário a tratamento discriminatório entre pessoas que prestam serviços iguais a um empregador".[6]

Para as mulheres presidiárias, reconheceu o direito de permanecerem com seus filhos durante o período de amamentação (art. 5º, L).

No regime próprio de previdência, estabeleceu limites de idade específicos para a mulher para fins de aposentadoria (art. 40, § 1º, III, alíneas a e b).

O legislador constituinte ainda isentou a mulher do serviço obrigatório em tempo de paz, sujeitando-a a outros encargos que a lei lhes atribuir (art. 143, § 2º).

Ao dispor acerca do uso ininterrupto de área urbana, para fins de sua moradia e de sua família, garantiu também à mulher o direito ao título de domínio, dispondo claramente que o título de domínio e a concessão de uso devem ser conferidos ao homem ou à mulher, ou a ambos, independentemente do estado civil (art. 183, §1º).

---

6.   STF. RE 161.243, rel. Min. Carlos Velloso, voto do Min. Néri da Silveira, julgamento em 29-10-1996, DJ de 19-12-1997.

Dentre as premissas da previdência social, contemplou a proteção à maternidade, especialmente à gestante (art. 201, II). Também assegurou ao cônjuge ou companheiro e dependentes pensão por morte do segurado, homem ou mulher (inciso V, art. 201, V), impondo limites de idade específicos para a mulher no tocante ao regime geral de previdência social (art. 201, §7º, I e II).

Expressamente reconheceu a união estável entre o homem e a mulher como entidade familiar, dirigindo ao legislador infraconstitucional o dever de facilitar a conversão da referida união em casamento (art. 226, § 3º) e registrou que os direitos e deveres referentes à sociedade conjugal são exercidos igualmente pelo homem e pela mulher (art. 226, §5º).

Enfim, o legislador constituinte originário dirigiu-se à mulher em 12 (doze) artigos, tornando evidente seu intuito de reconhecê-la como sujeito de direitos específicos, mediante a concessão de mecanismos de nivelamento em relação ao homem, sem os quais a igualdade de gênero não se materializa.

Todo esse arcabouço de direitos constitucionais teve por finalidade precípua, portanto, dar o suporte necessário para remediar a situação de exclusão experimentada pela mulher ao longo da história, conferindo-lhe meios de ampliação de sua participação na sociedade brasileira, sujeitando-lhe a regras específicas capazes de minimizar o quadro de descompasso entre homem e mulher, em especial no mercado de trabalho.

Não obstante todo esse acervo de direitos, imprescindível para a construção de uma sociedade verdadeiramente igualitária entre gêneros, e o nítido direcionamento dado pelo legislador constituinte de 1988 quanto ao percurso a ser trilhado para a efetivação desse escopo, a proteção dos direitos constitucionais da mulher tem exigido da Corte Suprema do país a reafirmação do desígnio do legislador. O intérprete maior da Constituição Federal tem sido chamado a se posicionar a respeito do alcance de tais direitos e de sua correta aplicação.

Com efeito, para ser considerado um sujeito de direito constitucional não basta ser o destinatário de direitos de envergadura constitucional. É fundamental também que a atividade interpretativa se alinhe à intenção do constituinte, possibilitando que a identidade constitucional, embora reinterpretada e reconstruída à luz do dinamismo das relações sociais, seja fiel à essência do objetivo traçado pelo legislador.

Também são vitais as ações concretizadoras capazes de transformar a realidade de exclusão feminina, sem as quais a igualdade será apenas dogmática e não efetiva, e a pluralidade, substrato do constitucionalismo, apenas ficção.

É nesse contexto que se insere a mulher, titular de direitos constitucionais e destinatária de ações voltadas à redução da desigualdade de gênero, dotada de identidade de sujeito constitucional na concepção apresentada por Rosenfeld.

Não obstante, é certo que o processo de inclusão da figura feminina nos múltiplos espaços da sociedade ainda esbarra em obstáculos de inúmeras ordens. Estudos e dados estatísticos apontam o patente distanciamento entre a norma e a realidade feminina, aspecto que merece ser considerado, mormente diante da vocação reinterpretativa e reconstrutiva da Constituição Federal.

3. A MULHER NA SOCIEDADE BRASILEIRA APÓS QUASE 30 (TRINTA) ANOS DO ADVENTO DA CONSTITUIÇÃO FEDERAL DE 1988

No Brasil as mulheres representam 50,67% da população[7]. O expressivo número, contudo, não guarda relação de proporcionalidade com a participação feminina nos diversos setores da sociedade.

Embora componham mais da metade dos eleitores brasileiros, no âmbito do Poder Legislativo federal as mulheres ocupam menos de 10% das vagas. Atualmente, na Câmara dos Deputados apenas 45 (quarenta e cinco) cadeiras do total de 513 (quinhentos e treze) estão preenchidas por mulheres[8].

O Senado Federal, por sua vez, conta apenas com 13 (treze) Senadoras do total de 81 (oitenta e uma) vagas[9]. As mulheres ocupam apenas 13,5% dos cargos de vereador no Brasil[10] e a República Federativa do

---

7. Disponível em http://www.ibge.gov.br/apps/populacao/projecao/.

8. Disponível em http://www2.camara.leg.br/a-camara/documentos-e-pesquisa/fique-PorDentro/temas/temas-anteriores-desativados-sem-texto-da-consultoria/mulhe-resnoparlamento/bancada-feminina/a-mulher-na-camara-dos-deputados. Acesso em: jul/2017.

9. Disponível em http://www.senado.leg.br/transparencia/LAI/secrh/parla_inter.pdf. Acesso em: jul/2017.

10. Disponível em http://www.tse.jus.br/eleicoes/estatisticas/estatisticas-eleitorais-2016/re-sultados. Acesso em: jul/2017.

Brasil está presente na 155ª posição entre 193 países, quando o assunto é a participação feminina no Poder Legislativo[11].

No Poder Judiciário, dados do CNJ atestam que as mulheres ocupam apenas 37,3% das vagas na magistratura. Nos Tribunais Superiores, a participação é singela, limitada a 27,8%[12].

A abordagem acerca da participação feminina no Poder Judiciário nacional, aliás, não pode deixar de assinalar a ação inovadora de Thereza Grisólia Tang, primeira Juíza de Direito do país, com ingresso na magistratura de Santa Catarina no ano de 1954, após aprovação em concurso público, ali permanecendo como única magistrada por 20 (vinte) anos[13].

Do ano em que se inaugurou a participação feminina na magistratura (1954) até os dias atuais, em que os dados oficiais revelam a ocupação pelas mulheres de apenas 35% das vagas na magistratura, é possível constatar que ainda há uma larga trajetória a ser percorrida no enfrentamento do problema da desigualdade de gênero.

A discrepância também pode ser vislumbrada em outros setores. As mulheres, por exemplo, estão presentes em 37% dos cargos de direção e gerência, sendo que nos comitês executivos de grandes empresas elas ocupam unicamente 10% das posições de destaque[14].

Quando se encara a posição feminina no contexto educacional, os dados de pesquisa apontam para um crescimento. As mulheres estão estudando mais do que os homens – em média 8 (oito) anos frente aos 7,5 (sete e meio) anos de estudo dos homens[15]. A produção científica das mulheres cresceu 11% em 20 (vinte) anos, alcançando a mesma produção masculina[16].

---

11. Disponível em www.tse.jus.br.

12. Disponível em http://www.cnj.jus.br/noticias/cnj/84432-percentual-de-mulheres-em-atividade-na-magistratura-brasileira-e-de-37-3. Acesso em: jul/2017.

13. Disponível em www.ufrgs.br.

14. Disponível em www.ibge.gov.br.

15. PESQUISA NACIONAL POR AMOSTRA DE DOMICÍLIOS: síntese dos indicadores, 2014. Disponível em: http://biblioteca.ibge.gov.br/visualizacao/livros/liv94935.pdf. Acesso em: jul/2017.

16. Gender in the Global Research Landscape: Analysis of research performance through a gender lens across 20 years, 12 geographies, and 27 subject areas. Disponível em: https://www.elsevier.com/__data/assets/pdf_file/0008/265661/ElsevierGenderReport_final_for-web.pdf. Acesso em: jul/2017.

A IDENTIDADE CONSTITUCIONAL DA MULHER

Não obstante, metade das mulheres universitárias já sofreu algum tipo de assédio. Aproximadamente 30% das mulheres assediadas já sofreram violência sexual durante a vida acadêmica[17]. O dado é extremamente grave e estampa a constatação de que a violência atinge a figura feminina até mesmo nos espaços em que a mulher procura obter a formação necessária ao seu ingresso no mercado de trabalho.

Aliás, quando o mérito é o fator determinante para a seleção, as mulheres tendem a obter percentuais de êxito muito próximos dos alcançados pelos homens. No âmbito da Advocacia-Geral da União, por exemplo, o número de advogadas públicas corresponde 41% do total de membros das carreiras de Advogado da União e de Procurador Federal.[18]

Nesse contexto, embora mais bem preparadas para o mercado de trabalho, o desemprego no Brasil atinge muito mais mulheres do que homens.[19]

O mercado oferece às mulheres contrapartida remuneratória inferior à atribuída aos homens para o exercício de idênticas funções. Na atividade de consultoria, por exemplo, os homens percebem 62,5% a mais do que as mulheres.[20]

Diante do universo de possibilidades profissionais, 5,9 milhões de brasileiras desempenham atividades domésticas, número que corresponde a 14% do total das mulheres empregadas no Brasil[21].

Quando o assunto é a violência contra a mulher, os dados são alarmantes. No ano de 2015, o Brasil registrou 4,5 mortes para cada 100 mil mulheres[22].

Em 2016, a Central de Atendimento à Mulher em Situação de Violência – Ligue 180 registrou aumento de 51% no total de atendimentos em relação ao ano de 2015.

---

17. Violência contra a mulher no ambiente universitário. Pesquisa Instituto Avon/Data Popular. 20154.

18. Fonte SIAPE. Posição em junho de 2017.

19. Segundo Pesquisa Nacional por Amostra de Domicílios (Pnad), 2014, há 10.7% de homens desempregados para 13,8% de mulheres.

20. Pesquisa salarial e de benefícios online. Catho Empresas.

21. Pesquisa divulgada pelo Ministério do Trabalho e Previdência e Ipea. 2017.

22. CERQUEIRA, Daniel et al. Atlas da Violência 2017. Fórum Brasileiro de Segurança Pública. Instituto de Pesquisa Econômica Aplicada. Disponível em: http://www.forumseguranca.org.br/wp-content/uploads/2017/06/FBSP_atlas_da_violencia_2017_relatorio_de_pesquisa.pdf. Acesso em: jul/2017.

339

Dentre os relatos recebidos pela Central no ano de 2015, 50,16% corresponderam a violência física; 30,33% a violência doméstica; 7,5% a violência moral; 2,10% a violência patrimonial; 4,54% a violência sexual; 5,17% a cárcere privado e 0,46% a tráfico de pessoas[23].

Recente pesquisa revela que, em cada três brasileiros, dois presenciaram algum tipo de violência contra a mulher[24].

Alguns estudos desenvolvidos em estados da federação brasileira demonstram a relação direta estabelecida entre a violência e a formação da criança no seio familiar, a exemplo da pesquisa promovida no Estado do Ceará, cujo conteúdo revelou que 88% dos entrevistados nordestinos afirmaram ter presenciado a mãe sendo agredida durante a sua infância[25].

O dado é importante quando se enfrenta a igualdade de gênero na perspectiva da transformação e da ruptura do ciclo de violência contra a mulher que vem perpassando gerações. A criança e o adolescente que crescem em um lar permeado pela violência doméstica tende a encará-la com naturalidade e a reproduzir na vida adulta o que aprendeu ao longo do convívio e da formação familiar.

Todos esses registros estatísticos, alicerçados em pesquisas sérias e responsáveis em torno da posição feminina no cenário nacional, indicam conquistas e avanços obtidos pela mulher, que adentrou em espaços até então preenchidos somente pelos homens, mas também apresentam uma conjuntura perturbante, principalmente quando se tem em vista os números da violência e da percepção dos mais diversos setores acerca da capacidade da mulher, retratada, inclusive, nas contrapartidas salariais em níveis inferiores aos conferidos para os homens no desempenho de idênticas funções.

Atestam, igualmente, a manifesta desarmonia entre a regra positivada, de estatura constitucional, e a realidade da mulher. Se o legislador constituinte originário tornou explícita a igualdade de gênero como um dos eixos do Estado Democrático de Direito, comportamentos e ações com ela dissonantes acabam por distanciar a própria efetivação da Cons-

---

23. Balanço 2015. Disponível em www.spm.gov.br. Acesso em: jul/2017.

24. Visível e Invisível: a vitimização de mulheres no Brasil. Fórum Brasileiro de Segurança Pública, 2017. Disponível em: http://www.forumseguranca.org.br/wp-content/uploads/2017/03/relatorio-pesquisa-vs4.pdf. Acesso em: jul/2017.

25. Disponível em: www.spm.gov.br. Acesso em: jun/2017.

tituição Federal. São desalentos a serem superados pela mulher e entraves ao processo de inclusão feminina.

4. A MULHER NO CONTEXTO DOS COMPROMISSOS INTERNACIONAIS ASSUMIDOS PELA REPÚBLICA FEDERATIVA DO BRASIL. LEI MARIA DA PENHA

De acordo com a Convenção Interamericana para prevenir, punir e erradicar a violência contra a mulher – "Convenção Belém do Pará", promulgada pelo Decreto nº 1.973, de 1º de agosto de 1996[26], a República Federativa do Brasil comprometeu-se a incorporar em sua legislação interna normas penais, civis, administrativas e de outra natureza, que sejam necessárias para prevenir, punir e erradicar a violência contra a mulher[27].

Por intermédio do Decreto n° 4.377/2002, o Brasil promulgou a Convenção sobre a eliminação de todas as formas de discriminação contra a mulher, que também recomenda aos Estados pactuantes a construção de política que consagre em suas constituições nacionais ou em legislação apropriada o princípio da igualdade entre homem e mulher, além da adoção de outras medidas legislativas voltadas à proibição de toda forma de discriminação contra a mulher[28].

No ano de 2001, a Comissão Interamericana de Direitos Humanos da OEA, responsável pelo recebimento de denúncias de violação aos direitos previstos na Convenção Americana sobre Direitos Humanos e na Convenção de Belém do Pará, atendendo denúncia do Centro pela Justiça pelo Direito Internacional e do Comitê Latino-Americano de Defesa dos Direitos da Mulher, publicou o Relatório n° 54, no âmbito do qual consignou recomendações ao Estado Brasileiro em relação ao caso Maria da Penha Maia Fernandes, vítima de violência doméstica em graves proporções.

O aludido documento reconheceu o descumprimento pelo Estado Brasileiro das obrigações assumidas nos referidos tratados internacionais e recomendou a adoção de medidas voltadas à eliminação da vio-

---

26. Aprovação pelo Congresso Nacional do Decreto Legislativo n° 107, de 31 de agosto de 1995.

27. Art. 7º da Convenção Interamericana para prevenir, punir e erradicar a violência contra a mulher. Disponível em: http://www.cidh.org/Basicos/Portugues/m.Belem.do.Para.htm. Acesso em: jun/2017.

28. Art. 2º e alíneas do Decreto n° 4.377/2002.

lência doméstica contra a mulher no Brasil e a simplificação dos procedimentos judiciais penais a fim de reduzir o tempo processual em situações dessa natureza e de obter solução célere e efetiva de conflitos intrafamiliares, mediante o estabelecimento de formas alternativas às judiciais.

Em reverência à Constituição Federal, aos compromissos internacionais assumidos pelo Brasil e em atenção à recomendação supramencionada, foi editada a denominada Lei Maria da Penha (Lei n° 11.340/2006).

O diploma foi inserido no ordenamento jurídico pátrio com o propósito central de inibir a violência doméstica ou familiar contra as mulheres, dando um passo importante na concretude do princípio da igualdade material entre homem e mulher.

A Lei Maria da Penha teve a virtude de trazer para a agenda pública a questão da violência contra a mulher, até então restrita ao ambiente privado, dando visibilidade ao problema. O tema ultrapassou o âmbito da intimidade familiar para se tornar de interesse público.

Da exposição de motivos constante da referida lei é possível extrair os dados estatísticos que embasaram a edição da norma, datados do ano de 2001, reveladores de que pelo menos 6,8 milhões de brasileiras vivas já haviam sido vítimas de espancamento ao menos uma vez. Pelo menos 2,1 milhões de mulheres eram espancadas por ano no país; 5,8 mil por dia; 242 por hora; uma a cada 15 segundos.

Apesar dos preocupantes resultados das pesquisas e da importância de uma política séria de responsabilização dos agentes agressores, a aplicação da Lei Maria da Penha passou a ser objeto de questionamento no âmbito do Poder Judiciário brasileiro. Decisões judiciais afastaram a incidência da norma em casos concretos por vislumbrarem no diploma não um mecanismo de redução da desigualdade de gênero, mas de discriminação para com a figura masculina. Logo, a norma carregaria a mácula da inconstitucionalidade[29], rendendo ensejo à instalação de um quadro de incerteza e de insegurança jurídica.

---

29. A título de exemplo: A Segunda Turma Criminal do Tribunal de Justiça do Mato Grosso do Sul declarou a inconstitucionalidade da Lei Maria da Penha, sob a alegação de ofensa ao princípio da igualdade entre homens e mulheres (Recurso em sentido estrito n. 2007.023422-4/0000-00). No mesmo sentido, decisão proferida pelo Tribunal de Justiça do Estado do Rio de Janeiro (Conflito de Competência n. 2007.008.00568), assim como a 1ª Câmara Criminal do Tribunal de Justiça de Minas Gerais (Apelação Criminal no. 1.0672.07.244893-5/001).

A IDENTIDADE CONSTITUCIONAL DA MULHER

Tais decisões motivaram o ajuizamento da Ação Declaratória de Constitucionalidade nº 19 perante o Supremo Tribunal Federal, com a finalidade precípua de obter do Colegiado a presunção absoluta de constitucionalidade da lei federal.

Ao apreciar o tema, em julgamento histórico, a Corte Suprema declarou a constitucionalidade da Lei Maria da Penha, reconhecendo sua importância para a proteção física e moral da mulher.

A natureza protetiva das mulheres, ínsita à norma, foi destacada no voto exarado pelo Ministro Carlos Ayres Britto, na perspectiva das ações afirmativas e do denominado "constitucionalismo fraternal".

Segundo o Ministro, a Constituição Federal revela essa sociedade fraterna, fundada no pluralismo e no respeito à "convivência dos contrários". O constitucionalismo fraternal tem por objetivo a inclusão comunitária, a "integração comunitária das pessoas, para que as pessoas vivam em comunhão de vida. Comunidade vem de comum unidade. Isso é uma categoria rigorosamente jurídica, e mais ainda, uma categoria constitucional."

O eminente Ministro e mestre reconheceu, assim, que a Constituição Federal de 1988:

> é um repositório de dispositivos que se voltam para a proteção da mulher. E a Constituição, tanto quanto a Lei Maria da Penha, parte de uma realidade, parte dos fatos historicamente comprovados aqui em nosso país: as mulheres experimentam dificuldades bem maiores para – volto a dizer – transitar com o mesmo desembaraço nos espaços institucionais de que a sociedade se constitui, até mesmo no mercado de emprego, na busca de vagas de trabalho e na percepção de vencimentos, por trabalho igual as mulheres costumam receber uma paga menor.

O trecho do voto ora destacado, proferido no ano de 2012, permanece atual, diante dos recentes dados estatísticos relacionados à situação da mulher na sociedade brasileira supramencionados, a demonstrar que embora a Constituição Federal seja esse verdadeiro "repositório de dispositivos" endereçados à proteção da mulher, e que apesar de a Lei Maria da Penha ser considerada um marco nesse processo de igualação de gênero, ainda há, como já assinalado, um extenso afastamento entre o tratamento conferido pela norma e a realidade experimentada pela mulher no Brasil.

Essa situação de discriminação carregada pela mulher e sua comprovada exclusão nos mais diferentes espaços institucionais exige dos Poderes constituídos atitudes concretas, capazes de ordenar os passos a serem trilhados pelos mais diversos segmentos da sociedade, rumo à completa eliminação do preconceito e à real erradicação da violência contra a mulher. Afinal, "só teremos a supremacia da Carta, quando, à luz dessa mesma Carta, implementarmos a igualdade"[30].

Daí a importância de ações afirmativas no contexto da apropriação pela mulher da posição idealizada pelo legislador constituinte originário de 1988.

5. A MULHER E AS AÇÕES AFIRMATIVAS

Em obra doutrinária, o Ministro Joaquim Barbosa aponta a existência de dois tipos de políticas públicas destinadas a combater a discriminação e seus efeitos:

> Trata-se, primeiramente de políticas governamentais de feição clássica, usualmente traduzidas em normas constitucionais e infraconstitucionais de conteúdo proibitivo ou inibitório da discriminação. Em segundo lugar, de normas que ao invés de se limitarem a proibir o tratamento discriminatório, combatem-no através de medidas de promoção, de afirmação ou de restauração, cujos efeitos exemplar e pedagógico findam por institucionalizar e tornar trivial, na sociedade, o sentimento e a compreensão acerca da necessidade e da utilidade da implementação efetiva do princípio da igualdade entre os seres humanos.[31]

A necessidade de expandir a ação do Poder Público para além da mera proibição de tratamento discriminatório em matéria de preconceito de gênero pode se revelar, muitas vezes, único caminho para a reversão da realidade discriminatória.

As medidas de "promoção, afirmação ou restauração" são essenciais enquanto presente o quadro de desigualdade, em especial quando a discriminação sofrida pela mulher se arrasta ao longo da história.

A igualdade de gênero preconizada pela Constituição Federal de 1988 exige, para sua materialidade, o estabelecimento de igualdade de oportunidades entre homens e mulheres; a criação de condições favoráveis à disputa feminina pelos postos de relevância, sem ignorar os tra-

---

30. MELLO, Marco Aurélio. Óptica Constitucional: A igualdade e as ações afirmativas. Seminário "Discriminação e Sistema Legal Brasileiro", promovido pelo Tribunal Superior do Trabalho em 20/11/2001. Disponível em: http://www.stf.jus.br/portal/cms/verNoticiaDetalhe.asp?idConteudo=100069&sigServico=noticiaArtigoDiscurso. Acesso em: jun/2017.

31. BARBOSA GOMES, Joaquim B. Ação afirmativa e princípio constitucional da igualdade: O Direito como instrumento de transformação social. A experiência dos EUA. Rio de Janeiro: Renovar, 2001, p. 49.

ços, características e valores femininos, dos quais, aliás, a mulher não quer se apartar.

No estado de coisas atual, a inserção da mulher no mercado está associada a uma operação de troca: troca-se a dedicação e o convívio com os filhos para que possa dedicar-se à atividade laboral remunerada. Não há ações afirmativas aptas a promover o equilíbrio nessa relação, afastando o dilema a ser superado por inúmeras mulheres. Essa percepção de *troca* precisa ser elidida. Para tanto, ressalta-se, fundamental a formação de políticas que assegurem o desempenho de atividade laboral sem exigir a renúncia a valores considerados relevantes pela mulher.

Esse desafio é merecedor de um olhar atento por parte do Estado mediante a formulação de ações afirmativas, aptas a conciliar os direitos. A mulher tem o direito de dedicar-se à educação dos filhos, assim como de acesso ao trabalho remunerado, na mesma medida disposta para o homem.

O adágio popular "por trás de todo grande homem há uma grande mulher" carrega em si exatamente essa percepção discriminatória da situação feminina na sociedade: o homem ostenta condições mais favoráveis de projeção no mercado de trabalho, porquanto pode contar com o empenho silencioso e invisível da mulher que cuida do lar e dos valores familiares, como se estes também não fossem encargos da figura masculina.

E se o que sabem ou o que tiveram acesso em termos de formação foi apenas a atividades ligadas ao lar, o ingresso da mulher no mercado de trabalho terá relação direta mais intensa com o desenvolvimento de atividades dessa natureza. Daí o número de 5,9 milhões de brasileiras empregadas para o desempenho de trabalhos domésticos.

Como corrigir essas distorções que deturpam o princípio da igualdade de gênero e desfiguram a sociedade brasileira quando o assunto é o direito imanente à mulher de ser tratada em igualdade em relação ao homem? Eis o grande desafio que exige dos Poderes constituídos, da família, da sociedade civil, do setor empresarial, entre tantos outros atores, a construção de um novo modelo de inserção feminina, com políticas públicas planejadas e ações afirmativas efetivas, pautadas em projeções concretas ao longo do tempo. Políticas que valorizem o papel da mulher na sociedade sem reduzi-la à posição de retaguarda do homem; que conceda as mesmas oportunidades de acesso; que concilie valores e peculiaridades da mulher, sem excluí-la das posições de relevância; que ofereça oportunidades concretas de avanços no mercado de trabalho, mediante justa e igualitária contrapartida remuneratória.

Afinal,

> A ação afirmativa é um dos instrumentos possibilitadores da superação do problema do não cidadão, daquele que não participa política e democraticamente como lhe é na letra da lei fundamental assegurado, porque não se lhe reconhecem os meios efetivos para se igualar com os demais. Cidadania não combina com desigualdade. República não combina com preconceito. Democracia não combina com discriminação. E, no entanto, no Brasil que se diz querer republicano e democrático, o cidadão ainda é uma elite, pela multiplicidade de preconceitos que subsistem, mesmo sob o manto fácil do silêncio branco com os negros, da palavra gentil com as mulheres, da esmola superior com os pobres, da frase lida para os analfabetos... Nesse cenário sócio-político e econômico, não seria verdadeiramente democrática a leitura superficial e preconceituosa da Constituição, nem seria verdadeiramente cidadão o leitor que não lhe rebuscasse a alma, apregoando o discurso fácil dos igualados superiormente em nossa história feita pelas mãos calejadas dos discriminados.[32]

Nessa perspectiva, as ações afirmativas têm a vocação de reparar a história de preconceito e de discriminação suportada por determinado grupo social, até que o equilíbrio e a igualdade sejam consolidados. São medidas de índole reparadora que, pela própria natureza, terão espaço enquanto persistir o quadro de desigualdade.

Embora temporárias, têm a força necessária para atingir sua finalidade primordial, isto é, a garantia da própria efetividade da Constituição Federal, mediante o respeito à pluralidade, na medida em que

> Constituem medidas concretas que viabilizam o direito à igualdade, com a crença de que a igualdade deve moldar-se no respeito à diferença e à diversidade. Por meio delas transita-se da igualdade formal para a igualdade material e substantiva.[33]

Eis o mecanismo apto a reparar a situação de exclusão da mulher. Ações afirmativas buscam, dessa forma, restituir uma igualdade que foi rompida ou que jamais existiu[34]. Medidas como a edição da Lei Maria da Penha (Lei nº 11.340, de 07 de agosto de 2006), bem como da Lei

---

32. ROCHA, Carmen Lúcia Antunes *apud* MELLO, Marco Aurélio. Óptica Constitucional: A igualdade e as ações afirmativas. Seminário "Discriminação e Sistema Legal Brasileiro", promovido pelo Tribunal Superior do Trabalho em 20/11/2001. Disponível em: http://www.stf.jus.br/portal/cms/verNoticiaDetalhe.asp?idConteudo=100069&sigServico=noticiaArtigoDiscurso. Acesso em: jun/2017.

33. PIOVESAN, Flavia. Ações afirmativas da perspectiva dos Direitos Humanos. Cadernos de Pesquisa, v. 35, n. 124, jan./abr. 2005, p. 49.

34. MOEHLECKE, Sabrina. Ação afirmativa: história e debates no Brasil. Cadernos de Pesquisa, n. 117, novembro/ 2002, p. 200.

federal que prevê o feminicídio como circunstância qualificadora do crime de homicídio (Lei nº 13.104, de 09 de março de 2015), alinham-se a esse propósito. Outras tantas precisam ser desenvolvidas nesse escopo. Não por outra razão, consta expressamente como 5º objetivo da Agenda 2030 da ONU o alcance da igualdade de gênero e o empoderamento de todas as mulheres e meninas. Desafio colossal, mas alcançável mediante o envolvimento de todos os setores da sociedade e do adequado manejo de ferramentas robustas de correção da situação de exclusão feminina, a exemplo das ações afirmativas.

6. CONCLUSÃO

Exclusão e subserviência são estigmas que têm acompanhado a mulher ao longo da história. Percepções distorcidas em torno do papel feminino foram tão profundamente entranhadas no seio da sociedade que, não obstante o valioso acervo de direitos conferidos à mulher pelo legislador constituinte originário, a realidade por ela enfrentada nos dias atuais ainda é árdua.

Dados estatísticos revelam que a desigualdade de gênero insiste em permanecer entre nós. São alarmantes os números da exclusão da mulher não somente no âmbito dos espaços de poder e de decisão próprios dos Poderes da República, como também do mercado de trabalho em geral. Igualmente preocupantes os dados da violência contra a mulher no Brasil.

O tratamento discriminatório é vislumbrado desde a estranheza e a desconfiança com que é vista a ocupação, pela mulher, de uma posição de destaque, até a contrapartida remuneratória inferior a ela atribuída pelo desempenho de idêntica atividade quando desenvolvida pelo homem.

O preconceito está presente não apenas nas ostensivas ações, como também nos sinais mais singelos, revelando que ainda há muito a ser empreendido no grande desafio que é estabelecer o estado de igualdade de gênero, pilar do Estado Democrático de Direito.

São fundamentais ações afirmativas capazes de reparar a história de preconceito e de discriminação suportada pela mulher. A edição da Lei Maria da Penha e da Lei federal que prevê o feminicídio como circunstância qualificadora do crime de homicídio caminha nesse sentido. A efetividade da própria Constituição Federal, em especial o respeito à pluralidade, merece uma política afirmativa séria.

Apesar de a mulher ser dotada de uma identidade constitucional precisa, a situação de descompasso entre a regra positivada e a realidade por ela combatida no cenário nacional opaca essa identidade. Diante dessa constatação, mostra-se imperiosa a adoção de mecanismos eficazes de nivelamento entre homem e mulher, sem os quais a inclusão não se concretiza e a igualdade de gênero, idealizada pelo legislador constituinte, não se materializa.

REFERÊNCIAS BIBLIOGRÁFICAS

BARBOSA GOMES, Joaquim B. *Ação afirmativa e princípio constitucional da igualdade: O Direito como instrumento de transformação social. A experiência dos EUA*. Rio de Janeiro: Renovar, 2001.

BRITTO, Carlos Ayres. *O Humanismo como categoria constitucional*. Belo Horizonte: Fórum, 2012.

BRITTO, Carlos Ayres. *Teoria da Constituição*. Rio de Janeiro: Forense, 2006.

CERQUEIRA, Daniel et al. *Atlas da Violência 2017*. Fórum Brasileiro de Segurança Pública. Instituto de Pesquisa Econômica Aplicada. Disponível em: http://www.forumseguranca.org.br/wp-content/uploads/2017/06/FBSP_atlas_da_violencia_2017_relatorio_de_pesquisa.pdf. Acesso em: jul/2017.

Gender in the Global Research Landscape: Analysis of research performance through a gender lens across 20 years, 12 geographies, and 27 subject areas. Disponível em: https://www.elsevier.com/__data/assets/pdf_file/0008/265661/ElsevierGenderReport_final_for-web.pdf. Acesso em: jul/2017.

MELLO, Marco Aurélio. *Óptica Constitucional: A igualdade e as ações afirmativas*. Seminário "Discriminação e Sistema Legal Brasileiro", promovido pelo Tribunal Superior do Trabalho em 20/11/2001. Disponível em: http://www.stf.jus.br/portal/cms/verNoticiaDetalhe.asp?idConteudo=100069&sigServico=noticiaArtigoDiscurso. Acesso em: jun/2017.

MENDES, Gilmar Ferreira. *Direitos Fundamentais e Controle de Constitucionalidade. Estudos de Direito Constitucional*. 3ª ed. São Paulo: Saraiva, 2010.

MOEHLECKE, Sabrina. *Ação afirmativa: história e debates no Brasil*. Cadernos de Pesquisa, n. 117, novembro/ 2002.

PESQUISA NACIONAL POR AMOSTRA DE DOMICÍLIOS: síntese dos indicadores, 2014. Disponível em: http://biblioteca.ibge.gov.br/visualizacao/livros/liv94935.pdf. Acesso em: jul/2017.

PIOVESAN, Flavia. *Ações afirmativas da perspectiva dos Direitos Humanos*. Cadernos de Pesquisa, v. 35, n. 124, jan./abr. 2005.

ROSENFELD, Michel. *A identidade do sujeito constitucional*. Tradução Menelick de Carvalho Netto. Belo Horizonte: Mandamentos, 2003.

Visível e Invisível: a vitimização de mulheres no Brasil. Fórum Brasileiro de Segurança Pública, 2017. Disponível em: http://www.forumseguranca.org.br/wp-content/uploads/2017/03/relatorio-pesquisa-vs4.pdf. Acesso em: jul/2017.

UNITED STATES V. SCHOONER AMISTAD – THE AMISTAD CASE (1841)

João Carlos Souto[1]

SUMÁRIO: Introdução 1. Exemplo robusto de Separação dos Poderes no século XIX 1.1 A Saga dos *Mende* 1.1.1 A jornada Serra Leoa, Cuba, Estados Unidos 1.1.2 Costa da África, janeiro de 1839 2. A complexidade do caso *Amistad* 2.1 Os diversos interessados 2.1.1 Os abolicionistas e os defensores dos direitos humanos 2.1.2 As razões de Ruiz e Montez 2.1.3 A alegação dos oficiais do *Washington* 3. A defesa dos africanos perante a Suprema Corte 3.1 Os argumentos de Roger Baldwin 3.1.1 A independência da Suprema Corte e a pressão do governo dos Estados Unidos e da Espanha 3.1.2 Os valores da Liberdade e a sociedade norte-americana 4. O ex-Presidente John Quincy Adams como advogado dos Mende 4.1 A argumentação de John Quincy Adams 4.1.1 Breve reparo à observação de Quincy Adams 5. A decisão da Suprema Corte 5.1 A posição contraditória dos Estados Unidos no processo 5.2 O tratado Espanha-Estados Unidos e os fatos da causa 5.3 A evidência do sequestro dos *Mende* 5.4 O caso *Amistad* e a independência dos Poderes. Bibliografia.

INTRODUÇÃO

A República Popular da China celebra o "Dias das Mães" no segundo domingo de maio, a exemplo de dezenas de outras nações. É um costume recente em uma sociedade milenar. Muito provavelmente mães, filhos e filhas chinesas não sabem que a celebração tem origem nos Estados Unidos e internacionalizou-se com um decreto do vigésimo-oitavo Presidente norte-americano, Thomas Woodrow Wilson, ou simplesmente Woodrow Wilson, que ocupou a Casa Branca de 1913 a 1921 e transfor-

---

1. Professor de Direito Constitucional, Mestre em Direito Público, Procurador da Fazenda Nacional, ex-Secretário de Estado de Justiça e Cidadania do Distrito Federal (2015/2016), entre outras obras é autor do livro "Suprema Corte dos Estados Unidos – Principais Decisões (Atlas, 2ª ed., 2015), realizou estudos de Pós-Graduação sobre o *American Legal System* na *University of Delaware* (95), *Harvard Law School* (98) e *Thomas Jefferson School of Law* (San Diego, CA, 2012).

mou a data, já celebrada nos círculos familiares de alguns Estados, em feriado nacional.

O presente artigo não trata, por óbvio, do "Dia das Mães", trata de Separação de Poderes, de freios e contrapesos, de independência do Judiciário, institutos caros ao Direito norte-americano, que os acolheu de forma pioneira na sua Constituição de 1787. Esses, o grande país asiático não conhece. Sobre eles a Suprema Corte estadunidense tem lidado desde sempre, mais especificamente desde 1803 quando fincou as balizas do controle difuso de constitucionalidade das leis, instrumento fundamental para permanência entre nós do *checks and balances*.

1. EXEMPLO ROBUSTO DE SEPARAÇÃO DOS PODERES NO SÉCULO XIX

O caso *United States v. Schooner Amistad - The Amistad Case* (1841) [2] não figura entre os mais conhecidos julgados pela Suprema Corte dos Estados Unidos na sua longa trajetória de dois séculos de ininterrupto funcionamento. Nem de longe tem a fama de *Roe v. Wade* (1973) em que a Corte declarou constitucional o aborto, fundado na Liberdade de Expressão da mulher; de um *Brown v. Board of Education of Topeka* (1954) que, do ponto de vista legal[3], varreu a discriminação racial acima do Rio Grande, ou, ainda, de *New York Times Company v. United States* (1971), decidido no auge da Guerra do Vietnã, tendo a Corte estabelecido constitucional - com fundamento na Liberdade de Expressão agasalhada na Primeira Emenda, que integra o *Bill of Rights* - a publicação, pelo jornal que figura como autor, de documentos sensíveis, vazados do Pentágono, com detalhes sobre o envolvimento norte-americano na guerra no país

---

2. 40 U.S. 518 (1841). Designação oficial: *United States v. The Libellants and Claimants of the Schooner Amistad*. Outras designações são igualmente utilizadas, a exemplo: U.S. v *Amistad; United States v. The Amistad*. No presente texto a citação a este caso será feita mediante a utilização do padrão (*United States Report*) nos Estados Unidos para identificar as decisões da Suprema Corte: 40 U.S. 518 (1841), 40 o número do volume; U.S. a abreviatura para *United States Report*, que é o repositório de publicação oficial; 518 a primeira página da publicação do julgado, da decisão, no volume 40; 1841 o ano de julgamento. Outros veículos igualmente publicam decisões da Suprema Corte, entretanto, sem o selo oficial, entre eles destacam-se: *Supreme Court Reporter* (S. Ct.) and *United States Supreme Court Reports, Lawyers' Edition* (Relatório da Suprema Corte dos Estados Unidos, Edição dos Advogados, também conhecida como *Lawyers' Edition* e abreviada L. Ed.).

3. "Legal" porque os germes da discriminação persistiram nos Estados Unidos mesmo depois dessa histórica decisão. Essa constatação não diminui sua inegável relevância para as relações sociais naquele país. A propósito é possível dizer que com "Brown" a Suprema Corte tornou possível, anos mais tarde, a ascensão de Barack Obama à Presidência da República.

asiático, daí advém a expressão *The Pentagon Papers,* pelo qual tem sido largamente referido.[4]

Esse relativo esquecimento jurídico não lhe suprime - nem poderia - o brilho e muito menos o interesse de todos os que se dedicam ao estudo acerca da influência[5] da Suprema Corte na história e política norte-americanas, à Teoria da Constituição, às relações inter-raciais, e da efetivação da Teoria da Separação dos Poderes, que encontrou na Lei Fundamental dos Estados Unidos o primeiro documento constitucional a lhe dar guarida e emprestar efetividade, que já no século XIX se espalhou por países[6], continentes, e ainda hoje recolhe na *praxis* constitucional norte-americana sua principal e imorredoura fonte.

The Amistad Case tem peculiaridades raras de serem encontradas em outras decisões da Casa de Marshall, Story, Frankfurter e Earl Warren, a exemplo da atuação, como advogado, de um ex-Presidente dos Estados Unidos, John Quincy Adams, da enorme pressão exercida por um Estado estrangeiro interessado no resultado do julgamento e da decisão em si mesma.[7]

---

4. A literatura sobre a Suprema Corte dos Estados Unidos é bastante ampla, especialmente naquele país. Entre tantas obras sugere-se LOCKHART, William B.; KAMISAR, Yale; CHOPER, Jesse H.; SHIFFRIN, Steven H.; FALLON JR., Richard H. *Constitutional Law.* Cases-Comments-Questions. 8. ed. St. Paul: West Publishing Co., 1996. Em Português, consultar: SOUTO, João Carlos. Suprema Corte dos Estados Unidos - Principais Decisões. São Paulo: Atlas 2015, 2ªa ed.

5. Sobre a influência da Suprema Corte oportuna as considerações de um seu antigo membro, Justice Robert Jackson, citado por Laurence Tribe: "*We are not final because we are infallible, but we are infallible only because we are finals*". Apud, TRIBE, Laurence H. *American Constitutional Law.* 3. ed. New York: Foundation, 2000. v. 1, p. XV.

6. Tome-se como exemplo a Constituição da Argentina, de 1853, e a do Brasil, de 1891, ambas fortemente influenciadas pela Constituição dos Estados Unidos de 1787; influência que se verifica, entre outras, na Forma Federativa de Estado, na República, no Presidencialismo e no controle de constitucionalidade, embora a Constituição norte-americana não tenha acolhido expressamente qualquer modalidade de controle.

7. Merece relevo constatar que depois de mais de duzentos anos de ampla e efetiva presença, no dia-a-dia da sociedade norte-americana, o *checks and balances*, exercido de forma altiva no caso *Amistad,* tenha encontrado no Presidente Donald Trump, - logo no início do seu mandato - bem como no seu *Attorney-General* (Procurador-Geral) Jeff Sessions, críticos contundentes contra juízes e Judiciário, em razão das decisões que consideraram inconstitucionais duas Ordens Executivas (uma de 27 de janeiro e a outra de 06 de março de 2017) editadas pelo Presidente e que pretenderam impedir a entrada, nos Estados Unidos, de nacionais de sete países de maioria muçulmana. O Presidente, absolutamente neófito em política, se manifestou por diversas vezes contra o juiz e o Tribunal de Apelação do 9º Circuito. O Procurador-Geral, por seu turno, afirmou em entrevista a uma emissora de radio, que era surpreendente que um juiz de "uma ilha do Pacífico" (ele se referia ao Havaí) pudesse impedir o presidente dos Estados Unidos de cumprir com suas atribuições constitucionais. Cf. *Jeff Sessions's dismissal of Hawaii as an 'island in the Pacific' is peak colonialism. The Washington Post,* Gene Park, 20 abril 2017.

1.1. A Saga dos *Mende*

A saga dos negros da tribo dos *Mende*, localizada em Serra Leoa[8], capturados em janeiro de 1839, nas Vilas onde residiam, ou mesmo em suas próprias casas, colocados em um navio de bandeira portuguesa e encaminhados para Cuba, é parecida com tantas outras que resultaram na gigantesca abdução de negros e negras da costa da África para as Américas, do Sul, Central e do Norte. Parecida na origem, na forma, no *modus operandi* dos mercadores de escravos e no sofrimento a eles impingido. Diferente, muito diferente, no resultado, no desfecho final, digno de premiado roteiro cinematográfico.

O processo *United States v. Schooner Amistad* foi julgado pela Suprema Corte em fevereiro de 1841, pouco depois que a jornada dos *Mende* tivesse completado dois anos, desde a captura nos arredores de sua Aldeia, na costa da África.

The Amistad, como é conhecido, ganhou relevo na história judiciária norte-americana por várias razões: Pela presença do ex-Presidente da República John Quincy Adams como advogado de uma das partes, os *Mende*. Pelo rol de interessados: o governo dos Estados Unidos, a Monarquia espanhola e obviamente os *Mende*; os mercadores de escravos, tanto os que se diziam "proprietários" dos Mende, os espanhóis, quanto a todos os outros que temiam que a decisão judicial pudesse prejudicar seus negócios futuros; os Estados do Sul dos Estados Unidos, que viam o processo como um *step*, uma etapa à abolição da escravatura e, ainda, pelo próprio pedido dos escravos, a Liberdade, porquanto fundada num direito inalienável do ser humano.

1.1.1. A jornada Serra Leoa, Cuba, Estados Unidos

A jornada dos *Mende* de Serra Leoa à Suprema Corte dos Estados Unidos - já assinalei nas linhas pretéritas - é rica, épica, digna de um filme de Spielberg. Como tal não escapou à sua lente de cineasta multifacetado.

Antes de mergulharmos na jornada propriamente dita convém um breve registro sobre a terra dos Mende. Serra Leoa é um dos países mais pobres e problemáticos da África Ocidental. Palco de sangrenta Guerra Civil de 1991 a 2002, que custou a vida de milhares de pessoas e a migração de quase um terço da população, refugiada em países limítrofes. Faz

---

8.   Serra Leoa situa-se na África Ocidental.

UNITED STATES V. SCHOONER AMISTAD – THE AMISTAD CASE (1841)

fronteira com o Atlântico Norte, a Guiné e a Libéria. A tribo *Mende* ainda existe e corresponde a aproximadamente 30% da população.

O principal responsável pela Guerra Civil de Serra Leoa foi o então Presidente da Libéria, Charles G. Taylor. A propósito, o jornal *The New York Times*, edição de 21 de junho de 2006, estampou uma matéria, escrita por Marlise Simons, intitulada "ex-Presidente liberiano em Haia para julgamento", em que o classifica Taylor como o homem mais temido da África e que havia chegado algemado a Holanda e fora imediatamente levado à prisão, a mesma onde Slobodan Milosevic permanecera nos últimos cinco anos de sua vida.[9]

Como se vê o martírio dos negros de Serra Leoa vem atravessando séculos e continua a ocupar espaço nos tribunais de outros países.

1.1.2. Costa da África, janeiro de 1839

Conforme observado acima a jornada dos *serra leoneses* têm início em janeiro de 1839, data da captura, na África, de um grupo de mais de 50 pessoas, entre homens, mulheres e crianças. Após dois meses aprisionados num porto africano foram embarcados no navio *Tecora*, de bandeira portuguesa, em março de 1839, com destino a Havana, Cuba, aonde chegaram em junho.

Em Havana os africanos foram leiloados e arrematados por dois plantadores de cana da Ilha de Cuba, Jose Ruiz e Pedro Montez. O primeiro arrematou quarenta e oito negros, a maioria do sexo masculino, entre eles Sengbe Pieh, que se tornaria líder da revolta e peça importante na condução do processo judicial. O segundo arrematara quatro crianças. Todos eles, no total de cinquenta e três, foram embarcados no navio espanhol *La Amistad*, para uma breve viagem até Porto Príncipe, um lugarejo distante trezentas milhas de Havana, onde ficavam localizadas as fazendas de Ruiz e Montez.[10]

A viagem de Havana a Porto Príncipe levava em média três dias, contudo, em razão dos ventos fracos ela se estendeu por período ligeiramente superior. Sengbe consegue abrir o cadeado que lhe mantinha

---

9. *Africa's most feared men arrived in handcuffs in the Netherlands on Tuesday, and was immediately taken to the jail near The Hague where the former Serbian president, Slobodan Milosevic spent the last five years of his life. The New York Times.* SIMONS, Marlise. *Former Liberian President in The Hague for Trial.* 21 junho 2006, p. A-6.

10. 40 U.S. 518, 521.

preso e em seguida desacorrentar os demais escravos, dando início à revolta que lhe asseguraria o comando do *Amistad*. No motim são mortos o capitão do navio, um dos seus ajudantes e dois negros do grupo de Sengbe. Dois marinheiros conseguem escapar. Montez é ferido, porém sobrevive. É salvo de ser executado graças a interferência de Sengbe, que identifica nele, em Ruiz e em outro espanhol as condições objetivas para guiar o navio até a África.

Montez consegue ludibriar os *Mende* e ao invés de seguir para a África ele continua nos arredores de Cuba, durante quase dois meses, navegando em ziguezague.[11] Nesse período oito africanos morrem de sede e da exposição ao Sol. O *Amistad* se aproxima da costa dos Estados Unidos. Em agosto de 1839 Sengbe e alguns companheiros desembarcam em *Long Island*, no Estado de Nova Iorque, na tentativa de obter provimentos para a viagem de volta à África. Notícias desencontradas começam a circular em alguns jornais, inclusive que se tratam de bucaneiros.

Dias depois o navio *Washington*,[12] da Marinha dos Estados Unidos, sob o comando do Tenente Thomas R. Gedney, aborda e conduz o *Amistad* até o porto de *New London*, no Estado de *Connecticut*. Gedney notifica o juiz federal (*United States District Judge*) Andrew Judson que realiza, em 29 de agosto de 1839, inspeção judicial no *Amistad*, examina os documentos do navio, ouve os espanhóis Ruiz e Montez, determina a detenção dos africanos, acusados de assassinato e pirataria (*murder and piracy*), e, por fim, designa a primeira audiência para 17 de setembro.

Nesse ínterim, Jose Ruiz providenciou nova identidade para os africanos, com novos nomes, a fim de caracterizá-los como escravos introduzidos em Cuba antes do tratado de 1820 que baniu o comércio de escravo. Sengbe Pieh passou a chamar-se Jose Cinque, e assim figurou no processo.

Esse tratado, de 1820, era pouco ou quase nada respeitado pelas autoridades cubanas, conforme depoimento de testemunha prestado à Justiça de primeiro grau. Embora o tratado de 1820 não fosse respeitado em Cuba, Ruiz e Montez não quiseram arriscar, admitindo que os negros foram introduzidos na Ilha em data posterior a 1820, e, como se encon-

---

11. 40 U.S. 518, 523.

12. *U.S. brig Washington*. Um "brig" tecnicamente não é um navio, mas sim um barco a vela, grande, de dois mastros. Preferi a expressão navio, por ser mais ampla e de fácil compreensão.

travam em solo norte-americano, optaram por prover nova identidade aos *Mende*.

2. A COMPLEXIDADE DO CASO *AMISTAD*

O processo judicial envolvendo os *Mende* era de uma singularidade raramente vista. Conforme já noticiado, o *Amistad* foi capturado por um navio da Marinha dos Estados Unidos, na costa leste do país. Ele, o navio, era de bandeira espanhola, de propriedade de espanhóis e carregava mais de quatro dezenas de negros, capturados na África e conduzidos num navio de nacionalidade portuguesa até Cuba, de onde partiram para Porto Príncipe e, antes que lá chegassem, lideraram um motim em busca de Liberdade.

A controvérsia era plural. Numa rápida análise constata-se que a causa envolvia questões de direito penal (motim com a morte do capitão do navio), de direito internacional (captura de negros com a finalidade de reduzi-los à condição de escravos, abordagem de navio de bandeira estrangeira pela Marinha dos Estados Unidos) e de direito civil e comercial (titularidade de propriedade da carga constante no navio e direito à recompensa).

Essa controvérsia plural conduziu, por óbvio, a um processo complexo, com litigantes em ambos os lados, um litisconsórcio misto, envolvendo os *Mende*, os espanhóis Ruiz e Montez, o governo dos Estados Unidos, a Monarquia espanhola[13], os proprietários de escravos do sul do país (que não queriam ver os africanos livres, temendo o precedente), os oficiais do *U.S. Washington* e alguns cidadãos que disseram ter avistado e ajudado a salvar o navio antes que os oficiais da Marinha tivessem abordado o *Amistad*.

2.1. Os diversos interessados

2.1.1. Os abolicionistas e os defensores dos direitos humanos

Em meados do século XIX, época em que o caso *Amistad* foi julgado, o movimento abolicionista nos Estados Unidos encontrava-se em crise, em razão de enorme divergência que grassava entre os diversos grupos que lutavam pela Liberdade dos escravos. Divergiam basicamente nos

---

13. Em defesa de Ruiz e Montez, que se diziam proprietários dos escravos, e, ainda, em defesa dos donos do navio *Amistad*, que residiam em Havana e que não eram Ruiz e Montez.

procedimentos de como buscar a emancipação dos africanos e de seus descendentes.

Eis que o episódio dos africanos da Costa da África, rico em detalhes, alguns deles de puro heroísmo, conseguiu, ainda que por alguns meses, unir os grupos até então dispersos e principalmente divergentes, que se engajaram na defesa dos protagonistas do *Amistad*.

Os africanos conseguiram a simpatia de algumas dezenas de norte--americanos, a maioria deles abolicionista, outros se intitulavam defensores dos direitos humanos, contudo, não advogavam o fim da escravidão. Eles, os que eram simpáticos à causa dos africanos, organizaram um comitê informal que se encarregou de providenciar a defesa, contratar advogados e, especialmente, conseguir um intérprete versado no dialeto *Mende* e que, assim, pudesse traduzir para o Inglês o depoimento dos principais interessados.

2.1.2. As razões de Ruiz e Montez

Trataram os espanhóis Jose Ruiz e Pedro Montez de se habilitar, em agosto de 1839, no processo aberto perante a Corte Distrital Federal (*Federal District Court*), reclamando a propriedade de toda a carga nele encontrada, inclusive dos negros, que, segundo eles, eram seus escravos, adquiridos em Havana, onde a escravidão era tolerada e permitida por lei.[14]

Ao tempo em que exigiam a devolução da carga e dos negros, fundamentada, a devolução, em tratados celebrados entre Estados Unidos e Espanha, Ruiz e Montez repeliam qualquer possibilidade de pagamento de recompensa aos oficiais da Marinha norte-americana, exigindo fosse restaurado seus direitos sobre os bens sem qualquer tipo de diminuição.

Convém ressaltar - o que já restou assinalado acima - que Ruiz e Montez falsificaram a documentação relativa aos negros capturados em Serra Leoa com a finalidade de caracterizá-los como escravos nascidos em Cuba ou nas redondezas. A explicação é simples: embora a escravidão fosse permitida em Cuba no ano de 1839, o tráfico de escravos encontrava-se banido por diversos tratados, de modo que, àquela época, era possível ser proprietário de escravos, não sendo tolerada, entretan-

---

14.   40 U.S. 518, 524. *All these were stated to be slaves, and the property of the claimants, purchased by them at Havana, where slavery was tolerated and allowed by law.*

UNITED STATES V. SCHOONER AMISTAD – THE AMISTAD CASE (1841)

to, a captura deles na África. Essa medida, adotada por alguns países, embora não significasse o fim da escravidão, buscava atenuar a situação.

2.1.3. A alegação dos oficiais do Washington

Thomas R. Gedney e Richard W. Meade, oficiais do navio *Washington*, da Marinha dos Estados Unidos, responsáveis pela captura do *Amistad*, quando este se encontrava ancorado, em busca de provisões, nos arredores de *Long Island*, no Estado de Nova Iorque, protocolaram petição perante a Corte Distrital (Vara Federal) arguindo que tendo salvado o navio e sua respectiva carga, e os escravos, com considerável perigo[15] na abordagem, rogavam direito a indenização calculada sobre o valor da propriedade, que fora por eles recuperada. O pedido de indenização tinha como destinatários (beneficiários) todos os oficiais a bordo do navio *Washington*, quando do aprisionamento do *Amistad*.[16]

Para tornar o processo ainda mais complexo, alguns cidadãos norte--americanos, liderados por Henry Green e Pelatiah Fordham, ajuizaram pedido formal perante a Corte de primeiro grau, argumentando que o navio *Amistad* e sua respectiva carga foram, de fato, recuperados por eles, antes que os oficiais do *U.S. Washington* tivessem avistado o *Amistad*. Alegavam que haviam conseguido um local para os negros aportarem e os ajudado a conseguir provisões, de modo que eles se opunham à pretensão de Thomas R. Gedney e dos demais oficiais.

3. A DEFESA DOS AFRICANOS PERANTE A SUPREMA CORTE

A linha de defesa construída pelos advogados, desde a primeira instância até o julgamento do recurso final perante a Suprema Corte, fundamentava-se, em síntese, no fato de os africanos terem nascidos livres, terem sido capturados em sua própria terra e transportados para Cuba, em flagrante desrespeito aos direitos humanos. E por terem nascidos livres e viverem num Estado soberano (a Costa do Marfim) a redução deles à condição de escravos, além de violar os princípios mínimos do direito à Liberdade, não encontrava guarida no Direito Internacional,

---

15. Há registros que os africanos resistiram à abordagem dos oficiais da Marinha dos Estados Unidos, embora não tenha havido baixa em nenhum dos lados.

16. 40 U.S. 518, 523. *The libellants stated, that having saved the schooner Amistad and cargo, and the slaves, with considerable danger, they prayed that process should be issued against the same, and that the usual proceedings might be had by the court, by which a reasonable salvage should be decreed out of the property so saved.*

no Documento constitucional dos Estados Unidos e nos princípios nos quais a nação fora edificada.[17]

Sobre as concepções de fraternidade, citando Helena Torres, NUNES e Pilati:" *No entanto, Herrera Flores aponta cinco deveres básicos para que uma nova teoria dos direitos humanos; de caráter emancipatório e desenvolvia através de uma práxis coletiva e fraterna; seja possível:*

3.1. Os argumentos de Roger Baldwin

3.1.1. A independência da Suprema Corte e a pressão do governo dos Estados Unidos e da Espanha

Roger Baldwin[18], que funcionou como advogado dos *Mende* desde o início do processo até o seu termo final, ao iniciar sua sustentação oral perante a Suprema Corte registrou que o caso *United States v. Schooner Amistad* significava para ele fonte de elevada gratidão porquanto estava convicto que não obstante a pressão de dois governos poderosos (dos Estados Unidos e da Espanha) que litigavam contra os interesses dos que lutavam pela liberdade e pela vida (os africanos), ele, Baldwin, confiava plenamente que os argumentos a serem expendidos perante a Corte Suprema e a decisão por ela proferida estariam a salvo de qualquer influência do poder Executivo e de preconceito popular.[19]

---

17. O argumento não merece reparos, entretanto, convém lembrar que parte da sociedade norte-americana da época defendia a escravidão, não importando os valores nos quais o país se baseou para declarar a independência e, posteriormente, elaborar o texto constitucional. Digno de registro que mesmo depois da abolição da escravatura - que se deu antes nos Estados Unidos e duas décadas depois no Brasil - os negros não adquiriram imediatamente a cidadania plena, o que somente ocorreu, em termos, após o julgamento do caso *Brown v. Board of Education of Topeka* (1954) e do Movimento em defesa dos Direitos Civis, liderado por Martin Luther King, na década de 60, do século XX.

18. Roger Baldwin tinha 64 anos de idade quando assumiu a defesa dos africanos na *District Court de Conectticut*. Educado em Yale, era neto de Roger Sherman, um dos que assinaram a Declaração de Independência, em 1776. Seu avô também desempenhou importante papel na Convenção Constitucional que elaborou a Constituição de 1787. É curioso que no filme *Amistad*, dirigido por Steven Spielberg, Baldwin tenha sido caracterizado como um jovem de aproximadamente trinta anos de idade.

19. 40 U.S. 518, 549. *In preparing to address this honorable Court on the questions arising upon this record, in behalf of the humble Africans whom I represent, - contending, as they are, for freedom and for life, with two powerful governments arrayed against them, - it has been to me a source of high gratification, in this unequal contest, that those questions will be heard and decided by a tribunal, not only elevated far above the influence of Executive power and popular prejudice.*

UNITED STATES V. SCHOONER AMISTAD – THE AMISTAD CASE (1841)

O introito buscou sensibilizar os nove integrantes da Suprema Corte ante a pressão do governo dos Estados Unidos (Poder Executivo), da Monarquia espanhola e de parte da sociedade norte-americana, notadamente a escravocrata do sul do país, em prol de uma decisão contrária aos interesses dos africanos. Esse cuidado se justificava não só pelas razões já apontadas como também pelo fato de alguns dos integrantes da Suprema Corte possuírem - ou terem possuído no passado recente - escravos, o que poderia tender para uma decisão contrária aos interesses dos *Mende*. A alusão a um Tribunal independente servia também para alfinetar a Monarquia, que, à época, não contava com uma divisão de poderes, pelo menos uma divisão de poderes plena, como teorizara Montesquieu.

Em seguida denunciou a tentativa de interferência do Poder Executivo aduzindo que num caso como aquele, envolvendo o destino de trinta e seis[20] seres humanos, arremessados pela Providência em nosso litoral, sob circunstâncias capazes de despertar a simpatia de todos os que tiveram a oportunidade de conhecer suas histórias, é profundamente lamentável que tentativas tenham sido feitas, através de documentos oficiais, na véspera do julgamento perante esta Corte de última instância, no sentido de perturbar o curso da justiça.

Além da pressão explícita do governo dos Estados Unidos, relatada no parágrafo anterior, dois artigos publicados na imprensa espanhola, dias antes do início do julgamento do recurso na Suprema Corte, causaram profunda irritação a Baldwin, ao ponto de mencioná-los nos primeiros momentos de sua sustentação oral, aduzindo que, como se não bastasse o uso da máquina estatal contra os africanos, dois artigos miseráveis, publicados em um jornal espanhol, denunciando as vítimas[21] como tendo praticado pirataria e fraude, bem como monstros em forma humana, acabaram sendo transmitidos por comunicação oficial do Executivo ao Senado, no mesmo dia em que tivera início a audiência na Suprema Corte.

Ressaltara que a sua alusão às impropriedades (publicação de artigos tendenciosos na imprensa, comunicação de governo ao Senado) não

---

20. O total de africanos embarcados no *Amistad* de Havana para Porto Príncipe, conforme observado acima, era de cinquenta e três. Alguns faleceram no motim e durante os dezoito meses em que permaneceram presos nos Estados Unidos. Quando do julgamento na Suprema Corte restavam somente trinta e seis.

21. Baldwin, nessa passagem, refere-se aos africanos como vítimas, o que, ressalte-se, eram de fato: vítimas da ganância, do sistema e da intolerância.

residia em apreensão a qualquer tipo de influência que eles pudessem exercer sobre a Suprema Corte, mas a encarava como um dever em publicizar e reprovar a conduta tendenciosa da parte contrária em excitar os ânimos e a desconfiança, e desse modo diminuir a confiança que todos sempre depositavam nos julgamentos da Corte Suprema.

De fato, as atitudes tanto do Poder Executivo norte-americano quanto da monarquia espanhola buscavam influenciar a opinião pública e por tabela a Suprema Corte dos Estados Unidos. Essas atitudes somente demonstraram o grau de independência do Judiciário que não se curvou ante o ambiente externo. E mais: se pressões públicas foram implementadas era porque sequer havia espaço, condições para o denominado trabalho de bastidor.

3.1.2. Os valores da Liberdade e a sociedade norte-americana

Para Baldwin o caso não era somente um dos mais interessantes pelas suas próprias características, por afetar o destino dos desafortunados africanos, mas, também, por envolver considerações profundamente ligadas ao caráter nacional do povo norte-americano aos olhos de todo o mundo civilizado.[22]

O processo apresentava, de forma concreta e pela primeira vez, a questão de se o governo, que fora estabelecido para promover a justiça, fora fundado sobre os grandes princípios da Revolução,[23] tal qual proclamados na Declaração de Independência, podia, em harmonia com os princípios das instituições norte-americanas, tornar-se parte em procedimentos que resultariam na escravização de seres humanos **cast** aprisionados no litoral americano e encontrados na condição de homens livres, dentro dos limites territoriais de um estado livre e soberano.[24]

---

22. 40 U.S. 518, 549. *This case is not only one of deep interest in itself, as affecting the destiny of the unfortunate Africans whom I represent, but it involves considerations deeply affecting our national character in the eyes of the whole civilized world.*

23. É extremamente comum, na América do Norte, referir-se à Guerra pela Independência, contra os Ingleses, como Revolução, o que se constitui, sem sombra de dúvidas, num equívoco terminológico.

24. 40 U.S. 518, 549. *It presents, for the first time, the question, whether that government, which was established for the promotion of justice, which was founded on the great principles of the revolution, as proclaimed in the Declaration of Independence, can, consistently with the genius of our institutions, become a party to proceedings for the enslavement of human beings cast upon our shores, and found, in the condition of freemen, within the territorial limits of a free and sovereign state?*

A tentativa de imprimir eficácia extraterritorial a uma lei escravo-crata estrangeira e, como consequência, reduzir à condição de escravo homens capturados em estado de liberdade não encontrava - segundo Baldwin - apoio no povo americano, que jamais impusera ao governo dos Estados Unidos a condição de se tornarem atores em empreitada dessa natureza. Ademais, continuava ele, tal imposição resultaria não só repugnante aos sentimentos de larga porção dos cidadãos dos Estados Unidos, mas seria também totalmente inconsistente com os princípios fundamentais de governo e à finalidade pela qual ele foi estabelecido, bem como sua política em proibir o comércio de escravos e propiciar liberdade às suas (dele, comércio) vítimas.[25]

4. O EX-PRESIDENTE JOHN QUINCY ADAMS COMO ADVOGADO DOS MENDE

O ex-Presidente John Quincy Adams atuou na defesa dos africanos somente no julgamento perante a Suprema Corte, o que equivale ao terceiro, considerando que os dois primeiros tiveram como palco, respectivamente, a *Federal District Court* e, em grau de recurso, a *Circuit Court of Connecticut*.

Antes desse julgado, sua aparição como advogado perante a Suprema Corte ocorrera trinta e dois anos antes, no caso *Hope Insurance Co v. Boardman*,[26] decidido em 1809. Por essa razão e principalmente por se tratar de alguém que havia ocupado o cargo político mais importante do país, o processo *United States v. Schooner Amistad* (que já era famoso) conquistou enorme atenção da imprensa estadunidense, superior ao que já havia sido dedicado desde o início do julgamento na *District Court* e posteriormente em grau de apelação.

Para o jornal *New York Express* o caso *Amistad* criaria grande repercussão por si próprio e pela razão do senhor Adams figurar como advogado dos prisioneiros.[27] O *National Intelligencer* relatou o enorme interesse

---

25. 40 U.S. 518, 551. *Such a duty would not only be repugnant to the feelings of a large portion of the citizens of the United States, but it would be wholly inconsistent with the fundamental principles of our government, and the purposes for which it was established, as well as with its policy in prohibiting the slave-trade and giving freedom to its victims.*

26. 5 Cranch, 56.

27. New York Express, February 25, 1841, apud WARREN, Charles. *The Supreme Court in United States History*. Boston: Little, Brown and Company, 3rd revised edition, 1947, volume two, p. 73. *Supreme Court was yesterday the theatre of great interest and attracted a crowed audience, the occasion being the argument of Ex-President Adams as an attorney at the Bar of that Court*

suscitado em torno do julgamento em razão da presença do ex-Presidente Adams, o que resultou numa audiência maciça na Suprema Corte.[28]

Ao defender os *Mende* perante a Suprema Corte John Quincy Adams era não só ex-Presidente da República, como integrava o Poder Legislativo da União, na condição de Deputado Federal pelo Estado de Massachusetts, e um dos mais vigorosos antiescravagistas do Congresso (e por isso mesmo o mais odiado pelos Estados do sul), de modo que sua argumentação perante a Corte Suprema era aguardada com grande interesse pelo público.[29]

4.1. A argumentação de John Quincy Adams

Adams atacou em diversas frentes. Isto é, a linha de argumentação do ex-Presidente foi ampla, com destaque para julgamentos similares proferidos pelo Judiciário; ilegitimidade do governo dos Estados Unidos para recorrer das decisões contra os *Mende*; pressão ilegítima da Monarquia espanhola e o direito inalienável dos africanos à Liberdade.

Roger Baldwin antecedeu John Quincy Adams na sustentação oral perante a Suprema Corte, nos dias 22 e 23 de fevereiro de 1841, logo em seguida às considerações do apelante, o governo dos Estados Unidos, levadas a cabo pelo Procurador-Geral (*Attorney General*) Henry D. Gilpin.

O ex-Presidente deu início às suas considerações no dia 24 de fevereiro, concluindo-as em 1º de março, porquanto a Corte Suprema suspendeu suas atividades a partir do dia 25, em razão do falecimento de um dos seus membros, o *Justice* Barbour.[30]

As duas intervenções totalizaram aproximadamente oito horas e meia, segundo relato do próprio John Adams, constante do seu diário, parcialmente reproduzido por Charles Warren. No dia 24 de fevereiro ele escreveu que havia falado por quatro horas e meia, com método e ordem suficientes, testemunhando uma breve distração dos membros da Corte e do auditório.[31]

---

28. *The Amistad Case will create much feeling for itself, and for the reason that Mr. Adams will take the prominent part as counsel for the prisoners.* Apud WARREN, Charles. *The Supreme Court in United States History*. Op. cit, p. 73.

29. *...Adams was then the most vigorous of all the anti-slavery advocates in Congress, and consequently, of all statesmen, the most obnoxious to the South, his argument was awaited with great interest by the public).* Warren, Charles, op. Cit, p. 74.

30. Philip P. Barbour (1835-1841), indicado pelo Presidente Jackson.

31. WARREN, Charles, *The Supreme Court*, op. Cit, p. 75. *Adams was then the most vigorous of all the anti-slavery advocates in Congress, and consequently, of all statesmen, the most obnoxious to the South, his argument was awaited with great interest by the public.*

No início o ex-Presidente apela para o senso de Justiça dos membros da Suprema Corte, sobre os quais repousavam a vida e a liberdade dos africanos para em seguida assinalar que a simpatia do Poder Executivo em favor dos mercadores de escravos e contra os pobres, desafortunados, desamparados e indefesos africanos, era a causa, a razão principal e o motivo de todos aquele procedimento, levado à consideração da Suprema Corte.[32]

4.1.1. Breve reparo à observação de Quincy Adams

O que Quincy Adams procurou demonstrar com as considerações parcialmente reproduzidas no parágrafo anterior é que não fosse a "simpatia" do Presidente Martin Van Buren[33] pelos argumentos dos mercadores de escravos o processo não teria seguido à Suprema Corte, em razão da dupla decisão favorável que os negros haviam obtido em primeiro e segundo graus de jurisdição.

A afirmação merece um reparo.[34] O recurso interposto pelo governo dos Estados Unidos e que conduziu o processo do *Amistad* à Suprema Corte não residia exclusivamente na suposta simpatia do Executivo Federal pelos mercadores de escravos. As circunstâncias eram mais complexas, conforme, aliás, relato do próprio Quincy Adams. Essa complexidade advinha dos Estados do Sul, mais precisamente dos proprietários de terra que dependiam da mão de obra escrava para manter a produção agrícola altamente lucrativa e não admitiam qualquer medida que pudesse conduzir a justa libertação dos escravos. Por outro lado, o Presidente Buren lutava para renovar seu mandato, de modo que não queria contrariar os proprietários de escravos. Por fim, a Monarquia espanhola, que pressionava pela repatriação dos escravos e a devolução do *Amistad*, de propriedade de dois dos seus súditos.

---

32. *Argument of John Quincy Adams before the Supreme Court of the United States in the case of United States, appellants, vs, Cinque, and others, Africans*. New York: S. W. Benedict, 128, Fulton Street, 1841, p. 04. *The sympathy of the Executive government... in favor of the slave-traders, and against these poor, unfortunate, helpless, tongueless, defenceless Africans, was the cause and foundation and motive of all these proceedings, and has brought this case up for trial before your honors.*

33. Van Buren foi vice-presidente em 1832 e se tornou o oitavo Presidente dos Estados Unidos da América em 1836. Foi o primeiro presidente nascido nos Estados Unidos. Seus antecessores haviam nascido ainda na época das 13 Colônias Inglesas.

34. Em verdade presente em diversas passagens do longo pronunciamento de John Quincy perante a Suprema Corte e publicado pela *S. W. Benedict*. Explicando melhor: No decorrer do seu pronunciamento John Quincy Adams não circunscreve o recurso dos Estados Unidos para a Suprema Corte unicamente à simpatia do Executivo pelos que advogavam a continuidade da escravidão.

E mais adiante ele continuava censurando a postura do governo dos Estados Unidos por praticar enorme injustiça contra os indivíduos por ele defendidos perante a Suprema Corte, responsável pela decisão que selaria seus destinos, sob a pressão de todo o Poder Executivo, em suporte à outra pressão de uma nação estrangeira.[35]   Em seguida Adams demonstrava que se sentia obrigado não só a investigar e submeter à censura da Corte Suprema a forma e a maneira dos procedimentos adotados pelo Executivo na condução do caso, mas a validade, os motivos e as razões para essa interferência executiva, não usual num processo em que se discute direitos individuais

Como se vê acima, da breve reprodução da longa consideração do ex-Presidente John Quincy Adams[36], a postura do governo norte-americano e, também, da monarquia espanhola mereceram dele um protesto enérgico e extenso. Essa postura do Executivo Federal (aparentemente ilegítima)[37] somente reforça a posição independente da Suprema Corte que mais uma vez não se deixou influenciar pelas pressões políticas (do Executivo), econômicas (dos proprietários de terras e de escravos do sul do país) e estrangeira (monarquia espanhola).

5. A DECISÃO DA SUPREMA CORTE

A Suprema Corte decidiu a favor dos *Mende* em março de 1841, em voto de autoria de Joseph Story, ao qual aderiu a maioria dos seus integrantes, à exceção do *Justice* Baldwin que esposou entendimento diverso.

---

35. *Argument of John Quincy Adams before the Supreme Court...*, *op. cit*, p. 06. (*... as I shall show, another Department of the Government of the United States has taken, with reference to this case, the ground of utter injustice, and these individuals for whom I appear, stand before this Court, awaiting their fate from its decision, under the array of the whole Executive power of this nation against them, in addition to that of a foreign nation*).

36. A performance do ex-Presidente John Quincy Adams na Suprema Corte dos Estados Unidos, em defesa dos rebelados do *Amistad*, mereceu comentário do seu Presidente, Joseph Story, em carta endereçada à sua esposa, datada de 28 de fevereiro de 1841, portanto, ainda no desenrolar do julgamento. Falando sobre o argumento utilizado pelo septuagenário político ele afirmou que era extraordinário, pela sua força, pelo sarcasmo e por enumerar questões não necessariamente ligadas ao processo ou aos pontos em discussão, *apud* Charles Warren, *op. cit*, vol. I, p. 76.

37. Os argumentos de Baldwin e de Adams, contra o governo foram argumentos de advogados, de parte, com toda a parcialidade que a caracteriza. Por outro lado, o Procurador-Geral dos Estados Unidos, Henry Gilpin, desempenhava (como ainda hoje desempenha o *Attorney General*) a posição de advogado de governo e titular da ação penal, de fiscal da lei, vale dizer, de Ministério Público. Portanto, é preciso analisar com cuidado a postura do governo dos Estados Unidos nesse processo, antes de adjetivá-la como parcial ou ilegítima. É preciso, enfim, uma reflexão cuidadosa acerca dos fatos e do momento histórico que permearam esse processo.

UNITED STATES V. SCHOONER AMISTAD – THE AMISTAD CASE (1841)

Logo no início do seu voto - e após observar tratar-se o caso *Amistad* de uma controvérsia importante e interessante (*interesting and important controversy*) - Story analisa a posição dos Estados Unidos na lide, procedendo um elenco de situações que conduzia para sufragar a tese dos advogados de defesa, vale dizer, a ilegitimidade da presença dos Estados Unidos na lide e, mais adiante, o direito dos africanos à liberdade.

5.1. A posição contraditória dos Estados Unidos no processo

Embora não o tenha dito de forma explícita, Story, ao tecer considerações acerca da situação processual dos Estados Unidos no recurso perante a Suprema Corte, registrou que eles figuravam com o único propósito de restituir a propriedade à Espanha, em respeito a um tratado internacional. Em continuidade a essa observação o Relator[38] elenca argumentos que demonstram o inusitado da posição processual que, apesar de figurar como recorrente , não reclamavam propriedade dos bens discutidos, violação dos seus próprios direitos, ou da soberania de suas leis. E mais, não insistiam que os negros haviam ingressado nos Estados Unidos em contravenção às suas próprias leis e também não buscavam a devolução dos *Mende* a Cuba como piratas ou ladrões, ou fugitivos encontrados em seu próprio território. Não se manifestaram sobre o pedido de indenização formulado por um integrante de sua Marinha de Guerra. Enfim, os Estados Unidos simplesmente se confinavam ao direito da Espanha à restituição da propriedade.

5.2. O tratado Espanha-Estados Unidos e os fatos da causa

O principal argumento dos Estados Unidos, e da Espanha também, para a restituição dos negros aos seus pretensos proprietários residia em um tratado celebrado pelos dois países, em 1795, complementado em 1819 e ratificado em 1821. O art. 9º desse tratado constituía-se - conforme assinalou, em termos, o *Justice* Story - no fundamento principal do pedido do recorrente e estabelecia que "todo navio ou mercadoria, de qualquer natureza, que tenha sido resgatado em mãos de ladrões ou piratas, em alto mar, deveria ser levado a um porto de qualquer dos Estados[39], e entregue à custódia dos oficiais desse porto, com a finalidade de

---

38. Convém lembrar que essa expressão não é de uso comum na Suprema Corte dos Estados Unidos. Geralmente se refere que determinado ministro foi escolhido para emitir a opinião da Corte.

39. Por óbvio se refere aos dois Estados nacionais, Espanha e Estados Unidos.

365

receber cuidados e ser devolvido, completo, ao verdadeiro proprietário, tão logo prova suficiente de propriedade fosse apresentada."[40]

Constituindo-se no núcleo da argumentação expendida pelo recorrente - governo dos Estados Unidos - impunha-se saber se os fatos da causa se conectavam com o citado artigo, isto é: Os negros, sob todas as circunstâncias, se encaixavam na descrição de mercadoria, no sentido que o tratado estabelecia. Teria havido um resgate em alto mar, em mãos de piratas e ladrões e finalmente, se Ruiz e Montez, ditos proprietários, seriam os verdadeiros donos e teriam demonstrado esse título através de prova competente.[41]

Se os *Mende* (a quem Story sempre se referia como *negroes*), sob as leis da Espanha, fossem efetivamente escravos, e reconhecidos como propriedade de acordo com as leis daquele país, capazes de serem comprados e vendidos, o Relator não via razão para não serem considerados como tal, nos termos do tratado que os incluíam sob a denominação de mercadoria e desse modo deveriam ser restituídos aos reclamantes.

Digno de registro que John Quincy Adams, em seu arrazoado perante a Suprema Corte (apresentado, obviamente, antes do voto do Relator), já havia repelido a adequação desse art. 9º ao caso *Amistad*. Segundo ele em hipótese alguma a expressão *merchandise* (mercadoria) poderia ser aplicada a seres humanos. E não se aplicava, concluía Quincy Adams, porquanto não se constituía num tratado entre nações canibais.[42]

5.3. A evidência do sequestro dos *Mende*

Na sequência da suposição estampada no parágrafo anterior, Story tece algumas considerações, calcadas nas evidências constantes nos autos, que, ao final, conduzem ao reconhecimento da improcedência do

---

40. Redação original do artigo 9: "The ninth article provides, 'that all ships and merchandize, of what nature so ever, which shall be rescued out of the hands of any pirates or robbers, on the high seas, shall be brought into some port of either state, and shall be delivered to the custody of the officers of that port, in order to be taken care of and restored, entire, to the true proprietor, as soon as due and sufficient proof shall be made concerning the property thereof.'"

41. 40 U.S. 518, 593. *That Ruiz and Montez, the asserted proprietors, are the true proprietors, and have established their title by competent proof.*

42. *"But, independently of this consideration, the article cannot apply to slaves. It says ships and merchandise. Is that language applicable to human beings?"* Argument of John Quincy Adams *before the Supreme Court of the United States in the case of United States, appellants, vs, Cinque, and others, Africans.* New York: S. W. Benedict, 128, Fulton Street, 1841, p. 10.

recurso e, consequentemente, na manutenção das decisões judiciais anteriores.

Segundo o relator nenhum dos fatos essenciais e requisitos havia sido provado e o ônus da prova era dos recorrentes. E mais: se examinadas as evidências, restava (*plain*) manifesto, óbvio, além de qualquer controvérsia, que os negros nunca foram legalmente escravos de Ruiz ou Montez, ou de qualquer outro espanhol[43]

Ainda segundo Story os recorridos eram nativos da África, de onde foram sequestrados e ilegalmente transportados para Cuba, em violação às leis e tratados da Espanha e aos mais solenes atos normativos e declarações daquele governo. Por essa legislação o comércio de escravos africanos encontrava-se totalmente abolido, consistindo, esse comércio, num crime hediondo; de modo que os negros ilegalmente introduzidos sob o domínio da Espanha eram declarados livres.[44]

A Suprema Corte ainda considerou razoável a pretensão dos oficiais da Marinha dos Estados Unidos no que concerne à indenização por ter recuperado o *Amistad*, de modo que os proprietários deveriam remunerá-los dentro do razoável.

Em conclusão, e considerando tudo o que foi exposto, o Relator opinou por reconhecer a condição dos *Mende* como homens livres, mantendo, desse modo, a decisão anterior, exceto no que dizia respeito a compelir o governo dos Estados Unidos a encaminha-los à África, o que deveria ser feito por eles próprios.

5.4. O caso *Amistad* e a Independência dos Poderes

Consoante restou registrado nos primeiros parágrafos, embora não costume figurar entre os grandes julgados da Suprema Corte, ou pelo menos não ser lembrado como tal, o caso *United States v. Schooner Amistad*, constitui-se em mais uma demonstração de maturidade, de independência do Judiciário, especialmente da Suprema Corte dos Estados Unidos.

---

43. *It is plain, beyond controversy, if we examine the evidence, that these negroes never were the lawful slaves of Ruiz or Montez, or of any other Spanish.* Argument of John Quincy Adams, *idem, ibidem.*

44. 40 U.S. 518, 594. *By those laws and treaties, and edicts, the African slave trade is utterly abolished; the dealing in that trade is deemed a heinous crime; and the negroes thereby introduced into the dominions of Spain, are declared to be free.*

Quase quatro décadas após o julgamento do caso *Marbury v. Madison* a Suprema Corte viu-se novamente (ainda que em intensidade menor) pressionada pelo governo dos Estados Unidos para que tomasse uma decisão diversa daquela que caminhava para adotar. Aliás, como visto, a pressão era não só do Executivo estadunidense como também da Monarquia espanhola e dos proprietários de escravos, indiretamente interessados na decisão. Não se curvou a nenhum deles. Sufragou a decisão das cortes inferiores e proclamou livres os *Mende*, capturados na África e transportados para Cuba como escravos.

Ressalte-se que o acórdão da Suprema Corte não só os considerou livres, como legitimou o motim, que resultou na morte de dois homens brancos, de nacionalidade espanhola, entre eles o capitão do navio. Esse detalhe adiciona ainda mais importância ao acórdão porque não se resumiu - o que já seria muito importante - em considerar ilegal a captura de homens livres para serem transformados em escravos, foi além, considerou legítimo o ato extremo em defesa da Liberdade.

A propósito, necessário reconhecer que o acórdão da Suprema Corte restou gestado desde a primeira e segunda instâncias (*District Court* e *Circuit Court*), porquanto ambas, não obstante terem sofrido idêntica pressão, repeliram o comércio escravo e proclamaram a Liberdade dos *Mende*.

A decisão, além de se constituir numa página extremamente relevante na construção da liberdade ampla, geral e irrestrita aos negros, demonstrou, na prática, o funcionamento efetivo do princípio da separação dos poderes: tão abstrato, tão incompreendido, tão necessário.

BIBLIOGRAFIA

Argument of John Quincy Adams before the Supreme Court of the United States in the case of United States, appellants, vs, Cinque, and others, Africans. New York: S. W. Benedict, 128, Fulton Street, 1841.

LOCKHART, William B.; KAMISAR, Yale; CHOPER, Jesse H.; SHIFFRIN, Steven H.; FALLON JR., Richard H. *Constitutional Law.* Cases-Comments-Questions. 8. ed. St. Paul: West Publishing Co., 1996.

PARK, Gene. *Jef Sessions's dismissal of Hawaii as an 'island in the Pacific' is peak colonialism. The Washington Post,*l 20abril 2017.

SIMONS, Marlise. *Former Liberian President in The Hague for Trial. The New York Times,* 21 junho2006, p. A-6.

SOUTO, João Carlos. Suprema Corte dos Estados Unidos - Principais Decisões, São Paulo: tlas, 2ªa edição, 2015.

TRIBE, Laurence H. *American Constitutional Law.* 3. ed. New York: Foundation, 2000. v. 1.

United States v. The Libellants and Claimants of the Schooner Amistad. 40 U.S. 518. (1841).

WARREN, Charles. *The Supreme Court in United States History.* Boston: Little, Brown and Company, 3rd revised edition, 1947, volum

O SUPREMO TRIBUNAL FEDERAL E AS AUDIÊNCIAS PÚBLICAS: O INÍCIO DE UM DIÁLOGO TÃO ESPERADO QUANTO NECESSÁRIO[1]

Miguel Gualano de Godoy[2]

SUMÁRIO: 1. Nota prévia. 2. Não há Constituição sem povo. 3. O Supremo Tribunal Federal e sua abertura por meio de audiências públicas e amici curiae. 4. A importância do instituto para uma jurisdição constitucional dialógica. 5. Conclusões: trilhamos e aprimoramos hoje os caminhos abertos ontem.

1. NOTA PRÉVIA

A trajetória do Professor e Ministro Carlos Ayres Britto é amplamente conhecida, tendo destaque a amabilidade que dispensa a cada pessoa que encontra e a profundidade com que trata todos e cada processo que esteja sob sua análise ou cuidado. Um professor que constrói; um juiz que, na atividade judicante, edificou e respondeu; um Advogado de teses e poemas. Não à toa, um dos capítulos do direito constitucional brasileiro certamente vem redigido e assinado sob a sua rubrica.

---

1. * As ideias trabalhadas no presente ensaio pelo autor reverberam reflexões apresentadas em sede doutrinária na obra *"Devolver a Constituição ao Povo*: crítica à supremacia judicial e diálogos institucionais" (Ed. Fórum, 2017).

2. 1 Doutor em Direito Constitucional pela Universidade Federal do Paraná (UFPR) com período como Pesquisador Visitante (*Visiting Researcher*) na Faculdade de Direito da Universidade de Harvard (Harvard Law School, Estados Unidos). Mestre em Direito Constitucional pela Universidade Federal do Paraná (UFPR) com período como Pesquisador Visitante (*Investigador Visitante*) na Faculdade de Direito da Universidade de Buenos Aires (UBA, Argentina). Membro do Centro Brasileiro de Estudos Constitucionais (CEBEC/UniCEUB); Pesquisador do Núcleo Constitucionalismo e Democracia do Programa de Pós-graduação em Direito (Mestrado/Doutorado) da UFPR. Ex-Assessor de Ministro do Supremo Tribunal Federal. Advogado em Brasília e Curitiba. E-mail: miguel.godoy@justen.com.br / miguelggodoy@hotmail.com

Tive a sorte de cruzar o caminho do Professor Carlos Ayres Britto pelas mãos do Professor e amigo Eduardo Mendonça, que, forjado na escola do Ministro Luís Roberto Barroso, segue com a mesma candura do Professor e Ministro Carlos Ayres na construção de pontes e redes. E até hoje disfruto dos saberes de um e de outro. Muito grato, portanto, ao Eduardo e ao Professor e Ministro Carlos Ayres Britto.

Todavia, voltei olhos e atenção ao Ministro Carlos Ayres Britto antes d conhecêe-lo pessoalmente, quando acompanhei e dediquei estudo e pesquisa sobre a Ação Direta de Inconstitucionalidade 3.510, de sua relatoria quando Ministro do Supremo Tribunal Federal. É, pois, notório o seu papel pioneiro na realização da primeira audiência pública pelo STF no âmbito da referida ADI.

Este breve escrito é, assim, sucinta análise de quem reconhece a importância da abertura do espaço de participação e diálogo que é a audiência pública. Se hoje podemos estudar o instituto da audiência pública, destrinça-lo, aprimora-lo, é porque há muitos anos contamos com a vanguarda, que permanece, do Professor e Ministro Carlos Ayres Britto. Eis, aí, uma dentre muitas razões pelas quais se presta justa homenagem ao nosso jurista-poeta.

2. NÃO HÁ CONSTITUIÇÃO SEM POVO

Se a Constituição, mais do que organizar o poder do Estado, constitui o compromisso fundamental de uma comunidade de pessoas que se reconhecem reciprocamente como livres e iguais[3], então o significado e conteúdo das normas constitucionais também só adquirem sentido quando o povo participa da tarefa de interpretação e concretização da Constituição. Vale dizer, o sentido da Constituição deve ser construído e definido coletivamente entre o povo e as instituições da sociedade. Nesse sentido, é de se destacar o papel fundamental de juízes e cortes na definição da interpretação constitucional e da aplicação da Constituição.

No entanto, a efetivação da Constituição não pode viver apenas da interpretação do Poder Judiciário em geral, e do Supremo Tribunal Federal em particular. Ao contrário, a Constituição só pode ser plenamente

---

3.   NETO, Menelick de Carvalho; SCOTTI, Guilherme. *Os Direitos Fundamentais e a (In)Certeza do Direito* – A produtividade das Tensões Principiológicas e a Superação do Sistema de Regras. Belo Horizonte: Fórum, 2011. p. 19-20. Vide também: GODOY, Miguel Gualano de. *Devolver a Constituição ao Povo*: crítica à supremacia judicial e diálogos institucionais. Belo Horizonte: Fórum, 2017. p. 46.

realizada pela política democrática. E em uma sociedade que se pretenda democrática e igualitária – e a Constituição de 1988 assim nos constitui – a tarefa de interpretar a Constituição, definir o conteúdo e o alcance de suas previsões, deve ser feita de forma conjunta e compartilhada pelos Poderes, instituições e povo.

Um olhar crítico sobre a forma como o Poder Judiciário vem exercendo a sua competência no controle judicial de constitucionalidade das leis, e também sobre a forma de representação e exercício do poder por parte dos representantes do povo, especialmente pelo Poder Legislativo, é fundamental para que se resgate o papel que o povo deve ter na interpretação da constituição. Um papel que nas experiências latino-americanas e, assim, também na brasileira, historicamente foi relegado e socavado[4].

O constitucionalismo latino-americano do século XIX foi influenciado pelo constitucionalismo liberal dos Estados Unidos e se caracterizou em geral por um sistema representativo extremamente desconfiado e arredio às maiorias e baseado na diferenciação entre representantes e representados; uma concepção de distinção e separação entre os Poderes que sempre privilegiou os mecanismos de controle endógenos (internos a cada Poder) e horizontais (no qual cada Poder exerce um certo controle sobre o outro) em detrimento de mecanismos de controle popular ou exógenos (feitos por outros órgãos ou instituições); um sistema de freios e contrapesos; um Poder Judiciário que paulatinamente foi estendendo seu poder e um acesso muito limitado e restrito aos tribunais[5]. Assim moldou-se o constitucionalismo latino-americano em geral do século XIX, baseado na perspectiva liberal de limitação do poder e repartição de competências, mas também sob um forte viés conservador que concentrou excessivos poderes nas mãos do chefe do Poder Executivo, manteve uma íntima vinculação com concepções religiosas e jamais levou em consideração o povo[6].

---

4. Para uma leitura profunda e crítica sobre a história constitucional na América Latina, bem como sobre o papel do povo nessa trajetória, vide: GARGARELLA, Roberto. *Los fundamentos legales de la desigualdad* – el constitucionalismo en América (1776-1860). Buenos Aires: Siglo XXI, 2008. Vide também: GARGARELLA, Roberto. *Latin American Constitutionalism 1810-2010*: The Engine Room of the Constitution Oxford: Oxford University Press, 2013. Vide ainda: GODOY, Miguel Gualano de. *Devolver a Constituição ao Povo*: crítica à supremacia judicial e diálogos institucionais. Belo Horizonte: Fórum, 2017. p. 107.

5. GARGARELLA, Roberto. *Latin American Constitutionalism 1810-2010*: The Engine Room of the Constitution Oxford: Oxford University Press, 2013. p. 44-46/54-61.

6. GODOY, Miguel Gualano de. *Devolver a Constituição ao Povo*: crítica à supremacia judicial e diálogos institucionais. Belo Horizonte: Fórum, 2017. p. 108.

O século XX inaugurou as constituições sociais, sendo a Constituição Mexicana de 1917 a primeira delas, e durante esse período diversos direitos foram estabelecidos e expandidos, incluindo-se direitos políticos, individuais e também os direitos sociais. O advento das ditaduras na América Latina e a sua posterior superação promoveram uma nova onda de demandas e expansão por direitos durante a redemocratização desses países. Foi nesse contexto que se editaram as mais recentes e ainda vigentes constituições na América Latina, as quais em sua grande maioria são bastante fortes e exigentes na proteção e garantia de direitos[7].

A Constituição brasileira de 1988 é um bom exemplo de uma constituição que estabeleceu um amplo rol de direitos fundamentais e um compromisso irrestrito com a democracia. Nesse sentido, ela quebrou, não sem lutas e conflitos, com o paradigma de exclusão do povo ao ter sido construída de forma ampla e plural. Também deixou claro logo em seu art. 1°, parágrafo único, que todo o poder emana do povo e que seu exercício se realiza diretamente ou por meio de seus representantes[8].

No entanto, em que pese a necessária e bem-vinda expansão de direitos e garantias pela Constituição de 1988, tanto ela quanto a maioria das novas constituições latino-americanas (como, por exemplo, a Constituição Argentina de 1994, a da Venezuela de 1999 ou a da Bolívia de 2009, entre outras), apostaram muito mais fortemente na transformação social por meio da previsão e garantia de direitos do que na reformulação da organização e no exercício do poder. Vale dizer, tivemos avanços amplos e profundos, que devem ser celebrados e defendidos à exaustão, mas deixou-se praticamente inalterada e não se mexeu naquilo que Roberto Gargarella chamou de "casa de máquinas da constituição", ou seja, a forma como se deve dar o processo democrático de tomada das decisões[9].

---

7. GARGARELLA, Roberto. *Latin American Constitutionalism 1810-2010*: The Engine Room of the Constitution Oxford: Oxford University Press, 2013. p. 132. Vide também: GODOY, Miguel Gualano de. *Devolver a Constituição ao Povo*: crítica à supremacia judicial e diálogos institucionais. Belo Horizonte: Fórum, 2017. p. 108.

8. PILATTI, Adriano. *A Constituinte de 1987-1988*: progressistas, conservadores, ordem econômica e regras do jogo. Rio de Janeiro: Lumen Juris, 2008. BARBOSA, Leonardo Augusto de Andrade. *História Constitucional Brasileira*: mudança constitucional, autoritarismo e democracia no Brasil pós-1964. Brasília: Câmara dos Deputados, 2012. BONAVIDES, Paulo; ANDRADE, Paes de. *História Constitucional do Brasil*. Brasília: OAB Editora, 2008. Vide também: GODOY, Miguel Gualano de. *Devolver a Constituição ao Povo*: crítica à supremacia judicial e diálogos institucionais. Belo Horizonte: Fórum, 2017. p. 108.

9. GARGARELLA, Roberto. *Latin American Constitutionalism 1810-2010*: The Engine Room of the Constitution Oxford: Oxford University Press, 2013. p. 172/179. Vide: GODOY, Miguel Gualano

O SUPREMO TRIBUNAL FEDERAL E AS AUDIÊNCIAS PÚBLICAS

A forma de exercício do poder, assim, permanece muito similar àquela que sempre foi exercida desde o século XIX, com uma concentração excessiva de poder nas mãos do Poder Executivo e com muito pouco acesso, participação e controle populares sobre os representantes do povo[10].

Diante disso, a crítica que se faz à supremacia judicial deve também levar em consideração essa crítica sobre a forma de organização e exercício do poder. Uma crítica que deve ser especialmente dirigida aos representantes do povo, os quais, independentemente de suas bandeiras e filiações partidárias, insistem em deixar de lado a fundamental discussão sobre a organização e o exercício do poder.

Essa omissão proposital representa o que Mark Tushnet chamou de "profundo e arraigado medo do voto", compreendido como o temor dos representantes sobre como votaria o povo ante a possibilidades de os cidadãos decidirem em uma reforma constitucional a modificação da estrutura e organização do poder pela qual são governados[11]. Por isso, frise-se novamente, criticar a supremacia judicial não significa ser automaticamente a favor do Legislativo ou tampouco encará-lo como a melhor expressão da vontade popular.

O que a crítica à supremacia judicial possibilita mostrar aos juristas é como se pode e deve conhecer os limites do Direito, da sua atuação jurisdicional, e, assim, melhorar justamente o desempenho do nosso papel no cumprimento das promessas constitucionais, bem como exigir o mesmo dos demais Poderes, órgãos e instituições[12].

Essa tarefa de realização das promessas constitucionais encontra dificuldades diante da também fechada casa de máquinas da Constituição de 1988, com poucos mecanismos de acesso, participação e controle por parte do povo. Os instrumentos de participação popular previstos pela Constituição são poucos e de difícil aplicação. As leis de iniciativa

---

de. *Devolver a Constituição ao Povo*: crítica à supremacia judicial e diálogos institucionais. Belo Horizonte: Fórum, 2017. p. 109.

10. GODOY, Miguel Gualano de. *Devolver a Constituição ao Povo*: crítica à supremacia judicial e diálogos institucionais. Belo Horizonte: Fórum, 2017. p. 109.

11. TUSHNET, Mark. *Taking the Constitution away from the Courts*. Princeton: Princeton University Press, 1999. p. 181. Vide também: GODOY, Miguel Gualano de. *Devolver a Constituição ao Povo*: crítica à supremacia judicial e diálogos institucionais. Belo Horizonte: Fórum, 2017. p. 109.

12. GODOY, Miguel Gualano de. *Devolver a Constituição ao Povo*: crítica à supremacia judicial e diálogos institucionais. Belo Horizonte: Fórum, 2017. p. 109.

popular (CRFB/88 art. 14, III) são quase impossíveis de serem propostas diante dos exigentes requisitos necessários. Os plebiscitos (CRFB/88 art. 14, I) e referendos (CRFB/88 art. 14, II) não estão nas mãos do povo, e dependem de autorização e convocação do Congresso (CRFB/88 art. 49, XV). Não há também qualquer controle direto e efetivo sobre o exercício dos mandatos dos representantes, o que acaba por tornar a eleição de nossos representantes o mesmo que assinar um cheque em branco em favor deles e em detrimento do povo.

Todas essas e tantas outras dificuldades de inserção efetiva do povo na vida pública e coletiva do Brasil mostram como o ingresso do povo na Constituição e a efetivação plena do art. 1º, parágrafo único da Constituição de 1988 têm sido postergados. Por essa razão, estabelecer um debate público robusto sobre possíveis reformas que aprimorem o exercício do poder e possibilitem ao povo um exercício mais ativo e direto de sua cidadania é tão importante quanto necessário[13].

A defesa de maior participação do povo deve possibilitar uma efetiva interpretação da Constituição que seja distribuída entre os Poderes, órgãos, instituições e entre todos eles e o povo. Dessa forma, tira-se a exclusividade das cortes e compartilha-se a tarefa de se interpretar a Constituição. A interpretação feita pelo Poder Judiciário é importante e tem peso sobretudo porque é feita por especialistas, mas deve ser encarada como mais uma e não como a única correta[14].

Nesse sentido, as teorias dos diálogos institucionais apresentam-se como alternativas às ideias de supremacia judicial e última palavra, possibilitando que a interpretação e aplicação da Constituição sejam uma tarefa compartilhada entre o povo, os Poderes e as instituições da sociedade.

---

13. UNGER, Roberto Mangabeira. *What Should Legal Analysis Become?* London: Verso Press, 1996. UNGER, Roberto Mangabeira. *O Direito e o futuro da Democracia*. São Paulo: Boitempo, 2004. UNGER, Roberto Mangabeira. *O que a esquerda deve propor*. Rio de Janeiro: civilização brasileira, 2008. BONAVIDES, Paulo. *Teoria constitucional da democracia participativa* – por um Direito Constitucional de luta e resistência; por uma nova hermenêutica; por uma repolitização da legitimidade. 3 ed. São Paulo: Malheiros, 2008. TUSHNET, Mark. *¿Por qué la Constitución importa?* Trad. Alberto Supelano. Bogotá: Universidad Externado de Colombia, 2012. p. 171-188. Vide também: GODOY, Miguel Gualano de. *Devolver a Constituição ao Povo*: crítica à supremacia judicial e diálogos institucionais. Belo Horizonte: Fórum, 2017. p. 110.

14. TUSHNET, Mark. *Taking the Constitution away from the Courts*. Princeton: Princeton University Press, 1999. p. X/181. Vide também: GODOY, Miguel Gualano de. *Devolver a Constituição ao Povo*: crítica à supremacia judicial e diálogos institucionais. Belo Horizonte: Fórum, 2017. p. 98.

3. O SUPREMO TRIBUNAL FEDERAL E SUA ABERTURA POR MEIO DE AUDIÊNCIAS PÚBLICAS E *AMICI CURIAE*

Uma perspectiva dialógica e deliberativa compreende o Supremo Tribunal Federal não como o guardião detentor da última palavra sobre a interpretação da Constituição, e sim como o guardião de mais uma importante e necessária voz na definição do significado da Constituição. Assim, a decisão do Supremo é, no máximo, uma última palavra provisória. Sua decisão não põe fim à política democrática, mas apenas a um estágio de um processo que pode se encerrar, ou continuar. Nesse sentido, é preferível uma corte mais comedida e humilde, que se enxerga como participante de um diálogo interinstitucional de construção do significado da Constituição e que não se intimida em ser maximalista quando detentor de um bom argumento, a uma corte retoricamente impositiva e pouco rigorosa no desafio ao legislador. Sua atuação ativa, assim, deve servir não para se impor, mas para provocar reações, fazer com que o Poder Legislativo melhore seu desempenho democrático, deliberativo, para que incremente seus argumentos e razões[15].

No âmbito do controle judicial de constitucionalidade concentrado, o procedimento decisório formal tem como provocadores diretos os legitimados pelo art. 103 da Constituição de 1988 para a propositura da ação direta de inconstitucionalidade e da ação declaratória de constitucionalidade[16]. No âmbito do controle judicial de constitucionalidade difuso e concreto, o procedimento decisório formal tem como provocadores os autores das mais diversas demandas que digam respeito ao exercício de um direito constitucional.

Nesse sentido, é possível dizer que há uma abertura do Poder Judiciário para as possíveis reclamações sobre violações de direitos, seja por meio do controle concentrado, que possui um amplo rol de legitimados, seja pelo meio difuso, disponível a qualquer cidadão. É de se destacar

---

15. MENDES, Conrado Hübner. *Direitos Fundamentais, Separação de Poderes e Deliberação*. São Paulo: Saraiva, 2011. p. 215. Vide também: GODOY, Miguel Gualano de. *Devolver a Constituição ao Povo*: crítica à supremacia judicial e diálogos institucionais. Belo Horizonte: Fórum, 2017. p. 167.

16. Art. 103. Podem propor a ação direta de inconstitucionalidade e a ação declaratória de constitucionalidade: I - o Presidente da República; II - a Mesa do Senado Federal; III - a Mesa da Câmara dos Deputados; IV a Mesa de Assembleia Legislativa ou da Câmara Legislativa do Distrito Federal; V o Governador de Estado ou do Distrito Federal; VI - o Procurador-Geral da República; VII - o Conselho Federal da Ordem dos Advogados do Brasil; VIII - partido político com representação no Congresso Nacional; IX - confederação sindical ou entidade de classe de âmbito nacional.

também que as Leis n.° 9.868/1999 e n.° 9.882/1999 trouxeram importante inovação ao estabelecer a atuação obrigatória de alguns atores, e também a atuação de terceiros requerentes e informantes convocados pela própria corte, abrindo possibilidades para um diálogo interinstitucional e também social.

Diante das previsões normativas das Leis n.° 9.868/1999 e n.° 9.882/1999, é possível estabelecer três espécies distintas de participantes no processo e julgamento das ações do controle judicial concentrado e abstrato de constitucionalidade das leis:

(1) *intervenientes obrigatórios*, estabelecidos em lei:

a) Órgão ou autoridade da qual emanou a lei ou ato normativo (art. 6° da Lei n.° 9.868/1999; art. 5°, §2° da Lei n.° 9.882/1999);

b) O Procurador Geral da República (art. 103, §1° e §3° da Constituição e art. 8° e 12 da Lei n.° 9.868/1999 e art. 5°, §2° da Lei n.° 9.882/1999);

c) Advogado Geral da União (art. 8° da Lei n.° 9.868/1999; art. 5°, §2° da Lei n.° 9.882/1999);

(2) *terceiros requerentes*, que não são os autores da ação, mas requerem formalmente o ingresso no feito, desde que sejam órgãos ou entidades que demonstrem representatividade (art. 7°, §2° e art. 18 da Lei n.° 9.868/1999);

(3) *Informantes convocados*, a critério do Relator, para prestar esclarecimentos sobre a matéria ou circunstâncias de fato (art. 9°, §1° e §2°, art. 12-E, §1°, art. 20, §1° e §2°, da Lei n.° 9.868/1999 e art. 6°, §1° da Lei n.° 9.882/1999).

Há, assim, um quadro normativo que, em princípio, favorece tanto um diálogo interinstitucional ao determinar a participação e oitiva dos responsáveis pela lei ou ato normativo, do Procurador Geral da República e do Advogado Geral da União, quanto um diálogo social, aberto ao povo, ao possibilitar a participação de órgãos ou entidades que demonstrem interesse no feito e de pessoas ou instituições que possam prestar importantes informações ao caso[17].

---

17. NAVES, Aline Lisbôa. *Participação social no controle de constitucionalidade*: a propositura de ações diretas, o *amicus curiae* e as audiências públicas. Belo Horizonte: Fórum, 2013. Vide também: SILVA, Cecília de Almeida; MOURA, Francisco; BERMAN, José Guilherme; VIEIRA,

Destaque-se que a participação do terceiro requerente tem sido identificada com o *amicus curiae*, ainda que não haja menção expressa a essa figura na lei ou no Regimento Interno do Supremo Tribunal Federal. A audiência pública, por sua vez, foi consolidada a partir da prática institucional do próprio Supremo Tribunal Federal. Isso porque a Lei n.° 9.868/1999 ao elencar as hipóteses de participação de terceiros em seu art. 7°, §2° alude apenas à possibilidade de manifestação de outros órgãos e entidades. Ou seja, a lei não especifica que essa manifestação se dará por meio de audiência pública. Apenas o art. 9°, §1° faz referência expressa à audiência pública ao estabelecer que poderá o Relator, se julgar necessário, "(...) fixar data para, em audiência pública, ouvir depoimentos de pessoas com experiência e autoridade na matéria".

A convocação de terceiro, por meio de audiência pública, ocorreu, pela primeira vez no Brasil em 2007, durante o julgamento da ADI 3.510, proposta pelo Procurador Geral da República, que tratava da constitucionalidade do art. 5° da Lei n.° 11.105/2005. No entanto, a regulamentação da realização de audiências públicas no âmbito do Supremo Tribunal Federal foi promovida apenas em 2009 com a edição da Emenda Regimental n.° 29/2009, a qual inseriu no Regimento Interno do Supremo Tribunal Federal a disciplina para a ocorrência das audiências públicas. A participação popular, porém, se dá de forma substancialmente diferente nos casos de audiência pública e *amicus curiae*.

Os *amici curiae* devem ser órgãos ou entidades de representação que exibam não apenas interesse, mas também conhecimento sobre a matéria objeto da ação. Eles atuam mediante requisição própria, a fim informar e oferecer mais subsídios à corte. É de se destacar a previsão trazida pelo novo Código de Processo Civil, que em seu art. 138 passou a admitir a participação de pessoas físicas na condição de *amicus curiae*[18].

José Ribas; TAVARES, Rodrigo de Souza; VALLE, Vanice Regina Lírio do. *Diálogos Institucionais e Ativismo*. Curitiba: Juruá, 2012. p. 137. VALLE, Vanice Regina Lírio do (Org.). *Audiências Públicas e Ativismo*: diálogo social no STF. Belo Horizonte: Fórum, 2012. p. 42-44. Vide também: GODOY, Miguel Gualano de. *Devolver a Constituição ao Povo*: crítica à supremacia judicial e diálogos institucionais. Belo Horizonte: Fórum, 2017. p. 169.

18. Art. 138. O juiz ou o relator, considerando a relevância da matéria, a especificidade do tema objeto da demanda ou a repercussão social da controvérsia, poderá, por decisão irrecorrível, de ofício ou a requerimento das partes ou de quem pretenda manifestar-se, solicitar ou admitir a participação de pessoa natural ou jurídica, órgão ou entidade especializada, com representatividade adequada, no prazo de 15 (quinze) dias de sua intimação.

Por sua vez, as pessoas ou entidades participantes de audiências públicas são, em geral, convocadas pelo Relator, mas podem também requerer, por inciativa própria, a sua oitiva devido à sua experiência e autoridade no assunto.

De qualquer maneira, tanto a participação dos *amici curiae* quanto a realização de audiências públicas dependem de ato discricionário do Relator. Da mesma forma, a aceitação de quais *amici curiae* poderão ou não integrar o feito, bem como quais pessoas ou entidades poderão participar da audiência pública, é de livre escolha e decisão do Relator. Há, portanto, uma grande margem de discricionariedade conferida ao Ministro Relator para que se utilize ou não desses instrumentos de participação popular em casos de grande importância e relevância constitucional[19].

A primeira vez em que o Supremo Tribunal Federal abriu-se à participação de terceiros não integrantes de uma Ação Direta de Inconstitucionalidade, por meio de audiência pública, ocorreu em 2007 durante o julgamento da Ação Direta de Inconstitucionalidade (ADI) 3.510[20], de Relatoria do então Ministro Carlos Ayres Britto, proposta pelo Procurador Geral da República, que tratava da constitucionalidade do art. 5° da Lei n.° 11.105/2005 – Lei de Biossegurança. O referido art. 5° previu a utilização, para fins de pesquisa e terapia, de células tronco obtidas de embriões humanos produzidos por fertilização *in vitro* e não utilizados no respectivo procedimento[21].

A controvérsia sobre a utilização decélulas- tronco de embriões residiu sobre quando se iniciaria a vida e, assim, a partir de qual momento deveria incidir a proteção jurídica sobre o nascituro.

---

19. GODOY, Miguel Gualano de. *Devolver a Constituição ao Povo*: crítica à supremacia judicial e diálogos institucionais. Belo Horizonte: Fórum, 2017. p. 170.

20. ADI 3.510/DF. Rel. Min. Carlos Ayres Brito. Julg. 29/05/2008.

21. Art. 5° É permitida, para fins de pesquisa e terapia, a utilização de células-tronco embrionárias obtidas de embriões humanos produzidos por fertilização *in vitro* e não utilizados no respectivo procedimento, atendidas as seguintes condições:

    I – sejam embriões inviáveis; ou

    II – sejam embriões congelados há 3 (três) anos ou mais, na data da publicação desta Lei, ou que, já congelados na data da publicação desta Lei, depois de completarem 3 (três) anos, contados a partir da data de congelamento.

    § 1° Em qualquer caso, é necessário o consentimento dos genitores.

    § 2° Instituições de pesquisa e serviços de saúde que realizem pesquisa ou terapia com células-tronco embrionárias humanas deverão submeter seus projetos à apreciação e aprovação dos respectivos comitês de ética em pesquisa.

    § 3° É vedada a comercialização do material biológico a que se refere este artigo e sua prática implica o crime tipificado no art. 15 da Lei n.° 9.434, de 4 de fevereiro de 1997.

A Procuradoria Geral da República, em sua petição inicial, defendeu a tese de que o início da vida se daria no momento da fecundação e que, portanto, a utilização decélulas- tronco de embriões consistiria em um atentado à vida. Para corroborar com sua tese, a Procuradoria Geral da República anexou pareceres de cientistas e pediu então a realização de audiência pública, apresentando, desde logo o seu rol de especialistas a serem ouvidos.

O pedido foi acatado pelo Ministro Relator Ayres Brito sob a justificativa de que a audiência pública "além de subsidiar os Ministros deste Supremo Tribunal Federal, também possibilitará uma maior participação da sociedade civil no enfrentamento da controvérsia constitucional, o que certamente legitimará ainda mais a decisão a ser tomada pelo Plenário desta nossa colenda Corte"[22].

Houve sete pedidos de ingresso na ação na condição de *amici curiae*. Os amigos da corte tiveram papel ativo durante o trâmite do processo, juntando pareceres, notícias, estudos científicos e fazendo sustentações orais nas audiências públicas e logo antes do julgamento em plenário. Paralelamente à participação dos *amici curiae*, também houve a manifestação de entidades e pessoas que não requereram seu ingresso na ação, mas solicitaram a juntada de documentos para manifestar seu apoio a uma das duas posições.

A ausência de regulamentação para a realização de audiência pública no âmbito do Supremo Tribunal Federal fez com que o Ministro Relator Carlos Ayres Britto adotasse o Regimento Interno da Câmara dos Deputados como parâmetro. A audiência então ocorreu em dois turnos (manhã e tarde) com a participação das partes, dos *amici curiae*, dos *experts* arrolados na petição inicial, somando um total de vinte e dois participantes a favor e contra a procedência da ação.

Os debates, no entanto, não foram permitidos pelo Ministro Relator que, por diversas vezes, ressaltou que as exposições deveriam ser eminentemente técnicas, devendo os participant absterem-se de con-

---

22. ADI 3.510/DF. Rel. Min. Carlos Ayres Brito. Julg. 29/05/2008. Despacho do Rel. Min. Carlos Ayres Brito, em 19/12/2006. Para uma descrição detalhada do caso vide: BARROSO, Luís Roberto. *O Novo Direito Constitucional Brasileiro*: contribuições para a construção teórica e prática da jurisdição constitucional no Brasil. Belo Horizonte: Fórum, 2012. p. 395-420. Vide também: VALLE, Vanice Regina Lírio do (Org.). *Audiências Públicas e Ativismo*: diálogo social no STF. Belo Horizonte: Fórum, 2012. p. 63-70. Vide também: GODOY, Miguel Gualano de. *Devolver a Constituição ao Povo*: crítica à supremacia judicial e diálogos institucionais. Belo Horizonte: Fórum, 2017. p. 170.

siderações morais ou políticas[23]. Segundo o Ministro Relator, o espaço adequado para o debate seria o momento do julgamento em Plenário. Dessa forma, a audiência pública foi mais uma sessão expositiva, fundada nas explanações científicas dos especialistas, do que uma sessão eminentemente deliberativa com exposições, questionamentos e troca de argumentos.

Após as exposições dos *experts*, foi aberta a possibilidade de intervenção de outros Ministros para que eles pudessem fazer perguntas aos especialistas, dando sempre direito à parte contrária de também expor, por igual tempo, as suas considerações.

Em relação ao mérito da ação, como ficou demonstrado no curso do processo, não existe consenso científico (biológico), tampouco filosófico (moral), sobre quando se inicia a vida. Algumas posições defendem que a vida se inicia com a fecundação (como defendeu, por exemplo, a Procuradoria Geral da República); outros defendem que a vida começa com a nidação (a fixação do embrião no útero); a Suprema Corte dos Estados Unidos e o Conselho de Ética Francês entendem que a vida se inicia quando o feto já tem condições de existir sem a mãe (entre a 24ª e 26ª semana de gestação)[24].

Ou seja, há uma pluralidade de concepções sobre quando se dá o início da vida e diferentes fundamentações morais para tais concepções. Todas elas têm em comum fundadas razões biológicas e morais para se sustentarem. Vale dizer, todas essas diferentes concepções sobre quando se inicia a vida são, apesar de divergentes, razoavelmente defensáveis na esfera pública[25]. Há, portanto, nesse caso, o que Jeremy Waldron chamou de "desacordo moral razoável"[26].

Diante de desacordos morais razoáveis, o papel do Estado não deve ser o de escolher um padrão moral e impô-lo a todos. Ao contrário, o pa-

---

23. ADI 3.510/DF. Rel. Min. Carlos Ayres Brito. Julg. 29/05/2008. Notas taquigráficas p. 55/63/71.

24. BARROSO, Luís Roberto. *O Novo Direito Constitucional Brasileiro*: contribuições para a construção teórica e prática da jurisdição constitucional no Brasil. Belo Horizonte: Fórum, 2012. p. 403. Vide também: GODOY, Miguel Gualano de. *Devolver a Constituição ao Povo*: crítica à supremacia judicial e diálogos institucionais. Belo Horizonte: Fórum, 2017. p. 185.

25. RAWLS, John. *Political liberalism*. New York: Columbia University Press, 1993. p. 225-227. Vide também: GODOY, Miguel Gualano de. *Devolver a Constituição ao Povo*: crítica à supremacia judicial e diálogos institucionais. Belo Horizonte: Fórum, 2017. p. 185.

26. WALDRON, Jeremy. *Law and disagreement*. Oxford: Clarendon Press, 1999. p. 149-153. Vide também: GODOY, Miguel Gualano de. *Devolver a Constituição ao Povo*: crítica à supremacia judicial e diálogos institucionais. Belo Horizonte: Fórum, 2017. p. 185.

O SUPREMO TRIBUNAL FEDERAL E AS AUDIÊNCIAS PÚBLICAS

pel do Estado deve ser o de assegurar que cada indivíduo leve sua vida da forma que escolher, respeitando as crenças e os valores individuais de seus cidadãos, garantindo-lhes, assim, sua liberdade e autonomia privada. E foi exatamente isso que a Lei n.° 11.105/2005 fez, pois ela exige em seu art. 5°, §1°, em qualquer caso, o consentimento dos genitores. Ou seja, somente pode haver pesquisas com células tronco embrionárias a partir dos embriões inviáveis ou congelados há mais de três anos, devendo haver, em qualquer dos casos, o prévio consentimento dos genitores. Da mesma forma, os pesquisadores e médicos também têm autonomia para realizar ou não esse tipo de pesquisa, e caso decidam pela utilização das células tronco, deverão submeter seus projetos aos respectivos comitês de ética.

Durante o julgamento em Plenário, houve a apresentação do Relatório, foram realizadas as sustentações orais e em seguida votaram os Ministros. A decisão do Supremo Tribunal Federal nesse caso, como tem sido habitual, foi fundamentada em diferentes razões. O Ministro Relator Carlos Ayres Britto justificou seu voto basicamente com os argumentos de que a proteção da vida é conferida à pessoa nativiva; ascélulas- tronco embrionárias oferecem maior contribuição por serem células pluripotentes; é dever do Estado garantir o direito à saúde e a livre atividade científica. Acompanharam o Ministro Relator os Ministros Carmen Lúcia, Joaquim Barbosa, Ellen Gracie, Marco Aurélio e Celso de Mello. O Ministro Eros Grau votou pela improcedência da ação condicionando seu voto a ressalvas por ele apresentadas.

De forma diferente decidiram os Ministros Menezes Direito e Ricardo Lewandowski, julgando parcialmente procedente o pedido da Ação Direta de Inconstitucionalidade 3.510 a fim de que somente fossem autorizadas pesquisas com embriões humanos quando não haja sua destruição nem tenham seu potencial de desenvolvimento comprometido.

Por fim, os Ministros Cezar Peluso e Gilmar Mendes votaram pela improcedência do pedido da ação, desde que houvesse prévia submissão das pesquisas com células tronco embrionárias a um órgão central de controle subordinado ao Ministério da Saúde.

Diante disso, o julgamento resultou, por maioria de votos, na improcedência do pedido da Ação Direta de Inconstitucionalidade 3.510 e na consequente manutenção da Lei de Biossegurança, tal qual ela havia sido redigida e aprovada pelo Congresso Nacional.

Desde então, o julgamento da Ação Direta de Inconstitucionalidade 3.510 tem sido celebrado como um marco na abertura do Supremo

Tribunal Federal à sociedade e tomado como exemplo na realização de audiências públicas e admissão de *amici curiae* como instrumentos de diálogo[27].

4. A IMPORTÂNCIA DO INSTITUTO PARA UMA JURISDIÇÃO CONSTITUCIONAL DIALÓGICA

Desde a realização da primeira audiência pública no caso da Lei de Biossegurança em 2007, o Supremo Tribunal Federal já realizou várias outras audiências públicas (foram exatamente vinte e duas audiências públicas realizadas até o mês de agosto de 2017) e aceitou inúmeros *amici curiae* em diferentes outros casos. Para tanto, o Supremo Tribunal Federal regulamentou a realização das audiências públicas em seu Regimento Interno[28], demonstrando a permanência de sua abertura a um diálogo direto com o povo e as instituições.

As previsões legais de incentivo aos diálogos, como a realização de audiências públicas (art. 9°, §1° e §2°, art. 12-E, §1°, art. 20, §1° e §2°, da Lei n.° 9.868/1999 e art. 6°, §1° da Lei n.° 9.882/1999; art. 983, §1º e art. 1.038, II, ambos do Código de Processo Civil) e a admissão de *amicus curiae* (art. art. 7°, §2° e art. 18 da Lei n.° 9.868/1999; art. 138 do Código de Processo Civil) são exemplos de bons incentivos normativos aos diálogos. Assim, deixa-se o Poder Judiciário livre para exercer o controle judicial de constitucionalidade das leis, mas lhe impõe o dever de estar atento e aberto ao diálogo.

Por sua vez, o Poder Legislativo fica ciente de que seus atos podem ser revistos e derrubados pelo Poder Judiciário. Antes que isso aconteça, um diálogo entre os Poderes e entre estes e o povo e demais instituições é bem-vindo. E após o eventual controle de constitucionalidade das leis, é importante que ainda existam canais de diálogo e redefinição da interpretação da constituição.

Dessa forma, busca-se promover um diálogo que não se fundamenta sobre uma superioridade interpretativa prévia de nenhum dos Poderes. Ao contrário, reconhecem-se as diferentes competências de cada um, distintas habilidades e expertises de cada um dos intérpretes da cons-

---

27. GODOY, Miguel Gualano de. *Devolver a Constituição ao Povo*: crítica à supremacia judicial e diálogos institucionais. Belo Horizonte: Fórum, 2017. p. 186.

28. A regulamentação da realização das audiências públicas pelo Supremo Tribunal Federal foi promovida pela Emenda Regimental n.29/2009.

tituição. As previsões normativas aparecem então como elementos necessários para o incentivo desse desejado diálogo. A interpretação da constituição seria, assim, o resultado do confronto de posições "separadas, mas interligadas" de cada um dos Poderes e demais atores que interpretam a constituição[29].

É preciso defender a aposta nos diálogos institucionais porque é preciso incentivar um comportamento dialógico de cada um dos Poderes na interpretação da Constituição, segundo suas competências e habilidades específicas, proporcionando-se assim a elaboração de uma decisão mais democrática.

No entanto, para que tal diálogo não fique dependente do mero voluntarismo de cada Poder ou de seus membros, previsões normativas são necessárias para incentivar e promover esse diálogo. As previsões normativas dialógicas não devem impor a primazia de um sobre o outro, mas forçar cada um a ser cuidadoso e criterioso em sua tarefa interpretativa, sempre atento e aberto às proposições vindas dos outros intérpretes e aplicadores da constituição.

A forma de diálogo que aqui se defende leva em conta que juízes e cortes, ao realizarem o controle judicial de constitucionalidade das leis, se envolvem ou deveriam se envolver em um debate dinâmico e dialógico sobre o significado das normas constitucionais. As respostas buscadas sobre o significado da constituição devem, assim, ser construídas, e não impostas.

Como bem aponta Conrado Hübner Mendes, a interação é um fato, não uma escolha ou possibilidade[30]. O diálogo não decorre somente da manifestação de vontade de um Poder ou apenas por exigência de algum dispositivo normativo. Ao contrário, ele deve ser o produto dessa tensão entre empirismo e normativismo, que compreendem a separação entre os Poderes como algo dinâmico, e não estanque. O diálogo nasce, assim, da conjugação entre um desenho institucional e uma cultura política, de incentivos normativos e disposição dialógica[31].

---

29. BATEUP, Christine. The Dialogic Promise: assessing the normative potential of theories of constitutional dialogue. *In: Brooklyn Law Review* v. 71. New York: Brooklyn Law Review, 2006. p. 1175. Vide também: GODOY, Miguel Gualano de. *Devolver a Constituição ao Povo*: crítica à supremacia judicial e diálogos institucionais. Belo Horizonte: Fórum, 2017. p. 158.

30. MENDES, Conrado Hübner. *Direitos Fundamentais, Separação de Poderes e Deliberação*. São Paulo: Saraiva, 2011. p. 161. Vide também: GODOY, Miguel Gualano de. *Devolver a Constituição ao Povo*: crítica à supremacia judicial e diálogos institucionais. Belo Horizonte: Fórum, 2017. p. 162.

31. MENDES, Conrado Hübner. *Direitos Fundamentais, Separação de Poderes e Deliberação*. São Paulo: Saraiva, 2011. p. 162. Vide também: GODOY, Miguel Gualano de. *Devolver a Constituição*

A perspectiva de diálogo institucional aqui defendida, portanto, é aquela que não enxerga uma oposição entre os Poderes. O exercício do controle de constitucionalidade não se opõe e nem se sobrepõe ao exercício legislativo. A melhor interpretação sobre a Constituição e a melhor decisão, seja ela jurídica ou político-legislativa, não decorrem somente das capacidades de uma ou outra instituição, mas sim da interação deliberativa entre elas e da busca pelas melhores razões públicas para justificar suas posturas e julgamentos[32].

5. CONCLUSÕES: TRILHAMOS E APRIMORAMOS HOJE OS CAMINHOS ABERTOS ONTEM

Iniciei este artigo falando da importância de se incluir o povo na tarefa de interpretação e aplicação da Constituição e de como o pioneirismo do Professor e Ministro Carlos Ayres Britto foi fundamental para que se inaugurasse a abertura de um espaço dialógico tão esperado quanto necessário – o das audiências públicas.

É essa dinâmica, apresentada ao longo do presente artigo, que possibilita que a atuação jurisdicional se qualifique, tanto tecnicamente quanto democraticamente, quando abre seu espaço decisório para a participação de pessoas, órgãos, entidades, notadamente através da realização de audiências públicas e da admissão de *amici curiae*. Se hoje podemos estudar e buscar aprimorar o instituto audiências públicas, é porque ele foi inaugurado tempos atrás pela iniciativa inovadora do Professor e Ministro Carlos Ayres Britto.

É essa pois a contribuição teórica e normativa que busco ofertar na merecida homenagem que agora se faz ao Professor e Ministro Carlos Ayres Britto – um precursor de uma jurisdição constitucional mais dialógica e democrática.

BIBLIOGRAFIA

BARBOSA, Leonardo Augusto de Andrade. *História Constitucional Brasileira*: mudança constitucional, autoritarismo e democracia no Brasil pós-1964. Brasília: Câmara dos Deputados, 2012.

---

ao Povo: crítica à supremacia judicial e diálogos institucionais. Belo Horizonte: Fórum, 2017. p. 162.

32. MENDES, Conrado Hübner. *Direitos Fundamentais, Separação de Poderes e Deliberação*. São Paulo: Saraiva, 2011. p. 169. Vide também: GODOY, Miguel Gualano de. *Devolver a Constituição ao Povo*: crítica à supremacia judicial e diálogos institucionais. Belo Horizonte: Fórum, 2017. p. 163.

BARROSO, Luís Roberto. *O Novo Direito Constitucional Brasileiro*: contribuições para a construção teórica e prática da jurisdição constitucional no Brasil. Belo Horizonte: Fórum, 2012.

BATEUP, Christine. The Dialogic Promise: assessing the normative potential of theories of constitutional dialogue. *In: Brooklyn Law Review* v. 71. New York: Brooklyn Law Review, 2006.

BONAVIDES, Paulo; ANDRADE, Paes de. *História Constitucional do Brasil*. Brasília: OAB Editora, 2008.

BONAVIDES, Paulo. *Teoria constitucional da democracia participativa* – por um Direito Constitucional de luta e resistência; por uma nova hermenêutica; por uma repolitização da legitimidade. 3 ed. São Paulo: Malheiros, 2008.

GARGARELLA, Roberto. *Latin American Constitutionalism 1810-2010*: The Engine Room of the Constitution Oxford: Oxford University Press, 2013.

GARGARELLA, Roberto. *Los fundamentos legales de la desigualdad* – el constitucionalismo en América (1776-1860). Buenos Aires: Siglo XXI, 2008.

GODOY, Miguel Gualano de. *Devolver a Constituição ao Povo*: crítica à supremacia judicial e diálogos institucionais. Belo Horizonte: Fórum, 2017.

MENDES, Conrado Hübner. *Direitos Fundamentais, Separação de Poderes e Deliberação*. São Paulo: Saraiva, 2011.

NAVES, Aline Lisbôa. *Participação social no controle de constitucionalidade*: a propositura de ações diretas, o *amicus curiae* e as audiências públicas. Belo Horizonte: Fórum, 2013.

NETO, Menelick de Carvalho; SCOTTI, Guilherme. *Os Direitos Fundamentais e a (In)Certeza do Direito* – A produtividade das Tensões Principiológicas e a Superação do Sistema de Regras. Belo Horizonte: Fórum, 2011.

PILATTI, Adriano. *A Constituinte de 1987-1988*: progressistas, conservadores, ordem econômica e regras do jogo. Rio de Janeiro: Lumen Juris, 2008.

RAWLS, John. *Political liberalism*. New York: Columbia University Press, 1993.

SILVA, Cecília de Almeida; MOURA, Francisco; BERMAN, José Guilherme; VIEIRA, José Ribas; TAVARES, Rodrigo de Souza; VALLE, Vanice Regina Lírio do. *Diálogos Institucionais e Ativismo*. Curitiba: Juruá, 2012.

TUSHNET, Mark. *¿Por qué la Constitución importa?* Trad. Alberto Supelano. Bogotá: Universidad Externado de Colombia, 2012.

TUSHNET, Mark. *Taking the Constitution away from the Courts*. Princeton: Princeton University Press, 1999.

UNGER, Roberto Mangabeira. *What Should Legal Analysis Become?* London: Verso Press, 1996.

UNGER, Roberto Mangabeira. *O Direito e o futuro da Democracia*. São Paulo: Boitempo, 2004.

UNGER, Roberto Mangabeira. *O que a esquerda deve propor*. Rio de Janeiro: civilização brasileira, 2008.

VALLE, Vanice Regina Lírio do (Org.). *Audiências Públicas e Ativismo*: diálogo social no STF. Belo Horizonte: Fórum, 2012.

WALDRON, Jeremy. *Law and disagreement*. Oxford: Clarendon Press, 1999.

JUÍZES PODEM CONTRIBUIR NA CONCRETIZAÇÃO DO DIREITO À EDUCAÇÃO?

Jorge Octávio Lavocat Galvão[1]

SUMÁRIO: I. Introdução II. Diagnóstico do problema III. Qual seria, então, o papel do Poder Judiciário? IV – Conclusão.

I. INTRODUÇÃO

No dia 23 de março de 2016, noticiou-se que o i. Juízo da 1ª Vara da Infância, da Juventude e do Idoso do Tribunal de Justiça do Estado do Rio de Janeiro (TJRJ) concedeu medida liminar em ação civil pública movida pela Defensoria Pública para obrigar os entes cariocas estadual e municipal a matricular imediatamente em creche pública as 42.640 (quarenta e dois mil seiscentos e quarenta) crianças que aguardavam vaga em lista de espera, sob pena de multa de R$ 300,00 (trezentos reais) por menor desassistido[2]. Mais recentemente, em 12 de maio de 2016, o Ministro Celso de Mello, do Supremo Tribunal Federal (STF), decidiu pela impossibilidade de invocação da fórmula da reserva do possível para negar o acesso à educação infantil pelo município de Volta Redonda, ordenando a imediata matricula do então recorrente[3].

Tais decisões parecem reconhecer o direito subjetivo de se exigir do Estado matrícula em instituições de educação infantil custeadas pelos

---

1. Professor Adjunto da Universidade de Brasília (UnB) e do Curso de Mestrado em Direito Constitucional do Instituto Brasiliense de Direito Público (IDP). Procurador do Distrito Federal e Advogado. Visiting Researcher pela Yale Law School (2012), Doutor em Direito do Estado pela Universidade de São Paulo (USP), Mestre em Direito pela New York University School of Law (diploma revalidado pela UnB) e graduado em Direito pela UnB.

2. http://www.tjrj.jus.br/web/guest/home/-/noticias/visualizar/31102.

3. Sobre o assunto, confira a matéria vinculada na Revista ConJur: http://www.conjur.com.br/2016-mai-16/reserva-possivel-nao-justifica-falta-vaga-creche-publica .

cofres públicos. Ocorre que, diferentemente de outros direitos sociais – como o acesso à medicamentos, que pode ser resolvido com a alocação do orçamento para a aquisição desse ou daquele produto – a criação de dezenas de milhares de vagas na rede pública apresenta outros complicadores, já que requer não apenas recursos financeiros, mas também a contratação de professores, a construção de instalações adequadas, a aquisição de material didático, etc. Ou seja, não se revela possível remediar rapidamente o problema diagnosticado nas decisões mencionadas. Como consequência, as ordens judiciais coletivas, como a do TJRJ, acabam sendo descumpridas, como vem sido noticiado nos jornais, ao passo que as decisões de cunho individual, como a do STF, acabam privilegiando algumas crianças em detrimento de outras que aguardam na lista de espera, já que a decisão não têm o condão de criar novas vagas no ensino público.

Nessa perspectiva, o presente artigo pretende lançar algumas ideias concernentes à concretização do direito à educação. A questão a ser enfrentada é: a par do evidente caráter simbólico de tais decisões, como elas podem efetivamente contribuir para a efetivação desse direito de segunda geração? Em outras palavras, quais os limites e possibilidades da atuação judicial nesses casos?

II. DIAGNÓSTICO DO PROBLEMA

É importante ressaltar, desde logo, que não se pretende, nesse artigo, discutir a exigibilidade do direito à educação em si. Com efeito, se em determinado momento histórico alguns doutrinadores de viés mais liberal contestavam a exigibilidade dos direitos ditos de segunda geração[4], desde a edição da obra *"The Cost of Rights: Why Liberty depends on Taxes"*[5], de Stephen Holmes e Cass Sunstein, tal discussão parece estar superada.

---

4. Essa parece ser a posição, por exemplo, do filósofo liberal Ronald Dworkin. Com efeito, Dworkin faz uma classificação entre direitos jurídicos, que podem ser exigidos em um tribunal, e direito políticos, que devem ser implementados pelos demais órgãos estatais. Segundo o referido autor, decisões que envolvam uma análise de oportunidade estratégica sobre investimentos de recursos públicos e escolhas de metas e objetivos devem ser tomadas pelos órgãos destinados à administração da vida em coletividade. O Poder Judiciário somente deve entrar em ação quando os direitos políticos são transformados em direitos jurídicos através da edição de atos normativos que concretize determinado esquema de saúde ou ensino público, por exemplo. Ou seja, para que as promessas constitucionais que necessitem de escolhas políticas não são automaticamente exigíveis em tribunais. (DWORKIN, Ronald. Justice for Hedhogs. Cambridge: Harvard University Press, 2011, p. 412-413).

5. HOLMES, Stephen. SUNSTEIN, Cass. The Cost of Rights: Why Liberty Depends on Taxes. New York: W.W. Norton, 1999.

JUÍZES PODEM CONTRIBUIR NA CONCRETIZAÇÃO DO DIREITO À EDUCAÇÃO?

No afamado estudo, os referidos autores demonstraram não haver diferença ontológica na concretização dos direitos de primeira ou de segunda geração, visto que qualquer desses direitos necessita de custeio público para ser implementado. Assim, o direito à liberdade, por exemplo, típico direito de primeira geração, exige que o Estado invista na criação de políticas de segurança pública, que envolvem custos na estruturação da polícia, do ministério público, dos tribunais e dos presídios.

Ou seja, tanto os direitos de primeira geração (como o direito à liberdade) como os de segunda geração (direito à educação, p.e.), necessariamente demandam investimentos públicos, o que faz ruir a antiga distinção entre direitos que exigem uma abstenção do Estado daqueles que demandam uma prestação positiva. Percebe-se, pois, que a necessidade de previsão orçamentária ou de estabelecimento de política pública específica não pode representar um empecilho para o reconhecimento de um ou de outro tipo de direito. Tanto as liberdades clássicas como os direitos sociais exigem investimentos e uma boa dose de gestão dos recursos públicos, razão pela qual a natureza do direito em si não é suficiente para distinguir qual pode ser judicialmente exigível.

Tal constatação, contudo, acaba por revelar que, em razão da limitação dos recursos públicos, nem sempre é possível a efetivação completa de determinado direito, seja ele de qualquer espécie. É por esse motivo que a casuística da jurisprudência tem nos mostrado que deve haver parâmetros para se verificar se efetivamente houve negligência ou omissão do Estado em dar efetividade a determinado direito.

Nesse diapasão, o Pretório Excelso, ao tratar de outro direito social, o direito à saúde, fixou, na Suspensão de Tutela Antecipada nº 175, algumas balizas para verificar se determinado medicamento poderia ser judicialmente exigido. Assim, de acordo com o que restou fixado no precedente, não obstante a Constituição Federal de 1988 preveja, em seu art. 196, que o direito à saúde deve ser universalmente garantido, o não fornecimento pelo ente público de medicamentos não incluídos nos protocolos do SUS, via de regra, não implica violação ao direito fundamental[6].

Já no que tange à situação do sistema carcerário brasileiro, direito nitidamente vinculado às liberdades de primeira geração, o mesmo Supremo Tribunal Federal reconheceu, na ADPF nº 347, haver um "*estado*

---

6.   STA 175 AgR, Relator Min. GILMAR MENDES (Presidente), Tribunal Pleno, julgado em 17/03/2010, DJe-076 DIVULG 29-04-2010.

de coisas inconstitucional", tendo em vista o quadro de violação genera-lizada e sistêmica de direitos fundamentais causados pela incapacidade reiterada e persistente das autoridades públicas em modificar a conjuntura de violação de direitos fundamentais dentro dos presídios[7].

Não obstante a grave constatação feita pelo tribunal, a única medida concreta que se encontrou para remediar situação foi o de obrigar que os juízes implementem audiências de custódia no prazo de 24 horas contadas do momento da prisão em flagrante. Com essa medida, busca-se evitar prisões banais ou não justificadas e, consequentemente, diminuir a população carcerária. Assim, de acordo com o parâmetro constitucional fixado, há violação ao direito de liberdade e da dignidde humana quando não se realiza a audiência de custódia no prazo estipulado.

Percebe-se, em ambos os casos, que a perfeita concretização do direito fundamental exigiria elevados gastos para colocar em prática um sistema de saúde/carcerário digno, mas as alternativas possíveis, levando-se em consideração os escassos recursos financeiros e humanos existentes, foram aquelas engendradas nos precedentes mencionados. São decisões que limitam o escopo de normas constitucionais para adequá--las à realidade social concreta.

No caso da educação infantil, a solução não pode ser muito diferente. Apenas para se ter uma ideia da gravidade do quadro fático, confira--se alguns dados do problema no âmbito do Distrito Federal. De acordo com dados da Secretaria de Educação distrital (SEDF), há, atualmente, mais de 125.000 (cento e vinte e cinco mil) crianças entre zero e 3 (três) anos – elegíveis, portanto, para uma vaga em creches públicas –, mas estão disponíveis apenas 9.324 vagas em instituições públicas ou conveniadas.

Nesse cenário, torna-se absolutamente impossível o integral atendimento da demanda no Distrito Federal. Obviamente que nem todas as crianças nessa faixa etária dependem do Poder Público para frequentar creches. Grande parte das família escolhem ou cuidar pessoalmente da criança nessa fase inicial da vida ou matricular seus filhos em instituições particulares. Mesmo excluindo esses casos, ainda assim estima-se haver uma demanda reprimida de nada menos que 18.000 (dezoito mil) crianças aguardando vaga no ensino infantil público. Ou seja, o sistema

---

7.   ADPF 347 MC, Relator: Min. MARCO AURÉLIO, Tribunal Pleno, julgado em 09/09/2015, DJe-031 DIVULG 18-02-2016.

atual não possui a mínima condição de resolver o problema a curto ou a médio prazo, já que se mostra necessário praticamente duplicar a oferta atualmente existente.

Registre-se que o aumento da oferta de vagas em creches públicas não é uma tarefa fácil. De acordo com os Parâmetros Nacionais de Qualidade para a Educação Infantil do MEC, para o grupo máximo de 15 (quinze) alunos, são necessários ao menos 2 (dois) monitores e 1 (um) professor. Assim, para cada turma pequena de mais 15 (quinze) alunos, o poder público tem que contratar ao menos mais 3 (três) profissionais por meio de seleções públicas, sem contar os investimentos necessários co a infra-estrutura física da instituição.

A celebração de novos convênios com instituições particulares também não parece ser uma opção viável a curto prazo. A par dos elevados custos, há inúmeras dificuldades administrativas para a celebração de tais convênios. Com efeito, o convênio é um instrumento legal que o poder público se utiliza para se associar a entidades particulares na execução de políticas pública. Não se trata, contudo, de um mero instrumento de repasse de recursos, visto que o poder público permanece com a responsabilidade de orientar e supervisionar as conveniadas, com cursos de formação continuada e assessoria técnico-pedagógica. A celebração de convênio é custosa e demorada. As instituições conveniadas passam pelo processo de credenciamento, em observância às exigências legais da lei nº 8.666/93, levando-se em consideração a capacidade física e a adequação dos espaços para atendimento da educação infantil. Além do complexo processo de habilitação da instituição para atendimento à educação infantil, ainda se faz necessária previsão dos recursos na Lei Orçamentária anual, que, como se sabe, encontra-se enxuta na maioria dos Estados da federação em razão da atual crise financeira.

Percebe-se, assim, que entre a vontade de expandir o número de atendidos no ensino infantil e a concreta efetivação da medida há um complexo *iter* a ser observado pela Administração Pública. Ainda assim, caso o gestor decidisse albergar todas as crianças na faixa etária entre zero e 5 (cinco) anos em instituições particulares conveniadas, provavelmente não haveria vagas suficientes na rede privada.

Diante desse quadro, caso o Poder Judiciário adote uma solução jurídica simplista para resolver a infinidade de casos que tratam de vaga em creche e pré-escola – como a de reconhecer que todas as crianças na faixa etária descrita no art. 208, IV, da Carta Magna, possuem, indistintamente, direito subjetivo ao acesso à educação infantil –, tal medida ignoraria a dura realidade do país, que, além de passar por uma inegável crise financeira, possui graves deficiências sociais, administrativas e econômicas.

Dito de outra forma, o reconhecimento judicial de um direito isonômico e universal de acesso à creche e à pré-escola é o mesmo que decretar a falência do atual sistema de educação infantil. Nesse ponto, revela-se pertinente a lição de Marcos Maliska, que, em artigo sobre educação pública no Brasil, critica uma leitura rasa sobre o significado da isonomia no contexto do acesso à educação:

> "A igualdade formal, a chamada igualdade diante da lei, deve ser sempre vista sob o ponto de vista da realidade para a qual será concretizada. Se o intérprete da norma constitucional não tiver sensibilidade para compreender o ambiente social no qual a norma será aplicada, ele por certo poderá atingir a finalidade contrária ao disposto no texto da Constituição, ou seja, a igualdade. A própria Constituição, no art. 3º, III, relativiza o primado clássico da igualdade perante a lei ao claramente demonstrar que o Estado e o Direito também devem ser instrumentos da busca por essa igualdade. Trata-se 'de uma igualdade através da lei, uma igualdade que é buscada pela lei por meio da regulação diferencia das situações desiguais. A premissa de que haveria uma igualdade jurídica abstrata é substituída pelo inverso desta afirmação e pela confirmação de que as desigualdades devem encontrar, na Constituição e nas leis, instrumentos jurídicos de libertação e não de opressão"[8].

Sendo assim, o que se percebe é que o direito ao acesso à educação infantil deve ser considerado dentro da reaidae soócio-econômica do ente federado e de sua população. O que deve ser avaliado, portanto, é se a política pública implementada se revela inadequada ou ineficiente para atender às necessidades daqueles que mais precisam, tendo em vista que o acesso universal ao ensino infantil é uma meta inatingível.

III. QUAL SERIA, ENTÃO, O PAPEL DO PODER JUDICIÁRIO?

Como salientado acima, deixando de lado o modelo ideal de acesso universal ao ensino infantil público, deve-se pensar em como estruturar um modelo de acesso ao sistema que seja constitucionalmente adequado à realidade de cada ente federado, levando-se em consideração as limitações administrativas e financeiras. Ou seja, cumpre ao intérprete

---

8. MALISKA, Marcos. *Educação, Constituição e Democracia*. In: SOUZA NETO, C.P.; SARMENTO, D. Direitos Sociais: Fundamentos, Judicialização e Direitos Sociais em Espécie. Rio de Janeiro: Lumen Iuris, 2008, p. 794-795.

definir o patamar mínimo de proteção do direito à educação em razão das dificuldades inerentes à proteção de direitos sociais[9].

Nesse sentido, são preciosas as lições do renomado constitucionalista norte-americano Mark Tushnet que, em obra especialmente dedicada ao estudo comparado da eficácia das intervenções judiciais na concretização de direitos sociais, concluiu que decisões que viabilizam a troca de experiência entre os Poderes (denominadas como decisões "fracas" por Tushnet) – como aquelas que indicam planos de atuação para aprimorar o serviço prestado pelo poder público – são muito mais efetivas do que ordens judiciais concretas (chamadas de "fortes"), como as que mandam fornecer determinado medicamento ou a criar vagas em escolas públicas[10].

Mark Tushnet, portanto, diferentemente de autores céticos quanto à possibilidade de transformação social por meio de decisões judiciais[11], acredita que o Poder Judiciário pode ter um impacto positivo na formulação e implementação de políticas públicas, desde que as ordens judiciais sejam pautadas pelo espírito de aprimoramento do sistema, em vez de simplesmente reprimir a atuação dos agentes estatais.

Alguns exemplos de direito comparado ajudam-nos a compreender o seu argumento. No famoso caso *Brown v. Board of Education of Topeka*[12], no qual a Suprema Corte norte-americana pôs fim à política de segregação racial nas escolas públicas, após ordenar que a miscigenação deveria ocorrer com a "maior brevidade possível", o Tribunal passou a monitorar as políticas públicas dos Estados na implementação da medida. Isso porque a dessegregação exigiu uma profunda mudança na

---

9. Alinhado com essa vertente de pensamento, a Corte Constitucional da África do Sul, ao tratar do direito universal à moradia, assentou que o reconhecimento constitucional de tal direito social não necessariamente implica a entrega imediata pelo poder público de casas aos menos favorecidos, mas que *"a Constituição requer que o Estado crie e implemente, levando em consideração os recursos disponíveis, um abrangente e coordenado programa que progressivamente concretize o direito à moradia adequada".* No caso específico, apesar de a Corte não dar efetividade concreta ao direito à moradia, houve uma advertência quanto à política pública criada pelo Estado, sob o argumento de que ela não era constitucionalmente adequada por excluir parcela considerável das pessoas que realmente necessitavam de proteção. Tradução livre de *Government of the Republic of South Africa v. Grootbom,* 2000 (11) BCLR 1169 (CC) (S. Afr.).

10. TUSHNET, Mark. Weak Courts, Strong Rights: Judicial Review and Social Welfare Rights in Comparative Constitutional Law. Princeton: Princeton University Press, 2008.

11. Nesse sentido, confira ROSENBERG, Gerald. The Hollow Hope: Can Courts Bring Social Change? Chicago University Press, 2008.

12. *Brown v. Board of Education of Topeka,* 347 U.S. 483 (1954).

gestão das políticas públicas. Cite-se, como exemplo, a necessidade de adaptação do serviço de transporte público escolar, que teve que rede-senhar e ampliar suas rotas, com incremento de despesas, visto que, a partir da decisão, alunos de bairros negros passariam a frequentar aulas em bairros de brancos, e vice-versa.

É corrente na doutrina estadunidense a afirmação de que o êxito do caso *Brown* se deve em muito à interlocução estabelecida entre as autoridades locais e a justiça federal. Com efeito, os magistrados fede-rais, por ordem da Suprema Corte, tiveram papel ativo na supervisão das políticas públicas de miscigenação, notadamente em distritos sulistas, que se utilizavam de subterfúgios para não implementá-las. Os juízes or-denavam, sempre que necessário, a realocação de recursos financeiros e humanos nos casos de descumprimento dos planos iniciais traçados em comum acordo[13].

Em outro caso emblemático, de 1997, a Suprema Corte da Caroli-na do Norte afirmou que o Estado tem o dever de prestar serviço de educação pública de qualidade para todas as crianças na primeira ida-de. A Corte, então, após minuciosa instrução do processo, ajustou com as autoridades locais um detalhado plano para expansão e melhoria do ensino local, com a imposição de medidas específicas que deveriam ser observadas pelas autoridades públicas. Ficou fixado, ainda, na referida decisão, que a cada 3 (três) anos a Corte reabriria o caso para monitorar os progressos alcançados com o plano traçado e, eventualmente, sugerir ajustes para adequá-lo à conjuntura político-social[14].

De acordo com Tushnet, tais medidas "fracas" – de interlocução entre os Poderes – revelaram-se muito mais exitosas do que decisões judiciais ditas "fortes", como nos casos em que os tribunais ordenaram a imediata realocação de recurso públicoas para financiar a abertura de novas vagas no ensino público. A partir de uma análise histórica, o autor conclui que as medidas judicias "fortes" revelaram-se inócuas a longo prazo para re-solver o problema do direito à educação, enquanto as decisões "fracas" tiveram impacto positivo no desenvolvimento de políticas públicas.

---

13. Essa atitude de supervisão é assim descrita pelo autor: "*Another weak remedy is, in essence, a requirement that government officials develop plans that hold out some promise of eliminating the constitutional violation within a reasonable short but not unespecified time of period. Once the plan is develop, the courts step back, allowing the officials to implement the plan. (...) Simi-larly, because no one expects immediate results, the courts would provide only light oversight of the plan's implementation*" (TUSHNET, *op. cit.*, p. 248).

14. *Leandro v. State*, 346 N.C. 336 (1997)

IV. CONCLUSÃO

Não é segredo que os políticos são movdos pelaos mais diversas paixões e interesses que, obviamente, podem levar a adoção de políticas públicas que não sejam as mais adequadas, razão pela qual o Poder Judiciário, tendo em vista a sua inerente independência, pode contribuir na avaliação criteriosa sobre a correção das decisões tomadas pelo Estado na concretização do direito fundamental à educação. O monitoramento da adequação das políticas públicas adotadas parece ser a finalidade mais virtuosa da chamada judicialização da política, e não a realização de uma censura atomizada acerca da injustiça do sistema, tendo por base casos individuais, que não necessariamente são representativos da realidade.

Conclui-se, pois, que o mero reconhecimento de um direito subjetivo ao acesso à rede de ensino pública não é o meio mais adequado para judar nao concretização do direito à educação. Decisões com esse conteúdo não incrementam o número de vagas da rede pública, provocando, na verdade, distorção nos critérios sociais utilizados pelas autoridades pública na alocação das vagas existentes, privilegiando algumas crianças em detrimento de outras que aguardam na fila.

Se o Poder Judiciário realmente tem a intenção de produzir alguma melhora na prestação do serviço de educação infantil, não há alternativa senão analisar criteriosamente os parâmetros que embasam determinada política pública, a partir de um efetivo diálogo institucional com o Poder Executivo, pontuando quais investimentos e medidas devem ser adotadas a longo prazo para melhorar a prestação do serviço público. Só assim os juízes efetivamente produzirão impacto positivo na realização do direito à educação.

AINDA O DEBATE A PARTIR DA CONSTITUIÇÃO MEXICANA DE 1917

André Ramos Tavares[1]

SUMÁRIO: 1. A Constituição Mexicana De 1917 2. A Constituição Mexicana de 1917 como paradigma transformativo 3. A riqueza pública e o excedente 4. A concepção de Democracia Econômica 5. a terra, o uso comum, a função social e a propriedade pública de bens estratégicos 6. Atualidades e oscilações cíclicas do modelo de 1917 7. Propostas que regridem a um modelo anterior a 1917. Conclusões.

1. A CONSTITUIÇÃO MEXICANA DE 1917

Por ocasião do convite que me foi dirigido para contribuir nesta obra em justa e honrosa homenagem a Carlos Ayres Britto, vem muito a esse propósito relembrar que, no mesmo contexto do convite, estejamos a celebrar o centenário da "Constituição Política dos Estados Unidos Mexicanos", promulgada em 5 de fevereiro de 1917.

No extenso rol de qualidades e qualificações do homenageado[2], sobressai o tema social, como é do conhecimento de todos que puderam acompanhar algum momento de suas múltiplas e bem sucedidas carreiras jurídicas[3]. E hoje vivenciamos, uma vez mais e ainda, grandes perigos e aguerridas disputas em torno justamente dos direitos sociais, matéria em que temos a Constituição mexicana de 1917 como precursora e a Constituição brasileira de 1988 como uma das mais avançadas de seu tempo. Relembro, a seguir, parcela elucidativa do pensamento de nosso homenageado:

---

1. Professor Titular da Faculdade de Direito da Universidade de São Paulo – USP. Professor da PUC/SP.

2. Como considero ser altamente recomendável, em face da forte presença pública do homenageado, não retomar todo seu *curriculum vitae*, relembro, aqui, apenas a recente conquista do Conselho Consultivo da Universidade de São Paulo, que passou a tê-lo como representante da comunidade.

3. Recordo, dentre outras, a oportunidade única no acompanhar atentamente a defesa da tese de doutoramento de Carlos Ayres Britto, quando ainda no início de minha carreira acadêmica.

399

> "[...] o liberalismo triunfou sobre o absolutismo porque limitar o poder político era (e é) a própria condição de defesa da liberdade e da cidadania. A razão e a consciência humana assim o proclamavam (e proclamam). Porém, era preciso fazer avançar o movimento racional e consciencial do constitucionalismo, levando-o também a limitar o poder econômico, pois que, sem essa limitação, numa economia típica de mercado, não havia (e não há), como impedir os fenômenos correlatos da concentração de renda e exclusão social. [...] A luta jurídico-política foi sem tréguas e o constitucionalismo social veio a significar: a) por um lado, preservação das conquistas liberais dos indivíduos e dos cidadãos contra o Estado; b) por outro, *desmanietação* desse mesmo Estado frente aos proprietários dos bens de produção, autóctones e alóctones, para que ele, mediante lei, assumisse postura intervencionista e dirigente a favor dos trabalhadores em particular e dos consumidores em geral. Ali, inação do Estado como condição de império do valor da liberdade e da cidadania. Aqui, ação estatal para a realização do valor igualdade." (Britto, Carlos Ayres. *Teoria da Constituição*, p. 81, destaques no original)

No contexto da crise econômica e social que passou a afligir mais intensamente a América Latina na segunda década do século XXI, volta a ser pauta aceitável no debate a abrangência dos direitos fundamentais, questionando-se as próprias bases socioeconômicas e finalidades desenvolvimentistas de Estados que sequer atingiram patamares modestos de um real desenvolvimento econômico.

Recordo, a propósito, que desde a primeira edição do *Direito Constitucional Econômico*, dedico um item específico ao Documento de 1917, para chamar a atenção acerca de um constitucionalismo latino-americano inovador nessa área socioeconômica.

O foco desta abordagem é o caráter social e *transformador* da Constituição de 1917, pois desde sua origem, o constitucionalismo - tal como é definido atualmente, a partir de seu berço norte-americano - até o começo do século XX, tem sido inquestionavelmente um constitucionalismo de matriz político-liberal. Constituições reverberavam a liberdade individual, ideologia da política econômica do capitalismo industrial. Tratava-se do liberalismo que apregoava a neutralidade econômica e a "naturalidade", por vezes determinista, por vezes aliada a concepções mecanicistas, como em Adam Smith, acerca de suas proposições, consideradas verdades absolutas e universais. Assim, o Direito emergente com o liberalismo apresentava-se como livre, neutro e natural, promotor da máxima igualdade e da suprema liberdade, em um inevitável formalismo fantasioso.

Richard Kay, referindo-se aos albores do constitucionalismo contemporâneo, explicita bem esse conjunto característico do constitucionalismo original norte-americano, ao advertir que "o instinto constitucionalista é o de que o uso do poder coletivo de uma sociedade é uma especial fonte de perigo. O constitucionalismo é, portanto, uma expressão dessa visão, que se tornou conhecida como 'liberalismo' – a ideia que a unidade moral relevante no discurso político é a individual ou, talvez mais precisamente, que a *polis* propriamente considerada não tem posição moral independente da de seus membros"[4]. As observações de KAY são precisas e, ao mesmo tempo, atuais, neste caso fomentando uma real ameaça que assombra Estados e a dignidade de seus povos.

Um dos aspectos que sobressai na Constituição mexicana de 1917 é, para mim, a nítida contraposição com narrativas normativas tipicamente liberais e próprias do constitucionalismo originário dos EUA que se difundia, desde o século XIX, com força e rigor para toda a América Latina, com especial intensidade, *v.g.*, na Argentina e no Brasil.

Apenas com a Constituição de 1917 *a invisibilidade do coletivo é superada*. Ao individualismo exacerbado, ao liberalismo econômico, foi contraposta, por um constitucionalismo inovador surgido no México[5], uma preocupação com o social, com a coletividade e seus interesses legítimos. Esse debate é, hoje, oculto, em parte porque a influência mexicana foi sucumbindo cada vez mais diante do poder ideológico e de arrastamento exercido pelos EUA nas Américas enquanto superpotência. E em parte porque parece não haver interesse em resgatar um documento emancipatório que cuja compreensão exige consciência e conhecimento dos mecanismos reais que têm norteado o funcionamento do Mundo.

2. A CONSTITUIÇÃO MEXICANA DE 1917 COMO PARADIGMA TRANSFORMATIVO

Com o transcurso do tempo é inevitável que ideias, instrumentos e institutos comumente distanciem-se de sua fonte histórica, podendo até mesmo passar por um processo de total "desconhecimento". Neste último caso, pode ocorrer manutenção contemporânea totalmente descolada das reais origens. Mas não se pode olvidar o caráter amplamente inovador de 1917 e sua correspondente circulação mundial, difundindo e inspirando institutos e instrumentos em tantas outras sociedades.

---

4. Kay, Richard, "American Constitutionalism", In Alexander, Larry, *Constitutionalism: Philosophical Foundations*, Cambridge, Cambridge University Press, 1999, p. 16-63.

5. Não é meu objetivo neste texto analisar as origens sociais, econômicas e intelectuais dessa expressão inovadora.

Na Constituição mexicana de 1917 foram definidos certos elementos e temas que são, hoje, largamente referendados nas constituições econômicas de países de economia periférica às economias consideradas centrais.

O estudo de 1917 (e também o de seus pressupostos históricos) nos auxilia a compreender melhor as origens de cláusulas que sobrevivem até hoje no constitucionalismo latino-americano.

Para além desse paralelismo textual e conceitual, a Constituição do México exerceu uma influência decisiva para o que viria a ser uma *nova rota do constitucionalismo econômico*. É preciso compreendê-la, nesses termos, como um **marco emancipatório**, um novo modelo constitucional, nem sempre bem compreendido e nem sempre reverenciado em sua originalidade e funcionalidade, que considero inequívocas.

Bem por isso a inovação representada historicamente pela Constituição do México de 1917 não poderia ser trabalhada apenas no plano semântico, nem a este plano pode ser atribuída precedência sobre os demais. **A principal característica da Constituição de 1917 está na concepção transformativa**[6] **e coletivista**[7] que subjaz ao conhecido conjunto de suas normas pontualmente inovadoras.

Embora seja relevante resgatar a influência direta do *texto* de 1917 no constitucionalismo latino-americano, essa abordagem por si só é incompleta e, quando utilizada como ferramenta única para asseverar a circulação do modelo, revela um certo tom insípido e uma certa insensibilidade quanto à circulação de uma verdadeira revolução constitucionalista operada em 1917.

A circunstância de se tratar de uma Constituição surgida na América Latina e não no Velho Continente deve ingressar como um dos principais

---

6. Sobre o tema, *cf.* Tavares, André Ramos, *Direito econômico diretivo: percurso das propostas transformadoras,* São Paulo, 2014. O caráter nitidamente transformativo vem reconhecido também em parte da doutrina mexicana (*cf.* Soto Flores, Armando, "Principios fundamentales de la Constitución", in Galeana, Patricia, comp., *México y sus Constituciones,* México (DF) Archivo General de La Nación-Fondo de Cultura Económica, , 1999, p. 336).

7. Na história de documentos jurídicos com essa concepção pode-se regredir, como fez Linebaugh, a uma linhagem que contempla documentos esquecidos pela tradição ocidental liberal, como a Magna Carta do Bosque, explicitada em cláusulas já de 1215, mas mais amplamente detalhada a partir das Grandes Cartas de 1217 (*cf.* Linebaugh, Peter, *El manifiesto de la Carta Magna: comunes y libertades para el pueblo,* trad. de Yaiza Hernández Velásquez e Astor Díaz Simón, Madrid, Traficante de sueños, 2013; Tavares, André Ramos. As duas cartas: da terra ao bosque (entre patrimonialismo e coletivismo), *In: Revista Brasileira de Estudos Constitucionais,* 2015).

aspectos dessa inovação. Essa "territorialidade" revela-se como "contextualidade", ainda hoje relevante e marcante na compreensão do papel e da missão das constituições econômicas em países de desenvolvimento econômico tardio. A Constituição de 1917 era uma constituição voltada para a mudança, para a *transformação* das estruturas mais profundas da sociedade e da economia mexicanas.

Essa afirmativa não considera apenas o lado conceitual da Constituição Mexicana, mas encontra concretude, especialmente nos seus primeiros cinquenta anos de vigência da Carta de 1917. Em um período que vai da promulgação da Constituição Mexicana até uma crise ocorrida em 1968 Rabasa identifica o progresso social ligado ao modelo da Constituição de 1917:

> "El éxito que había tenido el Estado Social al transformar una sociedad básicamente rural, asentada en la economía primaria y en buena medida con una ínfima escolaridad y amplio analfabetismo, en una sociedad casi industrial, urbana y con una escolaridad difundida, todo lo cual había dado gestación y crecimiento a una clase media intelectualmente despierta, crítica y pujante, en tan solo cincuenta años de vigencia de la Constitución de 1917 [...]".[8]

A contextualização latina, que é mais ampla e, simultaneamente, essencial, identifica em 1917 uma nova e específica modelagem constitucional socioeconômica, que acaba por desembocar na referida proposta transformadora da realidade de atraso[9].

Uma consequência importante que se revela a partir dessa premissa está na atualidade de 1917. Torna-se possível, com ela, melhor identificar e compreender influências (impostas ou assimiladas de maneira irrefletida e imprópria) do constitucionalismo de países desenvolvidos, especialmente do constitucionalismo norte-americano, nos quais a distinta realidade econômica, os distintos objetivos sociais e a distinta formação histórica não põem em relevo o tratamento de certos temas (ou os assumem em perspectiva não raramente oposta) dos países periféricos.

---

8. Gabasa Ramboa, Emílio, "El primer centenario constitucional", in: Fernández Fernández, Vicente; Villabella Armengol, Carlos Manuel; Ramírez Marín, Juan, *La Constitución mexicana de 1917: 100 años después"*, Ciudad de México, Porrúa, 2017, citação p. 10, referência p. 2-22.

9. Certamente não se trata, portanto, apenas de um "constitucionalismo social, consagrador de normas de proteção ao trabalhador" (Barroso, Luís Roberto, *Curso de Direito Constitucional Contemporâneo: os conceitos fundamentais e a construção do novo modelo*, São Paulo, Saraiva, 2009, p. 65, n. 67).

3. A RIQUEZA PÚBLICA E O EXCEDENTE

No texto original de 1917, em comando de grande envergadura para o constitucionalismo[10], já se encontrava o germe de importante participação ampla do Estado[11], conforme fora plasmado no art. 27, que tratou disciplinar a propriedade, que passava pela concepção de "propriedade mista", construída a partir de seu titular originário, a nação[12]. Essa deveria ser organizada de acordo com o *interesse público*, com vistas à distribuição equitativa da riqueza pública, ao desenvolvimento de pequenas propriedades e até mesmo com o fito de evitar danos ambientais à propriedade. Mais importante, determinava-se a adoção de medidas que pudessem evitar danos à propriedade que prejudicassem a sociedade:

> "Art. 27 [...] La Nación tendrá en todo tiempo el derecho de imponer a la propiedad privada las modalidades que *dicte el interés público*, así como el de regular el aprovechamiento de los elementos naturales susceptibles (SIC) de apropiación, para hacer una *distribución equitativa de la riqueza pública y para cuidar de su conservación.* Con este objeto se dictarán las medidas necesarias para el fraccionamiento de los latifundios; para *el desarrollo de la pequeña propiedad*; para la *creación de nuevos centros de población agrícola* con las tierras y aguas que les sean indispensables; para el fomento de la agricultura y para evitar *la destrucción de los elementos naturales y los daños que la propiedad pueda sufrir en perjuicio de la sociedad.*"[13]

---

10. Assim considerado também pela doutrina mexicana (*cf.* Lopes Rosado, Felipe, *El regímen constitucional mexicano,* 2ª ed., México (DF), Porrua, 1964, p. 39).

11. Nesse sentido, Emilio Rabasa Gamboa assenta:

    "[...] la Constitución de 1917 también se distanció de su predecesora la de 1857 en otro sentido muy importante: en sus orígenes fue una constitución que fortaleció al Estado frente a la sociedad y la federación frente a las entidades federativas, esto es, una constitución estatista.[...]

    "Contrariamente al modelo liberal de 1857, la Constitución de 1917 fue marcadamente estatista.

    [...]

    "La constitución estatista asentó el concepto de 'Estado social de derecho' como una alternativa al 'Estado liberal de derecho' proprio de la Constitución de 1857, cuando introdujo los derechos sociales (arts. 3, 27 e 123) y sobre todo transformó el derecho de propiedad privada, casi irrestricto en 57 por el de una propiedad mixta: pública, privada y social, esto es una propiedad sujeta a las modalidades que dicte al interés e que originalmente correspondería a la nación, quién podría transmitir el dominio de ella a los particulares" Rabasa Gamboa, Emilio, *op cit,* p. 6-13.

12. A remissão, aqui, à "nação" apresentava uma efetiva perspectiva coletiva, e não uma tentativa de distorcer interesses sociais, como ocorrera na França revolucionária.

13. Original não destacado.

É esta a primeira constituição no mundo a "prever direitos sociais em favor das classes mais desprotegidas"[14], os direitos da classe campesina, o "outorgar aos campesinos um pedaço de terra para cultivarem"[15].

A distribuição equitativa da "riqueza pública" remete à "justiça social". Mais do que isso, porém, a preocupação com a forma e intensidade da apropriação da riqueza nacional natural, bem como com a ocorrência de dados resultantes de uma atividade econômica excessiva e inadequada antecipam a discussão sobre o marco normativo do excedente.

Trata-se, pois, uma vez mais e de maneira exemplar, da incorporação constitucional, em 1917, de preocupações, comandos e metas próprios do futuro modelo constitucional que se ocuparia com a relação econômica centro-periferia, visando à superação de uma carência que se considera, na teoria econômica furtadiana[16], típica dos países periféricos, que necessitam de uma atuação estatal específica e contínua para reverter as estruturas econômicas materiais de subdesenvolvimento e atraso socioeconômico, que reforçam e reproduzem as imensas distorções já existentes, muitas das quais engendradas pelo modelo colonialista europeu.

Atualmente, o direito ao desenvolvimento é previsto em documentos internacionais como a Declaração sobre o Direito ao Desenvolvimento da ONU (1986)[17], ou nos artigos 30 a 52 da Carta da OEA[18].

A Constituição da Boívia[19], aà exemplo da Constituição do Brasil(art. 3º o, III), prevê o direito ao desenvolvimento como finalidade do Estado

---

14. Soto Flores, *op cit*, nota 6, p. 333, tradução livre.

15. Soto Flores, *op cit*, nota 6, p. 336, tradução livre.

16. A concepção de CELSO FURTADO de subdesenvolvimento como a convivência entre estruturas modernas e arcaicas ("economia dualista" com "estruturas híbridas") é compreendida, em síntese do autor, nos seguintes termos: "O contato das vigorosas economias capitalistas com essas regiões de antiga colonização não se fez de maneira uniforme. [...] O impacto da expansão capitalista sobre as estruturas arcaicas variou de região para região [...]. Contudo, a resultante foi quase sempre a criação de estruturas híbridas, uma parte das quais tendia a comportar-se como um sistema capitalista, a outra, a se manter dentro da estrutura pré-existente. Esse tipo de economia dualista constitui, especificamente, o fenômeno do subdesenvolvimento contemporâneo." (Furtado, Celso, *Essencial Celso Furtado*, in: Rosa Freire D'Aguiar (org.), São Paulo, Penguin Classics Companhia das Letras, 2013, p. 128-9).

17. Texto disponível em <http://www.un.org/documents/ga/res/41/a41r128.htm>, acesso em 13.11.2016.

18. Texto disponível em <-41_Carta_da_Organiza%C3%A7%C3%A3o_dos_Estados_Americanos. htm#ch7>, acesso em 13.11.2016.

19. Texto disponível em <http://www.comunicacion.gob.bo/sites/default/files/docs/Nueva_ Constitucion_Politica_del_Estado_Boliviano_0.pdf> acesso em 13.11.2016.

em seu artigo 9[20]. A Constituição da Argentina[21] prevê o direito ao "desenvolvimento humano", ainda que o relacione ao direito "a un ambiente sano, equilibrado, apto para el desarrollo humano" (art. 41).

À época[22] da Constituição mexicana de 1917 era possível identificar países com menor desenvolvimento socioeconômico. No entanto, a realidade estrutural específica de países subdesenvolvidos não se limita ao *atraso* em termos temporais. Essencial é compreender que o desenvolvimento na América Latina não deve ser considerado natural, "mas voluntário e programado"[23].

Essa conhecida realidade periférica está atrelada aos fatores estruturais como a heterogeneidade do mercado produtivo, *falta de diversificação* e capacitação apropriadas de sua mão de obra e deterioração dos termos de troca nas relações centro-periferia. Essa percepção só viria a ser construída de maneira mais nítida, teoricamente, por meio

---

20. "Articulo 9 [...]

    6. Promover y garantizar el aprovechamiento responsable y planificado de los recursos naturales, e impulsar su industrialización, a través del desarrollo y del fortalecimiento de la base productiva en sus diferentes dimensiones y niveles, así como la conservación del medio ambiente, para el bienestar de las generaciones actuales y futuras".

21. Texto disponível em <http://www.senado.gov.ar/deInteres>, acesso em 13.11.2016.

22. Dos comentários a respeito da situação socioeconômica que culminou na Revolução mexicana, ALAN KNIGHT e MARÍA URQUIDI constatam que se tratava de um país de economia agrária, com uma acentuada desigualdade social e cultural entre a população rural e urbana: "[...] no era tan marcada la división entre la clase media urbana y la aristocracia laboral [...] mientras que entre ambos sectores y los campesinos, que constituían la mayor parte de la población, se abría todo un abismo[...]

    "La política del gobierno [...] se podía llevar a cabo en los centros urbanos [...] Pero ¿qué pasaba con el campo disperso, mudo, analfabeta, y con las multitudes de 'pueblos reacios al progreso' [...]?

    "En este sentido, el Estado se centró en la educación rural, que funcionaría al lado del programa de reforma agraria" (Knight Alan e Urquidi, María, "Los intelectuales en la Revolución Mexicana", *Revista Mexicana de Sociología*, Médico (DF), 1989, vol. 51, n. 2, pp. 37 e 62, disponível em <http://www.jstor.org/stable/3540678>, acesso em 11.04.2016. doi: 10.2307/3540678).

    Comparativamente, vale recordar que após a Guerra Civil, no fim do século XIX, os Estados Unidos já experimentava um grande momento de expansão industrial, tendo realizado uma política de assentamento nas terras, com o *Homestead Act*, de 1862. TOTA oferece uma ilustração desse contexto americano: "em jornais [...] do fim do século XIX e começo do XX, a América Latina era apresentada, de forma alegórica e caricatural" (Tota, Antonio Pedro, *Os americanos*, São Paulo, editora contexto, 2013 p. 103) sem a cultura e o empreendedorismo americano, o que correspondia ao momento expansionista e imperial.

23. Comparato, Fábio Konder, *Para viver a democracia*, São Paulo, Editora Brasiliense, 1989, p. 104.

dos arrojados estudos elaborado no seio da CEPAL[24], criada em 1948, especialmente a partir das pesquisas de economistas como RAÚL PREBISH e CELSO FURTADO, que produziriam seus trabalhos décadas após a Constituição mexicana[25].

Ainda hoje a América Latina ressente-se da falta de diversificação do setor produtivo, uma característica de países subdesenvolvidos, quase sempre associada ao quadro geral de dependência externa e baixa incorporação tecnológica nas atividades econômicas[26], o que se reflete na chamada divisão internacional do trabalho, alocando esses países como fornecedores de produtos agrícolas, sem qualquer valor agregado. Os países da região são extremamente dependentes de poucas *commodities*, cujo alvo principal é o mercado externo. Esse quadro representa eterna dependência externa e suscetibilidade a crises, além da mais evidente ausência de referido valor agregado nos produtos exportados, prejudicando nossa posição na partilha internacional da riqueza industrial.

A correta dimensão da necessária atuação do Estado, em prol da reversão desse quadro socioeconômico, foi incorporada de forma precoce na Constituição mexicana. Essa temática viria a ser objeto de preocupação em outros países subdesenvolvidos, como já exposto acima, o que demonstra o caráter visionário desse histórico documento latino-americano.

É inegável que o aspecto inovador do documento mexicano disseminou uma ideia de desenvolvimento nacional, ainda que à época não houvesse sido doutrinariamente formulado, mas que ecoou em todo o constitucionalismo dos países periféricos.

4. A CONCEPÇÃO DE DEMOCRACIA ECONÔMICA

GILBERTO BERCOVICI analisa a concepção de democracia econômica a partir da Constituição alemã de Weimar de 1919, cuja pretensão era

---

24. Comissão Econômica para a América Latina, do Conselho Econômico e Social das Nações Unidas.

25. *cf.* Bercovi, Gilberto, *Constituição econômica e desenvolvimento: uma leitura a partir da Constituição de 1988*, São Paulo, Malheiros, 2005, p. 47-52.

26. Sobre a incorporação da inovação tecnológica como um elemento fundamental para a superação efetiva do subdesenvolvimento, *cf.* Furtado, Celso, *Economia do desenvolvimento*, São Paulo, Contraponto/Centro Internacional Celso Furtado, 2008. Especificamente sobre a possibilidade de uma espécie de salto qualitativo das economias nacionais atrasadas, pelo aproveitamento de avanços tecnológicos: Gerschenkron, Alexander, *Reflection on the concept of "prerequisites" of modern industrialization*, In: Kanth, Rajani K. (ed.), *Paradigms in economic development*, New York Routledge, 2015.

atingir o socialismo a partir do capitalismo organizado[27]. Conforme relata o autor, uma das etapas dessa transição seria exatamente a extensão da democracia do âmbito político, no qual tem sido fortemente evocada, para o econômico[28]. Pretendo analisar, aqui, a importância extrema que este último elemento (democracia na economia) acabou por assumir no contexto da América Latina e dos países de desenvolvimento econômico tardio e desestruturado.

A proposta da democracia econômica em Weimar, ainda segundo BERCOVICI, incluía a cogestão dos empreendimentos privados por meio dos conselhos de fábrica, a ampliação dos empreendimentos públicos, bem como o controle de cartéis[29].

Para além das especificidades do modelo alemão positivado de democracia econômica, o cerne da ideia que pretendo destacar e analisar pode serresumidoa na **busca por efetivamente ampliar a integração das pessoas no processo das decisões econômicas privadas que a todos afetam.**

Dito de outra maneira, a democracia econômica passa por impedir que as decisões privadas econômicas (nacionais, regionais, setoriais, atuais e prospectivas) sejam exclusivas de um restrito setor empresarial, de forma que todos os cidadãos participem como agentes conscientes e responsáveis na definição dos rumos, limites e efeitos da economia.

A busca pela democracia econômica gera uma necessidade imperativa de ampliar a participação cidadã nos centros de decisão econômica, não como mera retórica ou abstração, mas como uma realidade cotidiana permanente.

Esse objetivo admite múltiplas políticas e instrumentais, todos com plena potencialidade transformadora. A redistribuição de renda, o fomento às micro e pequenas empresas, a tributação de grandes fortunas, a disciplina da remessa de capital para os países que sediam as empresas multinacionais, podem ser considerados exemplos de instrumentos concretos para ampliar o número de agentes econômicos nacionais participantes no processo decisório da economia nacional.

---

27. Bercovici, Gilberto, *Constituição e Estado de Exceção Permanente: atualidade de Weimar*, Rio de Janeiro, Azougue Editorial, 2004, p. 59.

28. *Idem.*

29. Bercovici, *op cit.,* nota 19, p. 60.

No contexto dos países subdesenvolvidos, a necessidade de democratizar as decisões sob o aspecto econômico assume uma conotação especial e pode consistir em uma "alternativa à dominação autoritária dos países em desenvolvimento, possibilitando a coordenação do desenvolvimento econômico com justiça social e ampliando a democracia política para a democracia social e econômica" [30].

Na atualidade, é preciso, sobretudo, impedir que haja o que N. Bukharin apresenta como a "escravização de países inteiros a consórcios bancários"[31].

5. A TERRA, O USO COMUM, A FUNÇÃO SOCIAL E A PROPRIEDADE PÚBLICA DE BENS ESTRATÉGICOS

Ao tratar da Carta Magna do Bosque, LINEBAUGH inicia sua impressionante obra histórica recordando a recente exploração das riquezas naturais no México e o rastro de destruição das vidas que constituiu seu legado.

Recordando os usos comuns assegurados às terras, mais propriamente aos bosques, desde tempos remotos, e que foram retratados na Magna Carta de 1215, traça um interessante paralelo, concluindo: "El *ejido* la propriedad comunal rural, ha sid destruíído y su protección legal, el artículo 27 de la Constitución mexicana, se ha revocado"[32]. Essa lembrança vem muito a propósito de uma Constituição que ainda havia tido a sensibilidade para o coletivo e, mais do que isso, para o uso coletivo de terras.

Entre as normas constantes da referida Constituição de 1917, grande relevância histórica efetivamente adquiriu o já mencionado e parcialmente abordado art. 27[33], que, ao dispor sobre a *propriedade privada*, estabeleceu a distinção entre propriedade originária, que era atribuída à nação, e *a propriedade derivada*, pela qual a nação poderia transmitir seu domínio aos particulares, bem como impôs a observância do interesse público.

---

30. *Ibidem*, p. 167.

31. O Imperialismo e a economia mundial, p. 141.

32. Linebaugh, Peter, *op. cit.*, nota 7, p. 24.

33. De acordo com Jorge Carpizo "El art. 27 fue el más importante de nuestra Constitución, el de 'mayor trascendencia nacional'. En 1917, México era un país con una pequeña e insignificante industria, y el problema del obrero no era tan grave como el agrario, columna vertebral de la economía de la nación" Carpizo, Jorge, *La Constitución Mexicana de 1917: longevidad casi centenaria,* 16ª ed., México (DF), Editorial Porrúa, 2013, p. 133.

O tratamento da matéria pela Constituição de 1917 foi efetivamente original[34] e representava a base do sistema agrário mexicano[35]. "Aboliu-se, com isto, o caráter absoluto e sagrado da propriedade privada, submetendo o seu uso, incondicionalmente, ao bem público, isto é, ao interesse de todo o povo. A nova Constituição criou, assim, o fundamento jurídico para a importante transformação sociopolítica provocada pela reforma agrária, a primeira a se realizar no continente latino-americano."[36] .

Criticando os que consideram Weimar como original na introdução da função social[37], Fachin bem destaca a Constituição 1917 no "inserir a função social da propriedade em seu texto normativo, embora não de forma expressa, como fez a nossa Constituição de 1946"[38] .

---

34. Esse artigo é inserido em um contexto de luta por direitos da classe dos camponeses de longa data. Os trabalhadores rurais compõem um dos importantes setores envolvidos na Revolução Mexicana de 1910, um dos movimentos antecedentes à Carta de 1917. Thais Lorea Ochoa faz a seguinte análise: "Desde el principio la Revolución Mexicana fue un 'fenómeno de masas', hubo movimientos campesinos asilados que tomaron alguna importancia [...]

    Las revueltas campesinas asiladas fueron extendiéndose y nasciendo con ellas la idea de una revolución [...]" Lorea Ochoa, Thais, "Programa del Partido Liberal Mexicano", in: Camacho, César (coord.), *Fuentes Históricas de la Constitución de 1917*, Ciudad de México, Porrúa, 2016, v. II: 1822-1916, referência p. 709-724, citação p. 716-7.

    As propostas da Revolução foram reunidas no manifesto denominado "Plan de San Luís" que "constituye el punto de partida de la Revolución Mexicana en su etapa armada" (Zarazúa Martínez, Ángel, "Plan de San Luis: estudio crítico. In Camacho, César - coord., *op. ci.*, v. II: 1822-1916, referência p. 741-770, citação p. 743). Esse Manifesto que de acordo com Zarzúa Martínes "para algunos [...] constituye uno de los antecedentes relevantes de la Constitución Mexicana de 1917" (*Idem*). Importante notar que o artigo 3º, segunda parte, desse documento já previa a restituição de terras a indígenas e pequenos proprietários dela "despojados". Esse trecho do manifesto "fue el que animó a los líderes de los campesinos, a sumarse al movimiento" (*ibidem*, p. 761).

35. Lopes Rosado, Felipe, *op. cit.*, nota 9, p. 39.

36. Comparato, Fábio Konder, *op. cit.*, nota 3, p. 188.

37. Sobre a origem da doutrina da função social da propriedade ALBERTO RICARDO DALLA VIA explica: "La denominada 'función social' de la propiedad proviene también de la elaboración doctrinaria francesa (Duguit), toda vez que el paso del Estado de Derecho individualista y burgués al Estado social se da con un *aggiornamento* del Estado de Derecho que contempla la realidad social como objetivo [...] La denominada 'función social de la propiedad' aparece como uno de los institutos característicos del denominado Estado social de Derecho; pero [...] en la delimitación del concepto mucho ha influido la Doctrina Social de la Iglesia Católica, a partir de la encíclica *Rerum Novarum*." (Dalla Via, Alberto Ricardo, *Derecho constitucional económico*, Buenos Aires, Abelado-Perrot, 1999, p. 242; para outros elementos relevantes cf. Tavares, André Ramos, *Direito constitucional econômico*, Rio de Janeiro-São Paulo, Forense-Método, 2011, p. 150-158)

38. Fachin, Luis Edson, "O direito que foi privado: a defesa do pacto civilizatório emancipador e dos ataques a bombordo e a boreste", *Revista de Informação Legislativa*, Brasília, ano 45, n. 179, jul./set. 2008, p. 215.

A expropriação mediante *indenização* foi prevista no artigo 27, *caput,* da Constituição Mexicana de 1917. Já o artigo 27 da Constituição mexicana de 1917, trazia as seguintes previsões (com destaques):

> "Art. 27.- La propiedad de las tierras y aguas comprendidas dentro de los límites del territorio nacional, corresponde originariamente a la Nación, la cual, ha tenido y tiene el derecho de transmitir el dominio de ellas a los particulares, constituyendo la propiedad privada. Esta no podrá ser apropiada sino por causa de la utilidad pública y mediante indemnización.
>
> La Nación tendrá en todo tiempo el derecho de imponer a la propiedad privada las modalidades que dicte el interés público, *así como el de regular el aprovechamiento de los elementos naturales susceptibles (sic) de apropiación, para hacer una distribución equitativa de la riqueza pública y para cuidar de su conservación. (...). Los pueblos, rancherías y comunidades que carezcan de tierras y aguas,* o no las tengan en cantidad suficiente para las necesidades de su población, *tendrán derecho a que se les dote de ellas, tomándolas de las propiedades inmediatas, respetando siempre la pequeña propiedad.* [...]
>
> *Corresponde a la Nación el dominio directo de todos los minerales o substancias que en vetas, mantos, masas o yacimientos, constituyan depósitos cuya naturaleza sea distinta de los componentes de los terrenos, tales como los minerales de los que se extraigan metales y metaloides utilizados en la industria; los yacimientos de piedras preciosas, de sal de gema y las salinas formadas directamente por las aguas marinas. Los productos derivados de la descomposición de las rocas, cuando su explotación necesite trabajos subterráneos; los fosfatos susceptibles de ser utilizados como fertilizantes; los combustibles minerales sólidos; el petróleo y todos los carburos de hidrógeno sólidos, líquidos o gaseosos.*
>
> *Son también propiedad de la Nación las aguas de los mares territoriales en la extensión y términos que fija el Derecho Internacional; las de las lagunas y esteros de las playas; las de los lagos inferiores de formación natural, que estén ligados directamente a corrientes constantes; las de los ríos principales o arroyos afluentes desde el punto en que brota la primera agua permanente hasta su desembocadura, ya sea que corran al mar o que crucen dos o más Estados; las de las corrientes intermitentes que atraviesen dos o más Estados en su rama principal; las aguas de los ríos, arroyos o barrancos, cuando sirvan de límite al territorio nacional o al de los Estados; las aguas que se extraigan de las minas; y los causes, lechos o riberas de los lagos y corrientes anteriores en la extensión que fije la ley. Cualquiera otra corriente de agua o incluiída en la enumeración anterior, se considerará como parte integrante de la propiedad privada que atreviese; pero el aprovechamiento de las aguas, cuando su curso pase de una finca a otra, se considerará como de utilidad pública y quedará sujeta a las disposiciones que dicten los Estados."*

Quanto ao resgate coletivo mencionado no início deste item, destaco o respectivo incido dessa cláusula:

"VI - Los condueñazgos, rancherías, pueblos, congregaciones, tribus y demás corporaciones de población que de hecho o por derecho guarden el estado comunal, tendrán capacidad para disfrutar en común las tierras, bosques y aguas que les pertenezcan o que se les hay restituido o restituyeren, conforme a la ley de 6 de enero de 1915; entre tanto la ley determina la manera de hacer el repartimiento únicamente de las tierras."

Além da visão inovadora a respeito do direito de propriedade e o respeito com os usos comuns da terra, os artigos acima instituem, já início do século passado, uma questão que permanece atual, que é a propriedade pública sobre recursos estratégicos, como petróleo, gás natural e águas subterrâneas.

A superação de uma concepção do direito de propriedade como inerente aos direitos humanos permitiu que se propiciassem condições normativas para promover a reforma agrária, que teria sido a primeira do continente americano[39].

Sua finalidade maior, na Constituição de 1917, era exatamente a "distribuição equitativa da riqueza pública" (tradução livre) contida no próprio art. 27. E para isso a Constituição determinada o fracionamento da propriedade latifundiária e a destinação de terras e águas pra os núcleos populacionais e as comunidades que delas fossem carentes. A centralidade do Homem e do interesse coletivo sobre os interesses pessoais é notável em 1917. O povoamento e exploração agrícolas foram arrolados como objetivos e podem ser considerados como uma cláusula própria de política agrícola e populacional.

Considerando a situação precária no campo, nessa época, essas cláusulas constitucionais assumiram grande impacto, tendo efetivamente provocado inúmeras mudanças. Este tópico revela o caráter transformativo da Constituição de 1917 para a estrutura social da época no México.

6. ATUALIDADES E OSCILAÇÕES CÍCLICAS DO MODELO DE 1917

Os pressupostos conceituais de 1917, acima delineados de maneira sumária, encontram-se vocacionados, indubitavelmente, ao coletivo, à preocupação com pressupostos não exclusivamente individualistas e, sobretudo, à perspectiva transformadora, que considero um dos principais aspectos de um constitucionalismo mais consciente de seu papel socioeconômico.

---

39. *cf.* Comparato, Fábio Konder, *op cit*, nota 3, p. 188

AINDA O DEBATE A PARTIR DA CONSTITUIÇÃO MEXICANA DE 1917

A Constituição de 1917 é um desses marcos históricos cujo legado é, nos dias de hoje, capaz de posicionar adequadamente países cujas econômicas periféricas não podem apenas pretender uma reprodução irrefletida de padrões próprios e institutos do capitalismo das nações avançadas economicamente.

Não obstante a tradição que a Constituição mexicana de 1917 inaugurou na América Latina, ainda há constantes debates acerca do modelo proposto pelo constitucionalismo da Constituição Mexicana, alvo de frequentes ataques de posições liberais de diversas roupagens.

Em épocas de prosperidade (sempre relativa e efêmera) as críticas dirigem-se, por parte de posições liberais, a uma suposta vulgarização de direitos, uma suposta presença excessiva de direitos, que levaria a sua desestabilização. Nas crises econômicas, essa discussão a respeito do suposto inchaço dos direitos e do Estado, mesmo em países em que as prestações estatais ainda não atingiram patamar minimamente satisfatório, retorna com muita força à pauta política e de Governos.

Desde o final da década de 80 identifica-se movimentos pendulares na América Latina entre governos mais comprometidos com os direitos sociais, redução das desigualdades, apropriação pública de recursos estratégicos, defesa de empresas de capital público em contraste com outros governos que priorizam a ortodoxia liberal, privatizações, e menor controle público sobre os recursos estratégicos[40], além de redução do marco regulatório e maximização autonômica das operações do sistema financeiro. Além disso, ao indivíduo é imputada, cada vez mais, uma certa "liberdade de empreendedorismo" (no sentido de Bauman) que se transforma em verdadeira armadilha de redução de seus direitos sociais, pela redução da presença do Estado que, na prática, equivale a uma redução dos chamados serviços públicos e da previdência pública. A esse propósito, bem advertiu o então Ministro Carlos Ayres Britto constituírem os serviços públicos uma postura prestacional onerosa do Estado,

> "sobretudo em favor de indivíduos e da cidadania. Por eles é que o Poder Público dá concretizadora **vazão aos direitos sociais, transformando-os em cotidianas políticas públicas de afirmação e promoção**

---

40. Nem mesmo a própria Constituição Mexicana de 1917, esteve livre do influxo liberal, de acordo com Emilio Rabasa Gamboa "[...] las reformas de 1992 sobretodo al artículo 27 constitucional si tuvieron un tinte más liberal e individualista al poner fin al reparto agrario, flexibilizar la propiedad ejidal para que el ejidatario individual pueda tener dominio sobre su parcela y pueda asociarse con otros campesinos del sector social o con particulares.", Rabasa Gamboa, Emilio, *op. cit.,* p. 14.

humana. Donde sua definição como atividade material com que o Estado-administração busca **instituir e elevar continuamente os padrões de bem-estar da coletividade**, fazendo-o pela oferta de préstimos ou comodidades que, do ângulo dos seus beneficiários, têm a peculiaridade do desfrute direto, individual e contínuo." (Voto do Min Ayres Britto no RE 599.628, Pleno, Rel p. o Acórdão Ayres Britto, j. 25.05.2011)

Na América Latina podemos encontrar oscilações ideológicas no discurso dominante nesse período da história recente. EDUARDO SILVA, por exemplo, analisa a guinada antiliberal deflagrada por movimentos sociais na Argentina, Bolívia, Equador e Venezuela entre os anos de 1989 e 2002[41]. Já o Brasil saiu de um ciclo de política (neo)liberal entre 1994-2002, para governos ao menos inicialmente não alinhados a essa ortodoxia econômica, a partir de 2003, com forte guinada a partir do *impeachment* ocorrido em 2016 e, sobretudo, após esse ato, com a inconstitucional e retrógrada Emenda Constitucional n. 95, que suspendeu a Constituição social brasileira e a capacidade desenvolvimentista do país.

7. PROPOSTAS QUE REGRIDEM A UM MODELO ANTERIOR A 1917

As reivindicações de recentes movimentos contra o (neo)liberalismo na América Latina coincidiam com a pauta da Constituição de 1917, visionária Carta que antecipou debates ainda atuais em torno da justiça social. De acordo com EDUARDO SILVA entre as principais reivindicações dos levantes anti(neo)liberais na América Latina destacam-se as seguintes: "nacionalização dos recursos naturais, controle sobre as companhias internacionais, política industrial, reforma agrária e programas sociais subsidiados"[42]. Essas reivindicações de atualidade inquestionável coincidem com os tópicos acima comentados da Carta de 1917.

Contudo, com o estabelecimento de um cenário recente de crise econômica, o discurso político predominante sofreu uma cíclica guinada em alguns países latino-americanos, fazendo com que o discurso (neo)liberal ganhasse força novamente e fosse resgatado como ideal libertador.

De acordo com estudo "Géopolitique de la Nouvelle Amérique Latine: pensées stratégiques et enjeux politiques" realizado pelo IRIS - Insti-

---

41. Silva, Eduardo, *Challenging neoliberalism in Latin America*, New York, Cambridge University Press, 2009, p. 1-13.

42. Silva, Eduardo, *Challenging neoliberalism in Latin America*, New York, Cambridge University Press, 2009, p. 4-5 (tradução livre).

tut de Relations Internationales[43], a partir de 2010 uma nova conjuntura econômica surge nos países latino-americanos e provoca a queda da atividade econômica. Entre os principais fatores dessa queda destaca-se a diminuição da demanda chinesa pelos principais produtos de exportação latino-americanos.

Uma publicação de 2016 capitaneada pelo Banco Interamericano de Desenvolvimento sustenta que o preço das matérias primas[44] (principal produto de exportação dos países da América Latina) tem caído desde o segundo semestre de 2011[45].

Ainda nesse sentido, segundo estudo do FMI, a queda dos preços das *commodities* foi mais abrupta desde meados de 2014. O principal produto cujo preço decresceu foi o petróleo bruto, seguido pelo preço dos metais e alimentos[46].

Esse fator, entre outros, como fatores internos de cada país, contribuíram para a diminuição do crescimento das economias latino-americanas, principalmente as economias com PIB mais relevante, como Brasil e México[47].

Essa crise econômica fomenta uma mudança política, diante da natural insatisfação com os resultados do crescimento econômico e inevitáveis consequências para o emprego e renda da população.

Desse modo, o discurso liberal retorna com seu já conhecido caminho para retomada econômica, que "reclama, como solução clara, dentre outros elementos considerados essenciais [...] pela privatização de

---

43. Cortinhas, Juliano; de France, Olivier; Kourliandsky, Jean-Jacques; Maulny, Jean-Pierre; Ventura, Christophe, *Géopolitique de la Nouvelle Amérique Latine: Pensées stratégiques et enjeux politiques*, Direction générale des relations internationales et stratégie, IRIS, Institut de Relations Internationales, Ministère de la Défense (France), Paris, 2016, p. 23-4, Disponível em <http://www.iris-france.org/wp-content/uploads/2016/04/2016-avril--ETUDE-G%C3%A9opolitique-de-la-nouvelle-Am%C3%A9rique-latine.pdf>, acesso em 13.11.2016.

44. Inseridas na categoria de *commodities*.

45. Powell, Andrew (coord.), *Tiempo de decisiones: América Latina y el Caribe ante sus desafíos*, New York, Banco Interamericano de Desenvolvimento, 2016, p. 5, disponível em <https://publications.iadb.org/bitstream/handle/11319/7533/Tiempo-de-decisiones-America-Latina--y-el-Caribe-ante-sus-desaf%C3%ADos.pdf?sequence=2>, acesso em 13.11.2016.

46. International Monetary Fund, *Perspectivas económicas: Las Américas*. Washington, D. C., International Monetary Fund, 2015, p. 47, disponível em <https://www.imf.org/external/spanish/pubs/ft/reo/2015/whd/pdf/wreo0415s.pdf>, acesso em 13.11.2016.

47. cf. Powell, Andrew (coord.), *op cit*, p. 7-8.

serviços públicos e pela abertura da economia, a *maior eficiência,* como palavra de ordem"[48].

Essa viragem a vertentes mais alinhadas ao discurso liberal pode fazer regredir a patamares anteriores ao surgimento do modelo da Constituição Mexicana de 1917, pois reduz o papel central Estado às políticas fiscais, ignorando e mesmo combatendo outros instrumentos estatais de atuação econômica e abdicando de uma soberania do Estado quanto a aspectos essenciais de um orçamento orientado ao desenvolvimento. GILBERTO BERCOVICI adverte para o risco e para a invalidade de "uma supremacia do orçamento monetário sobre as despesas sociais"[49].

Combatem-se apenas os efeitos nefastos e efetivamente indesejáveis de uma desaceleração econômica, ou mesmo de uma estagnação, que tem origens remotas na estrutura econômica precária pré-desenvolvimentista.

No Brasil a recente e anteriormente mencionada Emenda Constitucional n. 95/2016, seguindo a fórmula da propalada "austeridade" fiscal, pretende congelar os gastos, limitando as despesas primárias federais dos "Orçamentos Fiscal e da Seguridade Social da União" a vigorar por "vinte exercícios financeiros", ou seja, os gastos serão indexados por vinte anos (*cf.* redação do art. 106 ao Ato das Disposições Constitucionais Transitórias - ADCT - da Constituição do Brasil, inserido pela aludida EC[50]), com impactos para investimentos em educação, saúde e infraestrutura.

Essa Emenda Constitucional é representativa da mais estrita observância aos padrões do (neo)liberalismo, no aspecto de uma artificial e arbitrária redução da complexidade das questões econômicas e sociais. Como resposta a um imediatismo exacerbado surge a restrição de despesas, esquecendo-se de que o problema orçamentário-fiscal decorre principalmente da reduzida arrecadação devida à falta de crescimento econômico, ao já altíssimo nível de precarização da mão de obra e da infraestrutura nacional. Dentre as soluções fica também rechaçada a hipótese de reduzir o alto volume de comprometimento governamental com o rentismo, para o pagamento de juros da dívida pública que compro-

---

48. Tavares, André Ramos. *Direito Econômico Diretivo:* percursos das propostas transformadoras. São Paulo, 2014. p. 16.

49. Bercovici, Gilberto, *op. cit*, p. 11.

50. Texto pode ser visualizado em < http://www.planalto.gov.br/ccivil_03/Constituicao/Constituicao.htm >, acesso em 17.02.2017.

mete significativamente o orçamento[51], preferindo-se alcançar - quando se opta pela execrável quebra de confiança, como se optou efetivamente - apenas a parcela mais carente da população (reformas previdenciária e trabalhista).

CONCLUSÕES

A Constituição mexicana de 1917 trouxe os moldes de um modelo de Estado que alia uma ideia de função social da propriedade, abordagem coletiva, nacional e pública dos recursos estratégicos e um prenúncio das noções de estado desenvolvimentista. O Direito econômico está nela representado em sua singularidade inicial.

Esses elementos estão interligados, sendo essenciais em uma real missão transformativa do Estado. O discurso que permite superação é o discurso consciente do excedente, considerado como riqueza produzida pela sociedade e, especialmente, a partir de recursos naturais, discurso que se livra da resposta ideológica da escassez generalizada e permanente (para a qual só restaria efetivamente a saída da austeridade total).

Mas a apropriação de seus recursos naturais só alcança pleno êxito se se promover incorporação tecnológica e diversificação produtiva, evitando que um país continue dependendo da exportação de poucas *commodities*. A grande dependência das *commodities,* além de representar uma óbvia incapacidade de agregar valor aos bens produzidos, torna qualquer projeto de desenvolvimento socioeconômico extremamente instável.

Essa instabilidade aumenta na atual conjuntura de "financeirização das commodities"[52], o que, no atual mercado financeiro, traduz-se na

---

51. Carvalho, Laura, *Pec 241 pode prolongar a crise,* In: Folha de São Paulo, 13.10.2016, disponível em <http://www1.folha.uol.com.br/colunas/laura-carvalho/2016/10/1822278-pec-241--pode-prolongar-a-crise.shtml>, acesso em 13.11.2016. As mesmas posições da autora foram reproduzidas em audiência pública no Senado Federal em 16.11.2016, conforme referido em artigo publicado por consultor do Senado Federal que sustenta a inconstitucionalidade da PEC: Vieira Junior, Ronaldo Jorge Araujo, *As inconstitucionalidades do "novo regime fiscal" instituído pela PEC n. 55 de 2016 (PEC 241, de 2016, na Câmara dos Deputados),* Brasília, Núcleo de Estudos e Pesquisas/CONLEG/Senado, novembro/2016 (Boletim Legislativo nº 53, de 2016), Disponível em: <www.senado.leg.br/estudos> Acesso em 1º de novembro de 2016. Sintomaticamente, as propostas de Emenda Parlamentar ao Projeto (EMCs n. 8 e 9 de 2016) do Deputado ANDRÉ FIGUEIREDO, que pretendiam, justamente, limitar o pagamento de juros e encargos da dívida pública, foram rejeitadas na Câmara dos Deputados.

52. Carneiro, Ricardo de Medeiros, *Commodities, choques externos e crescimento:* reflexões sobre a América Latina, CEPAL, Serie Macroeconomia del Desarrollo, 2012, v. 117, p. 27., ref. p. 1-46,

"transformação das *commodities* numa classe particular de ativo e sua sujeição às mesmas regras de formação de preços dos ativos financeiros e ao desenvolvimento recorrente de bolhas de preços"[53].

Dessa forma, pode-se dizer que a vulnerabilidade tão crítica das economias latino-americanas às oscilações de preços das *commodities* denuncia além do baixo grau de sofisticação e diversidade do setor produtivo, a ausência de compromisso de seus governos com a matriz transformadora que o constitucionalismo latino americano apresenta desde a Constituição Mexicana de 1917.

REFERÊNCIAS BIBLIOGRÁFICAS

Barroso, Luís Roberto, *Curso de Direito Constitucional Contemporâneo*: os conceitos fundamentais e a construção do novo modelo, São Paulo, Saraiva, 2009.

Bercovici, Gilberto, *Constituição e Estado de Exceção Permanente*: atualidade de Weimar, Rio de Janeiro, Azougue Editorial, 2004.

____. *Constituição econômica e desenvolvimento*: uma leitura a partir da Constituição de 1988, São Paulo, Malheiros, 2005.

____. O ainda indispensável direito econômico, *In* Benevides, Maria Victoria de Mesquita, Bercovici, Gilberto, Melo, Claudineu de, *Direitos humanos, democracia e república: homenagem a Fabio Konder Comparato*, São Paulo, Quartier Latin, 2009.

____. "A Constituição invertida: a suprema corte americana no combate à ampliação da democracia", In *Lua Nova*, São Paulo, 2013, n. 89, pp. 107-134.

____. *Política econômica e direito econômico*, In: Revista Fórum de Direito Financeiro e Econômico - RFDFE, Belo Horizonte, ano 1, n. 1, mar. / ago. 2012, p. 2. ref. p. 1-18. Versão digital disponível em <https://disciplinas.stoa.usp.br/pluginfile. php/311930/mod_resource/content/1/D_GBE_PoliticaeconomicaeDireitoEconomico.pdf> acesso em 13.11.2016.

Bercovici, Gilberto e Massonetto, Luis Fernando, "Limites da Regulação: Esboço para uma Crítica Metodológica do 'Novo Direito Público da Economia', In: *Revista de Direito Público da Economia*., Beo Horizointe, jan/mar2009, n. 25, ano 7, pp. 137-47.

BUKHARIN, N.. *O imperialismo e a economia mundial*: análise econômica. Tradução de Aurélia Sampaio Leite. Rio de Janeiro: Laemmert, 1969.

Carneiro, Ricardo de Medeiros, *Commodities, choques externos e crescimento:* reflexões sobre a América Latina, CEPAL, Serie Macroeconomia del Desarrollo, 2012, v. 117, p. 27, ref. p. 1-46, disponível em <http://repositorio.cepal.org/bitstream/handle/11362/5349/S1100893_pt.pdf?sequence=1&isAllowed=y>, acesso em 14.11.2016.

CaRpizo, Jorge, *La Constitución Mexicana de 1917: longevidad casi centenaria*, 16a ed., México (DF), Editorial Porrúa, 2013.

---

disponível em <http://repositorio.cepal.org/bitstream/handle/11362/5349/S1100893_pt.pdf?sequence=1&isAllowed=y>, acesso em 14.11.2016.

53. *Idem.*

Carvalho, Laura, *Pec 241 pode prolongar a crise*, In: Folha de São Paulo, 13.10.2016, disponível em <http://www1.folha.uol.com.br/colunas/laura-carvalho/2016/10/1822278--pec-241-pode-prolongar-a-crise.shtml>, acesso em 13.11.2016.

Comparato, Fábio Konder, O indispensável direito econômico, *In Revista dos Tribunais*, v. 533, São Paulo, mar. 1965.

_____. *Para viver a democracia*, São Paulo, Editora Brasiliense, 1989.

_____. *Muda Brasil, uma Constituição para o desenvolvimento Democrático*, 4a ed. São Paulo, Editora Brasiliense, 1987.

_____. *A afirmação histórica dos direitos humanos*, 2. ed. São Paulo, Saraiva, 2001.

Cortinhas, Juliano; de France, Olivier; Kourliandsky, Jean-Jacques; Maulny, Jean-Pierre; Ventura, Christophe, *Géopolitique de la Nouvelle Amérique Latine: Pensées stratégiques et enjeux politiques*, Direction générale des relations internationales et stratégie, IRIS, Institut de Relations Internationales, Ministère de la Défense (France), Paris, 2016, p. 23-4, Disponível em <http://www.iris-france.org/wp-content/uploads/2016/04/2016-avril-ETUDE-G%C3%A9opolitique-de-la--nouvelle-Am%C3%A9rique-latine.pdf>, acesso em 13.11.2016.

Fachin, Luis Edson, "O direito que foi privado: a defesa do pacto civilizatório emancipador e dos ataques a bombord e a boroeste", *In Revista de Informação Legislativa*, Brasília, jul/set 2008, ano 45, n. 179, pp. 207-17. Franco, Afonso Arinos de Melo. *Direito constitucional: teoria da Constituição. As Constituições do Brasil*, Rio de Janeiro, Forense, 1976.

Furtado, Celso, *A construção interrompida*, 2. ed, Rio de Janeiro, Paz e Terra, 1992.

_____. *Formação econômica do Brasil*, São Paulo, Companhia das Letras, 2007.

_____. (organização, apresentação e notas de D`AGUIAR, Rosa Freire), *Essencial Celso Furtado*, São Paulo, Penguin Classics Companhia das Letras, 2013.

_____. *Economia do desenvolvimento*, São Paulo, Contraponto/Centro Internacional Celso Furtado, 2008.

Grau, Eros Roberto, *A ordem econômica na Constituição de 1988*, 16a ed São Paulo, Malheiros, 2014.

International Monetary Fund, *Perspectivas económicas: Las Américas*. Washington, D.C, International Monetary Fund, 2015, p. 47, disponível em <https://www.imf.org/external/spanish/pubs/ft/reo/2015/whd/pdf/wreo0415s.pdf>, acesso em 13.11.2016

Kay, Richard, American Constitucionalism, In ALEXANDER, Larry, *Constitutionalism*: *Philosophical Foundations*, Cambridge: Cambridge University Press, 1999, pp. 16-63.

Knight, Alan e Urquidi, María, "Los Intelectuales En La Revolución Mexicana". *Revista Mexicana De Sociología* (Instituto de Investigaciones Sociales de la Universidad Nacional Autónoma de México, Universidad Nacional Autónoma de México), 1989, vol 51, n. 2, pp. 25–65, disponível em <http://www.jstor.org/stable/3540678>, acesso em 11.04.2016, doi 10.2307/3540678.

Gerschenkron, Alexander, *Reflection on the concept of "prerequisites" of modern industrialization*, In: Kanth, Rajani K. (ed), *Paradigms in economic development*, New York Routledge, 2015.

Linebaugh, Peter, *El manifesto de la Carta Magna: comunes y libertades para el pueblo*, Tradução por Yaiza Hernández Velázquez e Astor Díaz Simón, Madrid, traficantes de sueños, 2013.LOPES Rosado, Felipe, *El regimen constitucional mexicano*, 2. ed. México, Porrua, 1964.

México, *Constituición Política de Los Estados Unidos Mexicanos* (versão atual), disponível em <http://www.diputados.gob.mx/LeyesBiblio/pdf/1_29ene16.pdf> acesso em 11.04.2016.

México, *Constituición Política de Los Estados Unidos Mexicanos* (versão de 1917), disponível em <http://www.diputados.gob.mx/LeyesBiblio/ref/dof/CPEUM_orig_05feb1917_ima.pdf> acesso em 11.04.2016.

México, *Reformas Constitucionales en Orden Cronológico*, disponível em < http://www.diputados.gob.mx/LeyesBiblio/ref/cpeum_crono.htm> acesso em 11.04.2016.

Polanyi, Karl, *A subsistência do homem e ensaios correlatos*, Rio de Janeiro, Contraponto, 2012.

Powell, Andrew (cord.), *Tiempo de decisiones: América Latina y el Caribe ante sus desafíos*, New York, Banco Interamericano de Desenvolvimento, 2016, disponível em <https://publications.iadb.org/bitstream/handle/11319/7533/Tiempo-de-decisiones-America-Latina-y-el-Caribe-ante-sus-desaf%C3%ADos.pdf?sequence=2>, acesso em 13.11.2016.

Rabasa Gamboa, Emilo, "El primer centenario constitucional", In: Fernández Fernández, Vicente; Villabella Armengol, Carlos Manuel; Ramírez Marín, Juan, *La Constitución mexicana de 1917: 100 años después"*, Ciudad de Mexico, Porrúa, 2017, referência p. 2-22.

Silva, Eduardo, *Challenging neoliberalism in Latin America,* New York, Cambridge University Press, 2009.

SOTO FLORES, Armando, "Principios fundamentales de la Constitución", In GALEANA, Patricia (compiladora), *México y sus Constituciones,* México (D.F), Archivo General de la Nación/ Fondo de Cultura Económica, 1999.

Tavares, André Ramos, *Direito constitucional econômico,* 3a ed. Rio de Janeiro,-São Paulo, Forense-Método, 2011.

_____. *Direito econômico diretivo*: *percursos das propostas transformativas*, São Paulo: 2014.

_____. "Justiça constitucional: originalidades históricas e tipicidade latino-americana", *In Revista Brasileira de Estudos Constitucionais*, Belo Horizonte, 2014, ano 8, n. 30, .

_____. "Facções privadas e política econômica não-democrática da ditadura brasileira", *In Revista Brasileira de Estudos Constitucionais*, Belo Horizonte, mai./ago. 2015, ano 9, n. 32, pp. 1047-66.

_____. As duas Cartas: da terra ao bosque (entre patrimonialismo e coletivismo), *In*: *Revista Brasileira de Estudos Constitucionais*, 2015. Ano 9, n. 33, set./dez. 2015, pp. 479-97.

_____. *Curso de Direito Constitucional*, 15. ed, São Paulo, Saraiva, 2017.

Tota, Antonio Pedro, *Os americanos*, São Paulo, editora contexto, 2013.

Dalla Via, Alberto Ricardo, *Derecho constitucional económico,* Buenos Aires, Abelado-Perrot, 1999.

Vieira Junior, Ronaldo Jorge Araujo, *As inconstitucionalidades do "novo regime fiscal" instituído pela PEC n. 55 de 2016 (PEC 241, de 2016, na Câmara dos Deputados)*, Brasília, Núcleo de Estudos e Pesquisas/CONLEG/Senado, novembro/2016 (Boletim

Legislativo nº 53, de 2016), Disponível em: <www.senado.leg.br/estudos> Acesso em 1º de novembro de 2016.

Zarazúa Martínez, Ángel, "Plan de San Luis: estudio crítico. In Camacho, César - cord: Camacho, César (cord.), *Fuentes Históricas de la Constituición de 1917*, Ciudad de México, Porrúa, 2016, v. II: 1822-1916, referência p. 741-770.

A CONSTITUCIONALIZAÇÃO DA FRATERNIDADE JURÍDICO-CONTEMPORÂNEA[1]

Grégore Moreira de Moura[2]

SUMÁRIO: 1. Introdução. 2. O Constitucionalismo fraterno de Ayres Britto. 3. A fraternidade jurídico-contemporânea. Conclusão. Bibliografia.

1. INTRODUÇÃO

O presente artigo tem por objetivo desenvolver o conceito da fraternidade jurídico-contemporânea, tendo como possível marco teórico o constitucionalismo fraterno do emitente jurista Carlos Ayres Britto, visando alterar a visão constitucional deste princípio esquecido, para fundamentar a sua constitucionalização e sua aplicação concreta e efetiva, através da extração de sua natureza jurídica.

2. O CONSTITUCIONALISMO FRATERNO DE AYRES BRITTO

Defensor assíduo do humanismo no Direito Constitucional e do constitucionalismo fraterno, o ex-Ministro da Suprema Corte Brasileira, professor e poeta Carlos Ayres Britto advoga a tese da ligação da Fraternidade e do Direito, assim como das facetas do humanismo como categoria constitucional, aí incluída a democracia fraternal.

Segundo ele: *"status civilizatório ou elevado padrão de civilidade de todo um povo é a terceira dimensão conceitual"*[3], porém este status

---

1. Trabalho adaptado como parte da tese de doutorado a ser apresentada na área de Direito Constitucional na Faculdade de Direito da UFMG.

2. Procurador Federal da Advocacia-Geral da União. Mestre em Ciências Penais pela UFMG. Doutorando em Direito Constitucional pela UFMG. Ex-Diretor Nacional da Escola da Advocacia-Geral da União. Presidente da Comissão de Advocacia Pública Federal da OAB-MG.

3. BRITTO, Carlos Ayres. *O Humanismo como Categoria Constitucional*. Belo Horizonte: Editora Fórum, 2007. p. 33.

somente pode ser alcançado pela Democracia, que teria três *"traços fisionômicos"*, quais sejam: a democracia procedimentalista; a democracia substancial e a democracia fraternal.

A primeira se confundiria com o Estado Formal de Direito e a formação dos Poderes Executivo e Legislativo, através da representação.

A segunda seria pela diversidade de instâncias e núcleos decisórios no poder político e pelas ações distributivistas.

Já a democracia fraternal seria *"caracterizada pela positivação dos mecanismos de defesa e preservação do meio ambiente, mais a consagração do pluralismo conciliado com o não-preconceito, especialmente servido por políticas públicas de ações afirmativas que operem como fórmula de compensação das desvantagens historicamente sofridas por certos grupamentos sociais, como os multirreferidos segmentos dos negros, dos índios, das mulheres e dos portadores de deficiência física (espécie de igualdade-civil-moral, como ponto de arremate da igualdade política e econômica-social)"*[4].

Portanto, para o professor Ayres Britto, a ideia de fraternidade está totalmente ligada aos conceitos de humanismo e democracia, isto é, o humanismo tem como uma de suas facetas a democracia, sendo que esta pode ser adjetivada como fraternal, quando respeita o outro na proteção das minorias com ações afirmativas que promovem a igualdade pelo equilíbrio trazido pela fraternidade.

Todavia, o professor Ayres Britto sofre críticas, como a exposta por Francisco Lopes Neto:

> *"A proposta é louvável. Entretanto, ao admitir o humanismo como fim, o constitucionalismo fraternal assume um conteúdo de interpretação excessivamente aberta. Não há como ponderar todos os direitos que convergem atualmente para questões rotineiras envolvendo educação, saúde, alimentação, trabalho, moradia, transporte, lazer, segurança, previdência social, proteção à maternidade e à infância, assistência etc., pois todos eles têm correlação direta com os direitos fundamentais da pessoa humana. Dito de outra maneira, no âmbito do constitucionalismo fraternal, todos esses direitos têm proteção de direito fundamental, o que implica grandes dificuldades hermenêuticas"*[5].

---

4. Op. cit. p. 34-35.
5. NETO, Francisco Lopes. *O Constitucionalismo Fraternal e sua Consistência Enquanto Proposição Lógico-Argumentativa – uma análise do princípio da fraternidade expresso pelo Ministro do STF Carlos Ayres Britto em suas obras literárias e julgados*. Revista da AGU, Brasília-DF, v. 16, n. 01, jan./mar. 2017. p. 131.

No entanto, a teoria do constitucionalismo fraterno defendida acima foi reverberada em decisões judiciais da Suprema Corte Brasileira[6], em votos relatados pelo Ex-Ministro, como nos casos do HC 94.163/RS, RMS 26071 / DF e ADI 3510/DF.

---

6. Francisco Lopes Neto, como dito acima, faz críticas ao Constitucionalismo Fraternal enquanto proposição lógico-argumentativa em artigo em que ele faz uma análise crítica de algumas decisões do STF à luz da Lógica dos Verdadeiros Argumentos de Alec Fischer. Para subsidiar o espírito crítico, é de bom tom que se transcreva algumas partes do estudo, para fomentar o debate, pedindo escusas ao leitor pela extensão das citações.

Ao falar das duas obras do Ministro Ayres Britto, o autor diz: *"Em resumo, nas duas obras percebe-se que o constitucionalismo fraternal é flexível o suficiente para atender a quaisquer demandas, até por se tratar de um instituto com elevada carga humanitária e principiológica. Justamente para não se perder em suas vastas possibilidades argumentativas, é preciso diminuir ao máximo a subjetividade da sua análise, como forma de garantir o perfeito entendimento dos argumentos que o sustentam. Isso será possível com o auxílio dos indicadores de inferência de Alec Fisher".* Op. cit. p. 132.

Em seguida, na sua conclusão, o autor traz outros quatro trechos em que diz: *"Ao analisar com objetividade os julgados propostos pela pesquisa, vê-se que o constitucionalismo fraternal é interessante como figura linguística, mas não responde bem às complexidades dos temas atuais. Se o que se pretende é a efetividade da justiça, é preciso trabalhar as decisões jurídicas dentro de um conjunto coeso de ideias capaz de trazer uma resposta definitiva às questões".* Op. cit. p. 156.

(...)

"O constitucionalismo fraternal, andando de mãos dadas com o neoconstitucionalismo, aparece como uma forma de valorizar o papel do intérprete, com o objetivo de fazer pender para o judiciário o poder político da nação. Vários subterfúgios são usados como instrumento dessa lógica: a força normativa da Constituição; os princípios da razoabilidade e da proporcionalidade, a constitucionalização do Direito, a eficácia horizontal dos direitos fundamentais, a derrotabilidade das regras perante os princípios etc. Ocorre que, sem uma referência normativa clara, o juiz fica livre para decidir como bem entende. Tudo isso colabora para que o STF, no cumprimento de suas extensas funções como órgão julgador máximo, atente pela quantidade mais do que pela qualidade de suas decisões". Op. cit. p. 157.

(...)

"Pelo seu conteúdo aberto a praticamente todos os direitos judicializáveis, as balizas do constitucionalismo fraternal não oferecem argumentos sólidos o suficiente para que se possa chegar a decisões conclusivas e aceitáveis juridicamente. Em termos argumentativos, como se viu na análise das decisões, é difícil haver cotejo entre as conclusões e as razões que lhe dariam fundamento. Encontra-se, ao contrário, referências pontuais a argumentos genéricos fundamentados em retórica. A lógica jurídica, portanto, não consegue funcionar como limite ao julgador; atua, ao revés, como uma conveniente oportunidade para sustentar pontos de vista pessoais e preconcebidos". Op. cit. p. 157/158.

(...)

"O efeito disso é o de que as razões apresentadas com fundamento do constitucionalismo fraternal dificilmente poderão levar a uma solução definitiva para casos futuros semelhantes. Como há uma correlação direta com os direitos fundamentais da pessoa humana, praticamente qualquer tese contrária pode ser manejada com fulcro nesses mesmos parâmetros. Decisões sem consistência lógico-formal não são bem-vindas, porque abrem as portas a insegurança jurídica, este sim um problema grave a ser enfrentado com decisões jurisprudenciais claras e objetivas". Op. cit. p. 158.

No primeiro caso (HC 94.163/RS) foi deferida a ordem para com fundamento na interpretação da Lei de Execução Penal em cotejo com a Carta Magna e utilizando-se da perspectiva em construção de uma sociedade fraterna, o Ministro concedeu a ordem de habeas corpus para que a fuga não seja considerada data-base para novo cálculo de livramento condicional, já que não se pode "zerar" o tempo de pena já cumprido em virtude da fuga, o que não se confundiria com a não contagem do período em que esteve foragido. Como mencionado no Acordão, diz o Relator Ayres Britto ao mencionar a fraternidade: *"Essa particular forma de parametrar a interpretação da lei (no caso, a LEP) é a que mais se aproxima da Constituição Federal, que faz da cidadania e da dignidade da pessoa humana dois de seus fundamentos (incisos II e III do art. 1º). Mais: Constituição que tem por objetivos fundamentais erradicar a marginalização e construir uma sociedade livre, justa e solidária (incisos I e III do art. 3º). Tudo na perspectiva da construção do tipo ideal de sociedade que o preâmbulo de nossa Constituição caracteriza como "fraterna""*[7].

No segundo caso (RMS 26071 / DF), houve provimento a um recurso ordinário em mandado de segurança para que candidato portador de deficiência visual (ambliopia) pudesse participar de concurso público nas vagas reservadas aos portadores de necessidades especiais, aduzindo também em sua fundamentação que: *"A reparação ou compensação dos fatores de desigualdade factual com medidas de superioridade jurídica constitui política de ação afirmativa que se inscreve nos quadros da sociedade fraterna que se lê desde o preâmbulo da Constituição de 1988. 4. Recurso ordinário provido"*[8].

O terceiro e último caso (ADI 3510/DF) é sem dúvida o mais paradigmático e demonstra clara aplicação prática da fraternidade, segundo a teoria defendida acima.

Trata-se de ação direta de inconstitucionalidade ajuizada pela Procuradoria Geral da República para declarar a inconstitucionalidade do bloco previsto no art. 5º da Lei de Biossegurança[9], especialmente, no

---

7. HC 94163 / RS - RIO GRANDE DO SUL. HABEAS CORPUS. Relator (a): Min. CARLOS BRITTO. Julgamento: 02/12/2008. Órgão Julgador: Primeira Turma. Disponível em www.stf.jus.br.

8. RMS 26071 / DF - DISTRITO FEDERAL. RECURSO EM MANDADO DE SEGURANÇA. Relator (a): Min. CARLOS BRITTO. Julgamento: 13/11/2007. Órgão Julgador: Primeira Turma. Disponível em www.stf.jus.br.

9. Art. 5º da Lei 11.105/05: "É permitida, para fins de pesquisa e terapia, a utilização de células--tronco embrionárias obtidas de embriões humanos produzidos por fertilização in vitro e não utilizados no respectivo procedimento, atendidas as seguintes condições: I – sejam embriões

que tange às pesquisas em células tronco embrionárias, com fins tera-pêuticos.

Na ementa do acórdão proferido, há uma densa fundamentação em torno da constitucionalidade da Lei de Biossegurança, porém, com base eminentemente no constitucionalismo fraternal desenvolvido pelo Ilus-tre Professor e Ex-Ministro Ayres Brito, cujo trecho vale transcrever:

> *"(...) II - LEGITIMIDADE DAS PESQUISAS COM CÉLULAS-TRONCO EMBRIO-NÁRIAS PARA FINS TERAPÊUTICOS E O CONSTITUCIONALISMO FRATER-NAL. A pesquisa científica com células-tronco embrionárias, autorizada pela Lei n° 11.105/2005, objetiva o enfrentamento e cura de patologias e traumatismos que severamente limitam, atormentam, infelicitam, de-sesperam e não raras vezes degradam a vida de expressivo contingente populacional (ilustrativamente, atrofias espinhais progressivas, distrofias musculares, a esclerose múltipla e a lateral amiotrófica, as neuropatias e as doenças do neurônio motor). A escolha feita pela Lei de Biossegurança não significou um desprezo ou desapreço pelo embrião "in vitro", porém uma mais firme disposição para encurtar caminhos que possam levar à superação do infortúnio alheio. Isto no âmbito de um ordenamento cons-titucional que desde o seu preâmbulo qualifica "a liberdade, a segurança, o bem-estar, o desenvolvimento, a igualdade e a justiça" como valores su-premos de uma sociedade mais que tudo "fraterna". O que já significa in-corporar o advento do constitucionalismo fraternal às relações humanas, a traduzir verdadeira comunhão de vida ou vida social em clima de trans-bordante solidariedade em benefício da saúde e contra eventuais tramas do acaso e até dos golpes da própria natureza. Contexto de solidária, com-passiva ou fraternal legalidade que, longe de traduzir desprezo ou des-respeito aos congelados embriões "in vitro", significa apreço e reverência a criaturas humanas que sofrem e se desesperam. Inexistência de ofensas ao direito à vida e da dignidade da pessoa humana, pois a pesquisa com células-tronco embrionárias (inviáveis biologicamente ou para os fins a que se destinam) significa a celebração solidária da vida e alento aos que se acham à margem do exercício concreto e inalienável dos direitos à feli-cidade e do viver com dignidade (Ministro Celso de Mello) ".*[10]

---

inviáveis; ou II – sejam embriões congelados há 3 (três) anos ou mais, na data da publicação desta Lei, ou que, já congelados na data da publicação desta Lei, depois de completarem 3 (três) anos, contados a partir da data de congelamento. § 1º Em qualquer caso, é necessário o consentimento dos genitores. § 2º Instituições de pesquisa e serviços de saúde que realizem pesquisa ou terapia com células-tronco embrionárias humanas deverão submeter seus pro-jetos à apreciação e aprovação dos respectivos comitês de ética em pesquisa. § 3º É vedada a comercialização do material biológico a que se refere este artigo e sua prática implica o crime tipificado no art. 15 da Lei no 9.434, de 4 de fevereiro de 1997.

10. ADI 3510 / DF. DISTRITO FEDERAL. AÇÃO DIRETA DE INCONSTITUCIONALIDADE. Relator (a): Min. AYRES BRITTO. Julgamento: 29/05/2008. Órgão Julgador: Tribunal Pleno. Disponí-vel em www.stf.jus.br.

Em outros casos, no âmbito do STF, se pode vislumbrar a aplicação do constitucionalismo fraternal como na Petição 3.388 (O caso da Raposa Serra do Sol) e a ADPF 132 (convertida na ADI 4277 – União Estável Homoafetiva), cujas ementas ora se transcreve:

> Petição 3.388[11]: *"AÇÃO POPULAR. DEMARCAÇÃO DA TERRA INDÍGENA RAPOSA SERRA DO SOL. INEXISTÊNCIA DE VÍCIOS NO PROCESSO ADMINISTRATIVO- DEMARCATÓRIO. OBSERVÂNCIA DOS ARTS. 231 E 232 DA CONSTITUIÇÃO FEDERAL, BEM COMO DA LEI Nº 6.001/73 E SEUS DECRETOS REGULAMENTARES. CONSTITUCIONALIDADE E LEGALIDADE DA PORTARIA Nº 534/2005, DO MINISTRO DA JUSTIÇA, ASSIM COMO DO DECRETO PRESIDENCIAL HOMOLOGATÓRIO. RECONHECIMENTO DA CONDIÇÃO INDÍGENA DA ÁREA DEMARCADA, EM SUA TOTALIDADE. MODELO CONTÍNUO DE DEMARCAÇÃO. CONSTITUCIONALIDADE. REVELAÇÃO DO REGIME CONSTITUCIONAL DE DEMARCAÇÃO DAS TERRAS INDÍGENAS. A CONSTITUIÇÃO FEDERAL COMO ESTATUTO JURÍDICO DA CAUSA INDÍGENA. A DEMARCAÇÃO DAS TERRAS INDÍGENAS COMO CAPÍTULO AVANÇADO DO CONSTITUCIONALISMO FRATERNAL. INCLUSÃO COMUNITÁRIA PELA VIA DA IDENTIDADE ÉTNICA. VOTO DO RELATOR QUE FAZ AGREGAR AOS RESPECTIVOS FUNDAMENTOS SALVAGUARDAS INSTITUCIONAIS DITADAS PELA SUPERLATIVA IMPORTÂNCIA HISTÓRICO-CULTURAL DA CAUSA. SALVAGUARDAS AMPLIADAS A PARTIR DE VOTO-VISTA DO MINISTRO MENEZES DIREITO E DESLOCADAS PARA A PARTE DISPOSITIVA DA DECISÃO. 1. AÇÃO NÃO CONHECIDA EM PARTE.*
>
> *(...). 9. A DEMARCAÇÃO DE TERRAS INDÍGENAS COMO CAPÍTULO AVANÇADO DO CONSTITUCIONALISMO FRATERNAL. Os arts. 231 e 232 da Constituição Federal são de finalidade nitidamente fraternal ou solidária, própria de uma quadra constitucional que se volta para a efetivação de um novo tipo de igualdade: a igualdade civil-moral de minorias, tendo em vista o proto-valor da integração comunitária. Era constitucional compensatória de desvantagens historicamente acumuladas, a se viabilizar por mecanismos oficiais de ações afirmativas. No caso, os índios a desfrutar de um espaço fundiário que lhes assegure meios dignos de subsistência econômica para mais eficazmente poderem preservar sua identidade somática, linguística e cultural. Processo de uma aculturação que não se dilui no convívio com os não-índios, pois a aculturação de que trata a Constituição não é perda de identidade étnica, mas somatório de mundividências. Uma soma, e não uma subtração. Ganho, e não perda. Relações interétnicas de mútuo proveito, a caracterizar ganhos culturais incessantemente cumulativos. Concretização constitucional do valor da inclusão comunitária pela via da identidade étnica. (...)[12].*

---

11. Pet 3388 / RR - RORAIMA. PETIÇÃO. Relator (a): Min. CARLOS BRITTO. Julgamento: 19/03/2009. Órgão Julgador: Tribunal Pleno. Disponível em www.stf.jus.br.

12. Somente houve transcrição do item 9 da ementa do Acórdão, em virtude de sua extensão e para não perder o foco do estudo em tela. Para conferir o inteiro teor da decisão, ver http://redir.stf.jus.br/paginadorpub/paginador.jsp?docTP=AC&docID=630133.

ADPF 132[13]: *ARGUIÇÃO DE DESCUMPRIMENTO DE PRECEITO FUN-DAMENTAL (ADPF). PERDA PARCIAL DE OBJETO. RECEBIMENTO, NA PARTE REMANESCENTE, COMO AÇÃO DIRETA DE INCONSTITUCIO-NALIDADE. UNIÃO HOMOAFETIVA E SEU RECONHECIMENTO COMO INSTITUTO JURÍDICO. CONVERGÊNCIA DE OBJETOS ENTRE AÇÕES DE NATUREZA ABSTRATA. JULGAMENTO CONJUNTO. Encampação dos fundamentos da ADPF nº 132-RJ pela ADI nº 4.277-DF, com a finalidade de conferir "interpretação conforme à Constituição" ao art. 1.723 do Código Civil. Atendimento das condições da ação. 2. PROIBI-ÇÃO DE DISCRIMINAÇÃO DAS PESSOAS EM RAZÃO DO SEXO, SEJA NO PLANO DA DICOTOMIA HOMEM/MULHER (GÊNERO), SEJA NO PLANO DA ORIENTAÇÃO SEXUAL DE CADA QUAL DELES. A PROIBIÇÃO DO PRECONCEITO COMO CAPÍTULO DO CONSTITUCIONALISMO FRATER-NAL. HOMENAGEM AO PLURALISMO COMO VALOR SÓCIO-POLÍTICO--CULTURAL. LIBERDADE PARA DISPOR DA PRÓPRIA SEXUALIDADE, INSERIDA NA CATEGORIA DOS DIREITOS FUNDAMENTAIS DO INDI-VÍDUO, EXPRESSÃO QUE É DA AUTONOMIA DE VONTADE. DIREITO À INTIMIDADE E À VIDA PRIVADA. CLÁUSULA PÉTREA. O sexo das pes-soas, salvo disposição constitucional expressa ou implícita em sentido contrário, não se presta como fator de desigualação jurídica. Proibição de preconceito, à luz do inciso IV do art. 3º da Constituição Federal, por colidir frontalmente com o objetivo constitucional de "promover o bem de todos". Silêncio normativo da Carta Magna a respeito do concreto uso do sexo dos indivíduos como saque da kelseniana "nor-ma geral negativa", segundo a qual "o que não estiver juridicamente proibido, ou obrigado, está juridicamente permitido". Reconhecimento do direito à preferência sexual como direta emanação do princípio da "dignidade da pessoa humana": direito a auto-estima no mais elevado ponto da consciência do indivíduo. Direito à busca da felicidade. Salto normativo da proibição do preconceito para a proclamação do direito à liberdade sexual. O concreto uso da sexualidade faz parte da autono-mia da vontade das pessoas naturais. Empírico uso da sexualidade nos planos da intimidade e da privacidade constitucionalmente tuteladas. Autonomia da vontade. Cláusula pétrea (...)[14].*

De todo o exposto, chega-se a duas conclusões:

a) a fraternidade pode e deve ter aplicação prática;

b) o constitucionalismo fraterno ou fraternal de Carlos Ayres Britto exposto nas decisões judiciais acima está diretamente ligado à Fraterni-

---

13. ADPF 132 / RJ - RIO DE JANEIRO. ARGUIÇÃO DE DESCUMPRIMENTO DE PRECEITO FUNDA-MENTAL. Relator (a): Min. AYRES BRITTO. Julgamento: 05/05/2011. Órgão Julgador: Tribu-nal Pleno.

14. Somente houve transcrição do item 9 da ementa do Acórdão, em virtude de sua extensão e para não perder o foco do estudo em tela. Para conferir o inteiro teor da decisão, ver http://redir.stf.jus.br/paginadorpub/paginador.jsp?docTP=AC&docID=628633.

dade como forma de proteção e garantia das minorias em uma sociedade que promova o reconhecimento desta exclusão que promove.

Com efeito, somente com o reconhecimento da exclusão social das minorias, através de tos não -fraternos, é que se pode trazer ações afirmativas direcionadas à inclusão, com fundamento no novo viés constitucional contemporâneo, qual seja, o constitucionalismo fraternal defendido pelo professor-poeta. Centrado neste ideal, que se propõe um novo conceito de fraternidade, qual seja, a fraternidade jurídico--contemporânea.

3. A FRATERNIDADE JURÍDICO-CONTEMPORÂNEA

O que seria a fraternidade jurídica?

Pode-se iniciar sua definição a partir da reflexão de Adilson Silva Ferraz, que, apesar de um pouco extensa, vale a pena transcrever:

> *"¿Cuáles srían lasn diferencias entonces entre una fraternidad moral y una fraternidad jurídica? La principal diferencia que propongo es que la fraternidad «moral» es un atributo interno al sujeto, mientras que la comunidad jurídica es un atributo externo, que conecta las dos áreas. Pero no sólo eso. La fraternidad jurídica no es sólo un derecho, sino también un deber, imponible a los sujetos y al Estado. La comunidad jurídica se puede establecer como un concepto, un principio o regla general, dependiendo de qué función debe desempeñar y loque pretiende el creador de la ley en términos de modelo social que se debe buscar. La fraternidad, como un concepto, que aparece en la arena discursiva de foros jurídicos como digno de ser considerado derecho, camina para convertirse en un principio, una orden de cumplimiento de los derechos fundamentales, que irradia más tarde por medio de las reglas. La fraternidad jurídica tiene la ventaja de evitar el uso ideológico de la fraternidad por una clase de iluminada, un discurso religioso dominante, una teoría de los oprimidos libertarios, o cualquier grupo que intenta imponer su propia visión del mundo. En este sentido, el derecho fraterno ofrece un filtro que ayuda a prevenir el abuso n la reinvindicación de derechos y deberes, sobre la base de la fraternidad. Un derecho fraterno encuentra, como presupuesto, la fraternidad moral, sin la cual no puede existir. Por eso mismo, ser fraterno en el sentido jurídico demanda primero obtener una respuesta a la primera pregunta que nos guía: ¿cómo ser fraternal sin saber lo que es la fraternidad? De ahí la importancia de los estudios sobre la fraternidad, que establecerían los límites a su ejercicio en el marco moral, y en la fraternidad jurídica, que indicarían los límites de esta práctica dentro de los sistemas jurídicos. La fraternidad jurídica se inscribe así en la especificidad de cada derecho nacional (pero también del derecho internacional), con sujeción a los criterios de evaluación y los mecanismos jurídicos disponibles (doctrinales, jurídicos, legislativos, etc.), que modulan su significado y su alcance en el*

ejercicio del control social. No debemos esperar que el derecho altere su racionalidad debido a la inclusión de la fraternidad como elemento jurídico, lo que cambia son sus objetivos y el significado de sus prácticas"[15].

Com base nas reflexões supra, arrisca-se uma definição de fraternidade sob o viés moderno.

Assim, a fraternidade jurídica contemporânea consiste em um direito público subjetivo do cidadão dotado de verticalidade, exigível do Estado e que permeia todos os direitos constitucionais, através do movimento de sua constitucionalização material, a qual promove incessantemente a fraternização da Carta Magna.

Nesta esteira, há um correlato dever constitucional de fraternidade por parte do Estado, ou seja, em todos os seus atos e políticas públicas, o Estado não deve respeitar somente a liberdade e a igualdade, mas também a fraternidade.

Portanto, retira-se do conceito aqui mencionado a abstração e a ligação cristã, que promoveram o esquecimento da fraternidade em uma sociedade capitalista, burguesa e liberal.

Além disso, o conceito de fraternidade é eminentemente jurídico, ou seja, apesar de ser influenciado pelas demais ciências humanas, a fraternidade jurídica-contemporânea possui caráter prático, ecumênico e efetivo, ao se deslocar de uma impossibilidade de aplicação em uma sociedade individualista e capitalista, isto é, ousa-se aqui aduzir que, parafraseando Dworkin, a verdadeira "Virtude Soberana" é o resgate da fraternidade em um sentido exigível verticalmente do Estado[16], para que o mesmo se paute pelo Direito Fraterno atrelado às já incorporadas liberdade e igualdade em suas políticas públicas. Isso é possível? Quais seriam as concepções dessa fraternidade? É possível sua definição?

De antemão, como exemplo da aplicação prática desta ideia que desde já pode ser anotada é o caso da ADI 5357, que traz um exemplo das

---

15. FERRAZ, Adilson Silva. *El derecho como regulador del discurso ideológico de la fraternidad en una sociedad posneoliberal.* Revista Eletrônica de Direito do Centro Universitário Newton Paiva. Nº 28. jan./abr. 2016 .p. 55/56. Disponível em http://blog.newtonpaiva.br/direito/wp-content/uploads/2016/02/DIR-28-05.pdf. Acesso em 30 de janeiro de 2017.

16. Aqui se faz apenas uma metáfora, para ilustrar o argumento desenvolvido, já que Dworkin desenvolve um conceito diferente de fraternidade, sempre atrelado ao conceito de comunidade, ou seja, desenvolve as obrigações de fraternidade na comunidade política. Para aprofundar no tema, ver DWORKIN, Ronald. *O império do Direito.* 3ª edição. São Paulo: Martins Fontes, 2014.

concepções de fraternidade como acolhimento, ética e tolerância, cujo acórdão se transcreve:

> *"EMENTA: AÇÃO DIRETA DE INCONSTITUCIONALIDADE. MEDIDA CAUTELAR. LEI 13.146/2015. ESTATUTO DA PESSOA COM DEFICIÊNCIA. ENSINO INCLUSIVO. CONVENÇÃO INTERNACIONAL SOBRE OS DIREITOS DA PESSOA COM DEFICIÊNCIA. INDEFERIMENTO DA MEDIDA CAUTELAR. CONSTITUCIONALIDADE DA LEI 13.146/2015 (arts. 28, § 1º e 0, caput , da Lei nº 13.146/2015). 1. A Convenção Internacional sobre os Direitos da Pessoa com Deficiência concretiza o princípio da igualdade como fundamento de uma sociedade democrática que respeita a dignidade humana. 2. À luz da Convenção e, por consequência, da própria Constituição da República, o ensino inclusivo em todos os níveis de educação não é realidade estranha ao ordenamento jurídico pátrio, mas sim imperativo que se põe mediante regra explícita. 3. Nessa toada, a Constituição da República prevê em diversos dispositivos a proteção da pessoa com deficiência, conforme se verifica nos artigos 7º, XXXI, 23, II, 24, XIV, 37, VIII, 40, § 4º, I, 201, § 1º, 203, IV e V, 208, III, 227, § 1º, II, e § 2º, e 244. ADV.(A/S) : CAIO SILVA DE SOUSA A M. CUEDERACAO FEDERAÇÃO DAS FRATERNIDADES CRISTAS DE PESSOAS CO DEFICIÊENCIA DO BRASIL FCD/BR ADV.(A / S) : ARNALDO FERNANDES NOGUEIRA E OUTRO (A / S) A M. CURIAE . : ORGANIZAÇÃO NACIONAL DE ENTIDADES DE DEFICIENTES FÍSICOS NO BRASIL - ONEDEF ADV.(A / S) : PAULO ROBERTO IOTTI VECCHIATTI A M. CURIAE . : ASSOCIAÇÃO DE PAIS, AMIGOS E PESSOAS COM DEFICIÊNCIA, DE FUNCIONÁRIOS DO BANCO DO BRASIL E DA COMUNIDADE - APABB ADV.(A / S) : JOÃO ADILBERTO PEREIRA XAVIER A M. CURIAE . : FEDERAÇÃO NACIONAL DAS ASSOCIAÇÕES PESTALOZZI ADV.(A / S) : JOAQUIM SANTANA NETO EMENTA: AÇÃO DIRETA DE INCONSTITUCIONALIDADE. MEDIDA CAUTELAR. LEI 13.146/2015. ESTATUTO DA PESSOA COM DEFICIÊNCIA. ENSINO INCLUSIVO. CONVENÇÃO INTERNACIONAL SOBRE OS DIREITOS DA PESSOA COM DEFICIÊNCIA. INDEFERIMENTO DA MEDIDA CAUTELAR. CONSTITUCIONALIDADE DA LEI 13.146/2015 (arts. 28, § 1º e 30, caput , da Lei nº 13.146/2015). 1. A Convenção Internacional sobre os Direitos da Pessoa com Deficiência concretiza o princípio da igualdade como fundamento de uma sociedade democrática que respeita a dignidade humana. 2. À luz da Convenção e, por consequência, da própria Constituição da República, o ensino inclusivo em todos os níveis de educação não é realidade estranha ao ordenamento jurídico pátrio, mas sim imperativo que se põe mediante regra explícita. 3. Nessa toada, a Constituição da República prevê em diversos dispositivos a proteção da pessoa com deficiência, conforme se verifica nos artigos 7º, XXXI, 23, II, 24, XIV, 37, VIII, 40, § 4º, I, 201, § 1º, 203, IV e V, I 208, III, 227, § 1º, II, e § 2º, e 244. 4. Pluralidade e igualdade são duas faces da mesma moeda. O respeito à pluralidade não prescinde do respeito ao princípio da igualdade. E na atual quadra histórica, uma leitura focada tão somente em seu aspecto formal não satisfaz a completude que exige o princípio. Assim, a igualdade não se esgota com a previsão normativa de acesso igualitário a bens jurídicos, mas engloba também a*

previsão normativa de medidas que efetivamente possibilitem tal acesso e sua efetivação concreta. 5. O enclausuramento em face do diferente furta o colorido da vivência cotidiana, privando-nos da estupefação diante do que se coloca como novo, como diferente. 6. É somente com o convívio com a diferença e com o seu necessário acolhimento que pode haver a construção de uma sociedade livre, justa e solidária, em que o bem de todos seja promovido sem preconceitos de origem, raça, sexo, cor, idade e quaisquer outras formas de discriminação (Art. 3º, I e IV, CRFB). 7. A Lei nº 13.146/2015 indica assumir o compromisso ético de acolhimento e pluralidade democrática adotados pela Constituição ao exigir que não apenas as escolas públicas, mas também as particulares deverão pautar sua atuação educacional a partir de todas as facetas e potencialidades que o direito fundamental à educação possui e que são densificadas em seu Capítulo IV. 8. Medida cautelar indeferida. 9. Conversão do julgamento do referendo do indeferimento da cautelar, por unanimidade, em julgamento definitivo de mérito, julgando, por maioria e nos termos do Voto do Min. Relator Edson Fachin, improcedente a presente ação direta de inconstitucionalidade"[17].

Da simples leitura da decisão acima, surge a seguinte indagação. Seria suficiente a igualdade para solucionar o problema supracitado? Ou para que haja plenitude do princípio da igualdade e equilíbrio, há que se ter em mente a fraternidade?

Com certeza, não basta apenas a igualdade e isso fica claro na decisão, pois que se baseou no reconhecimento do outro, do diferente com um "plus" ou adendo de tratamento fraterno. por quêe?

Porque uma coisa é respeitar o diferente e reconhecer seus direitos, outra é fomentar a tolerância, o acolhimento, a ética, o empoderamento,

---

17. O inteiro teor da decisão supramencionada por ser encontrada no sítio do STF. Disponível em http://redir.stf.jus.br/paginadorpub/paginador.jsp?docTP=TP&docID=12012290. Acesso em 24 de novembro de 2016. Resultado assim proclamado: *"A C Ó R D Ã O: Relatados e discutidos estes autos, acordam os Ministros do Supremo Tribunal Federal, em Sessão Plenária, por unanimidade, em converter o julgamento do referendo da cautelar em julgamento de mérito, julgando, por maioria e nos termos do Voto do Min. Relator Edson Fachin, improcedente a presente ação direta de inconstitucionalidade, vencido, no ponto, o Ministro Marco Aurélio, que a julgava parcialmente procedente. Ausente, justificadamente, o Ministro Celso de Mello. Nos termos do voto do Min. Relator Edson Fachin, assentou-se que a Lei nº 13.146/2015 indica assumir o compromisso ético de acolhimento e pluralidade democrática adotados pela Constituição ao exigir que não apenas as escolas públicas, mas também as particulares deverão pautar sua atuação educacional a partir de todas as facetas e potencialidades que o direito fundamental à educação possui e que são densificadas em seu Capítulo IV. À luz da Convenção Internacional sobre os Direitos da Pessoa com Deficiência e da Constituição da República, somente com o convívio com a diferença e com o seu necessário acolhimento que pode haver a construção de uma sociedade livre, justa e solidária, em que o bem de todos seja promovido sem preconceitos de origem, raça, sexo, cor, idade e quaisquer outras formas de discriminação (art. 3º, I e IV, CRFB)". .*

o sentimento de pertencimento, participação e reconhecimento, ou seja, concretizar o Direito de maneira fraterna.

Percebe-se, pois, como as diversas concepçõe da fratrernidade[18] se transformam em um direito público subjetivo.

A fraternidade pode ser tratada como amor; tolerância; acolhimento, regaste da ética e da moral em sua relação com o Direito; o empoderamento; o sentimento de pertencimento; participação; reconhecimento; reciprocidade; comunidade, além de poder ter diversas dimensões: política, jurídica, econômica, religiosa e filosófica. Para tanto é preciso de uma determinação mais concreta de sua aplicação.

E como isso pode ser feito? Como se pretende essa determinação? Qual concepção se coaduna com a fraternidade jurídico-contemporânea?

De antemão já se descarta as concepções religiosa e filosófica, sem deixar de reconhecer sua influência histórica no processo de desenvolvimento da fraternidade, porque se pretende propor um conceito jurídico, ainda que permeado de conteúdos políticos e econômicos.

Já foram desenvolvidas as diversas concepções de fraternidade, o que demonstra sua pluralidade semântica, bem como as diversas óticas ou parâmetros em que pode ser conceituada. Portanto, pretende-se agora caminhar para uma concepção jurídica.

Vale mencionar a interessante síntese proposta por Eduardo Rafael Petry Veronese, ao concluir que:

> "Enfim, considerando-se todas as contribuições tratadas por estes diversos autores, mostra-se possível a construção de um conceito sintético de Fraternidade, formado pela Tese Interação e Antítese Comprometimento,

---

18. *1. O "reconhecimento" de que todos e todas, sem exceção, devemos ter a possibilidade de reagir culturalmente frente ao entorno de relações no qual vivemos.*

2. O respeito como forma de conceber o reconhecimento como condição necessária, mas não suficiente, na hora de pôr em prática as lutas pela dignidade.

3. A reciprocidade como base para saber devolver o que tomamos dos outros para construir os nossos privilégios, seja dos outros seres humanos, seja da mesma natureza da qual dependemos para a reprodução primária da vida.

4. Assumir nossa responsabilidade na subordinação dos outros, e nossa responsabilidade de exigir responsabilidades aos que cometeram o saqueio e a destruição das condições de vida dos demais.

5. A redistribuição, ou seja, o estabelecimento de regras jurídicas e ações políticas e econômicas concretas que possibilitem a todos não somente satisfazer suas necessidades primárias, mas, além disso, a construção de uma dignidade humana não submetida aos processos depredatórios do sistema capitalista". Op.cit. p. 392.

a fim de se concretizar um ideal de Participação ou Interação Comprometida ou Responsável. Tal proposta semântica seria capaz de admitir a verdadeira plurissignificação que é o princípio da Fraternidade, sob diversas perspectivas"[19].

Malgrado seja interessante e abrangente o conceito supracitado, ainda há no mesmo uma enorme carga de abstração e filosofia, como já foi percebido em outras concepções.

Portanto, não abarca inteiramente a proposta deste estudo com um viés da fraternidade mais focado no aspecto jurídico e vertical (relaçãstado- – cidadão).

Dworkin nos auxilia na extração desta concepção quando defende o princípio legislativo da integridade e das decisões judiciais, principalmente, quando aduz que:

> *"A integridade expande e aprofunda o papel que os cidadãos podem desempenhar individualmente para desenvolver as normas públicas de sua comunidade, pois exige que tratem as relações entre si mesmos como se estas fossem regidas de modo característico, e não espasmódico, pois essas normas (...)*
>
> *A integridade, portanto, promove a união da vida moral e política dos cidadãos: pede ao bom cidadão, ao decidir como tratar seu vizinho quando os interesses de ambos entram em conflito, que interprete a organização comum da justiça à qual estão comprometidos em virtude da cidadania"*[20].

Nesta esteira, o autor acima referido define a fraternidade quase que como o que ele chama de comunidade, gerando a seguinte equação: integridade gera pertencimento que seria a soma da diminuição do conflito com a fraternidade (comunidade).

Logo, a fraternidade seria uma espécie de engajamento e pertencimento movido pela reciprocidade a partir do reconhecimento de práticas interpretativas, proporcionadas pelas obrigações associativas e políticas surgidas desta noção.

Importante notar que a fraternidade não se confunde com amor, apesar de poder ser interpretada sob essa concepção. Como se não bastasse, também não se pode obrigar o Estado a adotar tais práticas, pois isso destruiria a própria noção de amor.

Mais uma vez Dworkin é preciso:

---

19. VERONESE, Eduardo Rafael Petry. *Um conceito de fraternidade para o Direito*. Rio de Janeiro: Lumen Juris, 2015. p. 108

20. DWORKIN, Ronald. *O império do Direito*. 3ª edição. São Paulo: Martins Fontes, 2014. p. 230.

"Agumas terorias acerca da comunidade ideal defendem ea possilibilidade até o fim: desejam ansiosamente que cada cidadão sinta pelos outros emoções tão profundas, e como uma fusão equivalente de personalidades, como a dos amantes, dos amigos mais íntimos ou dos membros de uma mesma família unida por laços afetivos extremamente fortes. É certo que não poderíamos interpretar a política de qualquer comunidade política como a expressão desse nível de interesse mútuo, e tampouco é atraente esse ideal. A rendição total da personalidade e da autonomia ali explícita deixaria às pessoas muito pouco espaço para levarem suas vidas em vez de serem levadas com elas; destruiria as próprias emoções que celebra. Nossas vidas são ricas porque são complexas conforme os níveis e a natureza da comunidade em que vivemos. Se sentíssemos por amantes, amigos ou colegas nada além do mais intenso interesse que pudéssemos sentir por todos os nossos concidadãos, isso significaria a extinão, e nãáo a universalidade do amor"[21].

Ocorre que, malgrado os conceitos acima trazidos por Dworkin sejam importantes para definir algumas balizas, sua análise, salvo melhor juízo, parte do comportamento do cidadão frente ao Estado, bem como o desenvolvimento da noção de obrigatoriedade em se respeitar as normas jurídicas daí provenientes. Ao contrário, o que se propõe neste momento é o inverso, visto que a relação ora estudada parte do respeito pelo Estado do princípio da fraternidade, ou melhor, o Estado como fomentador e responsável pelo respeito a ele.

Com efeito, de todas as concepções analisadas sob o aspecto horizontal da fraternidade, como a exposta por Dworkin, pode-se tirar a fundamentação para que se promova a fraternidade como direito público subjetivo do cidadão frente ao Estado e fixar a aplicação de suas balizas jurídicas, mas sob o aspecto vertical.

Veja-se que o comportamento humano pode ser influenciado pelo corpo social e o corpo social pode ser influenciado pelo Governo e pelo Estado. Se há incentivo de um "governo integrativo", o corpo social (em primeiro plano) e o indivíduo (em segundo plano) começam a agir em fraternidade.

O que se propõe é que a fraternidade como direito público subjetivo vertical promova uma exigência de governo integrativo o que, promoverá as mudanças necessárias no corpo social e, por último, no individuo.

E o que se entende por governança integrativa?

O conceito aqui utilizado é o proposto por STOUT e LOVE:

---

21. DWORKIN, Ronald. *O império do Direito*. 3ª edição. São Paulo: Martins Fontes, 2014. p. 259.

A CONSTITUCIONALIZAÇÃO DA FRATERNIDADE JURÍDICO-CONTEMPORÂNEA

> *"Integrative Governance offers a synthesis understanding of the social bond that enables a moderate amount of structure and group identity while maintaining authentic individual expression. This is expressed as one-becoming-through-many. In short, there is a pluality ofs singularities (things and beings), but they are not radicalized. Instead, all of existence is interconnected through dynamic ensembles in the ongoing process of becoming actual. This ontological relating is the innate bond that inter-connects all things, including human beings"[22].*

E, em sequência, arrematam:

> *"Alternatively, Integrative Governance assumes mutual interest that can be facilitated or hindered by social systems. In other words, even if there is something that innately binds us together, it can be either repressed (generating fear) or fostered (generating trust). If humankind is at least capable of being other-regarding, socially responsible, trustworthy, and cooperative, institutions should be designed to foster these characteris-tics, as opposed to preventing their opposites. This will require a much more dynamic and participatory form of self-governance in which prac-tices themselves develop and sustain the social bond organically and au-thentically while accommodating ongoing change as differences are con-fronted and integrated"[23].*

Portanto, com a fraternidade vertical e seu reconhecimento como direito público subjetivo, dribla-se o problema filosófico de que não se pode obrigar o indivíduo a ser fraterno, mas pode-se obrigar o Estado a sê-lo pelo exemplo e pela exigência ora ventilada, obviamente sem aban-

---

22. *"A Governança Integrativa oferece uma compreensão de síntese do vínculo social que permite uma quantidade moderada de estrutura e identidade de grupo enquanto mantém a expressão individual autêntica. Isto é expresso como um- tornando-se por-muitos. Em suma, há uma plurali-dade de singularidades (coisas e seres), mas não são radicalizadas. Em vez disso, toda a existência é interconectada através de conjuntos dinâmicos no processo em curso de tornar-se real. Esta relação ontológica é o vínculo inato que interconecta todas as coisas, incluindo os seres humanos (tradução livre)".* STOUT, Margaret e LOVE, Jeannine M. *Fraternity, Solidarity, and Unity*. Dispo-nível em https://www.academia.edu/12395860/Fraternity_Solidarity_and_Unity_Concepts_Grounded_in_Competing_Ontologies?auto=download. Acesso em 14 de fevereiro de 2017.

23. *"Alternativamente, Governança Integrativa assume o interesse mútuo que pode ser facilitada ou dificultada pelos sistemas sociais. Em outras palavras, mesmo que haja algo que nos liga inatamente, pode ser reprimido (gerando medo) ou fomentado (gerando confiança). Se a hu-manidade é pelo menos capaz de ser outra, socialmente responsável, confiável e cooperativa, as instituições devem ser projetadas para fomentar essas características, ao invés de evitar seus opostos. Isso exigirá uma forma muito mais dinâmica e participativa de auto-governança em que as próprias práticas desenvolvam e sustentam o vínculo social de forma orgânica e au-têntica, ao mesmo tempo que acomodam a mudança contínua à medida que as diferenças são confrontadas e integradas"* (tradução livre). STOUT, Margaret e LOVE, Jeannine M. *Fraternity, Solidarity, and Unity*. Disponível em https://www.academia.edu/12395860/Fraternity_Soli-darity_and_Unity_Concepts_Grounded_in_Competing_Ontologies?auto=download. Acesso em 14 de fevereiro de 2017.

donar as concepções horizontais de fraternidade e o reforço do conceito de comunidade forte, já que a realização plena do homem só ocorre em comunidade e, uma das alternativas para isso é, propor uma governança integrativa no sentido supra, através da fraternização.

4. CONCLUSÃO

O Constitucionalismo fraternal de Ayres Britto e sua reverberação nas decisões do STF podem e devem ser utilizados como um marco teórico para a produção de uma nova definição de fraternidade, qual seja a fraternidade jurídico-contemporânea, com natureza jurídica de direito público subjetivo vertical, exigível do Estado no desenvolvimento de suas ações e políticas públicas fundamentado na constitucionalização ampla da Fraternidade como elemento do Estado Democrático de Direito.

5. BIBLIOGRAFIA

BRITTO, Carlos Ayres. *O Humanismo como Categoria Constitucional*. Belo Horizonte: Editora Fórum, 2007.

DWORKIN, Ronald. *O império do Direito*. 3ª edição. São Paulo: Martins Fontes, 2014.

NTO, Franscisco Lopes. *O Constitucionalismo Fraternal e sua Consistência Enquanto Proposição Lógico-Argumentativa – uma análise do princípio da fraternidade expresso pelo Ministro do STF Carlos Ayres Britto em suas obras literárias e julgados*. Revista da AGU, Brasília-DF, v. 16, n. 01, jan./mar. 2017.

NUNES, Francisco Pizzette e PILATI, José Isaac. *A Fraternidade como princípio ético necessário para uma nova práxis coletiva e emancipatória em direitos humanos*. Revista Eletrônica do Curso de Direito UFSM. Disponível em https://periodicos.ufsm.br/revistadireito/article/view/15754/pdf#.WKMpk_lTsdU. Acesso em 14 de fevereiro de 2017.

STOUT, Margaret e LOVE, Jeannine M. *Fraternity, Solidarity, and Unity*. Disponível em https://www.academia.edu/12395860/Fraternity_Solidarity_and_Unity_Concepts_Grounded_in_Competing_Ontologies?auto=download. Acesso em 14 de fevereiro de 2017.

VERONESE, Eduardo Rafael Petry. *Um conceito de fraternidade para o Direito*. Rio de Janeiro: Lumen Juris, 2015.

A JUDICIALIZAÇÃO DA POLÍTICA: TEORIAS, CONDIÇÕES E O CASO BRASILEIRO

Rodrigo Brandão[1]

SUMÁRIO: PARTE I: A expansão do Judiciário: teorias e condições I. Introdução II. Teorias sobre a expansão do judiciário III. As condições para a judicialização da política 1. As condições políticas a) Democracia e pluralismo político b) Federalismo e separação entre os poderes c) Ineficiência e perda de confiança do povo nos políticos e nas instituições majoritárias e fortes esperanças depositadas no Judiciário 2. As condições institucionais a) Catálogo de direitos b) Controle de constitucionalidade e seu perfil b.1) Acesso e uso das Cortes por grupos de interesse e por partidos de oposição. Atos impugnáveis no controle de constitucionalidade b.2) Efeitos da decisão de inconstitucionalidade c) Rol de competências da Suprema Corte ou da Corte Constitucional d) A constitucionalização abrangente e a dificuldade do processo de reforma constitucional PARTE II: O caso brasileiro IV. A expansão do judiciário brasileiro pós-1988 1. As condições políticas 2. As condições institucionais V. Conclusão.

PARTE I
A EXPANSÃO DO JUDICIÁRIO: TEORIAS E CONDIÇÕES

I. INTRODUÇÃO

Vivemos uma era de *expansão global do Poder Judiciário*.[2] Se durante o século XIX a *judicial review of legislation* era uma peculiaridade norte-americana, no limiar do século XXI nada menos que 158 países contam com a previsão formal de algum instrumento de jurisdição constitucional.[3] Em regimes jurídicos romano-germânicos ou de

---

1. *Professor de Direito Constitucional da UERJ (graduação, mestrado e doutorado). Doutor e Mestre em Direito Público pela UERJ. Procurador do Município do Rio de Janeiro.*

2. A expressão se tornou célebre com o seminal estudo The global expansion of judicial power. TATE, C. Neal; TORBJÖRN, Vallinder. New York: New York University Press, 1995.

3. GINSBURG, Tom. *The global spread of constitutional review.* In: WHITTINGTON, Keith; KELEMEN, R. Daniel e CALDEIRA, Gregory A. *The Oxford handbook of law and politics.* New York: Oxford University Press, p. 81.

common law,[4] e mesmo em países que constituíam clássicos exemplos de supremacia parlamentar, como Inglaterra, Nova Zelândia, Canadá e Israel, vêm se proliferando mecanismos de controle de constitucionalidade.[5] Além disto, houve notável avanço na tutela internacional dos direitos humanos, com o advento de tratados internacionais[6] e de "Cortes Internacionais".[7]

Este processo se desenvolveu por ondas: a primeira ocorreu após a fundação dos Estados Unidos, com a afirmação da doutrina da *judicial review of legislation* no caso *Marbury v. Madison*[8] (1803); a segunda se deu no segundo pós-guerra, com a redemocratização de países recém-saídos de regimes fascistas na Europa (p. ex.: Alemanha e Itália), e com o processo de independência de antigas colônias (i. e. Índia e países africanos); a terceira se formou nas duas últimas décadas do século XX, em virtude da transição de ditaduras militares para a democracia (América Latina), e de regimes comunistas para democracias constitucionais de livre-mercado (Leste Europeu), além da incorporação de tratados internacionais ao direito interno (incorporação da Convenção Europeia de Direitos Humanos pela Dinamarca e pela Suécia).[9-10]

---

4. CITTADINO, Gisele. Poder Judiciário, ativismo judiciário e democracia. ALCEU, v. 5, n. 9, p. 105, jul./dez. 2004.

5. GARDBAUM, Stephen. The new commonwealth model of constitutionalism. American Journal of Constitutional Law, v. 49. Disponível em: <http://papers.ssrn.com/abstract=302401>. Acesso em 20/12/2010.

6. Convêm destacar a Carta das Nações Unidas (1945), a Declaração Universal dos Direitos Humanos (1948), os Pactos Internacionais de Direitos Civis e Políticos (1966), e de Direitos Econômicos, Sociais e Culturais (1966), a Convenção Europeia de Proteção dos Direitos Humanos (1953), e a Convenção Americana de Direitos Humanos, também conhecida como Pacto de San Jose da Costa Rica (1978). V. PIOVESAN, Flavia. Direitos humanos e o direito constitucional internacional. 4. ed. São Paulo: Max Limonad, 2000.

7. Por exemplo: Corte Internacional de Justiça, Tribunal Penal Internacional, Tribunal Europeu de Direitos Humanos, Corte Interamericana de Direitos Humanos. O Tribunal de Nuremberg, por sua vez, consiste num marco fundamental de duas premissas básicas da internacionalização dos direitos humanos: a limitação da soberania nacional e o reconhecimento de que o indivíduo tem direitos protegidos no âmbito internacional. *Ibid.*, p. 129.

8. Como se sabe, neste célebre caso a Suprema Corte dos EUA afirmou que a possibilidade de o Judiciário declarar inconstitucional uma lei, apesar do silêncio da Constituição norte-americana, seria uma consequência natural da supremacia da Constituição sobre as leis, do Estado de Direito e da natureza legal da Constituição. Ver ACKERMAN, Bruce. The failure of the founding fathers: Jefferson, Marshall and the rise of presidential democracy. Cambridge: The Belknap Press of Harvard University Press, 2005.

9. GINSBURG, Tom. The global spread of constitutional review. In: WHITTINGTON, Keith; KELEMEN, R. Daniel; CALDEIRA, Gregory A. The Oxford handbook of law and politics. New York: Oxford University Press. p. 82/88.

Contudo, o fenômeno da "expansão global do Poder Judiciário" tem se traduzido não apenas na *globalização da jurisdição constitucional*, mas, sobretudo, na *judicialização da política*, assim compreendido o *processo pelo qual as Cortes e os juízes passam a dominar progressivamente a produção de políticas públicas e de normas que antes vinham sendo decididas (ou, como é amplamente aceito, que devem ser decididas) por outros departamentos estatais, especialmente o Legislativo e o Executivo.*[11]-[12]

Cuida-se, portanto, de processo de transferência do poder de tomar decisões sobre questões de alta conotação política dos detentores de mandatos eletivos (legisladores e Chefes do Executivo) para juízes. As dimensões básicas do fenômeno são assim sistematizadas por Ran Hirschl[13]: *(i) transferência de prerrogativas tradicionais dos Poderes Legislativo e Executivo ao Judiciário (p. ex., relações internacionais, política fiscal e segurança nacional), (ii) corroboração judicial de mudanças de regime, (iii) a fiscalização do processo democrático, (iv) justiça restaurativa, (v) questões que são a verdadeira razão de ser da política, notadamente a solução de conflitos étnicos, linguísticos e religiosos em sociedades profundamente divididas.*

Dentre exemplos relevantes da primeira hipótese *(transferência de prerrogativas tradicionais dos Poderes Legislativo e Executivo ao Judiciário)*, cite-se os seguintes: a Suprema Corte russa aceitou apreciar a constitucionalidade de decreto presidencial que determinara a intervenção militar na Chechênia (1995); a Suprema Corte israelense se julgou competente para apreciar a validade da construção de um muro entre os territórios israelense e palestino (*West Bank barrier*, 2004); a Suprema Corte argentina se considerou competente para apreciar o chamado *cor-*

---

10. HIRSCHL, Ran. Towards juristocracy – The origins and consequences of the new constitutionalism. Cambridge: Harvard University Press, 2007, p. 7/8.

11. TATE, C. Neal. Why the expansion of judicial power. In: TATE, C. Neal; VALLINDER, Torbjörn. The global expansion of judicial power. New York: New York University Press, 1995, p. 28. A outra vertente da "judicialização da política" se refere à incorporação de procedimentos e de modos de decidir tipicamente jurídicos por fóruns de decisão não judiciais. Todavia, dados os objetivos do presente artigo, iremos nos ater à primeira vertente.

12. Feitos estes esclarecimentos, serão usadas, de forma intercambiável, as expressões "expansão do Judiciário" e "judicialização da política."

13. HIRSCHL, Ran. The judicialization of politics. In: WHITTINGTON, Keith; KELEMEN, R. Daniel; CALDEIRA, Gregory A. The oxford handbook of law and politics. *Op. cit.*, p. 124/129. Os casos a seguir citados foram extraídos do mencionado artigo e dos seguintes livros: HIRSCHL, Ran. Towards juristocracy – The origins and consequences of the new constitutionalism. Cambridge: Harvard University Press, 2007. GINSBURG, Tom. Judicial review in new democracies – Constitutional courts in asian cases. USA: Cambridge University Press, 2003.

ralito (que foi julgado constitucional), por via do qual foi promovida a total convergência da economia argentina em pesos (2004).[14]

A segunda seara se refere à (ii) *corroboração judicial de mudanças de regime*: (a) o exemplo mais emblemático foi a "certificação" do projeto de Constituição elaborado pela Assembleia Nacional Constituinte por parte da Suprema Corte da África do Sul, no qual pela primeira vez uma Corte Constitucional rejeitou um projeto de Constituição elaborado por uma assembleia constituinte; (b) a Suprema Corte da Coreia do Sul reinstituiu, pela primeira vez na história, um presidente que havia sofrido um *impeachment* pelo Parlamento; (c) a Corte de Apelação de Fiji, também de forma inédita, restabeleceu Constituição derrubada por golpe de Estado.

Uma terceira área é (iii) *a fiscalização do processo democrático*: o Judiciário tem fiscalizado não apenas a lisura do processo eleitoral, como também tem decidido questões relativas a financiamento partidário, propaganda eleitoral, definição dos distritos eleitorais, aprovação de candidaturas e, sobretudo, estabelecido o resultado final de eleições (Romano Prodi, Itália em 2006; Felipe Calderon, México em 2006, George W. Bush, EUA em 2004).

Há também forte judicialização em questões ligadas à (iv) *justiça restaurativa*: (a) a Suprema Corte da África do Sul julgou constitucional a anistia para os que confessassem crimes cometidos durante o *apartheid (AZAPO Case,* 1996); (b) as Cortes Constitucionais das ex-repúblicas soviéticas têm julgado antigos oficiais do regime comunista por violações aos direitos humanos; (c) os órgãos judiciais de cúpula na Austrália, no Canadá e na Nova Zelândia têm exercido funções destacadas na questão dos direitos das populações nativas.

Por fim, destaque-se a judicialização de (v) *questões que são a verdadeira razão de ser da política, notadamente a solução de conflitos étnicos, linguísticos e religiosos em sociedades profundamente divididas.* Cite-se (a) a atuação da Suprema Corte israelense na determinação dos imigrantes que devem ser considerados judeus (para que assim

---

14. Convém mencionar também os seguintes casos: a Suprema Corte canadense se julgou competente para apreciar a validade da realização de testes de mísseis norte-americanos em solo canadense, assim como qualquer questão política ou internacional que viole a Constituição (*Operation Dismantle, 1985*); a Suprema Corte húngara invalidou parte significativa de pacote econômico que promovia sensíveis cortes em benefícios assistenciais e previdenciários, com base nos princípios da proteção da confiança e da segurança jurídica (*Brokos cases, 1995*).

possam gozar dos respectivos benefícios estatais), e a sua tentativa de harmonizar valores seculares e religiosos em um Estado que é formalmente qualificado como *democrático e judaico*; (b) a determinação pelo Tribunal Constitucional Federal alemão do *status* da Alemanha unificada *vis-à-vis* a ordem supraconstitucional europeia (*Maastricht Case*, 1993); (c) a atuação da Suprema Corte canadense na definição da posição de Quebec na federação canadense, inclusive a sua participação no referendo de 1995 acerca da saída de Quebec da federação, em hipótese peculiar de judicialização de decisão sobre eventual dissolução de Federação.

A situação não é distinta no Brasil. O Supremo Tribunal Federal tem decidido, como nunca, *questões políticas importantes*. Citem-se as decisões do STF acerca do controle judicial do processo de *impeachment* do Presidente da República[15], da constitucionalidade de emendas constitucionais[16] e o julgamento de ação penal em face de relevantes atores políticos ("mensalão").[17] Quanto à *fiscalização do processo democrático*, merecem destaque os debates sobre a constitucionalidade de reforma constitucional que previu a reeleição para o cargo de Chefe do Executivo,[18] as consequências da troca voluntária de partido por parlamentar (infidelidade partidária),[19] a obrigatoriedade de compatibilidade entre as coligações partidárias nos pleitos federal e estaduais (verticalização),[20] e a (in)constitucionalidade da chamada "cláusula de barreira".[21] Sobre *questões moralmente complexas*, cite-se o exame da constitucionalidade da pesquisa com células-tronco embrionárias,[22] e da tipicidade penal do aborto de fetos anencéfalos etc.[23]

Portanto, a constatação de Alexis de Tocqueville em relação aos Estados Unidos nas décadas de 1820 e 1830, no sentido de que dificilmente havia uma controvérsia moral e política que também não se tornasse

---

15. STF, MS 21.564, MS 21.689-1, DJ, 27/08/1993.
16. STF, ADI 939, RTJ, 151, p. 755/841.
17. STF, Ação Penal n. 470.
18. STF, ADI 1.805 (EC n. 16/1997), DJ, 14/11/2003.
19. STF, MS 26.602, DJ, 17/10/2008.
20. STF, ADI 2.628, DJ, 05/03/2004.
21. STF, ADI 1.351-3, DJ, 30/03/2007.
22. STF, ADI 3.510, DJ, 27/05/2010.
23. STF, ADPF 54 (pendente de julgamento).

uma controvérsia judicial,[24] parece se aplicar atualmente a uma quantidade considerável de países,[25] inclusive e notadamente ao Brasil.

O objetivo básico deste estudo é a análise das teorias e condições para a expansão do Judiciário, para que se possa compreender adequadamente o fenômeno em curso no Brasil. A hipótese básica do artigo é que a explicação dada pelo conhecimento jurídico convencional ao fenômeno da judicialização da política é insuficiente. Com efeito, a vinculação da expansão do Judiciário a condições institucionais[26], tais como o fortalecimento do Poder Judiciário e de instrumentos de controle dos atos do poder público, e a previsão constitucional de direitos fundamentais,[27] esclarece elementos importantes para a compreensão do fenômeno, mas que não são suficientes para tal fim, seja por descurarem de outras condições institucionais relevantes (características do controle de constitucionalidade: p. ex. amplitude do objeto e da eficácia das suas decisões; extensão e dificuldade de emendamento da Constituição etc.), seja por não considerarem as condições políticas.

A ciência política contemporânea,[28] por sua vez, apresenta condições políticas fundamentais para a expansão do Judiciário, tais como a estabilização da democracia, o grau de difusão do poder político, o

---

24. TOCQUEVILLE, Alexis de. A democracia na América. 2. ed. São Paulo: Itatiaia: Ed. Universidade de São Paulo, 1977.

25. HIRSCHL, Ran. Towards juristocracy – the origins and consequences of the new constitutionalism. Cambridge: Harvard University Press, 2007, p. 1.

26. Assim denominadas por estarem vinculadas a características do sistema jurídico-constitucional de determinado país

27. Estas condições institucionais são bem expostas por NUNES JÚNIOR, Amandino Teixeira. A Constituição de 1988 e a judicialização da política no Brasil. Revista de informação legislativa, v. 45, n. 178, p. 157-179, abr./jun. 2008, especialmente os itens 2.2, 2.3 e 2.4.

28. Na ciência política brasileira convém destacar os seguintes estudos: CARVALHO, Ernani Rodrigues de. Em busca da judicialização da política no Brasil: apontamentos para uma nova abordagem. Revista de Sociologia Política, n. 23, 2004; CASTRO, Marcos Faro. O Supremo Tribunal Federal e a judicialização da política. Disponível em http://www.anpocs.org.br/portal/publicacoes/rbcs_00_34/rbcs34_09. Acesso em 30.01.2013; MACIEL, Débora Alves; KOERNER, Andrei. Sentidos da Judicialização da Política: duas análises. Lua Nova, n. 67, 2002; MELO, Marcus André. Hiperconstitucionalização e qualidade da democracia. In: MELO, Carlos Ranulfo; SÁEZ, Manuel Alcântara (orgs.). Democracia brasileira – Balanço e perspectivas para o século 21. Belo Horizonte: Editora UFMG, 2007; OLIVEIRA, Vanessa Elias. Judiciário e privatizações no Brasil: existe uma judicialização da política? Dados, Rio de Janeiro, v. 48, n. 3, p. 559/587, jul./sept./2005; VIANNA, Luiz Werneck, BURGOS, Marcelo Baumann; SALLES, Paula Martins. Dezessete anos de judicialização da política. In: Tempo Social – Revista de Sociologia da USP, v. 19, n. 2; VIANNA, Luiz Werneck, et al. A judicialização da política e das relações sociais no Brasil. Rio de Janeiro. Renan: 1999.

sistema de governo, a forma de Estado, o nível de confiança pública nas instituições etc. Todavia, tais elementos também não são suficientes para a compreensão plena da expansão do Judiciário, na medida em que é essencial que se examine também as características do sistema político-constitucional, tais como o perfil do catálogo de direitos fundamentais e do modelo de controle de constitucionalidade, o rol de competências da Suprema Corte e a relação entre extensão do texto constitucional e o grau de dificuldade da sua reforma (as referidas condições institucionais).

Assim, busca-se desenvolver uma abordagem interdisciplinar que esclareça as condições políticas e institucionais para a expansão do Judiciário, com vistas a aplicá-las ao cenário brasileiro, a fim de se compreender melhor a crescente relevância política do Judiciário brasileiro, e, em particular, do Supremo Tribunal Federal. O propósito do estudo é, portanto, descritivo, não se imiscuindo na questão prescritiva acerca das virtudes ou vicissitudes do fenômeno.

II. TEORIAS SOBRE A EXPANSÃO DO JUDICIÁRIO

As tentativas de elaboração de teorias explicativas da "expansão global do Poder Judiciário" apresentam enormes dificuldades, destacando-se as diferentes culturas jurídicas e o fato de os processos de reconstitucionalização terem ocorrido em cenários distintos.[29]

De qualquer sorte, não se pretende aderir a uma única teoria explicativa da "expansão global do Poder Judiciário", não só pela dificuldade de se identificar aquela que se adapte a diferentes experiências concretas de expansão do Judiciário, mas sobretudo por concordarmos com Tom Ginsburg no sentido de que tais teorias são *raramente exclusivas*. Com efeito, cada uma destas teorias traz fatores que, embora impulsionem a expansão do Poder Judiciário, podem conviver em um mesmo sistema constitucional com elementos que tenham igual efeito, presentes em outra teoria.[30]

---

29. Conferir o item anterior.
30. GINSBURG, Tom. The global spread of constitutional review. In: WHITTINGTON, Keith; KELEMEN, R. Daniel e CALDEIRA, Gregory A. The Oxford handbook of law and politics. New York: Oxford University Press, p. 88. Por exemplo, as duas explicações-padrão vinculam a expansão do Judiciário à ampliação da "consciência de direitos" e à previsão de mecanismos institucionais de divisão do poder nos planos horizontal (separação dos poderes) e vertical (federalismo). Ora, os casos dos Estados Unidos, da Alemanha e do Brasil apresentam ambas as características.

Assim, nas seguintes linhas serão expostas, de forma simplificada, as principais teorias acerca do fenômeno, e, em seguida, será proposta uma sistematização das principais condições que estimulam a expansão do Poder Judiciário, para que, no próximo item, o sistema brasileiro seja analisado à luz dos respectivos critérios.

Pois bem. A propósito das razões que suscitaram a expansão do Poder Judiciário, tradicionalmente se digladiam as teorias conceitualistas e funcionalistas.[31] Exemplo das primeiras é a noção de que a expansão do Judiciário é uma decorrência da positivação de direitos fundamentais no bojo das Constituições nacionais e dos tratados internacionais a partir da Segunda Guerra Mundial, e, sobretudo, do surgimento de uma "cultura de direitos".[32]

A maior prova desta "revolução dos direitos" seria conceber a democracia não mais como sinônimo de "regra da maioria" - a qual, como constatado nas experiências traumáticas dos regimes autoritários que grassaram na primeira metade do século passado, pode degenerar-se em tirania da maioria – mas como "democracia constitucional", que pressupõe o respeito aos direitos das minorias.[33] Os juízes, insulados do processo majoritário pelas garantias da magistratura, seriam os "guardiões", por excelência, da Constituição.

Uma variação importante dentro do espectro das teorias conceitualistas vislumbra a judicialização como uma importante medida de limitação do poder em um Estado amplo. Ela parte do pressuposto de que, com a crise do Estado do Bem-Estar Social que se iniciou no final da década de 70 do século passado, há uma drástica queda na confiança nos governos tecnocráticos e na direção da economia pelo Estado, surgindo crescente preocupação em limitar as discricionariedades legislativa e administrativa. Todavia, não se quer que o Estado se demita do exercício

---

31. Além delas, há os modelos econômico-institucionais, que consideram o desenvolvimento da constitucionalização e do Poder Judiciário como mecanismos aptos a mitigar problemas de ação coletiva, especialmente para a viabilidade de políticos firmarem "compromissos críveis" em face de investidores de capital. Com efeito, duas condições críticas para o desenvolvimento econômico seriam leis estáveis reguladoras do mercado e um sistema jurídico que proteja a propriedade privada. A "constitucionalização" e a "judicialização" são vistas, portanto, como instrumentos de proteção da propriedade privada, da estabilidade das relações jurídicas e da obrigatoriedade dos contratos, fornecendo a segurança necessária para serem estimulados os investimentos financeiros no respectivo país.

32. Cf. EPP, Charles. The rights revolution. Chicago: Chicago University Press.

33. DWORKIN, Ronald. Freedom's law: the moral reading of the American Constitution. Cambridge: Harvard University Press, 1996.

de funções chamadas para si a partir do advento do constitucionalismo social, como a prestação dos serviços de saúde, educação, previdência e assistência social etc.

Assim, a melhor medida para a garantia de um Estado amplo, mas, ao mesmo tempo, respeitoso aos direitos individuais e à democracia, ou, em outras palavras, a solução da tensão entre *demandas pró-governo e antigoverno*[34] se dá com a difusão do poder e dos instrumentos de fiscalização recíproca (dentre os quais se destaca o controle de constitucionalidade), permitindo diversas vias de acesso a grupos de interesse minoritários marginalizados no processo político.[35]

Já as teorias funcionalistas afirmam que a "judicialização" decorre de uma questão estrutural do sistema jurídico, como, por exemplo, a existência dos múltiplos pontos de veto *(veto points)* em um sistema político fortemente descentralizado. Assim, o federalismo e mecanismos rígidos de separação de poderes (como o presidencialismo) fomentam a expansão do Judiciário, tendo em vista que este "Poder" terá que agir como terceiro imparcial na resolução de conflitos entre os demais "Poderes" ou entre os Estados-membros e a União.[36] Nos países em que foram concebidas agências reguladoras semiautônomas no âmbito de processo de descentralização da Administração Pública, além de o juiz ser frequentemente chamado a resolver problemas de coordenação entre elas, um Judiciário ativo seria necessário para conter as tendências expansivas das agências reguladoras em face dos direitos individuais e das competências de outros órgãos estatais.[37]

Para além desta dicotomia tradicional entre conceitualistas e funcionalistas, novas teorias têm surgido mediante a exploração de um intrigante paradoxo: tendo em vista que o Judiciário depende dos outros "poderes" para o cumprimento das suas decisões e para que a sua interpretação da Constituição se mantenha no futuro (pois, como já dizia

---

34. KAGAN, Robert. American courts and the policy dialogue: the role of adversarial legalism. In: Making policy, making law: an interbranch perspective. MILLER, Mark C. & BARNES, Jeb (Ed.). Washington, DC: Georgetown University Press, 2004, p. 33.

35. SHAPIRO, Martin. The success of judicial review. In: Constitutional dialogues in comparative perspective. KENNEY, Sally J.; REISINGER, William M.; REITZ, John C. (Ed.). New York: St. Martin Press, 1999, p. 193/220.

36. ACKERMAN, Bruce. The rise of world constitutionalism. Connecticut, Yale Law School Occasional Papers, Second Series, n. 3, 1997.

37. SHAPIRO, Martin; STONE SWEET, Alec. On law, politics and judicialization. New York: Oxford University Press.

Hamilton, ele não tem a espada nem a chave do cofre), a sua expansão só é possível se contar com a aceitação, expressa ou tácita, dos demais "Poderes". Todavia qual seria o interesse dos grupos políticos que ocupam o Legislativo e o Executivo em tolerar um fenômeno que, ao menos aparentemente, reduz o seu poder político?[38]

O foco, portanto, não mais se coloca em uma cultura de direitos ou em um arranjo institucional caracterizado pela forte divisão do poder, mas na atuação estratégica de grupos politicamente relevantes (daí tais concepções poderem ser agrupadas sob o rótulo de "teorias estratégicas"). Enfim, desloca-se a atenção da ideologia e da estrutura do sistema político, para os interesses de grupos políticos e para os conflitos sociais, econômicos e políticos concretamente existentes em uma comunidade estatal.[39]

Importantíssima concepção que segue esta esteira é a compreensão da expansão do poder das Cortes como uma espécie de **seguro político**, da lavra de Tom Ginsburg, segundo a qual os grupos políticos, assim como os investidores financeiros, possuiriam uma "aversão ao risco" (naturalmente, os primeiros de derrota eleitoral, e os segundos de prejuízos financeiros). Ginsburg considera existir uma relação de direta proporcionalidade entre incerteza eleitoral e expansão do Poder Judiciário, de maneira que, quanto maior for o temor dos grupos políticos relevantes de perderem as eleições, maior será o seu incentivo à constitucionalização e à judicialização. Isto porque as Constituições impõem limites materiais ao processo majoritário - cuja efetividade será zelada pelo Judiciário -, evitando que o jogo político seja do tipo em que "o vencedor leva tudo." Desta forma, a constitucionalização serve como um escudo de proteção aos perdedores no processo político, uma espécie de seguro contra os riscos de uma derrota eleitoral, pois tende a garantir-lhes que as regras básicas do processo democrático e um núcleo mínimo de sua "proposta política" não serão alterados em favor do grupo majoritário, já que estarão "entrincheiradas na Constituição".[40]

Assim, o fator fundamental para a expansão do Judiciário é a "incerteza política futura", de modo que, em sistemas políticos nos quais

---

38. GINSBURG, Tom. Judicial review in new democracies: constitutional courts in Asian cases. *Op. cit.*, p. 23; HIRSCHL, Ran. Towards juristrocracy. *Op. cit.*, p. 211/212.

39. HIRSCHL, Ran. Towards juristocracy: the origins and consequences of the new constitutionalism. *Op. cit.*, p. 38.

40. GINSBURG, Tom. Judicial review in new democracies: constitutional courts in Asian cases. *Op. cit.*, p. 21/34.

haja um partido dominante que concentre boa parte do poder político a tendência é que se privilegie a flexibilidade constitucional e a restrição à *judicial review*. Caso, ao contrário, prevaleça em um determinado Estado um sistema em que vários grupos competem pela vitória eleitoral, apresentando significativo grau de difusão do poder, a tendência é a opção por um nível maior de rigidez constitucional e a ampliação da *judicial review*.

Daí se vê que há uma propensão natural a que o Judiciário e a democracia avancem juntos. Explica-se: se a alternância dos grupos políticos no poder e a incerteza eleitoral são características básicas das democracias bem ordenadas e também da expansão do Judiciário, pode-se dizer que uma das causas principais para a ampliação dos poderes dos juízes é a expansão – também global – da democracia.[41]

Efetivamente, a incerteza eleitoral consiste em relevante fator de expansão do Judiciário. No âmbito específico dos processos de reconstitucionalização de países recém-saídos de regimes autoritários, podem ser comparados os casos, por um lado, da Espanha e de Portugal, que no período de transição apresentavam forte difusão de grupos políticos, e, por outro lado, o da Grécia, que teve uma transição para a democracia dominada por um único partido (Nova Democracia, liderado por Constantine Karamanlis). Embora os três países tivessem a mesma tradição do direito romano-germânico e as transições tenham sido muito próximas, Espanha e Portugal adotaram um modelo forte de controle de constitucionalidade, enquanto a Grécia foi um dos poucos países europeus que não adotou qualquer instrumento desta natureza.[42]

A bem da verdade, atualmente há um grande consenso doutrinário acerca da vinculação entre a expansão da democracia e a ampliação do controle de constitucionalidade, ainda que as virtudes e os vícios do fenômeno comportem interpretações distintas. Enfocando a questão de forma crítica, Ran Hirschl, após a análise de um grande número de decisões constitucionais dos órgãos de cúpula dos sistemas judiciários israelense, neozelandês, canadense e sul africano, formulou a sua controvertida teoria da expansão do Judiciário como reflexo de uma atuação

---

41. GINSBURG, Tom. The global spread of constitutional review. In: WHITTINGTON, Keith; KELEMEN, R. Daniel; CALDEIRA, Gregory A. The Oxford handbook of law and politics. New York: Oxford University Press, p. 91.

42. HIRSCHL, Ran. Towards juristocracy: the origins and consequences of the new constitutionalism. *Op. cit.*, p. 39/40.

concertada entre elites políticas, econômicas e judiciais que, embora se mantenham hegemônicas, encontram-se ameaçadas.

Hirschl assevera que, diante da recente representação política de grupos historicamente discriminados, em virtude da universalização do sufrágio, dos serviços educacionais, da difusão da informação etc., a deliberação majoritária no Parlamento não mais representa uma garantia de tranquila vitória às elites. Assim, seria promovida uma mudança à la Lampedusa: altera-se radicalmente o desenho institucional, substituindo-se a supremacia parlamentar pela supremacia judicial, para que tudo continue exatamente igual ao que era antes, notadamente no que se refere ao uso do poder político como instrumento de preservação do *status quo*. Este seria o objetivo da constitucionalização: a retirada de princípios caros às elites do processo majoritário - já que as elites não mais dominam o Parlamento -, com o escopo de usar a retórica da legalidade e da imparcialidade presentes no processo judicial, e, sobretudo, o acesso especial das elites ao Judiciário, para a imunização daqueles princípios em face de mudanças desejadas pela maioria enfim democraticamente representada.

Com efeito, Hirschl descreve da seguinte maneira a alvitrada interação entre as elites políticas, econômicas e judiciais: *Especificamente, eu sugiro que o aumento do poder das Cortes através da constitucionalização é mais bem-entendido como um produto da interação estratégica entre três grupos-chave: **elites políticas ameaçadas**, que tentam preservar ou aumentar a sua hegemonia através do insulamento do processo político em geral, e preferências políticas em particular, das vicissitudes do processo democrático enquanto elas professam o seu apoio à democracia; **elites econômicas**, que consideram a constitucionalização de direitos, especialmente da propriedade e demais liberdades econômicas, como mecanismos que estabelecem limites à ação governamental e uma agenda favorável ao mercado e aos negócios; **elites judiciais e Supremas Cortes**, que buscam aumentar a sua influência política e reputação internacional.*[43]

Um dos exemplos usados por Hirschl para ilustrar a sua tese é a volúvel opinião da minoria branca integrante do Partido Nacional da África do Sul sobre o controle de constitucionalidade. Enquanto prevaleceu o *apartheid*, e, por óbvio, a minoria branca pôde confiar no processo majoritário, o regime era o da supremacia do Parlamento, tendo o Judiciário contribuído muito pouco para a redução das iniquidades do regime. Note-se que,

---

43. HIRSCHL, Ran. Towards juristocracy: the origins and consequences of the new constitutionalism. *Op. cit.*, p. 12.

A JUDICIALIZAÇÃO DA POLÍTICA: TEORIAS, CONDIÇÕES E O CASO BRASILEIRO

em 1958, foi aprovada emenda constitucional que vedou expressamente o controle de constitucionalidade, além de o Presidente Paul Kruger ter afirmado que tal mecanismo era *um princípio inventado pelo Diabo*. Quando não mais se mostrou viável manter o *apartheid* através da repressão, Hirschl afirma que a minoria branca, repentinamente, se "converteu" à doutrina do constitucionalismo, e passou a sustentar a introdução do controle de constitucionalidade *esperando preservar privilégios*.[44]

Ademais na solução de questões políticas profundamente controvertidas nos países analisados, especialmente a tensão entre valores seculares e religiosos em Israel, inerente à cláusula constitucional que qualifica o país como "um Estado Democrático e Judaico", a posição de Quebec na Federação canadense, as questões de justiça reparatória em favor da população negra na África do Sul pós-*apartheid* e em relação à população indígena (maoris e aborígenes) na Nova Zelândia e no Canadá respectivamente, os órgãos judiciais se mostraram, a seu ver, fortemente inclinados a decidirem tais conflitos com base nas metanarrativas e nos interesses das elites.[45]

Conforme salientado anteriormente, tais teorias não são exclusivas, antes iluminam elementos distintos que fomentam - para o bem e/ou para o mal - a expansão do Poder Judiciário. Desta forma, um sistema constitucional pode apresentar elementos inerentes a teorias conceitualistas, funcionalistas e estratégicas em diferentes medidas, circunstância que se revela importante para aferir o nível de expansão do Poder Judiciário e, sobretudo, a quem esse fenômeno vem beneficiando: o povo em geral ou elites políticas e econômicas que eventualmente tenham acesso especial ao Judiciário. Portanto, na próxima seção serão sistematizados os fatores que estimulam a judicialização da política, para que, em seguida, seja analisado o sistema brasileiro à luz desses critérios.

III. AS CONDIÇÕES PARA A JUDICIALIZAÇÃO DA POLÍTICA

1. As condições políticas

a) Democracia e pluralismo político

Há significativo consenso doutrinário no sentido de que a principal causa para a expansão do Judiciário é a afirmação da democracia.

---

44. *Ibid.*, p. 91/92.

45. *Ibid.*, p. 171/172.

451

Há aqui intrigante paradoxo: embora recorrentemente criticado por ser antidemocrático, o controle de constitucionalidade é, sobretudo, um produto da democracia, e tende a expandir-se em compasso com a sua ampliação. Desta forma, a relação que se verifica entre democracia e controle de constitucionalidade se pauta pela sinergia, e não pela mútua exclusão. Com efeito, as democracias bem ordenadas fomentam a expansão do Judiciário por diversas razões.

Destaque-se, inicialmente, o fato de as ondas de afirmação do controle de constitucionalidade no século XX terem sido, em regra, antecedidas de processos de democratização dos respectivos países.[46] Além disso, Ginsburg, após ampla pesquisa empírica, concluiu que a *força do partido dominante na transição de regimes* (assim compreendida a diferença de cadeiras obtidas pelo primeiro e pelo segundo partido na primeira eleição após a reconstitucionalização do país) consiste em elemento fundamental para a ampliação das atribuições do Judiciário no momento de elaboração da nova Constituição. Assim, quanto maior for a *força do partido dominante* - e consequentemente a concentração do poder político - no momento da transição para a democracia, menos amplo tenderá a ser o controle de constitucionalidade, e quanto menor for a *força do partido dominante* - e, portanto, mais dividido estiver o poder na transição -, mais amplo deverá ser o controle de constitucionalidade.[47]

Além dos já referidos processos de reconstitucionalização na Espanha, em Portugal e na Grécia, há diversos outros casos que ilustram a forte influência entre a fragmentação do poder político e a expansão do Poder Judiciário, não apenas no momento de elaboração de uma nova Constituição, mas também ao longo da sua vigência. Por exemplo, a Suprema Corte japonesa adotou linha jurisprudencial severamente autorrestritiva nos 38 anos em que o Partido Liberal Democrático se manteve no poder, o qual inclusive ignorou decisão daquela Corte que declarara inconstitucional lei que estabelecia os distritos eleitorais japoneses.[48] No México, por sua vez, houve substancial aumento do poder da Suprema

---

46. Ver item 1. Conferir, também, HIRSCHL, Ran. Towards juristocracy: the origins and consequences of the new constitutionalism. *Op. cit.,* p. 31/32.

47. GINSBURG, Tom. Judicial review in new democracies: constitutional courts in Asian cases. *Op. cit.,* p. 60/64.

48. *Ibid.,* p. 98. Uma das principais razões para o partido ter se mantido tanto tempo no poder era, exatamente, a falta de atualização da lei de distritos eleitorais, que não acompanhou os fluxos demográficos do campo para as zonas urbanas.

Corte em 1994, precisamente no momento em que o Partido Revolucionário Institucional (PRI), que governou o país por décadas a fio, passou a dividir a sua influência política com grupos rivais, os quais tomaram o poder em 2000.[49]

Uma importante teorização sobre a relação entre a fragmentação do poder político e a expansão do Poder Judiciário foi levada a cabo por Tom Ginsburg em sua **teoria do seguro eleitoral**. Conforme antes explicitado, Ginsburg parte da premissa de que a democracia aumenta a incerteza eleitoral, de maneira que grupos políticos temerosos de perder as futuras eleições terão fortes incentivos em estimular a "constitucionalização" para que sejam impostos limites materiais ao poder do grupo vitorioso, evitando que as eleições se tornem um jogo em que o "vencedor leva tudo".

Enfocando o fenômeno sob a melhor luz, tem-se a garantia de que o Judiciário zelará (i) pela proteção às regras do jogo eleitoral para evitar tentativas de "virada de mesa" pelo grupo que se encontra no poder, e (ii) pela intangibilidade de um consenso político mínimo, de modo a que todos os grupos (razoáveis) se vejam minimamente reconhecidos no projeto constitucional. Assim, a garantia de lisura das regras eleitorais e da preservação do núcleo básico de sua "proposta política" mesmo no caso de derrota eleitoral, tende a manter os perdedores vinculados ao projeto constitucional, desestimulando soluções extraconstitucionais (i.e. golpes de Estado).[50]

Além disso, em regimes de poder dividido são produzidos dois efeitos importantes: a necessidade de o Judiciário resolver conflitos de coordenação entre entidades semiautônomas ("poderes do Estado", entes federativos, agências reguladoras etc.), e de dirimir questões políticas nas quais não há consenso na coalização majoritária por serem extremamente divisivas (p. ex., aborto, anistia de crimes ocorridos no regime anterior etc.). Ademais, a fragmentação da coalização governamental dificultará reações políticas à decisão judicial sobre a matéria (i. e., através de norma superadora da decisão), de maneira que as dificuldades de decisão e de reação pelas instâncias majoritárias em questões fortemente controvertidas pavimentam o caminho para a expansão do Judiciário.

---

49. HIRSCHL, Ran. Towards juristocracy: the origins and consequences of the new constitutionalism. *Op. cit.*, p. 42.

50. GINSBURG, Tom. Judicial review in new democracies: Constitutional Courts in Asian cases. *Op. cit.*

Sem embargo, não há garantia de que sejam retiradas do processo deliberativo majoritário apenas as regras básicas do jogo democrático e um consenso político mínimo, antes podendo ser imunizados privilégios, interesses corporativos e visões de mundo particulares ameaçados pela universalização do sufrágio, como sugere Hirschl. A única forma de saber se a "constitucionalização boa" supera a "ruim" é através da análise dos resultados concretos de uma determinada experiência constitucional, que, muito provavelmente, contará com ambos os elementos em diferentes medidas. De qualquer sorte, parece inequívoco que a alternância eleitoral e a fragmentação do poder fomentam a expansão da "constitucionalização" e da "judicialização" - seja para o bem, seja para o mal.

b) Federalismo e separação entre os poderes

As teorias funcionalistas sustentam, com propriedade, que a divisão vertical (federalismo) e horizontal (separação dos poderes) do poder político gera maior fracionamento em seu exercício, daí decorrendo frequentes conflitos de atribuições entre entes federativos e Poderes do Estado, que, em regra, se convolam em conflitos constitucionais dirimidos pelo Judiciário (normalmente pelo seu órgão de cúpula).

Bruce Ackerman considera que o *cenário federalista* é, de fato, um dos padrões fundamentais para a afirmação de constitucionalismo. Trata-se inclusive de *caso standard* do surgimento do controle de constitucionalidade a situação em que um grupo de Estados delega um complexo de funções para um embrionário centro, o qual tenta afirmar a tese de que leis contrárias ao "tratado" são inválidas (inconstitucionais). Se a Suprema Corte aceitar essa perspectiva, o tratado começa a convolar-se em Constituição.[51-52]

A separação de poderes, ao também promover o fracionamento do exercício do poder político, pode, assim como o federalismo, gerar

---

51. ACKERMAN, Bruce. The rise of world constitutionalism. Connecticut, Yale Law School Occasional Papers, Second Series, n. 3, p. 4, 1997.

52. A jurisprudência da Suprema Corte dos Estados Unidos, de Marbury v. Madison até a Lochner Era, comprova o vínculo estreito entre federalismo e controle de constitucionalidade. De fato, as principais decisões tomadas pelo Tribunal em matéria constitucional no período visaram a consolidar o federalismo norte-americano, por exemplo: em *Cohens v. Virginia* (1821) a Suprema Corte decidiu pela sua competência para julgar recursos interpostos de decisões de Cortes estaduais em que o Estado fosse parte; em *Fletcher v. Peck* (1810) declarou, pela primeira vez, uma lei estadual inconstitucional; em *McCulloch v. Maryland* (1819) afirmou que o Congresso Nacional dispunha de poderes implícitos, inclusive para conceder isenção tributária para um banco nacional etc. GINSBURG, Tom. Judicial review in new democracies: constitutional courts in asian cases. *Op. cit.*, p. 93.

problemas de coordenação entre os "Poderes", que são, em regra, solucionados pelo Poder Judiciário. Como salienta Ackerman, *assim como a criação de poderes independentes no centro e na periferia aumenta a necessidade funcional de um juiz relativamente imparcial coordenar a dinâmica de interação institucional, o mesmo acontece com a criação de um Presidente poderoso e de um Legislativo independente.*[53]

Com efeito, nos sistemas de governo presidencialistas, quando comparados aos parlamentaristas, há divisão mais pronunciada entre os Poderes Executivo e Legislativo, dentre outros fatores pelo fato de os parlamentares e o Chefe do Executivo disporem, via de regra, de mandatos que lhes foram conferidos diretamente pelos cidadãos, de maneira que não dependem uns dos outros para se manterem no cargo, ainda que seja necessária à governabilidade a construção de coalizões parlamentares. Já no Parlamentarismo, o Primeiro-Ministro precisa de apoio parlamentar para se manter no cargo, daí decorrendo a tendência à formação de coalizões parlamentares mais estáveis e a maior simbiose entre os Poderes Executivo e Legislativo.

Por outro lado, a estruturação mais ou menos descentralizada da Administração Pública também é fator relevante para a judicialização de questões políticas. A comparação entre os modelos europeu e norte-mericanoa é bastante ilustrativa: enquanto na Europa o advento do Estado Social deu azo a burocracias administrativas centralizadas, nos Estados Unidos se optou por uma estrutura administrativa mais descentralizada e fundada em direitos, nos quais os juízes desempenhavam uma função muito mais relevante do que os seus colegas europeus na resolução de problemas de coordenação entre as agências reguladoras e na contenção de eventuais atos administrativos arbitrários que prejudicassem direitos individuais. Desta feita, a tradição norte-americana de desconfiança em qualquer concentração de poderes, com a consequente adoção de um arranjo institucional descentralizado e *rights-based*, para que um governo com amplas atribuições não se convolasse em tirano, consistiu em importante fator para o avanço da judicialização naquele país.[54-55]

---

53. ACKERMAN, Bruce. The rise of world constitutionalism. *Op. cit.*, p. 14.

54. KAGAN, Robert. American courts and the policy dialogue: the role of adversarial legalism. In: Making policy, making law: an interbranch perspective. MILLER, Mark C. & BARNES, Jeb (Ed.). Washington, DC: Georgetown University Press, 2004. p 33.

55. Somente com os movimentos de privatização ocorridos a partir da década de 1980, a Europa adotará uma burocracia administrativa mais descentralizada, favorecendo a expansão do

Note-se, por fim, que os "conflitos de coordenação" que costumam ser deslindados pelo Judiciário se referem não apenas a "conflitos positivos", em que dois ou mais entes públicos se julgam competentes para a prática de um ato, mas também a "conflitos negativos", em que entes se atribuem reciprocamente a competência para a prática de um ato. Hipótese frequente da última situação ocorre com a negativa de instituições politicamente legitimadas se pronunciarem sobre temas altamente controvertidos na sociedade, diante do temor de que qualquer posição assumida lhes cause sérios danos eleitorais.[56] Com efeito, questões como aborto, uniões homoafetivas etc., por gerarem profunda polarização na sociedade, desestimulam soluções pelos poderes eleitoralmente legitimados, pois a tomada de qualquer posição desagradará fortemente o "grupo derrotado", e não necessariamente carreará todos os votos dos membros do grupo vencedor.

c) Ineficiência e perda de confiança do povo nos políticos e nas instituições majoritárias e fortes esperanças depositadas no Judiciário

As Constituições contemporâneas atribuem ao Estado multifárias atividades, de maneira que, se as instituições majoritárias não conseguem realizá-las de forma efetiva e adequada à luz da visão do povo e dos líderes de grupos de interesse - em virtude, por exemplo, de conflitos na coalizão majoritária acerca de assuntos profundamente conflituosos, trancamento da pauta do Legislativo pela pendência de aprovação de medidas urgentes, ou mesmo pela desconfiança do povo acerca das suas virtudes -, há uma tendência natural dos cidadãos em geral e dos grupos de interesse na mobilização do Judiciário para a realização da sua agenda política.

Conforme salienta, com propriedade, Neal Tate, *quando o público e líderes de grupos de interesse e de organizações sociais importantes consideram que as instituições majoritárias estão imobilizadas, só atendem ao próprio interesse, ou mesmo são corruptas, não é surpreendente que aceitem a transferência de poderes políticos ao Judiciário, que tem reputação de expertise e retidão, possuindo igual ou maior legitimidade que os administradores públicos e os legisladores. Na verdade, tal tendência deve*

Judiciário na seara específica do controle da validade dos atos administrativos. Ver MATTOS, Paulo Todescan Lessa. O novo estado regulador no Brasil: eficiência e legitimidade. São Paulo: Singular, 2006.

56. TATE, C. Neal. Why the expansion of judicial power. In: TATE, C. Neal e VALLINDER, Torbjörn. The global expansion of judicial power. New York: New York University Press, 1995, p. 32.

*apenas ocorrer quando se reputar que as instituições judiciais têm **maior** respeito e legitimidade do que outros entes governamentais.*[57]

2. As condições institucionais

a) Catálogo de direitos

Parece natural que o surgimento de uma cultura política de direitos fundamentais seja fcilitadoa em países cujas Constituições contenham um catálogo de direitos,[58] sobretudo quando a sua superioridade em face das leis for garantida pelo controle de constitucionalidade. Assim, há uma tendência de que, quanto mais ampla for a Carta de Direitos e as garantias da sua eficácia, maior será a sua judicialização.

Quanto à extensão, a tradicional noção dos direitos fundamentais como direitos dos indivíduos a exigirem abstenções estatais (direitos de defesa) vem sendo consideravelmente alargada com a afirmação dos direitos sociais prestacionais e dos direitos difusos e coletivos, caracterizados, respectivamente, pela sua dimensão positiva e pela sua titularidade coletiva. Quanto à eficácia, é bem de ver que os direitos fundamentais de primeira, segunda e terceira "geração" têm se afirmado como parâmetros de aferição da constitucionalidade de leis, mesmo quando descritos em normas mais vagas (princípios), assumindo inclusive eficácia bloqueadora em face de emendas constitucionais em determinados países (Alemanha, Portugal, Brasil, Índia etc.).[59]

Todavia, a existência de um catálogo constitucional de direitos fundamentais é condição facilitadora, porém não necessária, para a judicialização da política.[60] Há exemplos de aplicação significativa de direitos fundamentais pelo Judiciário - inclusive como limite ao pro-

---

57. TATE, C. Neal. Why the expansion of judicial power. In: TATE, C. Neal e VALLINDER, Torbjörn. The global expansion of judicial power. New York: New York University Press, 1995, p. 30/31.

58. VALLINDER, Torbjörn. When the courts go marching in. In: TATE, C. Neal e VALLINDER, Torbjörn. The global expansion of judicial power. New York: New York University Press, 1995.

59. A par destes fatores, passou-se a considerar que os direitos fundamentais se consubstanciam não apenas em direitos subjetivos, mas ostentariam também uma dimensão objetiva: enquanto normas de maior densidade moral da Constituição, verdadeiras reservas de justiça, teriam o potencial de irradiar-se para além da relação jurídica vertical entre indivíduo e Estado para a qual foram originariamente concebidos, aplicando-se às relações travadas entre particulares, e penetrando nos diversos ramos do direito infraconstitucional, notadamente através da atribuição de sentido concreto às cláusulas gerais. Cf. SARMENTO, Daniel. Direitos fundamentais e relações privadas. Rio de Janeiro: Lumen Juris, 2004, p. 133/173.

60. TATE, C. Neal. Why the expansion of judicial power. *Op. cit.*, p. 28.

cesso majoritário - em países cujo catálogo de direitos está contido em uma lei, e não em um documento formalmente constitucional. Israel ilustra bem o exposto: seguidor da tradição britânica da *commom law*, Israel não possui uma Constituição escrita e dogmática; ao revés, onze "Leis Fundamentais" compõem o núcleo da sua Constituição não escrita e histórica. Em 1992 foram editadas duas novas "Leis Fundamentais", intituladas "Dignidade Humana e Liberdade" e "Liberdade de Profissão".

Em 1995, a Suprema Corte israelense produziu a sua versão de *Marbury v. Madison*: refere-se ao caso *United Mizrahi Bank*, no qual o Tribunal pela primeira vez declarou inconstitucional uma lei do Parlamento israelense (*Knesset)*, que exonerara assentamentos agrícolas de pagar elevados débitos que possuíam em face dos principais bancos locais, sob o argumento de violação à propriedade. Depois disto, a Suprema Corte se tornou um agente político fundamental em Israel, decidindo algumas das questões políticas mais importantes do país, como a controvérsia sobre quais imigrantes são considerados judeus (e, assim, podem gozar dos respectivos benefícios governamentais) e o complexo equilíbrio entre os valores seculares e religiosos em um Estado que se autointitula *Democrático e Judaico*.[61]

b) Controle de constitucionalidade e seu perfil

b.1) Acesso e uso das Cortes por grupos de interesse e por partidos de oposição. Atos impugnáveis no controle de constitucionalidade

O acesso à jurisdição constitucional tem variado bastante ao redor do mundo, desde a adoção de mecanismos mais restritivos, como o modelo original do Tribunal Constitucional austríaco (previsto na Constituição de 1920) que limitava o acesso aos governos federal e estaduais - convolando-se, basicamente, em instrumento de proteção do federalismo - até sistemas bastante elásticos, como é o caso do controle abstrato na Hungria, que conferiu legitimidade ao cidadão em geral. De qualquer forma, os modelos principais de legitimação são os seguintes: apenas órgãos governamentais (Áustria 1920 e França até 1974), órgãos governamentais e minorias legislativas (França após 1974, Bulgária e Romênia), órgãos governamentais e qualquer Corte (Taiwan e Polônia até 1997), órgãos governamentais, qualquer Corte e cidadãos (Alemanha),

---

61. HIRSCHL, Ran. Towards juristocracy: the origins and consequences of the new constitutionalism. *Op. cit.,* p. 22.

e órgãos governamentais, minorias legislativas e entidades da sociedade civil (Brasil após 1988).[62]

Contudo, a questão fundamental é a seguinte: quanto maior for o acesso, maior será a tendência à judicialização da política. Exemplo singular é dado pelo caso francês: enquanto a legitimidade se manteve restrita a órgãos governamentais, a atuação do *Conseil Constitutionnel* permaneceu vinculada à fiscalização da observância pelo Legislativo e pelo Executivo da divisão do poder normativo, estabelecida na Constituição de 1958 entre o domínio da lei e do regulamento, reduzindo, basicamente, a sua atuação a questões ligadas à separação entre os poderes (sobretudo para evitar invasões do Legislativo no domínio do regulamento). Todavia, após a aprovação da emenda constitucional de 1974, que possibilitou que um grupo de, no mínimo, 60 deputados provocasse o *Conseil Constitutionnel*, a sua atuação cresceu bastante em volume e importância, inclusive na seara de proteção dos direitos fundamentais.[63]

Especial atenção, contudo, deve ser conferida à concessão de legitimidade a entidades da sociedade civil e a minorias parlamentares (ou partidos minoritários), visto que tal fator torna o Judiciário uma nova frente de batalha para os derrotados nas arenas políticas, estimulando a contestação em juízo de normas jurídicas ambíguas. Tem-se, assim, um cenário em que o direito é caracterizado pela contínua disputa entre grupos de interesse a respeito da "correta" interpretação de um dispositivo constitucional ou legal, denominado por Robert Kagan *adversarial legalism.*[64]

Além da legitimidade, outro aspecto fundamental à análise do acesso à Corte se refere aos atos passíveis de impugnação no controle de

---

62. GINSBURG, Tom. Judicial review in new democracies: constitutional courts in asian cases. USA: Cambridge University Press, 2003, p. 38.

63. Ver ROUSSEAU, Dominique. Droit du contentieux constitutionnel. 7 édition. Paris: Montchrestien, 2006.

64. KAGAN, Robert. American Courts and the policy dialogue: the role of adversarial legalism. In: Making policy, making law: an interbranch perspective. MILLER, Mark C. & BARNES, Jeb (Ed.). Washington, DC: Georgetown University Press, 2004, p. 3/13. Conforme salienta Ernani Carvalho "a judicialização da política é um processo que se alimenta de interesses econômicos e sociais centrais, que por sua vez estruturam o sistema político. De fato, o desenvolvimento e a expansão dos direitos em geral, até mesmo dos direitos políticos, foram mais propriamente obra de pressões e luta das organizações sociais, do que obra de devoção de atores altruístas. Portanto, os grupos de interesse passam a considerar e/ou utilizar a possibilidade de veto dos tribunais para a realização dos seus objetivos." CARVALHO, Ernani Rodrigues de. Em busca da judicialização da política no Brasil: apontamentos para uma nova abordagem. Revista de Sociologia Política, n. 23, p. 118, 2004.

constitucionalidade, na medida em que, quanto mais amplo for o rol dos respectivos atos, maior o estímulo à judicialização (p. ex., aferição apenas de atos normativos ou também de atos concretos; análise somente de atos primários ou também dos secundários; exame, ou não, de normas anteriores à Constituição; aplicação, ou não, da doutrina da insindicabilidade judicial das questões políticas etc.).[65]

b.2) Efeitos da decisão de inconstitucionalidade

Quanto aos *efeitos subjetivos* da declaração de inconstitucionalidade, eles poderão ser gerais (*erga omnes* e vinculantes) ou *inter* partes. Os primeiros implicam a invalidação da lei, de maneira que a decisão produz efeitos não apenas para as partes do processo, mas para todos os destinatários da norma constitucional (efeito *erga omnes),* vinculando, inclusive, os órgãos judiciais e administrativos responsáveis pela aplicação da norma (efeito vinculante). Os efeitos meramente *inter* partes, como o nome sugere, vinculam apenas as partes do processo, não impedindo a aplicação futura da lei reputada inconstitucional pelos órgãos judiciais e administrativos, caso, evidentemente, não forem acompanhados pela doutrina do *stare decisis.*[66]

Trata-se de solução adequada aos poderes políticos que não desejam significativa limitação das suas atividades pela jurisdição constitucional, não sendo por acaso predominantemente utilizada na América Latina ao longo do século XX. Os efeitos *inter* partes só apresentam eficácia significativa em limitar a ação governamental quando ela atinge um grupo pequeno de pessoas, especialmente se dotadas de um patrimônio mínimo, de molde a viabilizar o acesso ao Judiciário (não é raro, portanto, que os casos mais importantes se vinculem à propriedade, tributação, concursos públicos etc.). Todavia, atos governamentais que atinjam grupos difusos de pessoas, ou que tenham como destinatários pessoas com reduzido acesso à justiça, continuarão em boa medida isentos de um efetivo controle de constitucionalidade.[67]

---

65. Ver, a propósito, o amplo e denso estudo de direito comparado elaborado por José Adércio Leite Sampaio. A Constituição reinventada pela jurisdição constitucional. Belo Horizonte: Del Rey, 2002, p. 191/203.

66. A expressão completa é *stare decisis et non quieta movere,* ou seja, *deixar quieto o que já foi decidido e não alterá-lo,* que consiste em um dos princípios fundamentais dos sistemas jurídicos da *Common Law,* segundo o qual as cortes inferiores estão vinculadas aos precedentes das cortes superiores. Sobre o tema, ver SCHAUER, Frederick. Precedent. Stanford Law Review, Palo Alto, v. 39, p. 571/605, feb. 1987.

67. GINSBURG, Tom. Judicial review in new democracies: Constitutional courts in asian cases. *Op. cit.,* p. 42.

Quanto aos *efeitos objetivos* da decisão, parece evidente que teorias mais ampliativas, as quais afirmam que os precedentes da Corte Suprema vinculam os demais órgãos judiciais não apenas em relação ao seu dispositivo (i. e., invalidação de determinada lei, como ocorre no controle abstrato de constitucionalidade), mas também no que toca aos seus motivos determinantes (*ratio decidendi*), assim compreendida a norma ou a tese jurídica central que se extrai da solução do caso concreto,[68] consistem em fator de fortalecimento do Judiciário.

Por fim, os e*feitos temporais* também constituem estímulo importante para a judicialização. Com efeito, a adoção da perspectiva norte-americana de que as decisões de inconstitucionalidade têm natureza declaratória e efeitos retroativos *(ex tunc)*, de modo a invalidar todos os efeitos produzidos pela norma desde o seu nascedouro, constitui elemento favorável ao fortalecimento do Judiciário. Já a solução kelseniana, no sentido de atribuir à decisão de inconstitucionalidade natureza constitutivo-negativa e efeitos prospectivos (*ex nunc*), na medida em que convalida os efeitos produzidos pela norma até a decisão da Corte, ameniza a influência da decisão judicial em favor das competências parlamentares.[69]

Todavia, mais complexa se afigura a análise dos sistemas jurídicos nos quais se permite que o Judiciário module os efeitos temporais das decisões de inconstitucionalidade, autorizando-o a decidir caso a caso por efeitos retroativos ou prospectivos com base em parâmetros normativos fluidos (como "segurança jurídica" e "interesse social", critérios eleitos para tal fim pelo art. 27 da Lei n. 9.868/1999). Na hipótese, a *análise do estímulo à judicialização dependerá não apenas da amplitude do efeito invalidatório da decisão judicial de inconstitucionalidade sobre a norma* (se total como na eficácia *ex tunc,* ou parcial no caso dos efeitos *ex nunc*), *mas também da natureza da atividade de modulação dos efeitos temporais.*

A evolução da jurisprudência da Suprema Corte norte-americana contribui para esclarecer o exposto. Desde *Marbury* a natureza declaratória e os efeitos retroativos das decisões de inconstitucionalidade têm

---

68. Ver MELLO, Patrícia Perrone Campos. Precedentes – O desenvolvimento judicial do direito no constitucionalismo contemporâneo. Rio de Janeiro: Renovar, 2008, p. 118/120.

69. Sobre os modelos norte-americano e austríaco de controle de constitucionalidade, ver CAPPELLETI, Mauro. O controle judicial de constitucionalidade das leis no direito comparado. 2. ed. Porto Alegre: Sergio Antonio Fabris Editor, 1999, p. 120/124.

prevalecido no direito norte-americano como um corolário da supremacia da constituição sobre as leis, já que tal postulado conduziria à natural conclusão de que as leis inconstitucionais são nulas de pleno direito. Entretanto, a Corte de Warren afirmou em 1965, no caso *Linkletter v. Walker*,[70] à guisa de justificar a invalidação com efeitos *ex nunc* de norma que dispunha sobre a produção de provas em processos penais, que a Constituição de 1787 *não proíbe nem requer os efeitos retrativos*.[71]

Assim, a atribuição de efeitos temporais às decisões de inconstitucionalidade seria matéria de *política judiciária*, competindo à Corte decidir casuisticamente. Contudo, em *Griffith v. Kentucky* (1980), uma Suprema Corte crítica ao ativismo da Corte de Warren superou *Linkletter*, tendo *eliminado os limites à retroatividade em processos criminais*.[72] Na ocasião, o Tribunal retornou ao entendimento original de que lei inconstitucional é nula de pleno direito, tendo inclusive asseverado que é contrária à "natureza da *judicial review*" conceder ao Judiciário a atividade essencialmente legislativa de modular os efeitos temporais das decisões de inconstitucionalidade.

Há, portanto, no debate constitucional norte-americano uma explícita associação entre ativismo judicial e atribuição ao Judiciário do poder de modular os efeitos temporais das decisões de inconstitucionalidade, e, por outro lado, entre autorrestrição judicial e efeitos necessariamente retroativos.[73]

Já no Brasil, por ocasião da aprovação da Lei n. 9.868/1999, levantaram-se críticas de igual teor ao seu art. 27, sendo que uma das mais influentes foi a de Manoel Gonçalves Ferreira Filho, no sentido de que a modulação de efeitos teria retirado a rigidez da Constituição de 1988 e transformado o STF em *uma terceira Câmara Legislativa*.[74] Em

---

70. 381 US 618, 629 (1965).

71. TRIBE, Laurence. American constitutional law. New York: New York University Press, 2000, p. 218.

72. 479 US 314 (1987). Ibid., p. 219.

73. O juiz da Suprema Corte mais apegado à literalidade da Constituição de 1787 (textualismo) deixa claro o exposto. Com efeito, Antonin Scalia considera que *tanto críticos quanto defensores reconhecem que a técnica das decisões prospectivas é um instrumento prático do ativismo judicial*, na medida em que viabiliza a *criação consciente e deliberada de normas pelo Judiciário*. A seu ver, a modulação de efeitos é incompatível com o Poder Judiciário, na medida em que consiste em atividade legislativa, a cargo do Parlamento. Ver o caso *Harper et Al v. Virginia Department of Taxation*. 509 U.S. 86 (1993). Disponível em: <http://supreme.justia.com/us/509/86/case.html>. Acesso em 31.05.2010.

74. FERREIRA FILHO, Manoel Gonçalves. O sistema constitucional brasileiro e as recentes inovações no controle de constitucionalidade. RDA, 220: 1/17-2000.

resposta, os defensores da modulação a consideram uma natural ponderação entre princípios constitucionais (i. e., nulidade da lei inconstitucional *v.* segurança jurídica), que, além de amoldar-se às atribuições das Cortes Constitucionais contemporâneas, revela-se imperiosa ante a necessidade de estes Tribunais zelarem pelos efeitos concretos das suas decisões.[75]

Independentemente da disputa sobre a legitimidade da modulação de efeitos temporais, parece, de fato, haver consenso entre adeptos e críticos de que a modulação de efeitos temporais confere um significativo poder político ao Judiciário. Efetivamente, competirá a este "Poder" analisar, caso a caso e com base em parâmetros normativos fluidos, a partir de que momento uma lei deixará de produzir efeitos diante da sua incompatibilidade com norma constitucional. Embora a concessão dessa notável prerrogativa ao Judiciário consista, a princípio, em fator favorável à judicialização, a forma segundo a qual o seu órgão de cúpula a exercerá parece ser o fator decisivo para a efetiva categorização da modulação como um elemento de ativismo ou de autorrestrição judicial. De fato, o uso de técnicas de modulação (sobretudo os efeitos *pro futuro)* pode permitir não apenas a autocontenção do Judiciário, mas igualmente que o Judiciário se demita de dar a última palavra sobre questão constitucional controvertida, participando de profícuo diálogo com outras instituições políticas.

c) Rol de competências da Suprema Corte ou da Corte Constitucional

Parece óbvio que, quanto mais amplo for o elenco de competência da Suprema Corte ou Corte Constitucional, mais matérias tenderão a ser retiradas do processo político ordinário em favor do Poder Judiciário. Todavia, mais importante do que o aspecto quantitativo, parece ser o relevo político das matérias submetidas à Corte, inclusive porque uma forma de inviabilizar o funcionamento da Suprema Corte é dotá-la de um rol de atribuições inexequível e de reduzida importância.

Atualmente, uma miríade de competências de relevo político vem sendo atribuída aos órgãos de cúpula do Poder Judiciário.[76] Como refle-

---

75. SARMENTO, Daniel. A eficácia temporal das decisões no controle de constitucionalidade. In: SARMENTO, Daniel (org.) O controle de constitucionalidade e a Lei n. 9.868/1999. Rio de Janeiro: Lumen Juris, 2001, p. 101/139.

76. Cite-se o controle incidental e abstrato de constitucionalidade de atos normativos, os conflitos federativos entre a União e os Estados-membros, processos penais em face de autoridades (Presidente, Parlamentares, Ministros etc.), lisura do processo eleitoral, validade de plebisci-

xo do atual fenômeno de judicialização da política, algumas atribuições chamam atenção pelo seu caráter radicalmente político: por exemplo, a Constituição da África do Sul concedeu à Suprema Corte o poder de "certificar" o projeto de Constituição elaborado por Assembleia Nacional Constituinte; a Constituição Húngara atribuiu à Corte Constitucional a competência para determinar a dissolução do Parlamento caso a instituição elaborasse, com frequência, leis inconstitucionais[77] etc.

d) A constitucionalização abrangente e a dificuldade do processo de reforma constitucional

Sendo a Constituição norma hierarquicamente superior às demais manifestações do Estado, parece natural que, quanto mais amplo for o seu conteúdo, mais matérias terão sido retiradas do alcance do legislador ordinário. Precisamente por competir ao Judiciário zelar por essa supremacia através do controle de constitucionalidade, quanto mais abrangente for a Constituição, tendencialmente maior será o espaço de atuação do Judiciário, e menor será o do Legislativo.

Por outro lado, o grau de dificuldade do processo de reforma constitucional guarda uma relação de direta proporcionalidade com a rigidez constitucional, na medida em que, quanto mais difícil for a alteração da Constituição, menor será a possibilidade de futuras maiorias alterarem as normas constitucionais e aprovarem emendas constitucionais superadoras de decisões judiciais. Assim, a maior exigência do processo de reforma constitucional tende a reduzir o espaço de atuação do Legislativo e a ampliar o do Judiciário.[78]

Combinando-se a extensão do texto constitucional e a dificuldade do processo de reforma, tem-se que uma Constituição analítica e difícil de ser alterada apresentará um grau notável de rigidez, estimulando a expansão do espectro de atuação do Judiciário. Precisamente para evitar uma excessiva vinculação das gerações futuras à Constituição, há uma tendência de a *escolha constitucional implica(r) um trade-off entre extensão e dificuldade*

---

tos e referendos, ações especiais para a tutela das liberdades civis e dos direitos fundamentais em geral, resolução de conflitos de competência entre tribunais, julgamento de pedidos de extradição, execução de sentenças estrangeiras etc. SAMPAIO, José Adércio Leite. A Constituição reinventada pela jurisdição constitucional. *Op. cit.*, p. 130/181.

77. HIRSCHL, Ran. Towards juristocracy: the origins and consequences of the new constitutionalism. *Op. cit.*

78. BRANDÃO, Rodrigo. Rigidez constitucional e pluralismo político. In: Cláudio Pereira de Souza Neto, Daniel Samento e Gustavo Binenbojm (Org.) Vinte anos da Constituição Federal de 1988. Rio de Janeiro: Lumen Iuris, 2009, p. 255/295.

de emendamento, de modo que, caso se opte por uma Constituição extensa, provavelmente será escolhido um processo fácil de alteração constitucional, e vice-versa.[79] Assim, uma Constituição analítica, porém sujeita a um procedimento fácil de alteração, embora fomente a judicialização, não garante ao Judiciário a última palavra sobre a solução de questão constitucional controvertida, diante da viabilidade da aprovação de emenda constitucional superadora da interpretação judicial a Constituição.

PARTE II
O CASO BRASILEIRO

IV. A EXPANSÃO DO JUDICIÁRIO BRASILEIRO PÓS-1988

1. As condições políticas

A Constituição Federal de 1988 foi o principal marco jurídico do processo de redemocratização do país, simbolizando a transição de um Estado autoritário, que se guiava pela legalidade paralela dos atos institucionais e por reiteradas violações aos direitos fundamentais dos seus cidadãos, para um Estado Democrático de Direito, que, embora ainda esteja em processo de consolidação, vem avançando notavelmente.

Com efeito, a análise em perspectiva da Constituição de 1988 revela que ela, ao menos, tem contribuído para o Brasil estar vivendo o seu mais longevo período de estabilidade democrática, já que a experiência democrática anterior durou apenas 18 anos (1946/1964).[80] Neste período foram realizadas diversas eleições presidenciais, *com debate público amplo, participação popular, e alternância dos partidos no poder.*[81] E, conforme destacado por Luís Roberto Barroso, *não foram tempos banais*: muito ao contrário, as crises e os escândalos de corrupção se sucederam.[82]

---

79. MELO, Marcus André. Hiperconstitucionalização e qualidade da democracia. Democracia brasileira – balanço e perspectivas para o século 21. MELO, Carlos Ranulfo e SÁEZ, Manuel Alcântara (org.). Belo Horizonte: Editora UFMG, 2007, p. 243.

80. MARRENCO, André. Devagar se vai ao longe? A transição para a democracia no Brasil em perspectiva comparada. In: Democracia brasileira – balanço e perspectivas para o século 21. MELO, Carlos Ranulfo; SÁEZ, Manuel Alcântara (org.). Belo Horizonte: Editora UFMG, 2007, p. 73. Desconsidera-se a República Velha, dada a sua estruturação oligárquica e as reiteradas fraudes eleitorais.

81. BARROSO, Luís Roberto. Vinte anos da Constituição brasileira de 1988: o Estado a que chegamos. *Op. cit.*, p. 36

82. Ilustram o exposto, dentre outros, os casos dos "anões do orçamento", da violação do painel do Senado, da acusação de compras de voto de parlamentares ("mensalão"), do envolvimento do crime organizado com o poder público (CPI do Cachoeira) e do *impeachment* do Presidente Fernando Collor de Melo.

Contudo, a Constituição de 1988 soube absorver as crises pelos mecanismos institucionalizados, sem haver espaço para soluções extra-constitucionais (i. e., participação das Forças Armadas). Assim, embora a democracia brasileira necessite de aperfeiçoamentos importantes, pode-se dizer que, enfim, ela se estabilizou e se consolidou, não havendo fundado temor de reversão autoritária.[83]

No que tange ao desenho institucional do sistema político, a Constituição de 1988 resgatou princípios macroinstitucionais adotados pela Constituição de 1946, destacando-se o *sistema de governo presidencialista, o sistema eleitoral proporcional com lista aberta* para os Legislativos federal, estadual e municipal (com exceção do Senado, no qual se aplica o sistema majoritário), e o *federalismo,* que foi fortalecido pelo aumento das capacidades administrativa e fiscal das subunidades da federação.[84]

Tais mecanismos tendem a promover forte fragmentação do poder político. Com efeito, a nítida separação entre as atribuições dos Poderes Executivo e Legislativo - típica do presidencialismo - pode dar azo a conflitos institucionais, sobretudo na hipótese de o Presidente não dispor de maiorias sólidas (ou de supermaiorias, no caso de reforma à Constituição). Por outro lado, o sistema proporcional com lista aberta, no qual o eleitor pode votar individualmente em seu candidato sem que haja vinculação ao voto para a eleição majoritária, estimula a adoção de um comportamento individualista pelos políticos, pois a estratégia de buscar uma ligação direta com o eleitor se mostra conveniente pelo fato de o candidato de um partido competir com os seus correligionários para a obtenção de uma dentre as cadeiras asseguradas pela agremiação. Por outro lado, as legislações eleitoral e partidária não trazem obstáculos significativos à criação de partidos, antes a estimulam, com a concessão de horário eleitoral gratuito em rádio e televisão e recursos do Fundo Partidário.[85]

O estímulo ao comportamento individualista do parlamentar e à criação de partidos tende a gerar redução da disciplina e da densidade

---

83. FIGUEIREDO, Angelina Cheibub e LIMONGI, Fernando. Instituições Políticas e Governabilidade – Desempenho do governo e apoio legislativo na democracia brasileira. In: Democracia brasileira – balanço e perspectivas para o século 21. MELO, Carlos Ranulfo e SÁEZ, Manuel Alcântara (org.). Belo Horizonte: Editora UFMG, 2007.

84. *Ibid.,* p. 147.

85. MELO, Carlos Ranulfo. Nem tanto ao mar, nem tanto a terra – Elementos para uma análise do sistema partidário brasileiro. In: Democracia brasileira – balanço e perspectivas para o século 21. MELO, Carlos Ranulfo e SÁEZ, Manuel Alcântara (org.). Belo Horizonte: Editora UFMG, 2007, p. 273/280.

ideológica dos partidos, criando um cenário de multiplicação partidária e de instabilidade nas coalizões governamentais.[86] O quadro atual de profunda fragmentação partidária se evidencia pela evolução do percentual de cadeiras ocupadas pelo maior partido na Câmara dos Deputados, a partir da reforma partidária de 1979 que pôs fim ao bipartidarismo da ditadura militar: enquanto nas duas primeiras eleições (1982 e 1986) o PMDB obteve 41,8% e 53,4% das cadeiras na Câmara, nas duas primeiras eleições que se seguiram à Constituição de 1988 (1990 e 1994) o PMDB obteve "apenas" 21,5% e 20,9%, e nas eleições seguintes o partido majoritário não atingiu o teto de 20% das vagas de deputado federal. De 1990 a 2006, dos 28 partidos atualmente existentes somente de seis a oito agremiações conseguiram 5% das cadeiras na Câmara dos Deputados.[87]

Consiste em visão tradicional na ciência política brasileira a noção de que a combinação desses fatores centrífugos (presidencialismo, sistema proporcional, multipartidarismo e federalismo) geraria paralisias decisórias e ingovernabilidade, com o surgimento de vários *veto players* que obstariam a implementação da agenda do governo e a realização de efetivas mudanças no *status quo*. A partir de um cenário assim delineado - embora tenha escrito antes da Constituição de 1988 –, Sérgio Abranches cunhou o termo *presidencialismo de coalizão*, em virtude de *o Brasil (ser) o único país que, além de combinar a proporcionalidade, o multipartidarismo e o "presidencialismo imperial", organiza o Executivo com base em grandes coalizões*.[88] Em virtude das dificuldades de formação de uma coalizão sólida exclusivamente com base em acordos partidários, sobreviveria o poder político de elites políticas e de oligarquias regionais, que se traduziria na construção da "base aliada" através das tradicionais técnicas clientelistas da "patronagem", notadamente a distribuição de ministérios, cargos, emendas orçamentárias etc.[89]

---

86. Note-se que o federalismo, para além de implicar divisão do poder político entre os entes federativos - circunstância que pode gerar disputas e problemas de coordenação entre eles - também favorece a difusão partidária. Isto porque, não possuindo os principais partidos hegemonia em todo o território nacional, há a possibilidade do surgimento de pequenos e médios partidos que exerçam papel relevante na composição da coalizão governamental no Congresso Nacional. *Ibid.*, p. 277.

87. *Ibid.*, p. 276/279.

88. ABRANCHES, Sérgio. O presidencialismo de coalizão: o dilema institucional brasileiro. Dados 31 (1). 1988, p. 21/22.

89. SANTOS, Fabiano. O Poder Legislativo no presidencialismo de coalizão. *Op. cit.* Em artigo mais recente, redigido sob a égide da Constituição de 1988, Abranches reafirma o seu argumento, porém esclarece que as dificuldades presentes na democracia brasileira não são de ordem institucional, mas de índole sociológica. Ver, a propósito, a seguinte passagem: "Não creio que o fisiologismo e o clientelismo sejam intrínsecos ao regime de governança. Eles são compo-

Por outro lado, a Constituição de 1988 apresentou novidades em relação ao regime de 1946 que caminharam em sentido antagônico ao exposto, na medida em que trouxeram coesão e governabilidade, facilitando que o governo federal implementasse a sua agenda política. A propósito, Figueiredo e Limongi salientam que *o processo decisório na atual democracia brasileira caracteriza-se por um alto grau de delegação de poderes do Congresso para o Executivo e, no interior do Congresso, dos parlamentares para os líderes partidários.*[90]

Quanto ao aumento da participação do Chefe do Executivo no processo legislativo, destacam-se a notável ampliação das matérias sujeitas à sua iniciativa privativa (vastos assuntos administrativos, financeiros e orçamentários),[91] nas quais não caberá emenda parlamentar que implique aumento de despesa;[92] a possibilidade de o Presidente da República solicitar urgência em projetos de sua iniciativa, de apresentar projetos de emenda constitucional, de editar medidas provisórias e leis delegadas etc. Ademais, o Regimento Interno do Congresso Nacional e das suas Casas tornou o Poder Legislativo federal extremamente centralizado em torno dos líderes partidários.[93]

A centralização de poderes legislativos no Presidente da República e nos líderes partidários neutralizaria os efeitos fragmentadores do pre-

---

nentes do padrão de relacionamento entre partidos e eleitores, portanto um dado sociológico. Se os partidos majoritários logram conquistar essa maioria por meio desse tipo de mecanismo de manipulação do eleitor despossuído e não há alternativas competitivas em muitos redutos, a relação entre maioria legislativa e o Executivo terá, de fato, um elevado grau de propensão ao fisiologismo e ao clientelismo. Mas seria assim, se o governo não fosse de coalizão." Cf. ABRANCHES, Sérgio Henrique. "A democracia brasileira vai bem, mas requer cuidados". In: Como vão a democracia e o desenvolvimento no Brasil? VELLOSO, João Paulo dos Reis (org.). Rio de Janeiro: José Olympio, 2001, p. 268.

90. FIGUEIREDO, Angelina Cheibub e LIMONGI, Fernando. Instituições Políticas e Governabilidade – Desempenho do governo e apoio legislativo na democracia brasileira. In: Democracia brasileira – balanço e perspectivas para o século 21. MELO, Carlos Ranulfo; SÁEZ, Manuel Alcântara (org.). Belo Horizonte: Editora UFMG, 2007.

91. Ver art. 60, § 1°, c/c art. 165 da CF/1988.

92. Art. 63, § 1°, da CF/1988. A exceção se dá no caso das leis orçamentárias, em que as emendas parlamentares que impliquem aumento de despesa serão admitidas desde que indiquem a fonte de custeio.

93. Por exemplo, poderes de determinação e de obstrução da pauta, de designação e de substituição de relatores e membros das comissões, de representação da bancada do partido, de solicitar urgência na apreciação de projetos de lei etc. FIGUEIREDO, Angelina Cheibub e LIMONGI, Fernando. Instituições Políticas e Governabilidade – Desempenho do governo e apoio legislativo na democracia brasileira. In: Democracia brasileira – balanço e perspectivas para o século 21. MELO, Carlos Ranulfo; SÁEZ, Manuel Alcântara (org.). Belo Horizonte: Editora UFMG, 2007, p. 151/156.

sidencialismo, do sistema proporcional e do federalismo, como demonstram as altas taxas de sucesso (índice de projetos de lei de iniciativa do Executivo aprovados) e de dominância (percentual de leis editadas pelo Parlamento que são de iniciativa do Executivo). Com efeito, enquanto no período entre 1946/1964 as médias das taxas de sucesso e de dominância foram, respectivamente, de 29,5% e de 38,5%, no lapso entre 1988 e 2006 as médias foram de 75,8% e 83,3%.[94] Nesta esteira, a taxa média de coesão partidária na democracia atual é bem superior à da que a antecedeu: o índice mais alto de disciplina de partido da base aliada entre 1946 e 1964 (60,3%, do PSD) é inferior ao menor índice de disciplina de partido da coalizão governamental no lapso entre 1988 e 2006 (72,2%, do PMDB).[95]

Daí se vê que *o Executivo brasileiro, além de controlar, em boa medida, a agenda do Congresso Nacional, é o principal legislador do país*, ditando, através do *apoio sistemático e disciplinado de uma coalizão partidária*, o que é votado e aprovado no Congresso Nacional.[96]

Não é necessário aos propósitos deste artigo tomar partido sobre esta profunda celeuma travada na ciência política brasileira. Basta notar que a opção por princípios macroinstitucionais como presidencialismo, sistema proporcional, multipartidarismo e federalismo aumenta a difusão do poder político no Brasil, estimulando a judicialização ante a necessidade de o Judiciário dirimir frequentes conflitos positivos e negativos travados entre "Poderes", entes federativos, agências reguladoras, partidos políticos etc.

Por outro lado, a estabilização da democracia brasileira aumenta a incerteza eleitoral, já que os adversários políticos têm natural receio de sofrer derrota nas urnas. Seguindo a esteira da teoria do seguro político de Ginsburg, há um estímulo mútuo entre os grupos políticos de entrincheirarem na Constituição as regras básicas do jogo democrático, a fim de preservar a possibilidade de ascenderem democraticamente ao poder, e normas substantivas, para que o núcleo mínimo de sua proposta política fique fora do alcance da política majoritária.

Enfim, o sistema político instituído pela Constituição de 1988 apresenta condições políticas favoráveis à expansão do Judiciário.

---

94. *Ibid.*, p. 156/157.
95. *Ibid.*, p. 169/170.
96. *Ibid.*, p. 186.

2. As condições institucionais

Quanto ao *catálogo de direitos*, convém destacar que a Constituição de 1988 contém o mais generoso rol de direitos da nossa história constitucional. Com efeito, a atual Constituição trouxe, simbolicamente, o catálogo para o início do seu texto, erigiu a dignidade da pessoa humana a fundamento da nossa República (art. 1º, inc. III) e os direitos humanos a princípios reitores das relações internacionais travadas pelo Brasil (art. 4º, inc. II). Ademais, a Carta de 1988 possui um título exclusivo para os "direitos e garantias fundamentais",[97] o qual se caracteriza, sobretudo, pela amplitude (só o art. 5º conta com 78 incisos). O constituinte de 1988 também conferiu uma "eficácia reforçada" aos direitos fundamentais, na medida em que lhes atribuiu eficácia imediata (art. 5º, § 1º), *status* de cláusulas pétreas (art. 60, § 4º, inc. IV) e hierarquia constitucional aos tratados sobre direitos humanos (art. 5º, § 3º, com a redação dada pela EC n. 45/2003). Por fim, foram positivados com igual ênfase direitos de primeira, segunda e terceira "geração", sejam eles direitos a prestações estatais negativas ou positivas.[98]

Em relação ao *controle de constitucionalidade*, foi mantido o sistema misto existente no Brasil desde a EC n. 16/1965, com a combinação das modalidades incidental e difusa à moda americana e concentrada e abstrata de inspiração austríaca.[99] Todavia, a notável ampliação dos legitimados para a propositura da Ação Direta de Inconstitucionalidade viabilizou o *acesso ao controle abstrato de constitucionalidade por grupos de interesse e por partidos de oposição*.[100]

---

97. No Título II estão inseridos os capítulos I (direitos e deveres individuais e coletivos), II (direitos sociais), III (direitos da nacionalidade), IV (direitos políticos), e V (partidos políticos).

98. Ver, por todos, SARLET, Ingo. A eficácia dos direitos fundamentais. 2. ed. Porto Alegre: Livraria do Advogado Editora, 2001.

99. Foge ao objetivo do item a descrição de todas as inovações trazidas pela Constituição de 1988 ao controle de constitucionalidade, já que o nosso objetivo é apenas o de destacar a presença, ou não, das condições arroladas no item III. Para a análise sistemática das inovações, ver CLÈVE, Clèmerson Merlin. A fiscalização abstrata da constitucionalidade no direito brasileiro. 2. ed. São Paulo: Editora Revista dos Tribunais, 2000.

100. Com efeito, o art. 103 da Constituição de 1988 conferiu legitimidade ativa para a ADI não apenas a órgãos ou autoridades federais (Presidente da República, Mesas do Senado e da Câmara dos Deputados e Procurador-Geral da República), como também a órgãos ou autoridades estaduais (Mesa da Assembleia Legislativa ou da Câmara Legislativa Distrital e Governador de Estado ou do Distrito Federal) e - destaque-se - a atores da sociedade civil (Conselho Federal da OAB, partido político com representação no Congresso Nacional, confederação sindical e entidade de classe de âmbito nacional).

A JUDICIALIZAÇÃO DA POLÍTICA: TEORIAS, CONDIÇÕES E O CASO BRASILEIRO

Assim, a circunstância de qualquer partido político que possua um deputado ou senador ter legitimidade para a propositura de ADI, no âmbito de um sistema partidário altamente fragmentado, faz com que virtualmente toda questão política relevante se convole em questão judicial. De fato, a oposição, não raro derrotada no Congresso Nacional, tende a utilizar o STF como nova arena de batalha política, com vistas a reverter a derrota sofrida na deliberação majoritária.

O uso do controle de constitucionalidade por partidos de oposição é claramente comprovado por números: enquanto no governo Fernando Henrique Cardoso os partidos de esquerda (oposição) foram responsáveis por 63,3% das ADIs, e os de direita (que compunham a "base aliada"), por 18.9%; com a eleiçã de Luizs Inácio "Lula" da Silva para a presidência a relação se inverteu: os partidos de esquerda, agora no governo, propuseram 6% das ADIs, ao passo que os partidos de direita ajuizaram 73% das ADIs do período. Ainda mais emblemática é a atuação do Partido dos Trabalhadores: enquanto no governo FHC foi o líder isolado de ADI, respondendo por 57,3% das ações propostas neste período, no governo Lula o PT não propôs uma ADI sequer.[101]

Por outro lado, cumpre notar a intensa atuação das entidades de classe de âmbito nacional na propositura de ADIs, apesar de o Supremo Tribunal ter estabelecido uma série de restrições, como, por exemplo, considerá-las "legitimadas não universais", de molde a exigir-lhes a comprovação da *pertinência temática* entre o objeto da ação e as suas finalidades institucionais;[102] e ter se utilizado da analogia à Lei Orgânica dos Partidos Políticos para aferir o caráter nacional da associação, o qual depende da presença em, pelo menos, nove Estados da Federação.[103]

Com efeito, entre 1988 e 2005, as associações propuseram 24,9% das ADIs, só perdendo, por pequena diferença, para os Governadores de Estado, que apresentaram 26% das ADIs no período. Tais dados confirmam que a sociedade civil organizada vem sendo uma das protagonistas no processo de judicialização da política,[104] de maneira que diversos grupos de interesse (especialmente aqueles que mais manejaram as

---

101. VIANNA, Luiz Werneck; BURGOS, Marcelo Baumann e SALLES, Paula Martins. Dezessete anos de judicialização da política. Tempo Social – revista de sociologia da USP, v. 19, n. 2, p. 66/70.

102. STF, ADI 202, DJ, 02/04/1993, p. 5.612.

103. STF, ADI 386, DJ, 28/06/1991, p. 8.904.

104. VIANNA, Luiz Werneck; BURGOS, Marcelo Baumann e SALLES, Paula Martins. Dezessete anos de judicialização da política. Tempo Social – revista de sociologia da USP, v.19, n. 2, p. 71.

ADIs: nesta ordem, funcionários públicos, empresários, trabalhadores, profissionais liberais e notários) também veem o Judiciário como um foro alternativo de disputa política, sobretudo quando restam vencidos nos embates parlamentares.[105]

A ampliação dos legitimados para a propositura de ADI teve um impacto fortíssimo em nosso modelo de controle de constitucionalidade, na medida em que produziu uma elevação exponencial do número e da importância das ações diretas de inconstitucionalidade. De fato, de 1988 a 2005 foram propostas 3.648 ADIs. Além disso, após um pico no número de ações entre 1989/1990 - decorrente da adequação das Constituições estaduais à Constituição Federal - o número de ADIs propostas voltou a crescer, circunstância que indica *a consolidação dessa via de judicialização*.[106]

Quanto aos *atos impugnáveis no controle de constitucionalidade*, note-se, por um lado, que não há restrições significativas no controle incidental, e, por outro lado, que no controle abstrato o respectivo rol vem sendo progressivamente ampliado nos últimos anos, mercê da evolução da jurisprudência do STF e de inovações legislativas. Note-se que o STF tradicionalmente admite ADI em face de leis ou atos normativos federais e estaduais, inclusive em relação a emendas constitucionais, leis complementares, leis ordinárias, leis delegadas, decretos-legislativos e resoluções do Congresso Nacional e de suas Casas (inclusive o decreto-legislativo pelo qual o Congresso aprova tratado internacional), medidas provisórias, atos administrativos autônomos, dispositivos de Constituições estaduais etc. Todavia, recentemente o STF superou o entendimento a respeito do não cabimento de ADI em face de leis de efeitos concretos, na ocasião em que reviu a sua jurisprudência acerca do não cabimento de ADI em face de normas orçamentárias, para conhecer e declarar a inconstitucionalidade de medida provisória que abriu crédito orçamentário extraordinário sem a observância dos requisitos constitucionais.[107]

---

105. Tal fenômeno foi reforçado pela criação, através da Lei n. 9.868/1999, do amicus curiae e da audiência pública, permitindo que a sociedade civil organizada e grupos de interesse também participem de processos que não foram instaurados por eles. Desta forma, virtualmente todas as leis que afetem, de forma relevante, grupos de interesses razoavelmente organizados - especialmente os grupos econômicos e profissionais - acabarão se sujeitando à revisão judicial.

106. VIANNA, Luiz Werneck. BURGOS, Marcelo Baumann e SALLES, Paula Martins. Dezessete anos de judicialização da política. Tempo Social – revista de sociologia da USP, v. 19, n. 2, p. 46.

107. STF, ADI 4.048/MC, DJ, 22/08/2008, p. 55.

Além disto, a criação da Ação Declaratória de Constitucionalidade pela EC n. 03/1993 permitiu que se solicite ao STF a declaração da *constitucionalidade* de lei ou ato normativo federal com vistas a pacificar, de forma célere e definitiva, controvérsia judicial sobre a validade do respectivo ato. Por sua vez, a regulamentação da Arguição de Descumprimento de Preceito Fundamental pela Lei n. 9.882/1999 fixou o seu cabimento em face do direito pré-constitucional, de leis municipais, e dos atos do Poder Público, expressão genérica que vem dando azo à ampliação do seu objeto para o atingimento, por exemplo, de decisões judiciais, de atos administrativos de especial relevo etc.[108] Tais atos não podiam ter a sua constitucionalidade questionada em tese perante o STF, de maneira que a *regulamentação da ADPF expandiu, consideravelmente, o espectro do controle abstrato de constitucionalidade*, ainda que o paradigma constitucional seja mais restrito do que o da ADI, visto que se restringe às normas constitucionais que ostentem a condição de "preceitos fundamentais".

Evolução notável ocorreu na seara dos *efeitos subjetivos da decisão de inconstitucionalidade proferida pelo STF*. Releva notar que, desde a criação no Brasil do modelo de controle difuso e incidental de constitucionalidade com a Constituição de 1891 até o advento da finada Representação de Inconstitucionalidade (EC n. 16/1965), as decisões de inconstitucionalidade do STF somente produziam efeitos *inter partes*, não se aplicando a pessoas que, embora estivessem em situação rigorosamente igual, não fossem partes do respectivo processo. Em um país de dimensão continental, com enorme desigualdade social e despido de um sistema efetivo de assistência judiciária gratuita, a maior parte da população não tinha acesso à justiça, persistindo os efeitos dos atos inconstitucionais nas suas esferas jurídicas.[109]

---

108. MENDES, Gilmar Ferreira; COELHO, Inocêncio Mártires e BRANCO, Paulo Gustavo Gonet. Curso de direito constitucional. 2. ed. São Paulo: Saraiva, 2008, p. 1.156/1.165.

109. A criação da Representação de Inconstitucionalidade, na qual as decisões do STF possuíam efeitos erga omnes (aplicáveis não só às partes do processo, mas a todos os destinatários da norma constitucional), não produziu avanço do papel político do Judiciário. As razões são óbvias: a EC n. 16/1965 foi editada pouco mais de um mês após o Ato Institucional n. 02, que aumentara o número de ministros do STF de 11 para 16 - os cinco novos cargos foram preenchidos por juristas vinculados à UDN - e extinguira a vitaliciedade dos seus membros. Ademais, o Procurador-Geral da República, à época detentor de cargo de livre-nomeação e exoneração pelo Presidente e responsável pela chefia da advocacia da União, possuía o monopólio da legitimidade ativa da RI. Tais fatores, somados à praxis política que, para dizer o mínimo, não estimulava atos de insubordinação ao regime, evidenciam o fato de que no modelo de controle de constitucionalidade vigente no Brasil até 1988 predominavam, largamente, as decisões de inconstitucionalidade com efeitos inter partes.

A situação começou a mudar com a Constituição de 1988, como a já destacada expansão do controle abstrato de constitucionalidade, nos quais as decisões possuem tipicamente efeitos gerais (*erga omnes*). Contudo, passo fundamental foi dado com o advento da Emenda Constitucional n. 03/1993, que previu o efeito vinculante, interpretado pelo STF como um *plus* de eficácia em relação aos efeitos *erga omnes,* eis que resulta na aplicação da decisão do STF não apenas aos destinatários da norma constitucional, como também aos órgãos administrativos (administração federal, estadual e municipal, seja direta, seja indireta) e judiciais que não o próprio STF.[110] Assim, caso tais autoridades não se orientem por decisão do STF dotada de efeito vinculante, ao invés de a parte prejudicada ter que percorrer toda a sistemática recursal ordinária para ter acesso à Corte Suprema, pode propor diretamente perante o STF reclamação, com vistas a restabelecer a autoridade da sua decisão.

Saliente-se, por outro lado, que mesmo no *controle incidental e difuso*, tradicional reduto dos efeitos meramente *inter partes,* tem se verificado notável ampliação dos seus *efeitos subjetivos.* Inovações recentes têm atribuído a determinadas decisões tomadas em controle difuso e incidental efeitos que transcendem as partes do processo,[111] sendo que as mais relevantes são a *súmula vinculante e a repercussão geral.*

A EC n. 45/2004, mediante a introdução do art. 103-A da Constituição, permitiu que o STF, na hipótese de ter proferido reiteradas decisões em matéria constitucional, que sejam objeto de controvérsias cuja demora no deslinde cause grave insegurança jurídica e relevante multiplicação de processos, edite súmula vinculante, mediante o quórum qua-

---

110. Embora a EC n. 03 só tenha previsto, expressamente, o efeito vinculante para as decisões do STF em ADC, esta Corte já decidira que as decisões na ADI possuíam igual efeito, diante da natureza dúplice dessas ações de controle abstrato de constitucionalidade. De qualquer sorte, a Lei n. 9.868/1999 e a EC n. 45/2004 ratificaram tal orientação, e, posteriormente, a Lei n. 9.882/1999 reconheceu que as decisões proferidas pelo STF em ADPF também produziriam efeito vinculante.

111. Cite-se, inicialmente, a dispensa de submissão de questão constitucional ao Plenário do Tribunal, em atenção ao princípio da reserva de plenário (art. 97 da CF/1988), na hipótese de já haver prévia decisão do plenário do STF ou do próprio Tribunal (art. 481 do CPC). Além disso, o STF tem admitido a realização de controle incidental de constitucionalidade em sede de ações coletivas, cujas decisões geram efeitos erga omnes. Há também forte tendência no processo civil contemporâneo de fortalecimento das competências monocráticas do relator, tendo como parâmetro a jurisprudência dominante ou sumulada. Por exemplo, o art. 557, *caput* e § 1º-A, do CPC autoriza o relator a, respectivamente, negar seguimento a recurso em contradição com súmula ou jurisprudência dominante do respectivo Tribunal, do STF ou de Tribunal Superior, e prover o recurso se a decisão recorrida estiver em confronto com a referida súmula ou jurisprudência dominante.

lificado de dois terços. Note-se que tais súmulas, embora originadas de decisões proferidas em sede de controle difuso e incidental, produzem efeito vinculante (como no controle abstrato e concentrado), de molde que, se autoridade administrativa ou judicial não seguir a sua orientação, caberá reclamação perante o STF. Por outro lado, após o STF ter se pronunciado sobre questão em relação à qual reconheceu a presença de repercussão geral, se os Tribunais de origem não se retratarem, poderá o STF *cassar ou reformar, liminarmente, o acórdão contrário à orientação firmada* (art. 543-B, § 3°, do CPC).

Por fim, *os efeitos temporais.* Embora o art. 27 da Lei n. 9.882/1999 tenha reconhecido a possibilidade de o STF modular os efeitos temporais das suas declarações de inconstitucionalidade, o Tribunal vem usando tal prerrogativa excepcional com comedimento. Portanto, na ampla maioria de decisões de inconstitucionalidade o STF tem se mantido fiel à regra geral dos efeitos retroativos das decisões de inconstitucionalidade.

À guisa de conclusão pode-se afirmar que houve uma alteração muito significativa nos efeitos do controle de constitucionalidade (evolução em curso dos efeitos *inter* partes para *erga omnes*), de maneira que as decisões do STF tendem a atingir um espectro de pessoas bem mais amplo. Por fim, a subsistência dos efeitos *ex tunc* como regra geral no controle de constitucionalidade, faz com que, normalmente, o STF invalide todos os efeitos produzidos por norma reputada inconstitucional, consistindo igualmente em fator de fortalecimento do controle de constitucionalidade.

Note-se, por outro lado, a atribuição de *competências superlativas ao Supremo Tribunal Federal,* à vista de reunir as funções de *tribunal constitucional, foro especializado e tribunal de apelação de última instância.*[112] No âmbito de sua função de *tribunal constitucional* compete-lhe, especialmente, processar e julgar a ADI, a ADC e a ADPF, sendo digno de nota que, em virtude dos fatores anteriormente sumariados, a abrangência e o papel político destas competências têm se elevado consideravelmente.

Como *foro especializado,* é responsável pelo julgamento de infrações penais e crimes de responsabilidade em face de várias autoridades (art. 102, inc. I, *b* e *c,* da CF/1988), e por ações propostas em face de atos de determinadas autoridades (art. 102, inc. I, *d, q* e *r,* da CF/1988).

---

112. VIEIRA, Oscar Vilhena. Supremocracia. In: SARMENTO, Daniel. Filosofia e teoria constitucional contemporânea. Rio de Janeiro: Lumen Juris, 2009, p. 487.

Tais ações têm se acumulado nos escaninhos do STF, exigindo-lhe que se dedique a complexas e numerosas instruções criminais (há mais de 250 denúncias contra parlamentares em curso) e que julgue dezenas de milhares de ações sobre questões de pequena relevância. Por fim, o STF tem atuado como *tribunal de apelação de última instância* (art. 102, inc. III), na qual reexamina milhares de decisões judiciais com vistas a uniformizar a interpretação da Constituição.[113]

Quanto à *constitucionalização abrangente,* é característica das Constituições contemporâneas possuírem um amplo conteúdo, pois não se limitam a prever regras sobre a estruturação do Estado e direitos fundamentais de primeira "geração" (Constituição como norma fundamental de garantia), como também uma ampla ordenação da vida econômica, social e cultural (Constituição como norma diretiva fundamental), nas quais se destacam os direitos de segunda e terceira "geração".[114]

Entretanto, características do processo decisório da Assembleia Nacional Constituinte somadas a elementos históricos reforçaram a constitucionalização abrangente. De fato, a ausência de um projeto unificador, a não atuação do Executivo federal como centro sistematizador dos trabalhos das Comissões e a regra da maioria simples permitiram a formação de coalizões de não interferência, nas quais grupos distintos "trocavam" apoios às suas propostas desde que a matéria não fosse especialmente conflituosa.[115] Por outro lado, a tradição brasileira de concentração de poderes no Executivo (que, como visto, foi mantida pela Constituição de 1988) serviu como incentivo ao constituinte para a constitucionalização de um amplo leque de matérias, pois, assim, as protegeria da possibilidade de o chefe do Executivo utilizar os seus poderes legislativos para modificá-las ao seu alvedrio.[116]

---

113. As inovações recentes trazidas pela EC n. 45/2004 – súmula vinculante e repercussão geral – ao permitirem que as decisões do STF, mesmo as proferidas no controle incidental, produzam efeitos gerais, tendem a progressivamente diminuir o número de recursos alçados ao Tribunal.

114. PRIETO SANCHÍS, Luis. Justicia constitucional y derechos fundamentales. Madrid: Editorial Trotta, 2003.

115. COUTO, Cláudio Gonçalves e ARANTES, Rogério Bastos. Constituição, democracia e governo. In: Revista Brasileira de Ciências Sociais, v. 21, n. 61, p. 44, jun./2006. Para uma análise pormenorizada do processo decisório na Assembleia Constituinte, ver PILATTI, Adriano. A Constituinte de 1987-1988: progressistas, conservadores, ordem econômica e regras do jogo. Rio de Janeiro: Lumen Juris, 2008.

116. MELO, Marcus André. Hiperconstitucionalização e qualidade da democracia. In: Democracia Brasileira – balanço e perspectivas para o século 21. MELO, Carlos Ranulfo; SÁEZ, Manuel Alcântara (orgs.). Belo Horizonte: Editora UFMG, 2007, p. 250.

Se a influência das constituições contemporâneas deu à Carta de 1988 um amplo leque de direitos fundamentais e normas programáticas, o amálgama do processo decisório na Constituinte com a concentração de poderes legislativos no Presidente da República resultou na positivação constitucional, em larga medida, de políticas públicas, interesses e visões de mundo particulares. O processo constituinte teria, assim, obedecido *à lógica da árvore de natal, onde cada ator "pendurou" um benefício ou benesse.*[117]

Por sua vez, o número expressivo de emendas constitucionais aprovadas alargou a extensão da Constituição, diante da resistência do Congresso em desconstitucionalizar matérias, já que isto lhe parece *dar um cheque em branco ao Executivo.*[118] Assim, o temor verificado no processo constituinte em relação à predominância do Executivo no processo legislativo se manteve incólume no processo de reforma à Constituição, circunstância que impediu a realização de um enxugamento da Constituição, produzindo, ao revés, efeito oposto.[119]

Não surpreende, portanto, o caráter analítico da nossa Constituição, cujo corpo permanente conta com, aproximadamente, 32 mil palavras, relativamente superior à média das Constituições latino-americanas (25.400 palavras).[120] O principal efeito desta hiperconstitucionalização é o estímulo à judicialização das atividades legislativa e administrativa, visto que, com base em amplíssimo parâmetro, o Judiciário pode controlar a constitucionalidade dos atos estatais e extrair deveres de agir aos demais Poderes.[121]

---

117. MELO, Marcus André. Hiperconstitucionalização e qualidade da democracia. *Op. cit.*, p. 241.

118. *Ibid.*

119. Como exemplo desse fenômeno, Claudio Couto e Rogério Arantes estimam que as emendas constitucionais aprovadas no governo FHC aumentaram a Constituição em 15,3%. COUTO, Cláudio Gonçalves e ARANTES, Rogério Bastos. Constituição, democracia e governo. In: Revista Brasileira de Ciências Sociais, v. 21, n. 61, p. 58, jun./2006. É um tanto quanto paradoxal que a resistência à desconstitucionalização de matérias venha dos próprios parlamentares, na medida em que tal providência implica a possibilidade de os próprios parlamentares disporem sobre o tema mediante quórum de maioria simples, e não mais de três quintos. A explicação se encontra, como visto, nas altas taxas de dominância e sucesso do Executivo no processo legislativo. Por isso, a desconstitucionalização de matérias, na visão de boa parte dos parlamentares, significa dar um cheque em branco ao Executivo.

120. *Ibid.*, p. 240.

121. MELO, Marcus André. Hiperconstitucionalização e qualidade da democracia. In: Democracia brasileira – balanço e perspectivas para o século 21. MELO, Carlos Ranulfo; SÁEZ, Manuel Alcântara (orgs.). Belo Horizonte: Editora UFMG, 2007, p. 255.

Todavia, o processo de reforma constitucional é relativamente fácil, o que se comprova quando o art. 60 da Constituição de 1988 é submetido a uma análise comparativa.[122] Evidentemente que a associação entre uma Constituição analítica, repleta de escolhas conjunturais sobre políticas públicas, e um processo de emenda relativamente fácil, resulta em elevadas taxas de emendamento, como é o caso da brasileira, que, em 24 anos, se submeteu a 77 emendas (contadas as seis de revisão).

Desta forma, a constitucionalização abrangente não tem conduzido à paralisia decisória e à ingovernabilidade, como esperado pela corrente hegemônica na ciência política,[123] mas a um cenário em que, por um lado, há estímulo à judicialização de questões políticas, mas, por outro, há também um incentivo a um ativismo na reforma da Constituição – no qual o Presidente tem demonstrado claro protagonismo –, inclusive para superar decisões judiciais indesejáveis.[124]

V. CONCLUSÃO

A circunstância de o Judiciário decidir questões de notável relevância política é um fenômeno que se verifica atualmente em diversos países, inclusive no Brasil. Apesar da diversidade de culturas jurídicas e de ambientes político-institucionais, é possível identificar condições facilitadoras comuns a tal fenômeno.

As principais teses acerca da expansão do Judiciário podem ser divididas em três grupos: conceitualistas, funcionalistas e estratégicas. Dentre as primeiras se destaca a tese segundo a qual a principal causa de expansão do Judiciário teria sido a ampliação da positivação e da consciência sobre direitos que se verificou a partir do segundo pós-guerra, na linha do que é defendido pelo conhecimento jurídico convencional. Já as teorias funcionalistas vinculam a expansão do Poder Judiciário à adoção de sistemas políticos fragmentados, pois, em seu bojo, surgem problemas de coordenação entre entes autônomos que são resolvidos pelo Ju-

---

122. Ver LUTZ, Donald. Toward a theory of constitutional amendment. In: LEVINSON, Sanford. Responding to imperfection – the theory and practice of constitutional amendment. Princeton: Princeton University Press, 1995; BRANDÃO, Rodrigo. Rigidez constitucional e pluralismo político. In: Vinte anos da Constituição Federal de 1988. Rio de Janeiro: Lumen Juris, 2009, p. 255/295.

123. MELO, Marcus André. Hiperconstitucionalização e qualidade da democracia. *Op. cit.*, p. 255.

124. Desenvolvemos o tema em obra específica: BRANDÃO, Rodrigo. Supremacia Judicial versus Diálogos Constitucionais. Lumen Juris: Rio de Janeiro, 2012.

diciário. Por fim, há as "teorias estratégicas", que comungam da mesma premissa: se o Judiciário é o mais frágil dos "poderes", a ampliação do seu papel político só é possível se contar com a concordância, expressa ou tácita, dos demais "poderes".

Ocorre que tais teses são raramente exclusivas; antes elas apresentam condições que, embora distintas, contribuem para a expansão do Judiciário, podendo estar presentes em diferentes medidas em determinado sistema político-constitucional. A análise da forma pela qual estas condições se apresentam em determinado sistema é importante para aferir a intensidade e as características da expansão do Judiciário.

Há, basicamente, dois tipos de condição facilitadoras deste fenômeno: as políticas e as institucionais. Dentre as políticas se destaca a democracia: (i) neste regime há sensível fracionamento do poder, surgindo problemas de coordenação que tendem a ser dirimidos pelo Judiciário; (ii) os vários pontos de veto presentes num sistema fragmentado podem criar dificuldades para a coalizão governamental se pronunciar sobre questões altamente controvertidas, bem como para que ela reaja a decisões judiciais proferidas nessas matérias. (iii) Ademais, nas democracias bem ordenadas há alternância no poder, de modo que o risco constante de derrota eleitoral tende a estimular a constitucionalização de matérias, para evitar que o grupo vencedor possa, por maioria simples, alterar completamente a ordem jurídica. Note-se que a separação dos poderes e o federalismo também são importantes condições políticas para a judicialização, pois promovem forte fragmentação do poder político, criando problemas de coordenação que o Judiciário é chamado a resolver.

São, por sua vez, condições institucionais: a existência e a eficácia do catálogo de direitos fundamentais; a amplitude do controle de constitucionalidade e os efeitos das suas decisões; a abrangência e o relevo político das competências da Suprema Corte; e a constitucionalização abrangente.

Demonstrou-se ao longo do artigo a presença atualmente no Brasil de uma conjunção de fatores extremamente favorável à expansão do papel político do Poder Judiciário.[125] O principal elemento propulsor do fenômeno foi a consolidação da democracia brasileira. Com efeito, a so-

---

125. No mesmo sentido, ver CARVALHO, Ernani Rodrigues de. Em busca da judicialização da política no Brasil: apontamentos para uma nova abordagem. In: Revista de Sociologia Política, n. 23, 2004.

lução das crises políticas pelas instituições constitucionalmente competentes – em diversas oportunidades pelo próprio STF – excluiu as Forças Armadas da vida política ordinária, permitindo que os conflitos políticos fossem dirimidos – pelo menos em maior medida do que no período pré-88 – pelo direito e pela política, e não mais pela força.

Já a alternância na ocupação da Presidência da República e as flutuações na representatividade dos partidos na Câmara dos Deputados revelam um quadro político-partidário competitivo, estimulando a constitucionalização de matérias para evitar que o jogo político permita que o vencedor tenha o poder irrestrito de alterar a ordem jurídica por maioria simples. No Brasil, essa possibilidade é especialmente temida, em virtude da ampla preponderância do Presidente da República no processo legislativo, de maneira que os parlamentares tendem a rejeitar a "desconstitucionalização" de matérias por verem nela embutida a atribuição de um cheque em branco ao chefe do Executivo.

Há, portanto, claro ponto de contato entre a experiência brasileira e a teoria da expansão do Judiciário como "seguro eleitoral", de Tom Ginsburg, na medida em que, precisamente no momento em que se verificou maior dose de incerteza eleitoral, houve sensível expansão do poder político do Judiciário. Note-se, ainda, que, na linha das teses funcionalistas, a adoção de princípios macroinstitucionais que se caracterizam pela intensa difusão do poder político – presidencialismo, federalismo, sistema proporcional de listas abertas e, posteriormente, a criação de agências reguladoras –, fez com que o Judiciário fosse chamado, com frequência, para a solução de problemas de coordenação entre eles, mediante a definição concreta das fronteiras que demarcam as suas competências.[126]

Assim, *pode-se afirmar que a típica explicação dada pela dogmática jurídica convencional – atrelada à expansão dos direitos fundamentais e dos seus instrumentos de proteção – revela-se, no mínimo, incompleta.* Com efeito, fatores políticos como a incerteza eleitoral, a alternância no poder, a estabilização democrática, a opção por um arranjo institucional marcado pelo fracionamento do poder (presidencialismo, federalismo, agên-

---

126. Alguns dados corroboram a importância das teorias funcionalistas no Brasil, sobretudo as que enfatizam o federalismo como fator de judicialização: os governadores de Estado são os campeões dentre os legitimados ativos da ADI (propuseram 26% das ADIs), além de 55% das ADIs alvejarem leis estaduais. Os dados foram acolhidos da pesquisa de Werneck Viana, Burgos e Salles, e se referem às ADIs propostas entre 1988 e 2005. VIANNA, Luiz Werneck; BURGOS, Marcelo Baumann e SALLES, Paula Martins. Dezessete anos de judicialização da política. In: Tempo Social – revista de sociologia da USP, v. 19, n. 2.

cias reguladoras, multipartidarismo) são importantes elementos políticos que fomentam a judicialização da política no Brasil contemporâneo.

Diante da existência de um cenário político bastante favorável à expansão do controle de constitucionalidade, a ordem jurídica instituída pela Constituição de 1988 refletiu, com nitidez, essa tendência. Com efeito, a Constituição de 1988 ampliou bastante os parâmetros de controle de constitucionalidade, ao optar por um catálogo de direitos fundamental muito abrangente e por uma Constituição analítica. No plano do controle de constitucionalidade, houve sensível aumento do rol dos legitimados ativos para a propositura de ADI, a criação da ADC e da ADPF, a ampliação dos atos impugnáveis e dos efeitos das respectivas decisões. Tais inovações permitiram não só que o STF decidisse um enorme elenco de matérias constitucionais, mas também que tais decisões, em tese, vinculassem todos os destinatários das normas constitucionais, os órgãos administrativos e os juízes responsáveis pela aplicação do direito – e não só as partes do processo, como era a tradição do constitucionalismo brasileiro.[127]

Enfim, o fenômeno da judicialização da política tem bases sólidas nos sistemas político e constitucional brasileiro, e parece ter vindo para ficar. Com efeito, o emprego pelo Judiciário brasileiro de argumentos ligados à separação dos poderes para a inadmissão sumária de ações judiciais que suscitam questões políticas relevantes (discricionariedade, reserva de lei, insindicabilidade de questões políticas etc.), embora tão comum no passado, é a cada dia mais raro. Um passo fundamental para a análise do fenômeno é a compreensão das condições políticas e institucionais que conduzem tais questões políticas ao Judiciário brasileiro, desafio a que se propôs o presente artigo. Contudo, o tema é rico em nuances e complexidades, merecendo tratamento cuidadoso de um sem número de aspectos relevantes, tais como o ativismo judicial, as suas condições, os parâmetros de legitimação da atuação judicial, as reações dos poderes políticos a decisões judiciais indesejadas etc. Porém esses são temas para outros estudos.

---

127. É bem de ver, contudo, que o movimento de expansão do papel político do Judiciário tem fortalecido, sobretudo, o Supremo Tribunal Federal. Tal assertiva é comprovada pela atribuição de efeito vinculante às decisões do STF – de maneira que decisões judiciais contrárias ao precedente do Supremo podem ser rapidamente cassadas por ele, através de reclamação. Evidencia igualmente o exposto a atribuição de competências superlativas ao Supremo Tribunal Federal, com a acumulação de papéis de Tribunal Constitucional, foro especializado e Tribunal de última instância.

LIBERDADE DE EXPRESSÃO E PUBLICIDADE: ALGUMAS NOTAS EM PERSPECTIVA COMPARADA

Ingo Wolfgang Sarlet[1]

SUMÁRIO: 1. Notas introdutórias 2. A liberdade de expressão como direito fundamental 2.1 Conteúdo da liberdade de expressão e sua posição no contexto da arquitetura constitucional 2.2 Algumas notas sobre possíveis limitações à liberdade de expressão e conflitos (colisões) com outros direitos fundamentais 3. A jurisprudência do Tribunal Constitucional Federal da Alemanha sobre publicidade e liberdade de expressão 3.1 Notas prévias 3.2 Os casos "Benetton I e II".

1. NOTAS INTRODUTÓRIAS

Ao contrário de outras ordens constitucionais[2], a Constituição Federal de 1988 (doravante referida apenas como CF) não adotou o termo

---

1.   Professor Titular da Faculdade de Direito e dos Programas de Pós-Graduação em Direito e em Ciências Criminais da PUCRS. Desembargador do TJRS.

2.   Cf., por exemplo, a Constituição da República Portuguesa de 1976, que, no artigo 37º, 1, dispõe que "todos têm o direito de exprimir e divulgar livremente o seu pensamento pela palavra, pela imagem ou por qualquer outro meio, bem como o direito de informar, de se informar e de ser informados, sem impedimentos nem discriminações; 2. O exercício destes direitos não pode ser impedido ou limitado por qualquer tipo ou forma de censura". Em sentido similar, v., ainda, a Constituição Espanhola, de 1978, cujo artigo 20, §§ 1º e 2º, estabelece: "Se reconocen y protegen los derechos: a. A expresar y difundir libremente los pensamientos, ideas y opiniones mediante la palabra, el escrito o cualquier otro medio de reproducción; b. A la producción y creación literaria, artística, científica y técnica; d. A comunicar o recibir libremente información veraz por cualquier medio de difusión. La Ley regulará el derecho a la cláusula de conciencia y al secreto profesional en el ejercicio de estas libertades. 2. El ejercicio de estos derechos no puede restringirse mediante ningún tipo de censura previa". No artigo 21 da Constituição da República Italiana, consta que "tutti hanno diritto di manifestare liberamente il proprio pensiero con la parola, lo scritto e ogni altro mezzo di diffusione. La stampa non può essere soggetta ad autorizzazioni o censure". Já a Constituição da Quinta República Francesa (Preâmbulo da Constituição de 1946, combinado com o artigo 11 da Declaração dos Direitos do Homem e do Cidadão de 1789) enuncia que "La libre communication des pensées et des opinions est un des droits les plus précieux de l'Homme : tout Citoyen peut donc parler,

liberdade de expressão como o gênero que abarca as diversas manifestações específicas, tais como a livre manifestação do pensamento, a liberdade de consciência e de crença, a liberdade de comunicação (incluindo a liberdade de imprensa), a livre expressão artística, intelectual e científica. Todavia, é possível considerar a livre manifestação do pensamento como assumindo tal condição (cláusula geral em matéria de liberdade de expressão), visto que a manifestação do pensamento poderá ocorrer na esfera da comunicação social, no exercício da atividade intelectual ou artística, ou mesmo dizer respeito à livre manifestação das opções religiosas. Embora se possa afirmar que foi apenas sob a égide da atual CF que as liberdades de expressão encontraram o ambiente propício para a sua efetivação[3], é preciso registrar que tais liberdades se fazem presentes na trajetória constitucional brasileira desde a Carta Imperial de 1824, vivenciando períodos de maior ou menor limitação, como se deu no contexto da assim chamada Ditadura do Estado Novo, cuja Constituição (1937), estabelecia fortes limitações ao exercício da liberdade de expressão, mas também como ocorreu no período da Ditatura Militar de 1964-85.

No âmbito da trajetória do direito constitucional estrangeiro, a liberdade de expressão (manifestação do pensamento) encontrou guarida já na primeira onda do constitucionalismo moderno, figurando, por exemplo, tanto do catálogo de direitos acrescido pela primeira leva de emendas constitucionais à Constituição Norte-Americana, em 1791, quanto nas primeiras constituições da França revolucionária, por influência da própria Declaração dos Direitos do Homem e do Cidadão, de 1789, onde fora consagrada expressamente no artigo 11, tendo, antes disso, sido já prevista na Declaração de Direitos da Inglaterra, de 1688, bem como em documentos similares.

Considerando, contudo, o mote do presente texto, importa aqui destacar como a liberdade de expressão foi objeto de reconhecimento na Lei Fundamental da Alemanha, de 1949, no artigo 5º (1): cada um tem o direito de expressar e difundir livremente a sua opinião pela via

---

écrire, imprimer librement, sauf à répondre de l'abus de cette liberté, dans les cas déterminés par la Loi". Em todos os casos referidos, a despeito da variação terminológica, percebe-se que a liberdade de expressão assume a condição de gênero, incluindo a liberdade de manifestação do pensamento e seus diversos desdobramentos.

3.   Cf. KOATZ, Rafael Lorenzo-Fernandez, "As liberdades de expressão e de imprensa na jurisprudência do Supremo Tribunal Federal", in: SARMENTO, Daniel; SARLET, Ingo Wolfgang (Coord.), Os Direitos Fundamentais no Supremo Tribunal Federal: balanço e crítica, Rio de Janeiro: Lumen Juris, 2011, p. 391 e ss.

oral, por escrito e por imagens e de informar-se a partir de fontes acessíveis em geral. A liberdade de imprensa e a liberdade de informação por meios de comunicação e filmes são asseguradas. Uma censura não poderá ocorrer; (2) Tais direitos encontram limites nas disposições das leis gerais, nas disposições legais a respeito da proteção da juventude e no direito da honra pessoal; (3) Arte, Ciência, Pesquisa e Ensino são livres. A liberdade de ensino não libera da lealdade à constituição.

A atual configuração do conteúdo e alcance da liberdade de expressão, seja nos Estados Unidos, seja na Alemanha ou no Brasil (aliás, seja onde for), para além do teor literal dos enunciados do direito constitucional positivo ou dos textos que integram os sistemas supranacionais de proteção dos direitos humanos, é o resultado (sempre dinâmico) de um complexo processo de regulação estatal (não apenas legislativa) e de (re) construção doutrinária e jurisprudencial. Embora uma série de aspectos comuns, diferenças relevantes podem ser apontadas, não apenas no que diz com o âmbito de proteção da liberdade de expressão, mas também com os seus limites, incluindo o modo pelo qual o exercício da liberdade de expressão se conexiona e outros bens constitucionalmente relevantes. Uma dessas diferenças – evidente numa comparação entre o Brasil e a Alemanha - poderá ser verificada, como mais adiante será objeto de algum desenvolvimento, no que concerne à relação entre a publicidade (como forma de manifestação e difusão de imagens, produtos, serviços, etc.) e a liberdade de expressão. Por exemplo, é de particular relevância saber o quanto a publicidade encontra-se abrangida pelo âmbito de proteção da liberdade de expressão e em que medida nessa seara se faz presente um regime especial para as hipóteses de conflitos entre a liberdade de expressão e outros direitos, interesses e valores com suporte constitucional.

É precisamente nessa perspectiva, da relação entre publicidade e liberdade de expressão, que o presente texto objetiva identificar, sistematizar, apresentar e comentar algumas das principais decisões do Tribunal Constitucional Federal da Alemanha sobre o tema, sem descurar de um olhar comparativo. Por outro lado, para que isso seja viável, necessário, numa primeira etapa, apresentar, ainda que em traços gerais, em que consiste o direito fundamental à liberdade de expressão, para, na sequência, investir na jurisprudência constitucional alemã e, ao final, tecer algumas considerações conclusivas, inclusive em nível comparativo.

Além disso, é de se sublinhar que o presente texto é oferecido para integrar obra coletiva que tem por escopo render justa e merecida homenagem a Carlos Ayres Britto, um dos juristas mais expressivos do Brasil, que, na sua trajetória como Professor, Escritor e Magistrado, marcou os espaços por ele ocupados com sua cultura e humanismo, ademais de incansável defensor das liberdades fundamentais e da liberdade de expressão.

2. A LIBERDADE DE EXPRESSÃO COMO DIREITO FUNDAMENTAL

2.1. Conteúdo da liberdade de expressão e sua posição no contexto da arquitetura constitucional

No âmbito da CF de 1988, as liberdades de expressão (ou liberdades comunicativas) foram, não apenas objeto de mais detalhada positivação, mas também passaram a corresponder, pelo menos de acordo com texto constitucional, ao patamar de reconhecimento e proteção compatível com um autêntico Estado Democrático de Direito. Com efeito, apenas para ilustrar tal assertiva mediante a indicação dos principais dispositivos constitucionais sobre o tema, já no artigo 5º, IV, foi solenemente enunciado que "é livre a manifestação do pensamento, sendo vedado o anonimato"; Tal dispositivo, que, é possível arriscar, faz às vezes, no caso brasileiro, de uma espécie de cláusula geral, foi complementado e guarda relação direta com uma série de outros dispositivos da constituição, os quais, no seu conjunto, formam o arcabouço jurídico-constitucional que reconhece e protege a liberdade de expressão nas suas diversas manifestações. Assim, logo no dispositivo seguinte, art. 5º, V, "é assegurado o direito de resposta, proporcional ao agravo, além da indenização por dano material, moral ou à imagem"; No inciso VI do mesmo artigo, consta que "é inviolável a liberdade de consciência e de crença, sendo assegurado o livre exercício dos cultos religiosos e garantida, na forma da lei, a proteção aos locais de culto e suas liturgias"[4]. De alta relevância para a liberdade de expressão é o artigo 5º, IX, de acordo com o qual "é livre a expressão da atividade intelectual, artística, científica e de comunicação, independentemente de censura ou licença;".

Dentre os dispositivos diretamente relacionados com a liberdade de expressão, situam-se diversos enunciados dispersos na Constituição, alguns formulados de modo a assegurar expressamente direitos de liberdade da pessoa humana. É o caso, por exemplo, do artigo 206, II, que

---

4. Tal dispositivo foi complementado pelos incisos VII e VIII do artigo 5º, voltados à proteção, mas também à delimitação, da liberdade religiosa e de consciência.

dispões sobre a liberdade de aprender, ensinar, pesquisar e divulgar o pensamento, a arte e o saber, no âmbito das diretrizes do ensino. Já no artigo 220, no capítulo da comunicação social, está consignado que "a manifestação do pensamento, a criação, a expressão e a informação, sob qualquer forma, processo ou veículo não sofrerão qualquer restrição, observado o disposto nesta Constituição".

Tais exemplos não esgotam o elenco de disposições constitucionais relacionadas com a liberdade de expressão[5], mas já demonstram o lugar de destaque e o alto nível de proteção que tais liberdades experimentam na atual CF, devendo ser objeto de referência e algum desenvolvimento no momento oportuno, quando for o caso. Por outro lado, considerando algumas peculiaridades da liberdade de consciência e de crença, assim como da liberdade artística, das liberdades de ensino e pesquisa, bem como das liberdades de reunião e manifestação, tais direitos não serão aqui objeto de análise.

---

5. São também relacionados à liberdade de expressão: artigo 5º, X - são invioláveis a intimidade, a vida privada, a honra e a imagem das pessoas, assegurado o direito a indenização pelo dano material ou moral decorrente de sua violação; artigo 5º, XIV (liberdade de informação): é assegurado a todos o acesso à informação e resguardado o sigilo da fonte, quando necessário ao exercício profissional; artigo 5º, XLII (criminalização do racismo): a prática do racismo constitui crime inafiançável e imprescritível, sujeito à pena de reclusão, nos termos da lei; Neste contexto, das disposições constitucionais relacionadas à liberdade de expressão, importa colacionar o art. 139, da CF, que dispõe sobre restrições de tal liberdade durante a vigência do estado de sítio: "Na vigência do estado de sítio decretado com fundamento no art. 137, I, só poderão ser tomadas contra as pessoas as seguintes medidas: III - restrições relativas à inviolabilidade da correspondência, ao sigilo das comunicações, à prestação de informações e à liberdade de imprensa, radiodifusão e televisão, na forma da lei"; No âmbito da ordem social da constituição, destacam-se os artigos 215, que estabelece diretrizes para a proteção e promoção da cultura, dispondo que "o Estado garantirá a todos o pleno exercício dos direitos culturais e acesso às fontes da cultura nacional, e apoiará e incentivará a valorização e a difusão das manifestações culturais; Já campo das diretrizes da comunicação social, o artigo 220 dispõe que "a manifestação do pensamento, a criação, a expressão e a informação, sob qualquer forma, processo ou veículo não sofrerão qualquer restrição, observado o disposto nesta Constituição. § 1º - Nenhuma lei conterá dispositivo que possa constituir embaraço à plena liberdade de informação jornalística em qualquer veículo de comunicação social, observado o disposto no art. 5º, IV, V, X, XIII e XIV; proibição de censura: § 2º - É vedada toda e qualquer censura de natureza política, ideológica e artística; regulamentação de espetáculos públicos e programas de televisão ou rádio: § 3º - Compete à lei federal: I - regular as diversões e espetáculos públicos, cabendo ao Poder Público informar sobre a natureza deles, as faixas etárias a que não se recomendem, locais e horários em que sua apresentação se mostre inadequada; II - estabelecer os meios legais que garantam à pessoa e à família a possibilidade de se defenderem de programas ou programações de rádio e televisão que contrariem o disposto no art. 221, bem como da propaganda de produtos, práticas e serviços que possam ser nocivos à saúde e ao meio ambiente; competência da União para exercer a classificação de diversões públicas e programas de rádio e televisa: Art. 21. Compete à União: XVI - exercer a classificação, para efeito indicativo, de diversões públicas e de programas de rádio e televisão;".

Tal orientação também se aplica, ressalvadas algumas peculiaridades, ao direito constitucional positivo da Alemanha, pois a Lei Fundamental de 1949 (doravante apenas LF) também reconhece e protege (como, aliás, deflui já da transcrição do artigo 5º *supra*) um complexo de liberdades comunicativas, que, como no caso brasileiro, apresentam muitos aspectos em comum mas constituem direitos fundamentais autônomos (liberdade religiosa, liberdade científica, liberdade de reunião e manifestação).

Consoante já adiantado, optamos por utilizar o termo genérico liberdade de expressão, como noção que abrange tanto a livre manifestação do pensamento prevista nos artigos 5º, inciso IV, da CF, e no artigo 5 (1) da LF, quanto outras dimensões da liberdade de expressão. A liberdade de expressão, portanto, tal como o sugeriu Jónatas Machado, será aqui trata como uma espécie de "direito mãe"[6], refutando-se uma abordagem compartimentada, tal como alguns costumam estabelecer entre as liberdades de comunicação e de expressão, como sugere parte da literatura especializada[7], muito embora existam diferenças (seja no que diz respeito ao âmbito de proteção, seja no concernente aos limites e restrições) entre as diversas as manifestações da liberdade de expressão consideradas especificamente, como é o caso da liberdade de expressão artística, científica, liberdade de imprensa, liberdade de informação, entre outras. Por tal razão, como já se disse relativamente ao direito constitucional alemão, as diversas posições fundamentais vinculadas à liberdade de expressão serão analisadas não como um mero conglomerado, mas como partes interligadas de uma concepção geral, que reclama uma abordagem sistemática e integrada, preservadas, todavia, as peculiaridades de cada direito fundamental em espécie,[8] o que será considerado nos desenvolvimentos posteriores, quando serão examinados em destaque, após uma parte geral da liberdade de expressão, os aspectos mais relevantes de cada liberdade (direito) em particular.

---

6. Cf. Jónatas E.M. Machado, Liberdade de Expressão: Dimensões Constitucionais da Esfera Pública no Sistema Social, Coimbra: Coimbra Editora, 2002, p. 370 e ss.

7. Cf., por exemplo, a senda trilhada, no caso da literatura especializada brasileira, por Edilsom Farias, Liberdade de Expressão e Comunicação. Teoria e Proteção Constitucional, São Paulo: Revista dos Tribunais, 2004, em especial p. 52 e ss, muito embora o necessário registro de que o autor também sustenta um âmbito de proteção amplo de ambas as liberdades, apresentando um leque minucioso de posições jurídicas por elas abrangidas.

8. Cf. Frank Fechner, "Art. 5, Meinungsfreiheit, Pressefreiheit u.a.", in: STERN-BECKER, Grundrechte-Kommentar, Köln: Carl Heymanns Verlag, 2010, p. 530.

LIBERDADE DE EXPRESSÃO E PUBLICIDADE: ALGUMAS NOTAS EM PERSPECTIVA COMPARADA

É amplamente reconhecido que a liberdade de manifestação do pensamento e a liberdade de expressão, compreendidas aqui em conjunto, constituem um dos direitos fundamentais mais preciosos e correspondem a uma das mais antigas exigências humanas, de tal sorte que integram os catálogos constitucionais desde a primeira fase do constitucionalismo moderno[9]. Assim como a liberdade de expressão e manifestação do pensamento encontra um dos seus principais fundamentos (e objetivos) na dignidade da pessoa humana, naquilo em que diz respeito à autonomia e livre desenvolvimento da personalidade do indivíduo, ela também guarda relação, numa dimensão social e política, com as condições e a garantia da democracia e do pluralismo político, assegurando uma espécie de livre mercado das ideias, assumindo, neste sentido, a qualidade de um direito político e revelando ter também uma dimensão nitidamente transindividual[10], já que a liberdade de expressão e os seus respectivos limites operam essencialmente na esfera das relações de comunicação e da vida social.

Quanto a este aspecto, embora não seja o caso aqui de aprofundar a questão, importa sublinhar que a relação entre democracia e liberdade de expressão é de um recíproco condicionamento e assume um caráter complementar, dialético e dinâmico, de modo que embora mais democracia possa muitas vezes significar mais liberdade de expressão e vice-versa (mais liberdade de expressão indica mais democracia) também é correto que a liberdade de expressão pode acarretar riscos para a democracia e esta para a liberdade de expressão[11].

Já pelas razões articuladas – para que a liberdade de expressão possa cumprir com sua função numa ordem democrática e plural - é de sublinhar que quanto ao seu âmbito de proteção, a liberdade de expressão abarca um conjunto diferenciado de situações, cobrindo, em princípio, uma série de liberdades (faculdades) de conteúdo espiritual, incluindo expressões não verbais, como é o caso da expressão musical, da comunicação pelas artes plásticas, entre outras[12]. A liberdade

---

9. Cf., por todos, Paulo Gustavo G. Branco, Liberdades, in: Gilmar Ferreira Mendes e Paulo Gustavo G. Branco. Curso de Direito Constitucional, 6ª ed., São Paulo: Saraiva, 2011, p. 296.

10. Neste sentido, v., por todos, MACHADO, Jónatas, p. 237 e ss., que atribui à liberdade de expressão um caráter essencialmente instrumental, portanto, não de um fim em si mesmo.

11. Sobre tal perspectiva, v. MICHELMAN, Frank, "Relações entre democracia e liberdade de expressão: discussão de alguns argumentos", in: SARLET, Ingo Wolfgang (Org.), *Direitos Fundamentais, Informática e Comunicação*, Porto Alegre: Livraria do Advogado, 2007, p. 49 e ss.

12. Cf., MICHAEL, Lothar. MORLOK, Martin. *Grundrechte*, Baden-Baden: Nomos, 2008, p. 126 e, no direito brasileiro, Paulo Gustavo G. Branco, Liberdades, op. cit., p. 297.

de expressão consiste, mais precisamente, na liberdade de exprimir opiniões, ou seja, juízos de valor a respeito de fatos, ideias, portanto, juízos de valor sobre opiniões de terceiros, etc.[13]. Assim, é a liberdade de opinião que se encontra na base de todas as modalidades da liberdade de expressão[14], de modo que o conceito de opinião (que, na linguagem da CF, acabou sendo equiparado a de pensamento) há de ser compreendido em sentido amplo, de forma inclusiva, abarcando também, apenas para deixar mais claro, manifestações a respeito de fatos e não apenas juízos de valor[15]. Importa acrescentar, que além da proteção do conteúdo, ou seja, do objeto da expressão, também estão protegidos os meios de expressão, cuidando-se, em qualquer caso, de uma noção aberta, portanto inclusiva de novas modalidades, como é o caso da comunicação eletrônica[16].

Para assegurar a sua máxima proteção e sua posição de destaque no âmbito das liberdades fundamentais, o âmbito de proteção da liberdade de expressão deve ser interpretado como o mais extenso possível, englobando tanto a manifestação de opiniões, quanto de ideias, pontos de vista, convicções, críticas, juízos de valor sobre qualquer matéria ou assunto e mesmo proposições a respeito de fatos[17]. Neste sentido, em princípio todas as formas de manifestação, desde que não violentas, estão protegidas pela liberdade de expressão, incluindo "gestos, sinais, movimentos, mensagens orais e escritas, representações teatrais, sons, imagens, bem como as manifestações veiculadas pelos modernos meios

---

13. Cf. EPPING, Volker, Grundrechte, 3ª ed., Berlin-Heidelberg-New York: Springer, 2007, p. 86.

14. Cf., SILVA, José Afonso da. *Curso de direito constitucional positivo*. 28º ed. rev. e atualizada. São Paulo: Malheiros, 2007, a liberdade de opinião "resume a própria liberdade de pensamento em suas várias formas de expressão. Por isso é que a doutrina a chama de liberdade primária e ponto de partida das outras. Trata-se da liberdade de o indivíduo adotar a atitude intelectual de sua escolha: quer um pensamento íntimo, quer seja a tomada de posição pública; liberdade de pensar e dizer o que se crê verdadeiro" (Op. Cit., p. 241). Para o autor, aderindo a uma conceituação ampla, a liberdade de opinião "se exterioriza pelo exercício das liberdades de comunicação, de religião, de expressão intelectual, artística, científica, cultural e de transmissão e recepção do conhecimento" (Op. Cit., p. 243).

15. Cf., por todos, MICHAEL, Lothar; MORLOK, Martin. *Grundrechte*, Op. Cit., p. 128.

16. Cf. CANOTILHO, J.J. Gomes; MOREIRA, Vital. *Constituição da República Portuguesa Anotada*, Op. CIt., p. 572, adotando uma concepção ampliada do âmbito de proteção da liberdade de expressão.

17. Cf. J. J. Gomes Canotilho e Vital Moreira. *Constituição da República Portuguesa anotada*. Vol. I. 4ª ed. Coimbra: Coimbra, 2007, p. 572 (consigna-se que para os autores "a liberdade de expressão não pressupõe sequer um dever de verdade perante os factos embora isso possa vir a ser relevante nos juízos de valoração em caso de conflito com outros direitos ou fins constitucionalmente protegidos".

LIBERDADE DE EXPRESSÃO E PUBLICIDADE: ALGUMAS NOTAS EM PERSPECTIVA COMPARADA

de comunicação, como as mensagens de páginas de relacionamento, 'blogs', etc".[18]

Uma compreensão elástica do âmbito de proteção esbarra, todavia, em algumas questões polêmicas, como, por exemplo, a negativa de fatos históricos ou mesmo no que diz com a existência de um dever de verdade quanto aos fatos, bem como no tocante aos assim chamados delitos de opinião, visto que nesses casos verifica-se maior controvérsia sobre a sua inclusão no âmbito de proteção da liberdade de expressão. Quanto a tais questões, adota-se aqui a linha de entendimento sustentada por JJ. Gomes Canotilho e Vital Moreira, ao negarem a existência de um dever de verdade quanto aos fatos, bem como ao afastarem, em princípio, qualquer tipo de "delito de opinião", ainda que se cuide de opiniões que veiculem posições contrárias a ordem constitucional democrática, ressalvando, contudo, que eventuais distorções dos fatos e manifestações que atinjam direitos fundamentais e interesses de terceiros e que representem incitação ao crime, devem ser avaliadas quando da solução dos conflitos entre normas de direitos fundamentais[19].

Ainda quanto ao "conteúdo" (âmbito de proteção) da liberdade de expressão, importa destacar alguns aspectos, como – em virtude de sua relevância para o presente texto - o da inclusão da publicidade comercial. Nesse sentido, argumenta-se que assim como o debate político é essencial para a ordem democrática, a publicidade comercial é relevante para a ordem econômica, não se justificando uma divisão estrita entre tais esferas.[20] Embora se trate de questão controvertida, seja no direito

---

18. Cf., por todos, Rafael Lorenzo-Fernandez Koatz, As liberdades de expressão e de imprensa na jurisprudência do STF, op. cit., p. 399. Para ilustrar, v. o reconhecimento, pelo STF, de proteção para manifestações não-verbais. No HC 83.996/RJ. Rel. Min. Gilmar Mendes. Julgado em 17/08/2004, tratava-se de habeas corpus impetrado por um réu em ação penal, o qual se utilizou de gestos obscenos após um espetáculo teatral, incorrendo no artigo 288 do código penal. O STF decidiu, por maioria, que manifestações não-verbais, como gestos e exibições, podem ser abarcados pelo âmbito de proteção da liberdade de expressão, sobretudo quando considerado o contexto em que se insere a manifestação. Segundo o relator para o acórdão, min. Gilmar Mendes, "um exame objetivo da querela há de indicar que a discussão está integralmente inserida no contexto da liberdade de expressão, ainda que inadequada ou deseducada". Pela sua relação com a liberdade de expressão, à qual também se aplica tal linha de entendimento, vale também citar a ADI 1.969-4, Rel. Min. Marco Aurélio, julgada em 24.03.99, em que se declarou a inconstitucionalidade de decreto que havia proibido o uso de carros de som, aparelhos e objetos sonoros nas manifestações realizadas na Praça dos Três Poderes, registrando-se, contudo, que o STF entendeu ter havido violação da liberdade de reunião e de manifestação.

19. CANOTILHO, JJ. Gomes; MOREIRA, Vital, Constituição da República Portuguesa Anotada, op. cit., p. 572.

20. HUFEN, Friedhelm. Staatsrecht II – Grundrechte. Munique: C. H. Beck, 2007, p. 405-406.

491

norte-americano, seja na Europa, o fato é que a publicidade comercial tem sido, em várias situações, incluída no espectro de proteção da liberdade de expressão, como, por exemplo, ocorreu no caso *Casado Coca v. Espanha*, julgado em 1994, onde o Tribunal Europeu de Direitos Humanos entendeu que não haveria motivos para tal exclusão, somente pelo mero fato de a expressão estar motivada pelo interesse de lucro[21]. No âmbito da jurisprudência do Tribunal Constitucional Federal da Alemanha, a publicidade comercial representa também uma manifestação de opinião constitucionalmente protegida, considerando-se ser irrelevante a finalidade – no caso comercial – da manifestação, o que também se aplica à esfera eleitoral[22]. De qualquer modo, tal como ocorre em outros ambientes, a publicidade comercial é submetida – inclusive no Brasil e na Alemanha - a um conjunto de restrições, destacando-se as medidas de proteção do consumidor (v. o caso da proibição legal da publicidade abusiva ou enganosa), bem como, no caso brasileiro, as restrições impostas pela própria CF – artigo 220, § 4º - para a publicidade do tabaco e outros produtos do gênero que possam afetar a saúde pública, restrições que também podem ser encontradas na Alemanha, além das restrições impostas em prol da defesa da infância e juventude ou, em termos mais gerais, naquilo em que a liberdade de expressão publicitária encontra limites nos direitos de personalidade e na própria dignidade da pessoa humana, o que voltará a ser objeto de atenção.

Importa relembrar, que a liberdade de expressão, nas suas diversas manifestações, engloba tanto o direito (faculdade) de a pessoa se exprimir quanto o de não se expressar ou mesmo de não se informar[23]. Assim, em primeira linha, a liberdade de expressão assume a condição precípua de direito de defesa (direito negativo), operando como direito da pessoa de não ser impedida de exprimir e/ou divulgar suas ideias e opiniões, sem prejuízo, todavia, de uma correlata dimensão positiva, visto que a liberdade de expressão implica um direito de acesso aos meios de expressão, o que não significa necessariamente um direto de acesso livre aos meios de comunicação social[24], muito embora tal componente também tenha adquirido uma crescente relevância em vários momentos (no caso

---

21. Cf. DÍEZ-PICAZO, Luis María. Sistema de derechos fundamentales. 2º ed. Civitas: Navarra, 2005, p. 325

22. Cf. KLOEPFER, Michael, Verfassungsrecht II, p. 266, colacionando uma série de exemplos.

23. Cf., por todos, Paulo Gustavo G. Branco, Liberdades, op. cit., p. 298.

24. Cf., por todos, CANOTILHO, J. J. Gomes; MOREIRA, Vital. Constituição da República Portuguesa Anotada, Op. Cit., p. 572-73;

brasileiro, por exemplo, o acesso dos partidos políticos aos meios de comunicação para efeitos de divulgação de seus programas, candidatos, etc.), o que será objeto de alguma atenção logo adiante, especialmente no que diz respeito à dimensão objetiva da liberdade de expressão.

Com efeito, também em relação à liberdade de expressão importa enfatizar que ela apresenta uma dupla dimensão subjetiva e objetiva, ou seja, operando como direito subjetivo individual (e mesmo coletivo, a depender do caso), tanto de matriz negativa (implicando deveres de abstenção, como já frisado) e, a depender do caso, direitos subjetivos a prestações, por sua vez, fortemente vinculados à dimensão objetiva, que importa em deveres estatais de proteção, em parte satisfeitos mediante a edição de normas de cunho procedimental e criação e regulamentação de instituições (órgãos) que atuam na proteção e promoção dos direitos, como é o caso, por exemplo, da criação, no plano constitucional, do conselho de comunicação social (artigo 224, CF). Tais deveres de proteção, todavia, também vinculam os órgãos judiciais, aos quais incumbe não apenas zelar para devida consideração dos direitos e interesses postos em causa concretamente no âmbito das relações entre sujeitos privados, mas também controlar a constitucionalidade dos atos estatais que interferem na liberdade de expressão.

2.2. Algumas notas sobre possíveis limitações à liberdade de expressão e conflitos (colisões) com outros direitos fundamentais

Dada a sua relevância para a Democracia e o pluralismo político, a liberdade de expressão – pelo menos de acordo com significativa doutrina no Brasil - assume uma espécie de posição preferencial (*preferred position*), quando da resolução de conflitos com outros princípios constitucionais e direitos fundamentais[25], muito embora se afirme que no Brasil a teoria da posição preferencial – em que pese consagrada pelo STF quando do julgamento da ADPF n. 130, relatada com invulgar cultura pelo nosso homenageado[26] - tem sido, em geral, aplicada de forma

---

25. Cf., por todos, na doutrina brasileira, Luis Roberto Barroso. "Liberdade de Expressão *versus* direitos da personalidade. Colisão de direitos fundamentais e critérios de ponderação", in: Temas de Direito Constitucional, Tomo III, Rio de Janeiro: Renovar, 2005, p. 105-106.

26. Destaque-se que o homenageado, durante sua atuação como Ministro do STF e mesmo depois, tem mantido postura absolutamente coerente sobre o tema, advogando uma posição forte da liberdade de expressão e interpretando de modo restritivo eventuais restrições, o que muitas vezes exige coragem e nem sempre é objeto de compreensão.

tímida[27], não sendo, de outra parte, reconhecida majoritariamente na Alemanha, onde a liberdade de expressão não assume uma prévia posição preferencial na arquitetura dos direitos fundamentais. De qualquer modo, ainda que se admita a doutrina da posição preferencial, não se trata de atribuir à liberdade de expressão (em qualquer uma de suas manifestações particulares) a condição de direito absolutamente imune a qualquer limite e restrição, nem de estabelecer uma espécie de hierarquia prévia entre as normas constitucionais.

Assim, quando se fala de uma posição preferencial o é para a finalidade de reconhecer à liberdade de expressão uma posição de vantagem no caso de conflitos com outros bens fundamentais no que diz com a hierarquização das posições conflitantes no caso concreto, de tal sorte que também nessa esfera – da solução para eventual conflito entre a liberdade de expressão e outros bens fundamentais individuais e coletivos, não há como deixar de considerar as exigências da proporcionalidade e de outros critérios aplicáveis a tais situações, o que se percebe é praticado mesmo pelo STF em algumas situações.

Embora seja inviável esgotar todas as possibilidades (v.g. a problemática do direito de resposta e da indenização por danos imateriais, ambas previstas expressamente na CF, mas não na LF, muito embora na ordem jurídica alemã tais figuras também encontrem guarida), algumas hipóteses envolvendo o problema dos limites e restrições a liberdade de expressão serão analisadas na sequencia, iniciando pela proibição de censura, prevista tanto na CF quanto na LF, embora os respectivos textos constitucionais não sejam idênticos quanto a tal aspecto.

Uma primeira questão diz respeito a (im) possibilidade do estabelecimento de qualquer tipo de censura, proibição expressamente prevista no artigo 5º, IX, da CF, associada à livre expressão da atividade intelectual, artística, científica e de comunicação, proibição que representa uma forte reação do constituinte ao passado recente, nomeadamente aos excessos praticados durante o período da Ditadura Militar, proibição reiterada no artigo 220, § 2º, CF, de acordo com o qual "é vedada toda e qualquer censura de natureza política, ideológica e artística". De qualquer sorte, é preciso reconhecer que a despeito de a censura já ter sido objeto de vedação constitucional anterior, isso não impediu que a censura viesse a ser amplamente praticada, como também ocorreu na vigência da

---

27. Rafael Lorenzo-Fernandez Koatz, As liberdades de expressão e de imprensa na jurisprudência do STF, op. cit., p. 402.

LIBERDADE DE EXPRESSÃO E PUBLICIDADE: ALGUMAS NOTAS EM PERSPECTIVA COMPARADA

assim chamada Ditadura do Estado Novo (1937-45)[28]. A proibição da censura é de tal sorte relevante para a liberdade de expressão que, de acordo com o noticiado por Jónatas Machado, "a liberdade de imprensa é, historicamente, a liberdade perante a censura prévia"[29].

A absoluta vedação da censura que se infere da CF não dispensa uma definição do que seja censura, até mesmo para que seja possível diferenciar as situações à luz do ordenamento jurídico-constitucional. Numa primeira aproximação, por se tratar de uma noção amplamente compartilhada e em relação à qual existe um alto grau de consenso, a censura que se pode ter, de plano e em qualquer caso como absolutamente vedada pela CF, consiste, de acordo com a lição de Jónatas Machado, na restrição prévia à liberdade de expressão realizada pela autoridade administrativa e que resulta na proibição da veiculação de um determinado conteúdo[30]. O quanto outras intervenções prévias (por exemplo, as estabelecidas por conta da proteção de outros bens fundamentais no caso de uma colisão entre estes e a liberdade de expressão) se enquadram na noção de censura e em que medida podem ser (ou não) constitucionalmente legítimas, tem sido objeto de acirrado debate, prevalecendo o entendimento de que para assegurar a proteção das liberdade de expressão a proibição de censura e de licença deve ser compreendida em sentido amplo, de modo a abarcar não apenas a típica censura administrativa, mas também outras hipóteses de proibição ou limitação da livre expressão e circulação de informações e de ideias[31].

O problema de uma definição demasiadamente ampla de censura, como abarcando toda e qualquer restrição à liberdade de expressão, é de que ela acabaria por transformar a liberdade de expressão em direito absoluto, o que não se revela como sustentável pelo prisma da equivalência substancial e formal entre a liberdade de expressão e outros bens fundamentais, pelo menos a dignidade da pessoa humana e os direitos de personalidade. Por outro lado, tomando-se também a liberdade de expressão como abarcando as diversas manifestações que lhe são próprias, a liberdade de manifestação do pensamento, a liberdade de comunicação e de informação (relacionadas com a liberdade de imprensa), a liberdade de expressão artística, apenas para citar as mais importan-

---

28. Cf. aponta Edilsom Farias, *Liberdade de Expressão e Comunicação*, op. cit., p. 186-87.

29. Cf. Jónatas E. M. Machado, *Liberdade de Expressão*, Op. cit., p. 487.

30. Cf. Jónatas E. M. Machado, *Liberdade de Expressão. Op. cit.*, p. 486-487.

31. Cf., por todos, Edilsom Farias, *Liberdade de Expressão e Comunicação*, op. cit., p. 188.

tes, verifica-se que uma distinção entre censura e outras modalidades de restrição (que poderão, a depender do caso, ser constitucionalmente justificadas) é necessária até mesmo para preservar as peculiaridades de cada modalidade da liberdade de expressão. De qualquer modo, na esteira do que entre nós lembra Daniel Sarmento, uma orientação geral importante a ser observada é a de que apenas em hipóteses absolutamente excepcionais são admissíveis restrições prévias ao exercício da liberdade de expressão, quando em causa a proteção de direitos ou outros bens jurídicos contrapostos, visto que a regra geral que se infere da CF é a de que os eventuais abusos e lesões a direitos devem ser sancionados e compensados posteriormente[32], o que ainda será objeto de atenção.

Por ora, considerado o contexto e por se tratar de situação corriqueira e prevista na CF, convém destacar que a classificação indicativa de espetáculos e diversões públicas pela autoridade pública não se confunde com a censura. Com efeito, basta a leitura do texto constitucional para que se perceba que este – pelo menos de acordo com uma interpretação literal - não abre margem para a proibição de um espetáculo, ainda que com o objetivo de proteção de crianças e adolescentes, visto que a teor do artigo 220, § 3º, I, CF, apenas é conferida competência às autoridades responsáveis para que indiquem a faixa etária adequada para cada espetáculo, sugerindo horários e locais para sua apresentação[33]. Ainda sobre tal tópico, verifica-se inexistir jurisprudência do STF a respeito da legitimidade constitucional das Portarias editadas pelo Ministério da Justiça que regulam diversões públicas e programas de rádio e televisão, com efeito indicativo, pois de acordo com o entendimento prevalente no STF, trata-se de um exame de estrita legalidade, e não de inconstitucionalidade, sendo incabível o exame pela via direta. Assim, não há um pronunciamento definitivo do STF sobre o caráter obrigatório ou meramente indicativo da classificação etária[34] Quanto a tal aspecto, importa notar que ainda pende de julgamento a ADI 2.404/2001, Relator Ministro Dias Toffoli, onde se busca a declaração de inconstitucionalidade do artigo 254, do Estatuto da Criança e do Adolescente, que estabelece uma punição para a transmissão de espetáculo em horário diverso do autorizado.

---

32. Cf. Daniel Sarmento, *Comentários ao artigo 5, IV*, CF, in: José Joaquim Gomes Canotilho, Gilmar Ferreira Mendes, Ingo Wolfgang Sarlet e Lenio Luiz Streck, Comentários à Constituição Federal de 1988, São Paulo: Saraiva e Almedina, no prelo.

33. Cf. Paulo Gustavo G. Branco, Liberdades, op. Cit., p 304.

34. Cf., por exemplo, ADI nº 392/1991; RE nº 265.297/2005; ADI nº 2.398/2007; ADI nº 3.907/2007; ADI 3.927/2007.

LIBERDADE DE EXPRESSÃO E PUBLICIDADE: ALGUMAS NOTAS EM PERSPECTIVA COMPARADA

De qualquer modo, considerando a prioridade absoluta assegurada pela CF aos interesses e direitos das crianças e dos adolescentes e o fato de inexistir direito de caráter absoluto, há que levar a sério a possibilidade de, mediante lei e observados, com todo o rigor, os critérios da proporcionalidade e salvaguarda do núcleo essencial, se limitar a liberdade de expressão ao nível do controle posterior[35], sem que tal restrição, motivada por força de conflito com outros direitos fundamentais de alta densidade axiológica, venha a configurar a hipótese de censura prévia, esta sim categoricamente vedada. Ressalte-se, apenas em caráter informativo, que a LF, como já frisado, refere expressamente a possibilidade de limitações que tenham por objetivo a proteção da infância e juventude (art. 5, 2). Ainda no caso da limitação da liberdade de expressão por conta da salvaguarda de direitos das crianças e adolescentes, verifica-se que o STF tem admitido restrições legais à liberdade de expressão, como, por exemplo, a proibição de divulgação de nome ou fotografia de adolescente infrator, mas, no âmbito de uma ponderação pautada pela proporcionalidade, coibindo, portanto, excessos na intervenção na liberdade de expressão.[36]

Já no campo da publicidade é que se percebe uma reação mais enfática da ordem jurídica no que diz com o estabelecimento de limites ao conteúdo da veiculação, sendo bons exemplos disso, tanto a vedação da publicidade abusiva pelo Código de Defesa do Consumidor, quanto no caso de publicidade que envolva divulgação de produtos que oferecem riscos e perigos para a saúde (v.g. a publicidade do cigarro), bem como as restrições à publicidade na seara eleitoral, tudo a demonstrar que a liberdade de expressão para fins de publicidade ocupa uma posição mais frágil no que diz respeito aos seus limites e restrições.

Particularmente relevante e polêmica é a hipótese de limitações não expressamente autorizadas pela constituição (seja a CF, seja a LF), em virtude de conflitos entre a liberdade de expressão e a proteção de outros direitos e bens jurídicos fundamentais. Que também a liberdade de expressão, incluindo a liberdade de informação e de imprensa (comunicação social), não é absoluta e encontra limites no exercício de outros

---

35. Nesse sentido v. as ponderações de Paulo Gustavo G. Branco, Liberdades, op. cit., p. 304-5.

36. É o que se constata, por exemplo, no caso da ADI 869-2/DF, Plenário do STF, Rel. Min. Ilmar Galvão, julgada em 04/08/1999, na qual foi reconhecida a inconstitucionalidade de dispositivo legal que impunha pena de suspensão de programação de emissora (por até dois dias) ou de publicação de periódico por até dois números, caso divulgado nome ou imagem de criança ou adolescente infrator.

direitos fundamentais e na salvaguarda, mesmo na dimensão objetiva (por via dos deveres de proteção estatal), de outros bens jurídico-constitucionais, praticamente não é contestado no plano do direito constitucional contemporâneo e mesmo no âmbito do direito internacional dos direitos humanos. Contudo, a controvérsia a respeito de quais são tais limites e de como e em que medida se pode intervir na liberdade de expressão segue intensa e representa um dos maiores desafios, especialmente para o legislador, mas também para os órgãos do Poder Judiciário, a quem compete, no caso concreto, e mesmo na esfera do controle abstrato de constitucionalidade e da legalidade, decidir a respeito. Embora expressamente vedada a censura de cunho ideológico, político e artístico – o que em hipótese alguma aqui se coloca em causa – a própria definição do que é censura para efeitos da vedação constitucional já levanta problemas que não são fáceis de equacionar. Mesmo que se adote uma noção ampliada de censura (que não se limite à compreensão já reproduzida no item 2.4.2), não há como deixar de admitir que a censura, por mais que constitua uma forte (e proibida) intervenção na liberdade de expressão, não equivale, em termos gerais, à noção de limites e restrições. Controle do abuso da liberdade de expressão e censura, são, portanto, noções que devem ser cuidadosamente diferenciadas.

De acordo com o preciso e oportuna síntese de Daniel Sarmento, muito embora a posição adotada pelo Ministro Carlos Ayres de Britto, quando do julgamento da ADPF nº 130, quando sustentou que nenhum limite legal poderia ser instituído em relação à liberdade de expressão, pois as limitações existentes seriam apenas aquelas já contempladas no texto constitucional, cabendo tão-somente ao Poder Judiciário fazer as ponderações pertinentes em caso de tensões com outros direitos, o Ministro Gilmar Ferreira Mendes, no voto condutor que proferiu no Rec. Ext. nº 511.961/SP, observou que as restrições à liberdade de expressão em sede legal são admissíveis, desde visem a promover outros valores e interesses constitucionais também relevantes, e respeitem o princípio da proporcionalidade[37]. Com efeito, ainda que excepcionais, restrições legislativas não expressamente autorizadas, mas que podem ser reconduzidas à CF, pelo fato de terem por fundamento a proteção de outros bens constitucionais relevantes, não podem, pelo menos não de plano, ser afastadas sob o argumento de que sempre constitucionalmente ilegítimas. O mesmo se verifica – e a prática nacional, estrangeira e internacional o tem demonstrado – no caso de restrições impostas por decisões

---

37. Cf. Daniel Sarmento, Comentários ao artigo 5º, IV, CF, op. cit.

LIBERDADE DE EXPRESSÃO E PUBLICIDADE: ALGUMAS NOTAS EM PERSPECTIVA COMPARADA

judiciais, que, normalmente na solução de conflitos em concreto, buscam promover a concordância prática (harmonização) entre os direitos e princípios conflitantes, aplicando-se sempre a noção dos limites aos limites dos direitos fundamentais e os critérios que daí decorrentes, para o que, contudo, se remete ao item próprio da parte geral dos direitos fundamentais.

Um exemplo de particular relevância no contexto da liberdade de expressão é o da prática do assim chamado discurso do ódio ou de incitação ao ódio (hate speech)[38]. Sem que se aqui possa adentrar os detalhes da problemática e nem rastrear as diversas formas de enfrentamento doutrinário e jurisprudencial do tema no direito comparado e internacional, corresponde ao entendimento dominante, no Brasil e em geral no direito comparado, que a liberdade de expressão encontra limites na dignidade da pessoa humana de todas as pessoas e grupos afetados quando utilizada para veicular mensagens de teor discriminatório e destinadas a incitar o ódio e até mesmo a violência. No âmbito do STF, o julgamento mais relevante e que gerou acirrada discussão no próprio tribunal, foi o famoso caso "Ellwanger", no qual se avaliou a possibilidade de, mesmo em face da liberdade de expressão, condenar editor de obras de teor antissemita pela prática do crime de racismo[39].

Em julgado mais recente - embora também e mesmo essencialmente vinculado ao âmbito de proteção das liberdades de reunião e manifestação - o STF, no caso conhecido como a "Marcha da Maconha" [40], ao apreciar a configuração de ilícito penal em virtude de a liberdade de expressão (coletiva, mediante reunião e manifestação) ter sido utilizada para buscar, mediante sensibilização da opinião pública, a descriminalização do uso de drogas leves para consumo próprio, afastou a figura típica da apologia de crime, por considerar tal manifestação como coberta pelas liberdades de expressão, reunião e manifestação, não se podendo, como

---

38. Sobre o tema, v., dentre outros, Daniel Sarmento, "A liberdade de expressão e o problema do 'Hate Speech'", in: Daniel Sarmento, Livres e Iguais. Estudos de Direito Constitucional, Rio de Janeiro: Lumen Juris, 2006, p. 207-262, bem como, no âmbito da produção monográfica especializada, Samantha Meyer Pflug, Liberdade de Expressão e Discurso do Ódio, São Paulo: Revista dos Tribunais, 2009.

39. CF. HC 82.424/RS, Rel. Min. Maurício Corrêa, julgado em 17/09/2003, habeas corpus impetrado por réu em ação penal na qual estava sendo acusado do crime de racismo em virtude de ter publicado livros contendo manifestações de incitação de ódio contra os judeus, além de buscar desacreditar a ocorrência do genocídio praticado contra povo judeu (Holocausto) durante a Segunda Guerra Mundial.

40. Cf. O julgamento da ADPF 187, Rel. Min. Celso Mello, julgada em 15/06/2011.

decorre da fundamentação da decisão, confundir manifestação pública em prol da descriminalização de um determinado comportamento com a incitação à prática de tal ato, que, por sua vez, poderia sim, configurar uma hipótese de discurso do ódio ou incitação ao crime não coberta pela liberdade de expressão.

De qualquer sorte, ainda que se possa – como dá conta produção bibliográfica que se produziu sobre o julgado - controverter a respeito dos acertos e dos equívocos da decisão no caso concreto[41], o fato é que o julgado do STF aponta – e quanto a isso de modo correto - no sentido da ilegitimidade constitucional do discurso do ódio e da incitação à violência, preconceito e discriminação, considerando que a liberdade de expressão não contempla „manifestações de conteúdo imoral que implicam ilicitude penal"[42] desde que, é claro, devidamente configurados. Como bem pontua Paulo Gustavo Gonet Branco, em passagem que tomamos a liberdade de transcrever, „contra o discurso de ódio – e também contra a ideia de que a pornografia possa estar incluída no âmbito normativo da liberdade de expressão -, há de se considerar, ainda mais, o efeito inibidor dessas práticas à plena participação dos grupos discriminados em diversas atividades da sociedade civil. A contumaz desqualificação que o discurso de ódio provoca tende a reduzir a autoridade dessas vítimas nas discussões de que participam, ferindo a finalidade democrática que inspira a liberdade de expressão"[43].

Se quanto ao discurso do ódio e a manifestações de cunho claramente antidiscriminatório se verifica – ressalvada, evidentemente, controvérsia sobre quando configuradas tais manifestações – substancial consenso no sentido de admitir restrições mais fortes na liberdade de expressão, outras hipóteses em que a liberdade de expressão entra em conflito com direito fundamentais de terceiros e outros bens constitucionais individuais e coletivos são de mais difícil equacionamento.

Dentre as situações mais corriqueiras e que já geraram farta jurisprudência no Brasil e no exterior, incluindo a atuação dos Tribunais Internacionais, está a proibição de manifestações (publicações, filmes,

---

41. Para uma síntese do julgamento e mesmo com notas críticas sobre a dispersiva fundamentação e a dificuldade de se considerar o julgado como autêntico precedente apto a dar conta do problema do discurso do ódio e situações similares, v. Rafael Lorenzo-Fernandez Koatz, As liberdades de expressão e de imprensa na jurisprudência do STF, op. cit., p. 434 e ss.

42. Cf. referência extraída da ementa (item 13) do Acórdão do HC 82.424 (Caso Ellwanger).

43. Cf. Paulo Gustavo G. Branco, "Liberdades", op. cit., p. 308.

etc.) de cunho pornográfico e de manifestações culturais e artísticas consideradas ofensivas à moral, aos bons costumes e mesmo à dignidade da pessoa humana e direitos de personalidade de terceiros. Ao passo que cláusulas gerais como a moral e os bons costumes se revelam como extremamente perigosas para justificar restrições à liberdade de expressão (salvo eventualmente no campo das indicações das faixas etárias, a título de recomendação aos pais de crianças e adolescentes), em geral não se coloca em questão o fato de que a dignidade da pessoa humana, como princípio e direito fundamental, bem como a afetação desproporcional de direitos fundamentais de terceiros, especialmente em se tratando de direitos de personalidade, há de ser sempre considerada na esfera de uma ponderação à luz das circunstâncias do caso.

Avaliando-se, neste contexto, a jurisprudência do STF, verifica-se que este em geral tem sido adequadamente deferente à liberdade de expressão, admitindo intervenções em situações excepcionais e normalmente constitucionalmente justificadas (o que não significa que não se possa questionar o acerto de alguns julgados ou avaliar criticamente os fundamentos das decisões). Com efeito, apenas para referir alguns exemplos, tem sido aceitas manifestações eventualmente impopulares e que possam mesmo ofender o senso comum na esfera da opinião pública, como se deu no caso da "marcha da maconha"[44], assim como admitidas manifestações de cunho humorístico e crítico (charges, publicidade, literatura em geral)[45]. Até mesmo manifestações, que, em outro contexto (v.g. na via pública, em meio a crianças) poderiam ser tidas como ilícitas, por seu tom obsceno e/ou pornográfico, devem ser abarcadas pela liberdade de expressão, ainda que, na perspectiva dominante, pudessem ser no mínimo rotuladas como sendo impróprias ou de "mau gosto"[46].

---

44. Cf. O julgamento da ADPF 187, Rel. Min. Celso Mello, julgada em 15/06/2011, em que foi afastada, em homenagem às liberdades de reunião e manifestação, qualquer interpretação do Código Penal que pudesse importar na criminalização da realização da chamada "Marcha da Maconha", que defende a legalização da referida droga. Importa notar que STF distinguiu a proposta de descriminalização de um ilícito penal da incitação ou apologia à prática dos atos que se pretende, por meio da manifestação, ver descriminalizados.

45. Em caráter ilustrativo, cabe referir o julgamento da ADI 4.451, Rel. Min. Ayres Britto, julgada em 02/09/2010, em que a Corte, por maioria, declarou a inconstitucionalidade de dispositivos da Lei 9.504/97, que restringiam o humor nos veículos de telecomunicação, quando se tratasse de programas envolvendo candidatos a cargos eletivos dentro do período eleitoral.

46. Nesse sentido, v., por exemplo, o caso do HC 83.996-7/RJ, Rel. Min. Gilmar Mendes, julgado em 17/08/2004, no qual, por maioria, foi determinado o trancamento de ação penal por atentado ao pudor instaurada contra diretor teatral que, em protesto contra vaias proferidas

Situações particularmente relevantes e que envolvem corriqueiro embate entre a liberdade de expressão e outros direitos fundamentais, diz com os direitos à honra, imagem, intimidade e vida privada. No que diz com os direitos à honra e à imagem (incluindo a reputação), direitos personalíssimos cuja violação inclusive configura ilícito penal, distinguem-se, de plano, os casos que envolvem personalidades públicas, como é o caso de artistas famosos, políticos e outras pessoas, cuja atividade e modo de se portar na esfera pública (v. os casos de pessoas que se expõe – inclusive quanto a aspectos de sua vida íntima – reiterada e voluntariamente nos meios de comunicação) das demais pessoas, de modo a assegurar também níveis diferenciados de proteção da personalidade, a depender do caso concreto de quem é atingido pelo exercício da liberdade de expressão e de como é atingido. Por tal razão, onde houver maior interesse (legítimo) da opinião pública sobre informações a respeito das ações e vida privada de alguém, ou mesmo, como já frisado, o próprio titular dos direitos de personalidade tenha já voluntariamente exposto sua vida privada, justifica-se uma menor proteção – mas não supressão! - da honra, imagem e da vida íntima e privada e um maior espaço para a liberdade de informação e expressão[47].

À vista do exposto, o que se pode afirmar, em caráter de síntese e retomando a perspectiva adotada já na parte inicial deste item, é que boa parte da doutrina e da jurisprudência, notadamente o STF, embora adotem a tese da posição preferencial da liberdade de expressão, admitem não se tratar de direito absolutamente infenso a limites e restrições, desde que eventual restrição tenha caráter excepcional, seja promovida por lei e/ou decisão judicial (visto que vedada toda e qualquer censura administrativa) e tenha por fundamento a salvaguarda da dignidade da pessoa humana (que aqui opera simultaneamente como limite e limite aos limites de direitos fundamentais) e de direitos e bens jurídico-constitucionais individuais e coletivos fundamentais, observados os critérios da proporcionalidade e da preservação do núcleo essencial dos direitos em conflito. Que, em qualquer caso, existindo dúvida a respeito da legitimidade constitucional da restrição é de se privilegiar a liberdade de expressão, segue sendo um parâmetro que não deve cair jamais em es-

---

pelo plateia, expôs suas nádegas ao público. Note-se que o Tribunal considerou o ato atípico, entendendo estar abrangido pelo âmbito de proteção da liberdade de expressão.

47. Cf., por todos, BARROSO, Luis Roberto. "Liberdade de Expressão *versus* direitos da personalidade. Colisão de direitos fundamentais e critérios de ponderação", *Op. cit., p. 115, elencando ainda outros critérios de aferição dos níveis de proteção e realização dos direitos colidentes.*

LIBERDADE DE EXPRESSÃO E PUBLICIDADE: ALGUMAS NOTAS EM PERSPECTIVA COMPARADA

quecimento. Como isso se verifica em matéria de publicidade será versado precisamente no próximo segmento, agora privilegiando, em virtude do objeto do presente texto, a jurisprudência do Tribunal Constitucional Federal da Alemanha.

3. A JURISPRUDÊNCIA DO TRIBUNAL CONSTITUCIONAL FEDE- RAL DA ALEMANHA SOBRE PUBLICIDADE E LIBERDADE DE EX- PRESSÃO

3.1. Notas prévias

Das diversas decisões já proferidas pelo Tribunal Constitucional Federal alemão sobre publicidade, é preciso distinguir entre a publicidade profissional, isso é, a levada a efeito por advogados, dentistas, médicos, entre outros, da publicidade comercial (ou mesmo eleitoral) em geral. Isso se verifica pelo fato de o Tribunal Constitucional Federal reconduzir tal tipo publicidade profissional, não à liberdade de expressão, mas sim, ao âmbito de proteção da liberdade profissional. Por tal razão, nos casos de interferência (restrição) na publicidade, cuida-se também de restrição sujeita ao controle de constitucionalidade, inclusive de modo a atender às exigências da proporcionalidade da normativa que dispõe sobre a publicidade que viola os padrões da respectiva profissão. Assim, em diversos casos, o Tribunal entendeu que a proibição da publicidade seria inconstitucional em virtude de violar o direito fundamental à liberdade profissional, não se tratando, no caso, de invocar ofensa à liberdade de expressão[48].

Outra hipótese de relevo, onde também prevaleceu o entendimento de que se trata de situação que diz respeito à liberdade de profissão e não à liberdade de expressão, é a da publicidade de produtos de tabaco, designadamente cigarros e similares, designadamente quando em causa a controvérsia sobre a constitucionalidade das exigências estabelecidas pelo poder público no tocante às advertências que devem ser inseridas e que objetivam a proteção da saúde do consumidor. Em julgado de 22.01.1997[49], o Tribunal Constitucional Federal apreciou reclamações constitucionais endereçadas contra atos normativos (decretos) que, entre outros aspectos, exigem a inserção nas embalagens de cigarros ou ta-

---

48. Em caráter ilustrativo, v., entre outras (e para referir caso mais recente), a decisão de 07.03.12, que versa sobre a inconstitucionalidade da proibição de publicidade de clínica dentária.

49. Cf. NJW 1997, p. 2871 e ss.

baco para a confecção própria de cigarros, além da advertência geral de que "fumar faz mal para a saúde", das advertências específicas no sentido de que fumar causa câncer e que fumar causa doenças cardiovasculares. Tendo em conta que tais obrigações afetam produtores e comerciantes na sua atividade de distribuição de seus produtos, mas não na sua participação no processo de expressão do pensamento e sua difusão, tais exigências devem ser avaliadas, do ponto de vista de sua legitimidade constitucional, com base na liberdade de profissão. Importa sublinhar, ainda, que, de acordo com o Tribunal, a liberdade de expressão alcança relevância para a publicidade comercial quando esta possui um conteúdo valorativo, formador de opinião, ou contém informações que servem à formação da opinião, o que não se verifica na hipótese, de vez que, no caso, o fabricante é obrigado a divulgar, no seu produto, publicidade estatal, não podendo tais informações (sobre os perigos para a saúde) serem imputadas ao fabricante ou comerciante e nem evocam a impressão de que tais opiniões fossem objeto de difusão própria e voluntária por parte daqueles. Em síntese, as referências a título de advertência correspondem à reprodução compulsória de uma opinião identificável como sendo de terceiros, pois de acordo com a normativa impugnada, a embalagem contempla expressamente a referência de que o autor das advertências é o poder público, designadamente, os Ministros da Saúde da União Europeia. De todo modo, embora não se cuide, de acordo com tal orientação, de hipótese subsumida à liberdade de expressão, o Tribunal Constitucional considerou constitucionalmente justificadas as exigências, rechaçando as demandas e concluindo não ter havido violação da liberdade de profissão das reclamantes.

Tendo em conta os exemplos colacionados e as razões ali deduzidas, tais decisões (que envolvem publicidade associada à liberdade profissional) não serão aqui apresentadas e discutidas, considerando precisamente o objetivo da presente coletânea, que privilegia a relação entre publicidade e liberdade de expressão. Antes de seguirmos, todavia, há de ser feito o registro de que tal distinção – entre publicidade protegida por conta da liberdade de profissão e publicidade protegida por conta da liberdade de expressão – não encontrou eco na ordem jurídico-constitucional brasileira, seja na doutrina, seja na jurisprudência. Além disso, as decisões ilustrativamente referidas demonstram quais os critérios que levam o Tribunal Constitucional Federal a enquadrar a publicidade ou no âmbito da liberdade de profissão ou na esfera da liberdade de expressão. Nos dois casos, todavia, eventual restrição imposta pelo poder público há de ser avaliada a partir dos critérios que determinam

LIBERDADE DE EXPRESSÃO E PUBLICIDADE: ALGUMAS NOTAS EM PERSPECTIVA COMPARADA

a constitucionalidade de intervenções restritivas em direitos fundamentais, seja no que diz com os seus limites (que justificam a restrição), seja no tocante aos limites dos limites, o que, daqui para frente, será então examinado em alguns casos de publicidade tida como enquadrada na liberdade de expressão.

Por outro lado, convém frisar, não temos a intenção de aqui apresentar um inventário exaustivo, mas sim, à luz de alguns exemplos, apresentar, em linhas gerais, como a relação entre publicidade e liberdade de expressão tem sido tratada na jurisprudência constitucional alemã.

3.2. Os casos "Benetton I e II"

Sob a epígrafe "Benetton I e II" serão agora sumariamente apresentados e avaliados dois julgados do Tribunal Constitucional Federal, respectivamente, de 12.12.2000 e 11.03.2003, que são de particular relevância para o nosso estudo e que, pelos seus pontos de contato (já pelo fato de ambos envolverem publicidade da empresa Benetton), serão tratados em conjunto. Além disso, tais casos assumem relevo também em termos de uma possível análise de direito comparado, pois foram também objeto de controvérsia jurisdicional em outros Estados, como é o caso, v.g., da França e da Itália, o que, todavia, aqui não será explorado em virtude dos limites da presente abordagem.

No primeiro caso (julgado em 12.12.2000), a reclamante, uma empresa jornalística e editorial (que veicula, entre outros periódicos, a revista "Stern", de ampla circulação), impugna dois julgados do BGH (Superior Tribunal Federal) da Alemanha, que chancelaram proibições de publicação e difusão de publicidade da empresa Benetton, em virtude de atentatória aos bons costumes. No caso, eram três as publicidades alvo da controvérsia: a) a fotografia de uma gaivota nadando em águas cobertas por óleo; b) a segunda contendo fotografia de crianças trabalhando de forma pesada em países do terceiro mundo; c) a última veiculando fotografia de um corpo humano desnudo sobre o qual foi aposto um carimbo com os dizeres "HIV positivo". Nos três casos a publicidade veio acompanhada da convencional marca da empresa "United Colors of Benetton". Por força de uma ação proposta pela Central de combate à concorrência desleal a empresa jornalística foi instada judicialmente a suprimir a veiculação das publicidades, recorrendo, ao final, ao Tribunal Constitucional. Vale agregar que a empresa Benetton chegou a contestar tais medidas, sem sucesso, na esfera cível, mas não ingressou com reclamação constitucional.

O Tribunal Constitucional conheceu da reclamação e a julgou procedente, mediante a argumentação que, em apertada síntese, passamos a colacionar. Em primeiro lugar, o Tribunal reconheceu que todas as três fotografias publicitárias correspondem às exigências que fazem incidir a proteção da liberdade de expressão, pois veiculam estados patológicos (trabalho infantil, poluição, exclusão dos soropositivos) e contém simultaneamente um juízo de valor em relação a questões sociais e políticas relevantes, o que não resta alterado pelo fato de a empresa Benetton ter feito uso de uma publicidade estritamente baseada em imagens acompanhadas de sua logomarca. Por outro lado, a proibição imposta à reclamante, pena de uma multa de 500.000 Marcos (aproximadamente 250.000,00 Euros) e mesmo de uma punição por desobediência em caráter alternativo, viola, no entendimento do Tribunal, a sua liberdade de expressão, que não foi suficientemente levada em conta pelo Superior Tribunal Federal (BGH) quando de sua decisão. Com efeito, restrições à liberdade de expressão carecem de uma justificativa constitucionalmente relevante, seja com vistas à proteção de bens comunitários, seja para a proteção de direitos e interesses de terceiros igualmente dignos de proteção. Embora - de acordo com o BGH – a legislação reguladora da livre concorrência vede publicidade que explora os sentimentos da comunidade consumidora mediante a veiculação do sofrimento de pessoas e animais (como no caso), corresponda às exigências dos bons costumes, é questionável se com isso estão sendo protegidos bens individuais e comunitários suficientemente relevantes do ponto de vista constitucional. A mera circunstância (alegada no processo originário) de que as imagens possam ser consideradas chocantes ou de mau gosto não leva necessariamente, como, aliás, tem entendido o próprio BGH, a uma violação dos bons costumes. A restrição de direitos fundamentais (como, no caso, da liberdade de expressão da reclamante) não pode ser justificada pelo fato de que o público não pode ser confrontado com imagens e mensagens que veiculam realidades marcadas pelo sofrimento ou desagradáveis. Ainda de acordo com o Tribunal Constitucional, uma sensibilidade do público livre das mazelas do Mundo não constitui uma razão suficiente para justificar a restrição de direitos fundamentais, o que, contudo, poderá ser avaliado de modo diverso quando se tratar de imagens geradoras de medo, nojo ou que afetem a juventude.

No segundo julgamento (11.03.2003) estava em causa apenas a imagem que retratava uma pessoa desnuda com o carimbo "HIV Positive" e a logomarca United Colors of Benetton, igualmente objeto de proibição de divulgação. No caso, além do argumento de uma concor-

LIBERDADE DE EXPRESSÃO E PUBLICIDADE: ALGUMAS NOTAS EM PERSPECTIVA COMPARADA

rência desleal mediante a exploração, contrária aos bons costumes, do sofrimento alheio e da captação da solidariedade do público consumidor, também foi esgrimido o argumento de que a publicidade estaria a violar a dignidade humana dos infectados pelo HIV, o que, precisamente, representa o diferencial deste caso. Como na outra ocasião (Benetton I), o Tribunal Constitucional deu provimento à reclamação. De acordo com sua argumentação, embora o Superior Tribunal Federal (BGH) tenha corretamente apontado para a circunstância de que a dignidade humana opera como limite absoluto à liberdade de expressão mesmo na esfera da livre concorrência, tal fronteira não restou ultrapassada no caso concreto. Com efeito, para o Tribunal Constitucional, o que resulta essencial para a valoração de cada manifestação de opinião é a identificação de seu sentido, para o que não se deve partir de intenções do autor da opinião que não sejam perceptíveis por parte de terceiros, mas sim, do ponto de vista do destinatário (receptor) da opinião, mediante a consideração das circunstâncias que possam determinar o sentido da opinião. O modo como determinadas minorias ou maiorias compreendem de fato uma opinião (manifestação) pode ser um argumento, mas não se revela necessariamente determinante. Assim, a finalidade publicitária (e comercial) pode integrar o contexto de uma mensagem de conteúdo socialmente crítico, de tal sorte que publicidade e crítica social não se excluem necessariamente e podem conviver. No caso concreto, o BGH entendeu que em virtude de sua finalidade comercial e por se tratar de publicidade que explora, em proveito econômico próprio do seu autor (Benetton), a desgraça alheia, veiculando, de modo cínico, um apelo à solidariedade, ofende a dignidade humana. Isso, contudo, não obteve a chancela do Tribunal Constitucional, para o qual o BGH não deu à dignidade humana a sua devida interpretação e aplicação no caso, pois apenas o contexto da publicidade e o seu objetivo comercial não implicam uma ofensa da dignidade.

Note-se que para o Tribunal Constitucional, a imagem veiculada apenas expõe o sofrimento e desgraça dos infectados pelo HIV, deixando para o observador externo a sua interpretação e valoração, não tendo tal veiculação, por si, conteúdo humilhante ou degradante. Seria até possível, do ponto de vista moral, afirmar ser preferível não tematizar tal mazela humana num contexto comercial, mas isso não constitui uma exigência imperativa da dignidade humana. Ainda segundo a Corte Constitucional germânica, também o argumento do BGH, no sentido de que a publicidade atentaria contra os bons costumes pelo seu potencial de gerar sentimentos de medo e ameaça em virtude da AIDS, ademais de confrontar os infectados pelo vírus de modo não exigível com seu próprio sofrimento, não convence, porquanto a proibição de toda e qualquer publicidade comercial que envolva mensagem tematizando sofrimento ou desgraça alheia, pelo simples fato de objetivar o lucro, não representa uma solução compatível com a liberdade de expressão.

Ainda que se possa, com boas razões, questionar o resultado dos julgados selecionados, o fato é que ainda assim, segue atual o entendimento (no âmbito da jurisprudência constitucional alemã) de que embora protegida pela liberdade de expressão, a publicidade comercial encontra também limites na dignidade da pessoa humana e outros direitos fundamentais, como é o caso dos direitos de personalidade.

Todavia, também nessa esfera, a exemplo do que se verifica nos demais casos em que se cuida de avaliar a legitimidade constitucional de intervenções na liberdade de expressão, ainda que não seja possível falar, no caso da Alemanha, de uma posição preferencial da liberdade de expressão, no sentido de uma prioridade de tal liberdade na arquitetura constitucional, o fato é que o julgamento dos casos "Benetton" sugere pelo menos uma tendência, - indicada por outros julgados do Tribunal Constitucional Federal, como revela o exemplo emblemático dos casos "Caroline de Mônaco[50]" – de que a liberdade de expressão, mesmo na esfera da publicidade, está sendo mais fortalecida, de modo a se imprimir uma exegese restritiva às hipóteses de restrição.

Tal fortalecimento da liberdade de expressão, contudo, há de ser devidamente contextualizado, pois não afasta a incidência de limites, ademais de exigir sejam consideradas as peculiaridades do caso concreto e da respectiva tradição jurídica. Já por tal razão, embora em linhas gerais a posição do Tribunal Constitucional Federal alemão possa servir de parâmetro para a evolução doutrinária e jurisprudencial brasileira, especialmente quanto à distinção entre publicidade que goza da proteção com base na liberdade de expressão e a que não usufrui de tal proteção, a resposta correta do ponto de vista da ordem jurídico-constitucional

---

50. Nesses julgados, mais de um, o Tribunal Constitucional Federal acabou negando provimento às reclamações constitucionais impetradas por Caroline de Mônaco (e Hannover) nas quais esta exigia ser protegida em face da divulgação de fotografias (suas e de familiares) retiradas sem sua autorização em periódicos alemães. Embora Caroline de Mônaco tenha sido vitoriosa perante o Tribunal Europeu (que entendeu devesse prevalecer a proteção da vida privada), o Tribunal Constitucional Federal entendeu que se trata de figura pertencente à história contemporânea, que frequentemente se nutre das benesses da exposição pública, de tal sorte que também deveria suportar eventuais desvantagens.

brasileira poderá ser outra, o que, contudo, não será aqui desenvolvido, mas que desafia maior reflexão.

De todo modo, se no domínio da publicidade comercial o exemplo da Alemanha pode ser útil e lançar luz sobre alguns aspectos que poderiam balizar a solução de casos concretos ligados ao tema, o fato é que a sustentação da democracia numa sociedade plural e aberta – tal como sempre o defendeu Carlos Britto – não se faz viável sem uma forte garantia da liberdade de expressão, ademais de – sugerimos agregar – de uma democratização e descentralização do próprio acesso aos meios de comunicação.

TRATADOS INTERNACIONAIS TRIBUTÁRIOS NA JURISPRUDÊNCIA DO SUPREMO TRIBUNAL FEDERAL[1]

Gilmar Ferreira Mendes[2]

SUMÁRIO: Introdução 1. Evolução jurisprudencial no âmbito da aplicação de acordos internacionais em face da legislação interna infraconstitucional 2. Recurso Extraordinário nº 460.320: o caso Volvo. Conclusão. Referências Bibliográficas.

INTRODUÇÃO

No âmbito tributário, a cooperação internacional viabiliza a expansão das operações transnacionais que impulsionam o desenvolvimento econômico – como o fluxo recíproco de capitais, bens, pessoas, tecnologia e serviços –, combatendo a dupla tributação internacional e a evasão fiscal internacional, e contribui para o estreitamento das relações culturais, sociais e políticas entre as Nações.[3]

Por isso que tratados das mais diversas matérias contenham cláusulas de natureza tributária, como os acordos de comércio, de formação de zonas aduaneiras, de regulação de navegação aérea, de emigração, de proteção de investimentos, de cooperação cultural, científica ou militar, convenções de imunidades diplomáticas e consulares, de serviço postal e regime das organizações internacionais e seus empregados etc.[4]

---

1. Artigo elaborado a partir do voto proferido no Recurso Extraordinário n° 460320 em Plenário, no dia 31.08.2011. Após o voto, pediu vista dos autos o Senhor Ministro Dias Toffoli.

2. Ministro do Supremo Tribunal Federal; Professor de Direito Constitucional nos cursos de graduação e pós-graduação da Faculdade de Direito da Universidade de Brasília (UnB) e do Instituto Brasiliense de Direito Público (IDP). Doutor em Direito pela Universidade de Münster, Alemanha.

3. BORGES, Antônio de Moura. Convenções sobre Dupla Tributação Internacional. Teresina: EDUFPI, 1992, p. 154.

4. XAVIER, Alberto. Direito Tributário Internacional do Brasil. 6ª ed. Rio de Janeiro: Forense, 2005, p. 95.

Entretanto, por suas próprias peculiaridades, os tratados internacionais em matéria tributária tocam em pontos sensíveis da soberania dos Estados. De fato, em virtude da crescente restrição sobre (i) a atividade empresarial; (ii) a receita de senhoriagem por meio da emissão de moeda; e (iii) a emissão de títulos por parte do Estado, a tributação consolidou-se como a forma mais importante de financiamento estatal.

A esse respeito, Paul Kirchhof mencionou que o poder de imposição tributária decorreria não da mera existência do Estado e de suas necessidades financeiras, mas antes da própria concepção de Estado liberal, pois "se o Estado garante ao indivíduo a liberdade para sua esfera profissional ou de propriedade, tolerando as bases e os meios para o enriquecimento privado, deve negar que o sistema financeiro se baseie na economia estatal, no planejamento econômico ou, de modo principal, na expropriação ou na emissão da moeda".

A isso acrescenta Kirchhof: "Enquanto a Constituição deixa em poder dos particulares o domínio individual sobre os bens econômicos (...), o Estado só pode se financiar por meio da participação no êxito da economia privada".[5]

Em regra, os Estados concordam em limitar o exercício de sua competência originária de tributar, ao disporem e coordenarem sobre seu poder de impor tributos por meio de tratados internacionais. Isto é, em geral, os Estados abrem mão, ao menos inicialmente, de receita tributária para atingir determinados fins, como o desenvolvimento das atividades transnacionais.

Nesse contexto, algumas problemáticas são evidenciadas na esfera jurídica, principalmente, no tocante à questão da relação entre normas internas infraconstitucionais e tratados internacionais. Evidentemente, a controvérsia passa pela relação, de forma geral, entre Direito Interno e Direito Internacional, inclusive, quanto à polêmica irreconciliável entre as teorias dualista e monista, mas tem contornos específicos no direito tributário, de acordo com a jurisprudência do Supremo Tribunal Federal.[6]

---

5.   KIRCHHOF, Paul. La Influencia de la Constitución Alemana en su Legislación Tributaria, In: Garantías Constitucionales del Contribuyente, Tirant lo Blanch, Valencia, 1998, p. 26.

6.   A respeito das teorias dualistas, cf. TRIEPEL, Karl Heinrich. As Relações entre o Direito Interno e o Direito Internacional in Revista da Faculdade de Direito, Ano XVII, n. 6. Outubro de 1966. Trad.: Amílcar de Castro. p. 7/64. Acerca das teorias monistas, cf. KELSEN, Hans. Teoria Geral do Direito e do Estado. 3ª ed. Trad.: Luís Carlos Borges. São Paulo: Martins Fontes, 1998,

Desse modo, o artigo abordará a jurisprudência sobre tratados internacionais de matéria tributária, em face de legislação interna, ao tratar do Recurso Extraordinário nº 460320, interposto pela Volvo do Brasil Veículos LTDA e outros, e pela União Federal.

1. EVOLUÇÃO JURISPRUDENCIAL NO ÂMBITO DA APLICAÇÃO DE ACORDOS INTERNACIONAIS EM FACE DA LEGISLAÇÃO INTERNA INFRACONSTITUCIONAL

Sob a *Constituição de 1891*, o STF reconheceu o primado dos tratados internacionais em face de legislação interna posterior. Emblemático, nesse aspecto, é o julgamento da Extradição n. 7 de relatoria do Min. Canuto Saraiva, ocorrido em 7.1.1914, em que se anulou julgamento anterior para afastar a aplicação dos requisitos para extradição da Lei nº 2.416, de 28.6.1911, em proveito do tratado de extradição entre os governos do Brasil e do Império Alemão, de 17.9.1877.[7]

Em matéria tributária especificamente, a preponderância das normas internacionais sobre normas internas infraconstitucionais já foi admitida pelo STF na vigência da *Constituição de 1937*.[8] Na oportunidade, a Corte manteve afastada a aplicação do imposto adicional de 10% criado pelo Decreto nº 24.343, de 5.6.1934, em privilégio das disposições de tratado entre o Brasil e o Uruguai, firmado em 25.8.1933 e promulgado pelo Decreto nº 23.710, de 9.1.1934.

O eminente relator – que pouco depois seria nomeado Juiz da Corte Internacional de Justiça em Haia – apreciou exaustivamente a questão, em brilhante e minucioso voto, assim concluindo:

> "Chegamos, assim, ao ponto nevrálgico da questão – a atuação do tratado, como lei interna, no sistema de aplicação do direito no tempo, segundo o equilíbrio de normas, em regra afetadas as mais antigas pelas mais recentes.
>
> O Ministro Carlos Maximiliano chegou a considerar o ato internacional de aplicação genérica no espaço, alcançando até súditos de países a ele estranhos, quando tiver a categoria do Código, com o conhecido pelo nome Bustamante" (voto in Direito, vol. 8, pgs. 329).

---

p. 515 e ss. e VERDROSS & SIMMA. Universelles Völkerrecht. Berlin: Duncker und Humblot, 1984, p. 53 e ss.

7. RODRIGUES, Manoel Coelho. A Extradição no Direito Brasileiro e na Legislação Comparada. Tomo III, Anexo B. Rio de Janeiro: Imprensa Nacional, 1931, p. 75/78.

8. Nos termos da Apelação Cível 7.872/RS, Rel. Min. Philadelpho de Azevedo, julgada em 11.10.1943.

Haveria talvez aí um exagero, interessando, antes, examinar, em suas devidas proporções, o problema do tratado no tempo, sendo claro que ele, em princípio, altera as leis anteriores, afastando sua incidência, nos casos especialmente regulados.

A dificuldade está, porém, no efeito inverso, último aspecto a que desejávamos atingir – o tratado é revogado por leis ordinárias posteriores, ao menos nas hipóteses em que possuiriam a natureza de uma outra lei?

A equiparação absoluta entre a lei e o tratado conduziria à resposta afirmativa, mas evidente o desacerto de solução tão simplista, ante o caráter convencional do tratado, qualquer que seja a categoria atribuída às regras de direito internacional.

Em país em que ao Judiciário se veda apreciar a legitimidade de atos do legislativo ou do executivo se poderia preferir tal solução, deixando ao Governo a responsabilidade de se haver com as potências contratantes que reclamarem contra a indevida e unilateral revogação de um pacto por lei posterior; nunca, porém, na grande maioria das nações em que o sistema constitucional reserva aquele poder, com ou sem limitações.

Na América, em geral, tem assim força vinculatória a regra de que um país não pode modificar o tratado, sem o acordo dos demais contratantes; proclama-o até o art. 10 da Convenção sobre Tratados, assinada na 6ª Conferência Americana de Havana, e entre nós promulgada pelo Decreto 18.956, de 22 de outubro de 1929, embora não o havendo feito, até 1938, o Uruguai, também seu signatário.

Esse era, aliás, o princípio já codificado por Epitácio Pessoa que estendia ainda a vinculação ao que, perante a equidade, os costumes e os princípios de direito internacional, pudesse ser considerado como tendo estado na intenção dos pactuantes (Código, art. 208); nenhuma das partes se exoneraria e assim isoladamente (art. 210) podendo apenas fazer denúncia, segundo o combinado ou de acordo com a cláusula *rebus sic stantibus* subentendida, aliás, na ausência de prazo determinado.

Clóvis Beviláqua também não se afastou desses princípios universais e eternos, acentuando quão fielmente devem ser executados os tratados, não alteráveis unilateralmente e interpretados segundo a equidade, a boa fé e o próprio sistema dos mesmos. [9]

---

9. D.T. Público, vol. 2, p. 31 e 32.

Igualmente Hildebrando Acioli, em seu precioso Tratado de Direito Internacional, acentua os mesmos postulados, ainda quando o tratado se incorpora à lei interna e enseja a formação de direitos subjetivos.[10]

É certo que, em caso de dúvida, qualquer limitação de soberania deva ser interpretada restritamente (Acioli, p. cit. § 1.341 nº 13), o que levou Bas Devant, Gastón Jeze e Nicolas Politis a subscreverem parecer favorável à Tchecoslováquia, quanto à desapropriação de latifúndios, ainda que pertencentes a alemães, que invocavam o Tratado de Versalhes (Les traités de paix, ont-ils limité la competence lègislative de certains ètats? Paris, 1.927); em contrário, a Alemanha teve de revogar, em homenagem àquele pacto, o art. 61 da Constituição de Weimar que conferia à Áustria o direito de se representar no Reichstag. Sem embargo, a Convenção de Havana já aludida, assentou que os tratados continuarão a produzir seus efeitos, ainda quando se modifique a constituição interna do Estado, salvo caso de impossibilidade, em que serão eles adaptados às novas condições (art. 11).[11]

Sob a égide da *Constituição de 1946*, o Supremo Tribunal Federal confirmou esse entendimento nos autos da Apelação Cível 9.587/RS, Rel. Min. Lafayette de Andrada, julgada em 21.8.1951, aplicando tratamento tributário previsto no Tratado de Comércio entre os Estados Unidos do Brasil e os Estado Unidos da América, firmado em 2.2.1935 e promulgado por meio do Decreto 542, de 21.12.1935, em detrimento das disposições do Decreto-Lei nº 7.404, de 22.3.1945.

Nesse contexto, foi editado o Código Tributário Nacional, em 25.10.1966, prevendo explicitamente a preponderância dos tratados sobre normas infraconstitucionais internas em matéria tributária:

> Art. 98. Os tratados e convenções internacionais revogam ou modificam a legislação tributária interna e serão observados pela que lhe sobrevenha.

Na vigência da Carta de 1967, com redação dada pela EC nº 1/69, por sua vez, o Pleno do Supremo Tribunal Federal, acolhendo clara concepção monista, decidiu que os tratados internacionais, de forma geral, têm aplicação imediata, inclusive naquilo em que modificam a legislação interna.[12]

Além disso, com base no art. 98 do CTN, o Plenário aprovou, em 15.12.1976, a Súmula 575/STF, que assenta o seguinte: "à mercadoria

---

10. Vol. 2, § 1.309.
11. Ação Cível n. 7.872/RS, Rel. Min. Philadelpho de Azevedo, julgada em 11.10.1943.
12. RE 71.154/PR, Rel. Min. Oswaldo Trigueiro, julgado em 4.8.1971, DJ 25.8.1971.

importada de País Signatário do GATT, ou membro da ALALC, estende-se a isenção do imposto de circulação de mercadorias concedida a similar nacional" (DJ 3.1.1977).

É certo que, a partir do julgamento do RE 80.004/SE (Rel. p/ o acórdão Min. Cunha Peixoto, Pleno, DJ 29.12.1977), o STF alterou seu entendimento tradicional quanto à relação entre Direito Interno e Direito Internacional, admitindo a paridade entre tratados internacionais e normas internas infraconstitucionais e, consequentemente, o afastamento da aplicação de normas internacionais em virtude de normas internas posteriores.

No mencionado *leading case*, o voto vencedor do Min. Cunha Peixoto assentou, com fundamento na teoria dualista de Triepel, que *não há nenhum artigo* [na Constituição] *que declare irrevogável uma lei positiva brasileira pelo fato ter sua origem em um tratado*. A propósito do art. 98 do CTN, manifestou-se o Min. Cunha Peixoto em *obiter dictum*:

> "(...) Daí o art. 98 declarar que tratado ou convenção não é revogado por lei tributária interna. É que se trata de um contrato, que deve ser respeitado pelas partes.
>
> Encontra-se o mesmo princípio na órbita interna, no tocante à isenção, em que o art. 178 do código Tributário Nacional proíbe sua revogação, quando concedida por tempo determinado. É que houve um contrato entre a entidade pública e o particular, que, transformado em direito subjetivo, deve ser respeitado naquele período.
>
> Por isso mesmo, ao art. 98 só se refere à legislação tributária, deixando, destarte, claro, não ser o princípio de ordem geral. Se a lei ordinária não pudesse, pela Constituição, revogar a que advém de um tratado, não seria necessário dispositivo expresso de ordem tributária.
>
> Mesmo com relação ao direito tributário, além do dispositivo ser de constitucionalidade duvidosa, a norma não é aceita por todos os países, por todos os doutrinadores.
>
> Por outro lado, a lei tributária fala em tratado e convenção, pressupondo serem contratuais, e não relativas às leis positivas brasileiras, que tiveram origem em um tratado. É que este transformou-se em direito positivo, deixou de ser tratado." [13]

Na oportunidade, os Ministros Cordeiro Guerra, Leitão de Abreu, Rodrigues Alckmin e Thompson Flores acompanharam expressamente as considerações do voto condutor de que o art. 98 só se aplicaria aos denominados tratados-contratos. Nessa linha de entendimento, even-

---

13. RE 80.004/SE, voto do Min. Cunha Peixoto, DJ 29.12.1977.

tuais antinomias entre tratados internacionais e leis internas seriam resolvidas apenas por critérios de cronologia (*lex posteriori derogat priori*) e de especialidade (*lex specialis derogat generali*). A respeito da perspectiva da especialidade, o Pleno do STF destacou que *na colisão entre a lei e o tratado, prevalece este, porque contém normas específicas*.[14]

Em que pese a dúvida a respeito da constitucionalidade do art. 98 do CTN levantada em *obiter dictum* por alguns Ministros no julgamento do RE 80.004/SE, a questão não foi definitivamente examinada pela Corte a época.

Com efeito, mesmo após a fixação do novo entendimento a respeito ausência de preponderância dos acordos internacionais, de forma geral, sobre normas internas infraconstitucionais, o Plenário da Corte aplicou o mencionado art. 98 do CTN para privilegiar o Tratado de Montevidéu firmado em 18.2.1960 e promulgado pelo Decreto nº 50.656, de 24.5.1961 em detrimento da incidência de preço de referência criado pelo Decreto-Lei nº 1.111/70, de 10.7.1970. [15]

Na ocasião, o voto vogal do Min. Cordeiro Guerra, ao acompanhar o Min. Moreira Alves, afastou a aplicação do entendimento fixado no RE 80.004/SE, em virtude do art. 98 do CTN:

> "(...) O Tratado de Montevidéu só reconhece a pauta de valor mínimo, e o Código Tributário Nacional diz que, enquanto viger o tratado, não se pode alterá-lo, em se tratando de matéria tributária fiscal. É o que está no art. 98 do Código. Se não fosse tributária, diria que podia ser alterado por lei interna, como nós já decidimos no Recurso Extraordinário n° 80.004, de Sergipe."

Apesar de o tratado de Montevidéu ter sido considerado posteriormente tratado-contrato (RE 99.376/RS, Rel. Min. Moreira Alves, 2ª T., DJ 18.6.1984) e de a norma interna posterior não ter sido afastada, mas apenas interpretada consoante as disposições do tratado internacional, restava clara a tendência do STF de privilegiar as normas internacionais em matéria tributária sobre as normas internas posteriores. Nesse sentido, o Tribunal:

(i) examinou se o aumento da alíquota de IOF por meio do Decreto-Lei nº 1.783/1980 violava os termos do Tratado de Montevidéu e do

---

14. HC 58.727/DF, Rel. Min. Soares Muñoz, Pleno, DJ 3.4.1981.

15. RE 90.824/SP, Rel. Min. Moreira Alves, Pleno, DJ 19.9.1980.

General Agreement on Tariffs and Trade - GATT, v.g. AI-AgR 98.324/SP, Rel. Min. Sydney Sanches, 1ª T., DJ 19.10.1984; AI-AgR 101.336/SP, Rel. Min. Néri da Silveira, DJ 5.9.1986; e AI-AgR 93.564/RJ, Rel. Min. Djaci Falcão, 2ª T., 23.9.1983; e

(ii) reconheceu violação ao art. 98 do CTN, para estender a produtos importados de países signatários do GATT, internalizado no Brasil por meio do Decreto Legislativo n° 43, de 20.6.1950, isenção de ICM concedida a similar nacional por legislação posterior, v.g. RE 99.335/SP, Rel. Min. Soares Muñoz, 1ª T., DJ 10.6.1983 e RE 100.553/RJ, Rel. Min. Francisco Rezek, 2ª T., DJ 23.9.1983.

Especificamente, a Corte privilegiou o acordo internacional do GATT em detrimento do Convênio Interestadual ICM nº 7/1980, entendendo que *cláusula de convênio interestadual não afasta a incidência de norma internacional.*[16]

Dentre esses precedentes, que continuavam a aplicar a citada Súmula 575/STF, destaca-se o RE 100.904/RJ, Rel. Min. Rafael Mayer, 1ª T., DJ 16.12.83:

> "ICM. Isenção. Bacalhau importado. Similar nacional. GATT. CTN, art. 98. Prequestionado o art. 98 do CTN a ele se deu interpretação compatível com a supremacia da norma tributária advinda de ato internacional. Recurso Extraordinário não conhecido."

Finalmente, quanto à *Constituição Federal de 1988*, exatamente em 23 de novembro de 1995, o Plenário do STF voltou a discutir a matéria no HC nº 72.131/RJ, Red. p/ o acórdão Min. Moreira Alves, DJ 1.8.2003, tendo como foco a prisão civil do devedor como depositário infiel na alienação fiduciária em garantia.

Na oportunidade, reafirmou-se o entendimento de que os diplomas normativos de caráter internacional adentram o ordenamento jurídico interno no patamar da legislação ordinária e eventuais conflitos normativos resolvem-se pela regra *lex posterior derogat legi priori.*

No julgamento da medida cautelar na ADI 1.480/DF, Rel. Min. Celso de Mello, DJ 4.9.1997, o Tribunal concluiu, por maioria, não só pela submissão dos tratados internacionais à Carta Magna e por sua paridade com as leis internas, como também assentou que não podem versar so-

---

16. RE 111.711/RJ, Rel. Min. Rafael Mayer, 1ª T., DJ 12.12.1986. No mesmo sentido: RE 114.504/RJ, Rel. Min. Célio Borja, 2ª T., DJ 1º.7.1988; RE 115.655/RJ, Rel. Min. Francisco Rezek, 2ª T., DJ 22.4.1988; e RE 116.944/SP, rel. Min. Carlos Madeira, 2ª T., DJ 27.10.1988.

bre matéria reservada a leis complementares. Lê-se da ementa do referido julgado, no pertinente:

> "(...) SUBORDINAÇÃO NORMATIVA DOS TRATADOS INTERNACIONAIS À CONSTITUIÇÃO DA REPÚBLICA.
>
> - No sistema jurídico brasileiro, os tratados ou convenções internacionais estão hierarquicamente subordinados à autoridade normativa da Constituição da República. Em conseqüência, nenhum valor jurídico terão os tratados internacionais, que, incorporados ao sistema de direito positivo interno, transgredirem, formal ou materialmente, o texto da Carta Política.
>
> CONTROLE DE CONSTITUCIONALIDADE DE TRATADOS INTERNACIONAIS NO SISTEMA JURÍDICO BRASILEIRO.
>
> O Poder Judiciário fundado na supremacia da Constituição da República dispõe de competência, para, quer em sede de fiscalização abstrata, quer no âmbito do controle difuso, efetuar o exame de constitucionalidade dos tratados ou convenções internacionais já incorporados ao sistema de direito positivo interno. Doutrina e Jurisprudência.
>
> PARIDADE NORMATIVA ENTRE ATOS INTERNACIONAIS E NORMAS INFRACONSTITUCIONAIS DE DIREITO INTERNO.
>
> Os tratados ou convenções internacionais, uma vez regularmente incorporados ao direito interno, situam-se, no sistema jurídico brasileiro, nos mesmos planos de validade, de eficácia e de autoridade em que se posicionam as leis ordinárias, havendo, em consequência, entre estas e os atos de direito internacional público, mera relação de paridade normativa. Precedentes.
>
> (...) A situação de antinomia com o ordenamento doméstico impuser, para a solução do conflito, a aplicação alternativa do critério cronológico ("lex posterior derogat priori") ou, quando cabível, do critério da especialidade. Precedentes."[17]

No âmbito tributário, o STF concluiu, em 2008, que é possível a concessão de isenção de tributos estaduais e municipais por meio de tratados internacionais.[18] No julgamento da ADI 1.600/DF (Red. p/ acórdão Min. Nelson Jobim, DJ 20.6.2003), o Tribunal já havia admitido a isenção de ICMS, prevista na Lei Complementar nº 87/96 e nas legislações estaduais posteriores, às empresas estrangeiras de transporte aéreo internacional, mediante tratados internacionais.

Todavia, o voto condutor da ADI 1.600/DF não teve como fundamento a prevalência dos tratados internacionais, mas o art. 178 da Carta

---

17. ADI-MC 1.480-3/DF, Rel. Min. Celso de Mello, DJ 4.9.1997.

18. RE 229.096/RS, Rel. p/ acórdão Min. Cármen Lúcia, Pleno, DJ 11.4.2008.

Magna, que determina *quanto à ordenação do transporte internacional, observar os acordos firmados pela União, atendido o princípio da reciprocidade*. Na ocasião, aduziu o Min. Moreira Alves a respeito do referido art. 98 do CTN:

> "Sr. Presidente, o problema aqui é um pouco diferente. O próprio procurador da Fazenda foi obrigado a lançar mão de um dispositivo do Código Tributário Nacional [art. 98] que, evidentemente, é inconstitucional. E hoje foi revogado pela Constituição. Já teria sido antes, pois é aquele que estabelece hierarquia de tratado com relação à lei ordinária. Se a Constituição estabelece que estão no mesmo nível, obviamente não será um decreto-lei, recebido como lei complementar, que iria estabelecer hierarquização de princípio. Tanto que eles não se valeram do art. 178, porque, nas próprias informações, devem ter tido dúvidas sérias com relação ao problema tributário mediante um dispositivo que está na atividade econômica, o que diz respeito, portanto, ao problema de ordenação (...)." (aparte do Min. Moreira Alves no voto do Min. Nelson Jobim).

Dessa forma, prevalecia a perspectiva de que *o sistema constitucional brasileiro que não exige a edição de lei para efeito de incorporação do ato internacional ao direito interno (visão dualista extremada) satisfaz-se, para efeito de executoriedade doméstica dos tratados internacionais, com a adoção de iter procedimental que compreenda a aprovação congressional e a promulgação executiva do texto convencional (visão dualista moderada)*, consoante acentuou o Min. Celso de Mello na supracitada ADIN-MC 1.480/DF.

No entanto, o Supremo Tribunal Federal procedeu, no tocante aos tratados internacionais de direitos humanos, à revisão crítica desse entendimento. Com efeito, impulsionado pela redação da Emenda Constitucional nº 45/2004, o Tribunal, no julgamento do RE 466.343/SP, Rel. Min. Cezar Peluso, Pleno, DJ 5.6.2009, reviu a orientação em acórdão assim ementado:

> "PRISÃO CIVIL. Depósito. Depositário infiel. Alienação fiduciária. Decretação da medida coercitiva. Inadmissibilidade absoluta. Insubsistência da previsão constitucional e das normas subalternas. Interpretação do art. 5º, inc. LXVII e §§ 1º, 2º e 3º, da CF, à luz do art. 7º, § 7, da Convenção Americana de Direitos Humanos (Pacto de San José da Costa Rica). Recurso improvido. Julgamento conjunto do RE nº 349.703 e dos HCs nº 87.585 e nº 92.566. É ilícita a prisão civil de depositário infiel, qualquer que seja a modalidade do depósito".

Nesse ponto, cumpre transcrever trecho do voto do Min. Gilmar Mendes proferido na sessão de 22.11.2006, na qual tive a oportunidade de suscitar a referida atualização da jurisprudência sobre a aplicação dos tratados internacionais, em especial quanto aos direitos humanos:

> "Não se pode perder de vista que, hoje, vivemos em um Estado Constitucional Cooperativo, identificado pelo Professor Peter Häberle como aquele que não mais se apresenta como um Estado Constitucional voltado para si mesmo, mas que se disponibiliza como referência para os outros Estados Constitucionais membros de uma comunidade, e no qual ganha relevo o papel dos direitos humanos e fundamentais.
>
> Para Häberle, ainda que, numa perspectiva internacional, muitas vezes a cooperação entre os Estados ocupe o lugar de mera coordenação e de simples ordenamento para a coexistência pacífica (ou seja, de mera delimitação dos âmbitos das soberanias nacionais), no campo do direito constitucional nacional, tal fenômeno, por si só, pode induzir ao menos a tendências que apontem para um enfraquecimento dos limites entre o interno e o externo, gerando uma concepção que faz prevalecer o direito comunitário sobre o direito interno."

Ressalte-se, nesse sentido, que há disposições da Constituição de 1988 que remetem o intérprete para realidades normativas relativamente diferenciadas em face da concepção tradicional do direito internacional público. Especificamente, destacam-se quatro disposições que sinalizam para uma maior abertura constitucional ao direito internacional: a) o parágrafo único do art. 4º, que estabelece que a *República Federativa do Brasil buscará a integração econômica, política, social e cultural dos povos da América Latina, visando à formação de uma comunidade latino-americana de nações* ; b) o § 2º do art. 5º, ao dispor que os direitos e garantias expressos na Constituição brasileira *não excluem outros decorrentes do regime e dos princípios por ela adotados, ou dos tratados internacionais em que a República Federativa do Brasil seja parte*; c) os §§ 3º e 4º do art. 5º, inseridos pela Emenda Constitucional nº 45, de 8.12.2004, que rezam, respectivamente, que os tratados e convenções internacionais sobre direitos humanos que forem aprovados, em cada Casa do Congresso Nacional, em dois turnos, por três quintos dos votos dos respectivos membros, serão equivalentes às emendas constitucionais, e o Brasil se submete à jurisdição de Tribunal Penal Internacional a cuja criação tenha manifestado adesão.

Há uma tendência contemporânea do constitucionalismo mundial de prestigiar as normas internacionais destinadas à proteção do ser humano. No continente americano, o regime de responsabilidade do Estado pela violação de tratados internacionais vem apresentando uma considerável evolução desde a criação da Convenção Americana sobre Direitos Humanos, também denominada Pacto de San José da Costa Rica, adotada por conferência interamericana especializada sobre direitos humanos, em 21 de novembro de 1969.

Este tema já foi objeto de análise por parte do STF no julgamento do RE 349.703/RS[19], e do o HC 87.585/TO[20], nos quais a maioria o Pleno da Corte entendeu, por maioria que que as convenções internacionais de direitos humanos têm *status* supralegal, isto é, prevalecem sobre a legislação interna, submetendo-se apenas à Constituição Federal, contra os votos dos Ministros Celso de Mello, Cezar Peluso, Ellen Gracie e Eros Grau, que avançavam ainda mais e reconheciam o *status* constitucional desses tratados. O RE 349.703/RS restou assim ementado, no pertinente:

> "PRISÃO CIVIL DO DEPOSITÁRIO INFIEL EM FACE DOS TRATADOS INTERNACIONAIS DE DIREITOS HUMANOS. INTERPRETAÇÃO DA PARTE FINAL DO INCISO LXVII DO ART. 5º DA CONSTITUIÇÃO BRASILEIRA DE 1988. POSIÇÃO HIERÁRQUICO-NORMATIVA DOS TRATADOS INTERNACIONAIS DE DIREITOS HUMANOS NO ORDENAMENTO JURÍDICO BRASILEIRO. (...) RECURSO EXTRAORDINÁRIO CONHECIDO E NÃO PROVIDO". (RE 349.703/RS, Redator para o acórdão Min. Gilmar Mendes, Pleno, DJ 5.6.2009)

Dessa forma, não só o fenômeno da substituição de um arcaico Estado voltado para si por um Estado Constitucional Cooperativo, como o próprio texto da Carta Magna, sobretudo, com as alterações da EC 45/2004, exigem essa nova interpretação da relação entre direito internacional e normas infraconstitucionais internas.

2. RECURSO EXTRAORDINÁRIO Nº 460.320: O CASO VOLVO

No RE nº 460.320/PR, a empresa Volvo do Brasil Veículos Ltda. e outras ajuizaram ação declaratória de ausência de relação jurídica que obrigue o recolhimento ou pagamento de imposto de renda retido na fonte, competência do ano-base 1993, em razão do tratamento previsto em Convenção Internacional para evitar dupla tributação, celebrada entre a República Federativa do Brasil e o Reino da Suécia, promulgada por meio do Decreto Legislativo n. 93/1975 e do Decreto n. 77.053/1976.

Os contribuintes pleiteiam tratamento isonômico entre os residentes ou domiciliados na Suécia e no Brasil, aplicando-se àqueles a isenção prevista no art. 75, da Lei n. 8.383/1991, *in verbis*:

> "Art. 75. Sobre os lucros apurados a partir de 1° de janeiro de 1993 não incidirá o imposto de renda na fonte sobre o lucro líquido, de que trata o

---

19. RE 349.703/RS, Tribunal Pleno, Rel. Min. Gilmar Mendes, DJ 5.6.2009.
20. HC 87.585/TO, Tribunal Pleno, Rel. Min. Marco Aurélio, DJ 26.6.2009.

art. 35 da Lei n° 7.713, de 1988, permanecendo em vigor a não-incidência do imposto sobre o que for distribuído a pessoas físicas ou jurídicas, residentes ou domiciliadas no País."

Em síntese, as empresas alegaram que a limitação da referida isenção aos residentes e domiciliados no Brasil desrespeita a isonomia, tratando-se desigualmente contribuintes que se encontram em situações equivalentes. Protestam que, nos termos do art. 98 do CTN, os tratados e as convenções internacionais revogam ou modificam a legislação interna.

No entanto, o acórdão recorrido não havia afastado a aplicação do art. 77 da Lei nº 8.383/1991 ao caso em apreço em razão de disposições constitucionais, mas em virtude de outras normas infraconstitucionais, sobretudo do art. 24 da Convenção entre o Brasil e a Suécia para Evitar a Dupla Tributação em Matéria de Impostos sobre a Renda e do art. 98 do CTN.

Enquanto o acordo com a Suécia, ao menos em tese, permitiu a entrada de investimentos e de tecnologia possivelmente por meio dos próprios contribuintes ora recorrentes, a preponderância da legislação interna posterior desestimula o novo ingresso de capitais externos, gera insegurança dos investidores, dificulta a negociação de novos tratados não só com a Suécia, mas com todos os sujeitos de direito internacional, além de oportunizar eventuais retaliações em outras formas de cooperação.

Importante deixar claro, também, que a tese da legalidade ordinária, na medida em que permite às entidades federativas internas do Estado brasileiro o descumprimento unilateral de acordo internacional, vai de encontro aos princípios internacionais fixados pela Convenção de Viena sobre o Direito dos Tratados, de 1969, a qual, em seu art. 27, determina que nenhum Estado pactuante *pode invocar as disposições de seu direito interno para justificar o inadimplemento de um tratado* .

Ressalte-se que a mencionada convenção, ratificada há pouco tempo pelo Estado brasileiro (Decreto nº 7.030, de 14 de dezembro de 2009), codificou princípios já exigidos como costume internacional, como decidiu a Corte Internacional de Justiça no caso Namíbia. [21]

A propósito, defendendo a interpretação da Constituição alemã pela prevalência do direito internacional sobre as normas infraconstitucionais, acentua o professor Klaus Vogel:

---

21. Legal Consequences for States of the Continued Presence of South Africa in Namibia (South West Africa) notwithstanding Security Council Resolution 276 (1970), First Advisory Opinion, ICJ Reports 1971, p. 16, §§ 94-95.

"(...) de forma crescente, prevalece internacionalmente a noção de que as leis que contrariam tratados internacionais devem ser inconstitucionais e, consequentemente, nulas." *(Zunehmend setzt sich international die Auffassung durch, dass Gesetze, die gegen völkerrechtliche Verträge verstoßen, verfassungswidrig und daher nichtig sein sollte)* [22]

Portanto, parece evidente que a possibilidade de afastar a aplicação de normas internacionais tributárias por meio de legislação ordinária (*treaty override*), inclusive no âmbito estadual e municipal, está defasada com relação às exigências de cooperação, boa-fé e estabilidade do atual cenário internacional.

O texto constitucional admite a preponderância das normas internacionais sobre normas infraconstitucionais e claramente remete o intérprete a realidades normativas diferenciadas em face da concepção tradicional do direito internacional público.

Os arts. 4º, parágrafo único, e 5º, parágrafos 2º, 3º e 4º, da Constituição Federal, sinalizam para uma maior abertura constitucional ao direito internacional e, na visão de alguns, ao direito supranacional.

Além desses dispositivos, o entendimento de predomínio dos tratados internacionais em nenhum aspecto conflita com os arts. 2º, 5º, II, e § 2º, 49, I, 84, VIII, da Constituição Federal.

Especificamente, os arts. 49, I, e 84, VIII, não demandam a paridade entre leis ordinárias e convenções internacionais. Ao contrário, indicam a existência de normas infraconstitucionais autônomas que não precisam ser perfiladas a outras espécies de atos normativos internos, ao dispor:

> "Art. 49. É da competência exclusiva do Congresso Nacional:
>
> I - resolver definitivamente sobre tratados, acordos ou atos internacionais que acarretem encargos ou compromissos gravosos ao patrimônio nacional;
>
> Art. 84. Compete privativamente ao Presidente da República:
>
> VIII - celebrar tratados, convenções e atos internacionais, sujeitos a referendo do Congresso Nacional;"

Na realidade, os mencionados dispositivos não tratam da mera *incorporação*, no plano interno, mas da própria *criação* das normas internacionais.

---

22. VOGEL, Klaus. Einleitung Rz. 204-205 in VOGEL, Klaus & LEHNER, Moris. Doppelbesteuerungsabkommen . 4ª ed. München: Beck, 2003. p. 137-138.

Com efeito, no plano internacional, é essencial que os Estados-partes tenham a intenção de criar obrigações legais entre elas mediante seu acordo Daí a imprescindibilidade do consentimento para a norma internacional.[23]

No Brasil, o consentimento materializa-se na ratificação pelo Presidente da República (art. 84, VIII, da CF/1988), precedida pela aprovação do texto do tratado pelo Congresso Nacional (art. 49, I, da CF/1988) que constituem regras de importância fundamental para a validade das normas tanto no plano internacional quanto no plano interno.

Em outras palavras, a República Federativa do Brasil, como sujeito de direito público externo, não pode assumir obrigações, nem criar normas jurídicas internacionais, à revelia da Carta Magna, mas deve observar suas disposições e requisitos fundamentais para se vincular em obrigações de direito internacional.

Destaque-se que a aprovação do texto do tratado e a ratificação pelo Presidente da República são necessárias, porém não suficientes à existência da norma internacional. Daí que a inaplicabilidade de disposições previstas em acordo internacional aprovado pelo Congresso Nacional e ratificado pelo Executivo é possível, tanto no âmbito interno quanto no internacional, no caso de ausência de ratificação pelo outro Estado-parte ou de não concretização de alguma outra condição prevista.

Ora, se o texto constitucional dispõe sobre a criação de normas internacionais e prescinde de sua conversão em espécies normativas internas na esteira do entendido no RE 71.154/PR[24], deve o intérprete constitucional inevitavelmente concluir: (i) que os tratados internacionais constituem, por si sós, espécies normativas infraconstitucionais distintas e autônomas, que não se confundem com as normas federais, tais como decreto-legislativo, decretos executivos, medidas provisórias, leis ordinárias ou leis complementares; e (ii) que a Carta Magna não respalda o paradigma dualista.

Tanto é assim, que o art. 105, III, a da Constituição Federal reserva a possibilidade de interposição de recurso especial contra decisão judicial que contrariar *tratado* ou lei federal, ou negar-lhes vigência. Note-se que a equiparação entre tratado e lei federal no mencionado dispositivo não indica paridade com lei federal ordinária, mesmo porque o termo lei fe-

---

23. SHAW, Malcom. International Law. Cambridge: Cambridge University Press, 2003. p. 812.

24. RE 71.154/PR, Rel. Min. Oswaldo Trigueiro, Pleno, DJ 25.8.1971

deral contempla outras espécies normativas, como decreto, lei complementar, decreto-legislativo, medida provisória etc.

Na verdade, a equiparação absoluta entre tratados internacionais e leis ordinárias federais procura enquadrar as normas internacionais em atos normativos internos, o que não tem qualquer sustentação na estrutura constitucional. Constitui solução inadequada à complexa questão da aplicação das normas internacionais, conforme já apontara o saudoso Min. Philadelpho de Azevedo no julgamento de 11.10.1943 (Apelação Cível 7.872/RS).

Como exposto, o tratado internacional não necessita ser aplicado na estrutura de lei ordinária ou lei complementar, nem ter *status* paritário com qualquer deles, pois tem assento próprio na Carta Magna, com requisitos materiais e formais peculiares.

Dessa forma, à luz dos atuais elementos de integração e abertura do Estado à cooperação internacional, tutelados no texto constitucional, o entendimento que privilegie a boa-fé e a segurança dos pactos internacionais revela-se mais fiel à Carta Magna.

No mínimo, a Constituição Federal permite que norma geral, também recebida como lei complementar por regular as limitações constitucionais ao poder de tributar (art. 146, II e III, da CF/1988), garanta estabilidade dos tratados internacionais em matéria tributária, em detrimento de legislação infraconstitucional interna superveniente, a teor do art. 98 do CTN, como defende autorizada doutrina. [25]

Registre-se que, nessa linha, a recepção do art. 98 do CTN pela Constituição Federal independe da desatualizada classificação em tratados-contratos (*contractual treaties, traités-contrats, rechtgeschäftlichen Verträge*) e tratados-leis (*law-making treaties, traités-lois, rechtsetzende Verträge*), que, aliás, tem perdido prestígio na doutrina especializada.[26]

---

25. XAVIER, Alberto. Direito Tributário Internacional do Brasil. 6ª ed. Rio de Janeiro: Forense, 2005. p. 132; BORGES, Antônio de Moura. Convenções sobre Dupla Tributação Internacional. Teresina: EDUFPI, 1992. pp. 141/142; MACHADO, Hugo de Brito. Curso de Direito Tributário. 26ª ed. São Paulo: Malheiros, 2005. p.98/99; TÔRRES, Heleno. Pluritributação Internacional sobre as Rendas de Empresas. 2ª ed. São Paulo: Revista dos Tribunais, 2001. pp. 578-582; BORGES, José Souto Maior. Teoria geral da Isenção Tributária. 3ª ed. São Paulo: Malheiros, 2007. pp. 290-292; e AMARAL, Antônio Carlos Rodrigues do. In MARTINS, Ives Gandra da Silva. Comentários ao Código Tributário Nacional. 4ª ed. São Paulo: Saraiva, 2006. pp. 39/44, entre outros.

26. REZEK, Francisco. Direito Internacional Público . São Paulo: Saraiva, 2002. p. 28-29; SHAW, Malcom. International Law. Cambridge: Cambridge University Press, 2003. p. 812; VERDROSS

Além disso, ressalte-se que, por sua própria natureza constitucionalmente estabelecida, os tratados internacionais não se sujeitam aos limites formais e materiais das demais normas infraconstitucionais, ainda que federais. Por esse motivo, o Plenário do Supremo, em decisão unânime, reconheceu a possibilidade de tratados internacionais conferirem isenção a tributos estaduais e municipais,. [27]

De fato, não é razoável limitar a atuação do sujeito de direito público externo em função de restrições impostas à União, como entidade de direito público interno, consoante já haviam reconhecido os Ministros Nelson Jobim e Celso de Mello na ADI 1.600/DF[28].

Igualmente, não se justifica a restrição da cooperação internacional pela República Federativa do Brasil, resguardada no art. 4º, IX, da Carta Magna, em razão de regramentos típicos do âmbito interno, aplicados analogicamente, como reservas de iniciativa, distribuição de competências internas, ritos e procedimentos legislativos.

Os acordos internacionais, de forma geral e na medida em que atendidos seus específicos requisitos constitucionais, respeitam, a princípio, a separação de Poderes, a autonomia dos entes federativos e o princípio da legalidade.

Por isso, o entendimento do voto do Min. Gilmar Mendes no RE nº 460.320/PR deu-se no sentido de que inexistia, naquele caso, qualquer elemento concreto que enseje violação aos arts. 2º, 5º, II e § 2º, da Constituição Federal, tendo em vista o acordo contra a bitributação entre Brasil e Suécia. Ainda nesse caso, considerou-se oportunamente que, não obstante a sutil distinção entre os institutos na doutrina internacional, a vedação à discriminação (*Diskriminierungsverbote*) de contribuintes estrangeiros não se confunde com a isonomia tributária (*steuerliche Gleichbehandlung*). [29]

Por meio da vedação à discriminação, prevista no tratado internacional em comento, os estados pactuantes acordam não conferir tratamento desvantajoso aos súditos do outro Estado-parte, em função dos

---

& SIMMA. Universelles Völkerrecht. Berlin: Duncker und Humblot, 1984. p. 339; HERDEGEN, Matthias. Völkerrecht. 4ª ed. München: Beck, 2005. pp. 112-113.

27. RE 229.096/RS, Red. p/ acórdão Min. Cármen Lúcia, Pleno, DJ 11.4.2008.

28. ADI, 1.600/DF, Tribunal Pleno, Rel. Min. Sidney Sanches, DJ 20.6.2003.

29. RUST, Alexander Art. 24 Rz. 2/4 in VOGEL & LEHNER. Doppelbesteuerungsabkommen. 4ª ed. München: Beck, 2003. p. 1817-1818.

critérios de conexão e das hipóteses de incidência tributária previstas em cada Estado Parte. [30]

Com efeito, a vedação à discriminação, ao contrário da isonomia tributária, impede apenas o tratamento desvantajoso (*Benachteiligung*) do estrangeiro, não aquele mais benéfico (*Bevorzugung*). Em outras palavras, a vedação à discriminação protege os súditos dos Estados pactuantes contra as desvantagens, sem impedir eventual tratamento mais vantajoso.[31]

Assim, o tratamento tributário equivalente a sócios provenientes da Suécia e do Brasil atende ao princípio da isonomia tributária, mormente considerando-se a reciprocidade entre as administrações tributárias de cada país signatário da convenção internacional em apreço.

De fato, o elemento de conexão predominante no art. 24 da Convenção Brasil-Suécia, e geralmente tutelado na vedação à discriminação prevista em todos os tratados contra a bitributação da renda, é a nacionalidade.

Dispõe o art. 24 da *Convenção entre o Brasil e a Suécia para evitar a Dupla Tributação em Matéria de Impostos sobre a Renda:*

> "1. Os nacionais de um estado contratante não ficarão sujeitos no outro estado contratante a nenhuma tributação ou obrigação correspondente, diferente ou mais onerosa do que aquelas a que estiverem sujeitos os nacionais desse outro estado que se encontrem na mesma situação.
>
> 2. O termo 'nacionais' designa:
>
> a) todas as pessoas físicas que possuam a nacionalidade de um estado contratante;
>
> b) todas as pessoas jurídicas, sociedades de pessoas e associações constituídas de acordo com a legislação em vigor num estado contratante.
>
> 3. A tributação de um estabelecimento permanente que uma empresa de um estado contratante possuir no outro estado contratante não será menos favorável do que as das empresas desse outro estado contratante que exerçam a mesma atividade.
>
> Esta disposição não poderá ser interpretada no sentido de obrigar um estado contratante a conceder às pessoas residentes do outro estado contratante as deduções pessoais, os abatimentos e reduções de im-

---

30. TÔRRES, Heleno. Pluritributação Internacional sobre as Rendas de Empresas. 2ª ed. São Paulo: Revista dos Tribunais, 2001. p. 95 e ss.

31. RUST, Alexander Art. 24 Rz. 2/4 in VOGEL & LEHNER. Doppelbesteuerungsabkommen. 4ª ed. München: Beck, 2003. p. 1817-1818.

postos em função do estado civil ou encargos familiares concedidos aos seus próprios residentes.

4. As empresas de um estado contratante cujo capital pertencer ou for controlado, total ou parcialmente, direta ou indiretamente, por uma ou várias pessoas residentes do outro estado contratante, não ficarão sujeitas, no primeiro estado, a nenhuma tributação ou obrigação correspondente diversa ou mais onerosa do que aquelas a que estiverem ou puderem estar sujeitas as outras empresas da mesma natureza desse primeiro estado.

5. No presente artigo, o termo 'tributação' designa os impostos de qualquer natureza ou denominação."

De outra sorte, o dispositivo da lei interna posterior cuida de outro elemento de conexão, a residência. Com efeito, o art. 77 da Lei n. 8.383, de 30 de dezembro de 1991, impõe a alíquota de 15% no imposto de renda na fonte incidente sobre lucros e dividendos de residentes ou domiciliados no exterior, na forma do art. 97 do Decreto-Lei n. 5.844, de 23.9.1943, com redação dada pela Lei 154/1947, que assim determina:

"Art. 97. Sofrerão o desconto do imposto à razão de 15% os rendimentos percebidos.

a) pelas pessoas físicas ou jurídicas residentes ou domiciliadas no estrangeiro;

b) pelos residentes no país que estiverem ausentes no exterior por mais de doze meses, salvo os referidos no art. 73;

c) pelos residentes no estrangeiro que permaneceram no território nacional por menos de doze meses."

Assim, enquanto os residentes no Brasil foram isentos de imposto de renda na fonte por lucros e dividendos apurados em 1993 (art. 75 da Lei n. 8.383/1991), os residentes no exterior tiveram que pagar alíquota de 15% (art. 75 da Lei n. 8.383/1991), independentemente da nacionalidade do contribuinte.

Em outras palavras, a legislação brasileira assegurou ao súdito sueco a isenção, desde que tivesse residência no Brasil. Por outro lado, a mencionada norma exigiu do brasileiro residente no Reino da Suécia, ou em qualquer outro lugar do exterior, a alíquota de 15% no imposto de renda retido na fonte dos lucros e dividendos distribuídos por empresas brasileiras.

Ressalte-se que atualmente tanto os residentes como os não residentes estão isentos do imposto de renda retido na fonte quanto aos rendimentos provenientes de dividendos ou lucros distribuídos por pessoas jurídicas tributadas no Brasil (art. 10, Lei n. 9.249/1995).

No caso, não se pode confundir o critério de conexão nacionalidade com o critério de conexão residência, uma vez que estendeu a todos os súditos suecos residentes no exterior benefícios fiscais apenas concedidos aos residentes no Brasil.

Logo, a interpretação dada ao art. 24 da Convenção Internacional não pode ser contrária à expressa disposição literal do tratado internacional, configurando-se flagrantemente ofensiva ao art. 150, II, da Carta Magna, porque torna equivalentes situações claramente distintas, não em razão da nacionalidade, repita-se, mas da residência.

Dessa forma, o voto do Min. Gilmar Mendes no RE nº 640.320/PR concluiu que o art. 98 do CTN foi recepcionado pela Constituição Federal e sua subsunção, na espécie, não ofenderia aos arts. 2º, 5º, II e § 2º, 49, I, 84, VIII, da Constituição Federal; mas que a extensão da isenção concedida pela decisão recorrida teria ofendido o art. 150, II, da Carta Magna, por estender aos súditos suecos tratamento que não era concedido aos nacionais brasileiros.

CONCLUSÃO

Os acordos internacionais no âmbito tributário demandam um extenso e cuidadoso processo de negociação, com participação não só de diplomatas, mas de funcionários das respectivas administrações tributárias, de modo a conciliar interesses e a concluir instrumento que atinja os objetivos de cada Estado, com o menor custo possível para sua respectiva receita tributária. Essa complexa cooperação internacional é garantida essencialmente pelo *pacta sunt servanda*.

O caso específico do Recurso Extraordinário 460320 dispõe a respeito da Convenção Internacional celebrada entre a República Federativa do Brasil e Reino da Suécia quanto à questão da bitributação. Trata-se, segundo o Professor Klaus Vogel, em clássico estudo, do meio pelo qual os Estados-partes se obrigam reciprocamente a não exigir, no todo ou em parte, tributos reservados ao outro Estado, criando verdadeira restrição ao direito tributário interno - *Beschränkung des innerstaatlichen Steuerrechts*.[32]

Verificou-se que o tratamento tributário equivalente a sócios provenientes da Suécia e do Brasil atende ao princípio da isonomia tributária,

---

32. VOGEL, Klaus. Einleitung Rz. 70/72 in VOGEL & LEHNER. Doppelbesteuerungsabkommen. 4ª ed. München: Beck, 2003, p. 137-138.

mormente considerando-se a reciprocidade entre as administrações tributárias de cada país signatário da convenção internacional em apreço.

O caso ainda está em tramitação no Supremo Tribunal Federal. Mas vale ressaltar a relevância da questão constitucional na relação entre normas internas infraconstitucionais e tratados internacionais em matéria tributária; e da questão da recepção, ou não, do art. 98 do CTN pela Carta Magna.

De qualquer modo, há que se atentar para os postulados do Direito Internacional nos moldes da cooperação como assevera o professor Mosche Hirsch, empregando a célebre Teoria dos Jogos (*Game Theory*) e o modelo da Decisão Racional (*Rational Choice*), destaca que a crescente intensificação (i) das relações internacionais; (ii) da interdependência entre as nações; (iii) das alternativas de retaliação; (iv) da celeridade e do acesso a informações confiáveis, inclusive sobre o cumprimento dos termos dos tratados; e (v) do retorno dos efeitos negativos (*rebounded externalities*) aumenta o impacto do desrespeito aos tratados e privilegia o devido cumprimento de suas disposições. [33]

Portanto, o Estado Constitucional Cooperativo demanda a manutenção da boa-fé e da segurança dos compromissos internacionais, ainda que em face da legislação infraconstitucional, principalmente, quanto ao direito tributário, que envolve garantias fundamentais dos contribuintes e cujo descumprimento coloca em risco os benefícios de cooperação cuidadosamente articulada no cenário internacional.

REFERÊNCIAS BIBLIOGRÁFICAS

AMARAL, Antônio Carlos Rodrigues do. In MARTINS, Ives Gandra da Silva. Comentários ao Código Tributário Nacional. 4ª ed. São Paulo: Saraiva, 2006.

BORGES, Antônio de Moura. Convenções sobre Dupla Tributação Internacional. Teresina: EDUFPI, 1992.

BORGES, José Souto Maior. Teoria geral da Isenção Tributária. 3ª ed. São Paulo: Malheiros, 2007.

HERDEGEN, Matthias. Völkerrecht. 4ª ed. München: Beck, 2005.

HIRSCH, Moshe. Compliance with International Norms in The Impact of International Law on International Cooperation. Cambridge: Cambridge University Press, 2004.

KELSEN, Hans. Teoria Geral do Direito e do Estado. 3ª ed. Trad: Luís Carlos Borges. São Paulo: Martins Fontes, 1998.

---

33. HIRSCH, Moshe. Compliance with International Norms in The Impact of International Law on International Cooperation. Cambridge: Cambridge University Press, 2004, p. 184-188.

KIRCHHOF, Paul. La Influencia de la Constitucón Alemana em su Legislación Tributaria, In: Garantias Constitucionales del Contribuyente, Tirant lo Blanch, Valencia, 1998.

Legal Consequences for States of the Continued Presence of South Africa in Namibia (South West Africa) not withstanding Security Council Resolution 276 (1970), First Advisory Opinion, ICJ Reports 1971.

Les traités de paix, ont-ils limité la competence lègislative de certains ètats? Paris, 1.927.

MACHADO, Hugo de Brito. Curso de Direito Tributário. 26ª ed. São Paulo: Malheiros, 2005.

REZEK, Francisco. Direito Internacional Público. São Paulo: Saraiva, 2002.

RODRIGUES, Manoel Coelho. A Extradição no Direito Brasileiro e na Legislação Comparada. Tomo III, Anexo B. Rio de Janeiro: Imprensa Nacional, 1931.

RUST, Alexander Art. 24 Rz. 2/4 in VOGEL & LEHNER. Doppelbesteuerungsabkommen. 4ª ed. München: Beck, 2003.

SHAW, Malcom. International Law. Cambridge: Cambridge University Press, 2003.

TÔRRES, Heleno. Pluritributação Internacional sobre as Rendas de Empresas. 2ª ed. São Paulo: Revista dos Tribunais, 2001.

TRIEPEL, Karl Heinrich. As Relações entre o Direito Interno e o Direito Internacional. In: Revista da Faculdade de Direito , Ano XVII, n.° 6. Outubro de 1966.

VERDROSS & SIMMA. Universelles Völkerrecht . Berlin: Duncker und Humblot, 1984.

VOGEL, Klaus. Einleitung Rz. 204-205. In: VOGEL, Klaus & LEHNER, Moris. Doppelbesteuerungsabkommen . 4ª ed. München: Beck, 2003.

XAVIER, Alberto. Direito Tributário Internacional do Brasil. 6ª ed. Rio de Janeiro: Forense, 2005.

A MULTIPARENTALIDADE

Fernanda de Carvalho Lage[1]
Maria Elizabeth Guimarães Teixeira Rocha[2]

SUMÁRIO: A multiparentalidade. Considerações finais. Referências.

A MULTIPARENTALIDADE

A família multiparental, também denominada pluriparental, é novo arranjo familiar reconhecido pela jurisprudência diante da lacuna legislativa. Cita-se como exemplo o reconhecimento judicial da filiação decorrente de casal homoafetivo formado pelas mães, e por pai biológico (a inserção de duas mães e um pai no registro de nascimento de uma pessoa natural). Outro a ser mencionado, é a possibilidade de cumulação de uma paternidade socioafetiva concomitantemente à paternidade biológica em determinados casos concretos, admitindo-se, via de consequência, a existência jurídica de dois pais.

O texto magno impõe diversos deveres nas relações civilistas objetivando a realização da personalidade e o respeito ao *status dignitatis* da pessoa, pelo que a legislação ordinária expandiu-se em termos exegéticos, para disciplinar não só questões de índole meramente privadas, de natureza patrimonial ou extrapatrimonial tal como codificado, mas o direito vivo.

Certo é que as declarações de direitos passaram a integrar o corpo formal das Cartas Políticas com o desenvolvimento do constitucio-

---

1. Doutoranda em Direito Constitucional pela Universidade de Buenos Aires - UBA. Mestre em Direitos econômicos, sociais e culturais pelo Centro Universitário Salesiano de São Paulo - UNISAL; Professora Universitária; Advogada.

2. Doutora em Direito Constitucional pela Universidade Federal de Minas Gerais; Doutora *Honoris Causa* pela Universidade Inca Garcilaso de la Vega – Lima- Peru; Mestre em Ciências Jurídico-Políticas pela Universidade Católica Portuguesa; Professora Universitária; Ministra do Superior Tribunal Militar do Brasil.

nalismo moderno. No Brasil, pontua Carlos Ayres Britto, a Carta de 1988 inaugurou *"a terceira e possivelmente a última fase, o clímax do constitucionalismo"*[3], o chamado o **"constitucionalismo fraternal"**, cujo vetor principal é a integração comunitária das pessoas, a ser realizada pela adoção de políticas públicas afirmativas em prol da isonomia civil e moral dos indivíduos. Nessa toada, a tríade liberal: liberdade, igualdade e fraternidade, encontra-se em perfeita simbiose com os preceitos máximos e, a fraternidade, definida como o elo entre os valores da liberdade e da igualdade, espelha verdadeira categoria jurídica.[4]

Desse modo, a Lei Maior redesenhou o conteúdo dos direitos subjetivos relativos à família. As normas estatuídas nos artigos 226 a 230 priorizam a tutela funcionalizada de seus membros, nomeadamente, o desenvolvimento da personalidade dos filhos, reconhecendo seu importante papel[5]. A admissão de todas as formas de união afetiva entre os indivíduos como elemento caracterizador retrata a luta pela concretização de direitos universais, fundamentados e clausulados como pétreos, conforme se exporá adiante. [6]

Para Maria Berenice Dias o princípio norteador das famílias é o da afeição. Dessa forma: "excluir do âmbito da juridicidade entidades familiares que se compõem a partir de um elo de afetividade e que geram comprometimento mútuo e envolvimento pessoal e patrimonial é simplesmente chancelar o enriquecimento injustificado, é ser conivente com a injustiça[7]".

Gustavo Tepedino ressalta que a função do legislador, da magistratura e da doutrina adquire maior relevo por serem todos responsáveis

---

3. BRITTO, Carlos Ayres. Teoria da Constituição. Rio de Janeiro: Forense, 2006.

4. BRITTO, Carlos Ayres. O humanismo como categoria constitucional. 1. ed. 2. reimp. Belo Horizonte: Fórum, 2010.

5. TEPEDINO, Gustavo, Temas de Direito Civil. Tomo. I. 4. rev. e atual. Rio de Janeiro: Renovar, 2006.

6. Nesse norte, Ayres Britto: *"Salta à evidência que a parte mais importante é a própria cabeça do art. 226, alusiva à instituição da família, pois somente ela – insista-se na observação - é que foi contemplada com a referida cláusula da especial proteção estatal. Mas família em seu coloquial ou proverbial significado de núcleo doméstico, pouco importando se formal ou informalmente constituída, ou se integrada por casais heterossexuais ou por pessoas assumidamente homoafetivas."*

   BRITTO, Carlos Ayres. Voto na Ação Direta de Inconstitucionalidade (ADI) 4277 e na Arguição de Descumprimento de Preceito Fundamental (ADPF) 132, p. 31.

7. Manual de Direito das Famílias. 9. ed. rev., atual e ampl., São Paulo: Editora Revista dos Tribunais, 2013, p. 70.

A MULTIPARENTALIDADE

pela construção de bases objetivas para a realização de um direito civil que corresponda aos valores e aos critérios de interpretação previstos constitucionalmente[8]. Nesse contexto, contornos jurídicos inéditos despontam por meio da reinterpretação de critérios[9], dando nova feição às entidades familiares.

Evidente o papel do Estado de fincar-se no resguardo da personalidade do indivíduo e sua promoção. Sua postura sobreleva-se na medida em que deve assegurar a realização dos projetos e das conquistas pessoais, não sendo tolerável que o Poder Público pratique ou chancele o preconceito[10].

Na abordagem das garantias envolvidas com a declaração da multiparentalidade e a admissão da existência concomitante entre filiação socioafetiva e biológica, tem-se como questão de fundo a igualdade de "oportunidades reais" (ou substantivas). O termo "oportunidade real" há de ser definido como o conjunto formado pelos meios para a realização de um determinado fim. Logo, o que deve ser levado em conta para a avaliação da democracia social é o grau de igualdade com relação ao potencial que os membros da comunidade possuem para realizarem aquilo que valoram individualmente[11]. Assim, Estados que apresentam uma distribuição mais equitativa de direitos, instituições, bens e serviços essenciais para ampliar as oportunidades reais dos cidadãos, sobrepõem-se àqueles que dela se abstêm.

Imperioso o abandono de preceitos subjetivistas tradicionalmente dominantes no direito codificado, portanto, engessado na *ratio*, de viés

---

8. TEPEDINO, Gustavo. Temas de Direito Civil. Tomo. II. Rio de Janeiro: Renovar, 2006.

9. *A saber: "Como qualquer outra manifestação da socialidade humana, o fenômeno político apresenta uma dupla face: o que de facto acontece na vida dos homens em relação ou aspecto desta, e a de realidade impregnada de valores" (MIRANDA, Jorge. Manual de direito constitucional – Direitos fundamentais. 6. ed. Coimbra: Ed. Coimbra, 1997. t. I, p. 11).*

10. Esse entendimento resta materializado no preâmbulo da Carta Constitucional quando o Colégio Formal da Soberania conclamou o estabelecimento de uma sociedade fraterna, pluralista e sem preconceitos; bem como no art. 1.º, III, que resguarda a dignidade da pessoa humana; no art. 3.º, que promove como objetivos da República a promoção do bem de todos, sem distinção de origem, raça, sexo, cor, idade e quaisquer outras formas de discriminação; no art. 5.º, caput, que estatui o princípio da isonomia, vetor interpretativo para refutar estigmatizações de qualquer natureza contra o indivíduo, e seus respectivos incisos; o X, que assegura a inviolabilidade da intimidade e da vida privada das pessoas; o XLI, que prevê punição legal para qualquer discriminação atentatória dos direitos e liberdades fundamentais; e o XLII, que certifica ser a prática do racismo crime inafiançável e imprescritível, aplicável por analogia à homofobia.

11. SEN, Amartya. Desigualdade reexaminada. Tradução de Ricardo Doninelli Mendes. 3. ed. Rio de Janeiro: Record, 2012.

liberal oitocentista. Não se trata de compatibilizar institutos com as restrições impostas pela ordem pública, mas sim, de revisitá-los à luz da abertura *magna* [12].

E essa releitura há de ser processada com vistas a privilegiar os valores não patrimoniais, em particular, a dignidade da pessoa humana[13], o desenvolvimento da sua personalidade, os direitos sociais e a justiça distributiva.

A família, nessa nova ótica, "é uma complexa instituição social em sentido subjetivo. Logo, um aparelho, uma entidade, um organismo, uma estrutura das mais permanentes relações intersubjetivas, um aparato de poder, enfim" [14]; ela é o *locus* de realização dos direitos fundamentais, o espaço ideal das mais duradouras, afetivas, solidárias ou espiritualizadas relações humanas de natureza privada. [15]

A multiparentalidade insere-se numa mundividência orientada por aberturas epistemológicas contemporâneas. Nela, os direitos humanos são interpretados em toda a complexidade de sua natureza; ação, tempo e pluralidade, com destaque a esta última característica. Daí porque, ultrapassar a antiga visão da dualidade como meio básico do entendimento do mundo, faz-se mister com vistas a combater realidades reducionistas, fóbicas e estigmatizantes.

No Brasil, a Carta Política ao estabelecer em seu art. 5.º, XLI, que a lei punirá discriminações atentatórias aos direitos e liberdades fundamentais, está a dizer que sua *raison d'être* centra-se na promoção da tolerância, do bem comum e, sobretudo, no prestígio à humanidade. [16]

---

12. TEPEDINO, Gustavo. Temas de Direito Civil. t. I. 4. rev. e atual. Rio de Janeiro: Renovar, 2006, p. 22.

13. Conforme Joaquín Herrera Flores, os direitos humanos são resultados das lutas sociais pela dignidade: "Falar de dignidade humana não implica fazê-lo a partir de um conceito ideal ou abstrato. A dignidade é um fim material. Trata-se de um objetivo que se concretiza no acesso igualitário e generalizado aos bens que fazem com que a vida seja "digna" de ser vivida" (A (re)invenção dos Direitos Humanos. Tradução Carlos Roberto Diogo Garcia et al. Florianópolis: Fundação Boiteux, 2009, p. 37).

14. BRITTO, Carlos Ayres. Voto na Ação Direta de Inconstitucionalidade (ADI) 4277 e na Arguição de Descumprimento de Preceito Fundamental (ADPF) 132, p. 32.

15. *Ibidem.*

16. Importantes as ponderações de Ingo Wolfgang Sarlet: "Na feliz formulação de Jorge Miranda, o fato de os seres humanos serem dotados de razão e consciência representa justamente o denominador comum a todos os homens, expressando em que consiste a sua igualdade. Também o Tribunal Constitucional da Espanha, inspirado na Declaração universal, manifestou-se no sentido de que 'a dignidade é um valor espiritual e moral inerente à pessoa, que se ma-

A MULTIPARENTALIDADE

Herrera Flores, ao articular com a ideia da complexidade dos direitos, analisa-os sob a vertente da complexidade cultural, empírica, jurídica, científica, filosófica, política e econômica, e constrói o que denomina de metodologia impura dos direitos humanos como uma filosofia da alteridade e da diferença. Para ele, a pluralidade permite compreender os direitos humanos como normas que proporcionam meios concretos para atuar frente à desigualdade de posições ocupadas nos processos de acesso aos bens.

Nesse contexto, oportuna a exigência de cumprimento dos princípios fundamentais dos direitos humanos em toda a sua latitude, tal qual sintetizado por Boaventura de Souza Santos: "Temos direito a reivindicar a igualdade sempre que a diferença nos inferioriza e temos direito de reivindicar a diferença sempre que a igualdade nos descaracteriza"[17]. Em última análise, os direitos humanos representam o "direito a ter direitos humanos"[18], e constroem-se com base na concepção apriorística de que o Homem, antes mesmo de possuir capacidade e condições adequadas para exercê-los, os detêm de forma inalienável e universal.

Jorge Miranda enfatiza a relação entre a Constituição e aquilo que se tem chamado de realidade constitucional, e defende a existência de uma comunicação constante e dialética entre normas e fatos. Os valores jurídicos incidem sobre os fatos, e estes, de inúmeras formas, projetam-se nas normas e na compreensão dos valores[19]. Ensina, ainda, que a função integradora da Lei Maior reclama função racional- interpretativa, reconhecendo a importância desta última, não somente para o juiz, mas também para os cidadãos em geral[20].

---

nifesta singularmente na autodeterminação consciente e responsável da própria vida e que leva consigo a pretensão ao respeito por parte dos demais' (Dignidade da pessoa humana e os direitos fundamentais na Constituição Federal de 1988. Porto Alegre: Livraria do Advogado, 2001. p. 43-44).

17. SANTOS, Boaventura de Sousa. Por uma concepção multicultural de direitos humanos. Revista Crítica de Ciências Sociais, n. 48, 1997, p. 11-32.

18. A expressão pertence a Norberto Bobbio.

19. MIRANDA, Jorge. Manual de direito constitucional – Direitos fundamentais. 6. ed. Coimbra: Ed. Coimbra, 1997. t. I, p. 33.

20. A interpretação constitucional do direito é uma das formas de tutela jurídica das famílias e dos direitos humanos. Oportuna lição do Professor Jorge Miranda: "A interpretação constitucional tem de ter em conta condicionalismos e fins políticos inelutáveis e irredutíveis, mas não pode visar outra coisa que não sejam os preceitos e princípios jurídicos que lhes correspondem. Tem de olhar para a realidade constitucional, mas tem de a saber tomar como sujeita ao influxo da norma e não como mera realidade de facto. Tem de racionalizar sem formalizar. Tem de estar atenta aos valores sem dissolver a lei constitucional no subjectivismo

O compromisso com o constitucionalismo parte do pressuposto igualitário[21], cujo propósito é possibilitar que cada um viva a vida de acordo com seus ideais e aspirações, preservando-se as fianças pétreas e a estrutura decisória democrática.

A respeito:

> "Não cabe ao Estado, a qualquer seita religiosa ou instituição comunitária, à coletividade ou mesmo à Constituição estabelecer os fins que cada pessoa deve perseguir os valores e crenças que deve professar, o modo como deve orientar sua vida, os caminhos que deve trilhar. [....] Compete a cada um determinar os rumos de sua existência, de acordo com suas preferências subjetivas e mundividências, respeitando as escolhas feitas por seus semelhantes. Esta é uma ideia central ao Humanismo e ao Direito Moderno: a ideia da autonomia privada - que, como se salientou acima, constitui uma das dimensões fundamentais da noção mais ampla de liberdade"[22].

A exegese do direito das famílias norteia-se pela isonomia, pela autonomia da vontade e pela não ingerência estatal nos projetos de vida individuais. Em virtude deste *continuum* no qual as transformações sociais dialogam com as regrações máximas, o reconhecimento de modelos de filiação não legisladas prestigia a *dignitate* e infligem o abandono do sistema clássico dual.

Há que se salvaguardar a "necessidade universal de garantir o desenvolvimento da personalidade humana, independentemente de regimes familiares formais ou não[23]". Sob o ponto de vista jurídico, a família é constituída por duas estruturas intrinsicamente associadas: os vínculos e os grupos. Mais, há "sortes de vínculos que podem coexistir ou existir separadamente: vínculos de sangue, vínculos de direito e vínculos de afetividade. A partir dos vínculos de família é que se compõem os

---

ou na emoção política. Tem de se fazer mediante a circulação norma - realidade constitucional - valor" (MIRANDA, Jorge. Manual de direito constitucional – Direitos fundamentais. 4. ed. Coimbra: Ed. Coimbra, 2000. t. II, p. 261).

21. Conforme Roberto Gargarella, a igualdade é um pressuposto comum entre as noções de constitucionalismo e democracia. (Constitucionalismo y Democracia. In: ZAMORA, F. et al. (Org). Enciclopedia de Filosofía y Teoría del Derecho, v. 3, IIJ, Serie Doctrina Jurídica, n. 714. México D.F.: UNAM, 2015.).

22. SARMENTO, Daniel. Direitos Fundamentais e Relações Privadas. Rio de Janeiro: Editora Lumen Juris, 2004, p. 175.

23. DE FARIAS, Cristiano Chaves; ROSENVALD, Nelson, op. cit., p. 568.

diversos grupos que a integram: grupo conjugal, grupo parental (pais e filhos), grupos secundários (outros parentes e afins)[24]".

A análise ora empreendida consiste, precisamente, na apreciação do grupo parental (no caso, da multiparentalidade) e dos vínculos que o originam (e, em especial, os de filiação decorrentes entidades familiares compostas por uniões homoafetivas).

À luz da Norma *Normarum* e dos seus axiomas principiológicos, *v.g.*: dignidade da pessoa humana, solidariedade social, liberdade e igualdade, sobrelevam características fundamentais para a compreensão do direito filiatório, quais sejam:

> i) a filiação tem de servir à realização pessoal e ao desenvolvimento da pessoa humana (caráter instrumental do instituto, significando que a filiação serve para a afirmação da dignidade do homem); ii) despatrimonialização das relações paterno-filiais (ou seja, a transmissão de patrimônio é mero efeito da filiação, não marcando a sua essência); iii) a ruptura entre a proteção dos filhos e o tipo de relacionamento vivenciado pelos pais[25].

Corolário da equidade, a garantia de igual proteção aos filhos biológicos e aos socioafetivos, veda o tratamento discriminatório. E, diante do garantismo constitucional, a filiação passou a ser concebida não só pelos vínculos biológicos mas, sobretudo, pelos vínculos socioafetivos.

Paulo Lôbo define-a como "a relação de parentesco que se estabelece entre duas pessoas, uma das quais nascida da outra, ou adotada, ou vinculada mediante posse de estado de filiação ou por concepção derivada de inseminação artificial heteróloga[26]".

Dessa forma, o vínculo filiatório é constituído por elementos não exclusivamente biológicos, mas afetivos,[27] e que podem coexistir de for-

---

24. LÔBO, Paulo. Direito civil: famílias. 4. ed. São Paulo: Saraiva, 2011, p. 18.

25. DE FARIAS, Cristiano Chaves; ROSENVALD, Nelson, op. cit., p. 569.

26. LÔBO, Paulo. Direito civil: famílias. 4. ed. São Paulo: Saraiva, 2011, p. 216.

27. Como decorrência da dignidade humana, fala-se no princípio da igualdade na filiação: "O enunciado do art. 1.596 do Código civil de que os filhos de origem biológica e não biológica têm os mesmos direitos e qualificações, proibidas quaisquer discriminações, que reproduz norma equivalente na Constituição Federal, é, ao lado da igualdade de direitos e obrigações dos cônjuges, e da liberdade de constituição de entidade familiar, uma das mais importantes e radicais modificações havidas no direito de família brasileiro, após 1988. É o ponto culminante da longa e penosa evolução por que passou a filiação, ao longo do século XX, na progressiva redução de odiosas desigualdades e discriminações, ou do quantum despótico na família, para utilizarmos uma categoria expressiva de Pontes de Miranda. É o fim do vergonhoso *apartheid* legal". (LÔBO, Paulo, op. cit., p. 217).

ma simultânea. Fato é que, somente no caso concreto, considerados os elementos de prova, torna-se possível definir a existência da relação paterno-filial, porquanto a afetiva demanda comprovação de que não só o sentimento encontra-se presente; deve haver a convivência pública firmemente estabelecida[28].

Com fulcro na isonomia filial, conjectura-se com a existência da multiparentalidade ou pluriparentalidade, consistente na possibilidade de uma pessoa ter mais de um pai e/ou mais de uma mãe concomitantemente, produzindo efeitos jurídicos em relação a todos eles ao mesmo tempo. Ela emerge da realidade factual e dos costumes como fontes do direito, que reconhece o parentesco formado por múltiplos pais. Exemplos como padrastos e madrastas que se tornam pais e mães pela socioafetividade; reproduções medicamente assistidas nas quais há a participação de mais de duas pessoas no processo reprodutivo; gestação de material genético de um homem e de uma mulher em útero de uma outra mulher[29], denotam os novos contornos jurídicos da contemporaneidade.[30]

Tanto é assim, que os doadores de material genético, bem como quem gesta em substituição e acaba por dar à luz, estão todos ligados

---

28. DE FARIAS, Cristiano Chaves; ROSENVALD, Nelson, op. cit.

29. PEREIRA, Rodrigo da Cunha. Tribunal de Justiça do Rio Grande do Sul decide pela multiparentalidade. Disponível em: < http://www.rodrigodacunha.adv.br/tribunal-de-justica-rio--grande-sul-decide-pela-multiparentalidade/>. Acesso em 01 ago. 2016.

30. O desenvolvimento da nova genética e da biotecnologia encontra guarida no constitucionalismo brasileiro porque maneja diretamente com os direitos humanos, revestidos na Carta da República, de fundamentalidade. O diálogo é perceptível nos dispositivos que resguardam o direito à vida – Artigo 5º, *caput* -; à dignidade – Artigo 1º, III -; à saúde – Artigo 196 -; para além do conteúdo programático insculpido no preâmbulo da Constituição Federal que institui o Estado democrático, destinado a assegurar o exercício dos direitos sociais e individuais, o bem-estar, o desenvolvimento, a igualdade e justiça, dentre outros valores supremos de uma sociedade fraterna, pluralista e sem preconceitos. Mencione-se, outrossim, o Artigo 128, que obriga o Estado a promover e incentivar o desenvolvimento científico, a pesquisa e a capacitação tecnológica, tomada em sua acepção mais ampla. Ademais, dispositivos constitucionais diversos poderiam ser transversalmente invocados como orientadores da bioética, porquanto todas as disposições relativas à vida humana, à sua preservação e qualidade, nela estão imbricadas, alcançando, nesses termos, o meio ambiente – Artigo 225 -; os segmentos minoritários da sociedade como crianças – Artigo 227 -; idosos - Artigo 230 -; portadores de necessidades especiais – Artigo 227, II -; a assistência social – Artigos 203 e 204; *et caterva*. Não se olvide, ainda, a ingerência no Direito Privado com a transmutação do conceito de família, concebida não apenas como uma instituição social, mas, também, como detentora do monopólio da efetividade genética.

Da força normativa da Constituição emerge, portanto, a tutela jurídica e o direito fundamental do indivíduo, correlacionado às experiências com seu patrimônio genético. Seus dispositivos positivam valores jurídicos que projetam um rol de garantias que privilegia a existência humana.

A MULTIPARENTALIDADE

ao nascituro[31]. Daí, plenamente possível que um indivíduo tenha vários pais e mães.

Nesse diapasão, reconhece-se a filiação pluriparental como aquela estabelecida pela filiação com mais de duas pessoas[32]. Deste modo: "Identificada a *pluriparentalidade* ou *multiparentalidade*, é necessário reconhecer a existência de múltiplos vínculos de filiação. Todos os pais devem assumir os encargos decorrentes do poder familiar, sendo que o filho desfruta de direitos com relação a todos. E não só no âmbito do direito das famílias, mas também em sede sucessória."[33]

Irrefutável a constatação jurídica da família multiparental, e, nessa toada, o "reconhecimento das uniões homoafetivas como entidade familiar, a garantia de acesso ao casamento e o uso das técnicas de reprodução assistida, impôs uma nova realidade. Como os pares homossexuais são estéreis para realizarem o sonho de ter filhos, indispensável a participação de mais uma pessoa[34]".

Efetivamente, a família multiparental, está presente na vida de muitos casais do mesmo sexo em busca da realização de seus projetos pessoais. Tal como exposto:

> "O argumento da impossibilidade de filiação por casal de homossexuais não se sustenta, pelas seguintes razões: a) a família sem filhos é família tutelada constitucionalmente; b) a procriação não é finalidade indeclinável da família constitucionalizada; c) a adoção permitida a qualquer pessoa, independentemente de estado civil (art. 42 do ECA e art. 1.618 do Código Civil), não impede que a criança se integre à família, ainda que o parentesco civil seja apenas com um dos parceiros[35]."

Mencione-se, por oportuno, a teoria tridimensional do Direito de Família, construída por Belmiro Pedro Marx Welter, para quem o ser humano vive, simultaneamente, em três mundos: o mundo genético, o

---

31. DIAS, Maria Berenice. Manual de Direito das Famílias. 9. ed. rev., atual e ampl., São Paulo: Editora Revista dos Tribunais, 2013.

32. DIAS, Maria Berenice, op. cit.

33. DIAS, Maria Berenice, op. cit., p. 385, grifo da autora.

34. DIAS, Maria Berenice. Proibição das famílias multiparentais só prejudica os filhos. Revista Consultor Jurídico, 01 mai. 2016. Disponível em: <http://www.conjur.com.br/2016-mai-01/processo-familiar-proibicao-multiparentalidade-prejudica-filhos>. Acesso em: 10 ago. 2016.

35. LÔBO, Paulo. Direito civil: famílias. 4. ed. São Paulo: Saraiva, 2011, p. 91.

mundo afetivo e o mundo ontológico, em verdadeira tridimensionalidade.[36] Esclarece o autor:

> "O ser humano está unido pela totalidade dos laços genéticos, afetivos e ontológicos, cuja tridimensionalidade forma um único mundo humano. O (re)canto familiar é uma forma de proporcionar [...] carinho e solidariedade que se dispersaram da vida em sociedade, superando a condição humana marcada pela realidade da competição e da desigualdade, tendo em vista que ele está profundamente ligado às questões mais íntimas e fundamentais, como o amor, a afeição, a biologia e ao seu modo particular de ser-no-mundo."[37]

À evidência, o reconhecimento da multiparentalidade gera efeitos legais, tais como; a multi-hereditariedade, a possibilidade de pleitear alimentos, acréscimo de sobrenome, vínculos de parentesco, dentre outros.

Para além, "coexistindo vínculos parentais afetivos e biológicos, mais do que apenas um direito, é uma obrigação constitucional reconhecê-los, na medida em que preserva direitos fundamentais de todos os envolvidos, sobretudo a dignidade e afetividade da pessoa humana[38]".

E é por esta razão e não outra, que Maria Berenice Dias trabalha com a ideia da família eudemonista, aquela que busca a felicidade individual por meio de um processo de emancipação de seus membros. Segundo enfatiza, "é o afeto que organiza e orienta o desenvolvimento do ser humano. A busca da *felicidade*, a supremacia do *amor*, a vitória da *solidariedade* ensejam o reconhecimento do afeto como o único modo eficaz de definição da família e de preservação da vida[39]".

Por conseguinte, a pluriparentalidade reveste-se na concretização do direito de cada família em busca da emancipação e felicidade.

Nessa linha, diante da multiplicidade dos vínculos filiais - mais de um pai ou mãe – tem-se como consequência dita averbação no registro civil, para todos os efeitos familiares e sucessórios. Sem embargo, escla-

---

36. WELTER, Belmiro Pedro Marx. Teoria Tridimensional do Direito de Família. Revista do Ministério Público do Rio Grande do Sul, Porto Alegre, n. 71, p. 127-148, jan. 2012 - abr. 2012.

37. WELTER, Belmiro Pedro Marx. op. cit., p. 128.

38. DIAS, Maria Berenice, op. cit., p. 385, grifo da autora.

39. DIAS, Maria Berenice. Manual de Direito das Famílias. 9. ed. rev., atual e ampl., São Paulo: Editora Revista dos Tribunais, 2013, p. 58, grifo da autora.

A MULTIPARENTALIDADE

reça que a multiparentalidade não se confunde com a dupla paternidade ou dupla maternidade.

Acompanhando as mudanças sociais, reconhece a jurisprudência a ideia da pluriparentalidade.

Cite-se o Tribunal de Justiça de São Paulo, que admitiu a possibilidade da multiparentalidade, permitindo que o filho tenha duas mães, a biológica e a socioafetiva. A decisão teve como fundamento o afeto como base da família bem assim os postulados da dignidade e da solidariedade[40]. Precedentes inúmeros ainda podem ser elencados.

Adotando a teoria tridimensional, o Tribunal de Justiça do Rio Grande do Sul entendeu pela coexistência dos vínculos de paternidade biológica e socioafetiva, vez que ambas são iguais, não havendo preponderância de nenhuma delas por integrarem a condição humana tridimensional[41]. Igualmente, o mesmo Tribunal decidiu pela simultaneidade entre a paternidade biológica e a socioafetiva, em decorrência expressa da ideia de multiparentalidade[42].

---

40. *Vide*: "MATERNIDADE SOCIOAFETIVA. Preservação da Maternidade Biológica. Respeito à memória da mãe biológica, falecida em decorrência do parto, e de sua família - Enteado criado como filho desde dois anos de idade. Filiação socioafetiva que tem amparo no art. 1.593 do Código Civil e decorre da posse do estado de filho, fruto de longa e estável convivência, aliado ao afeto e considerações mútuos, e sua manifestação pública, de forma a não deixar dúvida, a quem não conhece, de que se trata de parentes - A formação da família moderna não-consanguínea tem sua base na afetividade e nos princípios da dignidade da pessoa humana e da solidariedade. Recurso provido". (SÃO PAULO. TRIBUNAL DE JUSTIÇA. TJ-SP - APL 64222620118260286 SP, rel: Des. Alcides Leopoldo e Silva Júnior, 1ª Câmara de Direito Privado, j: 14.08.2012)

41. *In verbis:* APELAÇÃO CÍVEL. AÇÃO DE INVESTIGAÇÃO DE PATERNIDADE. PRESENÇA DA RELAÇÃO DE SOCIOAFETIVIDADE. DETERMINAÇÃO DO PAI BIOLÓGICO AGRAVÉS DO EXAME DE DNA. MANUTENÇÃO DO REGISTRO COM A DECLARAÇÃO DA PATERNIDADE BIOLÓGICA. POSSIBILIDADE. TEORIA TRIDIMENSIONAL. MESMO HAVENDO PAI REGISTRAL, O FILHO TEM O DIREITO CONSTITUCIONAL DE BUSCAR SUA FILIAÇÃO BIOLÓGICA (CF, § 6º DO ART. 227), PELO PRINCÍPIO DA DIGNIDADE DA PESSOA HUMANA. O estado de filiação é a qualificação jurídica da relação de parentesco entre pai e filho que estabelece um complexo de direitos e deveres reciprocamente considerados. Constitui-se em decorrência da lei (artigos 1.593, 1.596 e 1.597 do Código Civil, e 227 da Constituição Federal), ou em razão da posse do estado de filho advinda da convivência familiar. Nem a paternidade socioafetiva e nem a paternidade biológica podem se sobrepor uma à outra. Ambas as paternidades são iguais, não havendo prevalência de nenhuma delas porque fazem parte da condição humana tridimensional, que é genética, afetiva e ontológica. (RIO GRANDE DO SUL. Tribunal de Justiça. Apelação Cível nº 70029363918, rel: Desembargador Claudir Fidélis Faccenda. 8ª Câmara Cível. j: 07.05.2009. DJe: 13.05.2009).

42. APELAÇÃO CÍVEL. AÇÃO DE ADOÇÃO. PADRASTO E ENTEADA. PEDIDO DE RECONHECIMENTO DA ADOÇÃO COM A MANUTENÇÃO DO PAI BIOLÓGICO. MULTIPARENTALIDADE. Observada a hipótese da existência de dois vínculos paternos, caracterizada está a possibilidade de

Por seu turno, o Tribunal de Justiça do Distrito Federal determinou a inclusão dos nomes da mãe biológica e da mãe socioafetiva no registro civil do filho. Tratou-se de ação de reconhecimento da maternidade socioafetiva e de inserção do nome da requerente como genitora da menor, filha do marido. O pedido foi julgado improcedente em primeira instância sob a alegação de que a parentalidade socioafetiva somente seria permitida quando ausente a filiação biológica. A Corte *ad quem*, porém, reformou o *decisum* para admitir que o reconhecimento judicial representa, tão só, a materialização da realidade fática vivenciada pelas partes. Asseverou, igualmente, que a procedência da maternidade socioafetiva aditiva, com a inclusão do nome da requerente como genitora, não ocasiona nenhum prejuízo aos vínculos biológicos originários[43].

Nessa mesma esteira, o Tribunal de Justiça do Rio de Janeiro acolheu expressamente a teoria da multiparentalidade ao declarar a paternidade de pai biológico e a devida retificação no registro civil para incluir os dados qualificativos, sem excluir as informações do pai registral do menor. No caso em tela, a criança fora registrada pelo pai socioafetivo e o nascimento ocultado do pai biológico que recorreu à via judicial para ver

---

reconhecimento da multiparentalidade. DERAM PROVIMENTO AO APELO. (RIO GRANDE DO SUL. Tribunal de Justiça. Apelação Cível nº 70064909864, 8ª Câmara Cível, Tribunal de Justiça do Rio Grande do Sul, rel: Alzir Felippe Schmitz, j: 16.07.2015).

43. Tem-se: MATERNIDADE SOCIOAFETIVA ADITIVA – RECONHECIMENTO DA MULTIPAREN-TALIDADE. É possível a coexistência dos nomes da mãe biológica e da mãe socioafetiva no mesmo registro civil. Em ação de reconhecimento da maternidade socioafetiva, o pedido de inclusão do nome da requerente como genitora da menor, filha de seu esposo, foi julgado improcedente sob o fundamento de que a parentalidade socioafetiva somente é permitida quando ausente a filiação biológica. Em Primeira Instância, o Magistrado consignou ser impossível a coexistência dos parentescos biológico e socioafetivo maternos na certidão de nascimento da criança. Inconformada, a requerente interpôs recurso, no qual alegou que seu pedido não visava à substituição da maternidade biológica. Pugnou pela inclusão do seu nome e de seus pais no assento de nascimento do menor, sem a exclusão do registro materno anterior, a fim de preservar os vínculos familiares já existentes. A Relatora deu provimento ao recurso. Ressaltou que o parecer psicossocial comprovou o estabelecimento de vínculo afetivo de maternidade e filiação entre a requerente e a menor. A Desembargadora entendeu que o reconhecimento judicial representa apenas a materialização da realidade fática vivenciada pelas partes. Asseverou, ainda, que a procedência do reconhecimento da maternidade socioafetiva aditiva, com inclusão do nome da requerente como genitora, não representa nenhum prejuízo aos vínculos biológicos originários, visto que será mantido o nome da mãe biológica, falecida. Ao final, a Turma deu provimento ao recurso, ressaltando a possibilidade de reconhecimento da multiparentalidade e de coexistência jurídica dos nomes da mãe biológica e da mãe socioafetiva no registro civil da menor (DISTRITO FEDERAL. Tribunal de Justiça. Acórdão n. 955534, 20140310318936APC, rel. Desª. Maria Ivatônia. 5ª Turma Cível. j. 20.7.2016, DJe: 27.7.2016, p. 300/308).

A MULTIPARENTALIDADE

reconhecida a paternidade mediante realização de exame pericial, bem como para assumir seu papel na vida do filho[44].

Como se vê, a jurisprudência não só vem adotando a tese da multiparentalidade, como tem admitido a pluralidade de vínculos de filiação no caso de casais homoafetivos[45], *ex vi* do julgado no Rio Grande do Sul no ano de 2015.

Naquela oportunidade, pontuou a Corte Gaúcha a pluriparentalidade (paternidade e dupla maternidade), admitindo a filiação decorrente de casal homoafetivo formado pelas mães e o pai biológico[46]. O fez, com fulcro no postulado da dignidade, na proibição de designações discriminatórias relativas à filiação, na proteção integral e no melhor interesse da criança.

---

44. APELAÇÃO CÍVEL - DIREITO DE FAMÍLIA - MENOR IMPÚBERE - AÇÃO DE RECONHECIMENTO DE PATERNIDADE AJUIZADA PELO PAI BIOLÓGICO - REGISTRO ANTECEDENTE PELO PAI REGISTRAL - TENTATIVA DE EXCLUSÃO DO PAI BIOLÓGICO DA RELAÇÃO PARENTAL - ACOLHIMENTO DA TEORIA DA MULTIPARENTALIDADE - DETERMINAÇÃO DO REGISTRO CIVIL COM RECONHECIMENTO DA DUPLA PATERNIDADE - Exame de DNA reconheceu o autor como pai biológico. Registro formalizado pelo companheiro da mãe da criança, a qual residiu com o autor no período da gravidez, retornando a seguir ao convívio com o pai registral. Nascimento da criança ocultado do pai biológico. Controvérsia solucionada com observância do Poder Familiar, cujo objeto radica na proteção do que se entende como "melhor interesse" dos filhos. O Poder Familiar não é um direito subjetivo dos pais e visa a precatar a integridade existencial da prole subjetivamente considerada. O pai biológico precisou recorrer à via judicial para ver reconhecida a paternidade, mediante realização de exame pericial, e quer assumir integralmente seu papel na vida da criança, oferecendo, inclusive, alimentos nesta ação de reconhecimento de paternidade. Deve-se possibilitar ao pai biológico o estabelecimento de uma relação de afeto com a filha. Não há complicador no reconhecimento da multiparentalidade. O desagrado com tal solução restringe-se às pessoas da mãe e do pai registral, que pretendem suprimir a figura do pai biológico. Há de se reconhecer a realidade da multiparentalidade, que já não constitui novidade no ordenamento jurídico brasileiro. Declaração judicial da paternidade do autor em relação à menor, com retificação do registro civil para incluir os dados qualificativos do mesmo, sem exclusão no assento das informações relativamente ao pai registral. Pensionamento fixado em favor da menor. Parcial provimento do recurso (RIO DE JANEIRO. Tribunal de Justiça. Apelação nº 2180502-46.2011.8.19.0021. 17ª Câm. Cível, rel. Des. Edson Vasconcelos, j: 31.08.2016).

45. Quanto ao direito à busca da felicidade e o reconhecimento pelo STF da família homoafetiva, veja-se: As uniões estáveis homoafetivas, consideradas pela jurisprudência desta Corte como entidade familiar, conduziram à imperiosidade da interpretação não reducionista do conceito de família como instituição que também se forma por vias distintas do casamento civil (SUPREMO TRIBUNAL FEDERAL. ADI nº. 4277, Relator(a): Min. AYRES BRITTO, Tribunal Pleno, julgado em 05/05/2011).

46. RIO GRANDE DO SUL. Tribunal de Justiça. Apelação Cível nº 70062692876, 8ª Câmara Cível, rel: Des. José Pedro de Oliveira Eckert, j: 12.02.2015.

Ali, tem-se verdadeira expressão da concretização do direito homoafetivo e da declaração de existência da família multiparental. E, conforme destacou o precedente *supra*, não há no ordenamento jurídico pátrio regra que proíba a inserção de duas mães e um pai no registro de nascimento de uma pessoa natural; o que há, é uma lacuna legislativa sobre a qual o Poder Judiciário é chamado a colmatar.

Em atenção ao fenômeno da afetividade, novamente o Tribunal de Justiça do Rio Grande do Sul, assentou que o caráter biológico não é exclusivo na formação de vínculo familiar e, em face da comprovação do ânimo de paternidade e maternidade conjuntas entre o casal composto pelas mães e pelo pai, imperioso o reconhecimento judicial da multiparentalidade, com a publicidade decorrente do registro público de nascimento[47].

Alfim, o Supremo Tribunal Federal fixou tese que versa sobre a responsabilidade de pais biológicos e socioafetivos. Em Repercussão Geral no Recurso Extraordinário (RE) 898060, no qual o Instituto Brasileiro de Direito de Família – IBDFAM – atuou como *Amicus Curiae*, restou as-

---

47. Vide: APELAÇÃO CÍVEL. DECLARATÓRIA DE MULTIPARENTALIDADE. REGISTRO CIVIL. DUPLA MATERNIDADE E PATERNIDADE. IMPOSSIBILIDADE JURÍDICA DO PEDIDO. INOCORRÊNCIA. JULGAMENTO DESDE LOGO DO MÉRITO. APLICAÇÃO ARTIGO 515, § 3º DO CPC. A ausência de lei para regência de novos - e cada vez mais ocorrentes - fatos sociais decorrentes das instituições familiares, não é indicador necessário de impossibilidade jurídica do pedido. É que "quando a lei for omissa, o juiz decidirá o caso de acordo com a analogia, os costumes e os princípios gerais de direito (artigo 4º da Lei de Introdução ao Código Civil). Caso em que se desconstitui a sentença que indeferiu a petição inicial por impossibilidade jurídica do pedido e desde logo se enfrenta o mérito, fulcro no artigo 515, § 3º do CPC. Dito isso, a aplicação dos princípios da "legalidade", "tipicidade" e "especialidade", que norteiam os "Registros Públicos", com legislação originária pré-constitucional, deve ser relativizada, naquilo que não se compatibiliza com os princípios constitucionais vigentes, notadamente a promoção do bem de todos, sem preconceitos de sexo ou qualquer outra forma de discriminação (artigo 3, IV da CF/88), bem como a proibição de designações discriminatórias relativas à filiação (artigo 227, § 6º, CF), "objetivos e princípios fundamentais" decorrentes do princípio fundamental da dignidade da pessoa humana. Da mesma forma, há que se julgar a pretensão da parte, a partir da interpretação sistemática conjunta com demais princípios infra-constitucionais, tal como a doutrina da proteção integral o do princípio do melhor interesse do menor, informadores do Estatuto da Criança e do Adolescente (Lei 8.069/90), bem como, e especialmente, em atenção do fenômeno da afetividade, como formador de relações familiares e objeto de proteção Estatal, não sendo o caráter biológico o critério exclusivo na formação de vínculo familiar. Caso em que no plano fático, é flagrante o ânimo de paternidade e maternidade, em conjunto, entre o casal formado pelas mães e do pai, em relação à menor, sendo de rigor o reconhecimento judicial da "multiparentalidade", com a publicidade decorrente do registro público de nascimento. Deram provimento". (RIO GRANDE DO SUL. Tribunal de Justiça. Apelação Cível nº 70062692876, 8ª Câmara Cível, rel: Des. José Pedro de Oliveira Eckert, j: 12.02.2015)

A MULTIPARENTALIDADE

sentado que a existência da paternidade socioafetiva não exime de responsabilidade o pai biológico[48].

No caso em tela, admitiu a Excelsa Corte a dupla parentalidade e, como decorrência, os efeitos jurídicos do vínculo genético relativos ao nome, alimentos e herança[49].

---

48. Leia-se excerto do voto da lavra do Ministro Luiz Fux: "A paternidade socioafetiva, declarada ou não em registro público, não impede o reconhecimento do vínculo de filiação concomitante baseado na origem biológica, com os efeitos jurídicos próprios." SUPREMO TRIBUNAL FEDERAL. Recurso Extraordinário (RE) 898060, rel. Min. Luiz Fux, j: 21.09.2016.

49. EMENTA: RECURSO EXTRAORDINÁRIO. REPERCUSSÃO GERAL RECONHECIDA. DIREITO CIVIL E CONSTITUCIONAL. CONFLITO ENTRE PATERNIDADES SOCIOAFETIVA E BIOLÓGICA. PARADIGMA DO CASAMENTO. SUPERAÇÃO PELA CONSTITUIÇÃO DE 1988. EIXO CENTRAL DO DIREITO DE FAMÍLIA: DESLOCAMENTO PARA O PLANO CONSTITUCIONAL. SOBREPRINCÍPIO DA DIGNIDADE HUMANA (ART. 1º, III, DA CRFB). SUPERAÇÃO DE ÓBICES LEGAIS AO PLENO DESENVOLVIMENTO DAS FAMÍLIAS. DIREITO À BUSCA DA FELICIDADE. PRINCÍPIO CONSTITUCIONAL IMPLÍCITO. INDIVÍDUO COMO CENTRO DO ORDENAMENTO JURÍDICO-POLÍTICO. IMPOSSIBILIDADE DE REDUÇÃO DAS REALIDADES FAMILIARES A MODELOS PRÉ-CONCEBIDOS. ATIPICIDADE CONSTITUCIONAL DO CONCEITO DE ENTIDADES FAMILIARES. UNIÃO ESTÁVEL (ART. 226, § 3º, CRFB) E FAMÍLIA MONOPARENTAL (ART. 226, § 4º, CRFB).VEDAÇÃO À DISCRIMINAÇÃO E HIERARQUIZAÇÃO ENTRE ESPÉCIES DE FILIAÇÃO (ART. 227, § 6º, CRFB). PARENTALIDADE PRESUNTIVA, BIOLÓGICA OU AFETIVA. NECESSIDADE DE TUTELA JURÍDICA AMPLA. MULTIPLICIDADE DE VÍNCULOS PARENTAIS. RECONHECIMENTO CONCOMITANTE. POSSIBILIDADE. PLURIPARENTALIDADE. PRINCÍPIO DA PATERNIDADE RESPONSÁVEL (ART. 226, § 7º, CRFB). RECURSO A QUE SE NEGA PROVIMENTO. FIXAÇÃO DE TESE PARA APLICAÇÃO A CASOS SEMELHANTES. 1. O prequestionamento revela-se autorizado quando as instâncias inferiores abordam a matéria jurídica invocada no Recurso Extraordinário na fundamentação do julgado recorrido, tanto mais que a Súmula n. 279 desta Egrégia Corte indica que o apelo extremo deve ser apreciado à luz das assertivas fáticas estabelecidas na origem. 2. A família, à luz dos preceitos constitucionais introduzidos pela Carta de 1988, apartou-se definitivamente da vetusta distinção entre filhos legítimos, legitimados e ilegítimos que informava o sistema do Código Civil de 1916, cujo paradigma em matéria de filiação, por adotar presunção baseada na centralidade do casamento, desconsiderava tanto o critério biológico quanto o afetivo. 3. A família, objeto do deslocamento do eixo central de seu regramento normativo para o plano constitucional, reclama a reformulação do tratamento jurídico dos vínculos parentais à luz do sobreprincípio da dignidade humana (art. 1º, III, da CRFB) e da busca da felicidade. 4. A dignidade humana compreende o ser humano como um ser intelectual e moral, capaz de determinar-se e desenvolver-se em liberdade, de modo que a eleição individual dos próprios objetivos de vida tem preferência absoluta em relação a eventuais formulações legais definidoras de modelos preconcebidos, destinados a resultados eleitos a priori pelo legislador. Jurisprudência do Tribunal Constitucional alemão (BVerfGE 45, 187). 5. A superação de óbices legais ao pleno desenvolvimento das famílias construídas pelas relações afetivas interpessoais dos próprios indivíduos é corolário do sobreprincípio da dignidade humana. 6. O direito à busca da felicidade, implícito ao art. 1º, III, da Constituição, ao tempo que eleva o indivíduo à centralidade do ordenamento jurídico-político, reconhece as suas capacidades de autodeterminação, autossuficiência e liberdade de escolha dos próprios objetivos, proibindo que o governo se imiscua nos meios eleitos pelos cidadãos para a persecução das vontades particulares. Precedentes da Suprema Corte dos Estados Unidos da América e deste Egrégio Supremo Tribunal Federal: RE 477.554-AgR, Rel. Min. Celso de Mello, DJe de 26/08/2011; ADPF 132, Rel. Min. Ayres

Em importante atuação como "amigo do processo", o IBDFAM sustentou que a distinção entre filhos legítimos e ilegítimos deixou de existir com a promulgação da Carta de 1988, e que as paternidades socioafetiva e biológica, quando apresentem vínculos relevantes, merecem ser

Britto, DJe de 14/10/2011. 7. O indivíduo jamais pode ser reduzido a mero instrumento de consecução das vontades dos governantes, por isso que o direito à busca da felicidade protege o ser humano em face de tentativas do Estado de enquadrar a sua realidade familiar em modelos pré-concebidos pela lei. 8. A Constituição de 1988, em caráter meramente exemplificativo, reconhece como legítimos modelos de família independentes do casamento, como a união estável (art. 226, § 3º) e a comunidade formada por qualquer dos pais e seus descendentes, cognominada "família monoparental" (art. 226, § 4º), além de enfatizar que espécies de filiação dissociadas do matrimônio entre os pais merecem equivalente tutela diante da lei, sendo vedada discriminação e, portanto, qualquer tipo de hierarquia entre elas (art. 227, § 6º). 9. As uniões estáveis homoafetivas, consideradas pela jurisprudência desta Corte como entidade familiar, conduziram à imperiosidade da interpretação nãoreducionista do conceito de família como instituição que também se forma por vias distintas do casamento civil (ADI nº. 4277, Relator(a): Min. AYRES BRITTO, Tribunal Pleno, julgado em 05/05/2011). 10. A compreensão jurídica cosmopolita das famílias exige a ampliação da tutela normativa a todas as formas pelas quais a parentalidade pode se manifestar, a saber: (i) pela presunção decorrente do casamento ou outras hipóteses legais, (ii) pela descendência biológica ou (iii) pela afetividade. 11. A evolução científica responsável pela popularização do exame de DNA conduziu ao reforço de importância do critério biológico, tanto para fins de filiação quanto para concretizar o direito fundamental à busca da identidade genética, como natural emanação do direito de personalidade de um ser. 12. A afetividade enquanto critério, por sua vez, gozava de aplicação por doutrina e jurisprudência desde o Código Civil de 1916 para evitar situações de extrema injustiça, reconhecendo-se a posse do estado de filho, e consequentemente o vínculo parental, em favor daquele utilizasse o nome da família (*nominatio*), fosse tratado como filho pelo pai (*tractatio*) e gozasse do reconhecimento da sua condição de descendente pela comunidade (*reputatio*). 13. A paternidade responsável, enunciada expressamente no art. 226, § 7º, da Constituição, na perspectiva da dignidade humana e da busca pela felicidade, impõe o acolhimento, no espectro legal, tanto dos vínculos de filiação construídos pela relação afetiva entre os envolvidos, quanto daqueles originados da ascendência biológica, sem que seja necessário decidir entre um ou outro vínculo quando o melhor interesse do descendente for o reconhecimento jurídico de ambos. 14. A pluriparentalidade, no Direito Comparado, pode ser exemplificada pelo conceito de "dupla paternidade" (*dual paternity*), construído pela Suprema Corte do Estado da Louisiana, EUA, desde a década de 1980 para atender, ao mesmo tempo, ao melhor interesse da criança e ao direito do genitor à declaração da paternidade. Doutrina. 15. Os arranjos familiares alheios à regulação estatal, por omissão, não podem restar ao desabrigo da proteção a situações de pluriparentalidade, por isso que merecem tutela jurídica concomitante, para todos os fins de direito, os vínculos parentais de origem afetiva e biológica, a fim de prover a mais completa e adequada tutela aos sujeitos envolvidos, ante os princípios constitucionais da dignidade da pessoa humana (art. 1º, III) e da paternidade responsável (art. 226, § 7º). 16. Recurso Extraordinário a que se nega provimento, fixando-se a seguinte tese jurídica para aplicação a casos semelhantes: "A paternidade socioafetiva, declarada ou não em registro público, não impede o reconhecimento do vínculo de filiação concomitante baseado na origem biológica, com todas as suas consequências patrimoniais e extrapatrimoniais" (SUPREMO TRIBUNAL FEDERAL. Recurso Extraordinário (RE) 898060, rel. Min. Luiz Fux, j: 21.09.2016).

A MULTIPARENTALIDADE

reconhecidas como jurídicas, em condições de igualdade material, sem hierarquia[50].

Em voto condutor, o Ministro Luiz Fux firmou a viabilidade do reconhecimento concomitante de vínculos parentais e da pluriparentalidade, asseverando que a família demanda uma reformulação normativa e conceitual à luz do sobreprincípio da dignidade humana (art. 1º, III, da Constituição Federal) e da busca da felicidade. Pontuou ser esta garantia a que possibilita os homens desenvolverem-se livremente, segundo seus objetivos de vida. Por tal razão, a compreensão da família na atualidade determina a ampliação do escopo legal protetivo com vistas a abranger as formas pelas quais a parentalidade pode manifestar-se; seja pela presunção decorrente do casamento ou outras hipóteses normativas; seja pela descendência biológica ou pela afetividade. Consequentemente, a tutela concomitante, para todos os fins de direito, dos vínculos parentais de origem afetiva e biológica, provê a mais completa e adequada proteção aos sujeitos envolvidos[51].

CONSIDERAÇÕES FINAIS

A complexidade da vida e das relações humanas produziu uma concepção plural da família, ampliando seu conceito de modo a abarcar todas as entidades que contemplem o afeto e a convivência como bases estruturantes de sua formação.

Hodiernamente, impossível admitir-se arquétipos familiares atávicos sem a concepção de formatos alternativos por não estarem positivados. A compreensão da família sob a ótica tridimensional – fato, valor e norma – inovou o arranjo *jus* social, quando nela ínsitos o amor, a afeição e a solidariedade reformulando o tradicional conceito dogmático inserto nos Códigos.

---

50. Nesse sentido: "O IBDFAM defende que as paternidades, socioafetiva e biológica, sejam reconhecidas como jurídicas em condições de igualdade material, sem hierarquia, em princípio, nos casos em que ambas apresentem vínculos socioafetivos relevantes. Considera, ainda, que o reconhecimento jurídico da parentalidade socioafetiva, consolidada na convivência familiar duradoura, não pode ser impugnada com fundamento exclusivo na origem biológica". (IBDFAM. Instituto Brasileiro de Direito de Família. Tese anunciada pela ministra Cármen Lúcia reconhece multiparentalidade. Disponível em: <http://www.ibdfam.org.br/noticias/6119/Tese+anunciada+pela+ministra+C%C3%A1rmen+L%C3%BAcia+reconhece+multiparentalidade>. Acesso em: 24 set. 2016.)

51. SUPREMO TRIBUNAL FEDERAL. Recurso Extraordinário (RE) 898060, rel. Min. Luiz Fux, j: 21.09.2016.

Se a atividade legislativa não tem sido ágil o suficiente para acompanhar a dinamicidade contemporânea na qual fenômenos biológicos e genéticos, sociológicos e psicológicos despontam e permeiam a discussão sobre o tema; fundamental a atuação hermenêutica do Poder Judiciário, respaldada na doutrina, para concretizar a adequada e justa tutela familiar.

Tal exegese integradora tem o condão de absorver as intrincadas relações humanas, os direitos e deveres recíprocos entre os indivíduos e a interface desses para com o Estado e a sociedade.

Falar do reconhecimento de novos paradigmas no Direito de Família é falar em alteridade e redução das desigualdades, é falar da construção de um Direito Civil Constitucional que homenageia fianças inerentes à condição humana, estendendo-as às relações privadas.

Ora, o alicerce normativo axiológico fundante sobre o qual se sustenta o arcabouço jurídico estatal é o conjunto de valores e princípios que emanam da Carta Política. Neste contexto, a evolução da família traz no seu bojo a própria evolução humana, onde não mais o casamento, mas formas outras de coexistência comum apresentam-se como sujeitos de direitos, tais como a família monoparental, homoafetiva e anaparental.

O princípio isonômico relativo aos filhos, insculpido no artigo 227, §6º da CF, tem dupla função: determina o tratamento igualitário a todos os havidos dentro e fora do casamento, ou aos adotivos, garantindo-se-lhes idênticas salvaguardas legais. Em paralelo, obsta discriminações e estigmas relativos à filiação. Nesse diapasão, é possível afirmar que a igualdade que socorre os filhos, socorre também os pais.

Está-se diante de direito subjetivo à obtenção de tutela jurídica legítima em prol da maternidade e paternidade, contra a imposição de escolhas trágicas. E a tutela há de ser ampliativa, nunca restritiva.

Nesse cenário de alteridade, a multiparentalidade ou pluriparentalidade, entendida como o parentesco composto por múltiplos pais e mães desponta como uma nova realidade nas sociedades justas e igualitárias.

A incorporação da liberdade na vida afetiva dos cidadãos obriga o Estado a resguardá-la. A coexistência de vínculos parentais múltiplos rompe com o modelo de filiação dual e possibilita a multi-hereditariedade, o direito aos alimentos, ao nome e ao exercício do poder familiar.

No tocante à homoafetividade, a multiparentalidade existe no mundo dos fatos e não pode ser olvidada. Se a união entre pessoas do mesmo sexo foi considerada pelo Supremo Tribunal Federal como entidade familiar legítima, a negação de tal direito - que muita das vezes envolverá mais de duas pessoas para a concretização do projeto sonhado-, equivaleria à supressão de tutela judicial já deferida.

Indiscutivelmente vive-se um admirável mundo novo que presencia a intercessão entre a Ética, a Ciência e o Direito. Velhos mitos são ultrapassados e paradigmas originais redefinidos na instigante tarefa de oferecer soluções jurídicas legítimas ao indivíduo e a toda sociedade.

Nada mais republicano em uma comunidade de princípios cujo eixo moral é o comprometimento com as aspirações existenciais da Pessoa Humana!

REFERÊNCIAS

BRITTO, Carlos Ayres. O humanismo como categoria constitucional. 1ª. ed. 2. reimp. Belo Horizonte: Fórum, 2010.

_____. Teoria da Constituição. Rio de Janeiro: Forense, 2006.

_____. Voto da Ação Direta de Inconstitucionalidade (ADI) 4277 e da Arguição de Descumprimento de Preceito Fundamental (ADPF) 132.

GARGARELLA, Roberto. *Constitucionalismo y Democracia*. In: ZAMORA, F. *et al.* (Org). Enciclopedia de Filosofía y Teoría del Derecho, v. 3, IIJ, Serie Doctrina Jurídica, n. 714. México D.F.: UNAM, 2015.

DE FARIAS, Cristiano Chaves; ROSENVALD, Nelson. *Curso de Direito Civil - Direito das Famílias.* v. 6, 6ª. ed. Salvador: Editora JusPodivm, 2014.

DIAS, Maria Berenice. *Manual de Direito das Famílias.* 9ª. ed. rev., atual e ampl., São Paulo: Editora Revista dos Tribunais, 2013.

_____. *Proibição das famílias multiparentais só prejudica os filhos.* Revista Consultor Jurídico, 01 mai. 2016. Disponível em: <http://www.conjur.com.br/2016-mai-01/processo-familiar-proibicao-multiparentalidade-prejudica-filhos>. Acesso em: 10 ago. 2016.

HERRERA FLORES, Joaquín. *A (re)invenção dos Direitos Humanos.* Tradução Carlos Roberto Diogo Garcia *et al.* Florianópolis: Fundação Boiteux, 2009.

IBDFAM. Instituto Brasileiro de Direito de Família. *Tese anunciada pela ministra Cármen Lúcia reconhece multiparentalidade.* Disponível em: <http://www.ibdfam.org.br/noticias/6119/Tese+anunciada+pela+ministra+C%C3%A1rmen+L%C3%BAcia+reconhece+multiparentalidade>. Acesso em: 24 set. 2016.

LÔBO, Paulo. *Direito civil: famílias.* 4ª. ed. São Paulo: Saraiva, 2011.

MIRANDA, Jorge. *Manual de direito constitucional* – Direitos fundamentais. 6ª. ed. Coimbra: Ed. Coimbra, 1997. Tomo. I.

_____. *Manual de direito constitucional* – Direitos fundamentais. 4ª. ed. Coimbra: Ed. Coimbra, 2000. Tomo. II.

PEREIRA, Rodrigo da Cunha. *Tribunal de Justiça do Rio Grande do Sul decide pela multiparentalidade.* Disponível em: <http://www.rodrigodacunha.adv.br/tribunal-de-justica-rio-grande-sul-decide-pela-multiparentalidade/>. Acesso em 01 ago. 2016.

SANTOS, Boaventura de Sousa. Por uma concepção multicultural de direitos humanos. *Revista Crítica de Ciências Sociais*, n. 48, 1997, p. 11-32.

SARLET, Ingo Wolfgang. *Dignidade da pessoa humana e os direitos fundamentais na Constituição Federal de 1988*. Porto Alegre: Livraria do Advogado, 2001.

SARMENTO, Daniel. *Direitos Fundamentais e Relações Privadas*. Rio de Janeiro: Editora Lumen Juris, 2004.

SEN, Amartya. *Desigualdade reexaminada*. Tradução de Ricardo Doninelli Mendes. 3. ed. Rio de Janeiro: Record, 2012.

TEPEDINO, Gustavo. *Temas de Direito Civil*. Tomo. I. 4. rev. e atual. Rio de Janeiro: Renovar, 2006.

_____. *Temas de Direito Civil*. Tomo. II. Rio de Janeiro: Renovar, 2006.

WELTER, Belmiro Pedro Marx. Teoria Tridimensional do Direito de Família. *Revista do Ministério Público do Rio Grande do Sul*, Porto Alegre, n. 71, p. 127-148, jan. 2012 - abr. 2012.

FEMINICÍDIO E LEMBRANÇA NO BRASIL

Saul Tourinho Leal[1]

SUMÁRIO: Introdução 1. *Leading Case* Brasileiro: O Caso Aída Curi 2. Instrumentos Domésticos 3. A Dimensão Coletiva da Dignidade de Grupos Vulneráveis: Mulheres Vítimas de Violência 4. O Feminicídio e o Dever de Não Esquecer. Considerações Finais.

INTRODUÇÃO

A Suprema Corte brasileira está prestes a julgar um caso que, apesar de pedir ao Tribunal que defina se vigora, ou não, no país, o "direito ao esquecimento", veicula, simplesmente, um pedido de indenização seguido de exigência de censura a uma emissora de televisão que divulgou algo reputado invasivo à privacidade dos recorrentes. O pedido foi negado por três diferentes instâncias do Judiciário até agora.

Esse artigo busca situar o *leading case* brasileiro nos cenários teorético e jurisprudencial a respeito do assunto, tentando identificar as bases dos fatos e fundamentos jurídicos lançados no Recurso Extraordinário nº 1.010.606 que deliberará sobre o Tema nº 786 da repercussão geral na Suprema Corte: "Aplicabilidade do direito ao esquecimento na esfera civil quando for invocado pela própria vítima ou pelos seus familiares".

Vigora, entre nós, um direito de censurar um veículo de comunicação e ensejar indenização por danos morais e materiais em nome da privacidade de familiares de membros de grupos vulneráveis vítimas de crimes hediondos nos moldes trazidos pelo referido *leading case*?

---

1. Advogado em Brasília e doutor em Direito Constitucional (PUC/SP). Foi premiado com a bolsa Vice-Chancellor Fellowship pela Universidade de Pretória, para realizar estudos de pós--doutoramento junto ao ICLA, Institute of Comparative Law in Africa. Foi clerk do juiz Edwin Cameron, na Corte Constitucional sul-africana e presidiu o Comitê para Relações com a África do Sul, do Conselho Federal da OAB, que lhe outorgou o Troféu de Mérito da Advocacia Raymundo Faoro.

553

1. *LEADING CASE* BRASILEIRO: O CASO AÍDA CURI

No começo do século passado, Gattás Assad Curi e Jamila Jacob Curi migraram da cidade de Saidnaya, nas montanhas da Síria, a 30 quilômetros de Damasco, para o Brasil, onde tiveram cinco filhos: Nelson, Roberto, Maurício, Waldir e Aída. Com a morte do pai, em 1944, quando Aída tinha somente 5 anos, ela foi enviada pela mãe para uma escola de freiras católicas espanholas na cidade do Rio de Janeiro, encarregada de educar, em regime de internato, meninas órfãs.

Em julho de 1958, aos 18 anos, Aída foi a um apartamento em Copacabana com dois rapazes. Ao tempo, ela havia feito curso de datilografia, tocava piano, falava inglês e já trabalhava.

Aída subiu até o terraço do prédio com os jovens. A partir dali, um crime bárbaro seria perpetrado. Ela foi espancada, abusada sexualmente, sofreu tentativa de estupro coletivo e terminou sendo arremessada do alto do edifício. Dois dos assassinos, Ronaldo Guilherme de Souza Castro e Cássio Murilo Ferreira - este, menor e filho de uma alta autoridade militar -, eram jovens que viviam em conforto e imitavam artistas de Hollywood, com suas lambretas, jaquetas de couro, topetes, *rock and roll* e brigas de gangues. Era a "Juventude Transviada".[2]

Os réus passaram por três julgamentos. Absolvido num segundo julgamento junto ao cúmplice, porteiro do prédio, Ronaldo, de óculos escuros, ouviu no Tribunal salvas de palmas e gritos em sua homenagem de uma plateia formada por garotas e garotos de vinte e poucos anos que o viam como o herói cruel que sacodira um Brasil conservador. Segundo a influente revista O Cruzeiro, "em São Paulo, durante um baile em que se dançava 'rock'n'roll', meninas e molecotes gritaram 'Ronaldo! Ronaldo!', no instante em que lá chegou a notícia de que o matador de Aída conseguira escapar às garras curtas da Justiça". Enquanto isso, o Arcebispo do Rio de Janeiro, Dom Hélder Câmara, liderava uma campanha pela apuração do crime.[3]

---

2. A "juventude transviada" exerceu profunda influência na sociedade. Em 2013, a historiadora Lidia Noêmia dos Santos defendeu na PUC/SP sua tese de doutorado "A invenção da juventude transviada no Brasil (1950-1970)". Há um capítulo inteiro sobre o caso Aída. O trabalho está disponível em https://sapientia.pucsp.br/handle/handle/12810 [acesso jan/2017].

3. Em 02/04/1960, a revista O Cruzeiro, criticando a "juventude transviada", anotou: "Graças a Deus que as palmas batidas na hora em que o Juiz pronunciou a sentença absolutória partiram de blocos de rapazes e môças transviados, que agora têm em Ronaldo o seu ídolo e o seu patrono". Disponível em http://www.memoriaviva.com.br/ocruzeiro/aidacury01.htm [acesso jan/2017].

Ronaldo terminou condenado em 1963, num terceiro julgamento, a oito anos e nove meses de prisão por homicídio e tentativa de estupro. Cássio, menor e enteado do síndico - uma autoridade militar -, não foi julgado. Em 1967, ele matou um vigilante, tendo sido condenado a 30 anos de prisão. Permaneceu no exterior, sustentado pela família, até que o crime prescrevesse. Manoel Antônio da Silva Costa, que entregara a chave do terraço, foi condenado a um ano e três meses de prisão por crime contra os costumes. Antônio João de Souza, o porteiro, foi condenado num primeiro julgamento, mas absolvido depois. Nunca mais foi visto.

Em 2004, a emissora de televisão Rede Globo dedicou um programa ao crime. A emissora é internacionalmente conhecida por suas produções televisivas. Exercendo grande influência sobre a opinião pública brasileira, ela costuma inserir em seus folhetins questões como homofobia, racismo, saúde pública e impunidade. Em novembro de 2016, mais uma vez, uma de suas novelas - Verdades Secretas -, ganhou o Emmy Internacional.[4] Uma das atrizes indicadas ao prêmio de melhor atriz havia interpretado uma modelo que teve sua vida destruída pelo vício em crack, uma questão social em evidência no país.

Visando abordar de maneira popular crimes bárbaros e discutir suas causas e formas de não vivê-los novamente, a emissora lançou o programa *Linha Direta Justiça*. Em uma de suas edições, o crime cometido contra Aída foi abordado. A emissora abriu um fórum de discussão em sua página na internet. Várias pessoas participaram. A maioria dos participantes era formada por mulheres.

Ao final do programa, uma enquete perguntava: "Passados quase 50 anos, você acha que hoje as mulheres são mais respeitadas ou menos respeitadas pelos homens?". A partir daí, a comunidade pôde se fazer ouvir por meio do website www.globo.com/linhadireta.[5]

No "Fórum para a sociedade", inúmeras mulheres deixaram o medo de lado e se fizeram ouvir. Foram depoimentos que revelavam desespe-

---

4. O Emmy Internacional é entregue anualmente pela Academia Internacional das Artes e Ciências Televisivas desde 1973. Em 1976, o então presidente da Rede Globo, o jornalista Roberto Marinho, foi homenageado pelo Conselho Internacional da Academia Nacional de Artes e Ciências Televisivas com o Directorate Award Citation. Das 20 vitórias brasileiras, 14 são da Rede Globo.

5. A degravação integral do programa está nos autos do processo eletrônico que tramita no STF (eSTJ fl. 804/817). * A partir dessa nota, todas as vezes que uma transcrição dos autos compuser o texto, o link a ser utilizado para checá-la nos próprios autos é o seguinte: http://redir.stf. jus.br/estfvisualizadorpub/jsp/consultarprocessoeletronico/ConsultarProcessoEletronico. jsf?seqobjetoincidente=5091603 [acesso jan/2017].

rança com a condição da mulher no país e, também, grande revolta com a impunidade[6] a perpetradores de crimes de violência contra a mulher. Abaixo, trechos de alguns dos depoimentos trazidos aos autos pelos próprios autores do *leading case*:

> "(...) as mulheres ao longo da história sempre foram tratadas desta forma, antes não era respeitada e agora continua não sendo! E ainda por cima pegaram penas medíocres, onde estamos. O adolescente que deveria ter sido preso e não [foi] futuramente matou um homem fugiu do país e voltou que piada e voltou depois de vinte anos e agora anda com uma bíblia debaixo do braço quanta hipocrisia!" – **Eliana**.

> "Agora eu (que tinha sete anos na época e fiquei muito impressionada) lhe pergunto: você dorme tranquilo? você consegue olhar seus filhos nos olhos? o que sente quando um de seus filhos leve uma namorada em sua casa, essas moça não lhe lembra ninguém?" – **Márcia**.

> "(...) Muitas mulheres hoje estão praticando artes marciais para se defenderem de tal ato, (Assim como eu, que pratico Karatê). Tem de ser assim... Já que não existe justiça nesse país e mundo..."É bater ou correr; é matar ou morrer" – **Ed**.

> "Como é possível tanta injustiça, tanta impunidade!" – **Bernadete**.

> "Sou desta época, e sem não fosse a intensa campanha em "o Cruzeiro" através do jornalista David Nasser, esta turma nem na cadeia teria passado. Lembro-me perfeitamente, foi um escândalo, uma comoção nacional. Mais tarde, coincidentemente moradora da rua Miguel Lemos, tive já sendo mãe de 3 filhas mulheres a oportunidade de observar, a periculosidade que existe nesta rua de Copacabana" – **Sibala**.

> "Que justiça é essa que é tão injusta! Como é que um crime pode prescrever! Enquanto o criminoso não pagar por aquilo que fez jamais deveria voltar ao convício de pessoas do bem e de bem. Um assassino andando pelas ruas impunemente. Ninguém merece! Onde estão os nossos representantes eleitos pelo voto para mudar essas leis do tempo do Descobrimento" – **Cláudia**.

Os irmãos da vítima, contudo, haviam se oposto formalmente à exibição do programa. Ajuizaram uma ação pleiteando indenização de pelo menos R$ 1,2 milhão em danos materiais somados a outro valor relativo a danos morais, além do pedido de censura-prévia à emissora quanto a

---

6. No Mapa da Violência 2015 – Homicídio de Mulheres no Brasil, a impunidade foi apontada como uma das mais persistentes causas desse tipo de crime. Julio Jacobo Waiselfisz, à frente do trabalho, registrou: "Diversos são os fatores postos em jogo para explicar a violência de gênero e suas consequências. Não é nossa intenção discutir ou esgotar o tema. (...) Simplesmente, vamos destacar um desses fatores, que vimos trabalhando e insistindo há um bom tempo: a impunidade, campo praticamente vazio de estudos específicos e abrangentes". Página 74 disponível em http://www.mapadaviolencia.org.br/pdf2015/MapaViolencia_2015_mulheres.pdf. [acesso jan/2017].

FEMINICÍDIO E LEMBRANÇA NO BRASIL

futuras menções ao crime.[7] Os autores são Nelson (84 anos), Roberto (79 anos), Maurício (77 anos) e Waldir (73 anos), os irmãos de Aída. Não há mulheres no caso.

Na ação, os autores anotaram: "é inegável que aquele programa (...) não visou o posicionamento da atividade pública, a defesa do bem social, o aprimoramento dos costumes, a formação da consciência política do povo, tampouco teria o condão, obviamente, de desvendar o crime ou apontar alguma ilegalidade, até porque o processo criminal foi encerrado há décadas".[8] Perguntaram: "considerando que o assassinato de AIDA CURI ocorreu na década de 50, poderia lhe ser atribuída a característica da contemporaneidade? E mais: qual a relevância jornalística ou social do programa 'Linha Direta' sobre a vida de AIDA CURI?".[9]

Segundo a emissora, haviam sido "discutidos nacionalmente questões que até hoje fazem parte do universo de interesses da sociedade brasileira: a tradição brutal do abuso contra a mulher e a impunidade dos playboys".[10]

Na réplica, os irmãos disseram: "o assassinato de Aida Curi é tema restrito à vida privada e ao drama pessoal dos autores (sem nenhuma relevância patriótica ou humanitária)".[11] A afirmação sugere que se trata, em verdade, de uma invocação ao direito à privacidade dos irmãos. Todavia, a bárbara morte está divulgada em mais de 470.000 links na internet. Um dos autores da ação que exige indenização e censura-prévia à emissora por ter abordado publicamente o crime escreveu os seguintes livros: "A Jovem Heroína de Copacabana" e "Aída Curi: O Preço foi a Própria Vida"[12].

Decidindo o caso, o juiz ressaltou a corrente que tem prevalecido em várias democracias constitucionais, segundo a qual "havendo conflito entre a liberdade de expressão e os direitos da personalidade, na ponderação de interesses deve prevalecer a dignidade da pessoa humana".[13]

---

7. Nos autos do processo eletrônico disponibilizado no site do STF (eSTJ fl. 715).

8. Nos autos do processo eletrônico disponibilizado no site do STF, às fls. 11 da inicial.

9. Cf. página 10 da inicial disponibilizada no volume 1 dos autos do processo eletrônico disponibilizado no site do STF.

10. Na contestação ofertada pela Rede Globo (eSTJ fl. 129), Volume 1 dos autos do processo eletrônico disponibilizado no site do STF.

11. No Volume 1 dos autos do processo eletrônico disponibilizado no site do STF (e-STJ fl. 145).

12. Os livros foram escritos pelo Monsenhor Maurício Curi, irmão de Aída.

13. No Volume 9 dos autos do processo eletrônico disponibilizado no site do STF (e-STJ fl. 863).

Contudo, "a ré ateve-se à reprodução dos fatos ocorridos à época". Além disso, "a matéria jornalística não foi maliciosa, não extrapolando seu objetivo de retratar a verdade de fatos acontecidos e que chocaram a sociedade e da época, fatos esses que ainda se revestem de interesse social, visto que crimes contra a honra e contra a mulher, infelizmente, continuam atuais".[14] A emissora cumpriu o seu papel.

A partir da apelação, passou-se a invocar o direito ao esquecimento[15], não em nome da vítima, mas no dos irmãos. Teriam, eles, o direito de impor esse silêncio e de ser indenizados? Os autores dizem que sim e justificam: "os apelantes têm o direito de esquecerem seu drama e de não vê-lo explorado em rede nacional".[16] No *leading case,* há o tópico "Da nova fronteira que se abre no reforço da defesa da garantia da dignidade humana – o direito ao esquecimento". Nele, pede-se que "seja declarada a ilegalidade do programa questionado, por afrontar a dignidade humana dos recorrentes, garantindo-lhes, expressamente, seu direito ao esquecimento no que tange ao assassinato de sua irmã, Aída Curi".

Quase sessenta anos após o assassinato de Aída, a taxa de feminicídios[17] no Brasil é de 4,8 para 100 mil mulheres – a quinta maior no mundo, segundo dados da Organização Mundial da Saúde (OMS). O país tem tentado enfrentar essa realidade e a imprensa é uma grande aliada nessa longa jornada.

Em agosto de 2006, foi sancionada a Lei nº 11.340, conhecida como "Lei Maria da Penha", visando incrementar o rigor das punições para crimes de violência contra a mulher. Em 2015, a Lei nº 13.104 alterou o art. 121 do Código Penal para prever o feminicídio como circuns-

---

14. O Juízo da 47ª Vara Cível da Comarca do Rio de Janeiro julgou improcedentes os pedidos dos autores. A 15ª Câmara Cível do Tribunal de Justiça confirmou a sentença. A Quarta Turma do STJ, por maioria, negou provimento ao recurso especial. O voto vencedor, do ministro Luis Felipe Salomão, considerou que, no caso, a liberdade de imprensa (art. 220 da Constituição) deveria preponderar sobre a inviolabilidade da intimidade, vida privada, honra e imagem das pessoas (art. 5, X, e 220, § 1º).

15. É o item 4.4, denominado "Do imprescindível reconhecimento do direito ao esquecimento".

16. No Volume 10 dos autos do processo eletrônico disponibilizado no site do STF (eSTJ fl. 909).

17. "Feminicídios são assassinatos cruéis e marcados por impossibilidade de defesa da vítima, torturas, mutilações e degradação do corpo e da memória. E, na maioria das vezes, não se encerram com o assassinato. Mantém-se pela impunidade e pela dificuldade do poder público em garantir a justiça às vítimas e a punição aos agressores", diz a representante da ONU Mulheres no Brasil, Nadine Gasman, em https://nacoesunidas.org/onu-feminicidio-brasil-quinto-maior-mundo-diretrizes-nacionais-buscam-solucao/ [acesso jan/2017].

tância qualificadora do homicídio. Também alterou o art. 1º da Lei nº 8.072/1990, para incluir o feminicídio no rol dos crimes hediondos.[18] O crime cometido contra Aída é hediondo. Pela Constituição, crimes hediondos são imprescritíveis, não podendo – nem devendo - ser esquecidos.

Em parceria com o governo brasileiro e o Escritório do Alto Comissariado das Nações Unidas para os Direitos Humanos (ACNUDH), a ONU Mulheres publicou, em 2016, as "Diretrizes Nacionais para Investigar, Processar e Julgar com Perspectiva de Gênero as Mortes Violentas de Mulheres – Feminicídios". Elas são baseadas no Modelo de Protocolo Latino-Americano de Investigação de Mortes Violentas de Mulheres por Razões de Gênero. O Brasil foi escolhido como país-piloto para o processo de adaptação do documento internacional e de sua incorporação às normativas e diretrizes nacionais.[19]

Quando trata do papel da sociedade e da imprensa, o documento diz: "Ao fazê-lo, esses profissionais contribuirão para a preservação da memória da vítima ante seus familiares e a sociedade". Há, no comando, uma aspiração de interação comunitária entre o fato e sua repercussão não só sobre familiares e entes queridos, mas sobre a própria sociedade que é seriamente afetada. Consta:

> "Numa dimensão mais ampla, o respeito à memória ultrapassa o caso individual e através do dever de devida diligência do Estado, ao promover mensagens de teor pedagógico e preventivo, os operadores jurídicos, numa atitude transformadora na perspectiva de gênero, contribuirão para comunicar para toda a sociedade que a violência contra as mulheres com base no gênero é inaceitável."[20]

"Comunicar para toda a sociedade que a violência contra as mulheres com base no gênero é inaceitável". Foi o que a Rede Globo fez. Para

---

18. Segundo Julio Jacobo Waiselfisz, no Mapa da Violência 2015 – Homicídio de Mulheres no Brasil, "a lei estabelece que, quando o homicídio de mulher acontece por 'razões de condição de sexo feminino', deverá ser considerado crime hediondo, por atentar contra os valores basilares da sociedade, pelo que deve merecer maior reprovação por parte do Estado". A lei considera ainda que existem razões de condição de sexo feminino quando o crime envolve: I. Violência doméstica e familiar; II. Menosprezo ou discriminação à condição de mulher. Ver página 67 do documento disponível no seguinte endereço eletrônico: http://www.mapadaviolencia.org.br/pdf2015/MapaViolencia_2015_mulheres.pdf.

19. Em https://nacoesunidas.org/onu-feminicidio-brasil-quinto-maior-mundo-diretrizes-nacionais-buscam-solucao/ [acesso jan/2017].

20. Em https://nacoesunidas.org/onu-feminicidio-brasil-quinto-maior-mundo-diretrizes-nacionais-buscam-solucao/ [acesso jan/2017].

isso, contou com a ajuda da sociedade, especialmente das mulheres, que, tendo tido o direito de se manifestarem, deixaram o medo de lado e se fizeram ouvir, fazendo registros de revolta contra a impunidade. Pode ser o início de uma transformação.

A preservação da memória da comunidade não se atrela exclusivamente a atos de heroísmo e glória, mas também a feridas e cicatrizes. É assim que a identidade coletiva se forma. Não se trata da excitação de sentimentos dolorosos, mas de, no caso em particular, lembrar para jamais esquecer, numa concretização do princípio do "never again", que consubstancia comandos de proteção aos direitos humanos em comunidades que passaram por experiências como a do nazismo na Alemanha; do *apartheid* na África do Sul; da guerra civil em Ruanda; e, na hipótese brasileira, por uma ditadura militar.

Recordar o caso Aída, ao contrário de humilhar a sua memória, é uma forma de, num país que figura no quinto lugar em taxas de feminicídio no mundo, lembrar para que se conclame a todos a um processo de transformação. Converter a tragédia em tabu impede que o assunto seja debatido com franqueza e, assim, que seja encontrada uma solução para uma situação indigna.

No *leading case*, o Procurador-Geral da República, Rodrigo Janot, se opôs ao pedido dos irmãos. Opinou-se pela rejeição de todos os pedidos, agora pela quarta vez, considerando as outras três instâncias do Judiciário que analisaram a questão e recusaram os pedidos formulados no caso. Para o Procurador, a própria Constituição fornece os mecanismos necessários para resolver as questões discutidas no caso. O art. 5º, X, garante a inviolabilidade da intimidade, da vida privada, da honra e da imagem das pessoas e assegura direito a indenização por dano material ou moral em caso de violação. Além disso, ponderou:

> "Cabe questionar se a proposta de reconhecer o direito a esquecimento como decorrência do princípio da dignidade humana, em vez de contribuir para consistência do sistema jurídico e para a força normativa da Constituição, não findaria por concretizar interesses particularistas e por limitar de forma injustificada importantíssimos direitos fundamentais assegurados a todos, como as liberdades de expressão e de comunicação".

O caso está pronto para ser julgado pela Suprema Corte. Nele, irmãos de uma vítima exigem indenização por danos morais e materiais contra uma emissora de televisão que liderou um debate com a comunidade sobre a condição da mulher à luz do crime praticado contra sua irmã. Requerem, também, a censura à emissora, para que, em respeito à privacidade, não mais se fale sobre Aída.[21]

2. INSTRUMENTOS DOMÉSTICOS

O Brasil tem seus próprios instrumentos para lidar com casos como o retratado no presente texto. A Constituição, no art. 5º, II, diz que ninguém será obrigado a fazer ou deixar de fazer alguma coisa senão em virtude de lei. O art. 220, §§ 3º e 4º remete à lei federal as poucas possibilidades de restringir a liberdade de comunicação. É livre a manifestação do pensamento, vedando-se o anonimato (art. 5º, IV). A criação, a expressão e a informação, sob qualquer forma, processo ou veículo não sofrerão qualquer restrição. Nenhuma lei conterá dispositivo que possa constituir embaraço à plena liberdade de informação jornalística em qualquer veículo de comunicação social. Veda-se qualquer censura de natureza política, ideológica e artística (art. 220, §§ 1º e 2º).

Se há uma ampla avenida conferida à liberdade de expressão, também não faltam cuidados com abusos. Assegura-se o direito de resposta, proporcional ao agravo (art. 5o., V) e no art. 5º, X, está garantida a inviolabilidade da intimidade, da vida privada, da honra e da imagem das pessoas, assegurando o direito à indenização por dano material ou moral em caso de violação.

Há precedentes importantes da Suprema Corte reiterando um compromisso constitucional com as liberdades de expressão e comunicação ao mesmo tempo em que compreende a dignidade da pessoa humana como um elemento essencial em democracias como a brasileira. Nem por isso deixamos de ter privacidade.

Num precedente no qual se pedia que biografias só pudessem ser escritas desde que autorizadas pelos biografados, concluiu-se pela precedência da liberdade de expressão sobre os direitos de personalidades ligados à privacidade, intimidade, honra e imagem. O debate contou com a participação de sete *amici curiae*: (i) Instituto Histórico e Geográfico Brasileiro (IHGB); (ii) a ONG Artigo 19 Brasil; (iii) Academia Brasileira de Letras; (iv) Associação Eduardo Banks; (v) Conselho Federal da Or-

---

21. RE 1.010.606 (min. Dias Toffoli). Amicus curiae: ABRAJI – Associação Brasileira de Jornalismo Investigativo. Tema nº 786 da repercussão geral: "Aplicabilidade do direito ao esquecimento na esfera civil quando for invocado pela própria vítima ou pelos seus familiares".

dem dos Advogados do Brasil; (vi) Instituto dos Advogados de São Paulo (IASP); e (vii) Instituto Amigo. A decisão foi unânime.

Responsável por redigir a opinião do Tribunal, a ministra Cármen Lúcia, hoje presidente da Suprema Corte, anotou: "a Constituição do Brasil proíbe qualquer censura. O exercício do direito à liberdade de expressão não pode ser cerceado pelo Estado ou por particular". Registrou ainda:

> "O direito de informação, constitucionalmente garantido, contém a liberdade de informar, de se informar e de ser informado. O primeiro refere-se à formação da opinião pública, considerado cada qual dos cidadãos que pode receber livremente dados sobre assuntos de interesse da coletividade e sobre as pessoas cujas ações, público-estatais ou público-sociais, interferem em sua esfera do acervo do direito de saber, de aprender sobre temas relacionados a suas legítimas cogitações."

Um dos argumentos da ação era o de que autores de biografias poderiam não ser precisos em suas investigações, imortalizando, assim, fatos equivocados. Em resposta a essa argumentação – que se aplica ao chamado direito ao esquecimento – a Suprema Corte afirmou: "O risco é próprio do viver. Erros corrigem-se segundo o direito, não se cortando liberdades conquistadas. A reparação de danos e o direito de resposta devem ser exercidos nos termos da lei". Ao final, conferiu-se toda deferência à liberdade de expressão:

> "A liberdade é constitucionalmente garantida, não se podendo anular por outra norma constitucional (inc. IV do art. 60), menos ainda por norma de hierarquia inferior (lei civil), ainda que sob o argumento de se estar a resguardar e proteger outro direito constitucionalmente assegurado, qual seja, o da inviolabilidade do direito à intimidade, à privacidade, à honra e à imagem."[22]

Esse histórico é importante, porque mostra que o país dispõe de inúmeros instrumentos para lidar com questões como as que giram em torno do caso Aída, sem que, para se encontrar uma solução constitucionalmente adequada, tenha de se sentir obrigado a tomar de empréstimo normatizações ou decisões europeias.[23]

---

22. ADI 4815 (DJe-018 01/02/2016).

23. Para Meg Leta Jones, "o direito ao esquecimento é inquestionavelmente uma criação europeia". Meg Leta Jones. Ctrl + Z. The Right to Be Forgotten. New York University Press. 2016, p. 10. Em 2014, o Tribunal de Justiça da União Europeia (TJUE) apreciou o caso Google v AEPD e González. O senhor González, cidadão espanhol, foi processado por ter dívidas com a Seguridade Social. Em 1998, ele teve imóveis executados e vendidos. O Jornal La Vanguardia Ediciones SL, de grande circulação na Espanha, publicou uma matéria a respeito. Anos depois,

Conceder ou não um pedido de indenização contra veículos de comunicação em nome do direito à privacidade não é algo incomum. Há inúmeras leis domésticas que fundamentariam qualquer que fosse a decisão. Não parece haver complexidade suficiente a ponto de a Suprema Corte desconsiderar o ordenamento jurídico ao qual está vinculada e buscar em diretivas europeias, e decisões estrangeiras sobre o direito ao esquecimento, orientação para uma questão jurídica que, sinceramente, chega a ser trivial.

3. A DIMENSÃO COLETIVA DA DIGNIDADE DE GRUPOS VULNERÁVEIS: MULHERES VÍTIMAS DE VIOLÊNCIA

Os autores do *leading case* invocam a dignidade da pessoa humana para pleitear a indenização contra a emissora de televisão e censurar a discussão sobre a violência contra a mulher à luz do crime cometido contra sua irmã. É uma compreensão da dignidade incompatível com o viés comunitário adotado no Brasil. Na verdade, nada obstante haja menções ao direito ao esquecimento e à dignidade da pessoa humana na ação, o que os autores parecem querer ver preservada seria sua privacidade. A compreensão sobre a privacidade é em toda diversa da relativa à dignidade, nada obstante não sejam elas antagônicas.

Ronald J. Krotoszynski, da faculdade de Direito da Universidade do Alabama, explica que, diferentemente da dignidade, a privacidade incorpora um ideal menos comunitário e reflete uma ordem jurídica que confere proteção normativa aos indivíduos, em vez de grupos.[24] Ele esclarece que a privacidade é um conceito que reflete uma concepção de direitos centrada no indivíduo, enquanto a dignidade envolve a comunidade em geral, tanto no que diz respeito à aquisição de direitos quanto no equilíbrio de direitos humanos conflitantes.[25]

---

ao se colocar o nome do senhor González na ferramenta de busca do Google, aparecia o link que o ligava à matéria. Em 2010, ele pediu à AEPD que o jornal suprimisse tais notícias e que o Google Spain e a Google Inc. retirassem tal fato de suas ferramentas de busca. Perdeu quanto ao jornal La Vanguardia, mas ganhou quanto ao Google. A verdade é que a vitória de González foi de Pirro. A matéria a seu respeito tinha 36 palavras. Com a decisão, em um único dia 840 artigos foram publicados expondo a decisão e rememorando sua falência, nos maiores meios de comunicação do planeta. Quem não conhecia o senhor González passou a conhecer. Timothy Carton Ash, Senior Fellow em Stanford, brinca: "Ele será sempre lembrado como o homem que desejava ser esquecido." Timothy Carton Ash. Free Speech. Ten principles for a Connected World. Atlantic Books, London, 2016, p. 308.

24. Ronald J. Krotoszynski, Jr. Privacy Revisited. A global perspective on the Right to Be Left Alone. Oxford University Press. 2016, p. 11.

25. Ronald J. Krotoszynski (op. cit.), p. 36.

Desenvolvendo essa ideia em relação ao caso Aída, enquanto os irmãos requerem respeito às suas privacidades pelo fato de a vítima do crime ser sua irmã, há a dignidade da memória de Aída e das mulheres vítimas de violência. É um conflito entre os interesses da comunidade que também tem uma dignidade coletiva a ser preservada, e a privacidade dos irmãos da vítima.[26] Pensando além, entre a privacidade dos irmãos e a dignidade de um grupo vulnerável, qual seja, mulheres vítimas das piores formas de violência, tais como espancamentos, tentativa de estupro coletivo e feminicídio. Tudo o que Aída suportou.

Essa dimensão abre espaço para se visualizar um interesse público em que o país possa, sem medo nem tabus, seguir discutindo questões ligadas à violência contra a mulher à luz de suas próprias tragédias. Não para humilhar a memória das vítimas, mas para, inspirado em seus heroísmos, conseguir construir um caminho para que as presentes e futuras gerações não mais suportem esse tipo de violência. Lembrar para transformar; falar para empoderar.

Na Constituição brasileira, enquanto a dignidade se espalha por passagens variadas do texto, a palavra privacidade não aparece uma única vez. Optou-se por usar a expressão "vida privada". Essa situação não é exclusiva nossa. Não há na Lei Fundamental alemã a palavra "privacidade". Todavia, ela protege a "dignidade", o "desenvolvimento livre da personalidade" e a "honra pessoal".[27]

O preâmbulo da Constituição brasileira cuida primeiro dos "direitos sociais" para, em seguida, dispor sobre os direitos individuais. Ela afirma que a nossa sociedade é "fraterna e pluralista", contrapondo a crença no egoísmo como eixo de uma sociedade de membros desconectados cujas histórias devam ser esquecidas. O preâmbulo dá a base humanista do povo que somos.

Nada obstante seja a dignidade da pessoa humana um dos fundamentos da República (art. 1º, III), ela precisa ser compreendida em harmonia com os seus desdobramentos no texto constitucional. Para come-

---

26. James Whitman explica que o senso de personalidade de alguém pode ser fundamentado tanto na liberdade como na dignidade. The Two Western Cultures of Privacy: Dignity versus Liberty, 113 Yale L. J. 1151, 1160 (2004).

27. Segundo Ronald J. Krotoszynski, esses conceitos, individualmente e em conjunto, criam e protegem uma esfera de autonomia pessoal e privada. À luz desses dispositivos a Corte Constitucional da Alemanha tem protegido o direito à privacidade e protegido dados pessoais. Op. cit., p. 10/11.

çar, a ordem econômica tem por fim assegurar a todos uma existência digna, "conforme os ditames da justiça social" (art. 170, III).

O planejamento familiar há de ser fundado nos princípios da dignidade da pessoa humana e da paternidade responsável. Apesar de tal planejamento ser uma livre decisão do casal, compete ao Estado propiciar recursos educacionais e científicos para o exercício desse direito (art. 226, § 7º). Pela lógica, o Estado não é um inimigo perigoso contra quem devamos nos proteger, mas, ao contrário, um agente importante na concretização dos direitos fundamentais.

A Constituição diz que é dever da família, da sociedade e do Estado assegurar à criança, ao adolescente e ao jovem, com absoluta prioridade, o direito à dignidade e à convivência familiar e comunitária (art. 227). Trata-se de uma dimensão que enxerga o brasileiro como um ser conectado. Quando a Constituição diz que a família, a sociedade e o Estado têm o dever de amparar as pessoas idosas, ela determina que lhes seja assegurada a participação na comunidade, defendendo sua dignidade (art. 230).

Nada na Constituição Federal de 1988 leva a crer que o compromisso firmado com a dignidade da pessoa humana tem, entre nós, a feição necessária para reconhecer o direito à privacidade de um grupo de irmãos diante do interesse público despertado por um brutal ato de violência contra a mulher.

Usar o caso da jovem Aída como catalisador de uma transformação social é uma postura que em nada destrói a dignidade da comunidade, nem macula a memória da vítima. Pelo contrário. É comum à pedagogia, à educação e à comunicação inspirar a empatia do outro por meio do debate a respeito de heroínas, mártires, pessoas injustiçadas, gente perseguida, aqueles e aquelas que se sacrificaram por causas nobres ou que foram vítimas de crueldades. Devemos ter empatia para com a dor denunciada pelos irmãos de Aída. Contudo, privar a sociedade de lembrá-la para que jamais esqueçamos o que tem sido feito contra as mulheres constitui um ato de censura refutado pela Constituição.

Países como o Brasil, que teve parcela significativa da sua população originária dizimada, suportou os males do colonialismo, geriu as consequências nefastas da escravidão em seu território, enfrentou ditaduras e ainda sente a presença do patriarcalismo em suas instituições, têm muitas razões para enxergar a dignidade da pessoa humana como um valor que engrandece a coletividade e, principalmente, os grupos vulneráveis, como mulheres vítimas de formas brutais de violência, tais como o estupro coletivo e o feminicídio. Discutir as causas dessa violência é uma forma de honrar a memória das vítimas. Não é certo, sob a invocação da privacidade, travestida de dignidade e esquecimento, impor à sociedade o silêncio. Só por meio de debates e participação popular é possível interferir positivamente na realidade.

Imaginar um direito de ser esquecido, de ser deixado para lá, é em tudo destoante de dispositivos constitucionais como o art. 6º, que diz serem direitos sociais a educação, a saúde, a alimentação, o trabalho, a moradia, o transporte, o lazer, a segurança, a previdência social, a proteção à maternidade e à infância, a assistência aos desamparados. Esse dispositivo exorta o Estado e a sociedade a lembrarem-se dos seus, a atuarem de forma a minimizar a miséria de uma existência que é, em países como o nosso, difícil. É dever do Estado intervir em favor da comunidade, não podendo, ele, ficar inerte ao argumento de que se está protegendo-a ao esquecê-la. Quem sente fome, sede, frio ou dor não quer ser esquecido; quer ser lembrado. E, no Brasil, a sociedade civil tem se dedicado a que esses grupos vulneráveis não sejam esquecidos.

A privacidade precisa a todo instante ser sopesada com o interesse público e também com o engrandecimento da comunidade e o empoderamento dos grupos vulneráveis. A Constituição é deliberadamente atenta a isso. A comunidade é parte central de quase todas as nossas relações. O art. 198, III, da Constituição diz que o sistema único de saúde deve ser organizado segundo algumas diretrizes, dentre elas, a participação da comunidade. O art. 203, IV, diz que a assistência social tem como um dos seus objetivos a integração das pessoas portadoras de deficiência à vida comunitária. O art. 205 dispõe que a educação, direito de todos e dever do Estado e da família, será promovida e incentivada com a colaboração da sociedade. Esbanjamos compromissos comunitários.

Exatamente por essa forte matriz é que posições como as dos autores do *leading case* brasileiro têm pouco apelo. O que se enxerga no caso é um desejo de preservação da privacidade que não é sequer da vítima, mas de seus quatro irmãos. É um apelo individual contraposto a um desejo social latente revestido por um evidente interesse público.

4. FEMINICÍDIO E O DEVER DE NÃO ESQUECER

Sempre que a Constituição enxerga a necessidade de manter viva a lembrança coletiva para que jamais sejam repetidos os erros do passado, ela ultrapassa a força do tempo. O que, isoladamente, deve ser esquecido, coletivamente, há de ser lembrado, para que jamais se repita ou para que, pelo menos, inspire um processo de transformação. Trata-se de um princípio dos direitos humanos que tem sido responsável pela reconciliação de pessoas cujos laços sociais foram esgarçados. É também a base de uma justiça restaurativa.

O art. 5º, XLII, da Constituição diz que o racismo é crime inafiançável e imprescritível. Por qual razão é, o racismo, um crime imprescritível? Deve, o autor, ou a vítima, ser esquecido? Segundo o texto constitucional, não. Isso porque, na linha do que se imagina de uma sociedade civilizada, certas chagas passadas não podem – nem devem - ser suprimidas. É o que, nas palavras de pessoas como Nelson Mandela, se expressa pelo termo "never again".[28]

E não é só o racismo que desperta, na Constituição, essa preocupação. A lei considerará crimes inafiançáveis e insuscetíveis de graça ou anistia a prática da tortura, o tráfico ilícito de entorpecentes e drogas afins, o terrorismo e os definidos como crimes hediondos (art. 5º, XLIII). São, novamente, crimes cuja gravidade torna possível deixar de lado a força do tempo. Não para oprimir algozes ou familiares da vítima, mas para, por respeito e deferência à sociedade que somos, manter viva a chance de reparação contra práticas que destroem a dignidade coletiva. O feminicídio é um crime hediondo, logo, imprescritível. Sobre ele o tempo não exerce qualquer poder.

O mesmo ocorre quanto a assegurar que as terras originárias das comunidades indígenas são inalienáveis e indisponíveis, e os direitos sobre elas, imprescritíveis (art. 231, § 4º).

Em defesa de grupos vulneráveis - vítimas de racismo, pessoas torturadas, índios expulsos de suas terras -, o tempo não opera seus efeitos consolidadores. O mesmo vale para vítimas de crimes hediondos, como a jovem Aída. Lembrar para não esquecer tem sido o instrumento legítimo usado por nações machucadas para enfrentarem seus traumas.[29]

---

28. No seu discurso de posse como presidente da África do Sul, em 10 de maio de 1994, Nelson Mandela disse: "Nunca, nunca e mais uma vez nunca mais haverá esta bela terra de experimentar a opressão de uma pessoa pela outra". Disponível em: https://www.youtube.com/watch?v=xnjJZfjbUdU [acesso jan/2017].

29. A Constituição brasileira associa as criações artísticas à identidade e à memória da sociedade. Constituem patrimônio cultural os bens de natureza material e imaterial, tomados individualmente ou em conjunto, portadores de referência à identidade e à memória dos diferentes

A África do Sul viveu com intensidade uma experiência de resgate de suas próprias lembranças, ainda que dolorosas. A Constituição de 1996, abraçada por Nelson Mandela, abriu espaço para a posterior criação da Comissão da Verdade e Reconciliação, cujo estatuto de fundação incluiu a filosofia comunitarista *ubuntu* – "eu sou porque nós somos" – como um dos seus princípios fundadores.[30]

Presidida pelo Prêmio Nobel da Paz, o arcebispo Desmond Tutu, a Comissão dedicou parte do seu trabalho a ouvir as pessoas simples, cidadãs e cidadãos comuns que provaram o *apartheid* em suas experiências cotidianas.

Albie Sachs, juiz aposentado da Corte Constitucional, recorda o momento especial pelo qual o país passava e fala também do encontro coletivo com a verdade e a lembrança, optando por se afastar do esquecimento:

> "(...) Finalmente, os moradores das favelas (*townships*), das comunidades, das áreas rurais, cujas vozes jamais tinham sido ouvidas, poderiam falar de sua angústia, sua dor e sua perda. Pessoas como eu tinham aparecido na televisão, escrito livros sobre suas experiências, viajado pelo mundo e falado a muitos públicos sobre o que lhes tina acontecido. Contudo, havia mulheres e milhares de pessoas que, além de sofrerem o choque imediato da violência em seus corpos, ou a dor da perda de um filho, filha, mãe ou pai, tinham também a tristeza arraigada de terem de manter esse sofrimento em segredo todo esse tempo. Aproximadamente dez mil pessoas apresentaram depoimentos em várias partes do país sobre o que lhes aconteceram e às suas famílias, e outras dez mil enviaram depoimentos escritos.[31]

Com o espaço aberto, a comunidade se sentiu confiante e, então, falou. Mais de vinte mil manifestações de pessoas simples chegaram à Comissão da Verdade e Reconciliação. Foi por intermédio dessa Comissão que a história de Phila Ndwandwe, uma heroína sul-africana, veio à tona.

Phila foi morta a tiros pelas forças de segurança do governo do *apartheid* depois de ser mantida nua durante semanas na tentativa de fazer com que delatasse seus companheiros. Manteve sua dignidade confec-

---

grupos formadores da sociedade brasileira, nos quais se incluem as criações artísticas (art. 216, III).

30. Obra tratando sobre a utilização da filosofia ubuntu no constitucionalismo sul-africano: Ubuntu and the Law: African Ideals and Postapartheid Jurisprudence, editado por Drucilla Cornell e Nyoko Muvangua. Fordham University Press, New York, 2012.

31. Albie Sachs. Vida e direito: uma estranha alquimia. Tradução de Saul Tourinho Leal. São Paulo: Saraiva, 2016, p. 14. 82.

cionando calcinhas e usando uma sacola plástica azul, vestimenta que foi encontrada envolvendo sua pélvis quando de sua exumação. "Ela simplesmente não falava", testemunhou um dos policiais envolvidos em sua morte. "Meu Deus..., ela era corajosa".

A artista plástica sul-africana Judith Mason chorou ao ouvir os depoimentos dos assassinos de Phila perante a Comissão. "Quem dera eu ter podido fazer um vestido para você", disse. A artista juntou sacolas plásticas azuis descartadas e as cozeu, fazendo um vestido. Na saia, pintou a seguinte carta:

> "Irmã, uma sacola plástica talvez não seja a armadura completa de Deus, mas você estava lutando com unha e dentes e contra poderes superiores, contra os senhores da escuridão, contra a maldade espiritual em lugares sórdidos. Suas armas eram seu silêncio e um pouco de lixo. Achar aquela sacola e vesti-la até ser exumada foi algo tão frugal, sensato, um ato de esposa zelosa, um ato simples..., em algum nível, você envergonhou seus captores, e eles não acrescentaram a seus maus tratos um segundo desnudamento. Mesmo assim, mataram você. Só sabemos sua história porque um homem com um riso constrangido lembrou-se de como você foi corajosa. Há testemunhos de sua coragem por toda parte; sopram pelas ruas e perambulam nas ondas e se enroscam nos espinheiros. Esse vestido é feito de alguns deles. *Hamb kahle. Umkhonto*.[32]

Falar sobre angústias nutridas no seu tecido social foi a saída honrosa encontrada pela África do Sul para construir o seu próprio modelo de democracia constitucional. O vestido acabou sendo colocado na Corte Constitucional como uma peça de arte valiosa. Lembrar inspirou orgulho e dignidade.

Abordar publicamente a crueldade suportada por Phila não a humilhou nem a diminuiu, pelo contrário, abriu caminho para que o país fizesse um reencontro necessário com o seu passado. Diante do inegável interesse público, não seria possível sequer cogitar que alguém – talvez os familiares de Phila? –, invocasse o direito à privacidade, ou ao esquecimento, para censurar a Comissão.

No Brasil, a Lei nº 12.528/2011 criou a Comissão Nacional da Verdade. Segundo o art. 1º da Lei, a Comissão visa "efetivar o direito à memória e à verdade histórica e promover a reconciliação nacional". Parte das finalidades da Comissão se conecta com o projeto Memórias Reveladas cujo mote é "Para que não se esqueça. Para que nunca mais aconteça". O Projeto disponibiliza a todos os arquivos sobre o período entre

---

32. Sachs, op. cit. p. 14.

as décadas de 1960 e 1980 – ditadura militar. No website, está escrito o seguinte:

> "Estamos abrindo as cortinas do passado, criando as condições para aprimorarmos a democratização do Estado e da sociedade. Possibilitando o acesso às informações sobre os fatos políticos do País reencontramos nossa história, formamos nossa identidade e damos mais um passo para construir a nação que sonhamos: democrática, plural, mais justa e livre."[33]

Há certas dores que não devem ser esquecidas e um país precisa ser livre para lidar com suas próprias feridas. Nenhuma nação passou imune aos abismos da história. A diferença está na forma de lidar com essas lembranças. Há interesse público em reiterar o respeito a grupos vulneráveis.

Assassinatos de mulheres têm sido lembrados em todo o mundo. É uma pauta global. Abordar a condição da mulher na sociedade atual empoderou cidadãs silenciadas. Bastou a Rede Globo abrir um fórum que as mulheres falaram sobre impunidade. Elas estavam cansadas de se verem obrigadas a esquecer.

Se, na África do Sul, a morte de Phila arrebentou os cadeados do esquecimento para servir como um catalizador da lembrança coletiva quanto às maldades do passado, no Brasil, foi Aída que mobilizou as mulheres da nossa comunidade a removerem o véu do medo e, empoderadas, se fazerem ouvir.

Ela foi tida como uma heroína, uma mártir. Educada por freiras espanholas católicas, Aída recebeu, *in memorian*, uma especial homenagem. Madre Eusébia Garmêndia, ex-superiora do educandário, enviou em 8/12/1959, para Dona Jamila (sua mãe), de Barcelona, a correspondência abaixo:

Minha boa e querida Dona Jamila,

> "Meus parabéns!
>
> Sim, meus parabéns, pois lhe coube a felicidade de ser mãe de uma mártir... disto eu não tenho a menor dúvida. Aída foi um modelo de educanda e continuará sendo um modelo verdadeiramente exemplar para as mocinhas do meu saudoso Brasil; este mundo miserável não merecia possuir uma criatura como ela, e Deus a levou, depois de demonstrar como ajuda, dando a coragem necessária até ao heroísmo para vencer as dificuldades e conseguir o cumprimento de nobres ideais. Sinto-me

---

33. Disponível em http://www.memoriasreveladas.gov.br/index.php/historico [acesso jan/2017].

feliz de ter convivido com a sua boníssima filha e minha angelical e dedicada Aída Curi.

O abraço amigo de

Madre E. Garmêndia."[34]

Além de ressaltar o heroísmo da jovem, a Madre, assim como fizeram as mulheres brasileiras, despejou suas emoções na mensagem. "(...) este mundo miserável não merecia possuir uma criatura como ela". Mesmo a Madre, em sua discrição clerical, não suportou esquecer. Ela também preferiu lembrar.

É preciso seguir lembrando para que possamos, enquanto membros de uma sociedade fraterna e solidária, tentar transformar a realidade. Pelo menos até o dia em que cartas sejam enviadas a mães para felicitá-las pela vida plena que suas meninas vivem, não borradas por lágrimas vertidas diante da penosa condição da mulher. Então teremos nossas heroínas vivas e ativas entre nós. Lembrar é a única saída. Por isso, jamais esqueceremos.

CONSIDERAÇÕES FINAIS

Não fosse toda a ornamentação feita sobre a expressão "direito ao esquecimento", o *leading case* da jovem Aída seria enxergado segundo suas próprias características, quais sejam, uma baixa complexidade fática e certa simplicidade jurídica. Não se trata de um caso difícil.

Irmãos da vítima de um crime acionam judicialmente a emissora de televisão que introduziu um debate público à luz de um crime cuja produção intelectual a respeito é incessante, um caso de domínio público em toda a sua essência. Querem, os autores, indenização por danos moral e material, além da imposição de censura à emissora. Têm, eles, direito, ou não?

A democracia constitucional brasileira consegue ter uma resposta a esse questionamento com base em seu ordenamento jurídico. Não faltam dispositivos na Constituição e na legislação. A resposta adequada ao Tema 786 da repercussão geral na Suprema Corte, questionando a aplicabilidade do direito ao esquecimento na esfera civil quando for invocado pela própria vítima ou pelos seus familiares (RE 1.010.606), parece ser a que afasta o pedido dos autores.

---

34. Disponível em: http://www.recantodasletras.com.br/resenhasdelivros/5562650 [acesso jan/2017].

A Constituição Federal de 1988, atenta à privacidade das pessoas e aliada do Código Civil que também tem enorme deferência à privacidade, fornece instrumentos legítimos a conduzirem uma discussão como essa.

Quanto mais se fala em direito ao esquecimento, mais lembrado é o caso. Como disse o professor William Dutton, do *Oxford Internet Institute*: "Esqueça o direito de ser esquecido".[35] Talvez seja mesmo o melhor a fazer.

BIBLIOGRAFIA

Mills, Jon L. Privacy: The Lost Right. Oxford University Press. 2008.

Jones, Meg Leta. Ctrl + Z. The Right to Be Forgotten. New York University Press. 2016.

Ash, Timothy Carton. Free Speech. Ten principles for a Connected World. Atlantic Books, London, 2016.

Ronald J. Krotoszynski, Jr. Privacy Revisited. A global perspective on the Right to Be Left Alone. Oxford University Press. 2016.

Whitman, James. The Two Western Cultures of Privacy: Dignity versus Liberty, 113 Yale L. J. 1151, 1160 (2004).

Cornell, Drucilla. Muvangua, Nyoko. Ubuntu and the Law: African Ideals and Postapartheid Jurisprudence. Fordham University Press, New York, 2012.

Sachs, Albie. Vida e direito: uma estranha alquimia. Tradução de Saul Tourinho Leal. São Paulo: Saraiva, 2016.

---

35. Timonthy Garton Ash (op. cit), p. 309.

MAU GOSTO NÃO É CRIME: ELOGIO CRÍTICO AO MINISTRO AYRES BRITTO NO JULGAMENTO DO HABEAS CORPUS N. 82.424[1]

Luís Carlos Martins Alves Jr.[2]

"A liberdade de expressão é a maior expressão da liberdade"
"Mantenho convictamente meu voto. Absolvo Siegfried Ellwanger Castan"
(Ministro Ayres Britto, HC 82.424)

SUMÁRIO: 1. Introdução 2. O julgamento do HC 82.424 3. O voto do ministro Ayres Britto 4. Conclusões 5. Referências.

1. INTRODUÇÃO

O presente texto visa elogiar as manifestações do ministro Ayres Britto por ocasião do julgamento do Habeas Corpus n. 82.424[3], no qual

---

1. Texto escrito em justa e merecida homenagem ao ministro Ayres Britto. A escolha desse tema tem justificação acadêmica e motivação afetiva. Acadêmica pela indiscutível e simbólica relevância do julgamento do Habeas Corpus n. 82.424 e pela inquestionável qualidade do voto do homenageado e dos votos dos outros membros da Corte. No aspecto afetivo há a admiração que nutro pelo ministro Ayres Britto, um profissional competente e acima de tudo um homem bom. Além disso, tive a ventura de assistir *in loco* as históricas sessões desse julgamento, pois à época era advogado militante perante o STF. Posso dizer que presenciei (vi, ouvi e senti) a construção de um capítulo da história do Tribunal. E na parede de minhas memórias essa lembrança é um quadro que me satisfaz, parodiando o inesquecível menestrel Belchior.

2. Bacharel em Direito, Universidade Federal do Piauí; doutor em Direito Constitucional, Universidade Federal de Minas Gerais; professor de Direito Constitucional, Centro Universitário de Brasília; membro do Centro Brasileiro de Estudos Constitucionais; procurador da Fazenda Nacional requisitado pela Subchefia para Assuntos Jurídicos da Casa Civil da Presidência da República.

3. BRASIL. Supremo Tribunal Federal. Plenário. *Habeas Corpus n. 82.424*. Relator ministro Moreira Alves. Redator do acórdão ministro Maurício Corrêa. Julgamento em 17.9.2003. Publicação no Diário de Justiça de 19.3.2004. Disponível: www.stf.jus.br.

o Supremo Tribunal Federal entendeu que a publicação de livros antissemitas consiste em prática de racismo e que essa conduta está alcançada pela cláusula da inafiançabilidade e imprescritibilidade penal, nos termos do disposto no inciso XLII do art. 5º, CF: "*a prática do racismo constitui crime inafiançável e imprescritível, sujeito à pena de reclusão, nos termos da lei*".

Segundo José Emílio Medauar Ommati[4], depois desse julgamento o Direito brasileiro nunca mais foi o mesmo. O relevo desse julgado também foi reconhecido por Samantha Ribeiro Meyer-Pflug[5]. Esses dois autores enfrentaram os limites e possibilidades do direito constitucional da liberdade de expressão especialmente nas hipóteses do denominado discurso do ódio. Ambos alcançaram conclusões diametralmente opostas. E, apesar disso, os seus argumentos são convincentes, o que conduz a ideia de que quando eles são bem construídos porque deram adequada compreensão dos fatos, com aceitável consideração dos valores culturais e com razoável interpretação dos textos normativos, devem ser respeitados e prestigiados, na linha consagrada por Chaïm Perelman[6].

O caráter histórico e simbólico desse julgamento resultou na publicação de seu acórdão em forma de livro[7], que foi prefaciado pelo então presidente do STF ministro Maurício Corrêa. Algumas passagens desse referido prefácio merecem transcrição:

> "*O respeito à dignidade da pessoa humana, um dos alicerces do Estado Democrático de Direito, pressupõe muito mais do que a previsão no ordenamento jurídico desse direito inalienável do cidadão, mas requer a adoção de políticas públicas concretas para garantir o respeito efetivo aos direitos do homem. É nesse contexto, que envolve não só os entes públicos, mas toda a sociedade, que ganha importância o debate que se travou no Supremo Tribunal Federal sobre a amplitude da proteção contra o racismo em nosso País.*
>
> *Surge, em consequência, a inevitável indagação: o preceito constitucional de imprescritibilidade do crime de racismo destina-se apenas à discriminação em relação aos negros?*

---

4. OMMATI, José Emílio Medauar. *Liberdade de expressão e discurso de ódio na Constituição de 1988.* 3ª ed. Rio de Janeiro: Lumen Juris, 2016, p. 21.

5. MEYER-PFLUG, Samantha Ribeiro. *Liberdade de expressão e discurso do ódio.* São Paulo: RT, 2009, p. 25.

6. PERELMAN, Chaïm. *Lógica Jurídica.* Tradução de Vergínia K. Pupi. São Paulo: Martins Fontes, 2000.

7. SUPREMO TRIBUNAL FEDERAL. *Crime de Racismo e anti-semitismo: um julgamento histórico no STF (HC n. 82.424).* Brasília: Supremo Tribunal Federal; Brasília Jurídica, 2004.

O tema chegou ao Supremo Tribunal Federal, com contornos de notável abrangência. Iniciou-se o julgamento em 12 de dezembro de 2002 e ao longo das exaustivas reflexões, discutiu-se a viabilidade de enquadramento de um processo de discriminação contra o povo judeu no conceito de racismo para os fins do inciso XLII do artigo 5º da Constituição brasileira.

A questão resume-se basicamente na seguinte assertiva: não sendo os judeus uma raça, mas sim um povo, revela-se impossível o cometimento de crime de racismo contra eles, não passando o caso de simples discriminação étnica ou religiosa. Essa a tese do habeas corpus levado a julgamento que inspirou várias dúvidas e o confronto de diversas correntes de pensamento. O que é racismo do ponto de vista jurídico-constitucional? Os judeus são uma raça? O povo judeu pode ser vítima de racismo? Quais os limites da liberdade de expressão do pensamento? E assim sucessivamente outras tantas perguntas emergem de tão relevante caso.

Após cinco longas sessões, em 19 de setembro de 2003, o Supremo Tribunal Federal concluiu o julgamento no qual prevaleceu, por maioria, a tese de que a discriminação deliberada contra o povo judeu configura ato ilícito de racismo, crime gravado pela imprescritibilidade e inafiançabilidade segundo nossa ordem constitucional.

A presente obra contém o inteiro teor dos votos proferidos pelos Ministros da Corte nas cinco sessões de julgamento desse caso histórico, absolutamente emblemático para a questão dos direitos humanos no Brasil. Pretende-se com essa iniciativa divulgar para a comunidade jurídica e aos cidadãos as teses defendidas e as discussões travadas nesta Corte a respeito de tão complexo e denso tema, a fim de que possa o Poder Judiciário contribuir para uma amadurecida reflexão sobre o racismo no País, que anseia por justiça social e respeito incondicional à dignidade da pessoa humana."

Nada obstante longa, a ementa do acórdão do mencionado julgado deve ser achegada porque sintetiza as teses que restaram consagradas:

"HABEAS-CORPUS. PUBLICAÇÃO DE LIVROS: ANTI-SEMITISMO. RACISMO. CRIME IMPRESCRITÍVEL. CONCEITUAÇÃO. ABRANGÊNCIA CONSTITUCIONAL. LIBERDADE DE EXPRESSÃO. LIMITES. ORDEM DENEGADA.

1. Escrever, editar, divulgar e comerciar livros "fazendo apologia de idéias preconceituosas e discriminatórias" contra a comunidade judaica (Lei 7716/89, artigo 20, na redação dada pela Lei 8081/90) constitui crime de racismo sujeito às cláusulas de inafiançabilidade e imprescritibilidade (CF, artigo 5º, XLII).

2. Aplicação do princípio da prescritibilidade geral dos crimes: se os judeus não são uma raça, segue-se que contra eles não pode haver discriminação capaz de ensejar a exceção constitucional de imprescritibilidade. Inconsistência da premissa.

3. Raça humana. Subdivisão. Inexistência. Com a definição e o mapeamento do genoma humano, cientificamente não existem distinções entre os homens, seja pela segmentação da pele, formato dos olhos, altura, pêlos ou por quaisquer outras características físicas, visto que todos se qualificam como espécie humana. Não há diferenças biológicas entre os seres humanos. Na essência são todos iguais.

4. Raça e racismo. A divisão dos seres humanos em raças resulta de um processo de conteúdo meramente político-social. Desse pressuposto origina-se o racismo que, por sua vez, gera a discriminação e o preconceito segregacionista.

5. Fundamento do núcleo do pensamento do nacional-socialismo de que os judeus e os arianos formam raças distintas. Os primeiros seriam raça inferior, nefasta e infecta, características suficientes para justificar a segregação e o extermínio: inconciabilidade com os padrões éticos e morais definidos na Carta Política do Brasil e do mundo contemporâneo, sob os quais se ergue e se harmoniza o estado democrático. Estigmas que por si só evidenciam crime de racismo. Concepção atentatória dos princípios nos quais se erige e se organiza a sociedade humana, baseada na respeitabilidade e dignidade do ser humano e de sua pacífica convivência no meio social. Condutas e evocações aéticas e imorais que implicam repulsiva ação estatal por se revestirem de densa intolerabilidade, de sorte a afrontar o ordenamento infraconstitucional e constitucional do País.

6. Adesão do Brasil a tratados e acordos multilaterais, que energicamente repudiam quaisquer discriminações raciais, aí compreendidas as distinções entre os homens por restrições ou preferências oriundas de raça, cor, credo, descendência ou origem nacional ou étnica, inspiradas na pretensa superioridade de um povo sobre outro, de que são exemplos a xenofobia, "negrofobia", "islamafobia" e o anti-semitismo.

7. A Constituição Federal de 1988 impôs aos agentes de delitos dessa natureza, pela gravidade e repulsividade da ofensa, a cláusula de imprescritibilidade, para que fique, ad perpetuam rei memoriam, verberado o repúdio e a abjeção da sociedade nacional à sua prática.

8. Racismo. Abrangência. Compatibilização dos conceitos etimológicos, etnológicos, sociológicos, antropológicos ou biológicos, de modo a construir a definição jurídico-constitucional do termo. Interpretação teleológica e sistêmica da Constituição Federal, conjugando fatores e circunstâncias históricas, políticas e sociais que regeram sua formação e aplicação, a fim de obter-se o real sentido e alcance da norma.

9. Direito comparado. A exemplo do Brasil as legislações de países organizados sob a égide do estado moderno de direito democrático igualmente adotam em seu ordenamento legal punições para delitos que estimulem e propaguem segregação racial. Manifestações da Suprema Corte Norte-Americana, da Câmara dos Lordes da Inglaterra e da Corte de Apelação da Califórnia nos Estados Unidos que consagraram entendimento que aplicam sanções àqueles que transgridem as regras de boa convivência social com grupos humanos que simbolizem a prática de racismo.

10. A edição e publicação de obras escritas veiculando idéias anti-semitas, que buscam resgatar e dar credibilidade à concepção racial definida pelo regime nazista, negadoras e subversoras de fatos históricos incontrover-

*sos como o holocausto, consubstanciadas na pretensa inferioridade e des-
qualificação do povo judeu, equivalem à incitação ao discrímen com acentuado conteúdo racista, reforçadas pelas conseqüências históricas dos
atos em que se baseiam. 11. Explícita conduta do agente responsável pelo
agravo revelador de manifesto dolo, baseada na equivocada premissa de
que os judeus não só são uma raça, mas, mais do que isso, um segmento
racial atávica e geneticamente menor e pernicioso.*

*12. Discriminação que, no caso, se evidencia como deliberada e dirigida
especificamente aos judeus, que configura ato ilícito de prática de racismo, com as conseqüências gravosas que o acompanham.*

*13. Liberdade de expressão. Garantia constitucional que não se tem como
absoluta. Limites morais e jurídicos. O direito à livre expressão não pode
abrigar, em sua abrangência, manifestações de conteúdo imoral que implicam ilicitude penal.*

*14. As liberdades públicas não são incondicionais, por isso devem ser
exercidas de maneira harmônica, observados os limites definidos na própria Constituição Federal (CF, artigo 5º, § 2º, primeira parte). O preceito
fundamental de liberdade de expressão não consagra o "direito à incitação ao racismo", dado que um direito individual não pode constituir-se
em salvaguarda de condutas ilícitas, como sucede com os delitos contra
a honra. Prevalência dos princípios da dignidade da pessoa humana e da
igualdade jurídica.*

*15. "Existe um nexo estreito entre a imprescritibilidade, este tempo jurí-
dico que se escoa sem encontrar termo, e a memória, apelo do passado
à disposição dos vivos, triunfo da lembrança sobre o esquecimento". No
estado de direito democrático devem ser intransigentemente respeitados
os princípios que garantem a prevalência dos direitos humanos. Jamais
podem se apagar da memória dos povos que se pretendam justos os atos
repulsivos do passado que permitiram e incentivaram o ódio entre iguais
por motivos raciais de torpeza inominável.*

*16. A ausência de prescrição nos crimes de racismo justifica-se como aler-
ta grave para as gerações de hoje e de amanhã, para que se impeça a
reinstauração de velhos e ultrapassados conceitos que a consciência jurídica e histórica não mais admitem. Ordem denegada."*

A corrente vencedora foi capitaneada pelo ministro Maurício Corrêa e secundada pelos ministros Celso de Mello, Gilmar Mendes, Carlos
Velloso, Nelson Jobim, Ellen Gracie, Cezar Peluso e Sepúlveda Pertence.
O argumento central dessa corrente consistiu na tese de que é possível
o cometimento de crime de racismo contra o povo judeu mediante a publicação de livros discriminatórios. A síntese dos argumentos e fundamentos dessa corrente majoritária está estampada na referida ementa
do acórdão do julgamento.

A corrente derrotada, composta pelos ministros Moreira Alves,
Ayres Britto e Marco Aurélio, concedeu a ordem de habeas corpus, sen-

do que para o ministro Moreira Alves não se estava diante de crime de racismo, uma vez que os judeus não seriam uma raça, mas um povo ou uma comunidade cultural, de sorte que o crime de preconceito contra os judeus não seria racismo e, por consequência, não poderia ser alcançada pela excepcional cláusula constitucional da inafiançabilidade e imprescritibilidade penal enunciada no citado inciso XLII, art. 5º, CF.

O ministro Marco Aurélio concedeu a ordem forte na tese de que seria desproporcional condenar alguém por divulgar, em livros, ideias discriminatórias contra os judeus, visto que em nossa experiência histórica e diante de nossa cultura, não temos experiências racistas contra os judeus, diferentemente do que ocorrido com os negros, com os índios, nordestinos e outras categorias. Assim, segundo o ministro Marco Aurélio, livros preconceituosos contra os judeus não conseguiriam instilar o ódio a ponto de reclamar a condenação de seus autores pelo crime de racismo, em linha argumentativa similar a do ministro Moreira Alves. Já o ministro Ayres Britto negou o cometimento de qualquer crime pelo paciente e o absolveu das acusações imputadas, forte na tese de que o autor dos livros exerceu o seu direito de livre pensar e de livre pesquisar, conquanto demonstrasse extremado equívoco científico, histórico e ideológico. Para o ministro Ayres Britto, "mau gosto não é crime".

Sem embargo da respeitabilidade e da boa qualidade dos argumentos esgrimidos nos votos dos outros ministros da Corte, o raciocínio desenvolvido pelo ministro Ayres Britto foi convincente e as suas manifestações foram desassombradas, tendo o seu voto ofertado uma correta solução para o problema disposto no caso concreto. É sobre esse voto que passarei a tecer os necessários elogios críticos. Nesse caminho analisarei, brevemente, os principais argumentos das manifestações dos outros ministros da Corte.

2. O JULGAMENTO DO HC 82.424

Na sessão de 12 de dezembro de 2002, teve início o julgamento do HC 82.424 com a leitura do relatório e prolação do voto do ministro Moreira Alves no sentido da concessão da ordem de habeas corpus para declarar a extinção da punibilidade do paciente pela ocorrência da prescrição da pretensão punitiva. O ministro Moreira Alves recordou que o habeas corpus foi impetrado em favor do paciente Siegfried Ellwanger Castan, representado pelos advogados Werner Cantalício João Becker e Rejana Maria Davi Becker, em face de acórdão da 5ª Turma do Superior Tribunal de Justiça cuja ementa restou vazada nos seguintes termos:

MAU GOSTO NÃO É CRIME: ELOGIO CRÍTICO AO MINISTRO AYRES BRITTO

"CRIMINAL. HABEAS CORPUS. PRÁTICA DE RACISMO. EDIÇÃO E VENDA DE LIVROS FAZENDO APOLOGIA DE IDÉIAS PRECONCEITUOSAS E DISCRIMINATÓRIAS. PEDIDO DE AFASTAMENTO DA IMPRESCRITIBILIDADE DO DELITO. CONSIDERAÇÕES ACERCA DE SE TRATAR DE PRÁTICA DE RACISMO, OU NÃO. ARGUMENTO DE QUE OS JUDEUS NÃO SERIAM RAÇA. SENTIDO DO TERMO E DAS AFIRMAÇÕES FEITAS NO ACÓRDÃO. IMPROPRIEDADE DO WRIT. LEGALIDADE DA CONDENAÇÃO POR CRIME CONTRA A COMUNIDADE JUDAICA. RACISMO QUE NÃO PODE SER ABSTRAÍDO. PRÁTICA, INCITAÇÃO E INDUZIMENTO QUE NÃO DEVEM SER DIFERENCIADOS PARA FINS DE CARACTERIZAÇÃO DO DELITO DE RACISMO. CRIME FORMAL. IMPRESCRITIBILIDADE QUE NÃO PODE SER AFASTADA. ORDEM DENEGADA.

I. O habeas corpus é meio impróprio para o reexame dos termos da condenação do paciente, através da análise do delito - se o mesmo configuraria prática de racismo ou caracterizaria outro tipo de prática discriminatória, com base em argumentos levantados a respeito dos judeus — se os mesmos seriam raça, ou não - tudo visando a alterar a pecha de imprescritibilidade ressaltada pelo acórdão condenatório, pois seria necessária controvertida e imprópria análise dos significados do vocábulo, além de amplas considerações acerca da eventual intenção do legislador e inconcebível avaliação do que o Julgador da instância ordinária efetivamente "quis dizer" nesta ou naquela afirmação feita no decisum.

II. Não há ilegalidade na decisão que ressalta a condenação do paciente por delito contra a comunidade judaica, não se podendo abstrair o racismo de tal comportamento, pois não há que se fazer diferenciação entre as figuras da prática, da incitação ou do induzimento, para fins de configuração do racismo, eis que todo aquele que pratica uma destas condutas discriminatórias ou preconceituosas, é autor do delito de racismo, inserindo-se, em princípio, no âmbito da tipicidade direta.

III. Tais condutas caracterizam crime formal, de mera conduta, não se exigindo a realização do resultado material para a sua configuração.

IV. Inexistindo ilegalidade na individualização da conduta imputada ao paciente, não há porque ser afastada a imprescritibilidade do crime pelo qual foi condenado.

V. Ordem denegada.

(Habeas Corpus n. 15.155 – RS. 5ª Turma do STJ. Relator ministro Gilson Dipp. Julgamento em 18.12.2001)"

Essa decisão do STJ manteve acórdão da 3ª Câmara Criminal do Tribunal de Justiça do Estado do Rio Grande do Sul que, em apelação criminal, cassou sentença absolutória, e condenou o paciente nas sanções do art. 20 da Lei n. 7.716/1989 (na redação da Lei n. 8.081/1990), à pena de 2 anos de reclusão, concedido o *sursis* pelo prazo de 4 anos. A ementa do acórdão do TJ austral brasileiro restou vazada nos seguintes termos:

"RACISMO. Edição e venda de livros fazendo apologia de idéias preconceituosas e discriminatórias. Art. 20 da Lei nº 7.716/89 (redação dada pela

579

Lei n° 8.081/90). Limites constitucionais da liberdade de expressão. Crime imprescritível. Sentença absolutória reformada."

(Apelação Crime n. 695130484. 3ª Câmara Criminal do TJRS. Relator desembargador Fernando Mottola)

Eis a redação do dispositivo da Lei n. 7.716/1989 que fundamentou a condenação do paciente:

> *"Art. 20. Praticar, induzir ou incitar, pelos meios de comunicação social ou por publicação de qualquer natureza, a discriminação ou preconceito de raça, religião, etnia ou procedência nacional.*
>
> *Pena de reclusão de dois a cinco anos."*

A sentença da Justiça meridional absolveu o réu assinalando que:

> *"... os textos dos livros publicados não implicam induzimento ou incitação ao preconceito e discriminação étnica do povo judeu. Constituem-se em manifestação de opinião e relatos sobre fatos históricos contados sob outro ângulo (...) simples opinião, no exercício constitucional da liberdade de expressão."*

(Processo n. 1391013255. 8ª Vara Criminal do município de Porto Alegre)

Em seu voto, o ministro Moreira Alves entendeu que a cláusula constitucional da inafiançabilidade e da imprescritibilidade é extravagante e deve ser interpretada de modo restritivo. Assim, não é qualquer crime de preconceito ou discriminação que deve ser "inafiançável e imprescritível", mas somente o preconceito ou discriminação "racial" é que deve ser excepcionalmente alcançado por essas aludidas consequências normativas. Lançando mão do elemento histórico e procurando alcançar o significado do termo "racismo" na Constituição, o ministro Moreira Alves analisou os anais da Assembleia Nacional Constituinte e concluiu que essa proteção normativa foi disposta para combater os conflitos raciais de nossa experiência histórica. Também procurou demonstrar que os "judeus" não podem ser considerados uma "raça", mas seriam um "povo" ou uma "cultura". Em sendo assim, o crime de preconceito contra os judeus não poderia ser considerado inafiançável e imprescritível.

Logo após o voto do relator, o ministro Maurício Corrêa, que foi senador constituinte, teceu alguns comentários laterais sobre a questão judaica e o tema das perseguições e discriminações sofridas por esse povo ao longo da história, tomando, inclusive, passagens bíblicas como referência. E pede vista dos autos para melhor exame com o seguinte arremate:

> *"Há de perguntar-se qual a relação disso tudo com o presente julgamento?*

MAU GOSTO NÃO É CRIME: ELOGIO CRÍTICO AO MINISTRO AYRES BRITTO

Sei que a loucura de Hitler nada tem a ver com o caso em si – e não falo isso para situar-me nesse terreno. Estou apenas dizendo que o povo judeu foi estigmatizado. Nas casas e passaportes judaicos havia um J como sinal do indesejável, do proscrito. Veja-se o que esse povo sofreu e vem sofrendo até hoje...

Pergunto: será que a Carta Federal, ao prescrever no inciso XLII do artigo 5º que 'a prática do racismo constitui crime inafiançável e imprescritível, sujeito à pena de reclusão, nos termos da lei', só se refere à raça, de um modo geral, visto que quem inspirou essa cláusula foi o então deputado constituinte Caó, cuja preocupação, em grande parte, teria nascido da circunstância de ser negro?

Será que todos os constituintes votaram a disposição tão-só com esse desiderato? Ou haveria elastério maior para incluir, como no caso, discriminações tidas como de racismo contra outros segmentos da sociedade brasileira?

Se os Colegas permitirem, pedirei vista dos autos. Não porque pretenda de pronto discordar do relator, o que poderei até fazê-lo, mas depois de amadurecida análise da matéria, que, em face da magna relevância jurídica, irá estabelecer o exato divisor de águas da extensão do preceito. Considere-se, ainda, que é a primeira vez que a Corte vai pronunciar-se especificamente acerca do tema, impondo-se, reconheçamos, maior aprofundamento de seu exame, sem nenhum demérito do douto voto já proferido.

Gostaria de fazer mais uma reflexão. Quando leio o citado inciso do artigo 5º da Constituição devo emprestar-lhe o sentido semântico de que só há racismo stricto sensu de raça ou devo proceder à análise comparativa para uma interpretação teleológica e harmônica com a Carta Federal?

Não estou dizendo que os judeus são ou não uma raça. Mas pergunto: será que a melhor exegese não seria a de entender o conjunto dos demais preceitos da Carta Federal relacionados com a matéria para situar essa discriminação contra os judeus como crime de racismo? Ou devo ler a disposição, conforme quer o ministro Moreira Alves, como dirigido à discriminação racial, considerando a clássica e ultrapassada definição antropológica de que a raça humana se constitui da branca, negra e amarela?

Teria sido essa a mens legislatoris ou pelo menos a mens legis?

Durante a Inquisição e a Segunda Guerra Mundial os ciganos também foram perseguidos, mas essa é outra história. Ninguém sofreu o trauma na própria carne, no sangue, com lágrimas e tudo, mais que o povo judeu.

Alguém poderá dizer que isso não será revitalizado. E os movimentos que, como temos visto, pipocam aqui e acolá, ora através dos KLU-KLUX-KLAN, SKIN HEADS e outras insanidades desse jaez que surgem no mundo e até no Brasil, de que é exemplo o livro de autoria do paciente 'HOLOCAUSTO. JUDEUS OU ALEMÃO', segundo se anuncia já ultrapassada a 29ª edição...

Estou apenas dizendo que há uma peculiaridade com relação a tudo que o mundo causou aos judeus, devendo a humanidade, pelo menos in memoriam ao trauma que sofreram, fazer-lhes justiça."

Após essas considerações, o julgamento foi suspenso em face do pedido de vista do ministro Maurício Corrêa. Com apenas 4 meses, na sessão de julgamento de 9 de abril de 2003, o ministro Maurício Corrêa trouxe o seu voto-vista para apreciação colegiada. Nesse voto o ministro reconheceu o fato de que não há "raças" humanas, mas apenas uma única raça humana, de sorte que a ideia de superioridade racial é, no mínimo, um equívoco biológico e uma deturpação ética. Nada obstante, em nome desse equívoco e deturpação, houve quem discriminasse e perseguisse outras pessoas ou segmentos humanos. Daí que apesar de inexistirem "raças", o racismo existe. E causou (e ainda tem causado) muitos males. Nessa perspectiva, o antissemitismo pode ser compreendido como um racismo praticado contra os judeus. Em seu voto, o ministro Maurício Corrêa recordou tristes passagens da história e o quanto de sofrimento e perseguições sofreram os judeus por força do antissemitismo atávico que teve sua culminância no Holocausto provocado pelos nazistas durante a Segunda Guerra Mundial. E, segundo o ministro, os livros do autor disseminavam ódio e antissemitismo, o que atrairia a censura judicial.

Após essa manifestação do ministro Maurício Corrêa, o ministro Moreira Alves pediu a palavra para confirmar o seu voto e assinalou:

> "... farei considerações que reputo oportunas, porque, em face do voto discordante, poderia ter-se a impressão de que seria eu um inimigo do povo judaico, desprezando o seu sofrimento na guerra para ater-me a uma interpretação quase nazista, quiçá também fascista, porque na época de Mussolini, como acentuou o professor Celso Lafer, editou-se na Itália lei segundo a qual todas as raças, que não a italiana, seriam inferiores.
>
> Sucede, porém, Sr. Presidente, que, no presente _habeas corpus_, não se está discutindo se a condenação viola a liberdade de pensamento, mas, sim e apenas, a questão da imprescritibilidade sob a alegação de que, no caso, não houve crime de racismo. Por isso, após a observação do Ministro Pertence, salientei que só por concessão de ofício se poderia chegar à inexistência de crime de discriminação por atos de incitamento em face da referida liberdade.
>
> Concluindo, Sr. Presidente, mantenho o meu voto, em que, como sempre pautei minha atuação como juiz, procurei cumprir a Constituição, sem levar em consideração aspectos emocionais que não diziam, nem dizem, respeito à nossa tradição racial. E as considerações que agora faço, faço-as para deixar bem clara a posição que nele assumi."

Após a confirmação de voto do ministro Moreira Alves, o ministro Celso de Mello pediu licença para antecipar o seu voto e acompanhar o voto dissidente do ministro Maurício Corrêa no sentido de indeferir a ordem de HC, forte na tese segundo a qual o antissemitismo é prática racista que agride a dignidade da pessoa humana e que deve ser combatido. E que a intolerância e o discurso de ódio devem ser proscritos pelas leis, tratados e Constituições, optando-se pela supremacia dos direitos humanos e do princípio da igualdade jurídica. Depois do voto do ministro Celso de Mello, houve pedido de vista do ministro Gilmar Mendes.

Na sessão de julgamento de 26 de junho de 2003, houve a exposição do voto-vista do ministro Gilmar Mendes no sentido de indeferir a ordem de habeas corpus forte na tese de que a condenação do paciente foi proporcional, visto que os livros não se tratavam de obras revisionistas, mas de divulgação de ideias que atentam contra a dignidade dos judeus, posto que estimulam, de modo reiterado, o ódio e a violência contra essas pessoas pelo simples fato de serem judeus. Dessa sorte, a liberdade de expressão não garante o direito à intolerância racial e ao estímulo à violência. Logo após o voto-vista do ministro Gilmar Mendes, houve pedido de vista antecipada feito pelo ministro Marco Aurélio, que assim justificou o seu pleito:

> *"Senhor Presidente, se os Colegas que me antecedem na votação permitirem, estimo ter vista antecipada dos autos. Informo, desde já, que refletirei principalmente sobre um bem que acredito ser, em uma sociedade democrática, de envergadura maior, que é a liberdade de expressão, sem desconsiderar, evidentemente, os parâmetros do próprio habeas corpus."*

O ministro Ayres Britto, em sua primeira intervenção nesse julgamento, pediu a palavra e assim se manifestou:

> *"Sr. Presidente, não me oponho à antecipação de vista do ministro Marco Aurélio, mas gostaria de expor um rápido pensamento que talvez ajude à elucidação do caso.*
>
> *Assim pensando, estou tentando conciliar os dois princípios: o da vedação do preconceito e o da liberdade de pensamento.*
>
> *Certamente, como todos aqui – e como o eminente ministro Marco Aurélio acabou de dizer -, prezo muito o princípio da liberdade de pensamento.*
>
> *Lembro-me de que quando era adolescente, dezoito ou dezenove anos, fiz um poema que começa dizendo assim: a liberdade de expressão é maior expressão da liberdade. Então, eu me inclinaria, na discussão deste caso, por uma interpretação mais generosa do princípio da liberdade de pensamento. Entretanto, entendo que exprimir o pensamento é uma coisa, mas, a pretexto de exprimir o pensamento, induzir, incitar, convocar certas práticas racistas, isso já é outra coisa. Quero dizer que pode haver um transbordamento do campo da lídima expressão do pensamento para o campo da ação propriamente dita. Por exemplo, expor uma ideia, conceber uma teoria, defender um ponto de vista, científica ou artisticamente,*

convenhamos, é liberdade de expressão. Entretanto, se, na exposição do pensamento, se contiver uma provocação, uma incitação, um induzimento, uma convocação para a ação propriamente dita, aí, já temos o transbordamento da reflexão para a ação propriamente dita.

Se eu tivesse de votar agora teria a necessidade pedir vista em mesa do processo, para ler melhor o acórdão e perceber de que maneira o autor, ao exprimir o seu pensamento, limitou-se à expressão do pensamento ou transbordou para o campo da apologia, do induzimento, da incitação.

Se for possível, regimentalmente, gostaria de perlustrar o acórdão, objeto do habeas corpus."

Nada obstante o pedido de vista do ministro Marco Aurélio e a aludida manifestação do ministro Ayres Britto, houve continuidade da sessão de julgamento com a prolação dos votos antecipados dos ministros Carlos Velloso, Nelson Jobim, Ellen Gracie e Cezar Peluso. Todos esses ministros acompanharam o voto dissidente do ministro Maurício Corrêa e endossaram, em linhas gerais, a tese de que os livros do paciente foram instrumentos para o cometimento do crime de racismo contra os judeus. Após o voto do ministro Cezar Peluso, o julgamento foi suspenso pelo pedido de vista do ministro Ayres Britto.

Na sessão de 27 de agosto de 2003, o ministro Ayres Britto apresentou o seu voto-vista. Mas esse voto será analisado em tópico específico. Pede-se licença para inverter a ordem cronológica, passando-se a examinar, rapidamente, os votos proferidos na última sessão de julgamento, ocorrida em 19 de setembro de 2003. Nessa última sessão faltavam votar os ministros Marco Aurélio e Sepúlveda Pertence.

Segundo o ministro Marco Aurélio estava-se diante de uma colisão entre direitos fundamentais: de um lado a liberdade de expressão, de outro a proibição do discurso de ódio contra os judeus. Assinalou o ministro que não existiam dados concretos que demonstrassem com segurança o fato de que o paciente, via publicação e edição de livros, teria conseguido instigar ou incitar a prática de racismo contra os judeus. Para o ministro Marco Aurélio os livros deixam claro ideias preconceituosas contra os judeus, mas essas ideias não seriam suficientes para caracterizar a prática de racismo. E que os livros, de per si, não são suficientes para motivarem condutas de ódio, sem a predisposição cultural do leitor.

Eis, segundo o ministro Marco Aurélio, o ponto-chave da questão posta: a sociedade brasileira não tem nem teve predisposição para a prática de racismo contra os judeus. Ou seja, segundo o ministro, o solo brasileiro não é fértil para vicejar o preconceito e a discriminação contra os judeus, diversamente do que ocorreu e ainda ocorre em relação aos negros, indígenas e nordestinos, por exemplo. No Brasil, segundo o ministro, um livro já mais teria condições de atentar contra a dignidade dos judeus, colocando-os em perigo. Assim, segundo o ministro, a condenação do paciente seria apenas um aspecto da *"jurisprudência simbólica"* ou de uma *"jurisprudência álibi"* para dar uma satisfação politicamente correta perante alguns setores da sociedade, com o sacrifício da liberdade de expressão do pensamento. Por essas e outras razões, o ministro Marco Aurélio concedeu a ordem para assentar a inexistência da prática de racismo.

Após o voto do ministro Marco Aurélio, os ministros Celso de Mello, Carlos Velloso, Gilmar Mendes, Nelson Jobim e Maurício Corrêa se manifestaram para confirmar os seus votos no sentido da denegação da ordem do habeas corpus. O ministro Ayres Britto também reafirmou o seu voto no sentido da concessão, mas fez questão de ressaltar que para ele os judeus podem ser vítimas de racismo mediante a publicação de livros, porém no caso concreto os livros não eram racistas nem preconceituosos, logo não eram instrumentos criminosos.

O último voto foi proferido pelo ministro Sepúlveda Pertence, à época o decano da Corte. Segundo ele a imprescritibilidade penal é uma irracionalidade normativa, mas essa nota esdrúxula tem sido comum no constitucionalismo latino-americano redemocratizado a partir dos anos 80 e 90 do século XX. Nada obstante, segundo o ministro, o preconceito antissemita constitui racismo. Todavia, o ministro Pertence recordou a experiência histórica nacional no período do autoritarismo político nas décadas de 60 e 70 do século XX, acompanhada de perto por ele, e os temores de que os "livros" ou as "publicações" possam ser instrumentos de crime de racismo. Mas, superando os seus temores, ao final ele se convenceu de que "livros" podem incitar o racismo e que no caso sob exame isso teria acontecido. Por isso, o ministro Pertence acompanhou a dissidência inaugurada pelo ministro Maurício Corrêa e denegou a ordem de habeas corpus.

Feita essa breve narrativa dos votos dos demais ministros do STF, passa-se ao elogio crítico do voto do ministro Ayres Britto.

3. O VOTO DO MINISTRO AYRES BRITTO

O ministro Ayres Britto dividiu o seu voto em três grandes partes: a introdução, a preliminar pela concessão de ofício do habeas corpus, que obrigou o Tribunal a discutir uma "questão de ordem" suscitada, e o mérito no qual defendeu o não cometimento de crime algum pelo paciente. Na introdução iniciou recordando o histórico processual do feito, bem com as manifestações dos outros ministros da Corte sobre o tema, revelando, até aquele momento, como estava o "estado da arte" do habeas corpus.

Nessa introdução, o ministro informou como pretendia enfrentar a questão. Relembrou que o caso obrigava a Corte a fazer um cotejo de vários princípios jurídicos envolvidos. O ministro denomina alguns princípios de *protoprincípios* (livre iniciativa, pluralismo político, e os que estão nos arts. 1ª a 4º da Constituição) e intitula do da dignidade da pessoa humana como o *megaprincípio*, por ser a razão de ser de todo o ordenamento jurídico-constitucional. Nessa toada, segundo o ministro, a solução do problema deveria ser encontrada de um modo que satisfizesse uma "sociedade culturalmente pluralista"; ou seja:

> *"de uma sociedade que se compõe de grupos humanos culturalmente díspares, formados por seres dotados de estrutura biopsíquica também personalíssima. Vale dizer, pessoas de mundividência e gosto pelas coisas verdadeiramente únicos. Por isso mesmo, pessoas que se fazem detentores de uma jurídica autonomia de vontade para materializar as suas insimilares convicções políticas e filosóficas de parelha com suas também insimilares preferências estéticas, profissionais, sexuais, religiosas, culinárias etc., pois somente assim é que o ser humano se realiza enquanto ser humano mesmo (...) Assumindo o Direito Positivo, de conseguinte, o inevitável risco de ver uma dada autonomia de vontade a se antagonizar com outra, por abuso de uma delas.*
>
> *Este o fadário, a assumida destinação de um Direito que faz da convivência entre os contrários um dos mais expressivos conteúdos da Democracia (Tobias Barreto dizer ser o Direito o modus vivendi possível). Sabendo, de antemão, que a abstrata legitimação do uso de uma vontade individual pode resvalar para a danosa prática da abusividade. Mas também por antecipação convencido da maior valiosidade da premissa democrática de que não é pelo receio do abuso que se vai proibir o uso daqueles direitos e garantias em que mais resplende o valor da Liberdade. Há fórmulas compensatórias de resolução de conflitos e a ponderação jurisdicional dos interesses em jogo é a mais estratégica de todas elas. Com o quê a sociedade por recobrar o seu necessário estado de harmonia.*
>
> *Ciente e consciente de tal sobredificuldade metodológica antecipo que todo o meu esforço operacional será o de demarcar o campo de lídima expressão de cada princípio em estado potencial de atrito, a fim de evitar o concreto sacrifício de um deles. Se não me for possível fazê-lo, também adianto que a minha preferência recairá sobre essa ou aquela norma-princípio que melhor assegure a aplicabilidade de outras que também tenham tudo a ver com o preâmbulo da Constituição, os fundamentos (incisos de I a V do art. 1º da CF) e os objetivos fundamentais da República*

Federativa do Brasil (incisos de I a IV do art. 3º da mesma CF). Dito pela forma contrária, o meu crivo de seleção prestigiará esse ou aquele princípio que, no caso vertente, menos sacrifício imponha aos demais. Demais princípios, reafirmo, nos páramos da mesma santíssima trindade do preâmbulo da Constituição e dos fundamentos e objetivos fundamentais da Federação Republicana brasileira."

Depois desse introito, o ministro Ayres Britto suscitou a preliminar de concessão de ofício do HC. Segundo o ministro não ficou demonstrado que os livros tenham sido escritos e publicados após a vigência do art. 20 da edição da Lei n. 7.716, de 1989, que foi acrescentado pela Lei n. 8.081 de 1990. E que a criminalização de símbolos, emblemas, ornamentos distintivos visando a divulgação do nazismo se deu com a edição da Lei n. 9.459, de 1997. Portanto, a conduta do paciente foi atípica à época dos fatos, pois não havia lei vigente que criminalizasse sua conduta de divulgar livros antissemitas.

Para alcançar essa conclusão o ministro assinalou:

> *"Realmente, fácil é perceber que:*
>
> *I – são de 1989 as datas de edição ou reedição dos seguintes livros, objeto da denúncia e apreendidos por ordem judicial: O Judeu Internacional, de Henry Ford; Os Protocolos dos Sábios de Sião, apostilada por Gustavo Barroso; Brasil – Colônia de Banqueiros, de Gustavo Barroso; Holocausto – Judeu ou Alemão? – nos Bastidores da Mentira do Século, de autoria dele mesmo, paciente, sob o pseudônimo de S. E. Castan;*
>
> *II – não vem acompanhada de nenhuma indicação de data a 3ª edição do livro Os conquistadores do Mundo – os verdadeiros criminosos de guerra, que tem por autor o húngaro Louis Marschalko, mas é de presumir que tenha sido anterior à data da denúncia, pois o fato é que esse livro, cuja 1ª edição é de 1958, já constava da representação em que se louvou o Órgão Promotorial para o ajuizamento da denúncia (e tal representação é de 3 de julho de 1990);*
>
> *III – finalmente, as outras duas obras (A História Secreta do Brasil, 1ª reedição, escrita por Gustavo Barroso, e Hitler, Culpado ou Inocente?, 1ª edição, impresso (que foi o de 1990). Nenhuma referência existe quanto ao mês das respectivas publicações, porém é de se presumir que esse mês tenha sido anterior à data de publicação da Lei n. 8.081 (sem falar que a primeira delas também figurava na citada representação, enquanto a outra, por silêncio do Ministério Público, não comporta exegese que não seja a do in dubio pro reo)."*

Depois dessa provocação do ministro Ayres Britto instalou-se um forte debate no seio da Corte. O ministro Nelson Jobim questiona o ministro Ayres sobre a possibilidade de se examinar o conteúdo das provas (no caso os livros) no julgamento de habeas corpus, o que seria uma subversão do processo e que seria uma questão de fato, insuscetível de apreciação no julgamento de habeas corpus. O ministro Ayres Britto socorre-se em verso de Camões: *"Cessa tudo que a antiga musa canta que outro valor mais alto se alevanta"*. O ministro Jobim rebateu dizendo que "Camões não conhecia Processo Penal". Mas o ministro Britto assinalou que se "trata de impedir a consumação de nulidade absoluta: a retroatividade incriminadora da lei".

O debate foi intenso e acalorado, com todos os demais ministros da Corte contra a proposta do ministro Ayres Britto, que maneira vibrante e quixotesca se manteve fiel na defesa de seu ponto de vista. A proposição do ministro Ayres foi rejeitada pelos demais ministros. A justificativa sintética da rejeição da concessão de ofício do HC consistiu em basicamente duas razões: a) não constava nos fundamentos do habeas corpus a tese da anterioridade penal nem a da liberdade de expressão; e b) não estavam presentes elementos suficientes e necessários para a concessão de ofício do HC.

Nada obstante essa rejeição que deixou o ministro Ayres Britto em posição escoteira, ele não se deu por convencido e reafirmou:

> *"Sr. Presidente, não retiro a proposta, porque fiz uma coisa muito simples: li a denúncia e busquei as datas nela própria. Acabei de receber o processo. A autoridade denunciante indica as datas de edição e reedição dos livros, e elas ou são manifestamente anteriores à data da lei increpadora, ou, simplesmente suscitam aquela dúvida. A lei é de 90. Há dois livros que são de 90, mas o órgão promotorial público não diz em que mês essas edições ou reedições se deram. Então, aplico o princípio constitucional do in dubio pro reo; simplesmente isso. Mas acato, do ponto de vista do respeito, a decisão de V. Exa., e não tenho como deixar de fazê-lo, apenas não mudo de opinião. Peço vênia para persistir na minha proposta."*

Superada a preliminar suscitada pelo ministro Ayres Britto, ele passou a votar no mérito do habeas corpus e defendeu o não cometimento de crime algum pelo paciente. O voto de mérito também tem duas grandes divisões (o regime constitucional do racismo e o concreto agir do paciente) e outras subdivisões (o racismo enquanto crime, a significação coloquial do substantivo "prática" etc.), todas visando a demonstrar um encadeamento lógico do seu raciocínio.

Nessa parte, o ministro Ayres Britto deixou assentado que a criminalização do racismo tem estofo constitucional, não apenas legal. E que para uma adequada compreensão dos mandamentos constitucionais se fazia necessário uma correta interpretação da Constituição e dos sentidos técnicos e coloquiais das palavras constantes nos textos normativos.

Invocou o magistério de Gilberto Freyre, de Celso Ribeiro Bastos e o de Geraldo Ataliba. Deste último assinalou, em suas palavras, "esta lapidação de joia de pensamento":

> "A interpretação constitucional deve ser feita de maneira diversa da do direito ordinário, porque sabemos que no direito constitucional a exceção é o emprego de termos técnicos. Na norma constitucional, havendo dúvida sobre se uma palavra tem sentido técnico ou significado comum, o intérprete deve ficar com o comum, porque a Constituição é um documento político; já nos setores do direito ordinário a preferência recai sobre o sentido técnico, sendo que a acepção comum só será admitida quando o legislador não tenha dado elemento para se infira uma acepção técnica."

Nessa linha, o ministro analisou as possibilidades semânticas e normativas, cotejando os textos normativos e perspectivando com autores do Direito e de outros domínios do saber e da cultura, das expressões "racismo", "raça", "cor", "preconceito" e "discriminação", para concluir que o crime de racismo não visa combater apenas o preconceito ou a discriminação decorrente da raça ou racial, nem tampouco o preconceito de cor, mas o "racismo" significa a discriminação preconceituosa fundada em uma equivocada e deturpada visão de superioridade que alguns segmentos de pessoas supostamente julgavam possuir em relação a outros segmentos de pessoas humanas. Assim, segundo o ministro, o preconceito e a discriminação contra os judeus poderiam ser compreendidos como racismo, crime inafiançável e imprescritível.

O ministro também enfrentou o tema dos "usos" e "abusos" da liberdade de expressão. Segundo ele, uma coisa é a liberdade de que desfruta *"quem quer que seja para dizer o que quer que seja"* ou ainda para trazer à ribalta suas incursões pelos domínios da Arte, do Intelecto, da Ciência, ou da Comunicação; outra coisa bem diferente, segundo o ministro, é o titular dessas liberdades ficar imune a resposta por eventual agravo a terceiros, ainda que não intencionalmente cometido, ou pior ainda, assinalou o ministro, deixar de responder pelos abusos em que vier a incorrer, deliberadamente.

O ministro Ayres Britto dividiu a liberdade de expressão em quatro partes: a intelectual, a científica, a artística e a de comunicação. Mas segundo ele três comportamentos são regrados como excludentes de abusividade: a crença religiosa, a convicção filosófica e a convicção política. Nada obstante, segundo o ministro Ayres Britto, a Constituição repudia o racismo e o caracteriza como crime inafiançável e imprescritível, de sorte que eventual acanhamento interpretativo alquebra a força normativa da Constituição e atenta contra o princípio da instrumental da máxima efetividade da "Lei das Leis". Daí que o que interessa para a Constituição é a intersubjetividade da revelação do preconceito, não os meios utilizados para tal exteriorização, ou a forma pela qual o discriminador se enlaça a terceiros. Nessa batida, o ministro assentou que as práticas abusivas que sejam reconhecidas como criminosas devem ser punidas.

Fincadas as premissas, o ministro Ayres Britto analisou "o concreto agir do condenado, ora paciente" e assinalou:

> "... o que me incumbe enquanto julgador é saber se o brasileiro Sigfried Ellwanger Castan abusou, ou não, da sua liberdade de expressão. Se extravasou, ou não, os limites jurídicos da sua autonomia de vontade, passando a discriminar todo o povo judeu. Porque dessa resposta é que depende o deferimento, ou, ao inverso o indeferimento do habeas corpus sob judice. Sem que se possa levantar contra esse modelo concreto de subsunção o argumento dos mais estreitos lindes probatórios do heroico remédio em que o habeas consiste."

O ministro passou a discorrer sobre as obras escritas pelo autor (então paciente do habeas corpus), e chegou à conclusão, segundo ele penosa, de que se trata de um livro de pesquisa histórica, de revisitação ou de revisionismo histórico, mediante a exposição das convicções filosóficas e políticas do paciente, estando, portanto, no livre campo das ideias. E, segundo o ministro, não há incitação ao ódio contra os judeus. Há, segundo ele, um ataque ao "sionismo internacional", que seria, na visão do paciente (escritor) e compartilhada por muitos outros autores e personalidades políticas e sociais ao longo da história, uma visão ideológica de supremacia dos interesses dos judeus. E que o paciente, enquanto autor, escreveu uma obra de vasta pesquisa histórica, de sorte que a discordância com as ideias explanadas pelo paciente, enquanto "intelectual" não autorizava a sua criminalização, visto que "não é crime tecer uma ideologia", ainda que essa ideologia seja pouco verossímil e equivocada, como a do paciente.

Depois de analisar os livros escritos pelo paciente, o ministro passou a analisar os livros que ele editou e publicou. E também nesse campo reconheceu o exercício do direito de livre pesquisa científica, especialmente pelo fato de que tais obras estavam à disposição do público desde há muito tempo, circulando livremente em vários países do mundo, como sucede com o livro. E, segundo o ministro, em todas elas estavam as marcas da liberdade político-ideológica e o combate ao movimento político "sionista". Em suma, segundo o ministro Ayres Britto, os livros escritos e os publicados pelo paciente não seriam livros que praticavam o racismo, mas livros que externalizavam uma opinião político-ideológica, que era equivocada, mas ainda assim protegida pela Constituição. Assim segundo o ministro não houve abuso da liberdade de expressão, mas uso desse direito. E, segundo o ministro, da leitura dos livros não seria crível o leitor, apenas por essa leitura, cometer atos de ódio contra os judeus, salvo em situações excepcionalíssimas e de predisposição patológica. Mas aí, o livro seria usado como pretexto, mas não como instrumento.

E, forte nesses argumentos e fundamentos, o ministro votou pelo deferimento do habeas corpus. Na última sessão de julgamento, ocorrida em 19 de setembro de 2003, o ministro reiterou o seu entendimento e voltou a travar um áspero debate com os demais ministros da Corte e mesmo diante de duras críticas de alguns colegas pronunciou as suas últimas palavras nesse histórico e simbólico julgamento: *"Mantenho convictamente meu voto. Absolvo Siegfried Ellwanger Castan".*

4. CONCLUSÕES

Como foi dito logo no começo deste texto, José Emílio Medauar Ommati e Samantha Ribeiro Meyer-Pflug visitaram esse julgamento e estressaram o tema da liberdade de expressão e discurso do ódio. E ambos chegaram a conclusões diametralmente opostas. Segundo José Emílio Medauar Ommati o STF acertou em indeferir a ordem de habeas corpus pois a Constituição não alberga o direito de manifestar o ódio e a intolerância, de modo que seria uso ilegal e abusivo da liberdade de expressão. Já para Samantha Ribeiro Meyer-Pflug deveria o Tribunal ter prestigiado a liberdade de expressão e o direito de livre pesquisa e de liberdade ideológica, mesmo diante do discurso de ódio.

O STF fez justiça? Ou Siegfried Ellwanger Castan foi vítima de uma injustiça? Se se entender que o paciente teve garantido o devido processo legal, com a mais ampla defesa e contraditório, desde a primeira instância (Vara Criminal de Porto Alegre), passando por todas as demais instâncias judiciais (TJ/RS, STJ e STF), tendo todos os atores processuais (as partes, os interessados, as autoridades policiais, os membros do Ministério Público, os magistrados e os advogados) envolvidos no processo agido com integridade (respeito e considerações pelos demais atores e pelo Direito, buscando a verdade, produzindo provas válidas e usando argumentos convincentes) e todos eles agindo com liberdade, com responsabilidade e com boa-fé, o resultado do processo foi justo e adequado, ainda que contrário aos interesses de Ellwanger.

Se dependesse do voto do ministro Ayres Britto o paciente teria obtido o deferimento de sua postulação e os seus livros estariam protegidos pelo manto constitucional da liberdade de expressão decorrente das pesquisas científicas e das convicções filosóficas e políticas. A maioria da Corte assim não entendeu e o fez de modo sério, em exame aprofundado da questão. O resultado do julgamento não foi lotérico. Foi fruto da seriedade e da integridade dos ministros do Tribunal. Essa é garantia de Justiça que podemos ter: magistrados íntegros, que analisam as circunstâncias fáticas com seriedade e aplicam as leis com equilíbrio.

5. REFERÊNCIAS

BRASIL. Supremo Tribunal Federal. Plenário. *Habeas Corpus n. 82.424.* Relator ministro Moreira Alves. Redator do acórdão ministro Maurício Corrêa. Julgamento em 17.9.2003. Publicação no Diário de Justiça de 19.3.2004. Disponível: www.stf.jus.br.

MEYER-PFLUG, Samantha Ribeiro. *Liberdade de expressão e discurso do ódio.* São Paulo: RT, 2009, p. 25.

OMMATI, José Emílio Medauar. *Liberdade de expressão e discurso de ódio na Constituição de 1988.* 3ª ed. Rio de Janeiro: Lumen Juris, 2016, p. 21.

PERELMAN, Chaïm. *Lógica Jurídica.* Tradução de Vergínia K. Pupi. São Paulo: Martins Fontes, 2000.

SUPREMO TRIBUNAL FEDERAL. *Crime de Racismo e anti-semitismo: um julgamento histórico no STF (HC n. 82.424).* Brasília: Supremo Tribunal Federal; Brasília Jurídica, 2004.

DE AYRES A BRITTO: AS LIÇÕES DE CARLOS SOBRE A SEGURANÇA JURÍDICA E O TEMPO DO DIREITO

Alessia Barroso Lima Brito Campos Chevitarese[1]

SUMÁRIO: Introdução. 1. O tempo do direito: o legado republicano da "confiança". 2. Estado democrático e a sociedade: a força aglutinadora da segurança jurídica. Considerações finais. Referências.

INTRODUÇÃO

Soube através da Assessoria de Comunicação da vinda do Ministro Britto para o UniCEUB. Que grata satisfação! Após a primeira palestra, tive a honra de conhecer o Professor Ayres. Ser humano ímpar que respira cultura e inspira eticidade, em suas próprias palavras: "ética: arte mais alta de se dar ao respeito".[2] E, ainda sobre a verdade, essência do *ethos*: "a silhueta da verdade só assenta em vestidos transparentes. Ao contrário da roupa no tanque ou nas pedras do rio, quanto mais se torce a verdade mais ela encarde."[3] De suas lições se compreende o mundo para além do Direito. Bobbio, ao analisar sobre os homens de cultura, parece descrever o ser humano Carlos Ayres Britto:

---

1. Advogada e Professora na graduação em Direito e pós-graduação *lato sensu* do Centro Universitário de Brasília- UniCEUB/DF. Doutora e Mestre em Direito pelo UniCEUB/DF. Especialista em Direito Público no Instituto Brasiliense de Direito Público – IDP/DF. Membro do Centro Brasileiro de Estudos Constitucionais – CBEC/ UniCEUB/DF. Coordenadora adjunta do CBEC – Universitário/ UniCEUB/DF.

2. BRITTO, Carlos Ayres. (Ilustração Tiago Elcerdo). Caderno Ilustríssima. Folha de São Paulo. (Disponível em: http://www1.folha.uol.com.br/ilustrissima/2017/05/1887638-leia-alguns--poemas-zas-ineditos-de-carlos-ayres-britto.shtml). Acesso em: 28. Maio. 2017.

3. BRITTO, Carlos Ayres. (Ilustração Tiago Elcerdo). Caderno Ilustríssima. Folha de São Paulo. (Disponível em: http://www1.folha.uol.com.br/ilustrissima/2017/05/1887638-leia-alguns--poemas-zas-ineditos-de-carlos-ayres-britto.shtml). Acesso em: 28. Maio. 2017.

"Hoje, a tarefa dos homens de cultura é a de semear dúvidas, não a de colher certezas. [...] Cultura significa medida, ponderação, circunspecção: avaliar todos os argumentos antes de se pronunciar, controlar todos os testemunhos antes de decidir, e não se pronunciar e nunca decidir à maneira de oráculo do qual dependa, de modo irrevogável, uma escolha peremptória e definitiva. [...] Escutai o sábio que respira nosso ar saturado de existencialismo: dirá que os problemas não se resolvem, mas se decidem."[4]

Nesse artigo em especial optou-se por analisar a segurança jurídica a partir de um diálogo entre autores, como é próprio do Professor Ayres, para quem o verdadeiro conhecimento só se constrói na contraposição de ideias e no âmbito do pensamento crítico, "que é parte integrante da informação plena e fidedigna".[5] Assim, de "Ayres" como a leveza e indispensabilidade do ar, o movimento do tempo, até a base segura da pequena pedra "brita" ou "Britto" em sobrenome, iremos percorrer os sentidos de segurança jurídica.

O primeiro questionamento que se faz é: Como percebemos o tempo e a mutabilidade no Direito? Sob o olhar de Chronos ou Kairós? Chronos significa o tempo: a fome devoradora da vida, o desejo insaciável de evolução. Estabelece um reinado que se assemelha à era pré-consciente da humanidade. Para a mitologia nesse período, o *tempo* está cego. "A vida não compreende a si mesma, e parece mais um simples fervilhar de elementos confusos que propriamente uma evolução".[6] Chronos é o tempo que se mede, cronológico e sequencial. Já Kairós representa a experiência do momento oportuno. É o tempo em potencial, o melhor instante, período ideal para realizar algo.[7]

Com efeito, a análise da segurança jurídica demonstra os efeitos do tempo na linha evolutiva do Direito. O sentido da segurança jurídica não deve estar associado à imutabilidade em sentido estrito. Trata-se de uma concepção *em aberto*, que demanda uma leitura a partir das situações reais, como ocorre, por exemplo, no julgamento de um *leading case*.[8] A partir dessa constatação, verifica-se que a segurança jurídica

---

4. BOBBIO, Norberto. Política e Cultura. São Paulo: Unesp, 2015, p. 63 e 64.

5. Referendo na medida cautelar na ADI 4.451/DF, Relator: Min. Ayres Britto, DJe 24/08/2012.

6. CIVITA, Victor. Mitologia. São Paulo: Abril Cultural, 1973. p. 19

7. CIVITA, Victor. Mitologia. São Paulo: Abril Cultural, 1973. p. 20.

8. A título ilustrativo cita-se, o Recurso Extraordinário n.º 363.889, originário do Distrito Federal, de Relatoria do Min. Dias Toffoli, que foi julgado no STF, em 02 de junho de 2011, cuja Ementa apresenta como Teor: "Ação de investigação de paternidade declarada extinta, com fundamento em coisa julgada, em razão da existência de anterior demanda em que não foi

pode ser compreendida como um valor ou critério de confiança na estabilidade da ordem jurídica. É provável que a ideia de confiança remonta às matizes republicanas. E, da associação entre República e Democracia, acredita-se que a segurança jurídica é, sobretudo uma garantia ao Estado Democrático de Direito, na medida em que estabelece os parâmetros de proteção à confiança. No embate entre o Estado e a sociedade, a segurança jurídica apresenta-se como um escudo do Direito que impõe limites às instituições, mormente às três funções do Estado: Executiva, aos órgãos jurisdicionais e também à função tipicamente legiferante. É a segurança por meio do Direito, como um dos pilares de sustentação, que confere estabilidade à dinâmica do sistema democrático e republicano.

Nesse sentido, o objetivo do presente artigo é analisar a associação entre a segurança jurídica e o Estado Democrático de Direito Republicano. De fato, há vários perfis para se determinar o Estado de Direito. Assim, em resposta a uma *interpelação construtiva*, o presente *paper* adota a ideia de um Estado de Direito entendido como um modelo em que as instituições tenham por finalidade a garantia da ordem jurídica, refreando-se a tendência do poder em suas formas arbitrárias.[9]

O legado histórico entre Formas de Governo, Estado e Direito nos alerta para o fato de que o direito *seguro* nem sempre é *justo*. A história demonstra exemplos de ordenamentos positivos arbitrários, como foram os regimes totalitários na Europa e os regimes autoritários na América Latina, que continham o máximo de segurança por meio de uma ordem jurídica excepcional voltada para sua própria garantia, sem consideração alguma com o princípio da justiça. Mas, certo é que um direito

---

possível a realização de exame de DNA, por ser o autor beneficiário da justiça gratuita e por não ter o Estado providenciado a sua realização. Reproposição da ação. Possibilidade, em respeito à prevalência do direito fundamental à busca da identidade genética do ser, como emanação de seu direito de personalidade. [...] 2. Deve ser relativizada a coisa julgada estabelecida em ações de investigação de paternidade em que não foi possível determinar-se a efetiva existência de vínculo genético a unir as partes, em decorrência da não realização do exame de DNA, meio de prova que pode fornecer segurança quase absoluta quanto à existência de tal vínculo". Nas palavras de Britto: "[...] Ministro, se me permite ainda. Eu não vou fazer diletantismo aqui, absolutamente, mas o conceito constitucional de família é o mesmo conceito constitucional de nação. São duas realidades atemporais. Pouco importa que sejam vinte anos, trinta anos. A intertemporalidade ou a atemporalidade é elemento conceitual da família, porque, numa família, como numa nação, o que se ata é a ancestralidade, a coetaneidade e a posteridade: espécie de linha imaginária que liga o passado, o presente e o futuro". (Fonte: www.stf.jus.br. Acesso em 10/07/2017).

9. COSTA, Pietro. ZOLO, Danilo (Orgs.). O Estado de Direito: História, Teoria, Crítica. São Paulo: Martins Fontes, 2006.

inseguro é, por regra, também um direito injusto, porque não lhe é dado assegurar o princípio da igualdade.[10]

A partir das reflexões de Peter Burke, pode-se perguntar: que tipos de histórias as esperanças têm? Sabe-se que "a esperança tem uma geografia além da cronologia".[11] A justiça e a esperança não podem se converter em distopia, em uma deformação da realidade descolada de seu momento. A história nos mostra que na busca por uma pretensa justiça pode haver sacrifícios de pilares de sustentação do direito, como a verdadeira segurança.[12]

A rigor, ainda como representação histórica, cumpre ressaltar que, a partir do Normativismo Kelseniano, verifica-se que o caráter de cientificidade do direito representa uma tentativa de estabelecer uma ordem jurídica objetiva e segura em um contexto em que a ideologia política produzia uma falsa imagem de justiça. O Normativismo em sua postura científica exclui os juízos de valores e adota os juízos de validade. O Direito apresenta-se como fato e não valor. Uma norma jurídica é justa pelo fato se ser válida, no sentido de que provém de uma autoridade legítima. O contraste entre o *justo* (objeto da filosofia do direito) e o *jurídico* (objeto da ciência jurídica) é da essência do Normativismo.[13] Nesse contexto, Britto recorda a ideia de "justiça das leis colocando-se como inafastável ponto de partida para a resolução de casos concretos. Não, porém, como necessário ponto de chegada".[14]

A *pureza* metodológica da ciência do Direito se converte em uma forma de conferir uma segurança objetiva à ordem jurídica, que, em

---

10. SILVA, José Afonso da. Constituição e Segurança Jurídica. In ROCHA, Cármen Lúcia Antunes (Org.). Constituição e segurança jurídica: direito adquirido, ato jurídico perfeito e coisa julgada. Estudos em homenagem a José Paulo Sepúlveda Pertence. Belo Horizonte: Fórum, 2005. p. 17.

11. BURKE, Peter. A esperança tem história? Revista de Estudos Avançados, n. 26 (75), ano 2012. Instituto de Estudos Avançados da Universidade de São Paulo – USP, p. 207 a 213.

12. CHEVITARESE, Alessia Barroso Lima Brito Campos. A justiça platônica a partir de Kelsen perante o 'tribunal da ciência'. In LOPES, Carla Patrícia Frade Nogueira e SAMPAIO, Marília de Ávila e Silva (Orgs.). As faces da justiça: análise de teorias contemporâneas de justiça. Brasília: Gazeta Jurídica Editora, 2013. p. 10.

13. A ideia de justiça 'objetiva' é uma "paráfrase eufemística para o doloroso fato de que a justiça é um ideal inacessível à cognição humana. Apenas com o sentido de legalidade é que a justiça pode fazer parte da teoria do direito" (KELSEN, Hans. General theory of law and state. Cambridge: Harvard University Press, 2009., p. 13-14).

14. BRITTO, Carlos Ayres. O humanismo como categoria constitucional. Belo Horizonte: Fórum, 2012, p. 56.

certos momentos, padeceu sob o abalo de ideologias políticas.[15] Recordando o alerta de Coelho, "as ciências são uma só instituição a serviço do saber, sem prejuízo das especificidades dos objetos materiais e das perspectivas de cada ordem de indagações."[16] Há ainda a condição sistêmica da ciência como "o conjunto ordenado de um saber tão metodicamente obtido quanto objetivamente demonstrável." [17] Objetividade, verdade e ideologia, são questões que compõem a *agudeza da tarefa hermenêutica.*

Contudo, os avanços das ciências naturais na presente era da globalização demonstram uma substituição das *ideologias políticas* do século XX pela *técnica* do século XXI.[18] Assim, diante da *crise de identidade da segurança jurídica* proporcionada pela velocidade de surgimento das novas técnicas nos diversos campos do conhecimento, pode-se afirmar que o sentido jurídico normativo não é suficiente para a conceituação da segurança fundante de uma nova ordem jurídica. Nesse sentido, acredita-se que a segurança jurídica deve ser entendida através da interpretação de seu sentido jurídico normativo, acrescida de seu corolário como pilar de sustentação do Estado Democrático de Direito Republicano.

A partir desse enfoque, o trabalho é estruturado em duas partes. Na primeira parte, analisa-se a segurança jurídica como um atributo de confiança a partir da essência do republicanismo. A segunda parte é relativa à análise da força integradora da segurança jurídica como garantia

---

15. "É precisamente por seu caráter anti-ideológico que a teoria pura do Direito prova ser uma verdadeira ciência do Direito. A ciência como cognição tem sempre a tendência imanente de revelar o seu objeto. Mas a ideologia política encobre a realidade, seja transfigurando-a a fim de atacá-la, destruí-la ou substituí-la por outra realidade. Toda ideologia política tem a sua raiz na volição, não na cognição, no elemento emocional da nossa consciência, não no racional; ela se origina de certos interesses, ou antes, de outros interesses que não o da verdade" KELSEN, Hans. General theory of law and state. Cambridge: Harvard University Press, 2009, prefácio).

16. COELHO, Inocêncio Mártires. Da Hermenêutica filosófica à Hermenêutica jurídica: Fragmentos. São Paulo: Saraiva, 2010, p. 37.

17. ADI 3.510/DF, Relator: Min. Ayres Britto. DJe 27/05/2010.

18. "Desnorteado, o pensador e, sobretudo o jurista do Século XXI, diante da "herança" legada pelo século anterior, não encontra valores consagrados e definidos para ditar os rumos da ordem jurídica contemporânea, nem critérios válidos e permanentes para imprimir-lhe eficácia e coerência. Daí a figura de uma colcha de retalhos em que se vai transformando o direito positivo, diante da incoerência e do verdadeiro caos em meio ao qual se realizam as reformas legislativas". (THEODORO JÚNIOR, Humberto. A onda reformista do direito positivo e suas implicações com o princípio da segurança jurídica. Revista de Doutrina da 4ª Região, Porto Alegre, n. 14, setembro 2006).

de uma ordem democrática. Em considerações finais, no que concerne ao tempo do Direito, verifica-se que contra o apetite devorador de Chronos, o futuro evolutivo da segurança jurídica pode ser confiado a Kairós, a ocasião propícia, o momento oportuno para o agir prudente. Uma espécie de mutabilidade confiante e controlável.

1. O TEMPO DO DIREITO: O LEGADO REPUBLICANO DA "CONFIANÇA"

> *"Conservador é um sujeito*
> *movido a imobilismo".[19]*
> *"Que o passado esteja diante de nós,*
> *Vá lá... Mas o passado adiante de nós,*
> *Sai pra lá."[20]*

A busca de um equilíbrio necessário entre as garantias republicanas e a realização dos valores democráticos requer a observância de procedimentos emoldurados pelo Império do Direito.[21] O próprio sentido de segurança jurídica está intimamente ligado à ideia de observância às *regras do jogo*, ao devido processo legal. Nesse sentido, a Constituição da República de 1988 representa a *fonte, bússola e imã* para o jurista.[22] As respostas institucionais para as questões jurídicas estão na nossa Carta de Direitos. Isto é, "somente a Constituição tem a propriedade de ditar o seu próprio regime jurídico."[23] Para Britto, a "Constituição é um divisor jurídico de águas; ou seja, a primeira classificação que se faz sobre o Direito legislado é com os olhos postos na Constituição, no sentido de que há um Direito-Constituição e um Direito pós-Constituição." De fato, para manejar essa bússola mantendo-se também a natureza de imã é preciso prudência. Nas palavras de Britto, "ante a Constituição, mais do que pe-

---

19. BRITTO, Carlos Ayres. (Ilustração Tiago Elcerdo). Caderno Ilustríssima. Folha de São Paulo. (Disponível em: http://www1.folha.uol.com.br/ilustrissima/2017/05/1887638-leia-alguns--poemas-zas-ineditos-de-carlos-ayres-britto.shtml). Acesso em: 28. Maio. 2017.

20. BRITTO, Carlos Ayres. Ópera do silêncio. Belo Horizonte: Fórum, 2004, p. 101.

21. A expressão império do Direito é em referência ao título da obra de Dworkin. DWORKIN, Ronald. O Império do Direito. São Paulo: Martins Fontes, 1999.

22. "Esse tríplice mister de se colocar perante o Ordenamento como fonte, bússola e ímã, concomitantemente, a Constituição bem desempenha nos termos em que JESUS dirigiu aos seus discípulos esta vibrante mensagem:" Eu sou a Luz que está sobre todos, eu sou o Todo, e o Todo vem de mim, e o Todo retorna a mim. Corte um pedaço de madeira e eu estarei lá; levante uma pedra e me encontrará lá." BRITTO, Carlos Ayres. Teoria da Constituição. Rio de Janeiro: Forense, 2006, tópico: 3.5.3.1.

23. BRITTO, Carlos Ayres. Teoria da Constituição. Rio de Janeiro: Forense, 2006, tópico: 3.5.1.1.

rante qualquer outro diploma jurídico, é preciso tocar nas suas normas com a delicadeza de quem lida com peças de cristal".[24]

Verifica-se que o agir prudente em conjunto com um estilo flexível de confrontar opiniões e decidir com equilíbrio são elementos fundamentais na tarefa de sopesar os argumentos e traduzir em critérios de verdade, graus de certeza e confiança para o Direito. A objetividade Jurídica não está apenas no dogmatismo da norma, mas, sobretudo no agir decisional pautado em uma meditação *a priori*. E com a sensibilidade que lhe é própria arremata: "ela consubstancia um tipo tão articulado de unidade que faz lembrar a composição e o sentido de um poema." Por Britto recordamos que "o sangue da vida também flui pelas veias das palavras".[25] Assim, se o poema "se constitui de palavras, tais palavras somente conservam íntegro o seu papel de servir a uma obra de arte se permanecerem no contexto da poesia e no exato lugar em que se encontrem."[26] O grande desafio para o interprete é exatamente saber qual o lugar em que se encontram o sentido da norma constitucional, sobretudo no que concerne à função conservadora da segurança jurídica no contexto do dinamismo do tempo. Verifica-se que o real critério de conservação não está na imutabilidade, mas na alteração dentro das regras definidas *a priori*. Dessa forma o verdadeiro conservador é flexível e, assim como um bambu verga ao sopro dos ventos, sem, contudo, se romper. Sob esse aspecto podemos desenvolver o atributo da confiança como um legado republicano.

Uma observação necessária a ser feita é que a presente abordagem não trata da República em seu sentido histórico, o que demandaria um longo percurso, mesmo porque a República brasileira nasceu *descolada das ruas*, a partir de uma dinâmica própria. Assim, trataremos da república em essência, como um Princípio componente das modernas democracias do ocidente. Esse é o tempo do Direito que por hora delimitaremos.

O republicanismo enfatiza os deveres de participação cívica dos cidadãos e o respeito ao sistema de liberdades positivas (direitos, dis-

---

24. BRITTO, Carlos Ayres. Teoria da Constituição. Rio de Janeiro: Forense, 2006, tópico: 3.1.12

25. BRITTO, Carlos Ayres. (Ilustração Tiago Elcerdo). Caderno Ilustríssima. Folha de São Paulo. (Disponível em: http://www1.folha.uol.com.br/ilustrissima/2017/05/1887638-leia-alguns--poemas-zas-ineditos-de-carlos-ayres-britto.shtml). Acesso em: 28. Maio. 2017.

26. BRITTO, Carlos Ayres. Teoria da Constituição. Rio de Janeiro: Forense, 2006, tópicos: 3.1.1 e 3.1.12.

ponibilidade do cidadão para se envolver na tarefa do governo da *res publica*) e negativas (livrar o indivíduo dos constrangimentos ilegais e arbitrários).[27] O civismo, assim como a ética, a verdade, a bondade e a estética compõem a parte do ser humano que fortemente interage com as esferas de valores.[28]

Contudo, é impossível República sem republicanos, como praticar democracia, sem democratas.[29] Dessa feita, a república em essência representa traços de participação cívica na gestão da polis, uma espécie de demanda por um governo reto.

"A república é um reto governo de vários lares e do que lhes é comum, com poder soberano". Com essa definição Jean Bodin abre o capítulo I, intitulado "qual é o fim principal da República bem ordenada" do primeiro livro da República. Diz-se em primeiro lugar reto governo pela diferença que existe entre as Repúblicas e as tropas de ladrões e piratas. E, que os homens e as Repúblicas estão em perpétuo movimento, impelidos às ações necessárias.[30] A República em sua essência representa o reto governo e também o *locus* da virtude.[31] Em uma República, a virtude é um sentimento – o amor a pátria- pelo qual todos os homens do Estado privam-se, em certa medida, de seus interesses privados e dedicam-se às causas mais gerais.[32]

Verifica-se, a partir de um *reto governo* e de cidadão virtuosos espera-se que sejam emanados atos normativos de qualidade que contribuem para restabelecer a confiança nas instituições do Estado e permitir-lhes cumprir melhor os objetivos que se propõem a atingir. A propósito, Aarnio assevera que é pela justificação que o autor da decisão, quer se trate de um juiz ou de uma autoridade administrativa (inclui-se, legislativa), constrói a credibilidade sobre a qual repousa a

---

27. CARVALHO, José Murilo de. Cidadania na encruzilhada. In BIGNOTTO, Newton (org). Pensar a República. Belo Horizonte: UFMG, 2000, p. 105-130.

28. BRITTO, Carlos Ayres. O humanismo como categoria constitucional. Belo Horizonte: Fórum, 2012, p. 77.

29. BRITTO, Carlos Ayres. O humanismo como categoria constitucional. Belo Horizonte: Fórum, 2012, p.54.

30. BODIN, Jean. Os seis livros da República. Livro I. São Paulo: Ícone, 2011, p. 71.

31. CHEVITARESE, Alessia Barroso Lima Brito Campos. Controle Jurisdicional do Processo legislativo. Curitiba: Juruá, 2016, p. 64.

32. MONTESQUIEU, Charles Loius de Secondat, Baron de la Brède et de. Do Espírito das Leis. Tradução de Fernando Henrique Cardoso e Leôncio Martins Rodrigues. São Paulo: Abril Cultural, 1979, p. 13- 27.

confiança que neles depositaram os cidadãos.[33] Arendt recorda que o "compromisso moral do cidadão em obedecer às leis, tradicionalmente provém da suposição de que ele, ou deu seu consentimento a elas, ou foi o próprio legislador, sob o domínio da lei". Em linhas gerais, "o homem não esta sujeito a uma vontade alheia, esta obedecendo a si mesmo".[34]

Nesse aspecto, a segurança jurídica também como um atributo de confiança, estabelece que o agir prudente, em conjunto com um estilo flexível de confrontar opiniões e decidir com equilíbrio, sejam elementos fundamentais na tarefa de sopesar os argumentos e traduzir em critérios de verdade e graus de certeza para o Direito. Todavia, sabe-se que a objetividade jurídica não está apenas no dogmatismo da norma, mas, sobretudo no agir decisional pautado em uma meditação *a priori*.[35] Bobbio alerta para o fato de que, em linhas gerais, o dogmatismo contribui para diminuir a comunicação. E assim contra o dogmatismo, "o homem de cultura é chamado a restabelecer a confiança no colóquio", isto é "romper o silêncio. O dogmatismo cria ao redor de si zonas de silêncio, e entre uma zona e outra não há passagem". A rigor, o sistema de dogmas fechado assemelha-se a um "castelo dentro do qual a pessoa se protege contra a crítica, a discussão".[36]

Britto recorda a incidência da "justiça da lei a ser descoberta pela inteligência (mente, intelecto) e a justiça do caso concreto a ser intuída pelo sentimento (alma, coração)." Esses elementos do agir decisional estão "envolvidos no mesmo e altaneiro empenho de alcançar um ponto de unidade que deixe para traz a própria dualidade por eles originariamente formada. Ponto de unidade que vai possibilitar a visão estelar do justo por si mesmo."[37]

Como *fonte e bússola* do interprete, a Constituição da República Federativa do Brasil de 1988 assegura em seu art. 5º, inciso XXXVI que: "A lei não prejudicará o direito adquirido, o ato jurídico perfeito e a coisa

---

33. AARNIO, Aulis. Lo racional como razoable. Madrid: Centro de Estudios Constitucionales, 1991, p. 29.

34. ARENDT, Hannah. Crises da República. São Paulo: Perspectiva, 2010, p. 75.

35. CHEVITARESE, Alessia Barroso Lima Brito Campos. O direto em seu laboratório jurisdicional: os sentidos de verdade e segurança jurídica. São Paulo: CONPEDI 2013.

36. BOBBIO, Norberto. Política e Cultura. São Paulo: Unesp, 2015, p. 94 e 95.

37. BRITTO, Carlos Ayres. O humanismo como categoria constitucional. Belo Horizonte: Fórum, 2012, p. 73.

julgada". Essa é a intitulada tríade da segurança jurídica. Contudo, o certo é que o *cânone da intangibilidade* é uma matéria que deve ser acomodada no campo da aplicação. O conteúdo da tríade da segurança jurídica é encontrado na ordem jurídica posta. Não obstante, verifica-se que não se trata de definições fechadas, mas de elementos identificadores da segurança jurídica. [38] Para Campos, nenhuma das dimensões em relação às quais se define a segurança jurídica pode ser considerada definitiva sobre seu real significado, tratam-se apenas de impressões históricas registradas em uma dada circunstância.[39] De fato, a junção de todos os atributos serve para dar a direção e o sentido à segurança jurídica, sem querer encerrar o processo de sua (re)significação, que é constante e evolutivo. A segurança jurídica não encerra em si mesma, como um escudo impenetrável à dinâmica do direito. A decisão judicial é um importante instrumento para conferir movimento ao direito diante de um caso concreto *sub judice*.[40]

Mas, como diria Britto por ocasião do julgamento da ADI 3.510/DF, "Como o juiz não deve se resignar em ser uma traça ou ácaro de processo, mas um ser do mundo, abro as minhas vistas para o cotidiano existencial do País e o que se me depara?"[41] Para nosso sentir, a Republica que nos deparamos hoje está em crise, sobretudo em seu aspecto confiança. Com efeito, no governo da *res* publica, "o povo supostamente controla os que governam. Todas as instituições políticas são manifestações e materializações de poder; petrificam e decaem quando o poder vivo do povo cessa de lhes sustentar".[42] Arendt recupera ainda as lições de Madison em o "Federalista" para quem "todos os governos repousam

---

38. Ainda sobre a reflexão das normas de proteção à segurança jurídica, cumpre reportar a Lei de Introdução às Normas do Direito Brasileiro – LINDB - (Decreto-Lei nº 4.657, de 4 de setembro de 1942, alterado pela Lei nº 12.376/2010), em seu artigo 6º demonstra os *loci* normativos para a interpretação da tríade da segurança jurídica, a saber:"Art. 6º - A lei em vigor terá efeito imediato e geral, respeitados o ato jurídico perfeito, direito adquirido e a coisa julgada: § 1º - Reputa-se ato jurídico perfeito o já consumado segundo a lei vigente ao tempo em que se efetuou. § 2º - Consideram-se adquiridos assim os direitos que o seu titular, ou alguém por ele, possa exercer, como aqueles cujo começo do exercício tenha termo prefixo, ou condição preestabelecida inalterável, a arbítrio de outrem. § 3º - Chama-se coisa julgada ou caso julgado a decisão judicial de que já não caiba recurso."

39. CAMPOS, Marcelo Barroso Lima Brito de. Direitos previdenciários expectados: a segurança na relação jurídica previdenciária dos servidores públicos. Curitiba: Juruá, 2012, p. 35.

40. CHEVITARESE, Alessia Barroso Lima Brito Campos. O direto em seu laboratório jurisdicional: os sentidos de verdade e segurança jurídica. São Paulo: CONPEDI, 2013.

41. ADI 3.510/DF, Relator : Min. Ayres Britto. DJe 27/05/2010.

42. ARENDT, Hannah. Crises da República. São Paulo: Perspectiva, 2010, p. 120.

na opinião".[43] Assim, um gestor só deve permanecer no cargo enquanto "bem se comportar".[44] Em linhas gerais, "a forma extrema de poder é todos contra um; a forma extrema de violência é um contra todos."[45]

Em realidade importa refletir sobre como percebemos o evento *crise*. Para Bauman e Bordoni a noção de crise transmite a imagem de um momento de transição que se presta necessariamente ao crescimento, como prelúdio de uma melhoria para um status diferente, um passo adiante, decisivo.[46] Nesse contexto, a República em crise aponta para uma das questões mais tormentosas, qual seja: "Uma sociedade justa procura promover a virtude de seus cidadãos? Ou a lei deveria ser neutra quanto às concepções concernente à virtude, deixando os cidadãos livres para escolher, por conta própria, a melhor forma de viver?"[47] O certo é que "vê-se todos os dias a sociedade reformar a lei; contudo não se vê a lei reformar a sociedade".[48] Para Sandel, quando se pergunta que leis devem governar a nossa vida coletiva, a melhor resposta "precisa ter alguma ligação com o tumulto da cidade, com as questões que perturbam a mente pública".[49] Sob esse aspecto, na esfera do direito, a incerteza, a instabilidade institucional e a insegurança, sobretudo na atividade de elaboração e aplicação legislativa, são problemas que, em concreto, *perturbam a mente pública*. Em meio à crise é preciso (re) pensar a República para que a confiança não se converta em "uma máscara institucional". "O mecanismo de base do Estado democrático de direito republicano reside na dialética dos procedimentos."[50] Em tempos de crise podemos reconhecer também algo de positivo. "Num contexto mais amplo, a noção adquire sentido de maturação de uma nova experiência, a qual leva a um ponto de não retorno".[51]

Como podemos ver, a essência republicana pautada na ideia de confiança compõe um dos sentidos da segurança jurídica. Contudo, essa

---

43. ARENDT, Hannah. Crises da República. São Paulo: Perspectiva, 2010, p. 120.

44. MADISON, James. HAMILTON, Alexander. JAY, John. O Federalista. Belo Horizonte: Líder, 2003.

45. ARENDT, Hannah. Crises da República. São Paulo: Perspectiva, 2010, p. 121.

46. BAUMAN, Zygmunt. BORDONI, Carlo. Estado de crise. Rio de Janeiro: Zahar, 2016, p. 11.

47. SANDEL, Michael J. Justiça: o que é fazer a coisa certa. Rio de Janeiro: Civilização Brasileira, 2015, p. 17.

48. CRUET, Juan. A vida do direito e a inutilidade das leis. Lisboa, 1908.

49. SANDEL, Michael J. Justiça: o que é fazer a coisa certa. Rio de Janeiro: Civilização Brasileira, 2015, p. 39.

50. VIANNA, Luiz Werneck. CARVALHO, Maria Alice Rezende de. República e civilização Brasileira. In BIGNOTTO, Newton. (Org.). Pensar a República. Belo Horizonte: UFMG, 2000, p. 133.

51. BAUMAN, Zygmunt. BORDONI, Carlo. Estado de crise. Rio de Janeiro: Zahar, 2016, p. 11.

constatação é apenas possível a luz dos preceitos democráticos como se verá a seguir.

2. ESTADO DEMOCRÁTICO E A SOCIEDADE: A FORÇA AGLUTINADORA DA SEGURANÇA JURÍDICA

> *O pior juiz é o que faz de sua caneta um pé-de-cabra.[52]*
> *A silhueta da verdade só assenta em vestidos transparentes.[53]*
> *Sem obscurantismo ou má-fé, como opor-se a que as luzes da atual justiça lacem nova luz sobre as trevas de outrora?[54]*

A Constituição da República Federativa do Brasil de 1988 representa um marco da redemocratização do País. Britto recorda que "o regime das melhores oportunidades, atende pelo sacrossanto nome de democrático. Melhores oportunidades para se fazer do mais qualificado sistema de normas jurídicas a mais fidedigna e cotidiana experiência."[55] Para Bobbio "um sistema ideal de paz estável pode ser expresso com esta fórmula sintética: uma ordem democrática de Estados democráticos."[56] Certamente é da essência democrática *estar em transformação*. "Esse é seu estado natural, a democracia é dinâmica, o despotismo é estático e sempre igual a si mesmo."[57] Retornando-se às lições de Britto verificamos que "enquanto a nação ou sociedade política evoca a ideia de permanência, a população ou sociedade civil tem na mutabilidade o seu espaço de significação ontológica."[58] Nesse sentido, se a segurança jurídica é um dos componentes da ordem jurídica democrática, certamente deve ser, da mesma forma, um mecanismo adaptável ao momento oportuno

---

52. BRITTO, Carlos Ayres. (Ilustração Tiago Elcerdo). Caderno Ilustríssima. Folha de São Paulo. (Disponível em: http://www1.folha.uol.com.br/ilustrissima/2017/05/1887638-leia-alguns--poemas-zas-ineditos-de-carlos-ayres-britto.shtml). Acesso em: 28. Maio. 2017.

53. BRITTO, Carlos Ayres. (Ilustração Tiago Elcerdo). Caderno Ilustríssima. Folha de São Paulo. (Disponível em: http://www1.folha.uol.com.br/ilustrissima/2017/05/1887638-leia-alguns--poemas-zas-ineditos-de-carlos-ayres-britto.shtml). Acesso em: 28. Maio. 2017.

54. OST, François. O Tempo do Direito. Lisboa: Instituto Piaget, 1999, p. 193.

55. BRITTO, Carlos Augusto Ayres de Freitas. A Constituição e seus bons frutos. Disponível em: <http://www.ayresbritto.com.br/?p=1348>. Acesso em: 27. Nov. 2014.

56. BOBBIO, Norberto. O futuro da democracia. São Paulo: Paz e Terra, 2000, p. 13.

57. BOBBIO, Norberto. O futuro da democracia. São Paulo: Paz e Terra, 2000, p. 19.

58. BRITTO, Carlos Ayres. Teoria da Constituição. Rio de Janeiro: Forense, 2006, tópico: 2.6.2.3.

(Kairós). Em linhas gerais, a imutabilidade no direito, o *engessamento* do sistema, pode representar algo tormentoso quando tomado o direito em seu aspecto empírico.

A segurança jurídica, como expressão de integração institucional do Estado e da sociedade, revela a força da jurisprudência como agente de criação dos sentidos conferidos aos institutos que compõem a ordem jurídica. O agir prudente na atividade jurisdicional confere dinamismo à norma diante das complexas mudanças sociais.[59] Para todos os efeitos, o poder judiciário no exercício do *iurisdictio* está inserido em uma sociedade dinâmica. De fato, não é possível a previsão normativa em vários campos, na mesma velocidade em que ocorrem as mudanças na sociedade. A lei é sempre deficiente, não porque o seja por si mesma, mas porque frente ao ordenamento a que intencionam as leis, a realidade humana é sempre deficiente e não permite uma aplicação simples das mesmas. [60] Contudo, a lacuna da lei ou a obscuridade não exime o magistrado de sentenciar.[61]

Por outro lado, para Derzi, as modificações da jurisprudência não podem configurar surpreendentes *reviravoltas judiciais*. É necessário que o magistrado atenue os efeitos da mudança, protegendo a confiança e a boa-fé daqueles que pautaram seu comportamento de acordo com os comandos judiciais superados.[62] A tarefa jurisdicional, como prática de reconstrução racional de um fato *sub judice,* deve ser desenvolvida como um instrumento de conformação institucional, isto é, respeita os limites estabelecidos pela segurança jurídica em seus aspectos de estabilidade, confiança e pacificação.[63] Trata-se do experimentalismo em graus de mutabilidade, mas dentro de padrões de estabilidade.

---

59. Prudência considerada no sentido Aristotélico, como saber prático, que determine em cada caso concreto, qual é o justo meio a ser realizado. Capacidade de agir com respeito às coisas que dizem respeito à vida do homem. Meio para alcançar a verdade. Verdade ligada à ação (*praxis*). Assim: "Daí o atribuirmos sabedoria prática a Péricles e homens como ele, porque percebem o que é bom para si mesmos e para os homens em geral: pensamos que os homens dotados de tal capacidade são bons administradores de casas e de estado". (ARISTÓTELES. Ética a Nicômaco. São Paulo: Martins Claret, 2003, p. 98).

60. GADAMER, Hans-Georg. Verdade e método. Petrópolis: Vozes, 1997, p. 474.

61. "Art. 140. O juiz não se exime de decidir sob a alegação de lacuna ou obscuridade do ordenamento jurídico. Parágrafo único: o juiz só decidirá por equidade nos casos previstos em lei. BRASIL, Lei n. 13.105/2015, Código de Processo Civil Brasileiro. Legislação Federal.

62. DERZI, Misabel Abreu Machado. Modificações da Jurisprudência no Direito Tributário: proteção da confiança, boa-fé objetiva e irretroatividade como limitações constitucionais ao Poder Judicial de Tributar. São Paulo: Noeses, 2009, p. XXVI.

63. UNGER, Roberto Mangabeira. O direito e o futuro da democracia. São Paulo: Boitempo, 2004.

Por essas mesmas razões, o legislador deve desenvolver os preceitos que orientam o comportamento dos indivíduos, respeitando-se os critérios de *segurança* garantidores de uma ordem democrática. Assim, em nome da segurança jurídica, é necessário que o legislador, ao empregar a flexibilidade da cláusula geral, indique de forma clara e precisa os padrões que orientarão *prima facie* a atividade hermenêutica do magistrado. "Vale dizer, a cláusula geral só é legítima e democrática quando o legislador indica os parâmetros em que, na aplicação, terá de apoiar-se e quais limites dentro dos quais a norma admitirá flexibilização".[64] A lei deve proporcionar aos destinatários de seus preceitos, o conhecimento e a compreensão do seu teor e dos seus limites. Todavia, Coelho constata que o Código (a lei) não é lugar para experiências, mas sim o lugar para colocar experiências já realizadas. [65] Assim, é melhor que o dispositivo legal nasça com omissões do que com a não previsão consolidada, sobretudo pela jurisprudência. Ademais, em sede de hermenêutica constitucional, diante da desconfiança dos predicados *demiúrgicos do legislador racional* coadunam com a ideia de *jogo concertado*, "de restrições e complementações recíprocas, entre os cânones interpretativos eventualmente concorrentes, do qual resulta, ao fim e ao cabo a sua mútua e necessária conciliação".[66] Os conflitos são da natureza humana, assim, o importante são os mecanismos de solução e retorno da ordem. Nesse sentido, uma das funções primordiais do jurista é transformar o *caos* em *cosmos,* isto é, sistematizar o que está pulverizado.[67]

---

64. Ainda nesse sentido: Se, com leis formuladas axiologicamente e traduzidas excessivamente em cláusulas gerais e normas vagas, caberá ao juiz de fato definir o sentido e o alcance da lei, na verdade só se firmará o teor da norma legal depois que o julgador lhe atribuir o resultado que entender de lhe conferir. A lei, na realidade, só existirá como preceito depois que o juiz completar a normatização apenas iniciada pelo legislador. O jurisdicionado somente virá a conhecer a regra de cuja violação é acusado depois de julgado pela sentença. Isso representa, em termos crus, uma verdadeira eficácia retroativa para a norma. Se ela só se fez completa e inteligível após o julgamento do fato, a consequência é que a norma tal como foi aplicada não existia ao tempo da ocorrência do mesmo fato. Ou, pelo menos, o seu destinatário somente a pôde conhecer, em toda extensão, depois da sentença. (THEODORO JÚNIOR, Humberto. A onda reformista do direito positivo e suas implicações com o princípio da segurança jurídica. Revista de Doutrina da 4ª Região, Porto Alegre, n. 14 , setembro 2006, p. 3 e 4.).

65. COELHO, Inocêncio Mártires. Seminário: "A teoria hermenêutica de Emilio Betti". 13 Mar. 2014. Notas de aula.

66. COELHO, Inocêncio Mártires. Interpretação constitucional. São Paulo: Saraiva, 2011, p. 159. Cf. Nino, Carlos Santiago. Considerações sobre la dogmática jurídica. México: UNAN, 1974, p. 95-99.

67. COELHO, Inocêncio Mártires. Seminário: "O direito como linguagem/texto e como interpretação/argumentação". 10 abr. 2014. Notas de aula.

Com efeito, a segurança jurídica, diante da ordem normativa, pode ser considerada como um *princípio* do Estado Democrático de Direito. Ocorre que o problema de se atribuir o sentido de *princípio ponderável* à segurança jurídica reside em uma contradição em termos e em uma possível inversão de valores. Em termos valorativos, para Campos, a segurança jurídica é uma condição *sine qua non* de validade e condição de legitimidade, no contexto de um sistema democrático. Aceitando-se a ponderabilidade da segurança jurídica, em colisão aparente com outro princípio, poder-se-ia minar a força de um instituto que é a base de um Estado Democrático de Direito.[68] Assim, como conceber, através de um juízo de ponderação, a desproporcionalidade ou a não razoabilidade da segurança jurídica, em conflito aparente com outro princípio? Seria uma contradição em termos. O alto grau de plasticidade axiológica dos princípios em juízo de ponderação não corrobora com a garantia e confiança da segurança jurídica como um dos pilares do Estado Democrático de Direito.

Para se evitar as consequências da ponderação do *princípio* segurança jurídica, o caminho mais adequado parece ser aquele estabelecido pela via interpretativa nos limites pensados pela lei, mas atualizados a partir do contexto experimental de aplicação. Nesse sentido, a ponderação cede lugar para a *relativização prudencial*. Enquanto garantia reflexiva ao Estado de Direito, a segurança deve se adequar ao dinamismo da nossa era, respeitando-se o passado, mas projetando-se como elemento evolutivo do Direito. Nesse sentido, em célebre voto na ADC 12 – MC/DF (vedação ao nepotismo), Britto enfatiza que:

> "As normas ditadas por uma lógica da mais abrangente irradiação sistêmica admitem contemporização. Comportam atenuação, exatamente para ceder espaço a valores e interesses outros que, embora de menor compleição material, são relevantes o bastante para merecer um tratamento heterodoxo. Um tratamento peculiar, despadronizado, por se traduzir numa nota de relativização àquela mais abrangente racionalidade sistêmica".[69]

A segurança jurídica é uma garantia fundante e fundamental para a compreensão do próprio sentido do Direito. Para Rocha:

---

68. Ainda para Campos: "Deve-se observar que muitos consideram a segurança jurídica como um princípio, mas em qual dimensão? É um princípio à maneira de Dworkin ou Alexy? [...] Os autores se limitam a caracterizar a segurança jurídica apenas como princípio e pronto, o que deixa a comunidade jurídica em um mar de insegurança". (CAMPOS, Marcelo Barroso Lima Brito de. Direitos previdenciários expectados: a segurança na relação jurídica previdenciária dos servidores públicos. Curitiba: Juruá, 2012. p. 44).

69. ADC 12-MC/DF. Rel. Min. Ayres Britto. DJ 01/09/2006.

"O direito põe-se para dar segurança, pois, para se ter insegurança, direito não é necessário. Mas a segurança não é imutabilidade, pois esta é própria da morte. A vida, esta, rege-se pelo movimento, que é próprio de tudo que vive. [...] O que se busca é a segurança do movimento."[70]

A dinâmica experimental da segurança jurídica permite perceber o Direito, consoante as palavras de Godoy, "como um instrumento para a realização das grandes tarefas institucionais que o momento nos impõe".[71] Assim, o projeto democrático pode avançar como um todo. Em verdade, a equação que deve orientar o pensamento jurídico no que concerne a segurança precisa refletir o equilíbrio entre a estabilidade (que não significa estatismo), e a transformação evolutiva. No fluxo dessa mudança, o Direito opera como guardião de fatos consagrados e também como instrumento de evolução diante dos avanços proporcionados pelas novas tecnologias. Guarda o passado, avança para o futuro com o agir prudente no presente. Para François Ost, estudar o direito como instituição não é apenas interessar-se pelo equilíbrio do sistema, é também ter em conta as turbulências, as descontinuidades, os estados de transição.[72] Em linhas gerais, a segurança pelo Direito em proteção as garantias de um Estado Democrático autoriza a metamorfose do sistema, preservando-se a estabilidade e a confiança, em termos de controle e administração do agir prudente e do processo de criação legislativa.

A rigor, verifica-se que a segurança jurídica indica um atributo pacificador entre a sociedade (que espera a confiança e o tratamento igualitário no sistema) e o próprio Estado, que tem como um dos pilares a limitação expressa nos critérios de segurança.[73]

---

70. ROCHA, Cármen Lúcia Antunes. O princípio da coisa julgada e o vício da inconstitucionalidade. In ROCHA, Cármen Lúcia Antunes (Org.). Constituição e segurança jurídica: direito adquirido, ato jurídico perfeito e coisa julgada. Estudos em homenagem a José Paulo Sepúlveda Pertence. Belo Horizonte: Fórum, 2005. p. 174.

71. O Direito conclama à luta. É um veículo do aprofundamento da democracia, de mecanismos de solução de impasse. Essa é a tarefa do direito contemporâneo, mas há obstáculos. A começar pela mistificação do direito que nos limita. (GODOY, Arnaldo Sampaio de Moraes. Direito e Utopia em Roberto Mangabeira Unger. São Paulo: Quartier Latin, 2010. p. 199, 200 e 201).

72. OST, François. O Tempo do Direito. Lisboa: Instituto Piaget, 1999. p. 248.

73. "Para organização de seu programa pacificador, o Direito maneja com dois valores primaciais: a Justiça e a Segurança. O primeiro deles corresponde a anseio de ordem ética, cujo conteúdo é variável e indefinível, tendendo, quando levado a sua pureza extrema, a um caráter absoluto inatingível pelas limitações do conhecimento possível do homem, dentro do plano da racionalidade. O segundo é a meta prática, concreta, que o direito pode e deve realizar e que a inteligência humana pode perfeitamente captar, compreender e explicar. É com o seu concurso que a paz procurada pela sociedade consegue ser estabelecida". (THEODORO JÚNIOR, Humberto.

CONSIDERAÇÕES FINAIS

"Não tenho metas ou objetivos a alcançar. Tenho
princípios, e na companhia deles nem me pergunto
aonde vou chegar."[74]

A segurança jurídica não deve ser revestir em caracteres de imutabilidade, sob pena de se expor ao apetite devorador de Chronos. Como uma criação humana condicionada a uma evolução de sentidos por imposição do próprio tempo é, tarefa da segurança jurídica transparecer uma certa flexibilidade. O futuro evolutivo da segurança jurídica, confiado a Kairós, assegura o momento oportuno para o agir prudente. Como garantia de um Estado Democrático de Direito, cabe a segurança jurídica, em seu espectro prudencial de relativização, inspirar práticas de confiança na administração das instituições do Estado, acalmando os desejos sociais. *In casu*, a confiança maior deve ser confiada a Zeus em sua rebelião contra o implacável Chronos. Os deuses do Olimpo talvez correspondam miticamente aos nossos anseios e as praticas divinas de criações do intelecto humano. E, sob esse aspecto, fico com a preciosa lição do Professor Carlos Ayres Britto: "Eu disse à minha alma, fica tranquila e espera... Até que as trevas sejam luz e a quietude seja dança."[75]

REFERÊNCIAS

AARNIO, Aulis. *Lo racional como razoable.* Madrid: Centro de Estudios Constitucionales, 1991.

ARENDT, Hannah. *Crises da República.* São Paulo: Perspectiva, 2010.

ARISTÓTELES. *Ética a Nicômaco.* São Paulo: Martins Claret, 2003 (Livro IV).

BAUMAN, Zygmunt. BORDONI, Carlo. *Estado de crise.* Rio de Janeiro: Zahar, 2016.

BOBBIO, Norberto. *Política e Cultura.* São Paulo: Unesp, 2015.

BOBBIO, Norberto. *O futuro da democracia.* São Paulo: Paz e Terra, 2000.

BODIN, Jean. *Os seis livros da República.* Livro I. São Paulo: Ícone, 2011.

BRITTO, Carlos Ayres. *O humanismo como categoria constitucional.* Belo Horizonte: Fórum, 2012.

_____. *Teoria da Constituição.* Rio de Janeiro: Forense, 2006.

A onda reformista do direito positivo e suas implicações com o princípio da segurança jurídica. Revista de Doutrina da 4ª Região, Porto Alegre, n. 14, setembro 2006, p. 14).

74. BRITTO, Carlos Ayres. (Ilustração Tiago Elcerdo). Caderno Ilustríssima. Folha de São Paulo. (Disponível em: http://www1.folha.uol.com.br/ilustrissima/2017/05/1887638-leia-alguns--poemas-zas-ineditos-de-carlos-ayres-britto.shtml). Acesso em: 28. Maio. 2017.

75. BRITTO, Carlos Ayres. Varal de borboletras. Belo Horizonte: Fórum, 2004.

_____. *Ópera do silêncio.* Belo Horizonte: Fórum, 2004.

_____. *Varal de borboletras.* Belo Horizonte: Fórum, 2004.

_____. *A Constituição e seus bons frutos.* (Disponível em: http://www.ayresbritto.com.br/?p=1348). Acesso em: 27. Nov. 2014.

_____. (Ilustração Tiago Elcerdo). Caderno Ilustríssima. Folha de São Paulo. (Disponível em: http://www1.folha.uol.com.br/ilustrissima/2017/05/1887638-leia-alguns--poemas-zas-ineditos-de-carlos-ayres-britto.shtml). Acesso em: 28. Maio. 2017.

BURKE, Peter. *A esperança tem história?* Revista de Estudos Avançados, n. 26 (75), ano 2012. Instituto de Estudos Avançados da Universidade de São Paulo – USP.

CAMPOS, Marcelo Barroso Lima Brito de. *Direitos previdenciários expectados: a segurança na relação jurídica previdenciária dos servidores públicos.* Curitiba: Juruá, 2012.

CARVALHO, José Murilo de. Cidadania na encruzilhada. *In* BIGNOTTO, Newton (org). *Pensar a República.* Belo Horizonte: UFMG, 2000, p. 105-130.

CHEVITARESE, Alessia Barroso Lima Brito Campos. *Controle Jurisdicional do Processo legislativo.* Curitiba: Juruá, 2016.

_____. *O direto em seu laboratório jurisdicional: os sentidos de verdade e segurança jurídica.* São Paulo: CONPEDI, 2013.

_____. *A justiça platônica a partir de Kelsen perante o 'tribunal da ciência'. In* LOPES, Carla Patrícia Frade Nogueira e SAMPAIO, Marília de Ávila e Silva (Orgs.). As faces da justiça: análise de teorias contemporâneas de justiça. Brasília: Gazeta Jurídica Editora, 2013.

CIVITA, Victor. *Mitologia.* São Paulo: Abril Cultural, 1973.

COELHO, Inocêncio Mártires. *Interpretação constitucional.* São Paulo: Saraiva, 2011, p. 159.

COELHO, Inocêncio Mártires. *Da Hermenêutica filosófica à Hermenêutica jurídica: Fragmentos.* São Paulo: Saraiva, 2010.

_____. *Seminário: "Teoria hermenêutica de Emilio Betti."* 13 Mar. 2014. Notas de aula.

_____. *Seminário: "O direito como linguagem/texto e como interpretação/argumentação".* 10 abr. 2014. Notas de aula.

COSTA, Pietro. ZOLO, Danilo (Orgs.). *O Estado de Direito: História, Teoria, Crítica.* São Paulo: Martins Fontes, 2006.

CRUET, Juan. *A vida do direito e a inutilidade das leis.* Lisboa, 1908.

DERZI, Misabel Abreu Machado. *Modificações da Jurisprudência no Direito Tributário: proteção da confiança, boa-fé objetiva e irretroatividade como limitações constitucionais ao Poder Judicial de Tributar.* São Paulo: Noeses, 2009.

DWORKIN, Ronald. *O Império do Direito.* São Paulo: Martins Fontes, 1999.

GADAMER, Hans-Georg. *Verdade e método.* Trad. Flavio Paulo Meurer. Petrópolis: Vozes, 1997.

GODOY, Arnaldo Sampaio de Moraes. *Direito e Utopia em Roberto Mangabeira Unger.* São Paulo: Quartier Latin, 2010.

KELSEN, Hans. *General theory of law and state.* Cambridge: Harvard University Press, 2009.

MADISON, James. HAMILTON, Alexander. JAY, John. *O Federalista.* Belo Horizonte: Líder, 2003.

MONTESQUIEU, Charles Loius de Secondat, Baron de la Brède et de. *Do Espírito das Leis.* Tradução de Fernando Henrique Cardoso e Leôncio Martins Rodrigues. São Paulo: Abril Cultural, 1979.

OST, François. *O Tempo do Direito.* Lisboa: Instituto Piaget, 1999.

ROCHA, Cármen Lúcia Antunes. O princípio da coisa julgada e o vício da inconstitucionalidade. *In* ROCHA, Cármen Lúcia Antunes (Org.). *Constituição e segurança jurídica: direito adquirido, ato jurídico perfeito e coisa julgada. Estudos em homenagem a José Paulo Sepúlveda Pertence.* Belo Horizonte: Fórum, 2005.

SANDEL, Michael J. *Justiça: o que é fazer a coisa certa.* Rio de Janeiro: Civilização Brasileira, 2015.

SILVA, José Afonso da. Constituição e Segurança Jurídica. *In* ROCHA, Cármen Lúcia Antunes (Org.). *Constituição e segurança jurídica: direito adquirido, ato jurídico perfeito e coisa julgada. Estudos em homenagem a José Paulo Sepúlveda Pertence.* Belo Horizonte: Fórum, 2005.

THEODORO JÚNIOR, Humberto. *A onda reformista do direito positivo e suas implicações com o princípio da segurança jurídica.* Revista de Doutrina da 4ª Região, Porto Alegre, n. 14, setembro 2006.

UNGER, Roberto Mangabeira. *O direito e o futuro da democracia.* São Paulo: Boitempo, 2004.

VIANNA, Luiz Werneck. CARVALHO, Maria Alice Rezende de. República e civilização Brasileira. In BIGNOTTO, Newton. (Org.). *Pensar a República.* Belo Horizonte: UFMG, 2000.

ARGUMENTAÇÃO JURÍDICA RACIONAL NA CONSTRUÇÃO DA DECISÃO JUDICIAL: O CASO DA LEI DE BIOSSEGURANÇA E A EXISTÊNCIA DA VIDA EM "RAZÃO DO LUGAR" EMBRIONÁRIO

Verônica Acioly de Vasconcelos[1]
Antonio Henrique Graciano Suxberger[2]

SUMÁRIO: Considerações Iniciais. Premissas Conceituais. 1. Do Acórdão sob Análise. 2. Do artigo 5.º da Lei de Biossegurança (Lei nº 11.105/2005). 3. Dos Fundamentos da Decisão. 3.1. Conceituação Necessária. 3.2. Legitimidade das pesquisas com células-tronco embrionárias para fins de pesquisa e o constitucionalismo fraternal. 3.3. Direito à Vida e Direitos do Embrião Pré-Implanto. 3.4. As Pesquisas com Células-tronco não caracterizam Aborto. 3.5. Autonomia da Vontade e Maternidade. 3.6. Direito à Saúde como Corolário do Direito Fundamental à Vida Digna. 3.7. O Direito Constitucional à Liberdade de Expressão Científica. 3.8. Suficiências das Cautelas e Restrições. 3.9. Improcedência da Ação. 4. Considerações sobre o "jeito" de decidir. 5. Racionalidade Jurídica das decisões: é possível falar dela? 6. Repercussões sociais posteriores à decisão do STF. Considerações Finais. Referências.

CONSIDERAÇÕES INICIAIS

O meio jurídico acadêmico e a sociedade têm um questionamento comum: os juízes decidem por meio de uma argumentação jurídica ra-

---

1. Doutoranda em Direito e Políticas Públicas pelo Centro Universitário de Brasília - UniCEUB. Mestre em Direito. Defensora Pública no Estado do Piauí.

2. Doutor e Mestre em Direito. Professor do Programa de Mestrado e Doutorado em Direito do UniCEUB. Professor Investigador associado da linha "Derechos Humanos y Desarrollo" do Programa de Doutorado em Ciências Jurídicas e Políticas da Universidade Pablo de Olavide (Sevilha, Espanha). Promotor de Justiça no Distrito Federal.

cional? Tal questionamento guarda pertinência com a legitimidade da decisão judicial alcançada e também com o diálogo que o Poder Judiciário realiza, como exteriorização da vontade estatal, com as demais vozes de uma conformação republicana e cooperativa dos Poderes da República. Como caso a ser estudado, para recorte do tema, indica-se o projeto de Lei de Biossegurança, tal como apresentado pelo Presidente da República à Câmara dos Deputados em 3 de outubro de 2003, nos termos do art. 64 da Constituição da República, suas subsequentes discussões, aprovação e sanção e, enfim, seu questionamento no Poder Judiciário por meio de ação direta de inconstitucionalidade.

A Lei nº 11.105 de 2005, Lei de Biossegurança, versa especificamente no seu art. 5º sobre a utilização com objetivo de pesquisa e terapia de células-tronco obtidas de embriões humanos produzidos por fertilização in vitro, foi considerado como inconstitucional pelo Procurador Geral da República, tendo por fundamentação de que estaria violando o direito à vida, patrimônio assegurado constitucionalmente.

A alegação sustentada na Ação Direta de Inconstitucionalidade nº 3.510 (ADI 3.510), ajuizada em 16 de maio de 2005, é a de que a vida se inicia na fecundação. Dessa forma, a liberação da pesquisa em células-tronco feriria dois preceitos constitucionais, quais sejam o direito à vida e à dignidade da pessoa humana. A ação também traz, como argumento, com base na visão de alguns geneticistas, que a vida surge a partir da concepção e o embrião compreende a fase inicial do ser humano, em razão da sua constituição genética específica própria, bem como por ser gerado através de gametas humanos.

O Presidente da República defendeu a constitucionalidade do referido artigo em comento, com amparo nos direitos à saúde e da livre expressão da atividade científica, o uso de material embrionário que está em situação de descarte com o fito de terapia e pesquisa tem proteção em valores constitucionais. O conteúdo foi considerado tão complexo e de relevante repercussão que, pela primeira vez na história do Supremo Tribunal Federal, realizou-se audiência pública para debater o tema com renomados especialistas das mais diversas áreas do conhecimento.

Destaca-se que o supracitado controle de constitucionalidade gerou vários movimentos religiosos, científicos e populares, cada qual defendendo seus pontos de vista e conclusões. Desse modo, o tema foi encaminhado para o Supremo Tribunal Federal, com base em dois posicionamentos diferentes, ambíguos, acerca dos mesmos dispositivos da Constituição Federal de 1988 (a dignidade da pessoa humana e o direito à vida). Argumentativamente, indicou-se uma (aparente) colisão de princípios constitucionais, haja vista a discussão sobre a liberação da pesquisa em células-tronco embrionárias direcionar-se para os direitos à saúde, à liberdade de pesquisa científica, à dignidade da pessoa humana e à vida.

A análise das normas sustentadas na ADI demonstrou preocupação do legislador quanto aos limites para tornar admissível a pesquisa com células-tronco embrionárias, em respeito aos princípios ora citados. Indubitavelmente, delimitar o campo de proteção fundamental à dignidade humana e à vida, bem como decidir assuntos relacionados à utilização de embriões humanos com finalidade de pesquisa e terapia são atividades que ultrapassam os limites do âmbito jurídico, de modo a envolver argumentos da moral, da religião, que vêm sendo debatidos há séculos sem se alcançar consenso mínimo sobre uma resposta que se apresente correta (ou aceitável) para todos.

Tendo por base a interpretação da Constituição, coube ao Supremo identificar o limite e afirmar o sentido entre o dever e a liberdade do tratamento com o corpo humano, tema fundamental da Bioética. Analisando a argumentação do voto de cada um dos ministros do STF e o modelo de racionalidade jurídica alinhado às disposições pós Constituição Federal de 1988, empreender-se-á análise sobre um afirmado voluntarismo dos julgadores. Afinal, é possível afirmar um modelo de racionalidade jurídica na construção da decisão judicial ou as conclusões alcançadas no caso derivaram dos valores internalizados por cada um dos julgadores, em manifesta exteriorização de um voluntarismo judicial? Eis a pergunta a ser enfrentada na análise da constitucionalidade da Lei de Biossegurança.

PREMISSAS CONCEITUAIS

A afirmada "pureza" do Direito e a pretensão de fatiamento dos aspectos jurídicos das relações sociais são temas que já foram ultrapassados de modo bastante consistente nas últimas duas décadas do constitucionalismo nacional. Atualmente, o conhecimento e a intervenção de saberes se mostram indispensáveis e qualquer apresentação dissociada dessa abordagem complexa só pode se justificar por razões propedêuticas ou aproximativas dos temas do Direito.

A difusão de novas tecnologias, em especial de informação, a interdependência entre as economias e ações políticas dos países, coloca-nos na condição de cidadão brasileiro e de pessoa humana situada numa realidade global. Assim como as fronteiras são redimensionadas, a percepção da multiplicidade da relação jurídica nas esferas privada e pública são alargadas. Nessa profusão de mudanças, o ponto fixo reside na necessidade de valorizar a vida humana e garantir o respeito à dignidade, como fonte e limite da nossa existência e interações.

Assim, em tempo de novos ramos do saber, é preciso promover uma reaproximação com os seguintes conceitos – ou, melhor dizendo, sentidos das seguintes categorias operacionais. Por Bioética, entende-se "o estudo transdisciplinar entre biologia, medicina, filosofia (ética) e direito (biodireito) que investiga as condições necessárias para uma administração responsável da vida humana, animal e responsabilidade ambiental".[3] A Bioética, que surge na década de 70, está debruçada sobre a percepção moral, as decisões de conduta e os aspectos políticos da conduta humana em face de fatos biológicos.

"Biodireito é o ramo do direito público que se associa à bioética, estudando as relações jurídicas entre o direito e os avanços tecnológicos conectados à medicina e à biotecnologia; peculiaridades relacionadas ao corpo, à dignidade da pessoa humana"[4], ou seja, se dedica ao tratamento jurídico de questões controvertidas da bioética.

Biotecnologia é uma ciência tecnológica aplicada ao ramo da biologia, "que trabalha com estrutura genética das espécies, alterando-as, criando novas formas, modificadas, visando a promoção do ser humano, a cura de doenças, a melhoria da qualidade de vida".[5] A Biotecnologia é poder, pois tem repercussão nos direitos de propriedade disciplinados na Lei 9.279/96 (Lei de Propriedade Industrial) e indica uma aplicação tecnológica que faça uso de sistemas biológicos e organismos vivos para fabricar produtos ou processos a serem empregados no processo de produção industrial (art. 2º, da Convenção da Diversidade Biológica).

O debate que fundamenta a formulação do biodireito e da biotecnologia "está fundado no princípio da dignidade da pessoa humana, tendo em vista as contingências dos interesses econômicos ou das transformações culturais".[6] Nessa era da Genômica, num mundo interligado, veloz

---

3. MALUF, A. C. do R. F. D.. Curso de Bioética e Biodireito, p. 6.
4. Id., ibidem, p. 16.
5. Id., ibidem, p. 27.
6. BRAUNER, Maria Claudia Crespo. Ciência, biotecnologia e normatividade, p. 1.

e repleto de "bios" e tecnologias que atuam sobre fauna, flora, meio ambiente e o homem de maneira inédita e potente, em suas possibilidades de repercussões sociais, o Direito (aliado a outras Ciências) precisa estar atento ao novo, sem dispor de certos limites de consenso, dentre eles, o do respeito à dignidade da pessoa humana.

Nesse contexto, regulamentando o artigo 225, parágrafo 1º, incisos II, IV e V, da Constituição Federal, foi editada a Lei de Biossegurança (Lei 11.105/2005), que estabelece normas de segurança e mecanismos de fiscalização de atividades que envolvam organismos geneticamente modificados – OGM e seus derivados. Além disso, a Lei cria o Conselho Nacional de Biossegurança – CNBS, reestrutura a Comissão Técnica Nacional de Biossegurança – CNBS, dispõe sobre a Política Nacional de Biossegurança – PNB, além de revogar a Lei 8.974/95, a Medida Provisória no. 2.191/2001 e dos artigos 5º ao 10º, e o art. 16 da Lei 10.814/2003.

Diversos temas foram tratados nessa Lei e o que é pertinente, especificamente ao presente estudo, refere-se à pesquisa e ao uso terapêutico das células-tronco embrionárias.

1. DO ACÓRDÃO SOB ANÁLISE

A ação direta de inconstitucionalidade – ADI 3.510/DF, proposta pelo Procurador-Geral da República em 16 de maio de 2005 ao Supremo Tribunal Federal e de relatoria distribuída ao Ministro Carlos Ayres Britto — questionava o art. 5.º da Lei federal 11.105/2005 (Lei de Biossegurança de 24.03.2005), que permite, para fins de pesquisa e terapia, a utilização de células-tronco embrionárias obtidas de embriões humanos excedentários, considerados aqueles produzidos por fertilização *in vitro* e não implantados no útero.

O julgamento concluiu pela improcedência do pedido, isto é, pela constitucionalidade do referido dispositivo legal. O julgamento ocorreu em 29 de maio de 2008 e o respectivo acórdão foi publicado no Diário de Justiça Eletrônico de 28 de maio de 2010. O colegiado acolheu por maioria o voto do Ministro Relator Carlos Ayres Britto e parcialmente restaram vencidos, em diferentes extensões, os Ministros Menezes Direito, Ricardo Lewandowski, Eros Grau, Cezar Peluso e o Presidente do Tribunal, à época, Ministro Gilmar Mendes.

Reconhecendo a relevância pública do tema e considerando-o de relevância impactante para diversos ramos, o Ministro Relator Carlos Ayres Britto, para ampliar o debate e possibilitar o diálogo com a comunidade, designou audiência pública, de maneira inédita naquela Corte, na qual foram admitidos como *amici curiae:* a Confederação Nacional dos Bispos do Brasil – CNBB; Instituto de Bioética, Direitos Humanos e Gênero- ANIS; Movimento em Prol da Vida – Movitae; Centro de Direitos Humanos e Conectas Direitos Humanos, sendo coletadas as opiniões de 22 especialistas, integrantes da comunidade científica brasileira.

A ementa do julgamento foi lavrada nos seguintes termos:

"CONSTITUCIONAL. AÇÃO DIRETA DE INCONSTITUCIONALIDADE. LEI DE BIOSSEGURANÇA. IMPUGNAÇÃO EM BLOCO DO ART. 5º DA LEI Nº 11.105, DE 24 DE MARÇO DE 2005 (LEI DE BIOSSEGURANÇA). PESQUISAS COM CÉLULAS-TRONCO EMBRIONÁRIAS. INEXISTÊNCIA DE VIOLAÇÃO DO DIREITO À VIDA. CONSTITUCIONALIDADE DO USO DE CÉLULAS-TRONCO EMBRIONÁRIAS EM PESQUISAS CIENTÍFICAS PARA FINS TERAPÊUTICOS. DESCARACTERIZAÇÃO DO ABORTO. NORMAS CONSTITUCIONAIS CONFORMADORAS DO DIREITO FUNDAMENTAL A UMA VIDA DIGNA, QUE PASSA PELO DIREITO À SAÚDE E AO PLANEJAMENTO FAMILIAR. DESCABIMENTO DE UTILIZAÇÃO DA TÉCNICA DE INTERPRETAÇÃO CONFORME PARA ADITAR À LEI DE BIOSSEGURANÇA CONTROLES DESNECESSÁRIOS QUE IMPLICAM RESTRIÇÕES ÀS PESQUISAS E TERAPIAS POR ELA VISADAS. IMPROCEDÊNCIA TOTAL DA AÇÃO.

I - O CONHECIMENTO CIENTÍFICO, A CONCEITUAÇÃO JURÍDICA DE CÉLULAS-TRONCO EMBRIONÁRIAS E SEUS REFLEXOS NO CONTROLE DE CONSTITUCIONALIDADE DA LEI DE BIOSSEGURANÇA. As "células--tronco embrionárias" são células contidas num agrupamento de outras, encontradiças em cada embrião humano de até 14 dias (outros cientistas reduzem esse tempo para a fase de blastocisto, ocorrente em torno de 5 dias depois da fecundação de um óvulo feminino por um espermatozóide masculino). Embriões a que se chega por efeito de manipulação humana em ambiente extracorpóreo, porquanto produzidos laboratorialmente ou "in vitro", e não espontaneamente ou "in vida". Não cabe ao Supremo Tribunal Federal decidir sobre qual das duas formas de pesquisa básica é a mais promissora: a pesquisa com células-tronco adultas e aquela incidente sobre células-tronco embrionárias. A certeza científico-tecnológica está em que um tipo de pesquisa não invalida o outro, pois ambos são mutuamente complementares.

II - LEGITIMIDADE DAS PESQUISAS COM CÉLULAS-TRONCO EMBRIONÁRIAS PARA FINS TERAPÊUTICOS E O CONSTITUCIONALISMO FRATERNAL. A pesquisa científica com células-tronco embrionárias, autorizada pela Lei n° 11.105/2005, objetiva o enfrentamento e cura de patologias e traumatismos que severamente limitam, atormentam, infelicitam, desesperam e não raras vezes degradam a vida de expressivo contingente populacional (ilustrativamente, atrofias espinhais progressivas, distrofias musculares, a esclerose múltipla e a lateral amiotrófica, as neuropatias e as doenças do neurônio motor). A escolha feita pela Lei de Biossegurança não significou um desprezo ou desapreço pelo embrião "in vitro", porém u'a mais firme disposição para encurtar caminhos que possam levar à superação do infortúnio alheio. Isto no âmbito de um ordenamento constitucional que desde o seu preâmbulo qualifica "a liberdade, a segurança, o bem-estar, o desenvolvimento, a igualdade e a justiça" como valores supremos de uma sociedade mais que tudo "fraterna". O que já significa incorporar o advento do constitucionalismo fraternal às relações humanas, a traduzir verdadeira comunhão de vida ou vida social em clima de transbordante solidariedade em benefício da saúde e contra eventuais tramas do acaso e até dos golpes da própria natureza. Contexto de solidária, compassiva ou fraternal legalidade que, longe de traduzir desprezo ou desrespeito aos congelados embriões "in vitro", significa apreço e reverência a criaturas humanas que sofrem e se desesperam. Inexistência de ofensas ao direito à vida e da dignidade da pessoa humana, pois a pesquisa com células-tronco embrionárias (inviáveis biologicamente ou para os fins a que se destinam) significa a celebração solidária da vida e alento aos que se acham à margem do exercício concreto e inalienável dos direitos à felicidade e do viver com dignidade (Ministro Celso de Mello).

III - A PROTEÇÃO CONSTITUCIONAL DO DIREITO À VIDA E OS DIREITOS INFRACONSTITUCIONAIS DO EMBRIÃO PRÉ-IMPLANTO. O Magno Texto Federal não dispõe sobre o início da vida humana ou o preciso instante em que ela começa. Não faz de todo e qualquer estádio da vida humana um autonomizado bem jurídico, mas da vida que já é própria de uma concreta pessoa, porque nativiva (teoria "natalista", em contraposição às teorias "concepcionista" ou da "personalidade condicional"). E quando se reporta a "direitos da pessoa humana" e até dos "direitos e garantias individuais" como cláusula pétrea está falando de direitos e garantias do indivíduo-pessoa, que se faz destinatário dos direitos fundamentais "à vida, à liberdade, à igualdade, à segurança e à propriedade", entre outros direitos e garantias igualmente distinguidos com o timbre da fundamentalidade (como direito à saúde e ao planejamento familiar). Mutismo constitucional hermeneuticamente significante de transpasse de poder normativo para a legislação ordinária. A potencialidade de algo para se tornar pessoa humana já é meritória o bastante para acobertá-la, infraconstitucionalmente, contra tentativas levianas ou frívolas de obstar sua natural continuidade fisiológica. Mas as três realidades não se confundem: o embrião é o embrião, o feto é o feto e a pessoa humana é a pessoa humana. Donde não existir pessoa humana embrionária, mas embrião de pessoa humana. O embrião referido na Lei de Biossegurança ("in vitro" apenas) não é uma vida a caminho de outra vida virginalmente nova, porquanto lhe faltam possibilidades de ganhar as primeiras terminações nervosas, sem as quais o ser humano não tem factibilidade como projeto de vida autônoma e irrepetível. O Direito infraconstitucional protege por modo variado cada etapa do desenvolvimento biológico do ser humano. Os momentos da vida humana anteriores ao nascimento devem ser objeto de proteção pelo direito comum. O embrião pré-implanto é um bem a ser protegido, mas não uma pessoa no sentido biográfico a que se refere a Constituição.

IV - AS PESQUISAS COM CÉLULAS-TRONCO NÃO CARACTERIZAM ABOR-TO. MATÉRIA ESTRANHA À PRESENTE AÇÃO DIRETA DE INCONSTI-TUCIONALIDADE. É constitucional a proposição de que toda gestação humana principia com um embrião igualmente humano, claro, mas nem todo embrião humano desencadeia uma gestação igualmente humana, em se tratando de experimento "in vitro". Situação em que deixam de coincidir concepção e nascituro, pelo menos enquanto o ovócito (óvulo já fecundado) não for introduzido no colo do útero feminino. O modo de irromper em laboratório e permanecer confinado "in vitro" é, para o embrião, insuscetível de progressão reprodutiva. Isto sem prejuízo do reconhecimento de que o zigoto assim extra-corporalmente produzido e também extra-corporalmente cultivado e armazenado é entidade em-brionária do ser humano. Não, porém, ser humano em estado de em-brião. A Lei de Biossegurança não veicula autorização para extirpar do corpo feminino esse ou aquele embrião. Eliminar ou desentranhar esse ou aquele zigoto a caminho do endométrio, ou nele já fixado. Não se cui-da de interromper gravidez humana, pois dela aqui não se pode cogitar. A "controvérsia constitucional em exame não guarda qualquer vincula-ção com o problema do aborto." (Ministro Celso de Mello).

V - OS DIREITOS FUNDAMENTAIS À AUTONOMIA DA VONTADE, AO PLA-NEJAMENTO FAMILIAR E À MATERNIDADE. A decisão por uma descen-dência ou filiação exprime um tipo de autonomia de vontade individual que a própria Constituição rotula como "direito ao planejamento fami-liar", fundamentado este nos princípios igualmente constitucionais da "dignidade da pessoa humana" e da "paternidade responsável". A conju-gação constitucional da laicidade do Estado e do primado da autonomia da vontade privada, nas palavras do Ministro Joaquim Barbosa. A opção do casal por um processo "in vitro" de fecundação artificial de óvulos é implícito direito de idêntica matriz constitucional, sem acarretar para esse casal o dever jurídico do aproveitamento reprodutivo de todos os embriões eventualmente formados e que se revelem geneticamente vi-áveis. O princípio fundamental da dignidade da pessoa humana opera por modo binário, o que propicia a base constitucional para um casal de adultos recorrer a técnicas de reprodução assistida que incluam a ferti-lização artificial ou "in vitro". De uma parte, para aquinhoar o casal com o direito público subjetivo à "liberdade" (preâmbulo da Constituição e seu art. 5º), aqui entendida como autonomia de vontade. De outra ban-da, para contemplar os porvindouros componentes da unidade familiar, se por eles optar o casal, com planejadas condições de bem-estar e as-sistência físico-afetiva (art. 226 da CF). Mais exatamente, planejamento familiar que, "fruto da livre decisão do casal", é "fundado nos princípios da dignidade da pessoa humana e da paternidade responsável" (§ 7º desse emblemático artigo constitucional de nº 226). O recurso a proces-sos de fertilização artificial não implica o dever da tentativa de nidação no corpo da mulher de todos os óvulos afinal fecundados. Não existe tal dever (inciso II do art. 5º da CF), porque incompatível com o próprio instituto do "planejamento familiar" na citada perspectiva da "pater-nidade responsável". Imposição, além do mais, que implicaria tratar o gênero feminino por modo desumano ou degradante, em contrapasso ao direito fundamental que se lê no inciso II do art. 5º da Constituição. Para que ao embrião "in vitro" fosse reconhecido o pleno direito à vida, necessário seria reconhecer a ele o direito a um útero. Proposição não autorizada pela Constituição.

VI - DIREITO À SAÚDE COMO COROLÁRIO DO DIREITO FUNDAMENTAL À VIDA DIGNA. O § 4º do art. 199 da Constituição, versante sobre pesquisas com substâncias humanas para fins terapêuticos, faz parte da seção normativa dedicada à "SAÚDE" (Seção II do Capítulo II do Título VIII). Direito à saúde, positivado como um dos primeiros dos direitos sociais de natureza fundamental (art. 6º da CF) e também como o primeiro dos direitos constitutivos da seguridade social (cabeça do artigo constitucional de nº 194). Saúde que é "direito de todos e dever do Estado" (caput do art. 196 da Constituição), garantida mediante ações e serviços de pronto qualificados como "de relevância pública" (parte inicial do art. 197). A Lei de Biossegurança como instrumento de encontro do direito à saúde com a própria Ciência. No caso, ciências médicas, biológicas e correlatas, diretamente postas pela Constituição a serviço desse bem inestimável do indivíduo que é a sua própria higidez físico-mental.

VII - O DIREITO CONSTITUCIONAL À LIBERDADE DE EXPRESSÃO CIENTÍFICA E A LEI DE BIOSSEGURANÇA COMO DENSIFICAÇÃO DESSA LIBERDADE. O termo "ciência", enquanto atividade individual, faz parte do catálogo dos direitos fundamentais da pessoa humana (inciso IX do art. 5º da CF). Liberdade de expressão que se afigura como clássico direito constitucional-civil ou genuíno direito de personalidade. Por isso que exigente do máximo de proteção jurídica, até como signo de vida coletiva civilizada. Tão qualificadora do indivíduo e da sociedade é essa vocação para os misteres da Ciência que o Magno Texto Federal abre todo um autonomizado capítulo para prestigiá-la por modo superlativo (capítulo de nº IV do título VIII). A regra de que "O Estado promoverá e incentivará o desenvolvimento científico, a pesquisa e a capacitação tecnológicas" (art. 218, caput) é de logo complementada com o preceito (§ 1º do mesmo art. 218) que autoriza a edição de normas como a constante do art. 5º da Lei de Biossegurança. A compatibilização da liberdade de expressão científica com os deveres estatais de propulsão das ciências que sirvam à melhoria das condições de vida para todos os indivíduos. Assegurada, sempre, a dignidade da pessoa humana, a Constituição Federal dota o bloco normativo posto no art. 5º da Lei 11.105/2005 do necessário fundamento para dele afastar qualquer invalidade jurídica (Ministra Cármen Lúcia).

VIII - SUFICIÊNCIA DAS CAUTELAS E RESTRIÇÕES IMPOSTAS PELA LEI DE BIOSSEGURANÇA NA CONDUÇÃO DAS PESQUISAS COM CÉLULAS-TRONCO EMBRIONÁRIAS. A Lei de Biossegurança caracteriza-se como regração legal a salvo da mácula do açodamento, da insuficiência protetiva ou do vício da arbitrariedade em matéria tão religiosa, filosófica e eticamente sensível como a da biotecnologia na área da medicina e da genética humana. Trata-se de um conjunto normativo que parte do pressuposto da intrínseca dignidade de toda forma de vida humana, ou que tenha potencialidade para tanto. A Lei de Biossegurança não conceitua as categorias mentais ou entidades biomédicas a que se refere, mas nem por isso impede a facilitada exegese dos seus textos, pois é de se presumir que recepcionou tais categorias e as que lhe são correlatas com o significado que elas portam no âmbito das ciências médicas e biológicas.

IX - IMPROCEDÊNCIA DA AÇÃO. Afasta-se o uso da técnica de "interpretação conforme" para a feitura de sentença de caráter aditivo que tencione conferir à Lei de Biossegurança exuberância regratória, ou restrições tendentes a inviabilizar as pesquisas com células-tronco embrionárias. Inexistência dos pressupostos para a aplicação da técnica da "interpretação conforme a Constituição", porquanto a norma impugnada não padece de polissemia ou de plurissignificatidade. Ação direta de inconstitucionalidade julgada totalmente improcedente."

A ementa indica os aparentes argumentos centrais, que conduziram ao entendimento final do STF, e que fazem crer que o debate e a justificativa dos votos foram eminentemente jurídicos.

2. DO ARTIGO 5º DA LEI DE BIOSSEGURANÇA (LEI 11.105/2005)

Do texto da Lei de Biossegurança o artigo sobre o qual recai a indagação de inconstitucionalidade dispõe:

"Art. 5º É permitida, para fins de pesquisa e terapia, a utilização de células-tronco embrionárias obtidas de embriões humanos produzidos por fertilização *in vitro* e não utilizados no respectivo procedimento, atendidas as seguintes condições:

I – sejam embriões inviáveis; ou

II – sejam embriões congelados há 3 (três) anos ou mais, na data da publicação desta Lei, ou que, já congelados na data da publicação desta Lei, depois de completarem 3 (três) anos, contados a partir da data de congelamento.

§ 1º Em qualquer caso, é necessário o consentimento dos genitores.

§ 2º Instituições de pesquisa e serviços de saúde que realizem pesquisa ou terapia com células-tronco embrionárias humanas deverão submeter seus projetos à apreciação e aprovação dos respectivos comitês de ética em pesquisa.

§ 3º É vedada a comercialização do material biológico a que se refere este artigo e sua prática implica o crime tipificado no art. 15 da Lei no 9.434, de 4 de fevereiro de 1997."

Dos dispositivos transcritos infere-se que a autorização para a pesquisa com embriões humanos está condicionada à observância de critérios éticos que impossibilitam a criação de embriões apenas para fins de pesquisa, devendo ser utilizados tão somente aqueles criados para fins de reprodução e que jamais chegarão a ser implantados, devido a sua inviabilidade ou pela expressa desistência dos pais. Ademais, o embrião humano deve ser obtido pela fecundação *in vitro*, ou seja, decorrente de técnica de fertilização artificial, fora do organismo humano. Destaque--se, novamente, que sua utilização para pesquisa somente pode ocorrer, para fins terapêuticos e após ser descartada sua implantação pela sua inviabilidade ou pelo não interesse dos pais, tendo como destinação o congelamento.

Acrescido a isso, tem-se a exigência de apreciação prévia de um comitê de ética em pesquisa, a indispensabilidade do consentimento dos genitores e a vedação da comercialização do material biológico, evidenciando que as restrições impostas visam a tutelar a pesquisa científica, regulando a atividade de modo a não macular valores éticos e princípios relevantes, tais como a liberdade de deliberação dos genitores, não se admitindo a criação de embriões com o exclusivo fim de serem submetidos à pesquisa.

Os argumentos do Procurador-Geral da República, contudo, salientam que o dispositivo contraria a inviolabilidade do direito à vida e a dignidade da pessoa humana, arrimando a pretensão no fato de que

> "**a vida humana** acontece **na, e partir da, fecundação**", é neste momento que a mulher engravida, acolhendo o zigoto (uma célula que é um ser humano embrionário) e pesquisa com células-tronco adultas é mais promissora do que com as embrionárias.
>
> Pautado nessa compreensão, colaciona o pensamento de especialistas na área da medicina, bioética, biofísica, dentre outros, que defendem que o embrião já é o ser humano em estágio inicial da vida, mais avançado que o zigoto e anterior ao feto. Não se trata de embrião do ser humano, mas, ao inverso, ser humano em embrião. Diante disso, sua manipulação e, consequente destruição implica inadmissível violação à vida e dignidade humana."

3. DOS FUNDAMENTOS DA DECISÃO

3.1. Conceituação necessária

O primeiro item destacado na ementa do acórdão da ação direta abrange a necessária conceituação jurídica do que sejam as células--tronco embrionárias, para avaliar seus reflexos no controle de constitucionalidade da Lei de Biossegurança.

As "células-tronco embrionárias" são células contidas num agrupamento de outras, encontradiças em cada embrião humano de até 14 dias (outros cientistas reduzem esse tempo para a fase de blastocisto, ocorrente em torno de 5 dias depois da fecundação de um óvulo por um espermatozoide). Embriões a que se chega por efeito de manipulação humana em ambiente extracorpóreo, porquanto produzidos laboratorialmente ou "in vitro", e não espontaneamente ou "in vida".

Nesse conceito, colacionado pelo Relator, Ministro Carlos Ayres Britto, sobressai o tempo exíguo da existência do embrião, bem como o fato de sua origem decorrer de "manipulação humana extracorpórea", deixando evidente que se trata de procedimento artificial, e não natural, para o surgimento da vida. A própria Lei de Biossegurança, em seu art. 3º, IX, traz o conceito de célula-tronco embrionária como sendo "células de embrião que apresentam a capacidade de se transformar em células de qualquer tecido de um organismo".

A importância dessa conceituação – ou definição de sentido normativo – repousa no fato de que a compreensão do que seja a célula-tronco é diretriz necessária para avaliar a relevância e o porquê de tê-la como objeto de pesquisa. As células-tronco são aquelas que podem se transformar em qualquer espécie de tecido humano, por exemplo, epitelial, muscular e ósseo. Assumem, dessarte, uma importante função de regeneração celular, vez que capazes de reverter lesões medulares e cardiovasculares, além de terem resultados positivos constatados no tratamento de doenças neurodegenerativas, tais como mal de Parkinson e diabetes juvenil.

As células-troncos corretamente estimuladas, podem se diferenciar em qualquer outra célula específica e podem ser utilizadas em cirurgias ou tratamentos terapêuticos para correção de danos, inclusive, ao sistema nervoso. Daí a necessidade de se fomentar a pesquisa para entender como se dá esse processo de diferenciação, bem como para desenvolver as técnicas adequadas para seu manuseio e correta aplicação em seres humanos.

Nesse sentido, a pesquisa é indispensável para que se consiga induzir em laboratório essa diferenciação e ampliar o potencial terapêutico das células-tronco. Doenças como câncer, que decorrem da divisão anormal das células poderiam ter um tratamento mais eficaz e até mesmo obter uma perspectiva de cura, diante da apropriada manipulação.

A discussão quanto a esse manuseio encontra-se no fato de a célula-tronco ser um gênero do qual se destacam duas espécies: *i)* embrionárias, oriundas do embrião humano e *ii)* adultas, retiradas da medula, placenta ou cordão umbilical. Diante dessa distinção, o Procurador-Geral da República, arrimado em diversas pesquisas e pareceres de expertos, alega que a utilização das células adultas tornaria despicienda a manipulação das embrionárias.

A decisão ressalta, todavia, que não é competência do Supremo Tribunal Federal a definição acerca de qual espécie de célula-tronco é mais adequada para pesquisas, porém aponta o entendimento de que devem ser complementares os estudos utilizando células-tronco adultas e embrionárias. O Ministro posicionou-se embasado em resultados de estudos que revelam as diferentes abordagens da pesquisa com células-tronco, concluindo que uma linha de pesquisa não invalida outra. Assim, com o enfoque científico, apresentam-se categorias diferentes de pesquisa, haja vista que os resultados obtidos com as células-tronco adultas diferem dos resultados das células-tronco embrionárias, em razão do estágio de desenvolvimento em que se encontram. O que já se tem comprovado por meio de pesquisas científicas é que existem células-tronco com diferentes capacidades de transformação, para distingui-las, foram denominadas de totipotentes, pluripotentes, oligopotentes e unipotentes, vez que o resultado de investigações constatou que atingem distintos níveis de diferenciação. Assim, há uma evidente diferença entre a análise de uma célula adulta e de uma célula embrionária. A melhor técnica, portanto, deve ser definida pela comunidade científica e não jurídica.

É lugar comum a lição doutrinária de que o Supremo Tribunal Federal exercita o papel de guardião maior da Constituição Federal. Como exemplo, confira-se:

> "a Constituição de 1988 ampliou significativamente a competência originária do Supremo Tribunal Federal, especialmente no que concerne ao controle de constitucionalidade de leis e atos normativos e ao controle da omissão inconstitucional." [7]

No exercício da função de analisar a constitucionalidade das leis, muitas vezes o Tribunal se vê compelido a apreciar temas das mais distintas áreas do conhecimento humano. Porém, isso não confere ao STF o poder de se assenhorear de competência própria de ciências não jurídicas. No caso da ADI 3.510, a especificidade do tema reclama conhecimento científico próprio em correlação com algum conhecimento do jurista. A decisão evita a análise valorativa das pesquisas realizadas com

---

7. MENDES, G. F.; COELHO, I. M.; BRANCO, P. G. G.. Curso de Direito Constitucional, p. 899-900.

células-tronco e reconhece ser função própria das Ciências Médicas e Biológicas a conclusão pela melhor técnica.

3.2. Legitimidade de Pesquisas com Células-tronco Embrionárias e o Constitucionalismo Fraternal

Após asseverar que não é da competência do Supremo Tribunal Federal, mas de autoridades que detêm a expertise e o conhecimento técnico-científico próprios, a definição de qual a espécie de célula-tronco traz melhores resultados e, por conseguinte, é mais adequada para pesquisa, a Corte brasileira deteve-se no segundo ponto da questão, consistente em avaliar se as pesquisas com embriões humanos são legítimas. Para tanto, o tema foi delineado a partir de argumentos do constitucionalismo fraternal, cujo valor fundante encontra-se na integração social, na promoção da solidariedade entre os brasileiros. É nesse sentido que se constitui como objetivo fundamental da República a construção de uma sociedade livre, justa e solidária, como, aliás, preceitua expressamente o art. 3.º, inciso I, da Constituição da República.

A solidariedade é um princípio que deve nortear as ações humanas, vez que a convivência é indispensável para manutenção da vida. Dividir espaços, trocar serviços, compatibilizar o exercício de direitos requer a imperiosa percepção da existência do outro. Como corolário dessa inferência, não obstante pareça contraditório, tem-se que a atitude solidária, na verdade, é uma garantia de consecução de objetivos individuais, haja vista que na interação com o outro é que se faz possível atingir interesses particulares. Pensar no outro, na preservação da vida social é, pois, pensar em si mesmo.

Considerando as diferentes acepções de solidariedade, Moraes explica:

> A solidariedade pode, então, ser compreendida sob diversas facetas: como um fato social do qual não podemos nos desprender, pois é parte intrínseca do nosso ser no mundo; como virtude ética de um reconhecer-se no outro (que "faz do outro um outro *eu próprio*") ainda mais amplo do que a justa conduta exigiria (dar ao outro o que é seu); como o resultado de uma conduta moral e de boa-fé ou, ao contrário, de uma associação para delinquir; como comportamento pragmático para evitar perdas pessoais e/ou institucionais.[8]

A Constituição fixou o conceito de solidariedade aliado à ideia de justiça e liberdade, a fim de assegurar que a conduta solidária seja dire-

---

8.   MORAES, M. C. B. de. Na medida da pessoa humana, p. 247.

cionada para o bem de todos, promovendo melhorias para toda sociedade. Nesse sentido é que deve ser analisada a legitimidade das pesquisas com células embrionárias. De um lado tem-se um organismo cujo destino é o descarte, ou seja, que jamais adquirirá personalidade jurídica, vez que não nascerá. De outro lado, têm-se pessoas vivas, indubitavelmente possuidoras de personalidade jurídica e impossibilitadas de desfrutarem de seus direitos por restrições de saúde que poderiam ser superadas pelo avanço das pesquisas com células-tronco.

Nesse confronto, a decisão da ADI 3.510 destaca:

> "deixar de atalhada ou mais rapidamente contribuir para devolver pessoas assim à plenitude da vida não soaria aos médicos, geneticistas e embriologistas como desumana omissão de socorro? Um triste concluir que no coração do Direito brasileiro já se instalou de vez "o monstro da indiferença" (Otto Lara Resende)? Um atestado ou mesmo confissão de que o nosso Ordenamento Jurídico deixa de se colocar do lado dos que sofrem para se postar do lado do sofrimento? Ou, por outra, devolver à plenitude da vida pessoas que tanto sonham *com pilhas nas costas* não seria abrir para elas a fascinante experiência de um novo parto? Um heterodoxo parto pelos heterodoxos caminhos de uma célula-tronco embrionária que a Lei de Biossegurança pôs à disposição da Ciência? Disponibilizando para ela, Ciência, o que talvez seja o produto de sua mais requintada criação para fins humanitários e num contexto familiar de legítimo não aproveitamento de embriões *in vitro*? Situação em que se possibilita ao próprio embrião cumprir sua destinação de servir à espécie humana? Senão pela forja de uma vida *estalando de nova* (porque não mais possível), mas pela alternativa estrada do conferir sentido a milhões de vidas preexistentes?"

A omissão de socorro àqueles que estão vivos, a manutenção de um sofrimento que poderia ser amainado, a inviabilização da renovação da vida, tudo isso em detrimento de um embrião que nunca se tornará um ser humano desenvolvido contraria a fraternidade apregoada no texto constitucional. Para proferir a decisão assim relevante, considerando sua ampla repercussão, o STF ouviu não apenas os especialistas que participaram da audiência pública mas diversas autoridades, por meio de seus depoimentos em obras científicas, pesquisas registradas e entrevistas na mídia.

Porém, um dos pontos de maior sensibilidade e de maior proximidade com a real questão da pesquisa com células-tronco foi o diálogo com aqueles que depositam nessas pesquisas a esperança de obter vida digna. A dor de inúmeras e anônimas famílias foi externada pela experiência de quem vivencia a limitação de não desfrutar de saúde, daqueles que desejam uma existência plena, para ter qualidade de vida, a exemplo da atriz

Isabel Fillardis e do jornalista Diogo Mainardi, cujos filhos são portadores de doenças que debilitam as funções do sistema nervoso. São atores sociais que participam do debate público e que alcançam, por redes sociais ou pela mídia formalizada, impacto na manifestação de suas posições.

Esse interesse em ouvir as diversas angústias foi manifestado pelo Relator, Ministro Carlos Britto, ao assumir que "o juiz não deve se resignar em ser uma traça ou ácaro de processo, mas um ser do mundo" (excerto do voto condutor). Assim, o olhar do julgador não pode ficar limitado pelas paredes de seu gabinete. É preciso abrir as janelas para vislumbrar a realidade que sua decisão vai atingir e as vidas que pode modificar.

O Tribunal decidiu que entre o embrião fecundado *in vitro,* sem qualquer possibilidade de vir a ser implantado em útero e, por conseguinte, sem qualquer perspectiva de vir a se desenvolver como pessoa, deve cumprir uma missão solidária. A decisão ressalta que não há desprezo pelo embrião, mas uma análise ponderada entre os seus direitos e o de inúmeros brasileiros a serem beneficiados com as pesquisas. Preponderou o interesse destes últimos. Reconheceu-se, assim, que "a pesquisa com células-tronco embrionárias significa a celebração solidária da vida e alento aos que se acham à margem do exercício concreto e inalienável dos direitos à felicidade e do viver com dignidade".

Confirma-se, portanto, a fraternidade no sentido de que a comunhão social, exige uma parcela de contribuição de cada um de seus membros. A solidariedade se concretiza no desprendimento de si mesmo em favor de um interesse maior. Fraternidade e solidariedade, pois, fundaram a racionalidade jurídica da decisão que foi construída na ação direta.

3.3. Direito à Vida e Direitos do Embrião Pré-Implanto

O âmago da questão acerca da inconstitucionalidade do artigo 5º da Lei de Biossegurança repousa na análise do desrespeito à previsão constitucional de inviolabilidade do direito à vida. Os argumentos do Procurador Geral de República, autor da ADI 3.510, fundam-se no cerceamento do direito à vida a partir da fecundação, porquanto considera o início da personalidade coincidente com o momento da concepção, filiando-se à teoria concepcionista que, nas palavras de Gonçalves, "admite que se adquire a personalidade antes do nascimento, ou seja, desde a concepção".[9]

---

9.   GONÇALVES, C. R.. Direito Civil Brasileiro, Vol 1, p. 103.

ARGUMENTAÇÃO JURÍDICA RACIONAL NA CONSTRUÇÃO DA DECISÃO JUDICIAL

Esse entendimento não é pacífico frente à expressa indicação do art. 2º do Código Civil. Segundo o dispositivo legal, a personalidade da pessoa natural tem início a partir de seu nascimento com vida. Se a personalidade é a aptidão para direitos e deveres na ordem civil, apenas após se efetuar a retirada do feto do ventre materno e se constatar que houve respiração, poder-se-ia concluir pela assunção do *status* de pessoa e, em vista disso, a consecução de direitos subjetivos a serem tutelados. Essa é a posição da teoria natalista, que reconhece no nascimento com vida o marco inicial da personalidade civil da pessoa natural. Um posicionamento intermediário seria a teoria da personalidade condicional que, na lição de Gonçalves: "sustenta que o nascituro é pessoa condicional, pois a aquisição da personalidade acha-se sob a dependência de condição suspensiva, o nascimento com vida".[10] É uma teoria que não se distancia muito da natalista, apenas tenta justificar o porquê do artigo 2.º do Código Civil referir-se aos direitos do nascituro, e não à expectativa de direito.

A contradição do aludido dispositivo resulta no tratamento *sui generis* do nascituro. Na sua parte inicial, o art. 2º, CC evidencia que o mesmo não é pessoa, vez que não nascido, porém, na parte final diz que a ele é conferido direitos, o que só é atribuído a quem tem personalidade. Nesse contexto, o direito à vida seria assegurado desde o momento da concepção. E, já que não há especificação da modalidade, tanto a concepção intrauterina quanto a extrauterina seriam capazes de conferir direitos. É, então, diante desse argumento que se discute o direito à vida do embrião criopreservado.

A superestimulação ovariana compõe as técnicas de reprodução assistida e resulta na obtenção de um número de embriões maior do que o recomendado para implantação. Assim, os embriões que não são transferidos destinam-se ao congelamento, o que tem ocorrido com maior frequência, em razão do crescimento na quantidade de casais que utilizam o método da fertilização *in vitro*. No Brasil, em 2011, foram implantados 33.797 embriões produzidos em laboratório e foram descartados 16.117, segundo o 5º Relatório SisEmbrio da Anvisa. Em relação a estes últimos é que foi proposta a ADI 3.510, tendo o STF decidido pela impossibilidade de se assegurar a proteção a seu direito à vida, vez que entendeu que a previsão dos direitos fundamentais aplica-se apenas à pessoa já nascida.

---

10. Loc. cit..

A ausência do pálio constitucional para acobertar o embrião pré--implanto, ou mesmo o nascituro, não significa ausência completa de tutela a estes entes. A Constituição trata da pessoa humana, dos direitos de quem já nasceu, porém remete à norma infraconstitucional os auspícios da proteção aos níveis anteriores do desenvolvimento da pessoa. Na dicção do Relator da ADI 3.510, Ministro Carlos Ayres Britto:

> "Direito infraconstitucional protege por modo variado cada etapa do desenvolvimento biológico do ser humano. Os momentos da vida humana anteriores ao nascimento devem ser objeto de proteção pelo direito comum. O embrião pré-implanto é um bem a ser protegido, mas não uma pessoa no sentido biográfico a que se refere à Constituição."

A Lei de Transplantes (Lei 9.434/1997), o Código Penal e a Lei de Alimentos Gravídicos (Lei 11.804/2008), por exemplo, tutelam o ente não nascido, impedindo, respectivamente, riscos à saúde, interrupção da gravidez e assistência material insuficiente para o desenvolvimento do feto. De igual modo, o Estatuto da Criança e do Adolescente (Lei 8.069/1990) assegura a vida e saúde intrauterinas, determinando a indispensável atenção ao feto e à gestante por todo o período gestacional. Essa proteção infraconstitucional é o reconhecimento e respeito à dignidade, embora não se trate da dignidade da pessoa humana, é o amparo à dignidade da vida humana, posto que ainda que o nascituro não coincida com a pessoa, é uma fase insuperável para a formação do ser humano, como mencionado no acórdão da ADI 3.510 (grifos nossos):

> "Tal como se dá entre a planta e a semente, a chuva e a nuvem, a borboleta e a crisálida, a crisálida e a lagarta (e ninguém afirma que a semente já seja a planta, a nuvem, a chuva, a lagarta, a crisálida, a crisálida, a borboleta). O elemento anterior como que tendo de se imolar para o nascimento do posterior. *Donde não existir pessoa humana embrionária, mas embrião de pessoa humana*, passando necessariamente por essa entidade a que chamamos "feto"."

Em relação ao embrião pré-implanto, sequer existe o nascituro. Já quanto ao excedentário, é impossível garantir que ele venha a se tornar pessoa. Seu destino mais comum é a criopreservação. A doação para outros casais é uma alternativa ainda não difundida e esbarra em questões subjetivas para a autorização dos doadores de gametas. O STF entendeu que a Lei de Biossegurança, em sua seara, protege o embrião criopreservado na medida em que impõe restrições ao seu manuseio. A vedação para criação de embriões destinados à pesquisa é uma importante diretriz ética. Por isso, a exigência de apreciação por comitê de ética como requisito para a atividade científica.

ARGUMENTAÇÃO JURÍDICA RACIONAL NA CONSTRUÇÃO DA DECISÃO JUDICIAL

A utilização apenas de embriões inviáveis ou que estão congelados há mais de 3 anos e mediante a prévia autorização dos genitores é outra garantia de que a vida não é o direito em questão, haja vista que tais embriões jamais chegarão a ser implantados, ou seja, não lhes será oportunizada a vida, por questões biológicas que impedem seu desenvolvimento ou por decisão dos pais, que não estão obrigados a implantar todos os embriões produzidos.

Confirma-se, então, a compatibilidade da Lei de Biossegurança, especialmente o dispositivo que autoriza a pesquisa com células-tronco embrionárias, com a Constituição da República. Essa conformidade dá-se justamente por conta das exigências contidas para a sua realização.

3.4. As Pesquisas com Células-tronco Não Caracterizam Aborto

A decisão afasta a possibilidade do objeto da ADI 3.510 versar sobre aborto. Não obstante se tenha discutido o direito à vida, questão diversa é aquela que tange ao crime tipificado nos artigos 124 a 126 do Código Penal (aborto praticado pela gestante ou por outrem, com ou sem o seu consentimento), com fins de tutelar a vida do feto. O aborto é conceituado por como "a cessação da gravidez, antes do termo normal, causando a morte do feto".[11] Destarte, no caso da destruição do embrião, cuja fecundação ocorreu extracorporalmente e que, em nenhum momento foi ou será implantado no útero materno, verifica-se a inexistência de um pressuposto elementar para a ocorrência do delito em comento: a gravidez.

Interromper a gestação significa que a ela se iniciou e, em momento posterior, foi impedida de prosseguir. O embrião excedentário, após sua criação em ambiente extrauterino, assim permanece, com um único destino, qual seja, o descarte. Não será utilizado, mas destinado ao congelamento perpétuo, razão por que não se pode falar em interromper algo que jamais começou.

Ademais, dado que o STF estabeleceu que o embrião do ser humano não se confunde com ser humano em estágio de embrião, fica evidente que há diferenciação em cada nível de desenvolvimento. Portanto, o embrião não é ser humano, assim como também não é feto. A conclusão do colegiado indicou que "a Lei de Biossegurança não veicula autorização para extirpar do corpo feminino esse ou aquele embrião", impossibilitando, desse modo, a configuração do aborto.

---

11. NUCCI, G. de S.. Código Penal Comentado, p. 215.

A disposição da Lei de Biossegurança, ao contrário, impede a prática do aborto, pois prevê duas situações para o uso de embriões humanos em pesquisa: *i)* serem embriões inviáveis para fins de fertilização ou *ii)* estarem congelados há mais de três anos. Acrescido a isso, exige-se o prévio consentimento dos genitores, o que revela a certeza de que os mesmos não desejam realizar novo procedimento de implantação.

Fica vedada qualquer forma de interrupção de gravidez. O embrião destinado a pesquisa é aquele que não foi utilizado para fins de fertilização por ser inviável ou por ser excedente, ou seja, embora viável, não foi nem será implantado. Ademais, existe no art. 9º, §3º da Lei 9.434/97 a vedação, para a gestante, de qualquer procedimento de retirada de tecido, órgão ou parte do corpo, que possa oferecer risco à saúde do feto, o que corrobora a proteção jurídica dispensada ao mesmo. Ratificam-se, pois, o amparo à vida intrauterina e a proibição ao aborto.

Relativamente ao silêncio constitucional quanto ao início da vida, importante a fundamentação do Relator centrada na lição de Ronald Dworkin.[12] O Tribunal, em prestígio ao voto condutor, compreendeu que sem a gravidez não há feto e, conseguintemente, se o direito à vida do feto é o bem jurídico tutelado com a tipificação do crime de aborto, não existe aborto quando se trata da manipulação e destruição de células-tronco embrionárias que não se destinam ao útero materno.

3.5. Autonomia da Vontade e Maternidade

A decisão mais importante do STF, até então, nas palavras do Ministro Celso de Mello, destaca-se pela relevância e abrangência das discussões. A demarcação do princípio da vida humana e dos limites de sua tutela foi debatida em respeito às diferentes correntes ideológicas manifestas em audiência pública, bem como foi permeada por complexas questões intrínsecas à existência e dignidade humanas, como é a maternidade.

O relator, Ministro Carlos Ayres Britto, em seu voto na ADI 3.510, ressalta que a garantia do direito à vida para embriões perpassa a análise da autonomia da vontade da mãe e impele à apreciação da própria natureza da maternidade (grifos nossos):

> "(...) o que está em debate é mais que a natureza da concepção ou do biológico início do *homo sapiens*. Mais do que a precisa conceituação

---

12. DWORKIN, Ronald. O Domínio da Vida: Aborto, Eutanásia e Liberdade individuais.

jurídica de pessoa humana, da procriação responsável e dos valores constitucionais da saúde e da liberdade de expressão científica. Tudo isso é muito, muito mesmo, porém ainda não é tudo. É também preciso pôr como alvo da nossa investigação de Direito Positivo *a natureza mesma da maternidade*. Essa disposição de gerar um novo ser dentro de si que é total disponibilidade para acolhê-lo como parte essencial de uma família e de toda a existência (categoria inda maior que a de sociedade). Pelo que a interpretação do Direito não tem como deixar de valorá-la como a parte mais criativa de todo o processo gestacional."

Deliberar sobre o momento de ter um filho significa pesar aspectos materiais e emocionais, traduz a expressão de um amor sublime, abnegado, pois, a partir da gravidez a mulher já não se percebe mais como um só indivíduo. Ela é dois: mais o outro que si mesma.

Na hipótese de fertilização artificial, a ânsia pela maternidade é um desejo pela concreção da gravidez, é um anseio por desfrutar desse compartilhamento de vidas: a sua própria se agregando à de seu filho. Revela-se ainda mais proeminente o amor nesse planejamento e nessa expectativa. Consoante o Ministro Carlos Ayres Britto (ADI 3.510 – grifos nossos):

> "o vislumbre da maternidade como realização de um projeto de vida *é o ponto mais estratégico de toda a trajetória humana. É ele que verdadeiramente assegura a consciente busca da perpetuação da espécie* (...) São dois fenômenos concomitantes ou *compresentes*, mas de caráter distinto. Um é a gestação em si, como elemento ou objetivo dado da natureza. Investimento que a natureza faz em um novo exemplar do mais refinado espécime do mundo animal, que é o ser humano. Outro é a maternidade consentida, como subjetivo dado do mais profundo benquerer. Investimento que uma criatura humana faz em outra, planejada ou assumidamente, e que o Direito *sobrevalora* como expressão da paternidade responsável."

A decisão quanto à implantação de todos ou apenas alguns dos embriões deve partir, portanto, da convicção e sentimentos dos genitores, norteados pelos princípios do livre planejamento familiar e da paternidade responsável. O benquerer narrado pelo Ministro é a força motriz que impulsiona a decisão, porém deve ser sopesado com um conjunto de outros critérios capazes de garantir a dignidade tanto dos pais quanto dos filhos. É o que apregoa a Constituição Federal em seu artigo 226, § 7.º, segundo o qual, "o planejamento familiar é livre decisão do casal". Não pode, pois, o Estado se valer de meios coercitivos para influenciar essa deliberação. Todavia, essa decisão deve pautar-se na dignidade da pessoa humana (que impede a coisificação de filho ou pais) e na paternidade responsável (que conduz ao bom senso diante de questões materiais e emocionais). Cada família deve estabelecer seus valores, segundo seus objetivos, peculiaridades e prioridades. Assim, exigir que os genitores sejam obrigados a implantar todos os embriões formados seria grave ofensa à liberdade do casal de planejar sua vida familiar, retirando-lhe a autonomia da vontade. Ademais, a própria saúde física e emocional da mulher estaria em risco, sujeitando-a a condição degradante e ofensiva a sua individualidade, tornando-a mero instrumento para a gestação de outrem, o que é inadmissível na ordem constitucional que tem como um de seus fundamentos a dignidade humana.

Há situações em que a mãe pode desejar a gestação de todos os embriões fertilizados. Não é, contudo, o que costuma acontecer. No Brasil, segundo dados de 2012 da Anvisa, são 26.283 embriões criopreservados sem vinculação a procedimento certo ou vindouro. Nesse contexto, o direito à vida do embrião excedentário encontra óbice em direitos fundamentais da mãe: a liberdade de escolha, que se configura na autonomia para decidir quando e quantos filhos ter e a dignidade humana que empece sua coisificação.

Por fim, quanto a essa conciliação entre os direitos do embrião e da mãe, o Tribunal, ainda na dicção do voto do Relator, arrematou: "Para que ao embrião *in vitro* fosse reconhecido o pleno direito à vida, necessário seria reconhecer a ele o direito a um útero. Proposição não autorizada pela Constituição". Assim, nessa ponderação, priorizaram-se os direitos da mãe.

3.6. Direito à Saúde como Corolário do Direito Fundamental à Vida Digna

Diante da ausência de um conceito jurídico expresso, existem dúvidas quanto ao instante em que se principia a vida e, por conseguinte, o momento em que surge uma nova pessoa natural. Não há, porém, o que se questionar quanto a essa vida após o nascimento (retirada do ventre materno) que se segue à respiração, haja vista que esse tem sido o marco caracterizador do nascimento com vida. O indivíduo que foi retirado do útero materno, com o consequente corte do cordão umbilical, possui uma vida completamente individualizada e inconfundível com a de sua genitora. Ainda que respire por apenas alguns minutos, terá adquirido a personalidade e com isso todos os direitos a ela inerentes. Faz jus a um nome, vínculos familiares, respeito a sua imagem e direitos sucessórios, por exemplo.

Na medida em que se prolonga sua vida, outros direitos, além dos da personalidade vão-se agregando, em conformidade com as interações que vai estabelecendo no convívio com os demais, assim os direitos políticos, trabalhistas e autorais. A possibilidade de exercício de todas as categorias de direitos permite ao ser humano reconhecer-se como indivíduo único, capaz de contribuir com o grupo social a que pertence, fortalecendo o reconhecimento de sua condição humana. É o que impede sua coisificação, ou que seja considerado mero instrumento para consecução de algum objetivo. Nesse diapasão, qualquer pesquisa que o envolva, deve ser precedida de sua expressa autorização, livre, consciente e esclarecida, conforme preceitua os comandos éticos acerca das pesquisas envolvendo seres humanos (Res. CNS 466/2012). Se menor de idade, tal consentimento deve partir de um responsável. Nos mesmos moldes é a submissão a tratamento de saúde, pois esta interfere diretamente na sua qualidade de vida.

Assim, a dignidade da pessoa humana, preceituada no inciso III do art. 1.º da Constituição da República, abrange os mais diversos prismas de atuação do homem, permeia a definição e a garantia de cada direito fundamental, iniciando com o direito à vida. Desfrutar de modo pleno dos direitos constitucionalmente assegurados é imperativo para se ter uma vida digna, haja vista que viver privado de liberdades e garantias é desumanizar o indivíduo. Sob o enfoque da vida orgânica, infere-se que esta, por si só, não é garantia de dignidade. Uma vida vegetativa, que não permite independência para mover-se ou manifestar-se conscientemente não pode ser considerada vida digna. É nesse viés, que as pesquisas com células-tronco se apresentam como meio de se dignificar aquele que possui doenças debilitantes, degenerativas, quer de origem genética ou acidentária.

O direito fundamental à vida digna perpassa a necessária evolução de métodos e técnicas terapêuticas capazes de amainar sofrimentos humanos. Numa superficial análise da evolução da medicina, podem-se destacar o desenvolvimento de remédios, vacinas, equipamentos para diagnóstico mais preciso e técnicas cirúrgicas menos invasivas que tornaram mais saudáveis e longevas a humanidade. Nesse sentido, a decisão ora em comento salienta "a Lei de Biossegurança como instrumento de encontro do direito à saúde com a própria Ciência. No caso, ciências médicas, biológicas e correlatas, diretamente postas pela Constituição a serviço desse bem inestimável do indivíduo que é a sua própria higidez físico-mental". A interpretação sistemática do direito à saúde avaliou de modo concatenado a Seção II do Capítulo II do Título VIII da Constituição Federal (que traz dispositivos específicos para questões referentes à prestação de serviços de saúde) e os artigos 6.º e 194, *caput*, os quais preveem, respectivamente, a saúde como um direito social e a seguridade social integrada por ações que garantam a saúde.

O acórdão da ADI 3.510 estabelece que o direito à saúde deve ser tratado com certa primazia, haja vista estar previsto constitucionalmente como um direito social fundamental, assim como direito constitutivo da seguridade social, o que justifica seu caráter de relevância pública. Diante disso, conclui que a Lei de Biossegurança, assim como a Lei de transplantes (Lei 9.434/1997) decorrem da induvidosa previsão do art. 199, §4.º, do texto constitucional, acerca da qual expôs o Relator, Ministro Carlos Britto (grifos nossos):

> "Providencial regra constitucional, essa, que, sob inspiração nitidamente fraternal ou solidária, transfere para a lei ordinária a possibilidade de sair em socorro daquilo que mais importa para cada indivíduo: a preservação de sua própria saúde, *primeira das condições de qualificação e continuidade de sua vida*. Regra constitucional que abarca, no seu raio pessoal de incidência, assim doadores vivos como pessoas já falecidas. Por isso que a Lei nº 9.434, na parte que interessa ao desfecho desta causa, dispôs que a morte encefálica é o marco da cessação da vida de qualquer pessoa física ou natural. *Ele, o cérebro humano, comparecendo como divisor de águas; isto é, aquela pessoa que preserva as suas funções neurais, permanece viva para o Direito. Quem já não o consegue, transpõe de vez as fronteiras "desta vida de aquém-túmulo"*, como diria o poeta Mario de Andrade."

Assim, a Lei de Biossegurança foi considerada como regulação necessária e predeterminada pela Carta Magna, capaz de assegurar o direito à saúde. Destaque-se, por oportuno, que o dispositivo constitucional invocado assevera que a lei deve assumir o papel de facilitador da descoberta de novas soluções para garantir a saúde.

> "Art. 199. *Omissis.*
>
> § 4.º A lei disporá sobre as condições e os requisitos que facilitem a remoção de órgãos, tecidos e substâncias para fins de transplante, pesquisa e tratamento, bem como a coleta, processamento e transfusão de sangue e seus derivados, vedado todo tipo de comercialização."

A partir dessa análise, portanto, a Lei de Biossegurança representa a viabilização da pesquisa utilizando materiais coletados de seres humanos, reiterando a vedação de comércio desses materiais e o compromisso ético no desenvolvimento científico.

3.7. O Direito Constitucional à Liberdade de Expressão Científica

A Constituição Federal apregoa a liberdade da expressão científica no artigo 5º, inciso IX, juntamente com a liberdade de expressão da atividade intelectual, artística e de comunicação, independentemente de censura ou licença. É, portanto, direito fundamental de todo pesquisador a autonomia para investigar, utilizando o método que considerar pertinente para os fins de sua pesquisa. A relevância da atividade científica é propalada em diversos momentos no texto constitucional. Não apenas como uma garantia do indivíduo, mas como instrumento indispensável para desenvolvimento econômico e social. Há a expressa determinação do art. 218 de que o Estado promoverá e estimulará o desenvolvimento científico, a pesquisa e a capacitação tecnológica.

Essa previsão geral é especificada por outros dispositivos, no âmbito agrícola (art. 187, III), energia nuclear e petrolífera (art. 21, XXIII, a), meio ambiente (art. 225, §1º) e saúde (art. 199, §4º), a fim de abranger diversas áreas do conhecimento. O incentivo às pesquisas denota, assim, preocupação com autonomia e crescimento socioeconômico do país, razão por que ao Estado incumbe o fomento e a valorização da atividade científica como expressão de um direito fundamental. Entretanto, como todo direito fundamental, essa liberdade de expressão científica não é absoluta. Deve suportar limitações a fim de compatibilizá-la com o exercício de outros direitos e, no caso, o que o Supremo analisa é se existe colisão entre o direito de liberdade de expressão científica e o direito à vida do embrião criopreservado.

O STF assentou que o artigo 5º, da Lei de Biossegurança promove a necessária harmonia entre as funções reguladora e de fomento do Estado, haja vista que entenderam os julgadores que as restrições impostas ao pesquisador (já comentadas alhures) compelem sua conduta a guiar-se dentro dos necessários parâmetros éticos, tornando-se despicienda qualquer alteração no texto no sentido de ampliar as exigências para a atividade de pesquisa científica.

3.8. Suficiências das Cautelas e Restrições

Outra questão debatida acerca do artigo 5.º da Lei de Biossegurança refere-se à fiscalização e ao acompanhamento das pesquisas realizadas com embriões humanos, vez que o indigitado dispositivo prevê em apenas um parágrafo a necessidade de uma avaliação por comitês de ética em pesquisa ("§2º Instituições de pesquisa e serviços de saúde que realizem pesquisa ou terapia com células-tronco embrionárias humanas deverão submeter seus projetos à apreciação e aprovação dos respectivos comitês de ética em pesquisa").

O Ministro Gilmar Mendes mencionou comparativamente a legislação da Alemanha, considerada extremamente restritiva, por vedar a pesquisa com embriões humanos e estabelecer instituições para fiscalização específica. Mencionou também a Espanha, onde o respectivo diploma legal apresenta 90 artigos bem estruturados sobre o tema. A Austrália, também mencionada, regulamenta a matéria desde 2002. A França, desde 2006, já regulava de forma ampla e rigorosa a questão em Seu Código de Saúde Pública. Por fim, o Ministro Gilmar Mendes mencionou o México, que disciplina a pesquisa envolvendo seres humanos desde 1984. Destacou em seu voto que todos os países citados adotam a *cláusula de subsidiariedade*, segundo a qual a pesquisa com embriões humanos só será admitida se não houver outro meio idôneo. Confira-se o seguinte excerto do voto:

> "Efetuada a comparação, é impossível negar a deficiência da lei brasileira na regulamentação desse tema. É importante ressaltar que a legislação brasileira sequer prevê qualquer norma para regular as atividades desenvolvidas pelas clínicas de fertilização *in vitro*. Daí a origem dos bancos de embriões congelados sem qualquer destinação específica.
>
> (...) Assim, é possível perceber, em primeiro lugar, que, enquanto no direito comparado a regulamentação do tema é realizada por leis específicas, destinadas a regular, em sua inteireza, esse assunto tão complexo, no Brasil inseriu-se um único artigo numa lei destinada a tratar de tema distinto. Um artigo que deixa de abordar aspectos essenciais ao tratamento responsável do tema."

Diante da aparente omissão legislativa, a discussão abordou a insuficiência de cautelas e restrições necessárias para o desenvolvimento das pesquisas com embriões humanos. Tal omissão poderia configurar-se em mácula ao princípio da responsabilidade, que pressupõe uma regulação compatível com os avanços tecnológicos e científicos que tenham como objeto o ser humano, tornando rigorosos os critérios para sua autorização. Identifica-se, pois, que é necessário o equilíbrio entre os mecanismos de fiscalização e os de segurança, para não permitir violações à dignidade humana, ao se tratar o homem como mero instrumento de pesquisa, mas também para não impedir o desenvolvimento científico e, com isso, obstar a esperança de tratamento e cura para milhões de pessoas.

A insuficiência é tão prejudicial quanto o excesso, razão por que a falta de previsão legal mais específica poderia frustrar o exercício de direitos fundamentais. Destarte, reconhece-se que os direitos fundamentais gozam de uma dimensão objetiva, que oferece diretrizes para a atuação dos três poderes, apresentam-se, na dicção de Ingo Sarlet, "no âmbito da ordem constitucional como um conjunto de valores objetivos básicos e fins diretivos da ação positiva dos poderes públicos, e não apenas garantias negativas dos interesses individuais".[13]

Nessa perspectiva objetiva, o direito fundamental à livre expressão científica requer do Estado, nas três esferas de poder, ações concernentes a viabilizar sua manifestação, bem como compatibilizá-la com a ordem constitucional vigente.

O Ministro Carlos Ayres Britto aduziu que o regramento da lei de Biossegurança é suficiente para disciplinar com equilíbrio a pesquisa científica com embriões humanos:

> "Daqui se infere – é a minha leitura - cuidar-se de regração legal a salvo da mácula do açodamento ou dos vícios da esdruxularia e da arbitrariedade em matéria tão religiosa, filosófica e eticamente sensível como a da biotecnologia na área da medicina e da genética humana.
>
> (...) Noutro dizer, o que se tem no art. 5º da Lei de Biossegurança é todo um bem concatenado bloco normativo que, debaixo de explícitas, cumulativas e razoáveis condições de incidência, favorece a propulsão de linhas de pesquisa científica das supostas propriedades terapêuticas de células extraídas dessa heterodoxa realidade que é o embrião humano *in vitro*."

Assim, a decisão sob comento conclui pela adequação da integralidade do texto do artigo 5º da Lei de Biossegurança, sem que seja necessário estender seu sentido ou alterar os seus núcleos deônticos.

3.9. Improcedência da Ação

A decisão pela improcedência total do pedido na ADI 3.510, sem qualquer restrição, foi proferida por maioria de seis votos: Ministros Carlos Ayres Britto (relator), Ellen Gracie, Cármen Lúcia Antunes Rocha, Joaquim Barbosa, Marco Aurélio e Celso de Mello. Os Ministros Cezar Peluso e Gilmar Mendes votaram pela improcedência da ação, porém condicionando a pesquisa com embriões humanos à prévia permissão de Comitê (Órgão) Central de Ética e Pesquisa, vinculado ao Ministério da Saúde. Os Ministros Menezes Direito, Ricardo Lewandowski e Eros Grau consideraram que as pesquisas com embriões viáveis só poderiam ser realizadas se não acarretassem a destruição dos mesmos e apresentaram várias condicionantes, inclusive, quanto ao número de embriões

---

13. SARLET, I. W.. A Eficácia dos Direitos Fundamentais: Uma Teoria Geral dos Direitos Fundamentais na Perspectiva Constitucional, p. 143.

produzidos para fertilização, para que não fossem criados mais de quatro embriões por ciclo, no sentido de não induzir a criação de embriões para o fim específico de pesquisa.

Assim, nenhum Ministro se manifestou desfavorável à pesquisa com células-tronco embrionárias. Apenas houve uma preocupação, em especial dos que foram votos vencidos, de velar com mais rigor por uma conduta ética no desenvolvimento das indigitadas pesquisas. Diante dessas exigências que não constam na Lei de Biossegurança, o Ministro Gilmar Mendes ressaltou que a interpretação conforme a Constituição seria a via adequada: "Não seria o caso de declaração total de inconstitucionalidade, ademais, pois é possível preservar o texto do dispositivo, desde que seja interpretado em conformidade com a constituição, ainda que isso implique numa típica sentença de perfil aditivo".

Sarlet, Marinoni e Mitidiero bem explicam no que consiste a técnica da interpretação conforme a Constituição:

> "(...) a interpretação das leis conforme à constituição consiste, portanto, na técnica de acordo com a qual, em face da existência de mais de uma alternativa possível de interpretação de determinado dispositivo legal, das quais uma (ou mesmo várias) implicaria a inconstitucionalidade da disposição normativa em causa, há que se optar pela alternativa de interpretação que, ao mesmo tempo que preserva a integridade do dispositivo legal, lhe atribui um sentido compatível com a constituição."[14]

A maioria dos Ministros, no entanto, decidiu que não seria hipótese de interpretação conforme a constituição, haja vista que a conclusão foi por considerar o texto do artigo 5.º da Lei de Biossegurança perfeitamente compatível com a Constituição, descartando qualquer exegese restritiva do dispositivo legal em análise.

4. CONSIDERAÇÕES SOBRE O "JEITO" DE DECIDIR

O Brasil não foi pioneiro ao autorizar pesquisas científicas com células-tronco embrionárias, mas segue tendência estabelecida no plano internacional, no sentido de autorizar essas pesquisas, salvo Itália e Alemanha, que condenam expressamente a extração de células–tronco e somente a Itália proíbe seu uso posterior. As primeiras regulações internacionais datam dos anos 1990, período de difusão das tecnologias reprodutivas.

---

14. Curso de Direito Constitucional, p. 229.

É preciso certo esforço para, ao abordar o jeito ou o modo de decidir dos juízes, em específico, dos ministros do STF, não fazer uso de diversas expressões e explanações que estão desgastadas, ao ponto de assumirem certo tom jocoso. Ainda, é preciso não subestimar o leitor; e, caso seja necessário pecar, que seja pela objetividade.

Em tempos de centralidade constitucional, de valorização dos princípios, e de legitimidade discursiva por meio do escudo protetor de direitos fundamentais de um Estado Democrático, observa-se a ampliação de atuação do Judiciário, que se declara orientado pela proteção do que se entenda por dignidade da pessoa humana.

Com relação a novas formas de atuar, observa-se o surgimento de temas inéditos sobre os quais juízes são provocados a se debruçar e a decidir buscando "efetividade", em especial diante de casos difíceis, ou assim nominados, mesmo que isso implique certo normatizar.

Na inicial da ADI 3.510, o ataque à constitucionalidade da Lei de Biossegurança se baseou nas seguintes premissas: desrespeito ao direito à vida e à dignidade da pessoa humana, pois o embrião era considerado um "ser humano embrionário"; e no fato de que pesquisas com células-tronco adultas seriam mais efetivas e seguras. Na defesa da constitucionalidade, Presidente da República e Congresso Nacional argumentaram: o preceito legal não é não contrário ao direito à vida, uma vez que embrião não é pessoa; ele garante a dignidade da pessoa humana, que envolve o direito à saúde e ao planejamento familiar; e atente ao potencial terapêutico de pesquisas com células-tronco embrionárias é científico, não cabendo a comparação com as células-tronco adultas pelo jurista.

No julgamento, como forma de pluralizar e democratizar debate de tamanha relevância constitucional foi realizado audiência pública, na qual foram ouvidos 11 especialistas de cada lado, e admitidos vários amigos da corte. O porte dos debates e a forma como se deram permitiu o enriquecimento das construções argumentativas dos ministros, o que nem sempre se dá nos julgamentos.

O voto do Relator, Ministro Ayres Britto, como já destacado, foi seguido por cinco ministros, para julgar improcedente o pedido da ADI. A margem que conduziu à prevalência do voto condutor foi mínima. Mas, o quanto de mudança ou estagnação da vida ocorre por margem tão mínima? Os argumentos mais utilizados devem ser condensados aqui para o propósito que se busca, e comparados com os argumentos dos votos vencidos.

O Ministro Ayres Brito, portanto, votou pela total improcedência da ação, fundamentado em dispositivos da Constituição Federal que garantem o direito à vida, à saúde, ao planejamento familiar, à dignidade da pessoa humana e à pesquisa científica. Destacou o espírito de sociedade fraternal preconizado pela Constituição Federal, ao defender a utilização de células-tronco embrionárias na pesquisa para curar doenças. No bojo de seu voto, realizou, ainda, inúmeras citações de opiniões de *experts* da área médica/bioética/antropológica, tais como Débora Diniz, Marco Antônio Zago – em sua defesa do caráter instrumental da lei – e Roberto Wider. Ademais, o Ministro mencionou diversos professores de medicina, além de citar Sérgio da Silva Mendes, autor de uma publicação inédita, e de fazer alusão a Luís Roberto Barroso, em razão de ele possuir variados artigos específicos sobre o tema. Ronald Dworkin, por sua vez, foi inserido na argumentação tecida no momento em que o ministro defende o fato de o direito proteger de modo variado cada etapa do desenvolvimento biológico do ser humano, ou seja, cada "domínio da vida". Acrescente-se que o relator procedeu a citações de diversas reportagens de revistas "não científicas", como **Época**, **Veja** e **Isto é**, ilustrando seu voto com depoimentos de pessoas que possuem familiares com doenças para as quais o uso terapêutico das células-tronco seria uma esperança. Além disso, o ministro mencionou a teoria natalista, adotada pelo Código Civil pátrio, e afirmou que a dimensão biográfica da personalidade é o alvo da proteção constitucional, em consonância com o defendido por José Afonso da Silva (**Curso de Direito Constitucional**).

Ademais, o voto condutor estabeleceu que a Constituição da República não fixou precisamente quando se inicia a vida humana. Além disso, o voto mencionou a necessidade de que o princípio da dignidade da pessoa humana – verdadeiro *fiat lux* da controvérsia – seja aplicado para a proteção do próprio indivíduo, enquanto "pessoa/gente". O relator, no decorrer de seu voto, citou o civilista Silvio Rodrigues, para resgatar o sentido da expressão nascituro, que é entendida como categoria exclusivamente jurídica, e não biológica. A fim de melhor embasar seu voto, o relator argumentou que não existe pessoa humana embrionária, mas sim embrião de pessoas humanas. Ademais, estatui que o caráter de "pessoa" é tão somente decorrente da conjunção entre o embrião, o útero da mãe, e a passagem do tempo. Procede, assim, à análise do artigo 5.º da lei atacada em cada uma de suas partes. Compreende que o planejamento familiar e paternidade responsável são direitos relacionados constitucionalmente e protegidas pelo Constituinte no art. 226 da CF/88. Em diversas passagens, o relator fez uso de textos poéticos, inclusive valendo-se da poesia de Fernando Pessoa e de autores filosóficos/literários, como Guimarães Rosa e Santo Agostinho. No mosaico argumentativo, amparou sua posição na explanação da professora Débora Diniz realizada no curso da audiência Pública e nas suas palavras no fato da Corte Constitucional ser uma "casa de fazer destino".

Bem significativo, o último trecho de seu voto, na página 55, quando o Relator arremata:

> "[...] é assim o influxo desse olhar pós-positivista sobre o Direito brasileiro, olhar conciliatório de nosso ordenamento com os imperativos da ética humanista e justiça material, que chego à fase definitiva de prolação do meu voto. Fazendo-o, acresço às três sínteses anteriores estes dois outros fundamentos constitucionais do direito à saúde e à livre expressão da atividade científica para julgar, como de fato julgo, totalmente improcedente a presente ação direta de inconstitucionalidade. Não sem antes pedir todas as vênias desse mundo aos que pensam diferentemente, seja por convicção jurídica, ética, ou filosófica, seja por artigo de fé."

A Ministra Ellen Gracie, por seu turno, acompanhou integralmente o voto do relator. Entendeu que não havia constatação de vício de inconstitucionalidade na Lei de Biossegurança: "nem se lhe pode opor a garantia da dignidade da pessoa humana, nem a garantia da inviolabilidade da vida, pois, segundo acredito, o pré-embrião não acolhido no seu ninho natural de desenvolvimento, o útero, não se classifica como pessoa". Argumentou, ainda, que a ordem jurídica nacional atribui a qualificação de pessoa ao nascido com vida, como é possível observar por meio do seguinte trecho:

> "[...] por outro lado, o pré-embrião também não se enquadra na condição de nascituro, pois a este, a própria denominação o esclarece bem, se pressupõe a possibilidade, a probabilidade de vir a nascer, o que não acontece com esses embriões inviáveis ou destinados ao descarte (ADI 3.510)."

O Ministro Carlos Alberto Menezes Direito representou voto vencido, pois julgou a ação parcialmente procedente, conferindo interpretação conforme ao texto constitucional do artigo questionado, sem retirar qualquer parte do texto da lei atacada. Defendeu que as pesquisas com as células-tronco podem ser mantidas, mas sem que os embriões humanos viáveis sejam destruídos: "as células-tronco embrionárias são vida humana e qualquer destinação delas à finalidade diversa que a reprodução humana viola o direito à vida".

A Ministra Cármen Lúcia, por sua vez, acompanhou integralmente o voto do relator, ao alegar que as pesquisas com células-tronco embrionárias não violam o direito à vida, mas contribuem para dignificar a vida humana, em razão do seu aproveitamento em tratamentos voltados à recuperação da saúde. Ademais, considerou que as pesquisas com células-tronco embrionárias não podem ser substituídas por outras linhas de pesquisas, e que o descarte dessas células não implantadas no útero somente gera "lixo genético". O Ministro Ricardo Lewandowski também representou voto vencido ao julgar a ação parcialmente procedente. Votou de forma favorável às pesquisas com as células-tronco, no entanto, restringiu a realização das pesquisas a diversas condicionantes, conferindo aos dispositivos questionados na lei interpretação conforme a Constituição Federal.

O Ministro Eros Grau, na sequência, votou pela constitucionalidade do artigo 5.º da Lei de Biossegurança, apresentando, porém, três ressalvas. Primeiro, defendeu a necessidade de criação de um comitê central no Ministério da Saúde para controlar as pesquisas. Depois, alegou que devem ser fertilizados apenas quatro óvulos por ciclo e, finalmente, argumentou que a obtenção de células-tronco embrionárias deve ser realizada a partir de óvulos fecundados inviáveis, ou, pelo menos, sem danificar os viáveis.

O Ministro Joaquim Barbosa acompanhou integralmente o voto do relator, apoiando a improcedência do pedido na ação. Defendeu a obrigatoriedade de que os estudos atendam ao bem comum e de que os embriões utilizados sejam inviáveis à vida e provenientes de processos de fertilização *in vitro*. Além disso, apontou a necessidade de que haja um consentimento expresso dos genitores para o uso dos embriões nas pesquisas. A proibição de tal uso significaria "fechar os olhos para o desenvolvimento científico e os benefícios que dele podem advir".

O Ministro Cezar Peluso votou favoravelmente às pesquisas com células-tronco embrionárias, entendendo que essas pesquisas não ofendem o direito à vida, porque os embriões congelados não equivalem a pessoas. Destacou também que as pesquisas devem ser rigorosamente fiscalizadas, e ressaltou a necessidade de o Congresso Nacional aprovar instrumentos legais para tanto.

Em seguida, o Ministro Marco Aurélio acompanhou integralmente o voto do relator. Considerou que o artigo impugnado na ADI 3.510 "está em harmonia com a Constituição Federal, notadamente com os artigos 1º e 5º e com o princípio da razoabilidade". Este último argumento baseia-se no risco de o STF assumir o papel de legislador, ao propor restrições a uma lei que, segundo ele, foi aprovada com apoio de 96% dos senadores e de 85% dos deputados federais, o que sinaliza a sua "razoabilidade".

O Ministro Celso de Mello (ADI 3.510) acompanhou o relator pela improcedência do pedido da ação. De acordo com ele, o Estado não pode ser influenciado pela religião. Ponderou o seguinte:

> "[...] o luminoso voto proferido pelo eminente ministro Carlos Britto permitirá a esses milhões de brasileiros, que hoje sofrem e que hoje se acham postos à margem da vida, o exercício concreto de um direito básico e inalienável que é o direito à busca da felicidade e também o direito de viver com dignidade, direito de que ninguém, absolutamente ninguém, pode ser privado."

Por fim, o Ministro Gilmar Mendes, derradeiro representante dos votos vencidos, afirmou que o artigo 5.º da Lei de Biossegurança é constitucional, mas defendeu que a Corte deveria deixar expresso em sua decisão a ressalva da necessidade de controle das pesquisas por um Comitê Central de Ética e Pesquisa vinculado ao Ministério da Saúde, pois o Decreto 5.591/2005, que regulamenta a Lei de Biossegurança, não supre essa lacuna, ao não criar de forma expressa as atribuições de um legítimo comitê central de ética para controlar as pesquisas com células de embriões humanos.

5. RACIONALIDADE JURÍDICA DAS DECISÕES: É POSSÍVEL FALAR DELA?

A dogmática jurídica brasileira vem sendo desafiada para superar, em razão da centralidade da Constituição, a interpretação realizada nos moldes clássicos. Diante de novas necessidades, surge uma nova interpretação constitucional, que exige do intérprete um papel diferenciado, com relevo para uma teoria da argumentação como fundamento de legitimação das decisões judiciais. A vida está judicializada, segundo Barcelos e em nome da objetividade mínima do direito e da previsibilidade mínima das condutas, "impõe-se o desenvolvimento de parâmetros técnicos, que permitam a controlabilidade das decisões, preservando o Estado Democrático de Direito de uma degeneração indesejada: a do voluntarismo judicial".[15]

José Rodrigo Rodriguez identifica o comprometimento da racionalidade jurídica diante da existência de um desenraizamento da cidadania

---

15. Ponderação, racionalidade e atividade jurisdicional, p. 7.

no Brasil, que privilegia a família e relações pessoais ao interesse coletivo e impessoal motivador da ação do Estado. Afinal, nossa formação promoveu o deslocamento do poder do particular rico para o político, maioria das vezes o detentor da maior concentração de capital é aquele que será o protagonista na direção do que é público. Nossa sociedade viveu uma "modernização conservadora"[16] influenciando na produção, interpretação e aplicação singular do direito. O Direito assume a mediação dos conflitos, autoqualificando-se de neutro, mas que não obtém muito sucesso como promotor de efetivação das normas e de redutor de distâncias entre lei e realidade, além de não se verificar que tem contribuído de maneira suficiente para a redução das desigualdades sociais.

A Constituição Federal de 1988 reclamou um novo arranjo entre as instituições, estabelecendo uma legitimidade da atuação política do poder Judiciário, provocado para atuar na mediação dos conflitos que envolvem efetivação de políticas públicas. Assim, fundamental ter a compreensão da argumentação das Cortes e ao avançar no estudo da racionalidade jurídica, Rodriguez aponta que convivem vários modelos de racionalidade – um modelo permite decisões sem fundamentação real (zonas de autarquia), noutros os argumentos são maquiados para conferir aparência racional a decisões arbitrárias.[17] Usa-se considerável número de citações jurisprudenciais e doutrinárias como argumento de autoridade, quanto mais citação mais adequada poderá ser considerada a decisão pelos pares e pela sociedade.

Nesse contexto, os princípios, com especial relevo para o da dignidade da pessoa humana, "legitimam" a argumentação apresentada, servindo a dignidade como verdadeiro trunfo que chega a ser utilizado para defender posicionamentos de partes que tenham pedidos inteiramente contrários. Irônico que a existência de considerável desenvolvimento teórico na disciplina da interpretação jurídica, resulte em parca repercussão na atividade concreta de interpretação e aplicação do direito, demonstrando uma comunicação deficiente entre o plano teórico e o fático social. No Brasil, o que foi dito se assevera em razão da inexistência de um voto único nos tribunais, o que implica na carência de padrão uniforme de argumentação. Sobressaem-se razões de decidir pessoais, subjetivas e mesmo calcadas na fé, o que provoca a valoração desse tipo de argumentação impertinente, de acordo com a identidade do emis-

---

16. RODRIGUEZ, J. R.. Como decidem as cortes?: para uma crítica do direito brasileiro, p. 34.

17. Id., ibidem, p. 68.

sor, dessa forma, desprovida de racionalidade apta a fixar padrões decisórios para o futuro que deveriam ser justificados de forma impessoal "considerando que cada intérprete carrega sua própria bagagem de pré-compreensões, o cenário para a proliferação de conflitos normativos encontra-se montado".[18]

Essa irracionalidade jurídica também é promovida pela midiatização dos julgamentos, em especial, das cortes superiores. Começa-se a discutir o fenômeno "Big Brother" no tapete azul, refletindo nos ministros confinados (inclusive na sua forma de vestir e se comportar) no plenário do Superior Tribunal de Justiça e do Supremo Tribunal Federal, que de alguma forma passam a procurar performances discursivas de reconhecimento dos seus posicionamentos em razão de retórica de convencimento, e não na racionalidade de pertinência de argumentos.

A jurisdição assume ares pessoais e, segundo Rodriguez, a argumentação por autoridade apresenta estrutura textual e se dá num modelo opinativo de decidir, apoiada no poder simbólico da jurisdição, quando deveria buscar a legitimação racional diante dos envolvidos na ação e do público em geral.[19] A decisão judicial, mais do que qualquer outra, deve ser produzida como fruto de uma racionalidade, ou seja, relaciona-se a sua capacidade de demonstrar a conexão com o sistema jurídico e, nas hipóteses em que várias conexões são possíveis, há a racionalidade propriamente dita da escolha feita entre essas conexões. "A justificação, por sua vez, envolve a prestação de contas e a motivação da decisão propriamente dita".[20]

A Constituição Federal de 1988 foi a responsável pela ampliação da reflexão sobre o sentido da racionalidade jurídica no Brasil, representando uma tentativa de reação à tradição do argumento de autoridade. Tais pretensões só se darão, caso se centre atenção ao estudo das realidades das instituições e no modo de argumentação do Judiciário, incipiente na argumentação sistemática autorizadora de reconstruções racionais do sistema nos casos concretos. Essa carência de fundamentação substantiva, que privilegia apenas o resultado final, diminui o peso político da decisão. Os ministros, nas suas argumentações, revelam critérios de escolhas subjetivas com um retalho de argumentações doutrinárias, legais, jurisprudenciais, literárias e de fé. "A jurisdição decide por

---

18. BARCELLOS, A. P. de. Ponderação, racionalidade e atividade jurisdicional, p. 297.

19. Id., ibidem, *passim*.

20. BARCELLOS, A. P. de. Ponderação, racionalidade e atividade jurisdicional, p. 298.

mera agregação de opiniões"[21], reconstruindo-se o estilo individual de julgar dos juízes, mas não da corte, uma vez que a agregação de opiniões é reproduzida em documento desorganizado e de difícil analise, "vence o caso aquele que convencer mais juízes individualmente".[22]

Cada julgador decide o caso concreto segundo argumentos idiossincráticos, parecendo ao que procura a tutela jurisdicional, que o desfecho de seu pedido dependerá da "sorte" ou "azar" das concepções pessoais do juiz que decidirá o seu caso. Ou seja, fundamentações que fogem ao que se entende por jurídico podem ser identificadas rotineiramente nas decisões. Após a Constituição de 1988, inegável o clamor sobre um modo de atuar das instituições mais impessoal e alinhado ao que de fato se passa na realidade social.

6. REPERCUSSÕES SOCIAIS POSTERIORES À DECISÃO DO STF

Após o julgamento da ADI 3.510 que se analisou durante este artigo, ocorrido em março de 2008, foi produzido estudo de autoria de Cláudia Severo Wanderley Pereira, a fim de apresentar algumas análises sobre o impacto da decisão no meio social.

Durante os debates realizados no STF, os cientistas apresentaram, como um dos principais argumentos, os benefícios que as pesquisas com células-tronco embrionárias trariam para o tratamento das pessoas acometidas por doenças degenerativas. Assim, frente às preocupações que se colocam no atual momento do desenvolvimento tecnológico, urge a necessidade de se refletir, sob um ponto de vista ético, acerca das reais finalidades da aplicação das novas tecnologias em células-tronco embrionárias, a fim de que seja possível avaliar se o argumento apontado pelos cientistas está, de fato, sendo colocado em prática.

Faz-se, portanto, necessário questionar se as aplicações dos novos recursos tecnológicos estariam sempre voltadas para produzir o "bem" aos indivíduos, refletindo-se, para isso, sobre os conflitos morais que emergem desse progresso científico.

Nesse ínterim, levanta-se uma questão central, a partir da qual se busca investigar a presença do princípio beneficente nas justificativas para a liberação das pesquisas e no desenvolvimento destas, qual seja,

---

21. RODRIGUEZ, J. R.. Como decidem as cortes?: para uma crítica do direito brasileiro, p. 82.

22. Id., ibidem, p. 83.

"existe coerência entre o argumento do princípio da beneficência utilizado pelo grupo de cientista no debate do STF e a definição do objeto das pesquisas com células-tronco embrionárias realizadas entre os anos de 2005 e 2008?".[23]

Com intuito de responder a tal questão, faz-se necessário investigar o concreto desenvolvimento das pesquisas com células tronco embrionárias ao longo dos anos seguintes à declaração de constitucionalidade da Lei de Biossegurança. Esse tema assume significativa relevância por estar alinhado às perspectivas das situações emergentes do campo da bioética e aos possíveis conflitos que podem ser gerados pela aplicação de novas tecnologias na área da medicina regenerativa.

Nesse sentido, observou-se que as novas tecnologias advindas das referidas pesquisas introduziram ações de tal ordem de grandeza, que possibilitaram à ciência obter a capacidade de criar seres vivos ou parte deles. Também foi possível constatar que esse desenvolvimento científico possui potencial para aliviar as sociedades dos sofrimentos causados pelas doenças, e para prolongar o curso da vida das pessoas, gerando expectativas relativas à resolução dos males que atingem a humanidade.

Quanto ao perfil da produção das pesquisas com células-tronco, verificou-se que os 88 grupos de pesquisa, classificados pelo CNPq como grupos de pesquisa em células-tronco, não concentram suas linhas de pesquisa em células-tronco, mas desenvolvem, no total, 501 linhas de pesquisa, sendo apenas 112 linhas em células-tronco e as demais 389 linhas em diferentes áreas temáticas.

Dentre as outras áreas, destacam-se a veterinária e a agropecuária. Com isso, pode-se inferir que o interesse dos grupos de pesquisa estudados não está concentrado em células-tronco e sim em outras áreas. Percebe-se, assim, que é inexpressivo o número de linhas de pesquisa com células-tronco embrionárias em doenças degenerativas em relação ao número das linhas de pesquisa em outras áreas, pois a maioria dos grupos e dos pesquisadores concentra suas pesquisas em outras áreas e não em células-tronco embrionárias em doenças degenerativas.

O perfil da produção das pesquisas com células-tronco no Brasil também revelou informações significativas sobre a localização das instituições de pesquisa. Os registros do CNPq mostram que as pesquisas com

---

23. PEREIRA, C. S. W.. Estudo Bioético Sobre o Desenvolvimento das Pesquisas em Células-Tronco Embrionárias no Brasil, [s.p.].

células-tronco embrionárias são realizadas em Universidades e Instituições localizadas em apenas 13 Estados e no Distrito Federal e a maioria das pesquisas está concentrada na Região Sudeste. Considerando que a localização dos centros de pesquisas influencia no estabelecimento dos centros de tratamento, os quais utilizam os resultados dessas pesquisas, é possível inferir que o Brasil apresentará também uma distribuição desigual dos centros de tratamento com células-tronco embrionárias. A concretização desse cenário acarretará desigualdades e dificuldades de acesso a esse tratamento para a população dos Estados que não possuírem os referidos centros, caracterizando um processo de exclusão social.

Assim, na confrontação do perfil da produção das pesquisas com células tronco sob o ponto de vista teórico da bioética, pode-se concluir que o princípio da beneficência não foi adequadamente considerado nas práticas das pesquisas com células tronco embrionárias em doenças degenerativas. Em consequência, não existe coerência entre a utilização do princípio da beneficência no debate do STF e a definição do objeto das pesquisas em células-tronco embrionárias, entre 2005 e 2008.

CONSIDERAÇÕES FINAIS

O Judiciário assume um inevitável papel político como arena na qual o direito deve revelar uma face transformadora, não se revestindo em mero instrumento de expressão do poder, devendo existir uma implementação de limites e delineamento do papel político, em especial, das cortes constitucionais, defendendo-se que a segurança jurídica deve estar relacionada com a legitimidade social do direito. Empreender a análise do julgamento que trata da constitucionalidade da lei de biossegurança pode se prestar como ponto de partida para identificar e compreender, mesmo que sucintamente, a relevância dos impactos e implicações da atuação do Supremo Tribunal Federal como instância decisória sobre temas que suplantam a simples consideração jurídica.

Primeiramente expôs-se o objeto da lei de biossegurança e o aspecto atacado por ser, em tese, inconstitucional. Depois, passou-se a apresentar os fundamentos do acórdão da ADI 3.510 e especificamente os argumentos de cada ministro por ocasião do julgamento. Finda a apresentação da atuação concreta do Supremo, realizou-se um cotejo com doutrina jurídica, que analisa as novas bases do Estado Democrático de Direito pós-Constituição de 1988, em especial os novos arranjos institucionais que a constituição requereu e dos reflexos do acesso ao poder Judiciário, implicadores de uma maior atuação política do mesmo, sobre os novos moldes da condição deste poder, como mediador de conflitos, que não deve estar preso à dogmática tradicional e à perspectiva clássica de segurança jurídica.

No Judiciário, a questão da segurança jurídica, sob os novos contornos irradiados no plano constitucional, reclama prestação que vai além da cultura conservadora ou da "modernização conservadora" que a sociedade brasileira vivenciou nas últimas décadas. A legitimidade das decisões deve se lastrear a partir do desenvolvimento de uma nova racionalidade jurídica, pautada pela análise impessoal, mas jamais pretensamente neutra. A construção argumentativa passa a ser etapa de construção da decisão, à luz da realidade, e não apenas do direito positivo, identificado como pertinente ao caso, mas por si só insuficiente.

Em especial nas cortes constitucionais com atuação política, como o Supremo Tribunal Federal, constata-se a existência de uma forma de proceder subjetiva, até mesmo idiossincrática, dos ministros que, com argumentos de autoridade, de natureza religiosa, sentimental, literária e jornalística, fundam seu posicionamento com a roupagem de jurídico e chegam a uma mesma conclusão, apesar de uma fundamentação com justificativas completamente diferentes.

Os argumentos dos votos analisados não buscam encontrar a melhor decisão, muitas vezes cingem-se a indicar que a opinião é correta de acordo com determinada doutrina ou jurisprudência. Não cumprem necessariamente o ônus argumentativo de descoberta da decisão que se mostra mais apropriada para a sociedade. Privilegiam a argumentação com vários recursos discursivos performáticos e, com isso, objetivam convencer o destinatário. Os votos dos ministros demonstram incongruências internas e ratificam a ideia que se faz uma justiça opinativa. Melhor seria que se centrassem as preocupações na forma de construção e justificação dos votos. Talvez poderíamos, com mais propriedade, chegar à existência de uma racionalidade jurídica harmonizada com o clamor de efetividade e de justificativa da motivação racional das decisões. Quiçá o horizonte aponte para a adoção de uma decisão construída a partir de um espaço dialogal, de mediação e construção coletiva de saber, em lugar da simples contagem de opiniões.

Refletir sobre o Direito e a atuação do Judiciário, respeitando as necessidades da sociedade contemporânea, implica não afastar a atenção de questões como efetividade e racionalidade argumentativa das decisões. Ao não existir um "voto único", base da decisão, e sim decisão fundamentada em mosaico de fundamentos diversos, somado a isso a repercussão das intervenções midiáticas, tem-se por comprometidas a legitimidade e a segurança jurídica de julgamentos de relevância fundamental ao convívio harmônico entre as funções do Estado.

É possível verificar, ainda, que a existência de incongruências no decorrer do julgamento feito pelo STF não se restringe à grande heterogeneidade de argumentos apresentados por ministros com posicionamentos semelhantes quanto à constitucionalidade da lei em análise. Ela se reflete também nas próprias repercussões sociais geradas posteriormente ao resultado do julgamento. Nesse sentido, constata-se que um dos principais argumentos utilizados pelos debatedores precisamente refere-se aos benefícios que as pesquisas com células tronco embrionárias poderiam trazer para as pessoas acometidas por doenças degenerativas. Tal linha de raciocínio revela-se em completa consonância com o denominado "princípio da beneficência". No entanto, verifica-se que esse tão aclamado princípio não teve, na prática, a correspondência esperada, tendo em vista que a grande maioria dos grupos de pesquisa voltados ao estudo de células tronco embrionárias não dirigiu suas pesquisas à aplicação em medicina regenerativa, mas sim em outros setores.

Verifica-se, ainda, que tais pesquisas são concentradas apenas em 13 estados do país, em grande parte situados na região sudeste, fazendo assim com que os locais que não abrigam centros de estudo fiquem alijados dos possíveis benefícios trazidos pelas células tronco ou tenham seu acesso a eles deveras dificultado. Há, pois, verdadeira incongruência entre os argumentos utilizados pelos ministros e cientistas presentes no julgamento da ADI 3.510 e as consequências concretas advindas da declaração de constitucionalidade da Lei de Biossegurança.

REFERÊNCIAS

BARCELLOS, Ana Paula de. *Ponderação, racionalidade e atividade jurisdicional.* Rio de Janeiro: Renovar, 2005.

BARROSO, Luís Roberto. *A dignidade da pessoa humana no Direito Constitucional Contemporâneo: A construção de um Conceito Jurídico à Luz da Jurisprudência Mundial.* Belo Horizonte: Fórum, 2013.

BRAUNER, Maria Claudia Crespo. *Ciência, biotecnologia e normatividade.* Ciência e Cultura, São Paulo, v. 57, n. 1, p. 34-37, Mar. 2005. Disponível em: <http://cienciaecultura.bvs.br/scielo.php?script=sci_arttext&pid=S0009-67252005000100017&lng=en&nrm=iso>. Acesso em 20 jul. 2017.

CAMARGO, Caroline Leite de. *Pesquisas com Células-tronco e a ausência de Regulamentação na Legislação Brasileira. In* RIDB Ano 1 (2012), nº 12, 7235-7255 / Disponível em http://www.idb-fdul.com/

CONRADO, Marcelo; CORRÊA, Elídia Aparecida de Andrade. *O Embrião e seus Direitos. In* CORRÊA, Elídia Aparecida de Andrade; GIACOIA, Gilberto; CONRADO, Marcelo (coords.). *Biodireito e Dignidade da Pessoa Humana: Diálogo entre a Ciência e o Direito.* Curitiba: Juruá, 2006.

DWORKIN, Ronald. *O Domínio da Vida: Aborto, Eutanásia e Liberdade individuais.* São Paulo: Martins Fontes, 2003.

FERRAZ, Gustavo Dantas. *A Proteção do Direito Fundamental à Vida e as pesquisas com células-tronco embrionárias Humanas no Ordenamento Jurídico Brasileiro.* Dissertação de Mestrado. São Paulo: Universidade de São Paulo, 2009. Disponível em <www.teses.usp.br/teses/disponiveis/2/2134/tde-07022011-154645/>. Acesso em 20 jul. 2017.

GONÇALVES, Carlos Roberto. *Direito Civil Brasileiro.* Vol. 1. São Paulo: Saraiva, 2013.

LIMA, Francisco Gérson Marques de. PARAHYBA, Ana Cristina de Paula Cavalcante. *A Autorização Legal das Pesquisas com Células-Tronco de Embriões Humanos. In* Anais do XVII Congresso Nacional do CONPEDI, realizado em Brasília – DF (20, 21 e 22 de novembro de 2008). p. 318-331. Disponível em *<www.conpedi.org.br/manaus/ arquivos/ anais/brasilia/02_353.pdf>. Acesso em 20 jul. 2017.*

MALUF, Adriana Caldas do Rego Freitas Dabus. *Curso de Bioética e Biodireito.* São Paulo: Atlas, 2013.

MARQUES, Rafaela Lourenço. *Pesquisa com Embriões Excedentários e o Princípio da Dignidade da Pessoa Humana em Face da Lei de Biossegurança.* Revista CEJ, Brasília, Ano XIII, n. 45, p. 56-69, abr./jun. 2009. Disponível em *<www2.cjf.jus.br/ojs2/ index. php/revcej/article/viewArticle/1086>.* Acesso em 20 jul. 2017.

MENDES, Gilmar Ferreira. COELHO, Inocêncio Mártires. BRANCO, Paulo Gustavo Gonet. *Curso de Direito Constitucional.* São Paulo: Saraiva, 2007.

MORAES, Maria Celina Bodin de. *Na medida da pessoa humana: estudos de direito civil.* Rio de Janeiro: Renovar, 2010.

NUCCI, Guilherme de Souza. *Código Penal Comentado.* São Paulo: Editora Revista dos Tribunais, 2005.

PAMPLONA FILHO, Rodolfo. ARAÚJO Ana Thereza Meirelles. *Tutela Jurídica do Nascituro à Luz da Constituição Federal.* Disponível em <http://www.evocati.com.br/ evocati/interna.wsp?tmp_page=interna&tmp_codigo=166&tmpsecao=12&tmp_ topico=direitocivil&wi.redirect=DY8D099KWB9E7Q54R7B9>. Acesso em 20 jul. 2017.

PEIXINHO, Manoel Messias. CRUZ, Edmir José Menezes. VELASCO, Carolina Altoé. *Instrumentalização da Pessoa Humana em Face da Biotecnologia.* Disponível em <www. conpedi.org.br/manaus/arquivos/anais/.../carolina_altoe_velasco.pdf >. Acesso em 20 jul. 2017.

PEREIRA, Claudia Severo Wanderley. *Estudo Bioético Sobre o Desenvolvimento das Pesquisas em Células-Tronco Embrionárias no Brasil.* Dissertação de Mestrado. Brasília: Universidade de Brasília. Disponível em: <http://repositorio.unb.br/bitstream/10482/10281/1/2011_ClaudiaSeveroWanderleyPereira.pdf>. Acesso em 30/05/2017.

REIS, Clayton. *A Dignidade do Nascituro. In* CORRÊA, Elídia Aparecida de Andrade; GIACOIA, Gilberto; CONRADO, Marcelo (coords.). *Biodireito e Dignidade da Pessoa Humana: Diálogo entre a Ciência e o Direito.* Curitiba: Juruá, 2006.

RODRIGUEZ, José Rodrigo. *Como decidem as cortes?: para uma crítica do direito brasileiro.* Rio de Janeiro: Editora FGV, 2013.

SARLET, Ingo Wolfgang. *A Eficácia dos Direitos Fundamentais: Uma Teoria Geral dos Direitos Fundamentais na Perspectiva Constitucional.* 11ª ed. Porto Alegre: Livraria do Advogado Editora, 2012.

____. MARINONI, Luiz Guilherme; MITIDIERO, Daniel. *Curso de Direito Constitucional.* São Paulo: Editora Revista dos Tribunais, 2013.

POR UMA TEORIA FEMININA DA CONSTITUIÇÃO

Christine Oliveira Peter da Silva[1]

SUMÁRIO: 1. Introdução 1.1 Ao homenageado 1.2 Metodologia feminina 2. Feminista ou feminina? 3. Hermenêutica constitucional feminina 4. Teoria feminina da Constituição 5. Crítica feminina à jurisprudência constitucional 6. Conclusão 7. Bibliografia.

1. INTRODUÇÃO

1.1. Ao homenageado

O presente trabalho rende homenagens ao meu constitucionalista preferido, e se declaro isso publicamente é porque desde que conheci o Ministro Carlos Ayres Britto, em 2003, todos os momentos com ele compartilhados foram de puro afeto, aprendizado e encantamento, verdadeiros encontros de almas que, sempre inquietas, buscam seus caminhos no labirinto dessa experiência chamada vida.

O direito constitucional sob as lentes de Carlos Ayres Britto é um direito constitucional humanista, afetuoso, plural, dinâmico e estético. A Constituição ideal e a Constituição real encontram-se, apaixonam-se e comprometem-se, recíproca e intensamente, na teoria desse genuíno professor e pesquisador do direito constitucional, cujo pensar abstrato revela-se também como campo fértil para práticas institucionais e acadêmicas tão originais, quanto geniais.

Do lugar da fala de uma constitucionalista feminista, que está a pesquisar, pensar, criticar e (re)construir o direito constitucional sob uma

---

1. Doutora e Mestre em Direito, Estado e Constituição pela UnB; Professora Associada do Mestrado e Doutorado em Direito das Relações Internacionais do Centro Universitário de Brasília (UniCeub); Pesquisadora do Centro Brasileiro de Estudos Constitucionais ICPD/UniCeub; Assessora do Ministro Edson Fachin do Supremo Tribunal Federal.

perspectiva feminina[2], a contribuição para a presente obra pretende ser a pedra fundamental de uma teoria feminina da Constituição para o Brasil.

A inspiração e a coragem para tamanha ousadia têm em Carlos Ayres Britto um porto seguro, uma luz inesgotável, um crítico elegante e uma força mais estimulante e tão encantadora quanto a linha do horizonte.

1.2. Metodologia Feminina

O projeto de um estudo teórico exige rigor e transparência metodológica para a abordagem, de modo que sendo objeto das reflexões que serão aqui apresentadas a proposta de uma teoria feminina da Constituição, é imprescindível esclarecer os pressupostos da investigação que conduziu aos resultados a serem expostos.

A primeira premissa da abordagem feminina é a de que somos, e devemos ser, todas feministas! Neste particular, as ideias deste artigo estão diretamente influenciadas pelo discurso ativista da sedutora escritora nigeriana Chimamanda Ngozi Adichie, especialmente em seu livro "Sejamos todos feministas"[3]. Mas também devo registrar aqui a influência marcante de Catharine MacKinnon, quando propôs, ainda no final da década de oitenta do século passado, uma teoria feminista do Estado[4] e

---

2. A linha de pesquisa do Núcleo de Estudos Constitucionais – NEC intitulada "Hermenêutica Constitucional Feminina" foi criada em 2016, e desde então tenho publicado alguns trabalhos frutos das pesquisas, reflexões e debates com minhas alunas e alunos desse fabuloso grupo de pesquisa. Dentre eles destacam-se: SILVA, Christine Peter da. Entre laços e nós são tecidos os direitos fundamentais da mulher, in Revista Consultor Jurídico, 18.06.2016, disponível em http://www.conjur.com.br/2016-jun-18/observatorio-constitucional-entre-lacos-sao-tecidos-supremo-direitos-mulher, acessado em 30.07.2017; HORBACH, Beatriz Bastide; CARVALHAL, Ana Paula; SILVA, Christine Peter da; Por que uma mulher no comando do Supremo ainda é novidade?, in Revista Consultor Jurídico, 12.09.2016, disponível em: http://www.conjur.com.br/2016-set-12/mulher-comando-supremo-ainda-novidade, acessado em 30.07.2017; SILVA, Christine Peter da. Nós, as Constitucionalistas – por uma hermenêutica constitucional do feminino no UniCeub, Mesa Redonda, Anais do XIV Congresso de Ensino, Pesquisa e Extensão & Encontro de Iniciação Científica do UniCeub, 4-6 outubro de 2016, p. 85, Disponível em: https://www.uniceub.br/media/960046/XIV_CONGRESSO_ANAIS.pdf, acessado em 29.07.2017; SILVA, Christine Peter da. Substantivo feminino, Constituição significa mulheres no poder, in Revista Consultor Jurídico, 24.06.2017, disponível em: http://www.conjur.com.br/2017-jun-24/observatorio-constitucional-substantivo-feminino-constituicao-significa-mulheres-poder, acessado em 30.07.2017.

3. ADICHIE, Chimamanda Ngozi. Sejamos todos feministas. Trad. Christina Baum. São Paulo: Ed. Companhia das Letras, 2014.

4. MACKINNON, Catharine A. *Toward a feminist theory of the State.* Cambridge: Harvard University Press, 1989.

de Linda Alcoff, que problematiza e critica uma possível crise de identidade da teoria feminista[5], já inserida na terceira onda do movimento feminista.

A segunda premissa é a de que uma teoria feminina da Constituição para o Brasil justifica-se pela constatação de que o direito constitucional brasileiro ainda não assimilou os pressupostos e as exigências do movimento feminista, especialmente quanto ao compromisso pela efetividade dos direitos fundamentais das mulheres, motivo pelo qual se torna necessária e desejável uma análise constitucional desse fenômeno a partir do paradigma crítico-normativo[6] por meio da metodologia das ondas de manifestação[7].

O objetivo principal do presente artigo é, portanto, apresentar os pressupostos de uma teoria feminina da Constituição, considerando que a realização plena das múltiplas dimensões dos direitos fundamentais deve buscar corresponder também à assimilação das conquistas das três ondas do movimento feminista.

Para atingir tal desiderato vai-se, num primeiro tópico, abordar as diferenças semânticas entre as concepções feminista e feminina, para depois, em tópicos seguintes, propor tradução feminina dos conceitos de Hermenêutica Constitucional e da Teoria da Constituição, apresentando, em tópico derradeiro, uma crítica feminina à jurisprudência constitucional da Suprema Corte brasileira.

Nesse contexto, como terceira premissa da abordagem feminina, é preciso esclarecer que se trata de uma teoria normativa, construída por meio de observação da realidade brasileira, sob a perspectiva de uma constitucionalista, mulher, cisgênero, heterossexual, casada, mãe de três filhos, professora e pesquisadora de direito constitucional há duas décadas e assessora jurídica no Supremo Tribunal Federal.

Tais dados são essenciais para compreender as escolhas metodológicas que conduzirão aos resultados aqui apresentados, pois a teoria fe-

---

5. ALCOFF, Linda. *Feminismo cultural vs. Post-estructuralismo: la crisis de identidade de la teoria feminista*, in *Revista Debats* nº 76, p. 3-7.

6. Aqui estou a me referir a uma das abordagens propostas pela metódica estruturante de pesquisa em direito constitucional: a crítico-normativa. Vide meu: O estudo e a pesquisa em Direito Constitucional: aplicação da metódica estruturante, *in* Justilex, ano 1, nº 5, 2002, p. 60-63.

7. Sobre as ondas feministas vide: GONÇALVES, Eliane; PINTO, Joana Plaza. Reflexões e problemas da transmissão intergeracional no feminismo brasileiro, in Cadernos Pagu (36), janeiro/junho, 2011, p. 25-46.

minina da Constituição vincula-se, epistemologicamente, no plano semiótico[8], a uma abordagem pragmática; e, no plano ideológico-filosófico, ao feminismo cultural[9]. A experiência profissional no Supremo Tribunal Federal e a observação acadêmica sobre todos os eventos relacionados ao tema aqui abordado são os caminhos que me conduziram a escrever o que segue.

2. FEMINISTA OU FEMININA?

A pergunta epistemológica central que move a pesquisa cujos resultados aqui expostos é qual a diferença, se é que ela existe, entre uma abordagem feminista e uma abordagem feminina?

A resposta a esta pergunta é a chave de compreensão mais relevante da teoria feminina da Constituição, de modo que deve ser objeto de intenso e incansável debate, ao qual se deve acessar a partir dos seguintes questionamentos: i) ser feminista também é ser feminina? ii) o movimento feminista tem espaço de atividade pré-determinado, qual seja, a esfera pública, ou também pode ocorrer em espaços geográficos privados, incluindo, os espaços psíquicos da intimidade? iii) qual a relação entre humanismo e feminismo? iv) o que há de feminino nos seres humanos, nos grupos, nas famílias, nas instituições, nos Estados e nas constituições?

A contribuição aqui almejada não pode ser outra senão registrar o estado da arte de minhas reflexões neste debate, com o intuito de instigar o pensamento crítico de todas e todos que queiram dele tomar parte, pois um dos pressupostos da hermenêutica feminina, já que forjada na terceira onda do movimento feminista[10], é a força do diálogo e da intersubjetividade, num ambiente de pluralidade e interseccionalidade.

---

8. Sobre semiótica vide: SANTAELLA, L. O que é semiótica. São Paulo: Brasiliense, 1983; IBRI, Ivo Assad. Semiótica e pragmatismo: interfaces teóricas, in Cognitio, São Paulo, v. 5, n. 2, julho--dezembro, 2004, p. 168-179.

9. Muito embora tenha consciência de que o termo feminismo cultural não tenha um significado unívoco, a opção por esta corrente do feminismo tem como principal justificativa o fato de que se trata de uma compreensão hermenêutica do feminismo que contempla e acolhe expressamente a abordagem feminina, o que nem sempre acontece com as demais abordagens feministas. Por todas vide: ALCOFF, Linda. *Feminismo cultural vs. Post-estructuralismo: la crisis de identidad de la teoría feminista*, in Revista Debats nº 76, p. 3-7.

10. A terceira onda é aquela em que o movimento feminista percebe-se sob uma perspectiva plural e difusa, reconsiderando seus pressupostos. Entendo que "*o feminismo da terceira onda visa desafiar ou evitar aquilo que vê como as definições essencialistas da feminilidade feitas pela segunda onda que colocaria ênfase demais nas experiências das mulheres brancas de classe*

Toda pessoa feminina, não importando o sexo nem a opção sexual, deveria ser também uma pessoa feminista. Isso porque o feminismo é tão abrangente e tem tantas e múltiplas formas de manifestação que acolhe todos os seres humanos e não humanos que vivem no planeta Terra[11]. A ideia central que sustenta o feminismo, numa síntese apertada de todas as suas vertentes, é a igualdade plena, nas dimensões individual, coletiva e difusa, de todos os seres vivos humanos e não humanos de nosso planeta.

Mas, importante aqui registrar, que não se pode exigir de toda pessoa feminista que seja uma pessoa feminina, pois o ser feminino tem características específicas, cujo conjunto aqui chamarei de estereótipo existencial, o qual não é comum, nem poderia ser, a todos os seres e, para ser sujeito de respeito e consideração, num paradigma de pluralidade e alteridade, a convivência entre seres com estereótipos existenciais diferentes passa a ser uma exigência epistemológica.

Sobre os espaços geográficos da luta feminista, acredito que as respostas serão mais convergentes, pois muito embora algumas feministas realmente acreditem que somente a luta na esfera pública pode ter resultados mais efetivos para o movimento, as experiências feministas de mais de um século, bem como o avanço da sua terceira onda, estão a exigir uma transformação da própria abordagem feminista e um seu deslocamento tanto para ambientes geográficos privados e íntimos dos indivíduos, quanto para ambientes institucionais, abrangendo todos os espaços possíveis, os quais passam a ser equiparados, em importância e necessidade, aos espaços públicos e quase-públicos.

A relação entre humanismo e feminismo é radical. Ambos os movimentos são abastecidos pelas mesmas fontes históricas e culturais, bem

---

média-alta. Uma interpretação pós-estruturalista do gênero e da sexualidade é central à maior parte da ideologia da terceira onda. As feministas da terceira onda frequentemente enfatizam a "micropolítica", e desafiam os paradigmas da segunda onda sobre o que é e o que não é bom para as mulheres.", disponível em: http://movfeministas.blogspot.com.br/2010/09/importantes--ondas-feministas.html, acessado em 31.07.2017. Para uma visão científica vide: ALCOFF, Linda. Feminismo cultural vs. Post-estructuralismo: la crisis de identidad de la teoría feminista, in Revista Debats nº 76, p. 3-7; e também: GONÇALVES, Eliane; PINTO, Joana Plaza. Reflexões e problemas da transmissão intergeracional no feminismo brasileiro, in Cadernos Pagu (36), janeiro/junho, 2011, p. 25-46.

11. Em recente reflexão, datada de 2017, inaugurei pesquisa intitulada 'Direito Constitucional do Futuro', cujo primeiro resultado foi um Seminário Jurídico Avançado para mestrandos e doutorandos do programa de pós-graduação estrito senso em Direito das Relações Internacionais do UniCeub/Brasília-DF, e cujo material pode ser acessado em: https://www.uniceub.br/eventos-academicos/eventos-por-curso/1o-semestre-2017/direito-constitucional-do--futuro.aspx, 30.07.2017

como ambos os movimentos são desafiados pelos mesmos interlocutores oponentes. Muito embora a pauta humanista possa ser considerada mais abrangente do que a pauta feminista, em termos mais estreitos de pontuação histórica, a luta de ambos os movimentos, nos últimos dois séculos, atesta muito mais interseções do que oposições, muito mais perpendiculares do que paralelos.

A obra seminal de Carlos Ayres Britto[12] busca conectar o humanismo ao constitucionalismo, afirmando ser necessário um vínculo operacional entre humanismo e Direito. O texto busca demonstrar como, na terceira onda do constitucionalismo da era contemporânea, o humanismo passou a integrar as normativas constitucionais, ocupando lugares preeminentes nas normas constitucionais positivadas, muitas vezes contidas na indeclinável garantia fundamental à democracia[13].

E por falar em democracia, chega-se ao cerne da resposta almejada: ser feminista ou ser feminina? A proposta de uma abordagem feminina ao invés de feminista tem uma exigência pragmática muito singela na presente pesquisa: eu sou feminina desde 1975, e só escolhi ser feminista em 2017[14]. E, por viver em uma sociedade democrática, quero existir e ser como sou, ser ouvida como sou, ser considerada como sou, ser respeitada como sou.

Isso porque acredito que desde a concepção, o que se estende por toda a nossa vida, estamos em processo de constituição dos nossos próprios e livres estereótipos existenciais: somos, na medida do que queremos e podemos, femininas, masculinos, cisgêneros, transgêneros, bissexuais, homossexuais, heterossexuais, e outros tantos quantos forem os estereótipos existenciais que a liberdade e criatividade humana alcançarem. Sem determinismos, nem aporias, pode-se constatar que a dinâ-

---

12. Para mim, trata-se de obra de leitura obrigatória para os constitucionalistas e as constitucionalistas de todas as gerações: BRITTO, Carlos Ayres. O humanismo como categoria constitucional. Belo Horizonte: Editora Fórum, 2010.

13. Observa, nesse sentido, Carlos Ayres Britto: " *E aqui vem o arremate da ideia do necessário traço de união entre o humanismo como valor cultural genérico e a democracia como específico valor jurídico, a ponto de o primeiro se dissolver na segunda: é que não há nada de essencial ao humanismo que já não se contenha no espectro atual da democracia. Por isso que esta o absorve e a ele comunica sua natureza de tema central de Direito Constitucional.*" BRITTO, Carlos Ayres. O humanismo como categoria constitucional. Belo Horizonte: Editora Fórum, 2010.

14. As duas mulheres que me apresentaram de forma paciente, doce e generosa ao feminismo foram Letícia Naves e Débora Diniz. A lista de textos sobre epistemologia feminista, as conversas presenciais e virtuais para esclarecer pontos cegos e os livros autorais, ou não, com que me presentearam, fizeram toda a diferença nesse universo.

mica da vida, com todas as suas múltiplas e inexoráveis dimensões, vai criando quem somos, quem estamos e quem seremos, dia após dia.

O feminismo, de tudo que já li a respeito, entendo possa ser considerado como um modo de ver, compreender e agir[15], sempre no plural e numa linha dinâmica. Desde a sua faceta de um movimento social e político, até a de uma epistemologia e metodologia de trabalhos acadêmicos, o feminismo é sempre uma escolha, uma escolha legítima de luta e busca pela integração plena dos seres humanos em todos os possíveis espaços geográficos existentes em uma democracia.

Já o feminino, ao lado de tantos outros estereótipos existenciais, apresenta-se como um conjunto de características, um código de linguagem, um paradigma que contém expectativas discursivas de conduta, as quais podem ser simples ou complexas, dadas ou construídas, aceitas ou rejeitadas, gerais ou singulares, aparentes ou ocultas, nominadas ou inominadas, conscientes ou inconscientes, as quais constituem e apresentam seres humanos como femininos, sempre no devir inexorável de suas vidas.

Dessa forma, a abordagem feminina diferencia-se, sim, da abordagem feminista, pois não é uma escolha política, nem ideológica, nem epistemológica, nem metodológica, mas, sim, um estereótipo existencial que, ao lado de tantos outros estereótipos existenciais, nos constitui e nos apresenta como seres no mundo. O resultado, etnográfico, dessa forma de abordagem, que é ao mesmo tempo ontológica e existencial, será objeto dos tópicos seguintes, a começar pela hermenêutica constitucional feminina.

3. HERMENÊUTICA CONSTITUCIONAL FEMININA

Os primeiros confrontos e as primeiras divergências entre a abordagem feminista e a proposta de uma abordagem feminina surgiram em face das reivindicações de uma terceira onda de direitos que, a par de continuar lutando pelo direito à igualdade plena entre mulheres e homens, pelo direito à emancipação das mulheres em todos os âmbitos, bem como pelo direito a ações afirmativas que possam mitigar e equilibrar a diferença das elites de poder formada por maioria esmagadora de homens[16], busca uma compreensão feminina de Estado, Sociedade e

---

15. O conceito aqui é influenciado por: DINIZ, Debora. Feminismo: modos de ver e mover-se. *In*: O que é feminismo? Coleção Cadernos de Ciências Sociais. Lisboa: Editora Escolar, 2015.

16. BARTLETT, Katharine T. *Cracking Foundations as Feminist Method*, in *The American University Journal of Gender, Social Policy & the Law* v. 8, n. 1 (2000): p. 33. Ver também FINEMAN, Martha A. *Feminist Legal Theory*, p. 20.

Indivíduo, a qual apresenta a sustentabilidade, a fraternidade e a solidariedade como alternativas de compreensão do mundo (pressupostos ideológicos fundamentais), bem como a dialogicidade e a alteridade como alternativas de ação no mundo (pressupostos ideológicos fundamentais).

Catharine MacKinnon foi pioneira em lançar seu olhar acadêmico sobre a ausência de compreensão feminista na questão da produção legislativa, da interpretação jurídica das normas em geral, bem como das práticas metodológicas de pensar a lógica dos ordenamentos jurídicos. Constatou que todos os ganhos obtidos pelas mulheres até final da década de oitenta do século passado, ou seja, trabalhos iguais, educação do mesmo nível, pedidos de salários equivalentes, dentre outros, eram especificamente destinados para as mulheres que escolhiam ser iguais aos homens[17].

Com essa percepção, MacKinnon sugeriu que o olhar sob a perspectiva de gênero fosse voltado de uma forma mais intensa para a vida pública e a vida privada das mulheres que optam pela condição feminina em seu mais amplo sentido, dando-se preferência para aqueles espaços em que a atenção e o interesse pela vida da mulher eram quase invisíveis[18].

Ao refletir sobre essa visão interpretativa do movimento feminista da primeira e segunda ondas, Catharine Mackinnon percebeu que em um sistema baseado e definido por valores essencialmente masculinos, a vida pública e privada da mulher costuma ser desqualificada e desfigurada, negando-se espaço e visibilidade à própria experiência feminina, negligenciando-se os valores da mulher, as demandas da mulher e a forma da mulher ser e estar no mundo [19].

Pensar pela hermenêutica feminina requer, necessariamente, um pensamento que agrega teoria e prática, pois a percepção das inúmeras formas das discriminações da mulher precisam ser analisadas e transformadas em ações que modifiquem modo de ser vigente, fazendo com que todas as instituições possam pensar em si mesmas e nas ações de seus agentes, a partir dessa nova forma de autocompreensão.[20]

---

17. MACKINNON, Catharine A. *Feminism Unmodified: Discourses on life and law*, Cambridge, Harvard University Press, 1987, p. 37.

18. Por todos vide: BOURDIEU, Pierre: Dominação Masculina, tradução Maria Helena KUhner, Rio de Janeiro : Bertrand Brasil, 2002.

19. BARTLETT, Katharine T. *Cracking Foundations as Feminist Method*, in *The American University Journal of Gender, Social Policy & the Law* 8, n .1 (2000): p. 37.

20. FINEMAN, Martha Albertson. *Feminist Legal Theory, in Journal of Gender, Social Policy & the Law*, vol. 13, n. 1, 2005, p. 19. *"There is a tension between the idea of feminism as a method of analysis and gender neutrality or equality as its aspiration."*

POR UMA TEORIA FEMININA DA CONSTITUIÇÃO

Hermenêutica é uma expressão que designa o cuidado que o sujeito tem consigo mesmo a ponto de compreender o mundo a partir da consciência e respeito com o seu eu em si.[21] Assim, a hermenêutica constitucional feminina pressupõe que cada mulher possa expressar-se como ser humano dotado de direitos e deveres fundamentais a partir de seus próprios e indissociáveis lugares de fala.

A mulher da luta, feminista em sua essência, e a mulher da lida, feminista por excelência, também reivindica seu direito de ser feminina. E todas, como mulher no feminino, querem livremente falar e serem ouvidas como cidadãs, como pessoas dotadas de todas as prerrogativas e autonomias necessárias para serem tratadas com igual respeito e consideração em todos os ambientes, públicos e privados da sociedade.[22]

O feminismo cultural[23] indica uma ideologia da natureza ou essência feminina a qual busca deslocar a luta feminista para além dos ambientes estritamente politizados, ressaltando aspectos do feminino como alternativas para a vida em sociedade. É uma corrente de pensamento, desenvolvida a partir de meados da década de 1970, que preconiza o lado emocional e intuitivo das mulheres como trunfos para a identificação e expressão do feminino em todos os ambientes habitados pelas mulheres, sejam eles públicos ou privados.

A ideia do coletivo feminino e dos valores do feminino é apresentada como vias legítimas para as vivências na estrutura política e social. O feminismo cultural aponta a ética do cuidado, dos afetos e da alteridade como alternativas aos paradigmas da competitividade, agressividade e individualismo. No plano dos vetores constitucionais hermenêuticos surgem a sustentabilidade, a fraternidade e a solidariedade como princípios constitucionais expressos ou implícitos.

A hermenêutica feminina preocupa-se com a desconstrução da lógica masculina de ser e estar no mundo, desde e até o ponto em que esta se pretende única, superior e hegemônica. Mas não impõe uma lógica femi-

---

21. Aqui a influência de Michel Foucault é inegável: FOUCAULT, Michel. A hermenêutica do sujeito. Tradução de Márcio Alves da Fonseca e Salma Tannus Muchail. São Paulo: Martins Fontes, 2006.

22. Este trecho também pode ser encontrado em meu: Substantivo feminino, Constituição significa mulheres no poder, in Revista Consultor Jurídico, 24.06.2017, disponível em: http://www.conjur.com.br/2017-jun-24/observatorio-constitucional-substantivo-feminino-constituicao-significa-mulheres-poder, acessado em 30.07.2017.

23. Sobre feminismo cultural vide: ALCOFF, Linda. Feminismo cultural vs. Post-estructuralismo: la crisis de identidad de la teoria feminista, in Revista Debats, nº 76, p. 3-7.

663

nina para substituir-lhe, porque isso seria contraditório com o princípio da dialogicidade e da alteridade, negando as premissas da pluralidade e interseccionalidade.

A hermenêutica feminina pressupõe convivência com o masculino, desde que este, como todos os demais estereótipos existenciais, não se pretendam únicos, superiores e hegemônicos, pois a chave de compreensão da hermenêutica feminina é a dinâmica de confrontos e harmonizações recíprocas, a qual poderá conduzir a uma nova forma de seres humanos constituírem-se em Estado, Sociedade e Indivíduo.

A análise proposta pela hermenêutica constitucional feminina, portanto, é focada na experiência, no olhar e na expressão feminina como lugar de existência e de fala, que analisa como o Direito e a Constituição se colocam diante dos grandes temas. É daí que nasce a importância da hermenêutica feminina também como caminho metodológico, a qual se materializa pela necessidade de legitimação do procedimento, da linguagem, do pensamento, como estética, e do paradigma feminino como ambiente epistemológico.

A hermenêutica feminina, como meio e possibilidade feminista de compreensão e interpretação do Direito e da Constituição, do lugar de fala do feminino, consiste em: identificar e desafiar os elementos da dogmática jurídica que discriminam por gênero, raciocinar a partir de um referencial teórico segundo o qual as normas jurídicas e constitucionais são respostas pragmáticas para dilemas concretos das mulheres reais, mais do que escolhas estáticas entre sujeitos opostos ou pensamentos divergentes.

Com isso, almeja-se aumentar as possibilidades de colaboração entre diversas visões e experiências vivenciadas tanto por homens quanto por mulheres engajadas e comprometidas com esse novo caminho[24]. Não há, portanto, pré-compreensões dogmáticas ou estáticas nesse universo em movimento. A igualdade, respeito e consideração recíprocos passam a ser as condições de possibilidade de todas as formas de pensar e de agir, de ser e de estar no mundo feminino.

4. TEORIA FEMININA DA CONSTITUIÇÃO

A inspiração para apresentar características de uma concepção feminina da Constituição, elemento normativo central do Estado Constitu-

---

24. BARTLETT, Katharine T. *Feminist Legal Methods.* Harvard Law Review, Boston: 1990, p. 833.

cional, vem de Catharine Mackinnon, especialmente quando esta autora propõe uma teoria feminista de Estado[25].

Se, no início, a luta era pelo voto feminino, depois pelas iguais condições no mercado de trabalho, desembocando na autodeterminação feminina como meta, hoje a luta é pela máxima efetividade do direito de pensar e ser feminina em todos os ambientes da sociedade, inclusive, e principalmente, na cúpula do poder, onde as decisões de grande repercussão social são tomadas e onde as mulheres ainda são grupo minoritário e, o pior, seres invisíveis.

Por isso a proposta do presente tópico é apresentar pontos centrais da teoria da Constituição a partir de uma leitura feminina de seus conceitos. Os conceitos de Constituição, República, Federação, Separação de Poderes e Direitos Fundamentais apresentam-se como pontos de análise para esta reflexão que não se pretende esgotar no presente texto, mas ao contrário, pretende abrir-se para construção coletiva de suas possibilidades teóricas e práticas.

A Constituição, vista sob a perspectiva da hermenêutica constitucional feminina, é um texto normativo complexo, plural e aberto, o qual apesar de não guardar racionalidade cartesiana estrita, em seu conjunto, apresenta-se como um todo sistematicamente coordenado para permitir convivência e acomodações necessárias para a harmonia entre suas partes contraditórias.

Daí porque, na ética feminina, a complexidade, a pluralidade e a abertura do texto constitucional não são desafios indesejáveis, nem intransponíveis, mas, sim, elementos naturais de um todo que só se revela, sempre provisória e parcialmente, quando concretizado em suas múltiplas dimensões.

A Constituição feminina é o conjunto normativo que acolhe, acomoda, nutre e compromete-se com as divergências, com os paradoxos, com as impossibilidades, com os projetos, com os programas de futuro, com as singularidades, com as complexidades, enfim, com o complexo desafio de entregar para a sociedade regras, princípios e decisões constitucionais que proporcionem condições efetivas de uma dinâmica social livre, justa e solidária.

Tanto no que diz respeito aos desafios acima enumerados, quanto aos princípios materiais da Constituição brasileira de 1988, o universo

---

25. MACKINNON, Catharine A. *Toward a feminist theory of the State.* Cambridge: Harvard University Press, 1989.

constitucional não é um ambiente completamente estranho para aquelas que, desde sempre, e simplesmente pela sua condição feminina, foram destinadas a lidar com estas categorias constitucionais em suas tarefas e afazeres típicos dos ambientes domésticos e comunitários, únicos que lhes eram franqueados, tais como lar, igreja, escola e clube.

A República, analisada sob a perspectiva feminina, é um atributo da organização política pautado em três pilares fundamentais: efemeridade, aleatoriedade e responsabilidade. O devir é a regra histórica mais óbvia, de modo que o exercício do poder não pode contrariar essa expectativa tão natural, quanto desejável, em uma sociedade culturalmente republicana. A igualdade de chances impõe o alcance da lógica da aleatoriedade, pois não pode haver pré-concepções, nem pré-compreensões, nas escolhas republicanas. Por fim, a regra de causas e efeitos impõe que para toda ação republicana esteja prevista uma reação igual e proporcional, o que, na teoria constitucional, ganhou a alcunha de responsabilidade.

Por Federação, na visão da hermenêutica constitucional feminina, entenda-se o pacto firmado com alicerce na cooperação e solidariedade para o enfrentamento dos desafios comuns. Não é possível conceber o federalismo sem o compartilhamento, sempre tenso e conflituoso, de poder. Porém, também não há fórmula mais adequada para enfrentar os problemas do federalismo do que a partilha cooperativa e solidária de competências, deveres e obrigações constitucionalmente destinadas.

Nessa forma de conceituar o federalismo, ganha relevância a ideia de federalismo cooperativo e de um desenho institucional de poder que não privilegie a concentração, mas o diálogo e compreensão de parcerias. As tarefas constitucionais típicas passam a ser debatidas em ambientes institucionais que pressupõem relações horizontais e intenção verdadeira de cooperação recíproca entre os interlocutores.

A Separação de Poderes é uma relação, a qual, antes de qualquer outro atributo, deve ser enfrentada sob a perspectiva das suas intrínsecas tensões e naturais conflitos. As instituições e órgãos disputam espaços reais e simbólicos de poder desde tempos imemoriais, e as melhores técnicas para enfrentamento das crises forjadas nessa disputa passam pela sabedoria feminina de criação e educação de crianças, especialmente as pequenas. Numa visão de mundo em que a disputa e o conflito são a forma natural de construção de espaços de poder, a pessoa feminina apresentará como alternativa mediações, conciliações e acordos que podem ser vantajosos para todas as partes envolvidas. Basta que a pessoa feminina acredite que essa é a melhor forma.

Também a própria ideia de Corte Constitucional, nesse contexto da separação de poderes, pode ser compreendida como uma instituição no feminino, constituindo-se assim como a pessoa jurídica do Estado Constitucional que reúne, no rol de suas competências, atribuições para resolver, ainda que provisoriamente, contradições constitucionais[26]. Os desafios de uma Corte Constitucional devem ser enfrentados, nas democracias contemporâneas, a partir dos paradigmas da sustentabilidade, da fraternidade e da solidariedade, de forma que possa haver ganhos institucionais para o Estado Constitucional e Democrático de mesma inspiração[27].

Por fim, uma teoria geral dos direitos fundamentais influenciada pelo paradigma da hermenêutica constitucional feminina há de ser comprometido com a dignidade da pessoa humana como vetor ideológico primário, acolhendo e acomodando todas as demais ideologias, tais como a liberal, socialista, democrática, institucional e social, nesse grande vetor hermenêutico.

Também uma teoria geral dos direitos fundamentais feminina deve encontrar no vetor fraternal a sua metodologia de abordagem, o que significa trocar todas as experiências de conflitos armados, competitividade, elitização e ética dos vencedores por experiências de mediações, conciliações, acordos, parcerias e ética cooperativista.

Por fim, uma teoria geral dos direitos fundamentais sob a influência do pensamento feminino deve prestigiar as técnicas de sustentabilidade, multiplicação, abundância e solidariedade para substituir as técnicas consumistas, depredatórias, da escassez e do individualismo.

Escrita com todas essas informações, posso já prever que a teoria feminina da Constituição receberá de alguns opositores a dura crítica de

---

26. Aqui gostaria de reproduzir observação que já publiquei em outro artigo: *"Registro, como observação da pesquisa constitucional que desenvolvo que, apesar de as Cortes Constitucionais terem sido concebidas para serem o último degrau de uma escada vertical, acabaram por revelarem-se, ao longo do último século, como verdadeiros pódios, ou seja, estruturas de destacamento político em que o último degrau do sentido ascendente é também o primeiro degrau do sentido descendente."* Vide meu: Substantivo feminino, Constituição significa mulheres no poder, in Revista Consultor Jurídico, 24.06.2017, disponível em: http://www.conjur.com. br/2017-jun-24/observatorio-constitucional-substantivo-feminino-constituicao-significa-mulheres-poder, acessado em 30.07.2017.

27. Uma das propostas que faço, nesse contexto, é a adoção da metódica transjusfundamental, em que a Corte, ciente do seu papel, quase exclusivo, de concretizadora de direitos fundamentais, busca na metodologia dos diálogos, internos e internacionais, a melhor forma de cooperar com a máxima efetividade da Constituição e de suas normas. Sobre transjusfundamentalidade vide meu: Transjusfundamentalidade - Diálogos transnacionais sobre direitos fundamentais. 1. ed. Curitiba: Editora CRV, 2014.

constituir-se em uma das maiores utopias da contemporaneidade, mas desde já advirto tais interlocutores de que não intimida o argumento da utopia, pois a luta não é a única forma de mudar o estado das coisas.

Diante dessa premissa, a última parte desse trabalho pretende analisar decisões do Supremo Tribunal Federal, sob a perspectiva do paradigma aqui proposto, pois a contribuição das utopias é exatamente a incansável crítica ao que dela se afasta.

5. CRÍTICA FEMININA À JURISPRUDÊNCIA CONSTITUCIONAL

A pesquisa empírica aqui apresentada é apenas parcialmente inédita[28]. Algumas considerações da análise inicial foram suprimidas e outras acrescentadas, além de a pesquisa ter sido complementada a partir de uma visão particular dos discursos específicos das ministras do Supremo Tribunal Federal, atuais e aposentada.

O primeiro julgado que resultou da pesquisa data de 1986. Trata-se do Recurso Extraordinário 108.008/RS, em que foi reconhecido, pela Primeira Turma do Supremo Tribunal Federal, o direito da mulher à preservação do nome do marido, mesmo após a separação judicial, em razão da permanência da obrigação de o marido pagar pensão e da honorabilidade reconhecida em favor do cônjuge-mulher.

Da leitura da ementa do referido julgado, é possível perceber claramente que uma das principais referências para o reconhecimento do direito da mulher ao uso do nome do marido é a permanência da sua relação com o cônjuge-varão, diante da sua condição de pensionista. Nenhum indício, neste caso julgado pela Corte ainda na década de 80, da hermenêutica do feminino, pela falta de autorreferência à mulher na argumentação.

Em 2004, a questão do aborto eugênico foi discutida no Habeas Corpus 84.025/RJ, caso que envolvia uma jovem de 18 anos, a qual pediu autorização judicial para a realização de aborto, em virtude da constatação médica de que seu filho em gestação era portador de grave anomalia (anencefalia, ou seja, ausência da calota craniana e cérebro rudimentar). O voto do Ministro Joaquim Barbosa, relator, fundou-se na contraposi-

---

28. Esses resultados foram parcialmente apresentados em: SILVA, Christine Peter da Entre laços e nós são tecidos os direitos fundamentais da mulher, in Revista Consultor Jurídico, 18.06.2016, disponível em http://www.conjur.com.br/2016-jun-18/observatorio-constitucional-entre-lacos-sao-tecidos-supremo-direitos-mulher, acessado em 30.07.2017.

ção entre o direito à vida, num sentido amplo, e o direito à liberdade, à intimidade e à autonomia privada da mulher, num sentido estrito.

A figura da mãe foi exaltada pelo Ministro Joaquim Barbosa, que, em seu voto, considerou o sofrimento pessoal da mulher e o seu direito de escolha. Entretanto, o voto do Ministro Joaquim Barbosa entrou para a história dos monólogos da Suprema Corte, pois não teve eco, uma vez que o Plenário da Corte optou pela perda do objeto do referido habeas corpus, em face do nascimento da criança e seu falecimento 7 minutos após o parto. Neste caso, desperdiçou-se a oportunidade de enfrentar a discussão do aborto nos casos de anencefalia, tema com o qual o STF se encontrou anos depois.

A Ação Direta de Inconstitucionalidade 3.510/DF foi julgada pelo Plenário em 2008, consubstanciando-se em caso notório da jurisprudência da Corte. A linguagem da hermenêutica do feminino tem neste importante precedente a sua primeira manifestação mais evidente, pois o Ministro Carlos Ayres Britto incorporou, já na ementa do julgado, as premissas do constitucionalismo fraternal até então estranhas ao universo discursivo do Supremo Tribunal Federal. São elementos de destaque no voto e ementa da ADI 3.510 o reconhecimento de valor constitucional do princípio da solidariedade em benefício da saúde, bem como a comunhão de vida e a reverência ao sofrimento e desespero das criaturas humanas como categorias jurídico-constitucionais de uma teoria constitucional humanista. Um trecho da conclusão da ementa da ADI 3.510 é elucidador da linguagem da hermenêutica feminina presente na Corte, neste feito expressa na voz do Ministro Celso de Mello: *"Inexistência de ofensas ao direito à vida e da dignidade da pessoa humana, pois a pesquisa com células-tronco embrionárias (inviáveis biologicamente ou para os fins a que se destinam) significa a celebração solidária da vida e alento aos que se acham à margem do exercício concreto e inalienável dos direitos à felicidade e do viver com dignidade."*

Em 2011, o Plenário do STF julgou, conjuntamente, a ADPF 132 e a ADI 4.277 construindo um dos precedentes mais polêmicos e mais interessantes do exercício da jurisdição constitucional exercida pelo STF, em toda a sua história republicana. A decisão é amada e odiada por muitos, revelando sua natureza instigante e intrigante. A hermenêutica feminina não prevaleceu em todos os votos proferidos na decisão colegiada tomada por uma unanimidade não muito convincente, mas não há dúvidas de que o seu produto representa a manifestação mais ousada, em termos de metódica da hermenêutica feminina, da Suprema Corte brasileira. O reconhecimento da união homoafetiva como instituto jurídico foi a premissa para a proibição de discriminação dos cidadãos e cidadãs brasileiras em razão do sexo, seja no plano da dicotomia homem-mulher, seja no plano da orientação sexual de cada um deles, bem como da proibição do preconceito como capítulo do constitucionalismo fraternal.

É o precedente que melhor exprime a hermenêutica do feminino como pressuposto hermenêutico da linguagem, cuidando-se de cada um dos elementos textuais aptos a compor a normação constitucional referida aos estereótipos existenciais homem e mulher, com especial deferência para a voz do feminino na relação. Diz o Ministro Carlos Ayres Britto: *"Focado propósito constitucional de estabelecer relações jurídicas horizontais ou sem hierarquia entre as duas tipologias do gênero humano."*

No capítulo penal, especialmente da violência doméstica, foram julgadas, em 2012, a Ação Direta de Inconstitucionalidade 4.424/DF e a ADC 19/DF que enfrentaram a sempre difícil confrontação entre o princípio da dignidade da pessoa humana e o papel do Estado para coibir a violência no âmbito das relações mantidas pelos membros da unidade familiar. O ponto de vista feminino está expressamente considerado nos votos proferidos, mas a postura pragmática dos discursos e os dados ali apresentados mostraram que o pensamento da Corte, singular e coletivamente, era mais próximo do paradigma do feminismo clássico do que da postura hermenêutica feminina.

Nestes precedentes, importantes para a construção de uma barreira oficial contra atos de violência contra a mulher, fica claro que a mulher não é o sujeito ativo de suas próprias aspirações em uma situação tão complexa quanto esta da violência doméstica. A tutela da mulher, a premissa de sua hipossuficiência pela fragilidade das relações familiares doentias, a necessidade de que a violência seja coibida por atos de violência institucionalizada são indícios de que não foram pensadas alternativas a partir das próprias necessidades femininas das mulheres envolvidas nesse trágico ciclo de violência familiar. A hermenêutica do feminino exigiria uma nova forma de olhar e uma nova forma de pensar soluções para esse problema atávico, que está a merecer outras soluções para além destas já oferecidas pela história da violência contra a mulher em nosso país.

Ainda em 2012, a Corte julgou a Arguição de Descumprimento de Preceito Fundamental 54, voltando ao tema do aborto de feto anencéfalo, desta vez enfrentando o seu mérito para afirmar que a conduta de interromper a gravidez, na situação em que há comprovação médica da anencefalia, não constitui crime, nos termos da Constituição de 1988. Trata-se de precedente histórico que formatado em mais de 430 páginas de texto contém discursos que tentam encontrar os mais criativos atalhos à discussão principal do aborto, tema sempre envolvido em diversas camadas de cuidados e pré-compreensões.

Lendo com atenção os votos dos integrantes da Corte neste processo, imagino que nem toda a dimensão do infinito consegue tangenciar a experiência da gestação de uma vida. Todos os argumentos que deram vozes a muitas e diferentes teorias, narrativas, histórias e suposições não foram confrontados com um voto sequer da mulher gestante de um feto anencéfalo em primeira pessoa. E talvez o Direito diga que isso nem seria útil, correto, adequado ou bom.

Apesar do resultado favorável à descriminalização da conduta de antecipar o parto do feto diagnosticado com anencefalia, a decisão no seu conjunto não mereceu abordagem da hermenêutica feminina. As vozes, as dores, os gritos e as angústias das mulheres não foram ecoados nas razões de decidir que, apesar de brilhantes e cultas, passaram longe da concretização dos direitos fundamentais que deveriam ser reconhecidos às mulheres-mães e seus filhos condenados à morte por uma doença covarde.

No Recurso Extraordinário 528.684/MS, julgado em 2013, a Suprema Corte declarou a inconstitucionalidade de edital de concurso que previa a possibilidade de participantes apenas do sexo masculino em prova para ingresso na carreira de policial militar. A violação do princípio da isonomia foi reconhecida à unanimidade pelos integrantes da Segunda Turma, firmes no argumento de que naquele caso não houve justificativa razoável para a discriminação imposta. O precedente formado neste recurso não é complexo, nem os argumentos trazidos demonstram cuidado com a hermenêutica feminina, mas na simplicidade do caso, mais um passo na direção do reconhecimento da isonomia entre homens e mulheres foi dado pelo STF.

Em 2014, vale o registro do Recurso Extraordinário 432.484/PA, em que foi reconhecida a constitucionalidade de norma que equiparou, para fins de aposentadoria, homens e mulheres no exercício da função de juiz temporário. O resultado é vanguardista e demonstra aparente maturidade ideológica no trato da questão, porém a pobreza do discurso, a ausência de argumentos indiciários de um avanço na compreensão do feminismo de segunda geração, bem como a falta de visibilidade do próprio precedente podem indicar que o resultado pode não ser o que parece. Jamais seria possível, pelos argumentos e pela ausência de debate, afirmar que neste recurso extraordinário a Primeira Turma norteou-se pela hermenêutica feminina. É bem verdade, entretanto, que também não é possível afirmar o contrário. Nada a dizer sobre isso, portanto.

Ainda em 2014, o Tribunal Pleno julgou o Recurso Extraordinário 658.312/SC, mantendo acórdão do Tribunal Superior do Trabalho que reconheceu a constitucionalidade da obrigatoriedade de haver intervalo de 15 minutos para as trabalhadoras mulheres antes da jornada extraordinária. Os argumentos são velhos conhecidos do debate de gênero, correspondendo ao clássico discurso protetivo das mulheres como seres humanos hipossuficientes que demandam proteção e tutela. Os votos são o espelho das conquistas do feminismo clássico, mas um exemplo típico de que há muito trabalho a ser feito para se chegar ao mundo da hermenêutica feminina.

Já no ano de 2015, a Corte demonstrou que há mais nós que laços na tessitura da história dos direitos fundamentais da mulher. No julgamento da Ação Direta de Inconstitucionalidade 3.165/SP, o Plenário julgou inconstitucional uma lei estadual que previa punição para as empresas daquele estado que exigiam a realização de teste de gravidez ou a apresentação de atestado de laqueadura no momento de admissão de mulheres no trabalho. A discussão dos ministros da Corte enveredou pela seara das competências constitucionais para o tratamento da questão, reafirmando a vetusta jurisprudência da competência privativa da União para legislar sobre direito do trabalho.

A invisibilidade dos direitos fundamentais da mulher presentes na maioria das discussões e os argumentos falaciosos de que a legislação federal protetiva já coibia os atos também coibidos pela legislação estadual foram os caminhos argumentativos escolhidos pelos ministros para deixar o problema da discriminação de gênero para um segundo plano. A leitura do acórdão vale como antítese da hermenêutica feminina, com a devida ressalva dos dois votos vencidos, é claro.

Por fim, em 2016, foi julgado o Recurso Extraordinário 778.889/PE, com repercussão geral – Tema 782, para reconhecer a inconstitucionalidade da distinção entre os períodos de licença-maternidade da mãe biológica e da mãe por adoção. No Plenário do Supremo Tribunal Federal, a discussão não empolgou nem surpreendeu, mantendo o tom blasé de uma Corte que se mantém 'longe de casa' no que diz respeito ao paradigma da hermenêutica feminina.

Entretanto, para dar continuidade à análise crítica aqui proposta, achei por bem fazer um outro recorte de pesquisa, buscando o olhar das mulheres que são ou já foram magistradas no Supremo Tribunal Federal, a fim de analisar se, em seus votos, havia mais elementos da hermenêutica feminina aqui apresentada.

A partir do termo 'mulher' combinado com o filtro dos nomes das ministras da Suprema Corte brasileira, na base de acórdãos disponíveis no sítio do Supremo Tribunal Federal, a pesquisa retornou 26 (vinte e seis) documentos, dos quais os 8 (oito) não repetidos e mais relevantes serão apresentados sob a forma de uma análise crítica da concretização dos direitos das mulheres pelas ministras da Suprema Corte brasileira.

Em 2003, na Ação Direta de Inconstitucionalidade nº 953/DF, o Plenário da Corte declarou a inconstitucionalidade da Lei nº 417/1993 do Distrito Federal que criava regras e previa sanções para coibir atos discriminatórios contra a mulher nas relações de trabalho, por entender que tal era matéria de competência privativa da União, nos termos do art. 21, XXIV, da Constituição da República. A Ministra Ellen Gracie, como relatora, foi acompanhada à unanimidade pelos seus pares neste processo, pela inconstitucionalidade da lei protetiva, mas teceu relevantes considerações acerca da iniciativa legislativa local em editar normas com o objetivo de erradicar a discriminação no ambiente de trabalho, especialmente, a discriminação sexual contra a mulher, que *"impelida pela escassez das oportunidades de emprego e pelas necessidades de subsistência própria e da família, submetem-se a trabalhos precários e a salários ainda mais baixos que os dos homens."*

Em 2008, no Habeas Corpus nº 86.367/RO, a Segunda Turma afirmou o não cabimento do *writ*, refutando o requerimento de anulação do processo porque o corpo de jurados era composto exclusivamente por mulheres, sob o argumento de que as irregularidades ocorridas durante o procedimento do júri deveriam ser arguidas em momento processual oportuno. Não houve debates nem considerações quanto ao argumento de gênero, que passou praticamente despercebido no voto condutor do feito.

Em 2010, também sob a relatoria da Ministra Ellen Gracie, o Recurso Extraordinário 563.953/RS, julgado pela Segunda Turma, entendeu que afrontava o princípio constitucional da isonomia lei que exigia do marido comprovação de invalidez, como requisito essencial para recebimento de pensão por morte da sua mulher. Mais uma vez, com uma simples referência à jurisprudência consolidada da Corte, o voto condutor da relatora não registrou argumentos específicos em relação à equidade de gênero aqui trazida à debate.

Em 2011, no Agravo de Instrumento nº 669.472/RS, desta vez sob a relatoria da Ministra Carmen Lúcia, julgou-se, na Primeira Turma da Corte, a questão da isonomia no pagamento de complementação de aposentadoria para homens e mulheres. Confirmou-se, pela jurisprudência obstativa consolidada na Corte, que norma regulamentar, ao estipular percentual inferior para o benefício de complementação de aposentadoria em razão do sexo dos beneficiários, afronta o art. 5º, I, da Constituição da República.

Em 2014, sob a relatoria da Ministra Rosa Weber, no a primeira turma Em 2014, uma vez mais, a Suprema Corte, tanto pela voz da Primeira Turma quanto da Segunda Turma, no Recurso Extraordinário 630.455/BA, relatoria da Ministra Rosa Weber, e no Recurso Extraordinário com Agravo 804.140/CE, relatoria da Ministra Cármen Lúcia, entendeu que a questão suscitada da exigência editalícia de submissão a teste de barra fixa dinâmica para candidatas mulheres a cargos da carreira policial, e a discriminação por sexo do número de vagas do edital, que não se tratavam de questões a serem submetidas ao crivo da Corte, por óbices processuais. A isonomia, sob a perspectiva de gênero, não foi enfrentada pela Suprema Corte, a qual optou pela aplicação de sua jurisprudência obstativa.

Em 2015, na Ação Direta de Inconstitucionalidade por Omissão nº 28/SP, de relatoria da Ministra Carmen Lúcia, o Plenário do Supremo Tribunal afirmou não haver omissão inconstitucional pela existência de norma federal a suprir a necessidade de lei específica para disciplinar a aposentadoria especial para policiais mulheres. O pedido de elaboração de lei complementar estadual sobre os critérios diferenciados de aposentadorias para policiais civis e militares do sexo feminino não ganhou destaque na argumentação do voto condutor, o qual não se ocupou da diferenciação de gênero proposta ao debate.

Por fim, em 2016, o Habeas Corpus 131.219, da relatoria da Ministra Rosa Weber, foi julgado pela Primeira Turma, no sentido de que se o crime é cometido com violência contra a mulher, e por haver o reconhecimento de que a violência nesses casos, em geral, não é simplesmente circunstancial, mas instrumental para coibir práticas discriminatórias contra a mulher, não se pode substituir a pena privativa de liberdade por restritiva de direitos. A Ministra Rosa Weber afirmou textualmente: *"Inobstante a pena privativa de liberdade aplicada tenha sido inferior a 4 (quatro) anos, a violência engendrada pelo paciente contra a vítima, no contexto das relações domésticas, obstaculiza a concessão do benefício do art. 44 do Código Penal."*

Verifica-se, pois, a partir dessa amostra de precedentes que o debate feminino sobre os direitos das mulheres e a igualdade de gênero ainda encontra-se em sua fase inicial no Supremo Tribunal Federal. Os discursos apresentados nos votos das ministras da Suprema Corte brasileira ainda estão longe de ser motivados pela consciência de uma presença feminina no Estado e sociedade brasileira, se a premissa for de uma virada paradigmática tal qual proposta no presente trabalho, mas também não se pode negar que há um caminho iniciado o qual deve ser sedimentado pela experiência de estar e ser mulher na Suprema Corte brasileira.

6. CONCLUSÃO

Uma teoria normativa e feminina da Constituição está intrinsecamente vinculada ao objetivo de realização plena das múltiplas dimensões dos direitos fundamentais, correspondendo, inexoravelmente, à assimilação das conquistas das três ondas do movimento feminista pelo constitucionalismo.

Algumas premissas foram compartilhadas para a apresentação da abordagem feminina aqui proposta e a primeira delas é a de que somos, e devemos ser, todas feministas! A segunda premissa é a de que não há uma teoria feminina da Constituição no Brasil porque o direito constitucional brasileiro não assimilou os pressupostos e as exigências do movimento feminista, especialmente aqueles forjados na terceira onda desse movimento. E, por fim, como terceira premissa, tem-se que uma teoria feminina da Constituição acaba por exigir uma abordagem pragmática e cultural, inserida no contexto das práticas institucionais de cada país.

Uma das chaves de compreensão que se revela essencial para a teoria feminina da Constituição está na diferenciação entre feminino e feminismo. Considerando que o feminismo é uma escolha política e/ou ideológica e/ou epistemológica e/ou metodológica, tem-se que o feminino é um estereótipo existencial que, ao lado de tantos outros estereótipos existenciais, constitui e apresenta discursivamente um grupo de seres humanos no mundo.

Assim, a hermenêutica feminina preocupa-se com a desconstrução da lógica masculina de ser e estar no mundo, desde e até o ponto em que esta se pretenda única, superior e hegemônica. Mas não impõe uma lógica feminina para substituir o lugar antes ocupado pelo masculino, porque isso seria contraditório com o princípio da dialogicidade e da alteridade, negando as premissas da pluralidade e interseccionalidade tão caras à abordagem feminina.

A hermenêutica feminina apresenta-se, pois, como meio e possibilidade feminista de compreensão e interpretação do Direito e da Constituição, mas com esta não se confunde, pois o lugar de fala feminino está sempre em busca da identificação dos elementos da dogmática jurídica que possam se apresentar como alternativas aos paradigmas da competitividade, agressividade e individualismo. No plano dos vetores constitucionais hermenêuticos a proposta é apresentar em lugar daqueles a sustentabilidade, a fraternidade e a solidariedade como princípios constitucionais expressos ou implícitos.

Nesse contexto, a Constituição, vista sob a perspectiva da hermenêutica constitucional feminina, é um texto normativo complexo, plural e aberto, o qual, apesar de não guardar racionalidade cartesiana estrita, apresenta-se como um todo sistematicamente coordenado que permite convivências e acomodações necessárias para a busca de harmonias possíveis entre suas partes contraditórias.

Longe estamos, entretanto, de constatar, no plano da empiria constitucional, a presença de uma teoria feminina da Constituição na jurisdição constitucional brasileira, pois mesmo os votos das magistradas do Supremo Tribunal Federal demonstram a predominância do discurso masculino e da ausência de evidências femininas nos discursos das decisões judiciais, mesmo quando os direitos fundamentais discutidos sejam direitos das mulheres.

7. BIBLIOGRAFIA

ADICHIE, Chimamanda Ngozi. *Sejamos todos feministas.* Trad. Christina Baum. São Paulo: Ed. Companhia das Letras, 2014.

ALCOFF, Linda. Feminismo cultural vs. Post-estructuralismo: la crisis de identidade de la teoria feminista, in *Revista Debats*, nº 76, p. 3-7.

BARTLETT, Katharine T. Cracking Foundations as Feminist Method, in *The American University Journal of Gender, Social Policy & the Law 8*, n.1 (2000): 31-54.

BOURDIEU, Pierre. *Dominação Masculina.* Tradução Maria Helena KUhner, Rio de Janeiro: Bertrand Brasil, 2002.

BRITTO, Carlos Ayres. *O humanismo como categoria constitucional.* Belo Horizonte: Editora Fórum, 2010.

DINIZ, Debora. Feminismo: modos de ver e mover-se. *In*: *O que é feminismo?* Coleção Cadernos de Ciências Sociais. Lisboa: Editora Escolar, 2015.

POR UMA TEORIA FEMININA DA CONSTITUIÇÃO

FINEMAN, Martha A. Feminist Legal Theory, *in Journal of Gender, Social Policy & the Law*, vol. 13, n. 1, 2005, p. 11-21.

FOUCAULT, Michel. *A hermenêutica do sujeito*. Tradução de Márcio Alves da Fonseca e Salma Tannus Muchail. São Paulo: Martins Fontes, 2006.

GONÇALVES, Eliane; PINTO, Joana Plaza. Reflexões e problemas da transmissão inter-geracional no feminismo brasileiro, in *Cadernos Pagu* (36), janeiro/junho, 2011, p. 25-46.

IBRI, Ivo Assad. Semiótica e pragmatismo: interfaces teóricas, in *Cognitio*, São Paulo, v.5, n.2, julho-dezembro, 2004, p. 168-179.

MACKINNON, Catharine A. *Feminism unmodified: discourses on life and law*. Cambridge: Harvard University Press,1987.

_____. A. *Toward a feminist theory of the State*. Cambridge: Harvard University Press, 1989.

SANTAELLA, L. *O que é semiótica*. São Paulo: Brasiliense, 1983.

SILVA, Christine Peter da; HORBACH, Beatriz Bastide; CARVALHAL, Ana Paula. Por que uma mulher no comando do Supremo ainda é novidade? , in *Revista Consultor Jurídico*, 12.09.2016, disponível em: http://www.conjur.com.br/2016-set-12/mulher--comando-supremo-ainda-novidade, acessado em 30.07.2017.

_____. Entre laços e nós são tecidos os direitos fundamentais da mulher, in *Revista Consultor Jurídico*, 18.06.2016, disponível em http://www.conjur.com.br/2016--jun-18/observatorio-constitucional-entre-lacos-sao-tecidos-supremo-direitos--mulher, acessado em 30.07.2017.

_____. *Nós, as Constitucionalistas – por uma hermenêutica constitucional do feminino no UniCeub*, Mesa Redonda, Anais do XIV Congresso de Ensino, Pesquisa e Extensão & Encontro de Iniciação Científica do UniCeub, 4-6 outubro de 2016, p. 85, Disponível em: https://www.uniceub.br/media/960046/XIV_CONGRESSO__ANAIS.pdf, acessado em 29.07.2017.

A PERDA DE MANDATO POR CONDENAÇÃO CRIMINAL NA JURISPRUDÊNCIA DO SUPREMO TRIBUNAL FEDERAL

Carolina Cardoso Guimarães Lisboa[1]

"A DIVISÃO FUNCIONAL DO PODER É CONDIÇÃO INSTITUCIONAL DA DEMOCRACIA" (ainda que não necessariamente arranjada sob a velha fórmula)[2]

O objeto da análise ora proposta é a jurisprudência do Supremo Tribunal Federal sobre as normas referentes às prerrogativas parlamentares, especificamente no tocante à prisão e a necessidade de deliberação do Parlamento para a perda do mandato no caso de condenação criminal.

De início, é importante lembrar que a divisão funcional do poder é condição institucional da democracia[3], e, a partir dessa premissa, reconhecer que as normas constitucionais definidoras do estatuto dos membros dos órgãos de soberania, como o Parlamento, são garantidoras da independência funcional de cada órgão do Poder, e, portanto, da própria democracia. Tais normas, ao estabelecerem para o titular do mandato um conjunto de prerrogativas e restrições, visam tanto a preservação

---

1. Doutora em Direito do Estado pela Faculdade de Direito da Universidade de São Paulo – USP. Mestra em Ciências Jurídico-Internacionais pela Faculdade de Direito da Universidade de Lisboa/Portugal. Professora de Direito Constitucional no Centro Universitário de Brasília – UniCEUB. Ex-Assessora de Ministro do Supremo Tribunal Federal – STF. Procuradora do Município de Belo Horizonte. Advogada.
2. FERREIRA FILHO, Manoel Gonçalves. *A Democracia no Limiar do Século XXI*. São Paulo: Saraiva, 2001, p. 122.
3. FERREIRA FILHO, Manoel Gonçalves. *A Democracia no Limiar do Século XXI*. São Paulo: Saraiva, 2001, p. 122.

da independência do próprio órgão, quanto do exercício da respectiva função, de modo a prevenir intromissões indevidas.

Feita essa observação, passa-se a analisar a prerrogativa parlamentar de não ser preso, salvo em flagrante delito de crime inafiançável, nos termos do disposto no §2º da Constituição de 1988 (com redação da E.C. nº 35/2001). Essa norma se insere no âmbito das imunidades parlamentares, especificamente da imunidade formal, na dicção da doutrina brasileira (ou inviolabilidade para os portugueses e franceses). O objetivo mediato da disposição constitucional é preservar a composição do órgão legislativo e a sua independência perante os outros poderes do Estado, sendo seu fim imediato a proteção da liberdade física do parlamentar contra prisões ou perseguições arbitrárias, de cunho político.

Nesse sentido, a única exceção que a Constituição atual previu à regra de que o parlamentar não está sujeito à prisão é o caso de flagrante de crime inafiançável. E, mesmo assim, a Casa a qual pertence o congressista deverá se pronunciar sobre a manutenção da prisão. Confira-se:

> "Art. 53 (...)
>
> §2º Desde a expedição do diploma, os membros do Congresso Nacional não poderão ser presos, salvo em flagrante de crime inafiançável. Nesse caso, os autos serão remetidos dentro de vinte e quatro horas à Casa respectiva, para que, pelo voto da maioria de seus membros, resolva sobre a prisão."

É de se notar, entretanto, que, se por um lado a norma constitucional é clara ao admitir apenas uma única exceção à possibilidade de prisão do parlamentar, por outro lado, há certa dúvida quanto à viabilidade de o parlamentar ser preso também em razão de sentença condenatória definitiva. Essa incerteza advém, principalmente, da reprodução de entendimento do Supremo Tribunal Federal supostamente nesse sentido.[4]

Os precedentes judiciais, mencionados pela doutrina, que se referem à possibilidade de prisão do parlamentar em caso de sentença criminal transitada em julgado são o INQ Nº 510, Rel. Min. Celso de Mello e o julgado por ele citado, a Ação Penal nº 219, da relatoria do Min. Xavier de Albuquerque.

No julgado cronologicamente mais antigo (AP 219) – datado de 10/10/1974, ou seja, **sob o regime da Constituição de 1969** – cuidou o

---

4. Entre outros, MORAES, Alexandre de. *Direito Constitucional*. 30ª Edição. São Paulo: Atlas, 2014, p. 467. MENDES, Gilmar Ferreira. *Curso de Direito Constitucional*. 5ª ed. São Paulo: Saraiva, 2010, p. 1033.

Supremo Tribunal Federal de apreciar a controvérsia que lhe fora posta em torno do cometimento de crime de ofensa à honra – difamação – de Chefe de Estado, então perpetrado pelo Deputado Federal José Pinto dos Santos, por ocasião da visita do General Augusto Pinochet (circunstância que foi inclusive considerada para elevação da pena base acima do mínimo!). O acórdão, da Relatoria do Min. Xavier de Albuquerque, restou assim ementado:

> 1. Crime de ofensa à honra de Chefe de Governo estrangeiro. Coexistindo no direito brasileiro as normas dos arts. 138, 139 e 140, em conjugação com a do art. 141, I do C. Pen., e do art. 21 do Dl. Nº 898, de 29.9.69, a ofensa que alguém irrogar a Chefe de Governo estrangeiro só será capitulada na última dessas normas se causar dano à segurança nacional ou a puser em perigo efetivo e concreto. Desclassificação da imputação, nos termos do art. 383 do C. Pr. Penal.
>
> 2. Difamação caracterizada, objetiva e subjetivamente. Condenação do acusado como incurso no art. 139, combinado com o art. 141, I, ambos do C. Penal.
>
> 3. Suspensão condicional da execução da pena. Embora cabível, em tese, e ainda que primário o sentenciado, não comporta deferimento se sua personalidade e as circunstâncias do crime não autorizam a presunção de que não tornará a delinquir. Aplicação do artigo 57, II, do C. Pen. E do art. 696, II do C. Pr. Penal.
>
> 4. Declaração de que, nos termos do art. 149, §2º, letra c, da Constituição, do dos arts. 69, V, combinado com seu parágrafo único, V e 70, parágrafo único do C. Penal, o sentenciado incide, enquanto durarem os efeitos da condenação, na interdição de direitos consistente na suspensão dos direitos políticos. (AP 219, Relator (a): Min. XAVIER DE ALBUQUERQUE, Tribunal Pleno, julgado em 10/10/1974, DJ 17-10-1974 PP-07669 EMENT VOL-00963-01 PP-00001 RTJ VOL-00070-03 PP-00607)

Sob a vigência da Constituição de 1969, apesar de haver previsão da inviolabilidade dos deputados e senadores por suas opiniões, palavras e votos, não se incluíam nessa garantia as manifestações que acarretassem injúria, difamação ou calúnia, assim como os casos previstos na Lei de Segurança Nacional.[5]

---

5. Art. 32. Os deputados e senadores são invioláveis, no exercício do mandato, por suas opiniões, palavras e votos, salvo nos casos de injúria, difamação ou calúnia, ou nos previstos na Lei de Segurança Nacional.

    § 1º Durante as sessões, e quando para elas se dirigirem ou delas regressarem, os deputados e senadores não poderão ser presos, salvo em flagrante de crime comum ou perturbação da ordem pública.

    § 2º Nos crimes comuns, os deputados e senadores serão submetidos a julgamento perante o Supremo Tribunal Federal.

Nesse quadro, o discurso proferido pelo Deputado Francisco José Pinto dos Santos na Câmara dos Deputados, por conter críticas aos acontecimentos políticos e a ação do Governo do Chile, foi considerado contumelioso e ofensivo à reputação do General Augusto Pinochet.

Restou, portanto, o acusado condenado como incurso nas penas do art. 139 do Código Penal (difamação), combinado com o art. 141, I, posto que o crime fora cometido contra Chefe de Governo estrangeiro. Definiram-se em 06 meses de detenção e multa as penas a serem aplicadas. E isso, porque a maioria entendeu que a ofensa não era apta a colocar em perigo efetivo e concreto a segurança nacional. Caso contrário, o Deputado teria sido condenado a 02 anos de reclusão como incurso no ar. 21 do Decreto Lei 898, de 29/09/1969 (como queria a minoria do Tribunal).

Porém, dos votos vencedores, a maioria negou a suspensão condicional da execução da pena, ao entendimento de que "a personalidade do sentenciado e as circunstâncias do crime não autorizavam a presunção de que não tornaria a delinquir." Na sequência, **declarou-se que incidiriam desde logo os efeitos da condenação, ou seja, a suspensão dos direitos políticos do sentenciado**, de modo que não haveria qualquer impedimento à execução imediata da pena privativa de liberdade.

É bom chamar a atenção para o fato de que, como visto, no regime constitucional anterior não havia vedação à prisão de parlamentar no caso de sentença criminal definitiva. A prerrogativa de *freedom from arrest* era assemelhada ao tratamento dado na Constituição dos Estados Unidos[6] e consistia apenas na impossibilidade de serem os deputados e senadores presos durante as sessões e quando para elas se dirigissem ou delas regressassem, salvo em flagrante de crime comum ou perturbação da ordem pública.

Esse é o contexto e o conteúdo do precedente citado pelo Min. Celso de Mello, Relator do Inquérito nº 510, precedente muitas vezes referido

---

§ 3º A incorporação, às forças armadas, de deputados e senadores, embora militares e ainda que em tempo de guerra, dependerá de licença da Câmara respectiva.

§ 4º As prerrogativas processuais dos senadores e deputados, arrolados como testemunhas, não subsistirão, se deixarem eles de atender, sem justa causa, no prazo de trinta dias, o convite judicial.

6. The Senators and Representatives shall receive a Compensation for their Services, to be ascertained by Law, and paid out of the Treasury of the United States. They shall in all Cases, except Treason, Felony and Breach of the Peace, be privileged from Arrest during their Attendance at the Session of their respective Houses, and in going to and returning from the same; and for any Speech or Debate in either House, they shall not be questioned in any other Place. (https://www.senate.gov/civics/constitution_item/constitution.htm#a1_sec6)

pela doutrina para afirmar que "o STF entende ser possível a prisão decorrente de sentença judicial transitada em julgado."[7]

Nesse último julgado (Inquérito 510), em fevereiro de 1991, o Supremo Tribunal Federal, já sob a vigência da atual Constituição (ainda que sob a redação anterior à E.C. nº 35/2001), apreciou representação formulada pelo Governador do Estado do Espírito Santo, Max Freitas Mauro, contra Gerson Camata, Senador da República, pela suposta prática de delitos contra a honra, que teriam sido cometidos contra o Chefe do Poder Executivo daquele Estado, em discurso proferido pelo parlamentar no Senado Federal. Ou seja, tratava-se de analisar questão referente à presença ou não da imunidade parlamentar material a excluir crime contra a honra.

No acórdão, após afirmar-se que o exercício do mandato parlamentar recebeu expressiva tutela da ordem constitucional brasileira desde os primórdios do nosso constitucionalismo, consolidando-se a inviolabilidade dos membros do Parlamento ao longo da evolução da nossa história constitucional republicana, fez-se a distinção entre a imunidade material, a qual consagra a inviolabilidade dos membros do Poder Legislativo por suas opiniões, palavras e votos, e a imunidade de caráter formal, que permite (antes da E.C. nº 35/2001), de um lado, a improcessabilidade dos parlamentares, e, de outro, a sua inarrestabilidade, ou seja, a impossibilidade de prisão do congressista.

Nesse ponto do voto, o relator explicitou que a Constituição atual só autoriza a prisão provisória ou cautelar do membro do Parlamento "numa única e singular hipótese: situação de flagrância de crime inafiançável". Contudo, afirmou que a "**freedom from arrest** não afasta, no entanto, a possibilidade de o parlamentar, sujeito a condenação penal definitiva, vir a ser preso, para efeito de execução da decisão condenatória." Daí concluiu que "esse aspecto da imunidade formal – estado de relativa incoercibilidade pessoal do congressista – não obsta, observado o **due process of law**, a execução de penas privativas da liberdade definitivamente impostas ao parlamentar". E, então, citou como precedente a Ação Penal 219, cujo acórdão já foi aqui analisado.

Voltando ao tema da imunidade material, objeto específico do caso submetido à decisão do Supremo Tribunal Federal, o Ministro ressal-

---

7.   MENDES, Gilmar Ferreira. *Curso de Direito Constitucional*. 5ª edição. São Paulo: Saraiva, 2010, p. 1033.

tou que a "nova Constituição do Brasil, ao dispor sobre o instituto, no art. 53, *caput*, preceitua que os deputados e senadores são invioláveis por suas opiniões, palavras e votos. Ao contrário do que ocorria no regime constitucional anterior, em que havia cláusula subtraindo ao âmbito da incidência da imunidade material os delitos contra a honra, restabeleceu-se, agora, em sua plenitude, essa prerrogativa da instituição parlamentar." Enfim, reconhecida, no caso, a atuação do congressista sob a proteção da imunidade material, arquivou-se o inquérito à unanimidade.

Como se vê, apesar de a questão da possibilidade de prisão do membro do Congresso Nacional se tratar de um *obter dictum*, acabou por constar da ementa do acórdão no Inquérito 510. Todavia, é de qualquer forma evidente a inadequação do precedente citado para a correta solução do problema sob a égide da Constituição de 1988. Na verdade, ao asseverar que a relativa incoercibilidade pessoal do congressista não obsta a execução de penas privativas de liberdade definitivamente impostas ao parlamentar, o aresto interpretou o texto da Constituição de 1988 a partir de decisão relacionada à exceção existente na Constituição pretérita. Ou seja, o texto vigente foi lido à luz de situação excepcional por ele não contemplada.

Diante desse quadro, não é razoável afirmar, **a partir dos dois julgados mencionados**, que exista um entendimento do STF no sentido de ser possível a prisão do parlamentar decorrente de sentença judicial transitada em julgado. Isso porque além de um dos precedentes citados ter sido julgado sob a égide das normas constitucionais de 1969, o outro precedente, já sob a Constituição de 1988, não tratou diretamente do assunto.

O fato é que somente a partir da vigência da E.C. nº 35/2001, a qual inverteu o mecanismo da imunidade formal referente ao processo, estabelecendo a desnecessidade de licença para que o procedimento judicial penal contra o parlamentar pudesse ter andamento, o tema se colocou de forma mais frequente, a possibilitar que o Tribunal julgasse as denúncias até então oferecidas e as que foram ofertadas a partir daí, e, portanto, fazer um juízo a respeito da questão.

Uma vez em vigor a nova norma constitucional, cessou o impedimento para que denúncias oferecidas pela Procuradoria-Geral da República pudessem ser apreciadas, e para que os processos seguissem o curso normal, chegando, alguns, à condenação criminal dos parlamentares. Daí, então, a controvérsia passou a ser discutida nos casos concretos.

A condenação criminal definitiva acarreta, em geral, a suspensão dos direitos políticos nos termos do inciso III do art. 15 da Constituição de 1988, o que, naturalmente, determinaria a perda do mandato do parlamentar, vez que o gozo dos direitos políticos é pressuposto daquele.

Acontece que a mesma Constituição estabelece, no §2º do seu art. 55, que a perda de mandato do parlamentar condenado criminalmente depende de decisão da Casa a qual ele pertence. Nesse caso – condenação criminal de parlamentar – a suspensão de direitos políticos não se aplica automaticamente ou não acarreta a perda imediata do mandato. Isso porque diante do aparente conflito de normas, o Supremo Tribunal Federal concluiu, **em maio de 1995**, ao julgar o RE 179.502 (Rel. Min. Moreira Alves), que a previsão do artigo 55 é especial em relação à norma geral contida no art. 15, de modo que a decisão da perda do mandato parlamentar será constitutiva quando sobrevier condenação criminal e declaratória nos demais casos de perda ou suspensão de direitos políticos.

Na ocasião, esclareceu o Min. Moreira Alves, Relator, que "pelo critério da especialidade – sem retirar a eficácia de qualquer das normas em choque, o que só se faz em último caso, pelo princípio dominante no direito moderno, de que se deve dar a máxima eficácia possível às normas constitucionais –, o problema se resolve excepcionando-se da abrangência da generalidade do art. 15, III, os parlamentares referidos no art. 55, para os quais, enquanto no exercício do mandato, a condenação criminal, por si só e ainda quando transitada em julgado, não implica a suspensão dos direitos políticos, só ocorrendo tal se a perda do mandato vier a ser decretada pela Casa a que ele pertencer."

Nesse rumo, fixou-se no Supremo Tribunal Federal o entendimento de que a perda de mandato em razão de condenação criminal depende de decisão da Casa parlamentar respectiva. Isso se percebe a partir do acórdão recém-mencionado, no RE 179.502, cuja controvérsia apresentada ao Tribunal dizia específica e diretamente com a condenação criminal de parlamentar, bem como da análise de outras decisões que foram posteriormente proferidas no RE 225.019 (Rel. Min. Nelson Jobim), **em agosto de 1999**, e no RE 418.876 (Rel. Min. Sepúlveda Pertence). Este último, julgado em março de 2004, teve a ementa redigida de forma a espelhar a compreensão do Tribunal sobre o assunto. Confira-se:

> "Recurso extraordinário: prequestionamento e embargos de declaração. A oposição de embargos declaratórios visando à solução de matéria antes suscitada basta ao prequestionamento, ainda quando o Tribunal a quo persista na omissão a respeito.

II. Lei penal no tempo: incidência da norma intermediária mais favorável. Dada a garantia constitucional de retroatividade da lei penal mais benéfica ao réu, é consensual na doutrina que prevalece a norma mais favorável, que tenha tido vigência entre a data do fato e a da sentença: o contrário implicaria retroação da lei nova, mais severa, de modo a afastar a incidência da lei intermediária, cuja prevalência, sobre a do tempo do fato, o princípio da retroatividade *in melius* já determinara.

III. Suspensão de direitos políticos pela condenação criminal transitada em julgado (CF, art. 15, III): interpretação radical do preceito dada pelo STF (RE 179502), a cuja revisão as circunstâncias do caso não animam (condenação por homicídio qualificado a pena a ser cumprida em regime inicial fechado).

IV. Suspensão de direitos políticos pela condenação criminal: direito intertemporal. À incidência da regra do art. 15, III, da Constituição, sobre os condenados na sua vigência, não cabe opor a circunstância de ser o fato criminoso anterior à promulgação dela a fim de invocar a garantia da irretroatividade da lei penal mais severa: cuidando-se de norma originária da Constituição, obviamente não lhe são oponíveis as limitações materiais que nela se impuseram ao poder de reforma constitucional. **Da suspensão de direitos políticos - efeito da condenação criminal transitada em julgado - ressalvada a hipótese excepcional do art. 55, § 2º, da Constituição - resulta por si mesma a perda do mandato eletivo ou do cargo do agente político.**

(RE 418876, Relator(a): Min. SEPÚLVEDA PERTENCE, Primeira Turma, julgado em 30/03/2004, DJ 04-06-2004 PP-00048 EMENT VOL-02154-04 PP-00662) (Grifos não originais)."

Tanto no caso do RE 225.019 quanto no RE 418.876, o Supremo Tribunal Federal analisou a questão da perda do mandato do parlamentar condenado criminalmente para concluir que, em se tratando de parlamentar federal, estadual ou distrital, a perda não é automática: "depende de um juízo político do plenário da casa parlamentar (art. 55, §2º)."[8] Trata-se de um juízo político outorgado pela Constituição ao Parlamento para que resolva sobre a conveniência da exclusão do congressista. A decisão do RE 225.019 teve seu inteiro teor inserido nas transcrições do Informativo nº 162 do STF.

Tendo em vista esse entendimento, que se pode dizer fixado, é possível afirmar que, em **dezembro de 2012**, no julgamento da Ação Penal nº 470 – mensalão – o Tribunal se afastou da jurisprudência até então estabelecida, em desrespeito ao que está expressamente fixado pela Constituição, e, portanto, contrariando os fins por ela perseguidos ao

---

8. Trecho do voto do Min. Nelson Jobim no RE 225.019.

garantir que a perda do mandato dos representantes, em caso de condenação criminal, somente ocorrerá por deliberação de seus pares e não por imposição do Poder Judiciário.

No caso, o resultado do julgamento ocorreu por apertada maioria, cinco votos contra quatro, para decretar a perda imediata do mandato dos parlamentares julgados, ao argumento principal de que "Condenado o Deputado ou Senador, no curso de seu mandato, pela mais alta instância do Poder Judiciário nacional, inexiste espaço para o exercício de juízo político ou de conveniência pelo Legislativo, pois a suspensão de direitos políticos, com a subsequente perda de mandato eletivo, é efeito irreversível da sentença condenatória (...)"

As discussões podem ser resumidas da seguinte forma: o relator sustentou que a necessidade de deliberação da Câmara ou do Senado quanto à perda do mandato do parlamentar condenado criminalmente "justifica-se (...) nas hipóteses em que a sentença condenatória não tenha decretado a perda do mandato pelo parlamentar, seja por não estarem presentes os requisitos legais para tanto (...), seja por ter sido proferida antes da expedição do diploma". Assim, "o procedimento estabelecido no art. 55 da Constituição da República disciplina as hipóteses em que, *por um juízo político,* pode ser decretada a perda de mandato eletivo parlamentar. (...) Situação inteiramente diversa, porém, é aquela que envolve a decretação da perda do mandado eletivo pelo Poder Judiciário, que pode atingir não apenas o parlamentar eleito como qualquer outro mandatário político, seguindo normas específicas de direito penal e processual penal. (...) Condenado o Deputado ou Senador, no curso de seu mandato, pela mais alta instância do Poder Judiciário nacional, inexiste espaço para o exercício de juízo político ou de conveniência pelo Legislativo, pois a suspensão de direitos políticos, com a subsequente perda de mandato eletivo, é efeito irreversível da sentença condenatória (...)".

A seu turno, o ministro Ricardo Lewandowski, abriu divergência sob o fundamento de que "a condenação criminal (...) configura apenas uma condição necessária, mas não suficiente, para a perda dos respectivos mandatos, a qual depende da instauração do competente processo na Câmara, que não pode deixar de fazê-lo, se devidamente provocada".

Acompanhando a divergência, a Ministra Rosa Weber afirmou que "o juiz competente para julgar sobre o exercício do poder político, do poder de representação, em uma democracia, é o povo soberano, que o faz diretamente (caso de democracias cujas Constituições preveem o instituto do recall) ou por meio de seus representantes (caso da hipótese prevista no art. 55, VI e § 2o, da Constituição brasileira)". Nesse rumo, para ela, "o mandato se reveste, durante o período para o qual constituído, da qualidade da intangibilidade, somente podendo ser afetado nas hipóteses e segundo os procedimentos expressamente previstos pela Constituição".

Já o Ministro Gilmar Mendes lembrou que os crimes contra a Administração Pública são, em regra, considerados como atos de improbidade administrativa, que, a seu turno, é uma das causas de perda ou suspensão de direitos políticos (art. 15 da Constituição), a condenação por ato de improbidade administrativa (elementar do crime contra a Administração Pública) pode acarretar a perda do mandato conforme determinação do juízo, de modo que, em tal hipótese, impõe-se à Casa parlamentar competente a mera declaração da perda do mandato parlamentar, nos termos do parágrafo 3º do art. 55 da Constituição de 1988.

De sua parte, o Ministro Marco Aurélio afirmou que o parágrafo 2o artigo 55 da Constituição brasileira de 1988 "é reservado a situações concretas em que não se tem, como consequência da condenação, a perda do mandato", de modo que, para ele, seriam automáticos os efeitos da perda ou suspensão dos direitos políticos.

Por fim, o ministro Celso de Mello, após destacar que concordava com o Ministro Gilmar Mendes, afirmou o monopólio do Supremo Tribunal Federal como intérprete final das normas constitucionais e concluiu pela possibilidade de a perda de mandato ser definida no âmbito do Poder Judiciário asseverando que "a insubordinação legislativa ou executiva ao comando emergente de uma decisão judicial revela-se comportamento intolerável, inaceitável e incompreensível".

No que se refere ao assunto, o trecho da ementa do acórdão da AP 470 restou assim redigido:

> "PERDA DO MANDATO ELETIVO. COMPETÊNCIA DO SUPREMO TRIBUNAL FEDERAL. AUSÊNCIA DE VIOLAÇÃO DO PRINCÍPIO DA SEPARAÇÃO DE PODERES E FUNÇÕES. EXERCÍCIO DA FUNÇÃO JURISDICIONAL. CONDENAÇÃO DOS RÉUS DETENTORES DE MANDATO ELETIVO PELA PRÁTICA DE CRIMES CONTRA A ADMINISTRAÇÃO PÚBLICA. PENA APLICADA NOS TERMOS ESTABELECIDOS NA LEGISLAÇÃO PENAL PERTINENTE. 1. O Supremo Tribunal Federal recebeu do Poder Constituinte originário a competência para processar e julgar os parlamentares federais acusados da prática de infrações penais comuns. Como consequência, é ao Supremo Tribunal Federal que compete a aplicação das penas cominadas em lei, em caso de condenação. A perda do mandato eletivo é uma pena acessória da pena principal (privativa

A PERDA DE MANDATO POR CONDENAÇÃO CRIMINAL NA JURISPRUDÊNCIA DO STF

de liberdade ou restritiva de direitos), e deve ser decretada pelo órgão que exerce a função jurisdicional, como um dos efeitos da condenação, quando presentes os requisitos legais para tanto. 2. Diferentemente da Carta outorgada de 1969, nos termos da qual as hipóteses de perda ou suspensão de direitos políticos deveriam ser disciplinadas por Lei Complementar (art. 149, §3º), o que atribuía eficácia contida ao mencionado dispositivo constitucional, a atual Constituição estabeleceu os casos de perda ou suspensão dos direitos políticos em norma de eficácia plena (art. 15, III). Em consequência, o condenado criminalmente, por decisão transitada em julgado, tem seus direitos políticos suspensos pelo tempo que durarem os efeitos da condenação. 3. A previsão contida no artigo 92, I e II, do Código Penal, é reflexo direto do disposto no art. 15, III, da Constituição Federal. Assim, uma vez condenado criminalmente um réu detentor de mandato eletivo, caberá ao Poder Judiciário decidir, em definitivo, sobre a perda do mandato. Não cabe ao Poder Legislativo deliberar sobre aspectos de decisão condenatória criminal, emanada do Poder Judiciário, proferida em detrimento de membro do Congresso Nacional. A Constituição não submete a decisão do Poder Judiciário à complementação por ato de qualquer outro órgão ou Poder da República. Não há sentença jurisdicional cuja legitimidade ou eficácia esteja condicionada à aprovação pelos órgãos do Poder Político. A sentença condenatória não é a revelação do parecer de umas das projeções do poder estatal, mas a manifestação integral e completa da instância constitucionalmente competente para sancionar, em caráter definitivo, as ações típicas, antijurídicas e culpáveis. Entendimento que se extrai do artigo 15, III, combinado com o artigo 55, IV, §3º, ambos da Constituição da República. Afastada a incidência do §2º do art. 55 da Lei Maior, quando a perda do mandato parlamentar for decretada pelo Poder Judiciário, como um dos efeitos da condenação criminal transitada em julgado. Ao Poder Legislativo cabe, apenas, dar fiel execução à decisão da Justiça e declarar a perda do mandato, na forma preconizada na decisão jurisdicional. 4. Repugna à nossa Constituição o exercício do mandato parlamentar quando recaia, sobre o seu titular, a reprovação penal definitiva do Estado, suspendendo-lhe o exercício de direitos políticos e decretando-lhe a perda do mandato eletivo. A perda dos direitos políticos é "consequência da existência da coisa julgada". Consequentemente, não cabe ao Poder Legislativo "outra conduta senão a declaração da extinção do mandato" (RE 225.019, Rel. Min. Nelson Jobim). Conclusão de ordem ética consolidada a partir de precedentes do Supremo Tribunal Federal e extraída da Constituição Federal e das leis que regem o exercício do poder político-representativo, a conferir encadeamento lógico e substância material à decisão no sentido da decretação da perda do mandato eletivo. Conclusão que também se constrói a partir da lógica sistemática da Constituição, que enuncia a cidadania, a capacidade para o exercício de direitos políticos e o preenchimento pleno das condições de elegibilidade como pressupostos sucessivos para a participação completa na formação da vontade e na condução da vida política do Estado. 5. No caso, os réus parlamentares foram condenados pela prática, entre

689

outros, de crimes contra a Administração Pública. Conduta juridicamente incompatível com os deveres inerentes ao cargo. Circunstâncias que impõem a perda do mandato como medida adequada, necessária e proporcional. 6. Decretada a suspensão dos direitos políticos de todos os réus, nos termos do art. 15, III, da Constituição Federal. Unânime. 7. Decretada, por maioria, a perda dos mandatos dos réus titulares de mandato eletivo."

Concomitantemente, o Supremo Tribunal Federal, rejeitou, em dezembro de 2012, os embargos de declaração opostos pelo então Deputado Natan Donadon no bojo da AP 396. O Deputado fora condenado, em 28/10/2010, a 13 anos, 04 meses e 10 dias de reclusão pelos crimes de formação de quadrilha e peculato. Após a rejeição dos embargos, a Procuradoria-Geral da República protocolizou pedido de prisão imediata, que foi indeferido em janeiro de 2013 pelo então Presidente do STF, Ministro Joaquim Barbosa, ao fundamento de que a expedição do mandado de prisão está condicionada ao trânsito em julgado, o que ainda não teria ocorrido já que o acórdão não havia sido publicado.

Com a publicação do acórdão, foram opostos novos embargos de declaração. O Tribunal deles não conheceu e assentou, em 26/06/2013, o trânsito em julgado da condenação, determinando a expedição do mandado de prisão para início do cumprimento da pena. O parlamentar foi, então, recolhido à penitenciária por ser considerada imediatamente exequível a condenação em decorrência da automática suspensão dos direitos políticos.[9]

Nesse meio tempo, em **agosto de 2013**, já com dois novos membros empossados no Tribunal, teve lugar o julgamento da Ação Penal 565, na qual um dos réus era o Senador Ivo Cassol, o qual restou condenado a 4 anos e 8 meses de detenção, em regime semiaberto. No entanto, apesar do desfecho da AP 470, o Tribunal voltou a afirmar que a perda do mandato deveria ser decidida pelo Senado Federal:

> Com relação ao réu Ivo Narciso Cassol, **o Tribunal, por maioria, decidiu pela aplicação do § 2º do inc. VI do art. 55 da Constituição Federal,** vencidos os Ministros Gilmar Mendes, Marco Aurélio, Celso de Mello e Joaquim Barbosa (Presidente). (Grifos não originais)[10]

Voltando ao caso Donadon, tendo sido notificada da decisão proferida pelo STF, a Câmara dos Deputados colocou em votação a questão da perda de mandato, seguindo a determinação do parágrafo 2º do art. 55

---

9.   Questão de Ordem na AP 396.

10.   AP 565, Rel. Min. Cármen Lúcia, DJe de 23/05/2014.

da Constituição. Contudo, apenas 233 votos foram favoráveis à perda do mandato, de modo que não foi atingido o quórum de maioria absoluta exigido para essa deliberação. Com isso, o que se viu foi a inusitada situação de um parlamentar, em pleno exercício do mandato, estar preso no cumprimento de decisão transitada em julgado.

Na análise da questão de ordem suscitada nesse caso, percebe-se que, em busca de amparo ao entendimento de a Constituição autorizaria a prisão em razão de sentença condenatória, resgatou-se novamente o julgado no Inquérito 510. Tal referência foi feita pelo Min. Teori Zavascki ao afirmar que após a nova redação dada pela Emenda Constitucional 35/2001, o parágrafo 2º do art. 53 da Constituição "preservou incólume, no que diz respeito à disciplina das imunidades especificamente reconhecidas aos parlamentares federais, a regra geral segundo a qual, no âmbito das prisões cautelares, somente se admitiria a modalidade da prisão em flagrante decorrente de crime inafiançável. É essa circunstância que deve ser salientada: a prisão, a que se refere o dispositivo constitucional, é a prisão de natureza cautelar, não a decorrente de sentença condenatória definitiva, transitada em julgado. Nesse sentido é a orientação que se retira de acórdão do Plenário do STF no Inquérito 510/DF, relator Min. Relator Celso de Mello, julgado em 1º/02/1991, em época que ainda se exigia licença da casa legislativa para instaurar ação penal contra parlamentar."

Como visto, o Inquérito 510, enquanto precedente, não é adequado para resolver essa questão, em que pese a ementa do acórdão trazer o assunto como se a discussão tivesse sido objeto de decisão dos Ministros.

Porém, foi assim que se decidiu, resolvendo-se a questão a partir do entendimento de que a vedação constitucional à prisão do parlamentar refere-se apenas à prisão cautelar, de forma que, nas palavras o Min. Teori Zavascki, "ainda que pendente a deliberação, pela respectiva Casa, a respeito da perda, ou não, do mandato do parlamentar condenado definitivamente (CF, art. 55, § 2º), não há empecilho constitucional algum a que o Judiciário promova a execução da pena privativa de liberdade a ele imposta."

Na sequência, em 28/08/2013, a Câmara dos Deputados colocou em votação a questão da perda do mandato de Natan Donadon e o número de votos favoráveis à cassação não atingiu a maioria absoluta, o que acarretou a manutenção da estranha situação de um parlamentar no exercício do mandato eletivo e ao mesmo tempo cumprindo pena privativa de liberdade.

Com a não cassação do mandato pela Câmara dos Deputados, o Líder do partido de oposição – Deputado Federal Carlos Sampaio – impetrou mandado de segurança em busca da anulação da deliberação (ou da não deliberação!), ao entendimento de que na hipótese, a perda do mandato parlamentar não estaria sujeita a decisão do Plenário, mas a mera declaração da Mesa da Câmara dos Deputados.

O Relator, Min. Roberto Barroso, apesar de tecer sólidas considerações sobre o tema, proferiu decisão monocrática concessiva da liminar, sob um fundamento novo, qual seja, o de que a regra geral de que cabe a cada uma das Casas do Congresso Nacional, respectivamente, a decisão sobre a perda do mandato de Deputado ou Senador que sofrer condenação criminal transitada em julgado **não se aplica em caso de condenação em regime inicial fechado, por tempo superior ao prazo remanescente do mandato parlamentar.**

Em tal situação, segundo o Ministro, a perda se dá automaticamente, por força da impossibilidade jurídica e física de seu exercício. Como consequência, quando se tratar de parlamentar cujo prazo de prisão em regime fechado exceda o período que falta para a conclusão de seu mandato, a perda se dá como resultado direto e inexorável da condenação, sendo a decisão do parlamento vinculada e declaratória.

Por fim, o Ministro afirmou que a concessão da medida liminar se fazia necessária diante da "gravidade moral e institucional de se manterem os efeitos de uma decisão política que, (...) chancela a existência de um Deputado presidiário (...)." Tendo em consideração a "indignação cívica, a perplexidade jurídica, o abalo às instituições e o constrangimento que tal situação gera para os Poderes constituídos", concluiu que tais fatores "legitimam a atuação imediata do Judiciário."

Pois bem, apesar de toda a fundamentação da decisão proferida pelo Min. Roberto Barroso, o desfecho, ao criar uma nova interpretação para o tema, não contribuiu para a consolidação de um entendimento seguro acerca do texto constitucional aplicável.

Nesse sentido, ao fazer depender a aplicabilidade da regra constitucional de que cabe a cada uma das Casas do Congresso Nacional, respectivamente, a decisão sobre a perda do mandato de Deputado ou Senador que sofrer condenação criminal transitada em julgado ao tipo de regime e ao tempo que ainda falta para completar o mandato, a interpretação acaba por criar um terceiro tipo de norma, ou seja, a de que o parlamento só decide sobre a perda ou manutenção do mandato de parlamentar condenado criminalmente se o regime penal imposto for compatível com o exercício do mandato, o que não é previsto na Constituição.[11]

No entanto, o Mandado de Segurança 32.326, depois da concessão da liminar, perdeu o objeto em razão de nova deliberação da Câmara dos Deputados, em 12/02/2014, impondo, dessa vez, a perda do mandato do Deputado Natan Donadon, o que impediu que o Plenário do Supremo Tribunal Federal viesse a deliberar sobre a tese adotada na liminar, acolhendo-a ou não de modo mais abrangente.

Nos dias atuais, a Câmara dos Deputados passa por situação que coloca novamente em evidência esse tema. Trata-se do caso do deputado Celso Jacob, do PMDB do Rio de Janeiro. Condenado pelo Supremo Tribunal Federal em 28 de junho de 2016 por falsificação de documento público e dispensa de licitação fora das hipóteses previstas em lei, o Deputado teve a pena total fixada em 7 anos e 2 meses de prisão (mais multa), com regime inicial de cumprimento semiaberto. Após a oposição de vários embargos de declaração, em 23/05/2017, a Primeira Turma do STF decidiu não conhecer dos últimos embargos, "com certificação do trânsito em julgado, independentemente de publicação do acórdão, e com a expedição de mandado de prisão, com estrita obediência às regras constitucionais do procedimento respectivo".

Em razão disso, no dia 06/06/2017 o deputado Celso Jacob foi preso e se deu o início da execução da pena em regime semiaberto. Com o objetivo de evitar a perda do mandato por excesso de faltas,[12] os advogados de defesa do parlamentar requereram e o juiz da Vara de Execuções Penais do Distrito Federal autorizou que ele exerça o seu mandato, ou seja, desempenhe suas atividades parlamentares no gabinete, nas

---

11. Esse entendimento foi objeto de crítica pelo Ministro Gilmar Mendes no sentido de que "o deputado preso é uma *contradictio in terminis* (contradição em termos). E não é só o deputado preso no regime fechado. Porque em regime semiaberto ele também está preso. É bom ver o texto do Código Penal. Para trabalhar, ele precisa de licença. Ele está recolhido a uma estação industrial, ou colônia agrícola". http://politica.estadao.com.br/noticias/geral.gilmar-mendes-diz-que-liminar-cria-mandato-salame.1070901

Com efeito, a se consolidar essa posição, haverá que se levar em contar a possibilidade de o juiz da condenação se ver na contingência de modular a pena para fazer incidir um ou outro tipo de regime, conforme o tempo de mandato que resta ao parlamentar, o que seria uma forma equivocada de buscar resolver o problema.

12. O inciso III do art. 55 da Constituição estabelece que perderá o mandato o Deputado ou Senador que deixar de comparecer, em cada sessão legislativa, à terça parte das sessões ordinárias da Casa a que pertencer, salvo licença ou missão por esta autorizada.

comissões e no plenário da Câmara dos Deputados durante o dia, recolhendo-se ao cárcere no período noturno.[13]

É bem verdade que o caso acima descrito, do Deputado Celso Jacob, não coloca em cheque a tese proposta pelo Ministro Roberto Barroso na liminar do MS 32.326. Entretanto, evidencia, mais uma vez, a necessidade de uma definição clara da jurisprudência do Supremo Tribunal Federal sobre questão tão relevante para a autonomia do Poder Legislativo.

E a definição desse entendimento certamente será orientada pela clara dicção das normas constitucionais, que asseguram às Casas Legislativas o poder de decisão sobre a perda de mandato de seus membros, independentemente do tempo de condenação ou do regime de cumprimento de pena.

---

13. Nesse quadro, foi possível que o deputado Celso Jacob pudesse participar da votação a respeito da denúncia oferecida contra o Presidente Michel Temer no último dia 02 de agosto, devendo, para tanto, apresentar certidão, emitida pela Câmara, em razão da sessão se estender para o período noturno.

BIBLIOGRAFIA

ACKERMAN, Bruce. *The Rise of World Constitutionalism*. Faculty Scholarship Series. Paper 129, 1997.

ALEXY, Robert. *Theorie der Grundrechte*, Frankfurt/M, Suhrkamp, 1985.

_____. *Constitucionalismo discursivo*. Trad. Luis Afonso Heck. 2. ed. Porto Alegre: Livraria do Advogado, 2008.

AMARAL JÚNIOR, José Levi Mello do. O Poder Legislativo na democracia Contemporânea. A função de controle político dos Parlamentos na democracia contemporânea. Brasília a. 42 n. 168 out./dez. 2005, p. 7-18.

ANTONIL, André João. *Cultura e opulência do Brasil*. 3. ed. Belo Horizonte: Itatiaia/Edusp, 1982.

ARISTÓTELES. *A política*. São Paulo: Martin Claret, 2006.

ASH, Timothy Carton. *Free Speech. Ten principles for a Connected World*. Atlantic Books: London, 2016.

ASHENFELTER, Orley; EISENBERG, Theodore; SCHWAB, Stewart. Politics and the judiciary: the influence of judicial background on case outcomes. *Journal of Legal Studies*, v. 24, 1995.

Barroso, Luís Roberto, *Curso de Direito Constitucional Contemporâneo: os conceitos fundamentais e a construção do novo modelo*. São Paulo: Saraiva, 2009.

_____. *O direito constitucional e a efetividade das suas normas: limites e possibilidades da Constituição brasileira*, Rio de Janeiro, 1996.

_____. Constituição, democracia e supremacia judicial. Direito e política no Brasil contemporâneo. Disponível em: <http://www.luisrobertobarroso.com.br/pt/noticias/constituicao_democracia_e_supremacia_judicial_11032010.pdf>. Acesso em: 02 jul. 2012.

BAUM, Lawrence. *Judges and their audiences: a perspective on judicial behavior*. Nova Jersey: Princeton University, 2008.

BAUMAN, ZYGMUNT. *Modernidade líquida*. Tradutor Plinio Dentizien. Rio de Janeiro: Editora Zahar, 2001.

BELVISI, F. "Un fondamento delle Costituzioni Democratiche Contemporanee? Ovvero: Per una costituzione senza fondamento", in G. Gozzi, (org.), *Democrazia, Diritti, Costituzione*, Bologna, 1998.

Bercovici, Gilberto, *Constituição e Estado de Exceção Permanente*: atualidade de Weimar. Rio de Janeiro: Azougue Editorial, 2004.

____. *Constituição econômica e desenvolvimento*: uma leitura a partir da Constituição de 1988. São Paulo: Malheiros, 2005.

____. O ainda indispensável direito econômico, *In* Benevides, Maria Victoria de Mesquita; Bercovici, Gilberto; Melo, Claudineu de. *Direitos humanos, democracia e república: homenagem a Fabio Konder Comparato*. São Paulo, Quartier Latin, 2009.

____. "A Constituição invertida: a suprema corte americana no combate à ampliação da democracia", In *Lua Nova*, São Paulo, 2013, n. 89, pp. 107-134.

____. *Política econômica e direito econômico*. In: Revista Fórum de Direito Financeiro e Econômico – RFDFE, Belo Horizonte, ano 1, n. 1, mar. / ago. 2012, p. 2. ref. p.

1-18. Versão digital disponível em: <https://disciplinas.stoa.usp.br/pluginfile. php/311930/mod_resource/content/1/D_GBE_PoliticaeconomicaeDireitoEconomico.pdf>. Acesso em 13.11.2016.

Bercovici, Gilberto e Massonetto, Luis Fernando, "Limites da Regulação: Esboço para uma Crítica Metodológica do 'Novo Direito Público da Economia', In: *Revista de Direito Público da Economia*. Belo Horizonte, jan./mar. 2009, n. 25, ano 7, pp. 137-47.

BERNARDO, Fernanda. A ética da hospitalidade, segundo J. Derrida, ou o porvir do cosmopolitismo por vir a propósito das cidades-refúgio, re-inventar a cidadania (ii). *Revista Filosófica de Coimbra*, n.º 22, (2002), p. 421-446.

BICKEL, Alexander M. *The least dangerous branch*. 2. ed. New Haven: Yale University Press, 1986.

BINENBOJM, Gustavo. *A nova jurisdição constitucional brasileira: legitimidade democrática e instrumentos de realização.* Rio de Janeiro: Renovar, 2001.

BOHMAN, James. *Public Deliberation, Pluralism, Complexity and Democracy*, MIT Press, Cambridge, London, 1996.

BOLZAN DE MORAIS, José Luis. "Constituição ou barbárie: perspectivas constitucionais", in Ingo Sarlet (org.), *A Constituição Concretizada*, Porto Alegre: Livraria do Advogado, 2000.

_____; STRECK, Lenio Luiz. *Ciência Política e Teoria Geral do Estado*. 2.ª ed., Porto Alegre: Livraria do Advogado, 2001.

BONAVIDES, Paulo. *Teoria Constitucional da Democracia Participativa por um Direito Constitucional de luta e resistência por uma Nova Hermenêutica por uma repolitização da legitimidade.* 3ª edição. São Paulo: Malheiros, 2008.

BRANDÃO, Rodrigo. *Supremacia judicial* versus *diálogos constitucionais: a quem cabe a última palavra sobre o sentido da Constituição?*. Rio de Janeiro: Lumen Juris, 2012.

BRAUDEL, Fernand. *La dynamique du capitalisme*, Éditions Flammarion, 2008.

BRENNER, Saul; WHITMEYER, Joseph M. *Strategy on the United States Supreme Court.* Nova York: Cambridge University Press, 2009.

BUENO, Eduardo. *O mau ladrão – Ficha suja, in História do Brasil para ocupados*, org. de Luciano Figueiredo, Casa da Palavra, 2013.

BUKHARIN, N.. *O imperialismo e a economia mundial*: análise econômica. Tradução de Aurélia Sampaio Leite. Rio de Janeiro: Laemmert, 1969.

CANOTILHO, J. J. G. "O Direito Constitucional na Encruzilhada do Milénio. De uma disciplina dirigente a uma disciplina dirigida", in *Livro de Homenagem a M. Garcia Pelayo*. Madrid, 2000.

CARDOSO, Gustavo Vitorino. *O direito comparado na jurisdição constitucional.* Revista Direito GV, São Paulo 6(2) | p. 477| Jul./Dez. 2010.

Carneiro, Ricardo de Medeiros, *Commodities, choques externos e crescimento:* reflexões sobre a América Latina, CEPAL, Serie Macroeconomia del Desarrollo, 2012, v. 117, p. 27, ref. p. 1-46, disponível em <http://repositorio.cepal.org/bitstream/handle/11362/5349/S1100893_pt.pdf?sequence=1&isAllowed=y>, acesso em 14.11.2016.

CaRpizo, Jorge, *La Constitución Mexicana de 1917: longevidad casi centenaria,* 16ª ed., México (DF), Editorial Porrúa, 2013.

Carvalho, Laura, *Pec 241 pode prolongar a crise,* In: Folha de São Paulo, 13.10.2016, disponível em <http://www1.folha.uol.com.br/colunas/laura-

BIBLIOGRAFIA

-carvalho/2016/10/1822278-pec-241-pode-prolongar-a-crise.shtml>, acesso em 13.11.2016.

CASSELS, Jamie. *Judicial Activism and Public Interest Litigation in India: Attempting the Impossible?*, 37 Am. J. Com. L. 495, 1989.

CASSESE, Sabino. *Lo Spazio Giuridico Globale*, Bari: Editori Laterza, 2003.

CHALHOUB, Sidney. *A Força da Escravidão – Ilegalidade e Costume no Brasil Oitocentista.* São Paulo: Companhia das Letras, 2012.

CHOUDHRY, Sujit. *The Migration of Constitutional Ideas*. Cambridge: Cambridge University Press, 2006.

COHEN, Jean; ARATO, Andrew. *Civil Society and Political Theory*, MIT Press, 1992.

Comparato, Fábio Konder. *A Civilização Capitalista – Para compreender o mundo em que vivemos.* 2ª ed., São Paulo: Saraiva, 2014.

_____. O indispensável direito econômico, *In Revista dos Tribunais*, v. 533, São Paulo, mar. 1965.

_____. *Para viver a democracia,* São Paulo, Editora Brasiliense, 1989.

_____. *Muda Brasil, uma Constituição para o desenvolvimento Democrático,* 4a ed. São Paulo, Editora Brasiliense, 1987.

_____. *A afirmação histórica dos direitos humanos,* 2. ed. São Paulo, Saraiva, 2001.

CORNELL, Drucilla. MUVANGUA, Nyoko. *Ubuntu and the Law: African Ideals and Postapartheid Jurisprudence.* Fordham University Press, New York, 2012.

Cortinhas, Juliano; de France, Olivier; Kourliandsky, Jean-Jacques; Maulny, Jean-Pierre; Ventura, Christophe, *Géopolitique de la Nouvelle Amérique Latine: Pensées stratégiques et enjeux politiques*, Direction générale des relations internationales et stratégie, IRIS, Institut de Relations Internationales, Ministère de la Défense (France), Paris, 2016, p. 23-4. Disponível em <http://www.iris-france.org/wp--content/uploads/2016/04/2016-avril-ETUDE-G%C3%A9opolitique-de-la--nouvelle-Am%C3%A9rique-latine.pdf>, acesso em 13.11.2016.

DAHL, Robert A. Decision-making in a democracy: the Supreme Court as a national policy-maker. *Journal of Public Law*, v. 6, 1957.

_____. *Sobre a democracia*. Brasília: UnB, 2001.

Dalla Via, Alberto Ricardo, *Derecho constitucional económico,* Buenos Aires, Abelado-Perrot, 1999.

DELPEREE, F. "La déstructuration de l'État-Nation", in A. Sedjari (org.), *L'État-Nation et prospective des territoires*, 1996.

DERRIDA, J; STIEGLER, B. *Échographies de la télévision*. Paris: Galilée-INA, 1996.

DO SALVADOR, Frei Vicente. *História do Brasil 1500–1627.* Belo Horizonte: Itatiaia, 1982.

DUBY, Georges. *Histoire des mentalités, in Encyclopédie de la Pleiade, L'Histoire et ses méthodes*, Paris: Gallimard, 1961.

EGAN, Patrick J.; CITRIN, Jack. Opinion leadership, backlash, and delegitimation: supreme court rulings and public opinion. *Social Science Research Network*, **ago. 2009.** Disponível em: <http://ssrn.com/abstract=1443631>. Acesso em: 27 set. 2013.

ERIKSON, E. H. *Identität und Lebenszyklus*, Frankfurt: Suhrkamp, 1980.

Fachin, Luis Edson, "O direito que foi privado: a defesa do pacto civilizatório emancipador e dos ataques a bombordo e a boreste", *In Revista de Informação Legislativa*, Brasília, jul/set 2008, ano 45, n. 179, pp. 207-17.

697

FALLON, Richard. The Core of an Uneasy Case for Judicial Review. 121 HARV. L. REV. 1693, 2008.

FARIA, José Eduardo. *O direito na economia globalizada*. São Paulo: Malheiros, 1997.

FERRARESE, Maria R.. *Diritto Sconfinato. Inventiva Giuridica e Spazi nel Mundo Globale*, Bari: Editori Laterza, 2006.

Franco, Afonso Arinos de Melo. *Direito constitucional: teoria da Constituição. As Constituições do Brasil*. Rio de Janeiro: Forense, 1976.

FRIEDMAN, Barry. *The will of the people: how public opinion has influenced the Supreme Court and shaped the meaning of the Constitution*. Nova Iorque: Farrar, Strauss and Giroux, 2009.

_____. The politics of judicial review. *Texas Law Review*, Austin, v. 84, 2005

_____. Mediated popular constitutionalism. *Michigan Law Review*, v. 101, 2003.

Furtado, Celso. *A construção interrompida*. 2. ed. Rio de Janeiro: Paz e Terra, 1992.

_____. *Formação econômica do Brasil*. São Paulo: Companhia das Letras, 2007.

_____. (organização, apresentação e notas de D`Aguiar, Rosa Freire), *Essencial Celso Furtado*. São Paulo: Penguin Classics Companhia das Letras, 2013.

_____. *Economia do desenvolvimento*. São Paulo: Contraponto/Centro Internacional Celso Furtado, 2008.

Gerschenkron, Alexander. *Reflection on the concept of "prerequisites" of modern industrialization*, In: Kanth, Rajani K. (ed), *Paradigms in economic development*, New York Routledge, 2015.

GODOY, Arnaldo Sampaio de Moraes. *Domesticando o Leviatã: litigância intragovernamental e presidencialismo de articulação institucional.* Brasília: edição do autor, 2013.

GOFFMAN, Irving. *The presentation of self in everyday life*. Nova Iorque: Double Day, 1959.

GOYARD-FABRE, Simone. *O que é Democracia?* Trad. Claudia Berliner. São Paulo: Martins Fontes, 2003.

Grau, Eros Roberto, *A ordem econômica na Constituição de 1988*, 16a ed São Paulo, Malheiros, 2014.

GROSSO, Enrico. *Democrazia rappresentativa e democrazia direta nel pensiero di Norberto Bobbio.* Rivista nº 4/2015 da Associazione Italiana dei Costituzionalisti, data pubblicazione 02/10/2015, p. 8 (1-19).

GUERRA FILHO, W. Santiago *Autopoiese do Direito na Sociedade Pós-Moderna*. Porto Alegre: Livraria do Advogado, 1997.

GUNTHER, Gerald. *Constitutional Law*. Mineola: New York, 1985.

GÜNTHER, Klaus. *Der Sinn für Angemessenheit, Anwendungsdiskurse in Moral und Recht*, Frankfurt: Suhrkamp, 1988.

HABERMAS, Jürgen. *Faktizität und Geltung. Beiträge zur Diskurstheorie des Rechts und des demokratischen Rechtsstaats*, Frankfurt: Suhrkamp, 1992.

HABERLE, Peter. *Direito Constitucional Cooperativo*. Rio de Janeiro. Renovar, 2007.

HESPANHA, António. *Panorama Histórico de Cultura Jurídica Europeia,* Publicações Europa-América: Lisboa, 1997.

HIRSCHL, Ran. *The Political Origins of the New Constitutionalism*, 11 Ind. J. Global Legal Stud. 71, 2004.

_____. *Towards Juristocracy: the origins and the consequences of the new constitutionalism.* Cambridge, Harvard University Press, 2004.

BIBLIOGRAFIA

HOLANDA, Sergio Buarque. *História Geral da Civilização Brasileira*. O Brasil Monárquico, tomo II, Do Império à República. São Paulo: Difusão Europeia do Livro, 1972.

_____. *Raízes do Brasil*. São Paulo: Cia das Letras, 1997.

International Monetary Fund, *Perspectivas económicas: Las Américas*. Washington, D.C, International Monetary Fund, 2015, p. 47, disponível em <https://www.imf.org/external/spanish/pubs/ft/reo/2015/whd/pdf/wreo0415s.pdf>, acesso em 13.11.2016.

JACKSON, Vicki. *Constitutional Comparisons: Convergence, Resistance, Engagement*. Harvard Law Review, Vol. 119: 109.

_____; TUSHNET, Mark. *Comparative Constitutional Law*, 751, Foundation Press, 2014.

JONES, Meg Leta. *The Right to Be Forgotten. New York University Press. 2016.*

JUNJI, Annen. *Constitutionalism as Political Culture*, 2002 Pacific Rim Law & Policy Journal Association.

Kay, Richard, American Constitutionalism, In ALEXANDER, Larry, *Constitutionalism: Philosophical Foundations*, Cambridge: Cambridge University Press, 1999, pp. 16-63.

KEANE, John. *Vida e Morte da Democracia*. Trad. Nuno Castello-Branco Bastos. Lisboa: Edições 70, 2011.

KELSEN, Hans. *A democracia*. São Paulo: Martins Fontes, 1993.

Knight, Alan e Urquidi, María, "Los Intelectuales en la Revolución Mexicana". *Revista Mexicana de Sociología* (Instituto de Investigaciones Sociales de la Universidad Nacional Autónoma de México, Universidad Nacional Autónoma de México), 1989, vol. 51, n. 2, pp. 25–65, disponível em <http://www.jstor.org/stable/3540678>, acesso em 11.04.2016, DOI 10.2307/3540678.

KROTOSZYNSKI JR, Ronald J. Privacy Revisited. *A global perspective on the Right to Be Left Alone*. Oxford University Press. 2016.

LANDAU, David. Abusive Constitutionalism, April 3, 2013. 47 UC Davis Law Review 189, 2013; FSU College of Law, Public Law Research Paper No. 646. Available at SSRN: https://ssrn.com/abstract=2244629.

_____. *A Dynamic Theory of Judicial Role*, 55 Boston College Law Review, 1501, 1503, 2014.

_____. *The Reality of Social Rights Enforcement*, 53, Harvard International Law Journal, 191, 202, 2012.

LAW, David S. *Judicial Comparativism and Judicial Diplomacy*. University of Pennsylvania Law Review, vol. 163, March 2015, n. 4.

LEAL, Victor Nunes. *Coronelismo, Enxada e Voto*. São Paulo: Cia das Letras, 2012.

LIPPMANN, Walter. *Opinião pública*. Petrópolis: Ed. Vozes, 2008.

Linebaugh, Peter, *El manifesto de la Carta Magna: comunes y libertades para el pueblo*, Tradução por Yaiza Hernández Velázquez e Astor Díaz Simón, Madrid, traficantes de sueños, 2013. LOPES Rosado, Felipe, *El régimen constitucional mexicano*, 2. ed. México, Porrua, 1964.

LOEWENSTEIN, Karl. *Teoría de la Constitución*. Intellectus – Editorial Ariel – Barcelona - Caracas – México, 1976.

LÜBBE-WOLF, Gertrude. "Präventiver Umweltschutz – Auftrage und Grenzen des Vorsorgeprinzips im deutschen und im europäischen Recht", in J. Bizer/H. Koch, *Sicherheit, Vielfalt, Solidarität. Ein neues Paradigma des Verfassungsrechts?*. Ed. por Johannes Bizer e Hans-Joachim Koch: Baden-Baden, 1998.

LUHMANN, Niklas. *Soziale System. Grundriss einer allgemeinen Theorie*, Frankfurt: Suhrkamp, 1987.

_____. *Das Recht der Gesellschaft*, Frankfurt: Suhrkamp, 1993.

_____. *Die Wissenschaft der Gesellschaft*, Frankfurt: Suhrkamp, 1991.

_____. *Die Politik der Gesellschaft*, Frankfurt: Suhrkamp, 2002.

_____. *La Sociedad de la Sociedad*. México: Herder, 2007.

MACHADO, Jónatas. *Liberdade de Expressão. Dimensões Constitucionais da Esfera Pública no Sistema Social*, Coimbra, 2002.

MARKOFF, John. Olas de democracia: movimentos sociales e cambio político. Tecnos: Madrid, 1996.

_____. Where and When Was Democracy Invented? Comparative Studies in Society and History, Vol. 41, No. 4. (Oct., 1999), pp. 660-690.

MARSHALL, Thomas R. *Public opinion and the Supreme Court*. Nova York: State University of New York Press, 2008.

MARTINEZ, PECES-BARBA. *Los Deberes Fundamentales*, Doxa, Alicante, n. 4, 1987.

MEDINA, Diego López. *Teoría impura del derecho. La transformación de la cultura jurídica latino-americana*. Bogotá: Ediciones Universidad de los Andes, 2004.

MELLO, Patrícia Perrone Campos. *Precedentes (o desenvolvimento judicial do direito no constitucionalismo contemporâneo)*. Rio de Janeiro: Renovar, 2008.

MILLS, Jon L. Privacy: The Lost Right. Oxford University Press. 2008.

MIRANDA, Jorge. *Teoria do estado e da constituição*. Coimbra: Coimbra Editora, 2002.

MÜLLER, Friedrich. *Quem é o povo? A questão fundamental da democracia*. 6ª edição. São Paulo: Revista dos Tribunais, 2009.

NEVES, Marcelo. *Verfassung und Positivität des Rechts in der peripheren Moderne Eine teoretische Betrachtung und eine Interpretation des Falls Brasilien*. Berlin: Duncker & Humblot, 1992.

_____."Symbolische Konstitutionalisierung und faktische Entkonstitutionalisierung: Wechsel und Änderungen in Verfassungstext und Fortbestand der realen Machtverhältnisse", in *Law and Politics in Africa, Asia and Latin America*, 29 (1996), Baden-Baden, pp. 309 e ss.

_____. *Transconstitucionalismo*. 1ª. ed. São Paulo: WMF Martins Fontes, 2009.

NONET, PH. e SELZNICK, PH. *Law and Society in Transition. Toward Responsive Law*. New York: Harper y Row, 1978.

NOURSE, Victoria; SHAFFER, Gregory. *Empiricism, Experimentalism, and Conditional Theory*, 40 Legal Studies Research Paper Series, 101, 111, 2014.

OGENDO, Okoth. Constitutions without constitutionalism: an African political paradox" in Douglas Greenberg S.N. Kartz, B. Oliviero and S.C. Wheatley (Eds) *Constitutionalism and Democracy: Transitions in the Contemporary World* (Chapter 4) OUP, New York.

OTERO, Paulo. *Instituições Políticas e Constitucionais, Volume I*. Coimbra: Almedina, 2007.

PARRISH, Austen L. *Storm in a Teacup: The U. S. Supreme Court's Use of Foreign Law*. In: University of Illinois Law Review, vol. 637, 2007, v. 2.

PEREIRA, Gustavo Oliveira de Lima. *A pátria dos sem pátria: direitos humanos & alteridade*. Porto Alegre: Editora UniRitter, 2011.

Polanyi, Karl, *A subsistência do homem e ensaios correlatos*, Rio de Janeiro, Contraponto, 2012.

POSNER, Richard. *How judges think*. Cambridge: Harvard University, 2008.

BIBLIOGRAFIA

_____. What do judges maximize? The same thing everybody else does. *Supreme Court Economic Review*, Nova Iorque, v. 3, 1993.

Powell, Andrew (cord.), *Tiempo de decisiones: América Latina y el Caribe ante sus desafíos*, New York, Banco Interamericano de Desenvolvimento, 2016, disponível em <https://publications.iadb.org/bitstream/handle/11319/7533/Tiempo-de-decisiones-America-Latina-y-el-Caribe-ante-sus-desaf%C3%ADos.pdf?sequence=2>, acesso em 13.11.2016.

PRITCHETT, C. Herman. *Congress versus the Supreme Court*: 1957-1960. Minneapolis: University of Minnesota, 1961.

R. EPP, Charles. *The Rights Revolution: Lawyers, Activists and Supreme Courts in Comparative Perspective*, Chicago Press, 1998.

Rabasa Gamboa, Emilio, "El primer centenario constitucional", In: Fernández Fernández, Vicente; Villabella Armengol, Carlos Manuel; Ramírez Marín, Juan, *La Constitución mexicana de 1917: 100 años después"*, Ciudad de México, Porrúa, 2017, referência p. 2-22.

REIGADA, A. T. "Dogmática Administrativa y Derecho Constitucional: el Caso del Servicio Público", in *REDC*, 57, 1999.

PEREIRA, Rodolfo Viana. *Direito Constitucional Democrático. Controle e Participação como elementos fundantes e garantidores da Constitucionalidade*. Rio de Janeiro: Editora Lumen Juris, 2008.

RANCIÈRE, Jacques. *O ódio à democracia*. Trad. Mariana Echalar. São Paulo: Boitempo Editorial, 2014.

RODRIGUES, Lêda Boechat. *História do Supremo Tribunal Federal*. Rio de Janeiro: Ed. Civilização Brasileira, 1965, 1968, 1991, 2002. t. 1, 2, 3 e 4.

ROUSSEAU, Jean-Jacques. *Do Contrato Social*. São Paulo: Martin Claret, 2013.

SACHS, Albie. *Vida e direito: uma estranha alquimia. Tradução de Saul Tourinho Leal. São Paulo: Saraiva, 2016*.

SANCHEZ, J. A. "Transformaciones de la Constitución en el siglo XX", in *REP* 100, 1998.

SANTOS, Boaventura. *Toward a New Common Sense*. New York: London, Routledge, 1995.

SANTOS, Pedro Felipe de Oliveira. *Beyond Minimalism and Usurpation: Designing Judicial Review to Control the Mis-enforcement of socio-economic rights*. Harvard Law School, LL.M. Thesis. Texto integral, 2015.

SARMENTO, Daniel. *Jurisdição constitucional e política*. Rio de Janeiro: Forense, 2015.

_____; SOUZA NETO, Cláudio Pereira de. *Direito Constitucional. Teoria, história e métodos de trabalho*. Belo Horizonte: Fórum, 2013.

SCHAUER, Frederick. Incentives, reputation and the inglorious determinants of judicial behavior. *Cincinnati Law Review*, v. 68, 2000.

SCOTT, Joanne; STURM, Susan P. *Courts as Catalysts: Rethinking the Judicial Role in New Governance*, 13, Columbia Journal Of European Law, 1, 2, 2007.

SEN, Amartya. *A Ideia de Justiça*. Coimbra: Almedina, 2010.

SILVA, Christine O. Peter da. *Transjusfundamentalidade: diálogos judiciais transnacionais sobre direitos fundamentais*. 2013, 274 f. Tese (Doutorado) – Pós-Graduação em Direito, Estado e Constituição da Faculdade de Direito da Universidade de Brasília – UnB.

Silva, Eduardo, *Challenging neoliberalism in Latin America*, New York: Cambridge University Press, 2009.

SLAUGHTER, Anne-Marie. *A global community of courts*. Harvard International Law Journal, v. 44, n. 1, 2003.

SOTO FLORES, Armando, "Principios fundamentales de la Constitución", In Galeana, Patricia (compiladora), *México y sus Constituciones*, México (D.F): Archivo General de la Nación/ Fondo de Cultura Económica, 1999.

SOUZA NETO, Cláudio; BERCOVICI, Gilberto; MORAES FILHO, José Filomeno; BARRETO LIMA, Martonio Mont'alverne. *Teoria da Constituição. Estudos sobre o lugar da política no Direito Constitucional.* Lumen Juris: Rio de Janeiro, 2003.

SOUSA SANTOS, Boaventura de. *El Milenio Huérfano. Ensayos para uma nueva cultura política.* Madrid: Editorial Trotta, 2005.

SUNDFELD; Carlos Ari Sunfeld; SOUZA, Rodrigo Pagani de. Accountability e jurisprudência do Supremo Tribunal Federal. In: VOJVODIC, Adriana et al (Orgs.). *Jurisdição Constitucional no Brasil.* São Paulo: Malheiros, SBDP, Direito GV, 2012. p. 469-492.

SUNSTEIN, Cass. *A constitution of many minds.* Nova Jersey: Princeton University Press, 2009.

_____. *Constitutionalism and Secession.* The University of Chicago Law Review, Vol. 58, No. 2, Approaching Democracy: A New Legal Order for Eastern Europe. (Spring, 1991), pp. 633-670. P. 638.

_____. *There is Nothing that Interpretation Just is, Harvard University*, DASH Repository (Aug. 29, 2014).

SUROWIECKI, J. *The wisdom of crowds: why the many are smarter than the few,* London: Abacus.

Tavares, André Ramos, *Direito constitucional econômico,* 3a ed. Rio de Janeiro, São Paulo: Forense-Método, 2011.

_____. *Direito econômico diretivo: percursos das propostas transformativas,* São Paulo: 2014.

_____. "Justiça constitucional: originalidades históricas e tipicidade latino-americana", *In Revista Brasileira de Estudos Constitucionais.* Belo Horizonte, ano 8, n. 30, 2014.

_____. "Facções privadas e política econômica não-democrática da ditadura brasileira", *In Revista Brasileira de Estudos Constitucionais*, Belo Horizonte, mai./ago, ano 9, n. 32, 2015.

_____. As duas Cartas: da terra ao bosque (entre patrimonialismo e coletivismo), *In: Revista Brasileira de Estudos Constitucionais.* Ano 9, n. 33, set./dez. 2015.

_____. *Curso de Direito Constitucional*, 15. ed. São Paulo: Saraiva, 2017.

TEIXEIRA, Carlos Sávio. *Experimentalismo e Democracia em Unger.* São Paulo: Lua Nova, 2010.

TIMM DE SOUZA, RICARDO. *Sentido e Alteridade.* Editora EDIPUCRS – PUC RS, 2010.

TOCQUEVILLE, Alexis. *A democracia na América. Leis e Costumes.* Trad. Eduardo Brandão. São Paulo: Martins Fontes, 2005.

Tota, Antonio Pedro. *Os americanos.* São Paulo: Editora Contexto, 2013.

TUSHNET, Mark. *Reflections on Judicial Enforcement of Social and Economic Rights in the Twenty-First Century*, 4, Nujs L. Rev. 177, 2011.

_____. *Some reflections on method in Comparative Constitutional Law.* In: The Migration of Constitutional Ideas. Cambridge: Cambridge University Press, 2006.

_____. *Transnational/Domestic Constitutional Law.* Georgetown University Law Center, 2003, Working Paper Series in Public Law and Legal Theory.

UNGER, Roberto Mangabeira. *What Should Legal Analysis Become,* 138, Verso, 1996.

BIBLIOGRAFIA

VIANNA, Oliveira. *Instituições Políticas Brasileiras*. Volume I. Rio de Janeiro: Livraria José Olympio Editora, 1949.

Vieira Junior, Ronaldo Jorge Araujo. *As inconstitucionalidades do "novo regime fiscal" instituído pela PEC n. 55 de 2016 (PEC 241, de 2016, na Câmara dos Deputados)*, Brasília, Núcleo de Estudos e Pesquisas/CONLEG/Senado, novembro/2016 (Boletim Legislativo nº 53, de 2016), Disponível em: <www.senado.leg.br/estudos> Acesso em 1º de novembro de 2016.

VOJVODIC, Adriana de Moraes. *Precedentes e argumentação no Supremo Tribunal Federal: entre a vinculação ao passado e a sinalização para o futuro*. Tese de Doutorado. Faculdade de Direito da Universidade de São Paulo: São Paulo, 2012.

TEUBNER, Gunther. *Recht als autopoietisches System*. Frankfurt: Suhrkamp, 1989 (trad. port. Fund. Calouste Gulbenkian, Lisboa).

TRIBE, Laurence. *Constitutional Law*, 2.ª ed., Mineola: New York, 1988.

UNGER, Mangabeira. *Necessidades falsas introdução a uma teoria social antideterminista a serviço da democracia radical*. São Paulo: Boitempo, 2005.

VIEIRA, Oscar Vilhena. *Supremo Tribunal Federal*: jurisprudência política. 2. ed. São Paulo: Malheiros, 2002.

WALDRON, Jeremy. *The Core of the Case Against Judicial Review*, 115 Yale L. J. 1346, 2006.

WALSH, Katherine Cramer. *Talking about politics: informal groups and social identity in American life*. Chicago: The University of Chicago Press, 2004.

WEBER, Max. *Die protestantische Ethik und der Geist der Kapitalismus*. Edition Holzinger. Taschenbuch, Berliner Ausgabe, 2016.

WHITMAN, James. *The Two Western Cultures of Privacy: Dignity versus Liberty. 113 Yale L. J. 1151, 1160, 2004.*

WILLKE, Helmut. *Die Ironie des Staates*, Frankfurt: Suhrkamp, 1991.

YOUNG, Katharine G. *Constituting Economic and Social Rights*. 143, Oxford University Press, 2012.

ZAGREBELSKY, Gustavo. *A crucificação e a democracia*. Trad. Monica de Sanctis Viana. São Paulo: Saraiva, 2011.

Zarazúa Martínez, Ángel, "Plan de San Luis: estudio crítico. In Camacho, César – coord.: Camacho, César (coord.), *Fuentes Históricas de la Constitución de 1917*. Ciudad de México, Porrúa, 2016, v. II: 1822-1916, referência p. 741-770.

ZOLO, Danilo. *Democracy and Complexity*. Pennsylvania: Pennsylvania University Press, 1992.